築島裕
坂詰力治 編
後藤剛

最明寺本 往生要集

索引篇

汲古書院

編者のことば

相州大井町所在の古寺最明寺は、鎌倉時代以來の由緒深き名刹として、夙に識者の間に著名である。その經藏の典籍の中に、古寫の往生要集三帖が傳存してゐることについては、近時に至るまで、全く世に知られない所であつたが、我々編者一同は、縁あつて先年その古鈔本を拜觀する機會を得、同寺の元住職故加藤宥雄御老師、前住職故加藤宥英師の御厚意によつて、その全文を轉寫し、學術研究資料として活用することをお許し頂いた。そして更に重ねて格別の御芳情の下に、本書の全文の原寸大の影印と、それに加へられた古訓點の訓み下し文、索引、並びに研究を公刊する御允許を賜るに至つた。

本書が當寺に傳來した經緯については、未だ詳にしない點があるが、巻上中下の三巻の全文を完備した三帖の冊子本であつて、書寫加點に關する奥書は見られないものの、書風、筆致等よりして、平安時代後期の書寫に係り、往生要集の完本としては、現存最古の寫本である。訓點も平安時代の加點であつて、所用のヲコト點の種類から推定して、天台宗延暦寺の系統を傳へた訓法であると判斷される。本文の書寫は謹直であり、訓點は詳密であつて、正に天下の逸品と稱するに値するものである。去る平成元年六月、重要文化財に指定され、國の保護の許に置かれて、今日に至つてゐる。

本書の公刊によつて、佛教史學、國語學、國文學、國史學等の諸分野に亙つて、計り知れない有益な研究資料となることは、疑を容れない所である。去る昭和六十三年、略解題を添へて全文の影印を刊行し、更に、全文に書加へられた古訓點の解讀を試み、その譯讀文を作成して、平成四年に「譯文篇」として刊行した。今回、右に引續き、譯文の中に用ゐられた訓點の語彙の中から、助詞・助動詞の一部を除いた、殆ど全部の和語と、凡ての漢字音の注記とを取上げ、その五十音順の索引と、訓點を附された漢字の索引とを作成して、公刊することとなつた。國語學的研究は、特に取上げて論ずる餘裕は得られなかつたが、この索引の作成の過程の中で、從來の國語學的研究の成果を踏まへ、更に編者の見解を織り込んだ所存である。我々編者は、何れも國語學を專攻する者であつて、深遠な佛教の教理に疎く、この書の中にも、慮外の誤脱も多いことを虞れるものであるが、江湖の諸賢の御高批を期待し、聊かなりとも斯學の研究の礎石と成ることが出來れば、編者の幸、これに過ぎるものは無い。

この「索引篇」によつて、既刊の「影印篇」「譯文篇」と併せ、全三册として、この公刊を完了することになつた。この刊行に對して、快く御允許を賜つた、故御老師、故前御住職、並に現御住職加藤眞師の御厚情、御芳恩に、衷心より感謝の誠を捧げ奉る。本書の完成に先立つて遷化された、故加藤宥雄御老師、故加藤宥英師の御靈前にこの一本を捧げて、改めて御冥福を祈り奉る次第である。

平成十五年七月

日本學士院會員・東京大學名譽教授　築島裕

東洋大學教授　坂詰力治

前東京家政學院大學助教授　後藤剛

最明寺本往生要集　索引篇　目次

編者のことば……一
凡　例……六
和訓索引……一
漢字部首引検字表……二
索引本文……五七
字音索引……六四一
漢字部首引検字表……六四二
索引本文……六五七
譯文篇正誤表……七〇五
あとがき……七二一

凡　例

一、本索引は、『最明寺本往生要集　譯文篇』に基づき、その中に見られる和訓及び字音を抄出して、それを五十音順に配列したものである。

一、音訓の所在を示すに當つては、『最明寺本往生要集　譯文篇』の丁數・行數によらず、『最明寺本往生要集　影印篇』に見られる、原本の丁數・行數によつた。

一、採錄の範圍は、假名で表記されてゐない漢字のみの語は除外したが、假名及びヲコト點によつて音訓が表記されたものは、以下に記す語を除いて、全部を採錄することとした。卽ち、假名で全音訓が表記されたものは勿論、假名又はヲコト點によつて活用語尾など、語の一部分だけが表記されたものも含めて採錄した。

一、訓點には、朱點と墨點とがあるが、兩者を併せて配列し、墨點には「　」を加へて區別した。

一、原本では、假名點は行の左右に附記されてゐるが、索引篇では一律に小字右寄せとした。

一、原本の假名は現行の片假名字體で、ヲコト點は平假名字體で表記した。但しヲコト點の「へ」は、假名點の「へ」と區別するために、「[illegible]」の字體を用ゐた。

一、本索引の組版に際しては、文字鏡研究會の許諾を得て、一部に「今昔文字鏡フォント」を使用させていただいた。また大修館書店には『大漢和辭典』の漢字番號の掲載許可をいただいた。記して感謝する次第である。

一、本索引の編纂は、最初はカード方式で三名が一旦採錄を終了したのであるが、分量が厖大になり、その處置に困難を感じたため、後藤の發案によつて、パソコンソフトの「桐」を使用して、再度全巻について三名が上記と同じ分擔によつて入力を行ひ、そのデータを後藤が處理して、これを五十音順に配列、印字し、それを築島が二回に亙つて検討調整した。

更に汲古書院の大江氏と株式會社エニウェイが構築した〝索引システム〟を用ゐて、このデータを巻數・丁數・行數の順に配列、築島・坂詰が逆引校正を行ひ、それを〝索引システム〟の一括處理によつて現行のやうに統合・配列して、築島が校正を實施した。以上のやうな次第で、最終段階の調整に關しての責任は築島が負ふものである。

和訓索引

一、和訓索引で、採録を除外したのは、送假名として用ゐられた、次に掲げる諸語に限った。但し、場合によって採録することを適當と判斷したものは、例外として掲載したものがある。

名　詞　「こと」

助動詞　「なり」

助　詞　「と」、「て」、「の」、「に」、「は」、「を」

一、動詞「す」及びそれに關聯する、「して」「として」「にして」等の語形については、その用法の解釋に關聯して、客觀的な統一を決定することが困難な場合が多いため、各巻の擔當者の判斷によつて、採否を定めることとした。その結果、巻によつて扱ひ方に若干の相違が生じた面が存する。

一、「和訓索引」では、原則として單語を掲出することとしたが、時に便宜上「アタハズ（不能）」「カクノゴトシ（如是）」のやうな、連語を掲出した場合がある。

一、見出し語の次に漢字を〔　〕に括って示し、その下に『大漢和辭典』の番號を附した。讀添と思はれる語は便宜「補讀」の項に收めた。

一、所謂形容動詞は、原則として、その語幹を掲出語とした。

一、打消の助動詞「ザリ」は、「ズ」の活用形と認めて「ズ」の掲出語の許に一括した。

一、同じ音の語については、「名詞→副詞→動詞→形容詞」の順に配列した。例へば、『アシ（足）』→『アシ（悪）』、『ヨル（夜）』→『ヨル（依）』の如くである。

一、名詞・副詞・助詞などの活用しない語彙については、それらの語に助詞や助動詞が附屬する場合があるが、それら附屬語についてまでは、五十音順の配列を行はなかつた。從つて、これらの語は、使用された卷數・丁數・行數の順に掲げられてゐる。

一、動詞・形容詞・助動詞など、活用を有する語については、「活用形」に拘らず、音便形を含めて、活用語尾の五十音順とした。例へば、『カク（繫）→カケ（繫）→カケテ（繫）→カケヨ（繫）』、『オコイタリ（發）→オコシ（發）→オコス（發）』の順の如く配列した。

一、同一の漢字に二種類以上の和訓がある場合には、朱點・墨點、乃至は假名點・ヲコト點の表記に拘らず（卽ち「 」の有無、片假名、平假名に拘らず）、その内の五十音順の早い方を採つたものの順とすることを原則とした。例へば、『ナす／「ナイツ」（爲）』は、『「ナイツ」→なす』、『みる／「ミテ」（觀）』は、『「ミテ」→みる』の順とする如くである。但し、編者の判斷によつて、補讀の部分を假に訓じ、その部分を含めて順序を定めた場合がある。

一、同一の漢字に二種類以上の和訓がある場合、例へば『救ハムトスルモ／「フコトモ」』の場合、原則として、「スクハムトスルモ」の位置と「スクフコトモ」の位置とに、夫々別個に二回掲出したが、探索の遺漏の虞が無いやうな場合には、便宜、『救ハムトスルモ／「フコトモ」』の形を一回だけ掲げるに止めた場合もある。

一、見出し語の假名遣は、歴史的假名遣に據つたが、個々の和訓の表記は原本の通りとした。例えば、ウヘ（植）・ウヱ（植）、オコス（起）・ヲコス（起）などで、同じ項目の中の順序も、この假名遣に従つた。

一、譯文篇では「當」の「マサニ…ベシ」、「將」の「マサニ…ス」などの「ベシ」「ス」などを再讀す場合、「當」（再讀）「將」（再讀）のやうに、（再讀）の注記を併記したが、索引篇では、これを省略した。

一、本索引の採錄は、巻上を築島裕、巻中を坂詰力治、巻下を後藤剛が分擔した。出來る限り三者の統一を取るやう努力したが、該當の語の前後の語をどの程度まで附加して採錄するかといふ點、その他、細部においては若干の不統一が存することは避けられなかつた。

字音索引

一、本索引は、『最明寺本往生要集』三帖に加點された訓點の内、漢字音についての附注の凡ての例を、假名の五十音順に配列したものである。

一、「字音索引」では、掲出語は、原則として漢字一字ごとの字音表記とした。

一、平安時代の漢字音の音韻體系に従ひ、次のやうな基準によつた。

A、脣内撥音尾−m（「ム」）と、舌内撥音尾−n（「ン」又は無表記）とを區別して掲出した。

B、カ行の直音（「キ」・「ケ」）と拗音（「クヰ」・「クヱ」）とを區別して掲出した。

C、サ行の拗音（「スヰ（ン）」等）については、原本の表記に従つた。

D、舌内入聲尾−tについては、「−チ」「−ツ」「−ン」等の表記があるが、何れも原本の表記に従つて掲出した。

E、以上の内、A、B、及びDの「−チ」と「−ツ」とについては、例へば、「イン」と「イム」、「ケ」と「クヱ」、

「セチ」と「セツ」などの項目を、一々相互に參照させることは、省略した。

F、特異な表記、表記上問題のある表記、慣用音と異なる表記、又は誤讀と考へられるものなどについては、原文の形のままで掲出し、平安時代後半期における一般の表記を空見出しとして立て、それから參照できるやうにした。

例、「カツ（割）→カン」、「オム（隱）→オウ」、「ガウ（號）→ガム」、「ハウ（方）→ホウ」「ヒ（鄙）→ヒイ」、「ヨウ（用）→ユウ」、「ゲキ（隙）→サイ（際の誤讀）」

G、明かに誤讀と認められるものは、正しかるべき形の項目の下に收めたものがある。

例、「層」の「ソヘ」は「ソウ」の項目へ。「涕」の「スイ」は「テイ」の項目へ。

H、字音には、呉音系統の例が多く、中には餘り一般的でない例（「ジユ（鷲）」「シキ（飾）」など）もあるが、一般的な漢音系統の例を空見出しに立てることは、必ずしも行はなかつた。必要に應じて、漢字部首引檢字表を活用されたい。

漢字部首引檢字表

一、「漢字部首引檢字表」は、「和訓索引」「字音索引」に基づき、〝索引システム〟により、諸橋轍次編『大漢和辭典』掲出語の順（概して『康熙字典』の順）に轉換配列し、各項ごとに、その漢字に加へられた、和訓と字音とを、五十音順に配列表示したものである。

一、見出し字を括弧でくくり、その下に『大漢和辭典』の番號を附した。『大漢和辭典』の番號がない漢字は、私に派生番號を加へて該當すると思はれる位置に配した。

和訓索引

(1) 一　部

【一】00001
〔一〕ヒトタビ
ヒトツ
ヒトツニス
ヒトリ
〔一時〕ヒトタビ
〔一聚〕ヒトムラ
【三】00012
〔三〕ミタビ
ミツ
【上】00013
〔上〕アグ
ウヘ
カミ
カミザマ
〔上〕スグル
ノス
ノボル
ノル
ホトリ
【下】00014
〔下〕オツ
オル
オロス
クダス
クダル
シタ
シモ
シモザマ
シモシマ
モト
【不】00019
〔不〕アラズ
〔不〕イナ
ザラク
ジ
ズ
マジ
〔不肯〕カヘニス
カヘンズ
〔不能〕アタハジ
アタハズ
【且】00029
〔且〕シバラク
【世】00031
〔世〕ヨ

(1) 丨　部

【中】00073
〔中〕ウチ
〔中〕ナカ
ナカゴロ
ヤブル
〔中止〕ヤム
〔就中〕ナカニツキテ
【丱】00077
〔丱〕ワ
【串】00080
〔串〕クシ

(1) 丶　部

【丹】00099
〔丹〕アカシ
【主】00100
〔典主〕ツカサドル

(1) 丿　部

【乃】00113
〔乃〕イマシ
コレ
スナハチ
ナホシ
【久】00118
〔久〕ヒサシ
〔已久〕イクヒサシ
【之】00125
〔之〕コレ
ノ
【乍】00130
〔乍〕タチマチニ
マタ
【乎】00131

〔乎〕 ヤ

【乏】00133
〔乏〕 アキダル
トモシ

【乖】00149
〔乖〕 ソムク
タガフ

【乘】00154
〔乘〕 ノボル
ノル

(1) 乙 部

【九】00167
〔九〕 ココノ
ココノツ

【也】00171
〔也〕 ナリ
ヤ

【乾】00204
〔乾〕 カル
カワク

【亂】00214
〔亂〕 カル
ミダス
ミダル

(1) 亅 部

【了】00226
〔了〕 サトル
シル
ツヒニ

【事】00241
〔事〕 コト
ツカフ
ツカマツル
ツカムマツル

(2) 二 部

【二】00247
〔二〕 フタツ
フタリ
フタン

【云】00254
〔云〕 イハク
イフ
ノタマハク
ノタマフ
マウサク
〔云何〕 イカガ
イカゾ
イカナルヲカ
イカン
イカンガ
イカンゾ
〔云謂〕 イハク
〔言云〕 イハク

【互】00255
〔互〕 タガヒニ

【五】00257
〔五〕 イツツ
イトン

(2) 亠 部

【亡】00287
〔亡〕 ウス

【交】00291
〔交〕 マジハル
マジフ

【亦】00293
〔亦〕 マタ

(2) 人 部

【人】00344
〔人〕 ヒト

【仁】00349
〔仁〕 キミ

【今】00358
〔今〕 イマ
コノ
タダイマ
〔今日〕 イマ
ケフ
〔今者〕 イマ
イマニ

【介】00359

〔介〕ヨロヒ
【付】00373
〔付〕ツク
【代】00386
〔代〕カハル
【令】00387
〔令〕シム
〔假令〕タトヒ
〔設令〕タトヒ
【以】00388
〔以〕コレヲモテ
　モテ
　モテス
　モンテ
〔以故〕モテノユヱニ
〔以是〕ココヲモテ
　コレヲモテ
〔何以〕ナニヲモテカ
〔何以故〕ナニヲモテ
　ノユヱニ
〔及以〕オヨビ
〔所以〕ソヱニ
　ユヱ
〔所以者〕イカントナ
　ラバ
〔然所以〕シカルユヱ
【仰】00400
〔仰〕アフグ
【任】00416
〔任〕マカス
〔縦任〕ホシママ
【伏】00438
〔伏〕ウツブク
　ウツブシ
【伐】00439
〔伐〕ウツ
〔伐〕キル
　ホコル
【休】00440
〔休〕ヤム
【伴】00475
〔伴〕トモ
　トモナフ
【伺】00483
〔伺〕ウカガフ
【似】00485
〔似〕ニル
〔似若〕ニル
〔如似〕ゴトシ
　ニル
【但】00495
〔但〕タダ
　タダシ
【位】00503
〔位〕クラヰ
【低】00504
〔低〕タル
【住】00505
〔住〕トドマル
　トドム
【何】00511
〔何〕イカゾ
　イカナル
　イカニ
　イカムトナラ
　バ
　イカン
　イカンガ
　イカンゾ
　イカントナラ
　バ
　イヅコンゾ
〔何〕イヅレ
　イドコ
　イドコンゾ
　ナゾ
　ナニ
　ナニンカ
　ナノ
　ナンガユヱゾ
　ナンゾ
　ナンノ
〔何以〕ナニヲモテカ
〔何以故〕ナニヲモテ
　ノユヱニ
〔何故〕ナニガユヱゾ
　ナニガユヱニ
　ゾ
〔何況〕イカニイハム
　ヤ

〔何爲〕ナンズレソ
〔何用〕ナニヲモテカ
〔何等〕ナニラ
ナニヲカ
ナンラ
〔何者〕イカントナラバ
ナニトナレバ
ナニモノ
〔云何〕イカガ
イカゾ
イカナルヲカ
イカン
イカンガ
イカンゾ
〔如何〕イカンガ
イカンゾ
〔幾何〕イクバク

【佛】00517
〔佛〕ホトケ
ミホトケ
【作】00518
〔作〕オコス
タリ
ツクル
ナサク
ナサマク
ナス
ナラク
ナル
【佳】00557
〔佳〕ヨシ
【併】00561
〔併〕ナラビニ
【使】00573
〔使〕シム

〔使〕ツカヒ
〔假使〕タトヒ
〔正使〕タトヒ
〔縦使〕タトヒ
〔設使〕タトヒ
【來】00581
〔來〕キタル
コノカタ
〔已來〕コノカタ
【侍】00589
〔侍〕サブラフ
ツカフ
【依】00607
〔依〕ヨル
【侵】00646
〔侵〕ヲカス
【便】00659
〔便〕スナハチ

〔便〕タヨリ
〔便卽〕スナハチ
〔卽便〕スナハチ
【係】00663
〔係〕カク
【保】00702
〔保〕タモツ
【俟】00705
〔俟〕アヤマツ
マツ
【修】00721
〔修〕ナガシ
【俱】00724
〔俱〕トモ
トモニ
〔俱共〕トモニ
【倍】00760
〔倍〕アツツカヘ

【倒】00767
〔倒〕サカサマ
タフル
【倚】00776
〔倚〕ヨス
【値】00786
〔値〕アフ
ウウ
マアフ
マウアフ
〔値遇〕アフ
【倦】00788
〔倦〕ウム
【倫】00793
〔倫〕トモガラ
【偃】00830
〔偃〕ノキフス
ノク

【假】00835
〔假〕カリニ
カル
ヨル
〔假令〕タトヒ
〔假使〕タトヒ
【偏】00848
〔偏〕ヒトヘニ
【停】00864
〔停〕トドマル
ヤム
【健】00875
〔健〕コハシ
タケシ
【偸】00901
〔偸〕ヌスム
【傍】00948
〔傍〕カタハラ

【備】00967
〔備〕ソナフ
ツブサニ
【催】01005
〔催〕クダク
モヨホス
【傳】01019
〔傳〕ツタフ
【傷】01029
〔傷〕ソコナフ
ヤブル
【傾】01038
〔傾〕カタブク
【僂】01045
〔僂〕セナ
【價】01163
〔價〕アタヒ
【僻】01166
〔僻〕タフス
【償】01245
〔償〕ツクノフ

(2) 儿部

【充】01345
〔充〕ミツ
【先】01349
〔先〕サキ
サキダツ
マヅ
【光】01350
〔光〕ヒカリ
ヒカル
【免】01358
〔免〕マヌカル

(2) 入部

【入】01415
〔入〕イル
【全】01424
〔全〕マタウス
マタクス
マタシ
【兩】01436
〔兩〕フタツ
フタリ
フタン
フタンナガラ
〔兩段〕フタキダ

(2) 八部

【共】01458
〔共〕トモニ
トモニス
トモンズ
〔倶共〕トモニ
【其】01472
〔其〕ソノ
ソレ
【具】01473
〔具〕ツブサニ
ツブサニス
トモニ
【典】01474
〔典主〕ツカサドル

(2) 冂 部

【内】01512
〔内〕 ウチ

【冑】01537
〔冑〕 カブト

(2) 冖 部

【冥】01588
〔冥〕 クラシ

(2) 冫 部

【冶】01621
〔冶〕 ミガク

【冷】01622
〔冷〕 サム
スズシ

【准】01661
〔准〕 ナズラフ

【凍】01670
〔凍〕 コホリス
ココユ

【凝】01720
〔凝〕 コラス

(2) 几 部

【凡】01739
〔凡〕 オホヨソ
スベテ

(2) 凵 部

【出】01811
〔出〕 イダス
イヅ

(2) 刀 部

【刀】01845
〔刀〕 カタナ
タチ
ツルギ
〔剃刀〕 カミソリ
〔剃頭刀〕 カムソリ

【刃】01850
〔刃〕 ツルギ
ハ
ヤキバ

【分】01853
〔分〕 ワカツ
ワカル

【切】01858
〔切〕 キル
セム

【刖】01900
〔刖〕 キル

【初】01911
〔初〕 ハジメ
ハジメテ

【判】01923
〔判〕 コトワル

【別】01924
〔別〕 コトゴトニ
コトナリ
コトニ
ワカル

【利】01932
〔利〕 トシ

【到】01950
〔到〕 イタス
イタル

【制】01961
〔制〕 タダス

【刺】01969
〔刺〕 ウバラ
カラタチ
サク
サス
ヒシ

【剃】01989
〔剃〕 ソル
〔剃刀〕 カミソリ
〔剃頭刀〕 カムソリ

【則】01994
〔則〕スナハチ
【削】02000
〔削〕ケヅル
【前】02011
〔前〕サキ
ススム
マヘ
ミマヘ
【剝】02049
〔剝〕サク
ハグ
〔生剝〕イケハギ
【割】02112
〔割〕サク
ワル
【劇】02218
〔劇〕イソガシ
〔劇〕ハナハダシ
【劈】02223
〔劈〕サク
【劓】02249
〔劓〕キル
サク

(2) 力　部

【力】02288
〔力〕チカラ
〔努力〕ユメユメ
【加】02297
〔加〕クハフ
【劣】02302
〔羸劣〕ヨワシ
【助】02313
〔助〕タスク
【努】02314
〔努力〕ユメユメ
【劫】02316
〔劫〕カスム
【劬】02317
〔劬〕ツトム
【勅】02354
〔勅〕イマシメ
【勉】02362
〔勉〕ハゲム
マヌカル
マノカル
【勒】02386
〔勒〕カタハラ
【動】02390
〔動〕ウゴカス
ウゴク
オゴカス
〔動〕ヤヤムズレバ
ヤヤモスレバ
【勘】02393
〔勘〕カムガフ
【務】02394
〔務〕イソグ
イトナミ
マツリ
マツリゴト
【勝】02409
〔勝〕アグ
スグル
マサル
【劳】02410
〔劳〕イタハシ
イタハシウス
イタハシクス
イタハル
〔劳〕ツカラカス
ワヅラハシ
【勢】02422
〔勢〕イキホヒ
【勤】02424
〔勤〕ツトム
【勵】02472
〔勵〕ハゲマス
ハゲム
【勸】02486
〔勸〕ススム

(2) 勹　部

【匆】02501
〔匆〕ナカレ
ナシ
マナ

(2) 匸 部

【匪】02629
〔匪〕ナカレ

(2) 匚 部

【匹】02673
〔匹〕トモガラ

(2) 十 部

【十】02695
〔十〕トタビ
【卑】02738
〔卑〕ミジカシ
【卒】02740
〔卒〕タチマチニ
ニハカニ
【博】02761
〔博〕カフ
ヒロシ

(2) 卜 部

【卜】02774
〔卜〕シム

(2) 卩 部

【危】02849
〔危〕アヤフシ
【却】02856
〔却〕サク
サル
シリゾク
【巻】02860
〔巻〕シジム
マク
【卽】02872
〔卽〕スナハチ
ツク
〔卽便〕スナハチ
〔便卽〕スナハチ

(2) 厂 部

【厚】02949
〔厚〕アツサ
アツシ
ムツブ
【厠】02981
〔厠〕カハヤ
【厨】03005
〔厨〕クリヤヒト
【厭】03025
〔厭〕アク
イトヒ
イトフ

(2) 厶 部

【去】03070
〔去〕イヌ
サク
サル

(2) 又 部

【又】03115
〔又〕マタ
【叉】03116
〔叉〕アザフ
ヒシ
【及】03118
〔及〕オヨビ
オヨブ
オヨボス
トトノフ
〔及以〕オヨビ
〔及與〕オヨビ
【反】03127
〔反〕カヘス
カヘリテ
【取】03158
〔取〕トラフ
トル
【受】03159
〔受〕ウク

(3) 口　部

【口】03227
〔口〕クチ
ミクチ

【古】03233
〔古〕イニシヘ

【叩】03238
〔叩〕タタク

【只】03239
〔只〕タダ

【叫】03240
〔叫〕サケブ
ヨブ

【可】03245
〔可〕イフ
ベケム
ベシ
ユルス

【右】03250
〔右〕ミギ

【叵】03254
〔叵〕カタケム

【司】03257
〔司〕ツカサドル

【各】03281
〔各〕オノオノ
〔各々〕オノオノ

【合】03287
〔合〕アハス
アフ

【同】03294
〔同〕オナジ
オナジウス
オナジクス

【名】03297
〔名〕ナ
ナヅク
ミナ

【吐】03300
〔吐〕ハク
〔嘔吐〕ヘドツク

【向】03301
〔向〕ムカフ

【君】03323
〔君〕キミ
キム

【吞】03329
〔吞〕ノム

【吹】03373
〔吹〕フク

【吼】03377
〔吼〕ホユ

【吾】03379
〔吾〕ワレ

【告】03381
〔告〕ツグ
ツグラク
ツゲタマハク
ツゲラク
ノタマハク

【周】03441
〔周〕アマネウス
アマネシ
タフ

【味】03456
〔味〕アヂハヒ

【呼】03471
〔呼〕ヨバフ
〔呼喚〕ヨバフ
〔嗚呼〕アア

【咄】03480
〔咄〕ヤア

【咲】03554
〔咲〕ワラフ
ヱム
〔談咲〕カタラヒ

【咸】03563
〔咸〕コトゴトク

【咽】03577
〔咽〕ノムド

【哀】03580
〔哀〕カナシビ

【哉】03596
〔哉〕カナ
ヤ

【哮】03659
〔哮〕ホユ

【哺】03676

〔哺〕フクム
【唐】03709
〔唐〕ムナシ
【唯】03761
〔唯〕タダ
タダシ
【唱】03765
〔唱〕トナフ
【唵】03770
〔唵〕フサグ
【唼】03780
〔唼〕スフ
【唾】03785
〔唾〕ツハキ
ツハキハク
【啄】03801
〔啄〕ツイバム
ハム

【問】03814
〔問〕トハク
トハマク
トフ
トブラフ
【啓】03820
〔啓〕マウス
【善】03904
〔善〕ヨウシ
ヨシ
〔善能〕ヨシ
【喉】03913
〔喉〕ノド
【喚】03953
〔喚〕ヨバハル
ヨバフ
ヨブ
〔呼喚〕ヨバフ

【喜】03957
〔喜〕ヨロコビ
ヨロコブ
【喩】03979
〔喩〕タトヒ
タトフ
【喪】03985
〔喪〕ウシナフ
ホロボス
【喫】03987
〔喫〕カム
クフ
クラフ
【嗅】04048
〔嗅〕カグ
【嗚】04084
〔嗚呼〕アア
【嗜】04089

〔嗜〕タシナム
【嘔】04200
〔嘔吐〕ヘドツク
【嘗】04205
〔嘗〕カツテ
ナム
【嘴】04256
〔嘴〕クチバシ
ハシ
【噉】04299
〔噉〕クラフ
ハム
〔食噉〕ムシクフ
【器】04376
〔器〕ウツハモノ
【噬】04382
〔噬〕クフ
【嚙】04516

〔嚙〕クフ
【嚴】04589
〔嚴〕カザル
〔嚴飾〕キヤル

(3) 囗部

【囚】04680
〔囚〕コム
トラハル
【四】04682
〔四〕ヨタリ
ヨツ
ヨモニ
【因】04693
〔因〕チナビニ
ヨス
ヨリテ

〔因此〕コレニヨリテ
【困】04717
〔困〕タシナム
【國】04798
〔國〕クニ
【圍】04806
〔圍〕メグル
【圓】04819
〔圓〕マドカ
マリリカ
マロ

(3) 土 部

【土】04867
〔土〕ツチ
【在】04881
〔在〕アリ
〔在〕イマス
イル
オク
マシマス
【地】04890
〔地〕ツチ
トコロ
【坐】04931
〔坐〕マシマス
ヰル
【坑】04932
〔坑〕アナ
【垂】05012
〔垂〕イマニ
カタブク
ス
タル
【垢】05058
〔垢〕アカ
【執】05193
〔執〕トル
モタリ
【堅】05210
〔堅〕カタシ
【堪】05266
〔堪〕タフ
【報】05275
〔報〕コタフ
ムクユ
【塊】05319
〔塊〕ツチクレ
【塗】05338
〔塗〕ヌル
【塚】05345
〔塚〕ツカ
【塵】05388
〔塵〕チリ
【塼】05400
〔塼〕カハラ
カハラマロカ
シ
【境】05409
〔境〕サカヒ
ニハ
【墜】05451
〔墜〕オツ
【增】05454
〔增〕マス
【墨】05469
〔墨〕スミ
【墮】05481
〔墮〕オツ
オトス
【墳】05488
〔墳〕ツカ
【墻】05505
〔墻〕カキ
【壁】05516
〔壁〕カベ
【壞】05590
〔壞〕クヅス
ヤブル

(3) 士 部

【壽】05672
〔壽〕イノチ
イノチアリ

(3) 夊 部

【夏】05720

〔夏〕ナツ

(3) 夕部

【外】05750
〔外〕ホカ
【多】05756
〔多〕オホカリ
オホケム
オホシ
【夜】05763
〔夜〕ヨ
ヨル
〔此夜〕ココヒ
【夢】05802
〔夢〕ユメ
ユメミラク
ユメミル

(3) 大部

【大】05831
〔大〕オホイ
オホキ
オホキサ
オホシ
〔大腸〕フトワタ
【夫】05835
〔夫〕ソレ
【失】05844
〔失〕イダサク
イダス
ウシナフ
ウス
トガ
【奇】05892
〔奇〕アヤシ
【奉】05894
〔奉〕タテマツル
タモツ
ツカフ
ツカマツル
【奏】05915
〔奏〕シラブ
【奕】05922
〔赫奕〕ホガラカ
【奢】05964
〔奢〕ユルシ
ユルブ
【奩】05991
〔奩〕ハコ
【奪】05994
〔奪〕ウバフ
バフ
ムバフ
【奮】06012
〔奮〕フルフ

(3) 女部

【好】06053
〔好〕ウルハシ
コノミ
コノム
ヨシ
【如】06060
〔如〕イカニ
イマ
ゴト
ゴトキナリ
ゴトキヲモス
ゴトクアラク
ゴトクアリ
ゴトクス
ゴトクナリ
ゴトクナル
ゴトクニス
ゴトクニモス
ゴトクンズ
ゴトクンナル
ゴトケム
ゴトシ
シク
タトヘバ
バカリス
バカリニス
モシ
〔如似〕ゴトシ
ニル
〔如何〕イカンガ

〔如何〕イカンゾ
〔如斯〕カクノゴトシ
〔如是〕カクノゴトク
　アリ
　カクノゴトク
　ス
　カクノゴトシ
〔如此〕カクノゴトシ
【妄】06063
〔妄〕ミダリニ
【妙】06090
〔妙〕タヘ
【妨】06111
〔妨〕サフ
　サマタグ
【妹】06138
〔妹〕イモウト
【妻】06140
〔妻〕メ
【始】06166
〔始〕ハジメ
　ハジメテ
【委】06181
〔委〕クハシ
【娯】06307
〔娯〕タノシビ
　タノシブ
【婦】06432
〔婦〕ヲムナ
【婬】06440
〔婬〕タハル
【媚】06513
〔媚〕コブ
【嫉】06611
〔嫉〕ソネム
【嬈】06734
〔嬈〕ナヤマス
【嬰】06828
〔嬰〕カカル
　カク
【嬾】06872
〔嬾〕ヒラク
　ヒログ
【孃】06891
〔孃〕ハハ
　ヲムナメ

(3) 子 部

【子】06930
〔子〕コ
　タネ
　ナムヂ
【孔】06933
〔孔〕アナ
【孤】06966
〔孤〕ヒトリ
【學】07033
〔學〕マナブ

(3) 宀 部

【守】07071
〔守〕マモル
【安】07072
〔安〕イドコゾ
　オク
　ヤスムズ
　ヤスラカ
〔安靖〕シヅカ
【完】07079
〔完〕マタシ
【宍】07084
〔宍〕シシ
　シシムラ
【定】07109
〔定〕サダマル
　サダメテ
【宛】07110
〔宛〕ヲコツル
【宜】07111
〔宜〕ベシ
　ヨロシ
　ヨロシク
【宣】07132
〔宣〕ノブ
【室】07136
〔室〕ムロ
【害】07165
〔害〕ヤブル

【家】07169
〔家〕イヘ
【容】07172
〔容〕カホ
ベケム
【寂】07200
〔寂〕シヅカ
【寄】07203
〔寄〕イル
ノス
ヤドス
ヤドル
ヨス
【密】07205
〔密〕カクス
キビシ
【富】07230
〔富〕トム

【寒】07239
〔寒〕サムサ
【寢】07289
〔寢〕ネブル
【實】07294
〔實〕コノミ
マコトニ
ミ
【寧】07296
〔寧〕イカンゾ
ムシロ
【審】07316
〔審〕ツバヒラカ
【寶】07376
〔寶〕タカラ

(3)
寸部

【寺】07414
〔寺〕テラ
【㝵】07421
〔㝵〕サハリ
サフ
【封】07426
〔封〕カカル
【射】07434
〔射〕イル
ヤ
【將】07438
〔將〕ス
ヒキヰル
マサニ
モツ
〔將〕ヰル
【專】07439
〔專〕モハラ
モハラニス
モハランズ
【尋】07447
〔尋〕タヅヌ
ツイヅ
ツイデ
ツグ
【對】07457
〔對〕コタフ
ムカフ

(3)
小部

【小】07473
〔小〕スクナシ
〔小〕スコシ
スコシキ
チヒサシ
〔小聲〕コゴヱ
〔小腸〕ホソワタ
【少】07475
〔少〕オボロケ
カク
スクナシ
スコシ
スコシキ
チヒサシ
【尚】07493
〔尚〕ナホ
ナホシ
〔猶尚〕ナホシ

(3) 尢部

【就】07599
〔就〕ツク
〔就中〕ナカニツキテ

(3) 尸部

【尾】07650
〔尾〕ケ
ヲ
【尿】07651
〔尿〕ユバリ
【局】07653
〔局〕カギル
【屍】07688
〔屍〕シニカバネ
〔死屍〕シニカバネ
【屏】07692
〔屏〕カクス
ヘダツ
【屑】07709
〔屑〕クダク
【屠】07761
〔屠〕ホブル
【屢】07787
〔屢〕シバシバ
【層】07798
〔層〕コシ
【履】07799
〔履〕フム
【屬】07821
〔屬〕タグヒ

(3) 山部

【山】07869
〔山〕ヤマ
【岸】08009
〔岸〕キシ
【崩】08212
〔崩〕クヅル
【嶮】08520
〔嶮〕ケハシ
サガシ
【巖】08649
〔巖〕イハホ

(3) 工部

【巧】08721
〔巧〕タクミ
タクム

(3) 己部

【己】08742
〔己〕オノガ
【已】08743
〔已〕スデニ
ヤム
ヲハル
〔已久〕イクヒサシ
〔已來〕コノカタ
〔已後〕ノチ

(3) 巾部

【市】08775
〔市〕イチ
【布】08778
〔布〕シク
【帆】08787
〔帆〕ホ
【希】08813
〔希〕マレ
【席】08926
〔席〕ムシロ
【帶】08950
〔帶〕メグル
【常】08955
〔常〕ツネ
〔恒常〕ツネ
【幡】09086
〔幡〕ハタ
【幢】09087
〔幢〕ハタホコ

(3) 干 部

【干】09165
〔若干〕ソコバク

【平】09167
〔平〕タヒラカ
ナホシ

【年】09168
〔年〕トシ

【并】09170
〔并〕アハセテ
ナラビニ

【幸】09176
〔幸〕サイハヒニ

(3) 幺 部

【幻】09190
〔幻〕マボロシ

【幾】09208
〔幾〕イクソバク
イクバク
〔幾何〕イクバク
〔幾處〕イクソバク
〔幾許〕イクソバク
イクバク

(3) 广 部

【床】09242
〔床〕トコ
ユカ

【底】09262
〔底〕カラク
ソコ

【度】09313
〔度〕ワタス
ワタル

【廣】09493
〔廣〕ヒロシ

(3) 廴 部

【延】09569
〔延〕ノブ

【建】09574
〔建〕タツ

【廻】09575
〔廻〕カヘル
メグラス
〔廻〕メグル

(3) 廾 部

【弁】09588
〔弁〕ワキマフ

【弊】09644
〔弊〕オホフ
ツヒユ

(3) 弓 部

【引】09699
〔引〕ヒク

【弗】09708
〔弗〕ズ

【弘】09709
〔弘〕ヒロシ

【弩】09760
〔弩〕ハナツ

【弱】09791
〔弱〕ユワシ
ヨワシ

【張】09812
〔張〕ハル

【強】09815
〔強〕コハシ
シフ
ツヨシ

【彌】09877
〔彌〕イヨイヨ

(3) 彡 部

【形】09969
〔形〕カタチ

〔形〕カタミ
【影】10019
〔影〕カゲ

(3) 彳部

【彼】10066
〔彼〕カシコ
カノ
カレ
〔彼此〕カレコレ
〔彼等〕カレラ
【往】10073
〔往〕ムカシ
ユク
【待】10085
〔待〕マツ
【後】10098
〔後〕ウシロ
シリヘ
ノチ
〔已後〕ノチ
〔然後〕シカアテノチ
シカアンテノチ
シカウシテノチニ
シカンテノチニ
【徐】10110
〔徐〕ヤウヤク
【徑】10118
〔徑〕ミチ
【徒】10121
〔徒〕イタヅラニ
タダ
〔徒〕トモガラ
【得】10137
〔得〕ウ
エマク
【從】10152
〔從〕カナフ
シタガフ
ヨリ
ヨリシテ
ヨリス
ヨリハ
ヨリモ
【御】10157
〔御者〕ウナガスモノ
【復】10183
〔復〕マタ
〔復活〕ヨミガヘル
【微】10203
〔微〕スクナシ
スコシ
スコシキ
ホソシ
ヨワシ
【徹】10245
〔徹〕トホス
トホル

(4) 心部

【必】10299
〔必〕カナラズ
カナラズシモ
【忍】10312
〔忍〕シノブ
【志】10331
〔志〕ココロザシ
【忘】10333
〔忘〕ワスル
【忙】10334
〔忙〕イソグ
【念】10390
〔念〕オモヒ
オモフ
オモミル
〔惟念〕オモムミラク
【忽】10405
〔忽〕タチマチニ
〔忽爾〕イルカセニス
【怒】10439
〔怒〕イカラカス
イカラス
イカル
【怖】10450
〔怖〕オソリ

〔怖〕オソル
オソレ
オヅ
オドス
【怙】10454
〔怙〕タノム
【思】10462
〔思〕オモヒ
オモフ
【怠】10469
〔怠〕オコタル
【急】10475
〔急〕オソレ
スミヤカ
【怨】10479
〔怨〕アタ
【怪】10483
〔怪〕アヤシブ

〔怪〕アヤシム
【恒】10527
〔恒〕ツネ
〔恒常〕ツネ
【恐】10552
〔恐〕オソラクハ
オソル
オヅ
【恚】10566
〔恚〕イカル
【恣】10580
〔恣〕ホシママ
ホシママニス
【恨】10588
〔恨〕ウラミ
ウラム
【恭】10596
〔恭〕カシコマル

〔恭〕ツツシム
ヰヤマフ
【息】10601
〔息〕イキ
ヤスム
ヤム
〔止息〕ヤム
【悅】10629
〔悅〕ヨロコブ
【悉】10635
〔悉〕コトゴトク
【悔】10659
〔悔〕クイ
クユ
【悟】10680
〔悟〕サトル
【患】10691
〔患〕イタム

〔患〕ウレフ
ウレヘ
ヤマヒ
ヤマヒス
【悲】10720
〔悲〕カナシ
カナシビ
カナシブ
【悷】10732
〔悷〕モトル
【悼】10738
〔悼〕カツ
【惑】10789
〔惑〕マドハス
マドヒ
マドフ
ワヅラヒ
【惜】10814

〔惜〕ヲシム
【惟】10820
〔惟念〕オモムミラク
【惡】10824
〔惡〕アシ
ニクム
ミニクシ
【惣】10829
〔惣〕スベテ
【惱】10856
〔惱〕ナヤマス
【想】10858
〔想〕オモヒ
オモフ
【愁】10885
〔愁〕ウレフ
【愈】10904
〔愈〕イユ

【愍】10919
〔愍〕アハレブ
【意】10921
〔意〕ココロ
【愼】11024
〔愼〕ツツシム
【慶】11145
〔慶〕ヨロコブ
【慼】11158
〔慼〕ウラミ
ウレヘ
【憂】11170
〔憂〕ウレフ
ウレヘ
【憙】11219
〔憙〕コノム
ネガフ
【憶】11295
〔憶〕オモフ
タフ
【懈】11328
〔懈〕オコタル
【應】11330
〔應〕ベシ
【懷】11456
〔懷〕イダク
ウダク
ココロ
ハラム
フトコロ
【懸】11462
〔懸〕カカル
カク
ハルカ
【懼】11488
〔懼〕オソリ
オヅ

(4) 戈部

【成】11544
〔成〕ナス
ナル
【我】11545
〔我〕ワガ
ワレ
〔我等〕ワレラ
【戒】11548
〔戒〕イム
【或】11563
〔或〕アル
アルイハ
アルトキニ
アルトキニハ
アルヒト
ベシ
モシ
モシハ
〔或時〕アルトキニハ
【截】11639
〔截〕キル
サク
【戲】11665
〔戲〕タハブル
タハブレアザケル
【戰】11667
〔戰〕ヲノノク
【戴】11685
〔戴〕イタダク

(4) 戸部

【所】11715
〔所〕トコロ
ミモト
モト
ラル
ル
〔所以〕ソヱニ
ユヱ
〔所以者〕イカントナラバ
〔所有〕アラユル
〔所謂〕イハユル
〔然所以〕シカルユヱ
〔爾所〕ソコバク
〔被所〕ル

(4) 手　部

【手】11768
〔手〕テヅカラ
【打】11781
〔打〕ウツ
【扣】11807
〔扣〕タタク
【承】11852
〔承〕ウク
シタガフ
【把】11874
〔把〕トル
【投】11887
〔投〕イル
オク
トラフ
ナグ
【折】11890
〔折〕キル
ヲル
【披】11909
〔披〕ヒラク
【抱】11917
〔抱〕イダク
ウダク
【押】11929
〔押〕オス
【拂】11936
〔拂〕ハラフ
【拒】11957
〔拒〕コバム
【拔】11959
〔拔〕ヌク
【招】11968
〔招〕マネク
【拭】11989
〔拭〕ノゴフ
【拯】11991
〔拯〕スクフ
【拼】12012
〔拼〕スミウツ
【持】12019
〔持〕タモツ
モタリ
モツ
〔持用〕モツ
【指】12034
〔指〕サス
ユビ
【拤】12041
〔拤〕マドハス
【挑】12055
〔挑〕クジル
【挺】12106
〔挺〕ヲノ
【挽】12111
〔挽〕ヌク
ヒク
マノカル
【捉】12136
〔捉〕イタス
トク
トル
【捧】12189
〔捧〕ササグ
【捨】12191
〔捨〕オク
スツ
【振】12192
〔振〕モドラカス
モドロカス
【捶】12215
〔捶〕シモト
【授】12242
〔授〕サヅク
【掌】12248
〔掌〕タナゴコロ
【排】12256
〔排〕ハラフ
【掛】12267
〔掛〕アグ
【探】12276
〔探〕サグル
ツク
【掣】12277
〔掣〕ヒク
【接】12280
〔接〕トル

【推】12284
〔推〕オス
【掬】12290
〔掬〕ムスビ
ムスブ
【揃】12319
〔揃〕ソロフ
【換】12358
〔換〕カフ
【握】12366
〔握〕ニギル
【揮】12394
〔揮〕フルフ
【搆】12447
〔搆〕シボル
【摧】12609
〔摧〕クダク
【摩】12613
〔摩〕ナヅ
【搏】12642
〔搏〕マロカレ
【撾】12778
〔撾〕ウツ
【擇】12796
〔擇〕エラブ
【擊】12800
〔擊〕ウツ
【擎】12808
〔擎〕ササグ
【據】12839
〔據〕ヨル
【擧】12863
〔擧〕アガル
アグ
コゾル
【擲】12893
〔擲〕ナグ
【攉】12951
〔攉〕ウツ
【攝】13010
〔攝〕ヲサマル
ヲサム

(4)　支部

【支】13061
〔支〕ササフ

(4)　攴部

【收】13110
〔收〕サス
ヲサム
【改】13114
〔改〕アラタム
【放】13133
〔放〕ハナツ
ユルシ
ユルス
〔放逸〕ホシキママ
【政】13135
〔政〕マサシ
【故】13161
〔故〕カルガユヱ
コトサラニ
ソヱニ
ナホ
マコトニ
モト
ユヱ
ユヱニ
ユヱニス
〔故〕ユヱニナリ
〔以故〕モテノユヱニ
〔何故〕ナニガユヱゾ
ナニガユヱニゾ
〔何以故〕ナニヲモテノユヱニ
〔是故〕コノユヱニ
〔爲故〕タメノユヱ
タメノユヱニス
【教】13212
〔教〕ヲシフ
ヲシフラク
ヲシヘ
ヲシヘタマハク
【救】13221

〔救〕スクフ
ハラフ
【敗】13227
〔敗〕ヤブル
【敢】13260
〔敢〕アフ
アヘテ
【散】13265
〔散〕チラス
【敬】13303
〔敬〕ウヤマフ
ヰヤマフ
【敷】13359
〔敷〕シク
シクバカリス
【數】13363
〔數〕カズ
カゾフ
〔數〕シバシバ
〔數々〕シバシバ
【整】13394
〔整〕トトノフ
トトノホル
【斂】13407
〔斂〕ヲサム

(4)
文　部

【文】13450
〔文〕アヤ

(4)
斗　部

【料】13501
〔料理〕ハカラフ

(4)
斤　部

【斥】13535
〔斥〕キラフ
【斧】13539
〔斧〕ヲノ
【斫】13548
〔斫〕キル
クダク
サク
【斯】13563
〔斯〕ココ
ココニ
コトゴトニ
コノ
コレ
〔斯須〕シバラク
〔如斯〕カクノゴトシ
【新】13572
〔新〕アタラシ
アラタ
タチマチニ
【斵】13585
〔斵〕ウガツ
ウタンテ
【斷】13611
〔斷〕キル
タツ
タユ

(4)
方　部

【方】13620
〔方〕マサニ
【於】13628
〔於〕オイテ
オイテイフ
オイテス
オキテ
シテ
シテス
ニ
ニシテ
ヨリ
ヨリシテ
ヨリハ
ヨリモ
〔於是〕ココニ
【施】13629
〔施〕ホドコス
【旋】13656
〔旋〕メグル

(4)
无部

【无】13716
〔无〕ナカリ
ナカレ
ナクス
ナケム
ナシ
〔无極〕キハマリナシ
〔无比〕ナラビナシ
〔无窮〕キハマリナシ
【既】13724
〔既〕スデニ

(4)
日部

【日】13733
〔日〕ヒ
〔今日〕イマ
ケフ
〔盡日〕ヒネモス
【旦】13734
〔旦〕アシタ
シバラク
【旨】13738
〔旨〕ムネ
【早】13742
〔早〕トシ
ハヤシ
【旱】13752
〔旱〕ヒデリス
【昇】13794
〔昇〕ノボル
【明】13805
〔明〕アカサク
〔明〕アカス
アキラカ
アキラカシ
アキラケシ
アキラム
アク
ヒカリ
ヒカリカ
〔遲明〕アケボノ
【昏】13806
〔昏〕ユフグレ
【易】13814
〔易〕ヤスケム
ヤスシ
【昔】13816
〔昔〕ムカシ
〔昔曾〕ムカシ
【昨】13847
〔昨〕キノフ
【是】13859
〔是〕ココ
ココニ
コノ
コレ
コレヲモテ
〔是故〕コノユヱニ
〔是時〕コノトキニ
〔是等〕コレラ
〔以是〕ココヲモテ
コレヲモテ
〔如是〕カクノゴトク
アリ
カクノゴトク
ス
カクノゴトシ
〔於是〕ココニ
〔由是〕コレニヨリテ
【昴】13865
〔昴〕スバル
【時】13890
〔時〕トキ
トキニ
トキンガ
トキンバ
〔一時〕ヒトタビ
〔或時〕アルトキニハ
〔是時〕コノトキニ
〔爾時〕コノトキ
コノトキニ
ソノトキ
〔當時〕ソノカミ
〔登時〕ソノカビ
ソノカミ
【晃】13891

〔晃〕カカヤク
【晝】13948
〔晝〕ヒル
【晡】13952
〔晡〕ユフベ
【普】13982
〔普〕アマネシ
【晴】13994
〔晴〕ハレ
【暇】14036
〔暇〕イトマ
イトマアリ
【暎】14048
〔暎〕テル
【暗】14065
〔暗〕クラミ
ソラニ
【暢】14095
〔暢〕ノブ
【暫】14120
〔暫〕シバラク
【暮】14128
〔暮〕ユフベ
【暴】14137
〔暴〕ニハカニ
ハヤシ
【曉】14176
〔曉〕アキラム
アク
サトル
【曛】14224
〔曛〕クル
【曜】14227
〔炫曜〕カカヤカス
カカヤク
【曝】14239
〔曝〕サラス

(4) 曰 部

【曰】14278
〔曰〕イハク
イフ
マウサク
【曲】14280
〔曲〕クハシ
マガル
マグ
【曳】14282
〔曳〕ヒク
【更】14283
〔更〕カハルガハル
カヘルガヘル
サラニ
〔更〕タガヒニ
【曾】14299
〔曾〕カツテ
ムカシ
ムカシニモ
〔昔曾〕ムカシ
【最】14301
〔最〕スグル
モトモ
【會】14306
〔會〕アフ

(4) 月 部

【月】14330
〔月〕ツキ
【有】14332
〔有〕アリ
〔有〕アル
アルイハ
アルガ
アルヒト
イマス
タモツ
マシマス
〔所有〕アラユル
【朗】14364
〔朗〕ホガラカ
【望】14368
〔望〕ノゾミ
ノゾム
【期】14378
〔期〕トキ

(4) 木部

【木】14415
〔木〕キ
〔浮木〕ウキギ
【未】14419
〔未〕イマダ
ジ
ズ
〔未能〕アタハズ
【本】14421
〔本〕モト
モトヨリ
【朽】14439
〔朽〕クツ
【杈】14451
〔杈〕ヒシ

【杖】14469
〔杖〕ツヱ
【束】14480
〔束〕ツカヌ
トトノフ
【杵】14503
〔杵〕キネ
【枉】14530
〔枉〕タブロカス
【果】14556
〔果〕コノミ
ハタス
【枝】14557
〔枝〕エダ
【枯】14579
〔枯〕カル
【某】14618
〔某〕ソレ

【染】14621
〔染〕ソム
【柱】14660
〔柱〕ササフ
【條】14859
〔條〕エダ
コエダ
【梯】14881
〔梯〕カケハシ
【棄】14913
〔棄〕コボス
スツ
【棘】14938
〔棘〕ウバラ
【植】15023
〔植〕ウウ
【⿱林且】15217-01
〔⿱林且〕ツカム

〔⿱林且〕トル
【楗】15136
〔楗〕ツク
【極】15181
〔極〕キハマル
キハム
キハメテ
〔无極〕キハマリナシ
【槪】15364
〔槪〕オモブキ
【樂】15399
〔樂〕タノシ
タノシビ
タノシブ
タノシム
ネガヒ
ネガフ
【樹】15496

〔樹〕キ
【横】15594
〔横〕ヨコサマ
ヨコタフ
【檢】15684
〔檢〕カムガフ
【檮】15713
〔檮〕ツク

(4) 欠部

【次】15992
〔次〕ツイヅ
ツイデ
ツギ
ツグ
【欣】16008
〔欣〕ネガフ

〔欣〕ヨロコビ
【欲】16080
〔欲〕オボス
オモフ
オモフラク
オモホス
ス
ホス
ホンス
【欺】16097
〔欺〕アザムク
【欻】16099
〔欻〕タチマチニ
【歌】16167
〔歌〕ウタフ
【歍】16168
〔歍〕クチスフ
【歎】16182
〔歎〕ナゲク
ホム
【歛】16210
〔歛〕ヲサム
【歟】16226
〔歟〕カ

(4)
止部

【止】16253
〔止〕トドマル
トドム
ヤム
ヲリ
〔止息〕ヤム
〔中止〕ヤム
【正】16255
〔正〕タダシ
〔正〕タダシウス
タダシクス
タダス
トトノフ
ナホニス
〔正使〕タトヒ
【此】16259
〔此〕ココ
ココニ
コノ
コレ
コレガ
〔此夜〕ココヨヒ
〔此等〕コレラ
〔因此〕コレニヨリテ
〔如此〕カクノゴトシ
〔彼此〕カレコレ
【歩】16264
〔歩〕アユビ
アユミ
アユム
カチヨリ
【歳】16326
〔歳〕トシ
【〓】16331-01
〔〓〕クチバシ
【歴】16340
〔歴〕フ
【歸】16349
〔歸〕カヘル

(4)
歹部

【死】16365
〔死〕シヌ
ミマカル
〔死屍〕シニカバネ
【殃】16410
〔殃〕ツミ
【殆】16430
〔殆〕ホトホト
【殊】16451
〔殊〕コトニ
【殖】16502
〔殖〕ウウ
【残】16506
〔残〕ノコリ
【殨】16571
〔殨〕タダル
ツユ

(4)
殳部

【段】16619

〔兩段〕フタキダ
【殺】16638
〔殺〕コロス
【毀】16654
〔毀〕ソシル
ホロボス
ヤブル
【㲉】16702
〔㲉〕カヒ
カヒゴ

(4) 母 部

【毎】16725
〔毎〕ゴトニ
ツネ

(4) 比 部

【比】16743
〔比〕クラブ
タクラブ
タグヒ
ナラブ
〔无比〕ナラビナシ

(4) 毛 部

【毛】16772
〔毛〕カミ
ケ
〔身毛〕ミノケ
【毫】16831
〔毫〕ノギ

(4) 水 部

【水】17083
〔水〕ミヅ
〔水渚〕スハマ
【氷】17087
〔氷〕コホリ
【永】17088
〔永〕ナガシ
【汁】17104
〔汁〕シル
【求】17105
〔求〕モトム
【汎】17120
〔汎〕オホヨソ
ヒロシ
ムカブ
〔汎爾〕オホヨソニ
【汗】17130
〔汗〕アセ
シル
【汚】17133
〔汚〕ケガス
ヲカス
【汝】17138
〔汝〕ナムダチ
ナムヂ
〔汝等〕ナムダチ
ナムヂラ
【江】17140
〔江〕カハ
【池】17141
〔池〕イケ
【決】17174
〔決〕カナラズ
サダメテ
【沈】17189
〔沈〕シヅム
【沒】17204
〔沒〕イル
シヅム
【沙】17212
〔沙〕イサゴ
スナゴ
【河】17245
〔河〕カハ
【沸】17251
〔沸〕ワク
【治】17256
〔治〕ツクロフ
【沽】17258
〔沽〕ウル
【沾】17259

〔沾〕ウルフ
【況】17264
〔況〕イハムヤ
〔何況〕イカニイハムヤ
【泉】17274
〔泉〕イヅミ
【法】17290
〔法〕ノリ
【泡】17307
〔泡〕ミツボ
【注】17316
〔注〕ソソク
ツク
【泮】17323
〔泮〕トク
【洋】17363
〔洋〕トク

〔洋〕ワク
【洎】17369
〔洎〕オヨブ
【洗】17379
〔洗〕アラフ
オトス
ススグ
【洟】17387
〔洟〕ススバナ
ナムダ
【津】17396
〔津〕ウルフ
【洪】17402
〔洪〕オホキ
【活】17423
〔活〕イク
ヨミガヘル
〔復活〕ヨミガヘル

【流】17431
〔流〕ナガス
ナガル
ナガレ
メグル
【浮】17487
〔浮〕ウカブ
オヨグ
〔浮木〕ウキギ
【浴】17496
〔浴〕アム
【消】17529
〔消〕キユ
ケス
【渉】17530
〔渉〕ワタル
【涌】17534
〔涌〕ワク

【涕】17543
〔涕〕ススバナ
ナムダ
【液】17586
〔液〕シタダル
【涸】17601
〔涸〕カル
カレカワク
カワク
【涙】17644
〔涙〕ナムダ
【淨】17669
〔淨〕キヨシ
キヨム
【淪】17675
〔淪〕シヅム
【深】17687
〔深〕フカシ

【清】17695
〔清〕キヨシ
スム
【淺】17697
〔淺〕アサシ
【渚】17758
〔水渚〕スハマ
【渠】17764
〔渠〕ミゾ
【渡】17765
〔渡〕ワタル
【渧】17772
〔渧〕アマツビ
シタダリ
シタダル
シタヅ
ミヅタリ
【測】17780

〔測〕ハカル
【湊】17822
〔湊〕アツマル
イタル
【湯】17874
〔湯〕ユ
【準】17934
〔準〕ナズラフ
【溢】17951
〔溢〕ミツ
【溺】17990
〔溺〕オボホル
オボル
【滅】18008
〔滅〕キユ
ケス
ケツ
【滴】18084
〔滴〕アツ
シタダリ
シタヅ
【滿】18099
〔滿〕ミツ
【漁】18101
〔漁〕スナドル
【漂】18102
〔漂〕タダヨハス
【漉】18112
〔漉〕シタム
【漑】18123
〔漑〕ミヅマカス
【演】18130
〔演〕ノブ
【漸】18179
〔漸〕ウタタ
ヤウヤク
〔漸々〕ヤウヤク
ヤウヤクニ
【潛】18240
〔潛〕ヒソカニ
【潤】18255
〔潤〕スズシ
【潰】18281
〔潰〕ツユ
【澤】18383
〔澤〕サハ
【濃】18442
〔濃〕ウミシル
コマヤカ
【濕】18483
〔濕〕ウルフ
【濟】18498
〔濟〕スクフ
【濯】18532
〔濯〕アム
アラフ
【濱】18537
〔濱〕ハマ
ホトリ
【瀾】18722
〔瀾〕ナミ
【灌】18759
〔灌〕イル
ソソク
【灑】18774
〔灑〕ソソク

(4) 火部

【火】18850
〔火〕ヒ
【炎】18910
〔炎〕ホノホ
ホムラ
【炙】18922
〔炙〕アブル
【炫】18948
〔炫曜〕カカヤカス
カカヤク
【炬】18949
〔炬〕トモシビ
【炭】18953
〔炭〕スミ
【炳】18960
〔炳然〕アキラカ
ホガラカ
【烏】18998
〔烏〕カラス
【烟】19022
〔烟〕ケブリ

【焉】19076
〔焉〕イヅコゾ
【焚】19100
〔焚〕ヤク
【無】19113
〔無〕ナシ
【焦】19119
〔焦〕コガス
【焰】19141
〔焰〕ホノホ
【然】19149
〔然〕シカアリ
シカウシテ
シカナリ
シカモ
シカリ
シカルヲ
シカレドモ
〔然後〕シカアテノチ
シカアンテノ
チ
シカウシテノ
チニ
シカンテノチ
ニ
〔然所以〕シカルユヱ
〔炳然〕アキラカ
ホガラカ
【煮】19188
〔煮〕ニル
【煙】19203
〔煙〕ケブリ
【煥】19224
〔煥〕アキラカ
【照】19226
〔照〕テラス
〔照〕テル
【煩】19229
〔煩〕ワヅラハシ
ワヅラハシウ
ス
ワヅラハシク
ス
【煻】19269
〔煻〕オキビ
【熟】19332
〔熟〕ヨシ
【熨】19346
〔熨〕ノス
【熬】19352
〔熬〕ヤイタナ
〔熱熬〕ヤイタナ
【熱】19360
〔熱〕アツシ
〔熱熬〕ヤイタナ
【熾】19385
〔熾〕サカリ
サカン
【燃】19394
〔燃〕タク
トモス
ホノホ
モヤス
モユ
【燈】19402
〔燈〕トボシビ
トモシビ
【燋】19410
〔燋〕コガス
【燒】19420
〔燒〕タク
ヤク
【營】19457
〔營〕イソグ
イトナム
【爆】19540
〔爆〕アブル
【爛】19604
〔爛〕タダス
タダル
ミダル
ヤク

(4) 爪部

【爪】19653
〔爪〕ツメ
【爲】19686
〔爲〕ス
タメ

〔爲〕タメニ
タメニス
タメニハス
タメン
タリ
ツクル
ナス
ナリ
ナル
モシ
〔爲故〕タメノユヱ
タメノユヱニ
ス
〔何爲〕ナンズレソ
【爴】19704
〔爴〕ツカム

(4) 爻　部

【爾】19750
〔爾〕シカアリ
シカイフ
シカス
シカナリ
シカラバ
シカリ
ソコバク
ソノ
〔爾所〕ソコバク
〔爾時〕コノトキ
コノトキニ
ソノトキ
〔爾許〕ソコバク
〔忽爾〕イルカセニス
〔汎爾〕オホヨソニ

(4) 片　部

【片】19813
〔片〕カタハシ

(4) 牙　部

【牙】19909
〔牙〕キ
キバ

(4) 牛　部

【特】20013
〔特〕コトニ
ヒトリ
【牽】20025
〔牽〕ヒク
【犀】20045
〔犀〕ヒツジ

(4) 犬　部

【犯】20238
〔犯〕ヲカス
【狀】20280
〔狀〕カタチ
【狗】20345
〔狗〕イヌ
【狩】20390
〔狩〕ケダモノ
【狼】20432
〔狼〕オホカミ
【猛】20498
〔猛〕タケシ
【猶】20557
〔猶〕ゴトシ
ナホ
ナホシ
〔猶尙〕ナホシ
【⿰犭离】20620
〔⿰犭离〕トリ
【獦】20723
〔獦〕カリス
【獨】20725
〔獨〕ヒトリ
【獲】20758
〔獲〕ウ
【獷】20774
〔獷〕アラシ
【獸】20775
〔獸〕ケダモノ

【獻】20783
〔獻〕タテマツル

(5) 玉部

【玩】20872
〔玩〕ヨロコブ
【現】21004
〔現〕アラハ
アラハス
【理】21014
〔理〕シワ
〔料理〕ハカラフ
【琴】21079
〔琴〕コト
【瑣】21147
〔瑣〕クサル

(5) 瓦部

【瓮】21461
〔瓮〕モタヒ
【瓶】21486
〔瓶〕カメ
【甖】21620
〔甖〕モタヒ

(5) 甘部

【甘】21643
〔甘〕アマズ
アマムズ
【甚】21648
〔甚〕ハナハダ
ハナハダシ

(5) 生部

【生】21670
〔生〕イカス
イク
イダス
イヅ
ウマル
ウム
オフ
ナサク
ナス
ナル
マス
ムマル
〔生剝〕イケハギ
【甦】21691
〔甦〕ヨミガヘル

(5) 用部

【用】21703
〔用〕コレヲモテ
モチキル
モテ
〔何用〕ナニヲモテカ
〔持用〕モツ

(5) 田部

【由】21724
〔由〕ナホ
ヨシ
ヨル
〔由是〕コレニヨリテ
〔自由〕ホシママ
【甲】21725
〔甲〕ツメ
【申】21726
〔申〕ノブ
【界】21775
〔界〕サカヒ
サカフ
【畏】21778
〔畏〕オソラクハ
オソリ
オソル
オヅ
オドス
【畔】21801
〔畔〕ホトリ
【留】21808
〔留〕トドマル

〔留〕トドム
【畢】21829
〔畢〕カナラズ
ツクル
ツヒニ
ヲハル
ヲフ
【略】21839
〔略〕ハカル
【異】21854
〔異〕コトゴト
コトナリ
【畫】21859
〔畫〕カク
ヱガク
【當】21890
〔當〕アタル
アツ
〔當〕ナホシ
ベケム
ベシ
マサニ
〔當時〕ソノカミ
【疊】21983
〔疊〕タタム

(5)
疋　部

【疎】22002
〔疎〕スク
【疑】22007
〔疑〕ウタガヒ
ウタガフ

(5)
疒　部

【疥】22057
〔疥〕ハタケカサ
【疾】22112
〔疾〕トクトク
トシ
【病】22127
〔病〕ヤマヒ
ヤマヒス
【痛】22195
〔痛〕イタム
【瘀】22292
〔瘀〕ツジム
【瘡】22404
〔瘡〕キズ
【癈】22520
〔癈〕スタル
【癡】22591
〔癡〕カタクナ

(5)
癶　部

【登】22668
〔登〕ノボル
〔登時〕ソノカビ
ソノカミ
【發】22669
〔發〕オコサク
オコス

(5)
白　部

【白】22678
〔白〕シロシ
〔白〕マウサク
マウス
【皆】22699
〔皆〕ミナ
【皓】22732
〔皓〕シロシ

(5)
皮　部

【皮】22823
〔皮〕カハ
【皺】22899
〔皺〕シワ

(5)
皿　部

【盈】22961
〔盈〕アマル

〔盈〕 コボル
ミツ
【益】22972
〔益〕 マス
【盗】23000
〔盗〕 ヌスム
【盛】23005
〔盛〕 イル
サカリ
サカン
モル
【盡】23029
〔盡〕 コトゴトク
ツク
ツクス
〔盡日〕 ヒネモス
【盤】23036
〔盤結〕 ワダカマル

(5) 目部

【目】23105
〔目〕 マナアタリ
メ
【盲】23132
〔盲〕 シフ
メシフ
【直】23136
〔直〕 アタヒ
アタル
タダ
タダニ
ナホシ
【相】23151
〔相〕 アヒ
サマ
ミル
【眉】23190
〔眉〕 マユ
【看】23196
〔看〕 ミル
【眞】23235
〔眞〕 マコトニ
【眠】23240
〔眠〕 ネブリ
ネブル
〔詐眠〕 ウツハリネブリス
【眴】23307
〔眴〕 マジロク
【眸】23312
〔眸〕 マナジリ
【眼】23318
〔眼〕 マナコ
メ
【睡】23448
〔睡〕 ネブリ
ネブル
【睫】23469
〔睫〕 マツゲ
【瞋】23568
〔瞋〕 イカリ
イカル
【瞑】23600
〔瞑〕 ヒシグ
【瞢】23653
〔夢瞢〕 ホル
メモノウシ
【瞻】23742
〔瞻〕 マバル
マボル
ミル

(5) 矛部

【矛】23846
〔矛〕 ホコ
【矜】23852
〔矜〕 オゴル

(5) 矢部

【矣】23931
〔矣〕 ヤ
【知】23935
〔知〕 シル
【短】23978
〔短〕 スクナシ

(5) 石　部

【石】24024
〔石〕イシ
イハ

【破】24124
〔破〕ヤブル
ワル

【碎】24284
〔碎〕クダク

【磣】24438
〔磣〕イタマシ
イタム

【磨】24449
〔磨〕スル

【礙】24542
〔礙〕サハリ

(5) 示　部

【示】24623
〔示〕シメス

【祀】24633
〔祀〕マサル
マツリ
マツル

【祭】24700
〔祭〕マツリ

(5) 禸　部

【禽】24893
〔禽〕トリ

(5) 禾　部

【私】24913
〔私〕ヒソカニ

【秋】24940
〔秋〕アキ

【移】25045
〔移〕ウツル

【程】25081
〔程〕ホド

【稚】25120
〔稚〕ヲサナシ

【稠】25130
〔稠〕キビシ

【種】25174
〔種〕ウウ
タネ

【稱】25180
〔稱〕カナフ
ノブ
ホム

【積】25266
〔積〕ツム
ツモル

【穢】25331
〔穢〕ケガラハシ

(5) 穴　部

【究】25409
〔究〕キハム

【空】25415
〔空〕ウツク
オホゾラ
ソラ
〔空〕ムナシ
ムナシクス

【穿】25436
〔穿〕ウガツ
トホス
ホル

【窓】25494
〔窓〕マド

【窮】25593
〔窮〕キハマル
キハム
〔无窮〕キハマリナシ

【竅】25680
〔竅〕アナ

【竊】25713
〔竊〕ヒソカニ

(5) 立部

【立】25721
〔立〕タツ
【竝】25752
〔竝〕ナラビニ
ナラブ
【竟】25757
〔竟〕ツヒニ
ヲフ
〔終竟〕ツヒニ
【竪】25790
〔竪〕イヨタツ
タタサマ
【竭】25803
〔竭〕ツク
【端】25806
〔端〕タダシ
ナホウス
ハシ
【競】25831
〔競〕キソフ
キホフ

(6) 竹部

【竹】25841
〔竹〕タケ
【等】25992
〔等〕ゴトシ
ヒトシ
ヒトシクス
ラ
〔何等〕ナニラ
ナニヲカ
〔何等〕ナンラ
〔彼等〕カレラ
〔我等〕ワレラ
〔是等〕コレラ
〔此等〕コレラ
〔汝等〕ナムダチ
ナムヂラ
【筋】25994
〔筋〕スヂ
〔轉筋〕コムラガヘリ
【筐】26001
〔筐〕ハコ
【筒】26004
〔筒〕ツツ
【答】26006
〔答〕コタフ
コタフラク
【箕】26143
〔箕〕ミ
【算】26146
〔算〕カゾフ
【管】26162
〔管〕フエ
【箭】26193
〔箭〕ヤ
【節】26243
〔節〕フシ
【篅】26255
〔篅〕クラシタミ
ト
【築】26298
〔築〕ツク
【簡】26520-01
〔簡〕エラブ
【簸】26609
〔簸〕ヒル
【籚】26736
〔籚〕ススキ
フシ

(6) 米部

【粗】26898
〔粗〕ホボ
【糞】27102
〔糞〕クソ

(6) 糸部

【糸】27221
〔糸〕イト
【約】27242
〔約〕ツク
【納】27264

〔納〕ヲサム
【純】27277
〔純〕モハラ
【索】27306
〔索〕ナハ
　モトム
【累】27343
〔累〕カサヌ
【細】27344
〔細〕クハシ
　ホソシ
【終】27372
〔終〕ツヒニ
　ヲハリ
　ヲハル
　ヲハン
　ヲフ
〔終竟〕ツヒニ

【絃】27373
〔絃〕コト
　コトノヲ
　ヲ
【結】27398
〔結〕ムスブ
〔盤結〕ワダカマル
【絶】27407
〔絶〕イキタユ
　タツ
　タユ
【絡】27426
〔絡〕マトフ
【經】27508
〔經〕フ
【維】27568
〔維〕コレ
【網】27577

〔網〕アミ
【緣】27656
〔緣〕ヨル
【編】27665
〔編〕アム
【縛】27771
〔縛〕シバル
【縫】27809
〔縫〕ヌフ
【縱】27819
〔縱〕タタサマ
　タトヒ
　ホシキママニ
　ス
〔縱任〕ホシママ
〔縱使〕タトヒ
【繁】27849
〔繁〕シゲシ

【織】27892
〔織〕ホソシ
　ホソヤカ
【繞】27909
〔繞〕マツハル
　メグル
【繩】27937
〔繩〕スナハ
　ナハ
【繫】27940
〔繫〕カク
　シバル
　ツナグ
　ユハフ
【繼】27997
〔繼〕ツグ
【續】28037
〔續〕ツグ

【纏】28043
〔纏〕マツフ
　マトフ
　メグル
　モトフ
【纔】28070
〔纔〕ワヅカ
【纖】28072
〔纖〕ソビヤカ
　ホソヤカ

(6)　缶部

【缺】28122
〔缺〕カク

(6) 网部

【罪】28293
〔罪〕ツミ
ツミス

【置】28298
〔置〕イル
オク

【罵】28333
〔罵〕ノル

【罷】28336
〔罷〕ヤム

【羂】28386
〔羂〕カク
ナハ

【羅】28397
〔羅〕アミ
ナハ

(6) 羊部

【羊】28425
〔羊〕ヒツジ

【美】28435
〔美〕ヨシ

【群】28498
〔群〕ムラガル

【義】28504
〔義〕ウク

【羸】28583
〔羸劣〕ヨワシ

(6) 羽部

【羽】28614
〔羽〕ハネ

【習】28672
〔習〕ナラフ

【翠】28732
〔翠〕アヲシ
ミドリ

【翳】28796
〔翳〕クラサ

【翻】28814
〔翻〕ヒルガヘス

【耀】28828
〔耀〕カカヤカス

(6) 老部

【老】28842
〔老〕オユ

【考】28843
〔考〕カムガフ

【者】28853
〔者〕イフ
トイハ
トイハバ
トイフハ
ハ
バ
ヒト
モノ
〔今者〕イマ
イマニ
〔何者〕イカントナラ
バ
ナニトナレバ
ナニモノ
〔御者〕ウナガスモノ
〔所以者〕イカントナラバ

(6) 而部

【而】28871
〔而〕シカウシテ
シカモ
シカルヲ

【耎】28877
〔耎〕ヤハラカ

【耐】28879
〔耐〕タフ

(6) 耳部

【耳】28999
〔耳〕ノミ
マクノミ

〔耳〕ミミ
【耶】29008
〔耶〕カ
ヤ
【耽】29024
〔耽〕オモネル
【聊】29049
〔聊〕イササカニ
【聚】29093
〔聚〕アツマル
アツム
ホムラ
〔一聚〕ヒトムラ
【聞】29104
〔聞〕カガユ
カグ
キカマク
キク
〔聞〕キクナラク
キコユ
【聲】29166
〔聲〕オトス
キク
キコユ
コヱ
ナ
モノイフ
〔小聲〕コゴヱ
【聽】29211
〔聽〕キキ
キク
ユルス
【聾】29212
〔聾〕ミミシヒ

(6)

肉部

【肉】29236
〔肉〕シシ
【肌】29242
〔肌〕カハベ
ヒキ
【肘】29268
〔肘〕カヒナ
【肝】29273
〔肝〕キモ
【肩】29299
〔肩〕カタ
【肯】29311
〔肯〕アヘテ
カヘズ
〔不肯〕カヘニス
〔不肯〕カヘンズ
【肱】29315
〔肱〕ヒヂ
【肺】29328
〔肺〕フクフクシ
【胃】29348
〔胃〕クソブクロ
モノハミ
【背】29363
〔背〕セナカ
ソムク
【胎】29369
〔胎〕ハラ
【脉】29421-01
〔脉〕チノミチ
【胱】29432
〔膀胱〕ユバリブクロ
【胸】29442
〔胸〕ムネ
【能】29454
〔能〕アタフ
タフ
ヨク
〔不能〕アタハジ
アタハズ
〔善能〕ヨシ
〔未能〕アタハズ
【脆】29468
〔脆〕モロシ
【脚】29502
〔脚〕アシ
【胜】29524
〔胜〕モモ
【脣】29526
〔脣〕クチビル
【脩】29535

〔脩長〕ナガシ
【脱】29539
〔脱〕ヌグ
ノガル
マヌカル
【脯】29543
〔脯〕ホジシ
【脾】29579
〔脾〕ヨコシ
【腋】29615
〔腋〕ワキ
【腎】29621
〔腎〕ムラド
【腐】29625
〔腐〕クツ
【腕】29631
〔腕〕タブサ
【腦】29681
〔腦〕ナヅキ
【腨】29685
〔腨〕ハギ
【腭】29700
〔腭〕アギ
【腰】29705
〔腰〕コシ
【腸】29721
〔腸〕ハラワタ
〔大腸〕フトワタ
〔小腸〕ホソワタ
【腹】29722
〔腹〕ハラ
【膀】29748
〔膀胱〕ユバリブクロ
【⿰月庸】29827
〔⿰月庸〕ヒヨヨカ
マリリカ
【膚】29829
〔膚〕カハベ
【膜】29834
〔膜〕タナシシ
【膝】29837
〔膝〕ヒザ
【膊】29839
〔膊〕ハギ
【膲】29890
〔膲〕ミノワタ
【臂】29944
〔臂〕ヒヂ
【臆】29951
〔臆〕ムネ
【臏】30006
〔臏〕シリゲタ
シリタブラ
【臠】30049
〔臠〕シシムラ

(6) 臣部

【臥】30071
〔臥〕ウツブス
フス
【臨】30087
〔臨〕ノゾム

(6) 自部

【自】30095
〔自〕オノヅカラ
オノレ
ミヅカラ
ヨリ
ヨリモ
〔自由〕ホシママ
【臭】30108
〔臭〕クサシ
クサル

(6) 至部

【至】30142
〔至〕イタス
イタル
ケウ
【致】30149
〔致〕イタス
イタル
【臺】30161
〔臺〕ウテナ
【臻】30165
〔臻〕イタル

(6) 臼 部

【臼】30173
〔臼〕ウス
【舂】30195
〔舂〕ツク
【與】30212
〔與〕アタフ
クミス
タメ
ト
トモニ
〔及與〕オヨビ
【興】30226
〔興〕オコス
【舊】30249
〔舊〕フルシ
モト

(6) 舌 部

【舌】30277
〔舌〕シタ
【舍】30278
〔舍〕ヤ
【舒】30300
〔舒〕ノブ

(6) 艮 部

【良】30597
〔良〕マコトニ

(6) 艸 部

【芬】30728
〔芬〕ニホヒ
【花】30734
〔花鬘〕ハナカヅラ
【苞】30789
〔苞〕カヌ
【苟】30790
〔苟〕イヤシクモ
【若】30796
〔若〕ゴトクス
ゴトシ
モシ
モシハ
〔若干〕ソコバク
〔似若〕ニル
〔譬若〕タトヘバ
【苦】30797
〔苦〕クルシ
クルシビ
ニガシ
ネムゴロ
【草】30945
〔草〕クサ
【荐】30951
〔荐〕シキリニ
【荷】31000
〔荷〕ニナフ
【莫】31078
〔莫〕ナカレ
ナケム
ナシ
マナ
【菓】31168
〔菓〕コノミ
【萃】31251
〔萃〕アツマル
【萎】31269
〔萎〕シボム
【落】31362
〔落〕オチイル
オツ
オトス
【葉】31387
〔葉〕ハ
【著】31410
〔著〕アラハス
オク
キス
キル
ケガス
シルス

〔著〕ツク
【蒙】31555
〔蒙〕カウブル
カブル
【蓋】31652
〔蓋〕イカゾ
オホフ
ズ
【蓬】31720
〔蓬〕ヨモギ
【蔽】31888
〔蔽〕カクス
【蕩】32002
〔蕩〕ワク
【薄】32083
〔薄〕ウスシ
【薪】32149
〔薪〕タキギ

【薫】32192
〔薫〕フスブ
【藏】32264
〔藏〕カクス
ヲサム
【藥】32341
〔藥〕クスシ
クスリ
【蘆】32425
〔蘆〕アシ
イホリ
【蘇】32427
〔蘇〕ヨミガヘル
【蘴】32592
〔蘴蓸〕ホル
メモノウシ

---

(6)
虍部

【虎】32675
〔虎〕トラ
【處】32697
〔處〕オク
コトワリ
トコロ
〔幾處〕イクソバク
【虛】32709
〔虛〕ムナシ
【號】32726
〔號〕ナ
ナヅク

---

(6)
虫部

【蚓】32866
〔蚓〕ミミズ
【蚤】32893
〔蚤〕ノミ
【蛾】33082
〔蛾〕ナツムシ
ヒヒル
ヲヒヒル
【蝨】33303
〔蝨〕シラミ
【融】33384
〔融〕トク
ワク
【螺】33512
〔螺〕カヒ

【蟠】33591
〔蟠〕ワダカマル
【蟲】33633
〔蟲〕ムシ
【蟻】33672
〔蟻〕キササ
【蠕】33749
〔蠕〕ムクメク

(6)
血部

【血】33964
〔血〕チ
【衆】33981
〔衆〕モロモロノ

(6) 行　部

【行】34029 〔行〕アリク
オコナフ
ユク

(6) 衣　部

【衣】34091 〔衣〕キモノ
キル
コロモ
ソ
ミゾ
【衰】34127 〔衰〕オトロフ
〔衰〕オトロヘ
【袒】34184 〔袒〕アラハニス
【被】34222 〔被〕カウブル
カブル
キル
ラル
ル
〔被所〕ル
【裁】34258 〔裁〕タツ
【裂】34260 〔裂〕サク
【裏】34294 〔裏〕ウチ
ツツム
【⿰衤取】34347 〔⿰衤取〕ヒダ
【裸】34371 〔裸〕ハダカ
【裹】34372 〔裹〕ツツム
【製】34380 〔製〕ツクル

(6) 襾　部

【要】34768 〔要〕カナラズ
【覆】34789 〔覆〕ウツブス
オホフ
カクス

(7) 見　部

【見】34796 〔見〕マミユ
ミス
ミソナハス
ミマク
ミユ
ミル
ラル
【規】34810 〔規〕ネガフ
【視】34836 〔視〕ミソナハス
ミル
【覩】34913 〔覩〕ミル
【親】34918 〔親〕シタシ
シタシクス
シタシブ
マナアタリ
【覺】34973 〔覺〕サトリ
サトル
サム
【觀】34993 〔觀〕ミル

(7) 角　部

【角】35003 〔角〕スミ
ツノ
【觜】35050

〔觜〕 クチバシ

【解】35067
〔解〕 サトル
トク

【觸】35181
〔觸〕 フル
フレバフ

(7) 言　部

【言】35205
〔言〕 イハク
イハマク
イフ
コト
コトバ
トイフハ
ノタマハク
ノタマハクハ
ノタマフ
マウサク
マウス
モノイフ
〔言云〕 イハク

【計】35220
〔計〕 カゾフ
ハカラフ
ハカリコト
ハカリミル

【訖】35242
〔訖〕 ヲハル

【記】35244
〔記〕 シルス

【訟】35266
〔訟〕 アラガフ
ウンタフ

【訪】35284
〔訪〕 トブラフ

【設】35293
〔設〕 タトヒ
マウク
〔設令〕 タトヒ
〔設使〕 タトヒ

【許】35298
〔許〕 バカリ
ユルス
〔幾許〕 イクソバク
イクバク
〔爾許〕 ソコバク

【詐】35373
〔詐〕 ウツハリネブ
リ
〔詐眠〕 ウツハリネブ
リス

【詞】35394
〔詞〕 コトバ
コトマ

【詣】35412
〔詣〕 イタル
ユク

【試】35415
〔試〕 ココロミニ

【話】35441
〔話〕 カタラフ

【誑】35510
〔誑〕 タブロカス
マドハス
ワク

【誓】35514
〔誓〕 チカヒ
チカフ

【誘】35525
〔誘〕 アザムク

【語】35533
〔語〕 イフ
カタラハク
カタラフ
カタル
コト
コトバ
ミコト
モノイフ

【誠】35537
〔誠〕 マコトニ

【誡】35538
〔誡〕 イマシム
イマシメ

【說】35556
〔說〕 トイタマハク
トカク

〔說〕トク

【誰】35586
〔誰〕タレ
タレカ

【調】35609
〔調〕モテアソブ

【談】35633
〔談咲〕カタラヒ

【請】35640
〔請〕コフ

【諦】35716
〔諦〕アキラカ

【諸】35743
〔諸〕モロモロノ

【謂】35759
〔謂〕イハク
イフ
オモフ
〔謂〕カタル
〔云謂〕イハク
〔所謂〕イハユル

【謗】35817
〔謗〕ソシル

【謬】35872
〔謬〕アヤマリ
アヤマル

【謹】35900
〔謹〕ツツシム

【識】35974
〔識〕サトル
シル
モノシル

【譬】36019
〔譬〕タトヒ
タトフ
タトヘバ
〔譬〕ナホ
〔譬若〕タトヘバ

【護】36048
〔護〕マボル
マモル

【讀】36088
〔讀〕ヨム

【讁】36091
〔讁〕セム

【讒】36137
〔讒〕ワヅカ

【讚】36163
〔讚〕ホム

(7) 谷部

【谷】36182
〔谿谷〕タニガハ

【谿】36219
〔谿谷〕タニガハ

(7) 豆部

【豆】36245
〔豆〕マメ

【豈】36249
〔豈〕アニ

【豐】36263
〔豐〕ユタカ

(7) 貝部

【負】36660
〔負〕オフ

【財】36664
〔財〕タカラ

【貢】36665
〔貢〕タテマツル

【貧】36677
〔貧〕マヅシ

【貪】36680
〔貪〕ムサボル

【貫】36681
〔貫〕ツラ
ツラヌク

【責】36682
〔責〕セム

【貯】36698
〔貯〕タクハフ

【賈】36755
〔賈〕ウルモノ

【賊】36759
〔賊〕アタ
ヌスビト

【賜】36809
〔賜〕タマフ

【賞】36813
〔賞〕メグム

【賢】36822
〔賢〕カシコシ

【賣】36825
〔賣〕ウル

【賷】36876
〔賷〕トル
モツ

(7) 赤　部

【赤】36993
〔赤〕アカシ

【赫】37010
〔赫奕〕ホガラカ

(7) 走　部

【走】37034
〔走〕ハシラス
ハシル

【赴】37040
〔赴〕オモムク

【起】37048
〔起〕イヨタツ
オク
オコス
オコル
タツ

【超】37096
〔超〕コユ

【趣】37207
〔趣〕オモブキ
〔趣〕オモブク

(7) 足　部

【足】37365
〔足〕アキダル
アク
アシ
タス
タル
ミアシ

【趺】37392
〔趺〕アナウラ

【跟】37491
〔跟〕キビス
クビス
ツブフシ

【跡】37493
〔跡〕アト

【跪】37516
〔跪〕ヒザマヅク

【路】37524
〔路〕ミチ

【踐】37608
〔踐〕フム

【踝】37641
〔踝〕ツブフシ

【踰】37675
〔踰〕コユ

【蹈】37744
〔蹈〕クボム
フフム
フム

【蹔】37782
〔蹔〕シバラク

【蹲】37809
〔蹲〕ハギ

【躃】37912
〔躃〕タフル

【躄】37913
〔躄〕アシナヘ

(7) 身　部

【身】38034
〔身〕ミ
〔身毛〕ミノケ

【躬】38038
〔躬〕ミヅカラ

(7) 車　部

【軍】38179
〔軍〕イクサ

【載】38309
〔載〕ノル
【輒】38336
〔輒〕スナハチ
タヤスク
【輕】38346
〔輕〕カロクス
カロシ
カロム
【輩】38398
〔輩〕トモガラ
【轉】38507
〔轉〕イヨイヨ
ウタタ
マロバス
メグル
〔轉筋〕コムラガヘリ
【轡】38587
〔轡〕クツバミ
クツワヅラ

(7) 辛　部

【辭】38671
〔辭〕コトバ

(7) 辰　部

【辱】38686
〔辱〕ハヅカシム

(7) 辵　部

【迎】38748
〔迎〕ムカフ
【近】38752
〔近〕チカシ
チカヅク
【迥】38786
〔迥〕ハルカ
【迫】38797
〔迫〕セバシ
セム
【迭】38800
〔迭〕タガヒニ
【迮】38801
〔迮〕サダンデ
スハハテ
セム
【述】38803
〔述〕ノブ
【迷】38825
〔迷〕ツカル
マドフ
【迹】38827
〔迹〕アト
【追】38836
〔追〕オフ
シタガフ
【送】38842
〔送〕オクル
【逃】38845
〔逃〕ニグ
ノガル
【逆】38849
〔逆〕サカフ
ムカフ
【迸】38867
〔迸〕トバシル
【逐】38877
〔逐〕シタガフ
【逕】38883
〔逕〕フ
【逗】38887
〔逗〕カナフ
【通】38892
〔通〕トホス
【逝】38895
〔逝〕サル
ユク
【速】38897
〔速〕スミヤカ
【造】38898
〔造〕ツクル
【逢】38901
〔逢〕アフ
【連】38902
〔連〕ツラナル
ツラヌ
【逮】38931

〔逮〕イタル
オヨブ
【進】38943
〔進〕ススム
【逸】38951
〔放逸〕ホシキママ
【逼】38973
〔逼〕オス
オビヤカス
セマル
セム
セメヤル
ナヤマス
【逾】38977
〔逾〕コユ
【遁】38982
〔遁〕ノガル
【遂】38985
〔遂〕ツヒニ
トグ
【遇】38991
〔遇〕アフ
マウアフ
〔値遇〕アフ
【遊】38994
〔遊〕アソビ
アソブ
【運】38998
〔運〕ハコブ
【遍】39001
〔遍〕アマネシ
【過】39002
〔過〕スグ
スグス
スゴス
トガ
〔過〕ワタル
【遑】39006
〔遑〕イトマアリ
【道】39010
〔道〕ミチ
【違】39013
〔違〕タガフ
【遙】39035
〔遙〕ハルカ
【遠】39047
〔遠〕トホシ
【遣】39052
〔遣〕ツカハス
【適】39076
〔適〕タマタマ
ハジメテ
【遭】39082
〔遭〕アフ
【遮】39086
〔遮〕サイギル
サフ
【遲】39113
〔遲〕オソシ
〔遲明〕アケボノ
【遵】39118
〔遵〕シタガフ
【遶】39122
〔遶〕メグル
【遷】39123
〔遷〕ウツル
【遺】39134
〔遺〕アブル
ノコス
ノコル
【避】39163
〔避〕アカル
〔避〕サル
ノガル
【還】39174
〔還〕カヘス
カヘリテ
カヘル
【邊】39216
〔邊〕アタリ

(7) 邑部

【那】39305
〔那〕イカンゾ
ナゾ
ナンゾ
【邪】39319
〔邪〕チチ
【都】39509

〔都〕カツテ
スベテ
フツニ
ミナ
【鄉】39571
〔鄉〕サト

(7)　酉　部

【醉】39906
〔醉〕ヱフ
【醜】39969
〔醜〕ミニクシ

(7)　里　部

【重】40132
〔重〕オモサ
〔重〕オモシ
カサナル
カサヌ
【量】40138
〔量〕ハカリ
ハカル

(8)　金　部

【釘】40159
〔釘〕ウツ
クギ
クギウツ
【釜】40164
〔釜〕カマ
【針】40165
〔針〕ハリ
【釣】40172
〔釣餌〕ツリヱ
【釰】40186
〔釰〕ツルギ
【釵】40191
〔釵〕カムザシ
【鈎】40220
〔鈎〕カガマル
カク
ツリバリ
マガル
【鈴】40267
〔鈴〕スズ
【鈷】40270
〔鈷〕カナバサミ
カナバシ
ハサミ
ハサム
【鉗】40306
〔鉗〕カナバシ
【鉢】40317
〔鉢〕ウツハモノ
【鉤】40319
〔鉤〕カケ
クサリ
【鋒】40455
〔鋒〕サキ
ホコサキ
【鋸】40505
〔鋸〕ノコギリ
【錐】40536
〔錐〕キリ
ハリ
【錯】40579
〔錯〕アヤマツ
【鎖】40708
〔鎖〕カナグサリ
【鏁】40770
〔鏁〕クサル
【鏡】40812
〔鏡〕カガミ
【鐘】40902
〔鐘〕カネ
【鑄】40972
〔鑄〕イル
【鑊】40981
〔鑊〕カナヘ
【鑑】40988
〔鑑〕カガミル
【鑽】41082
〔鑽〕キル
サス

(8)
長　部

【長】41100
〔長〕タケ
ナガサ
ナガシ
ヒトトナル
マス
〔脩長〕ナガシ

(8)
門　部

【閉】41222
〔閉〕トヅ
トラフ
【開】41233
〔開〕アク
ヒラク
【閑】41247
〔閑〕シヅカ
【間】41249
〔間〕アヒダ
ヒマ
ヘダツ
マジハル
マジフ
【閘】41263
〔閘〕シキヰ
トジキミ
【閲】41341
〔閲〕ヒラク
【闇】41421
〔闇〕クラシ
ヤミ
【闕】41456
〔闕〕カク

(8)
阜　部

【降】41620
〔降〕クダス
【限】41627
〔限〕カギリ
カギル
【陜】41656
〔陜〕ケハシ
セバシ
【除】41669
〔除〕イユ
オク
ノゾク
ノゾコル
ハラフ
【陪】41680
〔陪〕ハムベリ
【陰】41691
〔陰〕カゲ
【陳】41698
〔陳〕ノブ
【陷】41707
〔陷〕オツ
【陸】41708
〔陸〕クガ
【隅】41743
〔隅〕スミ
【階】41755
〔階〕ハシ
【隔】41783
〔隔〕ヘダタル
ヘダツ
ヘダテ
ヘンダツ
【隙】41792
〔隙〕ヒマ
【際】41820
〔際〕キハ
【障】41821
〔障〕サハリ
サフ
ヘダタリ
ヘダテ
【随】41871
〔随〕シタガフ
【險】41874
〔險〕ケハシ
サガシ
【隱】41891
〔隱〕カクス
カクル

(8) 隹部

【雁】41960
〔雁〕カリ
【集】41974
〔集〕アツマル
アツム
【雇】41976
〔雇〕ヤトフ
【雖】42104
〔雖〕イフトモ
イヘドモ
【雙】42116
〔雙〕ツガヒ
ナラブ
ヒトツガヒ
【雜】42122
〔雜〕クサグサ
マジハル
マジル
マズ
【離】42140
〔離〕ハナス
ハナル
【難】42145
〔難〕カタケム
カタシ

(8) 雨部

【雨】42210
〔雨〕アマ
アメ
アメフル
【雷】42245
〔雷〕イカヅチ
【電】42253
〔電〕イナビカリ
【震】42300
〔震〕フルフ
【霑】42329
〔霑〕ウルホス
【霜】42363
〔霜〕シモ
【露】42463
〔露〕アラハス

(8) 青部

【青】42564
〔青〕アヲシ
【靖】42570
〔安靖〕シヅカ

(8) 非部

【非】42585
〔非〕アラジ
アラズ
ズ
【靡】42612
〔靡〕ナシ
ナビク

(9) 面部

【面】42618
〔面〕オモテ
オモテゴトニ
クハシ
マナアタリ
〔面〕マナタリ
ムカフ

(9) 革部

【靺】42761
〔靺〕シタウヅ
ハイモノ
【鞭】42937
〔鞭〕ブチ

(9) 音部

【音】43265
〔音〕ミコヱ
【響】43325
〔響〕ヒビキ

(9) 頁 部

【頂】43335
〔頂〕イタダキ
【頃】43338
〔頃〕アヒダ
【項】43343
〔項〕ウナジ
【順】43349
〔順〕シタガフ
【須】43352
〔須〕スベカラク
スベカラクハ
ベシ
モチヰル
モテ
〔斯須〕シバラク
【預】43373
〔預〕アヅカル
アラカジメ
【頓】43381
〔頓〕ニハカニ
【頗】43415
〔頗〕スコブル
モシ
【頭】43490
〔頭〕カウベ
カシラ
カベ
スヱ
ハシ
〔剃頭刀〕カムソリ
【頷】43512
〔頷〕オトガヒ
【頸】43515
〔頸〕クビ
【額】43586
〔額〕ヒタヒ
【願】43623
〔願〕ネガハクハ
ネガヒ
ネガフ
【顧】43689
〔顧〕カヘリミル
【顯】43726
〔顯〕アラハ
アラハス
アラハル

(9) 風 部

【風】43756
〔風〕カゼ

(9) 飛 部

【飛】44000
〔飛〕トブ
【飜】44009
〔飜〕ヒルガヘル

(9) 食 部

【食】44014
〔食〕クフ
クラフ
〔食噉〕ムシクフ
【飢】44023
〔飢〕ウウ
【飲】44063
〔飲〕ノム
【飾】44111
〔飾〕カザル
〔嚴飾〕キヤル
【養】44144
〔養〕ヤシナフ
【餌】44146
〔釣餌〕ツリヱ
【餒】44163
〔餒〕ウウ
【餘】44185
〔餘〕アマ
ノコリ
ノコル
ノコン

(9) 首 部

【首】44489

〔首〕カウベ
カシラ
クビ
ハジメ

(9) 香部

【香】44518
〔香〕カ
ニホヒ

【馥】44545
〔馥〕カ
ニホヒ

(10) 馬部

【馭】44576
〔馭〕ノル

【馳】44593
〔馳〕ハス

【馴】44595
〔馴〕ナル

【駃】44625
〔駃〕トシ

【駈】44636
〔駈〕カル

【騃】44780
〔騃〕ホル

【騰】44915
〔騰〕アガル
アグ
ノボル

【驚】45029
〔驚〕オドロク

(10) 骨部

【髆】45241
〔髆〕カタ

【體】45291
〔體〕フリ
ミ

(10) 高部

【高】45313
〔高〕タカサ
タカシ

(10) 髟部

【髦】45377
〔髦〕カミ

【髮】45400
〔髮〕カミ
ミグシ
モトドリ

【髻】45442
〔髻〕モトドリ

【鬘】45568
〔花鬘〕ハナカヅラ

【鬢】45607
〔鬢〕ヒゲ

(10) 鬼部

【魄】45810
〔魄〕タマシヒ

(11) 魚部

【魚】45956
〔魚〕ウヲ

(11) 鳥部

【鳥】46634
〔鳥〕トリ

【鳬】46643
〔鳬〕カモ

【鳴】46672
〔鳴〕ナル

【鴛】46795
〔鴛鴦〕ヲシ

【鴦】46822
〔鴛鴦〕ヲシ

【鷲】47345
〔鷲〕ワシ

(11) 鹵部

【鹹】47553
〔鹹〕シハハユシ

(11) 鹿部

【鹿】47586
〔鹿〕カセキ

【麁】47591
〔麁〕アラシ

(12) 黃部

【黃】47926
〔黃〕キ

(12) 黑部

【黑】48038
〔黑〕クロシ

(13) 鼓部

【鼓】48330
〔鼓〕ウツ
ツヅミ

(14) 鼻部

【鼻】48498
〔鼻〕ハナ

【齆】48546
〔齆〕ハナヒセ

(14) 齊部

【齊】48560
〔齊〕ヒトシ

(15) 齒部

【齒】48583
〔齒〕ハ

【齧】48651
〔齧〕カム
ツカム

【齇】48731
〔齇〕トル

(16) 龜部

【龜】48847
〔龜〕カメ

ア

アア（嗚呼）
〔嗚呼〕04084 03471
嗚「-」呼セシク／す／「ア」　下29ウ1

アカ（垢）
〔垢〕05058
離「-」垢「アカ」　中81ウ1

アカサク（明）
〔明〕13805
明（さ）く／「サク」　中86ウ3

アカシ（赤）
〔丹〕00099
丹アカキ　上31ウ7
〔赤〕36993
赤「ク」-好なること／「ウルハシキコト」　中6オ3
赤ク／「ク」　下71オ3
赤し／「シ」　上29オ3、上29オ6
赤は／「シ（「ハ」の誤か）」　上29オ5

アカス（明）→アカサク
〔明〕13805
明さ「ス」者は　上23オ4、上23オ4
明さ／「スト（イフ）」者は／「ハ」　上26オ3
明「サ」者「ハ」　上27オ5
明さ者は／「ハ」　上98ウ5
明さ／「スト」者は／「（イ）フハ」　下1オ2
明さ／「スト」者は／「イフハ」　下29オ1、下34ウ4、下59ウ4
明（さ）「ス」者は／「ハ」　上34ウ7
明さは／「セハ」　下41オ2
明さむ／「サム」　上23オ5
明さむ／「スト」　下64オ6
明し／「セリ」　上46ウ7
明し／「ス」　上86ウ6、中88オ3
明しつ／「ス」　中21オ3
明して／「シテ」　上97オ4、中67ウ6、中81オ1
明して／「シテ」云く／「ク」　上98オ2
明「ス」　上86ウ6
明し／「ス」　上86ウ6、中88オ3
明す／「ス」　中18オ5、中76ウ7、中77オ1、中78ウ1、中82オ2、中82オ3、中88オ3、下11ウ1、下33ウ7、下34ウ5
明しつ／「ス」　中21オ3
明す（なり）／「ス」　下14オ2
明（す）か／「スカ」如し／「シ」　上92ウ7
明（す）ことは／「スコトハ」　下96ウ3、下96ウ4
明（す）ことは／「スコト」　下96ウ6
明「スト」者「トイハ」　中21オ6
明すと／「スト」者い（ふ）は／「フハ」　下34ウ6

明さ／「スト」者は／「イフハ」　下59ウ4
明に／「スニ」　上1ウ5
明すに／「スニ」　上104オ4
明(す)に／「スニ」　中23ウ4、下52ウ2
明けし／「スニ」　下54オ3
明「セ」者は／「ハ」　上27ウ3
明さは／「セハ」　下41オ2
明し／「セリ」　上46ウ7

アカル(散)

〔避〕39163
遁トン反／ノカレ／「ノカレ」「トンニ」避／スル／アカル、／「ヒイン」「サル」所无し／「シ」　上36ウ2

アガル(上)

〔擧〕12863
擧れること／「アカレル」　上14ウ6

〔騰〕44915
騰アカリ蕩ワクニ　上22オ5

アキ(秋)

〔秋〕24940
秋アキの　上29ウ5
秋の／「キノ」月　上41オ2

アギ(膀)

〔膀〕29700
膀アキに／「アキニ」　中13ウ5

アキダル(飽)

〔乞〕00133
飢「ウヱ」乞す／「アキタラス」　上25オ6

〔足〕37365
足(き)たること／「アキタルコト」能「タ」(は)不す／「ス」　上25オ1

アキラカ(明)

〔明〕13805
明に／「ケシ」知(り)ぬ／「ヌ」　上105オ7
明ら(か)に／「ニ」　中28ウ6
明(か)に　中42オ5
明(か)に／「ニ」　中71オ1、下62ウ5、下95ウ1
明(か)に／「カニ」　下52ウ1

〔炳然〕18960 19149
炳(上)ヘイ反／「ヘイ」「ヒヤウ」然(平)トシテ／「アキラカニ」ホカラカナリ　中2ウ6

〔煥〕19224
煥アキラカニ／に／「シテ」　中36ウ3

〔諦〕35716
諦に／「アキラカニ」聴け／「ケ」　上69オ5
諦(か)に／「アキラカニ」　中20オ7
諦(か)に／「(アキ)ラカニ」　下21オ1
諦(か)に／「カニ」　下25オ5

アキラカシ(明)

〔明〕13805
明(ら)けし／「カシ」(「アキラケシ」の誤りか)　下38オ1

アキラケシ(明)

〔明〕13805
明けし／「ケシ」　上104ウ2、上106ウ2
明に／「ケシ」知(り)ぬ／「ヌ」　上105オ7
明(ら)けし／「カシ」　下38オ1
明けし／「スニ」　下54オ3
明(ら)けし／「ケシ」　下58オ2、下79ウ4

アキラム(明)

〔明〕13805
勸め明(ら)めたま〻／(たて)まつる　中72ウ5
〔曉〕14176
曉サトルに／「アキラムヘキニハ」　中30ウ6

アク(飽)(四段)

〔厭〕03025
厭か／「アカ」不「スシテ」　下28オ3
厭アクこと／「アクコト」无し／「シ」　上28ウ3
〔足〕37365
足ら／「アカ」未るに／「ルニ」　上34オ6

アク(明)(下二段)

〔明〕13805
明(く)る年　下99オ2
明「クルニ」至れは／「ヌレハ」　上72オ4
明クレハ　上33オ3
〔曉〕14176
將に／「ニ」曉アケナムト／「トスルニ」[將]
する(に)[矣]　上43ウ7
〔開〕41233
開(く)るは／「ルハ」　下45ウ4
開け不す(と)も／「ストモ」　下45ウ6

アグ(上)

〔上〕00013
上「ケ」看「ミテ」　上7オ2
〔勝〕02409
勝「アケテ」計す／「カソフヘ」可(から)不す
／「ス」　上27オ3
勝アケテ／「テ」說く／「ク」可(から)／「ヘ」
不「ス」　上27ウ2
勝けて／「アケテ」言ふ／「フ」可(から)不　上68オ6
〔掛〕12267
掛アケ在(き)て／「オイテ」　上6ウ1
〔擧〕12863
擧く／「ク」　中60ウ1、下1オ5
擧(くる)なり／「ク」　下55オ2
擧く／「タリ」　下73ウ5
擧(く)る／「クル」[之]時に／「キニハ」　上21オ6
擧(く)るか如(く)して／「シテ」　中39ウ1
擧(く)ること／「アクルコト」　中36ウ7
擧け／「アクルコトヲ」　中66オ4
擧(く)れは／「レハ」　上10ウ1
擧(く)れは／「アクレハ」　上20ウ7
擧け／「アケ」

上5ウ2、中88ウ3、中91ウ1
擧け／「ケテ」　上6ウ4
擧け／「アケ」已れは／「レハ」／「テ」　上56オ6
擧「アケ」　中18オ6
擧け　中37ウ4
擧「(平)」-／「アケ」露「(去)」せは／「アラハセハ」　中58オ1
擧「アケ」不る／「サレハ」耶　中60オ7
擧け／「アクルコトヲ」　中66オ4
擧く／「ケタリ」　下50オ2
擧(け)たり／「ケタリ」　下83ウ2
擧く／「ケタルナリ」　下50ウ7
擧(け)て／「アケテ」　上47オ1、下56ウ1
擧(け)て／「ケテ」　中13ウ5、中66オ2、中84オ4
擧(け)て／「ケテ」言く／「ク」　下77オ5
擧けむ／「ケム」　中31オ7

〔騰〕44915
騰アケテ／「テ」[而]　上17ウ1

アケボノ（曙）
〔遅明〕39113 13805
遅明アケホノに／「チメイニ」「アケホノ二」　上43ウ3

アザケル（戯）↓タハブレアザケル

アサシ（浅）
〔浅〕17697
浅「キ」心の／「ノ」　下75ウ7

アザフ（糾）
〔叉〕03116
叉(あさ)ゝ　中72ウ4
叉ゝ／「アサヘ」　下4オ3
叉アサゝて／「ヘテ」　上70オ4
手を叉ゝて　下17ウ6
叉(へ)て／「(ア)サヘ」　下26ウ6

アザムク（欺）
〔欺〕16097
欺アサムキ取(り)て／「テ」　上24ウ6
〔誘〕35525
誘アサムキ／「アサムキ」誑タフロカして／「タフロカシ」　上15ウ1

アシ（葦）
〔蘆〕32425
蘆イホリ／「アシヲ」　上43オ4

アシ（足）
〔脚〕29502
足「-」脚(入)を／「アシヲ」　上20オ7
脚アシの／「アシ」如し／「シ」　上23ウ1
脚し(は)／「(ア)シハ」　中88ウ3
幡の／「(ハ)タノ」脚を／アシヲ　中88ウ4
脚をもて／「アシヲモテ」　下81ウ6
〔足〕37365
足は／「シハ」　上8ウ6
足「シノ」-趺アナウラは／「アナウラ」

中11オ6
世尊の／「ノ」足の／「シノ」　中12オ1

アシ(惡)
〔惡〕10824
惡(し)き／「シキ」　上9オ3

アシタ(朝)
〔旦〕13734
旦に／「アシタニ」　上43ウ1

アシナヘ(躄)
〔躄〕37913
躄《アシナヘ》なる／「アシナヘナル」者(も)／「モノモ」　下68ウ5

アセ(汗)
〔汗〕17130
汗《アセ》／「アセ」「シル」　上28ウ6
汗《アセ》／「アセ」　上35オ3
汗《アセ》／「カン」／「アセ」　上46オ2
汗を／「アセヲ」　中67オ1

アソビ(遊)
〔遊〕38994
書-日「ノ」「之」遊の／「ヒノ」如し／「シ」　上79ウ1

アソブ(遊)
〔遊〕38994
遊ふに／「ハムニ」似たり／「タリ」　上79ウ6
遊ひ／「ヒ」　下10ウ5
遊ふ／「フ」　上64オ7、中10オ2
遊(ひ)たまふ／「フ」　上64ウ5
遊ふ／「フ」「當」し／「シトオモフ」　中99オ3
當に／「ニ」遊ふ／「フ」「當」(し)／といふ／「シトオモフト」　中100オ3
遊ふか／「カ」若し／「シ」　上79オ6
遊ふに／「フニ」　上79ウ5

アタ(敵)
〔怨〕10479
怨「アタナリ」　上5オ2
此「ノ」怨「アタ」　上5オ2
怨を／「タ(「ア」の誤か)タヲ」　上42オ1
怨は／「アタハ」　下42オ1
大なる／「ナル」怨なり／「アタナリ」　下94ウ2
怨なり／「アタナリ」　下94ウ5
〔賊〕36759
強-賊《アタ》に／「ニ」　上79ウ5

アタハジ(不能)→アタハズ
〔不能〕00019 29454
盡(す)「スコト」能(は)不し／「シ」　上46ウ6
盡(くる)こと／「ルコト」能「ハ」不し／「シ」　上85ウ1
を／「ヲ」得(る)こと／「ルコト」能(は)不し　上93オ6
受(くる)こと／「ルコト」能(は)不し／「シ」　上99オ2
こと／「コト」能(は)／「ク(「ハ」の誤か)」不し

／「シ」 上102ウ4
能「ハ」不し／「シ」 中32オ5、下4ウ1
能(は)不しと／「シ」 中32オ7
盡(す)こと／「スコト」能(は)不し／「ス」 中35ウ5
動(か)すこと／「スコト」能「ハ」不「シ」 中37ウ1
斷(する)こと／「スルコト」能(は)不「シ」 中48オ7
盡(くる)こと／「クルコト」能(は)不し／「シ」 中51ウ2
得(る)こと／「ルコト」能(は)不し／「シ」 中51ウ5
能(は)不し(と)／「シ」 下5ウ7、下6ウ2
能「ハ」不しと／「シト」 中32ウ2
知(る)こと／「ルコト」能(は)不し／「シト」 中45ウ4、下5オ3

アタハズ(不能)→アタハジ

〔不能〕00019 29454
観「-」察すること／「スルコト」能(は)不「サラム」 上93オ5
能(は)不「ラム」 下82ウ2
證すること／「スルコト」能(は)／「ハ」不りき／「ス」 下47ウ7
能(は)不りき／「サリキ」 下87オ6
用すること／「スルコト」能「タ」(は)不る／「ル」鬼 上25ウ6
壊(する)こと／「スルコト」能(は)不る所なり／「ナリ」 上101オ5
能「ハ」不る／「ル」所なり／「ナリ」 上102オ2
及(ふ)こと／「フコト」能(は)不る／「サル」所なるか／「ロナラムカ」如く／「ク」 上102オ4
こと／「コト」能(は)不(る)所なり／「ナリ」 上102オ6
及(ふ)こと／「フコト」能(は)不る／「サル」所なり／「ナリ」 上102ウ1
能(は)不(る)／「ル」所なり／「ナリ」 中34ウ6
能(は)不る／「ル」所なり／「ナリトイヘリ」 中45オ1
能(は)不る／「ル」所なるは／「ロハ」 中46ウ3
能(は)不「サル」 中53オ5
能(は)不る／「サル」所なりと／「ナリ」 下17オ4
能(は)不る／「サル」所なるを／「ナルヲ」 下79オ6
能(は)不る／「サル」者ものに 下98オ1
成な(る)こと／「ルコト」能「ハ」不す／「ルカ」如「ク」 上98オ6
及「フコト」能(は)不(る)か／「ルカ」如く／「ク」 上102オ7
濟ふこと／「スクフコト」能(は)不(る)か／

「ルカ」如し／「シ」　上107オ3
専-「-」一にすること／「スルコト」能「-」(は)不す／「ルトキニハ」　上75オ4
排ハラフこと能(は)不は／「ルニ」　中66オ4
救「スクフコト」能「ハ」不「ス」　上5オ4
こと／「コト」能「ハ」不す／「ス」　上11オ5、上25オ7
得(る)こと／「コト」能(は)／「タ(は)」不す／「ス」　上23ウ3
能「タ」(は)不す／「ス」　上24オ4
食すること／「スルコト」能「タ」(は)不す／「ス」　上24ウ2
足(き)たること／「アキタルコト」能「タ」(は)不す／「ス」　上25オ1
住すること／「スルコト」得(る)こと／「コト」能(は)／「タハ」不す／「ス」　上36オ4
専-「-」一にすること／「スルコト」能「-」(は)不す／「ルトキニハ」　上75オ4

出(つる)こと／「ルコト」能(は)不す／「ス」　上75ウ4
生すること／「ル、コト」得(る)こと／「ルコト」能「ハ」不す／「ス」　上76オ2
修行「シテ」往生すること／「ルコト」能(は)／「ス(擦消)」不して／「スシテ」　上76オ4
顕露にすること／「ニスルコト」能「ハ」不す／「ス」　上86オ3
生すること／「スルコト」能(は)不す／「ス」　上92オ6
學するに／「スルコト」能(は)不す／「ス」　上96オ2
成な(る)こと／「ルコト」能「ハ」不す／「ルカ」如「ク」　上98オ6
斷「-」滅すること／「スルコト」能「ハ」不す／「ス」　上101ウ2
斷「-」滅すること／「スルコト」能(は)「ハ」不す／「ス」　上101ウ2

度すること／「ルコト」能(は)不す／「ス」　上107オ2
成就すること／「スルコト」能(は)不す／「ス」　上108オ5
盡(す)こと／「スコト」能(は)不し／「ス」　中35ウ5
知(る)こと／「コト」能「ハ」不「ス」　中45ウ2
成す／「ナスコト」能(は)／「ハ」不「ス」　中66オ1
俎「-」壊すること／「スルコト」能(は)不「ス」　中73ウ5
得(る)こと／「ルコト」能(は)不「ス」　中75オ7
具にすれこと／「スルニ」能(は)不「ス」　中76ウ6
壊すること／「ヤフルコト」能(は)／「ハ」不「ス」　中86ウ3
能(は)不(る)／「スハ」者は　下16ウ3

能(は)不「ス」　下18オ5、下49オ2、下55ウ5、下56ウ3、下70オ3、下73ウ6
精「-」進すること／「スルコト」能は不「ス」　下27オ7
能は／「ハ」不「ス」　下27ウ3
證すること／「スルコト」能(は)／「ハ」不りき／「ス」　下47ウ7
能は／不「ス」　下59ウ1、下59ウ1
能(は)／「ハ」不「ス」　下84オ1、下89オ3
能(は)不す／「ス」　下87オ2
知(る)こと／「ルコト」能(は)／「ハ」不して／「スシテ」　中50ウ3
能(は)不して／「スシテ」　下68ウ3
能(は)／「ハ」不して／「スシテ」　下95オ7
壞(やふ)ること／「スルコト」能(は)不す(と)／「スト」　中66オ5
念すること／「スルコト」能(は)／「ハ」不と／「スト」雖(も)／「トモ」　下40オ5

能(は)不と／「ヌト」　下63オ6
能(は)／「ハ」不(と)／「ス」　下73オ4
能(は)／「ハ」不とも／「ストモ」　下9ウ5
捨(つ)ること／「ルコト」能(は)不は／「スハ」　上96オ2
能(は)不は／「スハ」　中53ウ2、下42オ4
念すること／「スルコト」能(は)不は／「スハ」　中54ウ1
能(は)不「スハ」者は　下23ウ1
能は／「タヘス」不は／「スハ」　下27ウ5
能(は)／「ハ」不は／「スハ」　下35オ6、下35オ6
〔未能〕14419 29454
能(は)未れは／「ス」　下60ウ5

アタヒ(値)

〔價〕01163
價ひ　下81ウ4
〔直〕23136
直ひを／「タ(ヒ)ヲ」　上24ウ7

アタフ(能)→アタハジ、アタハズ

アタフ(與)

〔能〕29454
「コト」能フヘカラ不ス　上63オ7
〔與〕30212
與ふ　上89オ5
當に／「ニ」相ひ／「ヒ」與ふ／「フ」[當]しと／「シト」　上96ウ1
與(ふ)ること／「アタフルコト」　上24ウ7
與(ふ)ることは／「フルコト」　上89オ6
與へ／「へ」不る／「ル」者の／「ノ」　上20オ4
與「へ」不さる「ルモノ」　上23ウ4
與へ／「へ」不す／「ス」　上23ウ4
與へて／「へ」　下91ウ3
與(へ)たる／「ヘタル」[之]者「ノ」　上15ウ2
與(へ)て／「ヘテ」　上10オ6
與へて／「ヘテ」　中72ウ1、下92オ4

與へき／「フ」　下24ウ3
與(へて)／「ヘテ」　下92オ5

アタラシ(新)

〔新〕13572
新(し)き／「シキ」　上56ウ1
新「シク」　中79オ1

アタリ(邊)

〔邊〕39216
邊りを／「ヲ」　中15ウ3

アタル(當)

〔當〕21890
當(り)て／「アタテ」　上21ウ5
相ひ／「ヒ」當たり／「アタリ」　上54オ5
想ふ／「モフ」時に／「ニ」當《タ》(り)て／「タンテ」　下12オ2
當た(り)て／「アタンテ」　下28オ2
惡道に／「ニ」當す／「タレトモ」　下89オ1
當れり／「アタレリ」　下45ウ4、下45ウ5、下46オ4
當れり(と)／「アタレリ」者(いは)は／「イハ、」　下46ウ6
當れり／「レリ」　下47オ7、下62ウ1
當れり／「タレリ」「也」　下49ウ5
當(り)て／「アタンテ」　下13ウ3

〔直〕23136
直る　下81ウ4

アヂハヒ(味)

〔味〕03456
味ひ／「ヒ」　上3オ1、中7オ1
味ひは／「ハ」　上39ウ5
鹹(去)「シハ、ユキ」ｰ味(平)「ヒ」　上40オ4
味ひに／「ヒニ」　上55ウ5
味ひに／「ヒニ」非す／「ス」　上55ウ5
味を／「ヒヲ」　中91ウ2

アツ(當)

〔滴〕18084
滴「アツ」　中6ウ7

〔當〕21890
當ふ／「アツヘシトイフ」　下89オ6

アヅカル(預)

〔預〕43373
預(か)れり／「アツカレリ」　下59オ6

アツサ(厚)

〔厚〕02949
厚さ／「アツサ」　上10オ7

アツシ(厚)

〔厚〕02949
厚(あ)つく／「アツクシテ」　中4オ1

アツシ(熱)

〔熱〕19360
熱き／「アツキ」　上3オ1
熱「アツキ」　上4ウ6
沸ｰ「セイ(「精」の誤點)」ｰ「ワキ」熱の／「アツキ」　上22オ2

熱「キ」湯を／「ユル(「ル」衍か)」を以「テ」　上72オ4
熱し／「ナリ」　上13ウ5
熱し／「アッシ」　上24ウ4

アツツカヘ(倍)
〔倍〕00760
百千倍に／「(アッツカ)ヘ二」　中33ウ2

アツマル(集)
〔湊〕17822
湊《イタル》／アツマル　中90オ7
〔聚〕29093
聚集して／聚「アツマリ」集「マテ」　上3オ2
〔萃〕31251
萃《アツマル》　上54オ4
〔集〕41974
聚集して／聚「アツマリ」集「マテ」　上3オ2

アツム(集)
〔聚〕29093
貯《タクハヘ》／「ヘ」積《ミ》聚《ツメ》斂(去)レム反すれとも／ヲサメム　上34オ5
聚めたるか如し　下61ウ6
〔集〕41974
集「ツム」　上1オ5
集(め)たるか／「アツム(ル)カ」如し／「シ」　上68オ1
集「アツメテ」　上17オ7

アト(跡)
〔跡〕37493
跡に／「アトニ」　中36ウ1
跡を／「アトヲ」　下93オ1、下93ウ5
〔迹〕38827
迹を／「アトヲ」　上43オ5

アナ(穴)
〔坑〕04932
坑「アナ」　上12ウ3
坑なに／「アナニ」　上75ウ4
〔孔〕06933
孔「アナ」-許りを／「ハカリモ」　上15オ3
孔の／「アナノ」如し／「シ」　上25ウ5
孔より／「アナヨリ」　上38ウ4、上42オ2
孔「アナ」　中5ウ7
孔に／「アナニ」　中94オ2
〔竅〕25680
七竅《ケウ》反／アナに／「アナニ」　上28ウ2

アナウラ(趺)
〔趺〕37392
趺《アナウラ》／「アナウラ」に／「二」　上29ウ4
趺《アナうら》／「アナウラ」　上67ウ7
與趺と／「アナウラト」　中11オ5
足「シノ」-趺《アナウラ》は／「アナウラ」　中11オ6
與趺「アナウラト」　中11オ7

アニ(豈)
〔豈〕36249

豈「アニ」　上1オ5

豈「ニ」　上12オ3、上43オ3、上43ウ4、中30オ6、下54オ5、下57ウ2

豈「ニ」…異ならむや／「ラムヤ」　上44ウ7

豈「ニ」機-應无(か)らむ耶や／「ヤ」　上77ウ1

豈「ニ」之に／「レニ」乖タカハム／ソムカム耶や　上78オ6

豈「ニ」…勸む／「ス、ム」容けむ／「ケム」耶や　上81オ1

豈(に)…勸進(し)たまふに「シタマヘルニ」非すや／「スヤ」　上81オ3

豈(に)勝利有らむ／「ヤ」耶　上98ウ2

豈に…示さ／「メ」不らむや／「ラムヤ」　上104オ7

豈(に)…无(か)らむや／「ラムヤ」　上104ウ6

豈(に)　上105オ2

豈(に)前に／「ニ」言(は)不すや／「スヤ」　上106ウ3

豈(に)…に／「ニ」非すや／「スヤ」　上106ウ4

豈「ニ」極樂に／「ト」非(す)や／「スヤ」　下45ウ6

豈(に)／「ニ」…開かむ／「ケムヤ」耶や　下47ウ2

豈「ニ」得(む)や／「エムヤ」　下67ウ3

豈「ニ」…出て／「テ」不らむ(や)／「ラムヤ」　下68オ2

［也］

豈「ニ」況(や)／「ヤ」　下68ウ2

豈「ニ」…得「ウ」可けむや／「ケムヤ」　下69オ4

豈「ニ」破らむや／「セムヤ」　下90ウ5

豈「ニ」言は／「イハ」不や／「スヤ」　下97ウ1

アハス(合)→アハセテ

〔合〕03287

合せ／「セ」磨り／「スリ」　上3ウ7

合せ／「セ」碎くこと／「クタクコト」　上3ウ7

合せ／「アハセ」押オス／「ス」　上6オ4

合せ「-」來るは／「ス」　上36ウ2

合せ「-」成せり／「セリ」　上55ウ2

合「セ」-「-」集して／「(アツメタ)ラムハカリシテ」　中33オ7

掌「ヲ」合「セ」　中80ウ5

掌を合せ　下17ウ5

合(せ)たまひなむ／「アハセタマフ」　中38ウ7

合の／「セテ」　中71ウ2

合せて／「テ」　中91オ3

合(せ)て／「セテ」　中91ウ1

アハセテ(并)

〔并〕09170

并(せ)て／「テ」　上37オ3

并(ひ)に／「セテ」　下6オ2

并せて／「ヒニ」　下17オ3

并せ／「セテ」　下96ウ4
并に／「セテ」　下96ウ6、下97オ3、下97オ6

アハレブ（憐）

〔愍〕10919
愍アハレフ可きを／「キヲ」以て／「テイヘハ」　上96ウ7

アヒ（相）

〔相〕23151
相ひ／「アヒ」（消）見ては／『レハ』（消）」　上2オ3
相ひ／「ヒ」「-」對（し）て／「ムカヘリ」　上6オ3
相ひ「ヒ」近（つき）て／「チカツイテ」　上6ウ5
相ひ／「ヒ」連（ね）て／「ツラネテ」　上15オ7
相ひ／「ヒ」害す／「ス」　上26オ5
相ひ／「ヒ」柱サ、へたり／「サ、ヘタリ」　上27ウ5
相ひ／「ヒ」繫け／「カケタリ」　上28オ5
相ひ／「ヒ」-連ナレリ／「ネタリ」　上28オ6
相ひ／「ヒ」覆（ひ）「テ」　上28ウ7
相ひ／「ヒ」通せり／「セリ」　上29オ1
互に／「ヒニ」相ひ／「ヒ」噉-食スルに／「スルヲモテ」　上30ウ3
相ひ／「ヒ」食して／「ス」　上30ウ4
相ひ／「ヒ」和しぬ／「シヌ」　上31ウ3
相ひ／「ヒ」救ふ／「フ」者もの／「ノ」无し／「シ」　上37オ1
相ひ／「ヒ」親（し）く（する）こと／「シタシフモノ」无し／「シ」　上37オ4
更に／「タカヒニ」相ひ／「ヒ」　上41オ1
相ひ／「ヒ」裏ッ、ミ覆（ひ）て／「ホヘリ」　上45ウ6
相「ヒ」煎「セラル、コト」　上46ウ1
相ひ煎せ被らる　上46ウ1
相ひ／「ヒ」連（去）-合せり／「シ」　上46ウ1
相ひ灌「火ン」／「ソ、キ」-注す／「ス」／「ソ、ク」　上53オ2
相「ヒ」次テ（たり）／「ツイ」「テタリ」　上54オ5
相ひ／「ヒ」當たり／「アタリ」　上54オ5
相ひ／「ヒ」和せること／「セリ」　上54ウ1
相ひ／「ヒ」見（る）こと／「コト」　上57ウ6
相ひ／「ヒ」去り／「サンヌ」　上58ウ5
相ひ隔（り）ぬれは／「ヌレハ」　上59ウ6
相ひ／「ヒ」見み／「ミ」　上65ウ2
相ひ／「ヒ」瞻「-」望す／「シ」　上65ウ3
相ひ開避すること／「スルコト」　上66オ3
相ひ／「ヒ」見（る）こと／「ミ（「コ」の誤か）ト」得む／「エム」者もの／「モノ」（あらむ）　上66オ4
相ひ／「ヒ」追（ひ）て／「シタカンテ」　上70オ5

相ひ／「ヒ」謂(か)た(り)て／「インテ」言く／「ク」　上70ウ5
相ひ／「ヒ」是-非すること／「スルコト」莫れ／「マナ」　上78ウ7
相ひ／「ヒ」是非すること／「スルコト」莫れ／「ナカレ」　上82ウ2
當に／「ニ」相ひ／「ヒ」與ふ／「フ」「當」しと／「シト」　上96ウ1
相ひ／「ヒ」次(き)て／「イテ」　中3オ3、中29ウ4
相ひ／「ヒ」次(き)て／「ケリ」　中4ウ5
相ひ／「ヒ」雜亂せ／「セ」不「ス」　中5オ5
相「ヒ」-稱して／「カナフテ」　中6オ4
相ひ／「ヒ」稱(ひ)て／「カナンテ」　中11オ5
相「ヒ」稱せり／「カナンテ」　中11オ7
相ひ／「ヒ」次けること／「ツイテ」　中11ウ4
相ひ／「ヒ」次いて／「ツケリ」　中12オ5
相ひ順せる／「セル」　中13オ5
相「ヒ」續して／「ツイテ」　中26ウ6
相ひ／「ヒ」繼(き)て／「ツイテ」　中30オ3
相「ヒ」寄す／「ヤトス」　中43オ6
相ひ／「ヒ」會ひて／「アヒ」　中56オ7
相ひ／「ヒ」憎-嫉するに／「スルハ」　中56ウ1
相ひ繼ツイて／「イテ」　中84オ3
相ひ／「ヒ」開-キ曉し／「シテ」　中90ウ1
相ひ／「ヒ」次(き)て／「テ」　中90ウ2
相ひ／「ヒ」隔へ(たち)て／「タンテ」　中96ウ6
相ひ／「ヒ」伐ウテ　下6オ4
相ひ／「ヒ」度さむと／「セムト」　下26ウ3
相ひ／「ヒ」及(は)「ハ」不らむか／「ラムカ」　下26ウ4
相ひ／「ヒ」傳(へ)て／「ヘテ」　下42ウ5
何そ／「カソ」相ひ／「ヒ」稱カナハ／「カナハ」不る／「ル」　下45オ7
相ひ／「ヒ」导へ／「サヘ」不(と)／「ス」　下45ウ1
相ひ／「ヒ」教「-」化して／「シ」　下48オ6
相「ヒ」-待して／「マテ」　下59ウ2
相ひ／「ヒ」比ふ(る)こと／「クラフルコト」　下67ウ3
相ひ／「ヒ」比(ふ)ること／「タクラフルコト」　下67ウ7
相ひ／「ヒ」娯タノシヘトモ／「タノシハムニ」　下79ウ1
相「ヒ」望す／「(ノ)ソメタリ」　下86オ1
相ひ／「ヒ」惱「-」害し／「シテ」　下92ウ4
相ひ／「ヒ」親「(去)」-附して／「シ」　下95オ3
相ひ／「ヒ」勸「-」勵せよ／「スルヲ」　下95ウ7

アヒダ(間)

〔間〕41249

瞑(平)メイ反／「メイ」「ヒシク」目(入)「ヤ(「モ」の誤か)ク」「メヲ」(の)［之］間は／「アヒタハ」　上47ウ7
の／「ノ」間に／「タニ」　上54ウ3
間に／「タニ」　中1ウ4
髪の／「カミノ」間「(アヒ)タニ」　中6オ5
間より／「タニ」　中11オ4
間に／「アヒタト」　中33ウ5
年來(の)／「ノ」［之］間「タ」　中91オ1
過きむ／「キム」間たも 亦復　中91オ6
須臾(の)／「ノ」［之］間も／「タ」　中95ウ7

〔頃〕43338
七時の頃(あひ)た　上27オ1
經ふる／「ヘテ」頃(あひ)た　上27オ1
頃に／「アヒタニ」　上48オ1
頃の／「アヒタ」　中83ウ3、中83ウ4
頃「アヒタ」　中87ウ1
頃た(にも)／「アヒタモ」　下14ウ2

一「-」念の／「ノ」頃の／「アヒタ」如きに／「ハカリニ」　下18オ7
逕る／「フル」［之］頃を／「(アヒ)タヲ」　下64ウ6
斯-須シハラク／「シハラク」(の)［之］頃に／「ヒタニ」　下68ウ7
時「キノ」／の頃(アヒ)タ／「アヒタ」　下70オ6

アフ(合)(四段)↓マウアフ

〔値〕00786
値(ゝ)るか／「ハムカ」如しと／「シト」　上66ウ7
値ひ／「ヒ」　下11オ6
有(る)に／「ルニ」値(ひ)て／「ヒヌ」　下81ウ2
値ふ／「マアフ」　中6ウ6
値(ふ)こと／「マ(「ア」の誤)フコト」　中51ウ4

値ゝるか／「アヘラムカ」［猶］(し)／「コトシ」　中94オ2
値ゝり／「アヘルコト」　中94オ1

〔値遇〕00786 38991
値-遇(ハ)ム／「アヒヌ」　中29オ6

〔合〕03287
ゝ(合)し／「ヒ」已(りぬ)れは／「ヌレハ」　上20オ7
合す／「アヒヌ」　上20オ7

〔會〕14306
相ひ／「ヒ」會ひて／「アヒ」　中56オ7
會して／「アンテ」　上66オ5

〔逢〕38901
逢(ひ)ぬれは／「アヒヌレハ」　上40オ4
逢アヘトモ「アヘトモ」　上25ウ5
逢あゝるか／「アヘルカ」如くして／「キナリ」　上2オ3
逢(ひ)て／「アムテ」　上25ウ6

〔遇〕38991
遇は／「アハ」不「ス」　中99ウ1
遇(はむ)と／「アヒナム」　下39ウ7
遇ふ／「アフ」者ものは／「ノハ」　中7ウ6
遇ふ者もの／「ノハ」　中8オ3
遇「アフ」者もの　中35オ4
遇(ふ)こと／「フコト」　上38オ1
遇(ふ)こと／「ヲ(「ア」の誤か)フコト」「モ」難
し／「シ」　上64ウ6
遇こと／「アフコト」難し／「シ」　中54オ6
遇へとも／「ヘレトモ」　上38オ1
重病に／「ヲ」遇(へり)／「アヘリ」　下19オ3
〔遭〕39082
遭(ひ)ては／「アヘルヲハ」　上34ウ3
アフ(敢)(下二段)→アヘテ
〔敢〕13260
敢「アヘムヤ」〔矣〕　上1オ5
アフグ(仰)(四段)
〔仰〕00400
専「ラ」-仰せむは／「アフケハ」　下8オ2
アフグ(仰)(下二段)
〔仰〕00400
仰ふけ／「アフケ」　上11ウ3
仰ふけ／「アフケ」臥(せ)て／「ウツフセ」　上18オ3
仰けて／「アフケ」　上21オ4
仰けて／「ケテ」〔而〕「シテ」　上22オ7
アブル(炙)
〔炙〕18922
炙「アフテ」　上11ウ6
炙アフル　上9オ6、上11ウ5
焼炙キウ反せられて／「アフルニ」　上12ウ6
炙アフテ／「アフンテ」　下71オ4、下71オ6
〔爆〕19540
爆アフラレムト／「アフラレムト」　中98オ3
アブル(遺)
〔遺〕39134
遺アフレ-落ツル／の　上24オ5
遺アフレ-餘(れる)を／「ノコ〔レタル〕」(消)
ヲ」　上25ウ2
アヘテ(敢)
〔敢〕13260
敢(へ)て／「ヘテ」　上36オ1
敢へて／「アヘテ」　中43オ6
敢て／「アヘテ」　下98オ6
〔肯〕29311
肯ゝて　上100オ7
肯て／「アヘテ」　中31ウ3
肯(へ)て／「アヘテ」　下68オ2
アマ(雨)
〔雨〕42210
雨の／「アマ」(?)　中11ウ4
アマ(餘)
〔餘〕44185

餘マノ／「ノコンノ」水を／「ヲ」　上24オ5

アマズ（甘）↓アマムズ

〔甘〕21643

甘アマムせ／「アマセ」不す／「ス」　上34ウ2

アマツビ（雨粒）

〔渧〕17772

渧シタ、リ／アマツヒ／「ミツタリノ」
上95オ3

アマネウス（遍）

〔周〕03441

周タヘ／ヘ／「アマネウスルコト」　中32ウ4

アマネシ（遍）↓アマネウス、アマネク
ス

〔周〕03441

周く／「ク」　中46オ3

〔普〕13982

普「ク」　上14オ7

普く／「ク」　上55ウ2、上61オ2、上64オ5、
上64ウ2、上71オ3、上86オ7、上88オ6、
上104ウ6、中3ウ2、中36ウ4、中40ウ4、
中40ウ5、中41オ6、中42オ4、中45オ2、
下51オ1、下85オ5、下86オ2

普く　上88オ2、中63オ1、下69ウ2

〔遍〕39001

遍く／「ク」　上2オ5、上7オ5、上17オ6、
上20オ1、上52オ2、上57オ4、上69オ2、
上71オ1、上76ウ2、中5ウ4、中7ウ7、
中8ウ4、中9ウ4、中14ウ1、中17ウ1、
中18オ2、中62ウ4、下1ウ7、下15オ1、
下33オ1、下73ウ4

遍く／「ネク」　上25オ4

遍く　上64ウ5、中1ウ6、下78ウ3

遍（く）／「ク」　中4オ3

遍「ク」　中6オ2、中7ウ6

遍／「ク」　下20ウ1

アマムズ（甘）↓アマズ

〔甘〕21643

甘アマムせ／「アマセ」不す／「ス」　上34ウ2

アマリ（餘）↓アマ

アマル（餘）

〔盈〕22961

望みに／「ノソミニ」盈っ／「アマル」　下69オ1

アミ（網）

〔網〕27577

網あり／「アミアリ」　上16ウ2

網「ミヲ」以「テ」　上22オ6

網みを／「ニテ」以「テ」　上22オ7

〔羅〕28397

羅アミ／「アミハ」　中24ウ7

アム（浴）

〔浴〕17496

浴み／「アミ」　上58ウ6

〔濯〕18532

濯アミ　上49オ5
アム（編）
〔編〕27665
編アミ／「アミ」絡マトフコトヲ爲せり／「セリ」　上28オ5
アメ（雨）
〔雨〕42210
雨の／「メノ」如し／「シ」　上19オ6
雨を／「メヲ」　下9オ7、下82ウ2
雨の／「メノ」　下95ウ4
アメフル（雨）
〔雨〕42210
雨れる（なりと）／「フラム」　下9オ7
涙たを／「ヲ」雨り／「フリ」　上50オ2
雨り／「フリ」　中80ウ5
雨る／「フリ」　下82オ7
雨「フル」　上17オ4
雨る／「フル」　上56ウ1、中38オ3
雨る／「フリ」　下82オ7
〻（雨）「フルカコトク」　上6オ3
を／「ヲ」雨（ふ）ること／「（フ）ルコト」　上3オ5
雨ること／「フルコト」　上19オ6
アヤ（文）
〔文〕13450
螺カヒノ／「ラ」-文アヤト／「ト」　中3ウ4
アヤシ（怪）↓アヤシブ、アヤシム
〔奇〕05892
奇（しき）／「アヤシキ」哉かな／「カナ」　下29ウ1
アヤシブ（怪）
〔怪〕10483
怪しむ／「アヤシフ」　中36オ7
アヤシム（怪）
〔怪〕10483
怪しむ／「アヤシフ」　中36オ7
アヤフシ（危）
〔危〕02849
危（平）アヤフク／「アヤフク」脆セイ反／モロクシテ　上34オ4
アヤマツ（誤）
〔俟〕00705
俟また／「アヤマサ（「サ」は「タ」の誤か）」不れ／「ス」　上108オ4
〔錯〕40579
錯ま（ち）て／「アヤマンテ」　下28オ5
アヤマリ（誤）
〔謬〕35872
謬れること／「アヤマリ」　下98オ5
アヤマル（誤）
〔謬〕35872
謬れること／「アヤマリ」　下98オ5
謬まること／「アヤマルコト」无し／「シ」　中97ウ2

アユビ（歩）→アユミ

〔歩〕16264

歩ひを／「ミヲ」　上50ウ5

アユミ（歩）→アユビ

〔歩〕16264

歩ひを／「ミヲ」　上50ウ5

アユム（歩）

〔歩〕16264

歩む／「(ト)イヘリ」　中38オ4

アラカジメ（豫）

〔預〕43373

預め　上60ウ4

預め／「アラカシメ」　中90オ4、中90ウ1

アラガフ（爭）

〔訟〕35266

訟アラカハ／「ウンタヘ」不す／「ス」

アラシ（荒）　中7オ5

〔獷〕20774

獷アラク／「アラク」悷モトリ／「モトリ」　中9ウ1

〔麁〕47591

麁-「アラ(ク)」起す／「タチ」　上14オ1

アラジ（非）→アラズ

〔非〕42585

理「-」盡に非し／「シ」　下34ウ3

アラズ（非）→アラジ

〔不〕00019

云(へる)か／「ヘルカ」如とく／「クンハ」不

(あ)ら／「ラス」「スト」　下34オ1

一に不(あらす)シテ／「ス」　下55ウ4

縁「(ス)ルカ」如「クハ」不「アラスト」雖「モ」　上104オ1

爾「シカ」者なるは不(る)／「(アラ)スハ」　下48オ3

〔非〕42585

分に／「ニ」非(さ)らむ／「ラサラム」耶や　下54オ5

非ら(さる)か／「サラムト」如し(と)　下77ウ1

非(さる)を／「ル」　中71オ2

因に／「ニ」非(さ)る／「サル」應し／「シ」　下78オ4

无(き)に／「キニ」非さるか／「ス」如し　上88オ3

生する／「セ」に非(さ)るか／「ルカ」如く／

「ク」　上106オ4

非(さ)るか／「ルカ」如し／「ク」　中16オ7

非(さ)るか／「ルカ」故に／「ニ」　下56オ4

處に／「ニ」非(さ)るは／「サル」有(る)こと

／「コト」无し／「シ」　上72オ1

弟子に／「ニ」非(す)して／「サルモノ、」　下95オ6

非「(サ)ルヲ」　上36ウ3

に非す／「ス」　上1オ3
受(く)るに非す　上7ウ2
燒くに／「ヤクニ」非す／「ス」　上14ウ4
鬼ノセルニ／の／「スルニモ」非す／「ス」
上16オ4
一「ツ」に非す／「ス」　上29ウ5
有るのみに／「ルニ」非す／「ス」　上33ウ6
海「ノ」-中にも／「ニアンテモ」非す／「ス」　上33ウ7
空にも／「オホソラニアンテモ」非す／「ス」
上33ウ7
入(る)にも／「モ」非す　上34オ1
耽「タム」-荒す「(ク)ハウスヘ」可きに／「キ
ニ」非す／「ス」　上36ウ1
傷「ソコナヒ」-割するか／「サクカ」如く(な
る)には／「ニハ」非す　上39ウ1
堅-實に／「ニ」非す／「ス」　上46オ1
知る／「ル」所に／「ニ」非す／「ス」　上46ウ6

味ひに／「ヒニ」非す／「ス」　上55ウ5
來(る)のみに／「ノミニ」非す／「アラス」　上57ウ5
生滅には／「ニハ」非す／「ス」　上59オ5
に／「ニ」非す／「ス」　上60オ2、上89ウ6、
上89ウ6、上91ウ5、上106ウ2、上106ウ5
には／「ニハ」非「ス」　上61ウ4
少「オホロケニ」縁に非す／「ス」　上66オ3
に／「ニ」非す　上72オ2
无きに／「キニ」非す／「ス」　上76オ7
多(から)／「ニ」非す／「ス」　上79オ3
遠き／「キ」物に／「ニ」非す　上88オ2
无(き)に／「キニ」非さるか／「ス」如し
上88オ3
有(る)「ニ」非「ス」　上88ウ2
造(る)「ニ」非「ス」　上88ウ3
過去未來現在に／「ニ」非す／「ス」　上88ウ4

過去現在未來に／「ニ」非す／「ス」　上88ウ5
に／「ニハ」非す／「ス」　上93オ2
堅-執にしも／「ニ」非す／「ス」　上98ウ3
には／「ニハ」非す／「ス」　上105オ3、上105ウ4
生せ／「セ」不すと／「スト」謂といはむトニ
ハ／「イハム」非す／「ス」［也］　上105オ7
无(き)には／「キニハ」非す／「ス」　上106オ2
斷「ー」常「ニ」非「ス」　中16オ2
有无「ニ」非「ス」　中16オ6
有るに(も)／「ルニモ」非す／「ス」　中16オ7
如來と／「ト」爲するに／「スルニモ」非「ス」　中16ウ1
如來と／「ト」爲るに／「スルニモ」非「ス」　中16ウ2
卽に／「ニモ」非「ス」　中16ウ3
離に／「ニモ」非「ス」　中16ウ3

及ふ／「フ」所に／「ニ」非す／「ス」　中18ウ1
及(ふ)／「フ」所に／「ニ」非す／「ス」　中18ウ2
非「ス」
中30ウ5、中35ウ1、中36オ5、中49ウ4
非す／「ス」　中49ウ3、中49ウ4、中96ウ3
一に／「ニ」非す／「ス」　中62オ7
對治に／「ニ」非す／「ス」　中63ウ3
所-「-」爲に／「ニ」非「ス」　中64オ3
中間に／「ニ」非す／「ス」　中65オ4
内に／「ニ」非す／「ス」　中65オ4
外に／「ニ」非す／「ス」　中65オ4
惑-「-」心のみに／「ノミニ」非「ス」　中65オ5
有(「音」)に／「ニ」非す／「ス」　中65オ6
无なりと／「ニ」非「ス」　中65オ7
一に／「ニ」非「ス」　中67オ1
中「-」間に／「ニモ」非「ス」　中68オ1

内に／「ニ」非「ス」　中68オ1
外に／「ニ」非「ス」　中68オ1
无に非「ス」　中68オ2
无ニ有(ら)不(る)／「サルニモ」非(す)／
「ス」　中68オ2
有に非「ス」　中68オ2
和合に／「ニ」非「ス」　中68ウ1
臨「-」終のみに／「ノミニ」非「ス」　中90オ1
非「ス」自(り)は／「ヨリハ」　中91オ3
非(す)／「ス」自よりは／「ヨリハ」　中91オ3
非(す)／「ス」自(り)は／「ヨリハ」　中91オ4
境界に／「ニ」非(す)／「ス」　下9ウ2
少「-」縁に／「ニ」非(す)／「ス」　下11オ6
知に／「ニ」非(す)／「ス」　下25オ6
覺に／「ニ」非(す)／「ス」　下25オ6
非(す)／「ス」　下31オ4、下63ウ2
非(す)と／「ス」　下44オ6
非(すと)／「ス」　下44オ7

顯(はす)には／「セルニハ」非(す)／「ス」　下48ウ4
念に／「ニ」非(す)／「ス」　下52オ3
汎(去)ハム反／に／「ニ」非(す)／「ス」　下52オ5
徳に／「ニ」非す／「ス」　下52ウ2
境界に／「ニ」非す／「ス」　下62オ2
自-力(のみ)には／「ノミニ」非(す)／「ス」　下64オ1
縁するには／「スルニ」非す／「ス」　下65オ3
十と／「ト」爲するに／「セルニ」非(す)／「ス」　下65オ3
聞に／「クコト」无「キニ」非(す)／「ス」　下88オ1
无(き)に／「キニ」非(す)／「ス」　下90ウ6
因に／「ニ」非(す)／「ス」　下97ウ7
無きに／「キニ」非す／「ス」　下98ウ3
衆生にも非(す)と／「スト」知る／「ル」

上88ウ1
法に／「ニ」非（す）と／「スト」　上88ウ1
異「-」處に／「ニ」非すと／「ストイヘリ」　中65ウ7
正文に／「ニ」非（す）と／「スト」雖（も）／
「モ」　下98オ4
愚に／「ニ」非（さるなり）／「ストイフ」　下52オ6
輪-「-」廻に／「ニ」非（訓）（すといふ）こと／
「ストイフコト」无し／「シ」　上71ウ1
火車に／「ニ」非（す）といふことを／「トイフ
コトヲ」　中99オ5
生處（に）は／「ハ」非「ストイフコトヲ」　下52ウ1
欲-相のみには／「ノミニハ」非（す）／「スト
イフコトヲ」　下79ウ4
生するに／「セ」非す／「ストイヘリ」　上106オ5

花に／「ニ」非すと／「ストハ」　中99オ4
報土に／「ニ」非（す）とも／「ストモ」　下51ウ6
に／「ニ」非すは／「スハ」　上51オ3、上51オ3
豈（に）…勸進（し）たまふに「シタマヘルニ」
非すや／「スヤ」　上81オ3
縁「スルニ」非すや／「ヤ」　上105オ2
豈（に）…に／「ニ」非すや／「スヤ」　上106ウ4
非すや／「スヤ」　中30オ6
豈「ニ」極樂に／「ト」非（す）や／「スヤ」　下45ウ6
増せるに／「セルニ」非（さる）か／「アラヌカ」
故に／「ニ」　下88オ1
交際に／「ニ」非（さる）か／「ヌカ」故に／
「ニ」　下88オ2

アラタ（新）

〔新〕13572

新に／「タニ」　上65オ5
新たに／「タチマチニ」　上82オ5

アラタム（改）

〔改〕13114

改（あらた）（め）／「アラタメ」換かへよ／「カ
ヘヨ」　中83オ1

アラハ（露）→アラハニス

〔現〕21004

現せ／「アラハナラ」不す／「ス」　中6オ1

〔顯〕43726

顯なら／「（アラ）ハナラ」不して／「スシテ」　中60ウ5

アラハス（現）

〔現〕21004

現し／「シ」　上68オ6
現し／「シ」已（り）て／「ハテ」　中3ウ3
現し／「シタマフ」　上68オ6
現す／「ス」　中4ウ4、中17オ6、下26オ7

現(し)たまへるを／「ス」 中5ウ6
現(し)たまふ／「アラハス」 中11ウ4
現す(こと)／「スルコト」 中4ウ3
〔著〕31410
著せむと／アラハサム／「イテムト」 中79ウ7
著せむと／アラハサム／「イテムト」 中79ウ7
著シルシテ／アラハシテ 上81オ1
著アラハす／「アラハス」 下78ウ2
著アラハすこと／「スコト」／イル 中56オ7
著アラハス(や)／「シルスヤ」〔耶〕 下97ウ1
〔露〕42463
擧「(平)」／「アケ」露「(去)」せは／「アラハセハ」 中58オ1
〔顯〕43726
顯(さ)むか／「サウニ(「カ」の誤か)」爲に／「ニ」 下50オ2

顯して／「(ア)ラハシテ」 中55ウ7
顯す／「ス」 上92オ3、上104オ1、下73ウ4
顯(は)すなり／「ハス」 下48ウ4
顯「スコト」 中51オ1

アラハニス(露)

〔袒〕34184
袒はにし／「アラハニシ」 下29ウ4

アラハル(現)

〔顯〕43726
顯「ル、」理 上92オ4
顯れて／「アラハレテ」 上41ウ3
顯れて／「テ」 上67ウ5

アラフ(洗)

〔洗〕17379
洗らひ／「アラヒ」 上36ウ3
洗「アラヒ」拭ノコヒ／「ノコヒ」 中9オ7
洗ふ／「ラヘル」 上25ウ2、上25ウ2
洗ふをは／「ス、クトモ」 上30ウ7

〔濯〕18532
浣(去)「クワン」濯(入)「タクニ」／「アラフ」 上56オ2

アラユル(所有)

〔所有〕11715 14332
有(ら)所る 中33オ2

アリ(有)→アルガ、イトマアリ、カク
ノゴトクアリ、シカアリ、シカリ

〔在〕04881
在ら令しむ 上75オ5
在ら／「アラ」不るを／「サルヲ」 中46オ6
在ら／「ラ」不れは／「スハ」 中90オ7
在ら／「アラ」不「ス」 下67オ6
在(り)て／「ラシメテ」／「ヲイテ」 上8オ4
在(らしめ)て／「アラシメテ」 上76ウ6
在(お)いて／「アラシメテ」 中88ウ4
在すと／「アラシメヨ」 中79オ7
に／「ニ」在らは／「アル」 上107オ7

在らは／「ラム二」　下24ウ5
在らむ／「ル」乎や／「ヤ」　上69ウ4
在(る)か／「ラム」如(し)　下82オ3
在らむ／「ラム」　下89ウ2
在(り)て／「ラム」　下95オ4
に／「二」在るか／「ラムカ」如し／「クナラム」　上50ウ3
在らむといふことを／「アラムトイフコトヲ」　中40オ4
に／(二)在あり／『アリ』(消)」　上2オ1
在り／「リ」　上4ウ1、上6オ2、上7オ2、上7オ6、上8ウ6、上10ウ5、上16オ7、上29オ2、上29オ2、上29オ7、上29ウ1、上31ウ1、中10オ1、中15オ6、中16オ5、中18オ1、下28ウ3、下47オ3、下53ウ3、下53ウ3、下53ウ3、下53ウ4、下67オ7、下67オ7、下67オ7、下97オ4、下97オ6
在「リ」　上8オ1、上9オ2、上11ウ2、上13オ7、上17オ7、上23オ4、中36オ7、中45ウ6、中45ウ7、中78ウ1
「二」在「リ」　上15ウ4、上85ウ4
在(り)て／「リ」　上16オ1、中10オ2、下3オ7、下9オ5
在り　上23オ4、上27オ6
在り／「テ」　上29オ3
に／「二」在り／「リ」　上38オ5、上45オ1、上56オ1、上89オ6
に在り／「リ」　上53ウ6
懐(平)フト「ト」コロノ中ちに／「カ二」在り　上78ウ5
殿の／「ノ」中ちに／「二」在り／「リ」　上78ウ6
心に／「二」在(り)て／「リ」　上93オ1
に／「二」在(り)て／「リ」　上99オ4
に／「二」在り　上100ウ2
在りて／「リ」　中40オ4
在るを／「リ」　中42オ4、中42オ4
在まします／「リ」　中46オ7
在るに／「リ」／「ルト」　中77ウ4、中77ウ4
阿彌陀佛に／「二」在り　中84オ5
在り／「オケリ」　中98オ1
在り／「アリ」　下9オ3
疑(は)不るに／「サル二」在(り)／「リ」　下62ウ6
在(り)けるを／「リ」　下67オ1
在り／「リ」者といふは／「イフハ」　下67オ7
得(る)に／「ル二」在り／「リ」　下95ウ2
在(り)／「リ」　下97オ2
在り／「テ」　上8ウ6
在(り)て／「リ」　上14オ3
在「リ」て　上25オ2
勧むるに／「タリ」在り／「テ」　上78オ6
在りて／「テ」　上109オ1
在り(と)／「アルト」　中30オ4

在(り)と／「リト」 中36オ3
在「リト」 中47ウ3
在り(と)／「リト」 中88ウ6
在(り)／「リト」雖(も)／「モ」 下9オ6
在るを／「リト」 下26オ4
在り／「リト」者といふは／「イフハ」 下67ウ4
在り／「ト」者といふは／「フハ」 下68オ3
在(り)と／「リト」雖(も)／「モ」 下77ウ5
に／「ニ」在りといふことを／「リトイフコトヲ」 上46ウ7
在「リトイフコトヲ」 中85オ4
世に／「ニ」在る／「ル」 上59ウ2
に／「ニ」在る／「アル」時に／「ニ」 上101ウ7
に／「ニ」在る／「アル」者もの／「モノ」 上107オ5
に／「ニ」在らは／「アル」 上107オ7
在(ら)むに／「ル」 中35オ7
在る／「ル」應し／「シ」 中90ウ7
在るか／「ルカ」如し／「シ」 中14ウ4
在「アルコト」有(ラ)令「シム」 上75オ5
在ることを／「ルコトヲ」 下93オ6
在り(と)／「アルト」 中30オ4
在ォイて／「アルニ」 上100ウ4
在れ／「アルヘシ」 下85オ5
在れ(衍か)りと(いふことを)／「アルヘシトイフコトヲ」 下26オ6

〔有〕14332

有ら／「ルコト」令(む)ること能(は)不るか／「ルカ」如く／「ク」 上40オ3
有「ラ」未「ルコト」得「ツ」 上50オ2
有らむ／「ラ」者ものは／「ハ」 上89ウ5
有ら／「ラ」未す／「ス」 中21ウ7
有ら／「ラ」未(す)と／「スト」雖「モ」 中22オ2
有ら／「ラ」使め／「メ」不「シ」 中39オ6
有ら／「ラ」未(る)か／「サルカ」故に／「ニ」 中65ウ7
形(「訓」)ち有ら／「ラ」者は／「ハ」 中73オ1
有ら／「ラ」令(むる)こと／「シムルコト」 中89ウ2
受「クルコト」有「ラ」令「シムルコト」勿「カレ」 下92ウ4
憂-愁有ラシム 上30ウ1
有ラマシかは／「ラハ」 上103ウ2
有らは／「ラハ」 上105ウ5、中25オ5、中89ウ2、下90ウ3、下94ウ7、下98オ4
有らは／「リトモ」 中70オ4
有る(こと)／「ラハ」 中78ウ3
闕-「-」小せること／「ナルコト」有らは／「ラハ」 中81オ5
有らは／「ラムモノヲハ」 下7ウ2
有(り)ては／「ラハ」 下89ウ7
樂シヒか有らむ／「ルニ」 上33オ4

益か／「カ」有らむ／「ラム」乎「ヤ」　上38ウ1
有らむ／「ラム」
上39オ6、中37オ7、下4オ3
有「ラム」衆生　上61オ6
稱-念すること／「スルコト」有らむ／「ラム」
上63ウ2、上63ウ3
稱念すること／「スルコト」有らむ／「ラム」
者ものは／「ノハ」　上63ウ4
信すること／「スルコト」有らむ／「ラム」者
ものは／「ノハ」　上76オ6
作「ナス(モノ)」有「ラム」　上81ウ1
別縁「エン」有らむ／「ラム」者ものは／「ノ
ハ」　上82オ6
豈(に)勝利有らむ／「ヤ」耶　上98ウ2
有らむ／「ラム」[哉]「ヤ」　中30ウ3
有(り)て／「ラム」
中32ウ6、下78オ5
有(り)きも／「ラム」　中37オ6
有らむ／「ラム」者もの／「(モ)ノ」　中90ウ5

有らむ／「ラム」者ものは／「ノハ」　下4ウ3
有「ラム」者(は)／「モノ」　下11オ1
有「ラム」　下11オ3
有らむは／「ラム」　下85オ3
壞すること／「スル」有らむ／「ラムヲ」者を
／「モノ」　下94ウ2
有らむか／「ラムカ」如し／「ク」　下87オ4
有らむと／「ラムト」　中37ウ2
有らむハ／「ラム」ハ　中53オ1
有らむは／「ラムハ」　下85オ2
生せむと／「セムト」願すること／「スルコト」
有ルハ／「ラムモノハ」　上105オ4
況(や)上「ノ」有らむや／「ラムヤ」　上103オ7
有あらむや／「ラムヤ」　中37ウ1
安イトコソ有あらむ(や)／「ラムヤ」
中64ウ7
有(らむ)／「ラムヤ」耶や
下67ウ4、下79ウ4

有あらむを／「リト」　中57ウ7
有「リ」　上1オ6、上1ウ5、上2ウ7、
上3オ1、上3オ2、上3オ6、上3オ6、
上3ウ2、上4ウ5、上5ウ1、上5ウ6、
上6ウ2、上6ウ2、上6ウ4、上6ウ5、
上6ウ5、上7ウ5、上7ウ6、上8オ7、
上8ウ4、上10オ2、上10オ5、上11オ3、
上11オ5、上12オ7、上12オ7、上12ウ3、
上12ウ3、上13オ1、上13ウ4、上13ウ4、
上15オ2、上15オ5、上16ウ6、上16ウ7、
上17オ1、上17オ2、上17オ3、上17オ4、
上17オ5、上18ウ4、上19オ4、上19ウ2、
上19ウ6、上20オ4、上20ウ4、上108ウ3
有り／「リ」　上4ウ6、上6ウ4、上20オ2、
上20オ4、上67オ6、上67ウ4、中16ウ3、
中24ウ2、中34ウ7、中36ウ6、中47ウ1、
中48オ4、中48ウ6、中55オ3、中59ウ6、
中88オ1、下13オ7、下41オ3、下49オ7、

下49ウ3、下54ウ5、下55オ5、下59オ5、
下59ウ1、下69オ5、下81ウ3、下89オ7
有り／(リ)　上13オ4
隔へたて／「ヘタテ」有「リ」　上16ウ2
獄「-」卒有「リ」　上16ウ4
眼「コ」有「リ」　上16ウ5
の如き有り　上26ウ7
受「ク」る(こと)有り　上27オ2
相「ト」有「リ」　上27ウ3
期有り／「リ」　上33オ7
別「-」離有「リ」　上33ウ2
衰オトロフルこと／「ヘ」有「リ」　上33ウ2
鞭(去)ヘン／ウチ撻せらるること／「セラル
、モノ」有り／「リ」　上40ウ4
㝵り／「ハリ」有り／「リ」　上51オ5
菩薩有「リ」　上53オ1
音のみ有「リ」　上53ウ3
有り　上55オ1

亦有「リ」　上92オ5
有(なり)／「リ」　上92オ7
脈「ミヤク」有「リ」　中1ウ1
光「リ」有「リ」　中1ウ2
葉有「リ」　中1ウ3
四柱(の)寶幢有「リ」　中2オ1
光有「リ」　中2オ3
大光明有「リ」　中3オ1
八萬四千の／「ノ」化佛有まします／「アリ」
中3オ2
化の菩薩有(り)て／「リ」　中3オ4
化佛有まします／「リ」　中8オ5、中14オ6
有(まし)まして／「リ」　中10オ3
有(り)て／「リ」　中10ウ6、中11ウ2、
中17ウ5、下21ウ2、下74ウ2
有まします／「アリ」　中19ウ4、下23オ5
有(り)き／「リ」　中56ウ7、下20ウ6、
下23オ4、下26オ2、下26オ5

事理「ニ」有「リ」　中73ウ3
證「-」據有「リ」　中75ウ6
二「ツ」有「リ」　中76ウ7
七日の／「ノ」行有り／「リ」　中81ウ2
女有「リ」　中85オ4
有(る)ことを／「リ」　中100オ2
寶珠有り　下2ウ6
有まします／「リ」　下8ウ3、下8ウ4、
下8ウ6、下62オ2、下63ウ2
有(り)／「リ」　下12オ6、下28ウ2、
下31オ3、下34ウ5、下35ウ4、下37オ2、
下40ウ6、下45オ6、下45ウ2、下49オ1、
下49ウ7、下50ウ5、下52ウ2、下54オ2、
下54ウ3、下56オ6、下59ウ4、下60オ5、
下62オ7、下63オ7、下64オ1、下69ウ5、
下71オ1、下71オ1、下73ウ1、下74ウ4、
下74ウ4、下74ウ4、下74ウ5、下74ウ5、
下80ウ4、下80ウ6、下81オ7、下82オ4、

下83オ5、下83オ5、下83オ7、下83オ7、下85ウ4、下86オ3、下87ウ1、下88オ3、下88オ3、下89ウ3、下89ウ5、下95ウ3
一(り)の／「リ」長者有(り)き／「リ」 下19オ2
五百の／「ノ」子有(り)き／「リ」 下19オ2
有り(て)／「リ」 下26オ6
有リ／「リ」 下38ウ3
有れは／「リ」 下44ウ1、下51ウ4
有り／「ナム」 下49オ3
有(る)こと／「アリ」 下50オ4
有(る)か／「リ」故に／「ニ」 下52オ6
限り／「カキリ」有(り)／「リ」 下54オ4
言「イヘルコト」有「リ」 下61ウ2
言「ヘルコト」有「リ」 下61ウ4
有(りて)／「リ」 下87ウ5
有「リキ」 上12ウ2
有(り)き／「リキ」 下20オ1、下71ウ5
有りき／「リキ」 下20ウ6、下24オ7
有りて／「リト」 上12ウ3
有「リ」(て) 上32ウ1
有(り)て／「リテ」 上101ウ7
有ありて／「アンテ」 中7ウ6
有「リト」 上6ウ7、上104ウ6
有(り)と／「リト」 上60オ4、上92オ6、上97ウ1、下9オ1、下49ウ2、下51ウ5、下63ウ3、下80ウ6、下96オ4
有(り)と／「リト」雖「モ」 上71ウ2
有(り)と／「リト」雖(も) 上76オ1
有ましますと／「リト」 上76ウ7
有(り)と／「リト」言は／「イハ、」者は 上92ウ2
有あらむを／「リト」 中57ウ7
因縁有(りと)「リト」 下40ウ2
有(り)といはゝ「リトイハ」 上100オ6
有りといふことを／「コト」 上17ウ6
有ましますと(いふことを)／「リトイフコトヲ」 下73オ1
有(り)とは／「リトハ」 下76オ1
有(り)て／「リトモ」 中19ウ7
有「リトモ」 中53オ2
有らは／「リトモ」 中70オ4
念(「音」)有れとも／「リトモ」 中86オ4
有(り)とも／「リトモ」 下58オ1
有り(や)／「リヤ」［耶］ 上104オ1
有る／「リヤ」耶 中19ウ1
有(り)やと／「リヤ」 下13ウ2
有(り)／「リヤ」耶 下49オ3
有「リヤト」 中36オ2
こと有る／「テ」［之］時に 上24オ1
何「ノ」利益「カ」有る／「ルヤ」 上45オ6
有る／「ル」者ものは／「ノハ」 上55オ7、上67ウ1
受持(し)讀誦すること／「コト」有る／「ル」

者ものは／「ノハ」　上62ウ1

歸依すること／「スルコト」有る／「ル」者ものは／「ノハ」　上62ウ7

當「ニ」…被-著する／「セル」こと有る／「ル」[當]からむ／「シ」者ものは／「ノ」　上81ウ3

果「ヤ」有(り)や／「アル」　上92オ5

有る者ものは／「モノハ」　上97ウ2

有「ル」　上103ウ3

何の／「ノ」証「-」據か／「コカ」有る／「ル」　中18ウ6

有る／「リヤ」耶　中19ウ1

有る／「ル」　中23ウ2、中27オ7、中48ウ5、中77ウ6

有「ル」所「ノ」　中33オ2、中43オ1

有る／「アンシ」　中36オ4

何の／「ノ」勝利か／「カ」有る／「ル」　中53ウ5

何の／「ノ」義か／「カ」有る／「ルヤ」耶　中55オ7

時「キ」有る／「ル」　中65オ1

勝「-」徳か／「カ」有る／「ル」　中68ウ5

有「ル」者「モノヲハ」　中70オ5

有る／「ル」者(訓)／「ノハ」　下2ウ4

何の／「ノ」勝「-」利か／「カ」有る／「ル」　下13オ1

當に／「ニ」…有る／「ル」[當]「シ」　下43ウ4

爲もし／「モシ」餘(や)／「ヤ」有る／「ル」　下50オ3

有る(や)／「ル」　下51ウ3

有る／「ル」可し／「シ」　下55オ4

見(る)こと／「ルコト」有る／「ル」者は／「ノハ」　下69ウ6

有る／「ル」應し／「シ」　下75ウ6

有(り)て／「ル」　下79ウ7

心有る／「ル」者は／「ノハ」　下80ウ6

信せ／「セ」不るもの／「サルモノ」有る(や)／「ル」　下86ウ2

謗「-」毀せむ／「スルコト」有「ル」者ものは／「ノハ」　下88オ5

有るか／「カ」故に　上72オ7

有るか／「ルカ」如く／「シ」　上90オ5

有るか／「カ」如「ク」　上98ウ4

所-至有るか／「ルカ」如く／「シ」　上108オ6

有(る)か／「ルカ」　中16ウ1

有るか／「ルカ」如く／「ク」　下49オ2

有(る)か／「ルカ」如く／「ク」　下79ウ3

有(る)か／「ルカ」故(に)／「ニ」　下85ウ5

有ら／「ルコト」令(む)ること能(は)不るか／「ルカ」如く／「ク」　上40オ3

有「ルコト」无(く)して／「クシテ」　上96オ1

有(る)こと／「ルコト」无けむ／「ケム」　上100オ6

有る(こと)／「ラハ」 中78ウ3
有(る)こと／「ルコト」无し／「シ」 中85ウ4
有「ルコトヲ」 中28オ1
樂シヒか有らむ／「ルニ」 上33オ4
有るのみに／「ルニ」非す／「ス」 上33ウ6
有るに／「ニ」非(す) 上88オ2
有「ルニ 中10ウ4
隨(ひ)て／「テ」有(る)に／「ル」 中88ウ6
有(る)に／「ルニ」値(ひ)て／「ヒヌ」 下81ウ2
有るに(も)／「ルニモ」非す／「ス」 中16オ7
除-斷すること／「スルコト」有るは／「レハ」 上39オ5、上39オ5
宿「-」障有るは／「アルモノハ」 上62オ6
供養(し)たてまつらむと／「セムト」欲ふこと／「オモフ」有るは／「アレハ」 上70オ3
願有るは／「ルハ」 上79オ6
有るは／「ルハ」 上79ウ5、中48オ4

伏「-」滅する／「スル」所有るは／「ルハ」 上108オ2
有るは／れは／「レハ」 中48ウ1
有るは／「ルニハ」 中59ウ7
有るは［者］ 中70オ5
有る(なり)／「ルヘシ」 下44ウ2
有るへし(と)／「ルヘシ」 下55オ3
有(るへし)／「ルヘシ」 下60ウ7
有「ルモノ」者は／「ハ」 中18ウ3
有(り)て／「ルモノ」 下94ウ1
生(れたる)こと／「レタルコト」有る(ものは)／「アルモノハ」 上51ウ2
有れは／「ルモノハ」 上59オ5
縁有るを／「ルヲ」以て／「テ」 上77オ6
有(る)をは／「ルヲ」 中86オ3
有(る)をは／「ルヲハ」 下63オ2
有れとも／「トモ」 上39ウ4
念(「音」)有れとも／「リトモ」 中86オ4

有れは／「ルモノハ」 上59オ5
供養(し)たてまつらむと／「セムト」欲ふこと／「オモフ」有るは／「アレハ」 上70オ3
有る(は)／「レハ」 上89ウ6、上89ウ6
有るは／れは／「レハ」 中48ウ1
戒有(る)に／「レハ」 中69ウ6、中70オ2
有れ(は)／「レハ」 中75ウ1
有れは／「レハ」 中88オ5
有れは 中88ウ5
有「レハカ」 中35ウ7
有る／「アンシ」 中36オ4
有ありて／「アンテ」 中7ウ6

［補讀］

男の／「アテ」 上8オ7
恐「オツル」魄ハクして／「タマシヒアテ」 上14オ7
魄タマシヒアテ 上14ウ2
炎-／「ホノ〳〵」齒の／「ハアテ」 上20ウ1

四-戸は／「アテ」　上30オ1

六千劫に／「アテ」　上71ウ5

不(あ)らす／「アラサルカ」　中77ウ4

共なら／「(ニ)シテモ」不「アラス」　中65ウ2

无-「-」因なら／「ニシテモ」不「アラス」　中65ウ2

成レルに／「セ」不アラす／「(スシ)テ」　中72オ6

不(あ)らすして／「ス」　中78オ1

境「-」界は／「アラハ」　中79ウ5

及ふ／「フ」所かあらむ／「サル」　上9ウ6

義あらむ　上80オ6

大-火あらむ／「ナラム」　上98オ3

癡せむ(存疑)／「アラム」　上99ウ7

闇室に／「アラム」　上100オ6

須ゐ(る)／「ヰルトキアラム」者は　中43オ6

音(「訓」)の／「ノ」如(く)あらむ／「クンナンヌ」　中99オ2

邪見あらむ／「アラム」　下2ウ2

阿羅漢を／「アラム」　下3ウ3

惱亂に／「ニ」／「アラムニ」　中64ウ2

汁シルあり／「アリ」　上6ウ3

熱「-」炎あり／「ニシテ」　上8ウ2

形「-」狀あり／「をもて」　上14オ1

城「アリ」　上16ウ2

網あり／「アミアリ」　上16ウ2

脉チノミチあり　上28ウ5

尾「ケ(「ヲ」の誤か)」あり／「アリ」　上29ウ5

蟲をは／「アリ」　上30オ1

戸をは／「アリ」　上30オ2、上30オ2

一戸をは／「(ア)リ」　上30オ3

二戸あり／「アリ」　上30オ3

五百戸は／「アリ」　上30オ4

二戸は／「アリ」　上30オ5

四「-」戸は／「アリ」　上30オ5、上30オ6

一戸をは／「アリ」　上30オ6

苦「アリ」　上40オ5

寒-苦あり／「アリ」　上41オ2

腹-胃「ヰ」とあり　上46オ4

神變及「ヒ」身の通あり／「アリ」　上51ウ4

華幢あり／「アンテ」　上52オ5

沙あり／「アリ」　上52ウ1、上52ウ2、上52ウ2、上52ウ2

聲(訓)「アリ」　上53オ5、上53オ5

實みあり／「コノミ」　上54オ6

光「-」色あり／「アリ」　上57オ4

大名稱まします／「アリ」　上64ウ4

氷「アリ」　上72オ3

光明慧(まし)まして／「アリ」　上85オ1

千輻輪ありて／「アリ」　上85オ3

道あり／「アリ」　上90ウ7

失トカあり／ナリ／「シヌ」　上98オ4

髮毛あり／「アリ」　中3オ6

化佛「アリ」　中3ウ2

千の／「ノ」化佛まします／「アリ」　中4オ2
千の／「ノ」色あり／「あり」　中4オ2
光なり／「アリ」　中4オ7
畫あり／「ヱアリ」　中6ウ4
今光あり／「アリ」　中7ウ3
光明あり／「アリ」　中8オ4
理シワあり　中8ウ3
千輻輪の／「ノ」文あり／「アリ」　中11ウ6
觀佛經「ノ」[之]例「アリ」[也]　中13オ7
光明なり／「アリ」　中17オ6
小「-」相「-」好あり／「アリ」　中19ウ5
爾なり／「アリ」　中20ウ5
爾あり／「ナリ」　中38ウ2
利「-」養「アリ」　中57オ1
九種「アリ」　中71ウ2
三の／「ツノ」義あり／「アリ」　中82オ4
差別あり／「アリ」　中82ウ1
七寶の／「アリ」　中85オ3

爾あり／「シカイフ」　下4オ1
慈悲にして／「アリ」　下28オ4
樂しふ可く／「キコトアリ」　下29ウ1
中「(平)」夭あり／「アリ」　下30ウ2
土「アリ」　下51オ3
差別アリ／アル(カ)／「アリ」故に／「ニ」　下51ウ3
床あり／「アリ」　下56ウ1
殊なれは／「アリ」　下60ウ7
室に／「アリ」　下67ウ3
索ナハを／「ナハ」／「アリ」　下68オ5
大藥王あり／「ア」　下76オ1
智の／「ノ」比「-」丘ありき／「アリキ」　中52オ2
七日ありて／「アンテ」　中36ウ1、下26ウ7
心ありて／「ヲモテ」　中76オ2
葉ありて　下9オ4
三「-」日ありて／「アンテ」　下13ウ4

本「-」願力(もて)／「アンテ」　下17ウ4
三年ありて／「アンテ」　下28オ1
七日ありて／「アンテ」　下46ウ4
智惠ありて／「アンテ」　下48オ6
萬劫ありて／「シテ」　下52ウ3
何の縁ありてか／「カ」　上69オ4
恬たの(ま)む／「タノマム」所ありてか／「ロアリテカ」／「ヲトカ」　下19オ5
子のみありと／「コノミナリト」　上44ウ2
力ありと／「ラアリト」雖(も)　上108オ6
然シカ(ありと)／「アリト」　下13ウ7
嘴ある／「クチハシアル」　上3オ1
嘴(ハ)シある／「(ハ)シアル」　上4オ4
嘴の／「アル」／「スイノ」　上8ウ4
牙の「キハアル」　上19オ7
大報アル　中24ウ2
大果「アル」　中24ウ2
如(く)ある／「クナラム」　中33オ1

所「-」行「アル」 中42ウ3
行スル所カアル 中42ウ3
恐ら／「オソラ」不はアル／「スハアル」可(から)／「ヘ」不す／「ス」 中91オ2
嘴ある／「(ハ)シアル」 中99オ2
當に／「ニ」爾る／「シカアル」應し(と)／「キヲモテナリ」 下72ウ4
異解するか／「アルカ」如く／「ク」 上109オ3
語(る)か／「アルカ」故にと／「ナリト」 中7オ6
中に／「ニアルニ」 中33ウ4
信せ不すは可アルヘ(か)／「ヘカラ」不らす／「ス」 上74オ4
疥「ケ」／「ハタケカサ」-者「アルモノ」の／「ノ」 上38ウ7
怖畏を／「アルモノヲ」 中9オ1
惡「-」事を／「アルヲモテ」 中56オ3
大悲-心アれとも 上97オ2
華幢あり／「アンテ」 上52オ5
咽喉の／「ノ」上「ニアンテ」 中7オ6
一「-」尋「アンテ」 中7ウ4
七日ありて／「アンテ」 中36ウ1
佛「-」刹なり／「アンテ」 中77ウ1
佛「-」刹「アンテ」 中84オ6
親「-」屬(あり)て／「アンテ」 中85オ3
智「-」慧ありて／「アンテ」 下9オ2
十二億那由他(に)して／「アンテ」 下56オ6
何の／「ナンソ」暇まにか／「マアンテカ」 上106ウ7
海「ノ」-中にも／「ニアンテモ」非す／「ス」 上34オ1
空にも／「オホソラニアンテモ」非す／「ス」 上34オ1

アリク(歩)

〔行〕34029
行か／「アリカ」令(め)て／「シム」 上10ウ1
陸-「クカニ」「-」行(の)「アリク」[之]類は／「ハ」 上26オ7

アル(或)→アルイハ、アルガ、アルトキニ、アルトキニハ

〔或〕11563
或もし／「ル」時に／「キニ」 下71オ5
或る／「アル」 中88ウ6

〔有〕14332
有「ル」時「ニハ」 中77オ2
有る／「ル」師(の)／「ノ」云ク／「ク」 下46オ1
有る／「ル」師し(の)／「ノ」云ふ／「ク」 下46オ2
有る佛の 中34オ7
有る／「ル」佛の／「ハ」 中34ウ1
有る／「ル」 中47オ4、中47オ7
有き(「る」の誤か)／「ル」者もの(は)／「ノハ」

中86オ7
有る／「ル」經に／「ニ」言く／「ク」 下10オ2
有(る)／「ル」師の／「ノ」云(く)／「ク」 下46オ4
有る／「ル」經に／「ニ」 下49ウ2
有る聖教には／「ニ」 下61ウ2
有る經に 下61ウ4
有る／「ル」者もの(は)／「ノハ」 下76オ4
有るは／「ルヲハ」 下98オ6

アルイハ(或)

〔或〕11563
或(い)は 上2オ4、上23オ7、上24オ6、上97ウ3
或(い)は／「ハ」 上2オ5、上6オ4、上6オ5、上6オ5、上9オ5、上9オ6、上9オ7、上11ウ3、上11ウ3、上11ウ4、上11ウ4、上11ウ4、上15ウ2、中15ウ1、中15ウ1、中34ウ6、下14ウ3、下44ウ2、下44ウ3、下48ウ4、下49オ1、下53ウ3、下55オ4、下59ウ6、下59ウ6、下60オ7、下60オ7、下80ウ7、下81オ1、下87ウ6、下97ウ2、下97ウ3、下97ウ3、下98オ1
或「(イ)ハ」 上2オ7
或は／「ハ」 上4ウ2、中4ウ2
或(い)「ハ」 上6ウ4、上22オ1、上22オ7、上22オ7、上23ウ2、上23ウ5、上23ウ7、上24オ3、上24ウ1、上24ウ3、上25オ2、上25オ5、上25オ5、上25オ7、上25ウ1、上25ウ4、上25ウ6、上26ウ1、上26ウ1、上26ウ2、上27オ1、上27ウ1、上27ウ1、上32オ5、上32オ5、上32ウ2、上32ウ3、上34オ2、上36オ4、上40ウ1、上40ウ4、上40ウ4、上41ウ7、上42オ7、上42ウ2、上49オ1、上49オ2、上49オ3、上49オ3、上49オ4、上53オ3、上53オ4、上53オ5、上53ウ5、上53ウ6、上54オ6、上54オ6、上57ウ3、上57ウ3、上58オ3、上58オ5、上60オ3、上65ウ5、上65ウ6、上71ウ3、上71ウ3、上83オ6、上83ウ1、上87オ2、上94オ5、上97ウ3
或(いは)／「ハ」 上9オ7、上9オ7、上11ウ5、上11ウ7、上11ウ7、上16オ2、上19ウ4、上19ウ4、上20オ7、中17ウ3、中18オ4、中18オ4、中18オ6、下11オ5、下16ウ1、下16ウ1、下16ウ2、下17ウ3、下48オ2、下83オ7、下87ウ6、下97ウ4、下97ウ4、下98オ2、下98オ2
或いは／「ハ」 上24ウ7
或(い)「ハ」復 上26ウ5、上26ウ6、上38ウ3
或(い)「ハ」云く／「ク」 上28ウ4
或「ヘシ(「イハ」の誤か)」 上50ウ2
或(い)「ハ」言く／「ク」 上70ウ3
或(いは)「ハ」 上83オ3

或(い)は復　上95ウ7
或「ハ」　中2オ5、中2オ5、中2オ6、中4オ1、中5オ1、中5オ2、中5オ6、中5ウ3、中6オ4、中6ウ4、中8ウ3、中9ウ2、中11ウ2、中15オ7、中25オ6、中29ウ5、中29ウ6、中30オ2、中30オ3、中31オ1、中31オ4、中31オ6、中34ウ7
或(い)は／「モシ」　中2ウ7
或モシ／「ハ」　中3オ7
或(い)は／「アルトキニハ」　中65オ1、中65オ1
或ルイハ／「アルヒト」　下45ウ1
或(い)は／「アルヒト」　下45ウ1
或(いは)／「ハ」復　下71オ6
〔有〕14332
有るいは　中34ウ1

アルガ(有)
〔有〕14332
有(る)か／「ルヒトノ」云く／「ク」　上108ウ5
有るか／「ルヒトノ」云「ク」　上109オ1
有(る)か／「アルヒト」云く／「ク」　下9オ1
有る(カ)／「ルカ」云く／「ク」　下53オ5
有(る)か／「ルカ」云く／「ク」　下53オ6、下54オ1、下54オ1、下64ウ6、下73オ7

アルク(歩)→アリク

アルトキニ(或時)
〔或〕11563
或もし／し／「アルトキニ」　下71オ7
或(いは)／「アルトキニ」　下79オ3

アルトキニハ(或時)
〔或〕11563
或「アルトキニハ」　上25ウ4、上25ウ4、上27オ2
或(いは)／「アルトキニハ」　中64ウ5、中64ウ6
〔或時〕11563 13890
或(る)時(に)は／「ニハ」　上68ウ4
或(る)時には／「ニ」　上96ウ7

アルヒト(或)
〔或〕11563
或ルイハ／「アルヒト」　下45ウ1
或(い)は／「アルヒト」　下45ウ1
〔有〕14332
有る(ひと)／「アル」　上92ウ3
有(る)か／「ルヒトノ」云く／「ク」　上108ウ5
有るか／「ルヒトノ」云「ク」　上109オ1
有(る)か／「アルヒト」云く／「ク」　下9オ1、下9オ1

アヲシ(青)
〔翠〕28732
翠アヲキ「アヲキ」　上31ウ7
〔青〕42564
青き／「キ」者ものは／「モノハ」　中5ウ3
青「シ」　上29オ2

青し／「シ」　上29オ5

イ

イカガ(如何)

〔云何〕00254 00511

云-何なる(を)か／「カ、」　上93ウ7

云何《ヵ》、／「イカン」　中84オ7

イカス(生)

〔生〕21670

生さ／「セ」令しむ／「シム」　中50ウ2

イカゾ(如何)↓イカンゾ

〔云何〕00254 00511

云-何そ／「ソ」　上33オ3、上34オ5

云「ク」-何《ッ》　上35オ6

云何《そ》　上106ウ3

云「-」何そ／「イカソ」　下28オ5

〔何〕00511

何そ「(イ)カソ」　上9ウ2

何そ／「ソ」　上9ウ2、上9ウ6、上9ウ6

何そ　上9ウ3

何そ／「(イ)カソ」　上78オ1

何そ／「イカソ」　中98ウ5

何そ／「カソ」　下45オ7

何そ／「カソ」相ひ／「ヒ」稱《カナハ》／「カナハ」不る／「ル」　下45オ7

〔蓋〕31652

蓋《イカソ》厭は／「トハ」[蓋]《サラム》／「サラム」　上36ウ4

蓋《イカソ》　中23ウ1

蓋《イカソ》／「ソ」…招か[蓋]《サラム》(や)[耶]　下98オ4

イカヅチ(雷)

〔雷〕42245

雷《カッチ》の／「イカツチノ」如し／「シ」　上17オ4

イカナル(如何)

〔何〕00511

何れの／「イカナル」　中42ウ3

何(なる)／「カナル」　下88オ4

イカナルヲカ(如何)

〔云何〕00254 00511

云「-」何なる(を)か／「イカナル(ヲ)カ」　上86オ5

云-何なる(を)か／「カ、」　上93ウ7

云「-」何たまゝをか／「イカナルヲカ」　中69ウ3

云-何なるをか／「イカナルヲカ」　下67オ7

イカニ(如何)

〔何〕00511

何に／「ニノ」　中24オ5

〔如〕06060

如(イ)カ(に)／「(イ)カ」　下43オ5

イカニイハムヤ(何況)

〔何況〕00511 17264
何「ニ」況「ヤ」　上14ウ3、上45オ3、
上47ウ1、中13オ2、中20ウ7、中21オ3、
中24ウ3、中51ウ6、中61オ1、中96ウ4、
下79ウ2
何(に)況(や)諸の／「ノ」苦を／「ヲヤ」耶や　上59オ6
何(に)況「ヤ」凡夫をや　上67オ1
何(に)況(や)…如けむ／「クナ、ム」　上82オ3
何(に)況「ヤ」常に／「ニ」讃(する)をや／「ヲヤ」　上86オ2
何(に)況(や)往生をや／「ヲヤ」　上86オ2
何(に)況「ヤ」…施せ／「セ」不らむこと／「ルヤ」　上93オ2
何(に)況「ヤ」…滅すること／「スルコト」无(か)らむや／「ラムヤ」　上104ウ5
何に／「ニ」況(や)／「ヤ」　中37オ4、下30オ7
何(に)／「ニ」況(や)／「ヤ」　中62オ3、
下28ウ3、下33ウ5、下34オ1、下41ウ6、
下76オ6、下76オ6、下78ウ4、下80オ6、
下85ウ4、下92ウ5、下93ウ3、下96オ6
何(に)／「ニ」況(や)／「ヤ」浄土をや／「ヲヤ」　下54ウ5

イカムトナラバ(何)
〔何〕00511
何(いか)む(とならは)　中53オ4

イカラカス(怒)
〔怒〕10439
怒《イカラカセリ》　上13ウ5

イカラス(怒)
〔怒〕10439
怒カラシテ／「イカラシテ」　上5ウ6

イカリ(怒)
〔瞋〕23568
瞋り／「イカリ」　上99ウ6
瞋りを／「イカリヲ」　中20オ2
瞋リノ／「ノ」火　中56オ5

イカル(怒)
〔怒〕10439
震《フルヒ》-怒《イカルニ》／して／「ヌトシテ」　上44オ3
〔恚〕10566
恚ラ／「セ」不「ス」　中55オ4
〔瞋〕23568
瞋(い)かり「-」恨むる／「スルヤト」　上9ウ5

イカン(如何)
〔云何〕00254 00511
云何カ、／「イカン」　中84オ7
〔何〕00511
何「カン」　下48オ7

イカンガ(如何)

〔云何〕00254 00511
當に／「ニ」云「-」何か／「イカンカ」念す
〔當〕「シ」 下37オ2
云「-」何か／「イカンカ」 下47ウ7
〔何〕00511
何（に）か／「カンカ」會する／「スル」 下44オ4
〔如何〕06060 00511
如「-」何か／「イカンソ」 下52オ3

イカンゾ（如何）→イカゾ

〔云何〕00254 00511
云-何そ／「ソ」 上97オ4、中60ウ6
云何「カンソ」 上99オ6
云何そ／「カンソ」 上105ウ1
〻（云）何そ／「ソ」 中22ウ2
云「-」何そ／「カンソ」 下12オ1、下89オ4
云「-」何なる（をか）／「イカンソ」 下35ウ5
云-「-」何そ／「イカンソ」 下55ウ2
云-何そ／「カンソ」 下63オ1、下65ウ6、下70ウ5、下71ウ4、下74オ3、下78オ4、下78オ4、下85ウ1、下87オ6、下92ウ7
云-何そ／「カンソ」 下73オ4
云「-」何（そ）／「カンソ」 下76ウ2
〔何〕00511
何そ／「（イ）カンソ」 上73オ7、中90オ3
何そ／「イカンソ」 下51オ5
何（そ）／「イカンソ」 下55オ6
何そ／「カンソ」 下63ウ7、下66オ2、下66ウ3、下66ウ4、下77オ1
〔如何〕06060 00511
如-何そ／「イカンソ」 中53ウ1
如「-」何か／「イカンソ」 下52オ3
如何そ 下56オ3
如-「-」何そ／「カンソ」 下59オ7、下72ウ6
如「-」何そ／「カンソ」 下61オ2
如-何そ／「カンソ」今「マ」 下65オ1
如-何そ／「カンソ」 下65オ4、下80オ2
〔寧〕07296
寧「イカンソ」 上78オ3、中99オ4
寧（そ）／「イカンソ」 下54オ4
〔那〕39305
那ナ（ン）ソ／「イカンソ」 中65オ1
那そ／「イカンソ」 中65オ2

イカントナラバ（如何）

〔何〕00511
何（に）となら／「イカントナラハ」者は 下52ウ6
〔何者〕00511 28853
何（と）なら「-」者は／「カントナラハ」 下63ウ1
〔所以者〕11715 00388 28853
所以者「カン」（とならは） 上92オ7

イキ（息）

〔息〕10601
息イキを／「イキヲ」　上43ウ1
息きを／「キヲ」　上43ウ5

イキタユ（息絶）
〔絶〕27407
悲「カナシヒ」「-」絶「イキタユルコト」／「スルコト」／「ス」　上8オ2

イキホヒ（勢）
〔勢〕02422
勢ホヒを／「イキヲヒヲ」　上14オ1

イク（生）
〔活〕17423
活ヨミカヘ／く／「ヘンヌ」　下69オ3
活（く）ること／「イク（ル）コト」　上2オ6
〔生〕21670
生き（たる）か／イテ「イテタルカ」如し／「シ」　中6ウ1

イクサ（軍）
〔軍〕38179
軍イクサの／「イクサ」　上71ウ4

イクソバク（幾許）
〔幾〕09208
幾ソ／「イクソハクソヤ」乎　上50オ3
幾イクソハクノ／「イクハクノ」　中72ウ7
〔幾處〕09208 32697
幾-處ソハクソ／「ソヤ」乎　上82オ2
幾-處クソ／「イクソハクソ」　下49ウ1
〔幾許〕09208 35298
幾-「-」許乎イクソハクソ／「イクハクヤ」　中62オ3

イクバク（幾許）
〔幾〕09208
幾イクソハクノ／「イクハクノ」　中72ウ7
幾の／「イクハクノ」　下64オ2、下94オ3
〔幾何〕09208 00511
幾-何ソ／「イクハク」　下43ウ2
〔幾許〕09208 35298
幾-「-」許乎イクソハクソ／「イクハクヤ」　中62オ3
幾「-」許「イクハクナレハカ」　下70オ5

イクヒサシ（久）
〔已久〕08743 00118
已-久イクヒサシ（しと）／「サシ」爲せむ（や）／「セム」　下43オ5

イケ（池）
〔池〕17141
池「ケ」　上12ウ2
池「ケ」-流「ル、」　上57オ3

イケハギ（生剝）
〔生剝〕21670 02049
生剝イケハキの／「イケハキノ」　上32オ6

イサゴ（沙）
〔沙〕17212
沙の／「コノ」如（く）して／「シテ」　上13オ3

沙の／「イサコ」　中37ウ7
沙を／「コヲ」　中37ウ7

イササカニ（聊）

〔聊〕29049
聊に／「イサ、カニ」　上1オ5、下97ウ2
聊さかに／「イサ、カニ」　上86ウ5

イシ（石）

〔石〕24024
小（さ）き／「チヒサキ」石を／「イシヲ」　下66オ6
石「シ」　下66オ7
小（さ）き／「サキ」石「シ」／の　下66ウ3

イソガシ（忙）

〔劇〕02218
劇（ハナ）ハカ（「タ」の誤か）シ／「イタ（「ソ」の誤か）（カ）シウシテ」　中90オ3

イソグ（急）

〔務〕02394
務い（そき）て／「イソキテ」　下59オ6

〔忙〕10334
驚「キ」忙「イソイテ」　中26ウ5

〔営〕19457
営イソイテ／「イソイテ」　中66ウ5

イダク（抱）↓ウダク

〔懐〕11456
懐（き）て／「イタイテ」　下35ウ5
懐か／「（イ）タカ」不る／「サル」　下36オ4
懐けり／「イタク」　上26オ6
懐く／「タケル」　下36オ3
懐くこと　下6オ5
懐『イタケリ』（消）」　上2オ2
懐けり／「イタク」　上26オ6
懐（け）ること／「ケルコト」　上36ウ5

〔抱〕11917
抱くに／「イタクト」　上8ウ2

イダサク（出）

〔失〕05844
失ふ／「イタサク」　中98オ3

イタス（致）

〔到〕01950
到り／「タス」　下86ウ1

〔捉〕12136
捉イタセハ／「トレハ」「イタセハ」　上45ウ4

〔至〕30142
心を／「ヲ」至して／「イテ」　中99ウ3
至「サ」不「ラムヲハ」　中29オ3
至（さ）／「サ」不「ス」　下28ウ7
至し／「シ」　下9オ5
心を／「ヲ」至して／「シテ」　上63ウ3、上64ウ3、上75オ7、下18オ5、下40オ5
心を／「ヲ」至（し）て／「シテ」　上84ウ3
至して／「シテ」　中5ウ2、中30オ5、中94オ7、下2ウ3
心「ヲ」至「シテ」　中35ウ3

至「シテ」　中94ウ6
心を／「ヲ」至して／「イテ」　中99ウ3
心を／「ヲ」至して／「シ」　下31ウ5
誠「ヲ」至「ス」應し／「シ」　上85ウ6
誠「ヲ」至「スコト」无きは／「ケレハ」　上89ウ6
至るに／「スルニ」／「イタスニ」　下60ウ6
至「セハ」　中30オ7

〔致〕30149

敬を致さ不といふこと　下16オ4
致す／「タシ」　下79オ5
致して／「シテ」　中90オ4
心を致して／「シテ」　下7ウ6
「コト」を致す／「ス」　上40ウ5
致す／「ス」　下13オ6
致す／「ス」所ならく／「ナラク」耳のみ　下87オ5
致す／「タス」所(なり)／「ナリ」　下90ウ4
致ること／「スコト」　中72ウ1、中72ウ2
致る(と)／「タスト」　下17ウ5

イダス(出)↓イダサク

〔出〕01811

出さ／「サ」令む／「シム」　上36オ4
出さ／「タサ」不す／「ス」　上44オ6
出せ／「イタ(サ)」令(む)るか／「ムルカ」故に／「ニ」　上72ウ3
出さ／「セ」／「イタ」未す／「ルトキ(ニ)ヲイテ」／「サ、(ル)トキヲイフ」　上92オ6
出さ／「サ」不「ス」　下40ウ4
出こと／「タサ」令しむ／「シム」　下78オ2
出さは／「サハ」　中60ウ1
出さむ／「サム」　中19ウ2、下32オ4
出(す)か／「サム」如し　下82ウ3
出す／「タサム」「・之」罪よりも／「ツミヨリモ」　下94オ5
出し／「シテ」　上11ウ6
出し／「シ」　中10オ3
出す／「シタマフ」　中7オ2
出す／「シタマフ」　中7オ2
出して／「テ」　上14オ6、中6オ1
踊(「涌」の誤か)／「ワキ」出して／「ツ」　上17オ2
抜き／「キ」出(し)て／「シテ」　上18オ2
出して／「シテ」　上49ウ6、上53ウ1、上69オ2、中17オ7、中30オ7
出して／「イタシテ」　上54ウ1
出して／「ス」　中6ウ4
出す／「ツ」　上9ウ1、上16ウ7、中7ウ5
抜き／「ヌキ」出す／「ス」　上11オ6
出す／「ス」　上16ウ4、中7オ7、中11オ4
出「ス」山と／「ト」　上18ウ4
出す／「ス」可(から)不　上84ウ2
出(し)たてまつれ(る)に／「ス」　中5ウ4
出して／「ス」　中6ウ4

出(し)たまふ／「ス」　中9ウ5

出(す)と／「ス」　中89ウ7

抜き／「ヌキ」出すか／「タスカ」如くせむ／「クスル」者ものは／「ノハ」　下86ウ4

出(す)こと／「スコト」　下59ウ1、下89オ4、下98オ1

出すに／「タスニ」不「ス」　下40ウ5

出の／「セル」所「ノ」　下98オ1

出(せ)るか／「セルカ」如きなり／「シ」　中73ウ6

〔失〕05844

失して／「イタシテ」　中60ウ6

〔生〕21670

少光明を／「ヲ」生して／「イタシテ」　中12オ7

イタダキ(頂)

〔頂〕43335

頂「キ」従(り)／「ヨリ」　上29ウ4

頂「イタ、キ」の如し／「シ」　上51ウ1

頂(き)の／「キノ」上の／「ヘニ」　中2ウ6

頂(き)の／「キノ」上に／「ヘヲ」　中3オ1

頂(き)の／「キノ」上つより／「ヘニ」　中3オ3

頂(き)の／「キノ」上に／「ヘニ」　中3オ5

佛の頂に／「キニ」　中3ウ3

頂「キ」　中6ウ5

頂(き)に／「キニ」　中9ウ5

頂の／「キノ」　中11ウ1、中34ウ3、中34ウ5

頂を／「キモ」

菩薩の／「ノ」頂に／「キニ」　中12オ6

頂に／「キニ」　中13ウ1

阿難か／「カ」頂(き)を／「キヲ」　下22ウ7

頂に／「キニハ」　下95ウ5

イタダク(頂)

〔戴〕11685

戴イタ、イて　上38オ5

イタヅラニ(徒)

〔徒〕10121

徒つ／ツラニ　上27オ3

徒らに／「ラニ」　上34オ6、上37ウ3

徒らに／「ニ」　上37ウ3

徒(ら)に／「ラニ」　上37ウ5

徒らに／「タ、」　上43ウ5

イタハシ(勞)→イタハシウス、イタハシクス

〔勞〕02410

劬「ク」／「ツトメ」-勞「(去)」す／「ラウスル」／「イタハシ」　下98ウ2

勞イタハしく／「シク」　下44ウ7

勞イタハしく／「ワツラハシク」　下64ウ4

イタハシウス(勞)

〔勞〕02410

勞イタハシウして／「シテ」「而」　上24ウ3

イタハシクス(労)
〔労〕02410
労ツカラカシテ／「イタハシクシテ」　上59ウ5

イタハル(労)
〔労〕02410
労イタハ(ら)しむ／「ワツラハシク」　下97ウ1

イタマシ(痛)
〔瘮〕24438
瘮イタマ(しく)シテ／「シム」　下68オ1

イタム(痛)
〔患〕10691
患(ふ)るに／「イタマムニハ」　下71オ6
〔痛〕22195
痛「イタム」　中99オ2、中100オ2
〔瘮〕24438
瘮イタマ(しく)シテ／「シム」　下68オ1

イタル(至)
〔到〕01950
到ら／「イタラ」不「ス」　中77ウ7
到らしむ／「イタラシム」　上5オ3
到らしむ／「ル」　上14オ5
到り／「イタリ」已れは／「テ」　上7オ6
到り／「リ」已レは／「ハテ」　上14オ5
到り／「タス」　下86ウ1
到る／「ルヘシ」　中38ウ2
到る／「イタル」　下66ウ6
到るト(も)／「イタル」　下68オ1
到る(と)／「タル」　下82ウ6
到るか／「ルカ」如き／「クアラク」耳(な)ら
(くの)み／「ノミ」　下66ウ7
到るに／「ルニ」　中29オ7
到れり／「レリ」　上7オ3
〔湊〕17822
湊イタル／アツマル　中90オ7

〔至〕30142
至ら／「イタラ」不るは／「サルモノハ」　上45ウ5
至ら／「ラ」令しむ／「シム」　上64ウ3
至ら未る／「ル」前きは／「キハ」　上105ウ6
至ら／「ラ」不といふこと／「ストイフ」　中50オ3
至ら／「ラ」令(むる)なり／「シメテ」　中88オ7
至(ら)／「ラ」未るに／「サルニ」　下54ウ6
〻(至)らしむといへり／「イタラ」　中100ウ2
至らは／「マテセハ」　中80ウ6
至(る)までに／「ラム」　下16ウ2
至らむ／「タル」　下39ウ7
至(る)までにす／「ラム」　下66オ4
至らむことを／「ルコトヲハ」　上82オ3
至(り)て／「ラムニ」　中51ウ5
至(り)て／「リシ(シ墨消)」　上32ウ5

至り／「リ」　上58オ1、上95ウ4
至り／「ル」　上73オ2
至(り)き／「リ」　中6ウ3
至り／「マテニシ」　中78ウ5
至り／「ルマテニシ」　中78ウ5
利益門に／「ニ」至り(て)／「テ」　中82オ1
至り「テ」　上71オ1
至りぬ／「ヌ」　下13オ6
至りぬれは／「レハ」　下67ウ3
至(り)て／「ル」　上21オ5
至るに／「ル」　上44オ1
至(り)たまひ／「ル」　上47ウ4
至る／「ル」　上56オ1、上58オ1、上73ウ2、上95オ4、下10オ3、下76ウ3、下77オ5、下80ウ1
至り／「ル」　上73オ2
(に)／「ヲ」至る／「ル」[之]　上101ウ4
至る／「ル」[之]　上101ウ4
至る／「ルマテニス」　中13オ7
至る／「(イタリ)ナム」　中33ウ5
至「ル」所(「訓」)无し／「シ」　中86オ1
至る所无し／「シ」　下12ウ1
至る(に)／「ル」　下18オ1
至る／「タンヌ」　下68ウ6
至る　下80オ4
至る(と)／「ル」　下80オ5
至(る)こと／「ルコト」无し／「シ」　上51オ3
至ること／「ルコト」　下18ウ4
至(る)こと／「ルト」　下79ウ7
至らむことを／「ルコトヲハ」　上82オ3
至る(と)／「ルト」　中56ウ1
至ると／「ルト」　中69オ2
至るに／「ルニ」　上33オ5
至るに／「スルニ」／「イタスニ」　下60ウ6
至(る)に／「ルニ」　下83オ4
至(り)て／「ルハカリシテ」　中33ウ2
至(り)て／「ルハカリニシテ」　中33ウ6
至(る)までに／「マテ」　上10ウ1
に／「ニ」至(る)まて／「マテ」　上29ウ4
至(る)まて／「マテ」　上29ウ4
に／「ニ」至(る)までに／「マテ」　上30ウ6
至(る)までに／「ルマテ」　中57ウ7、中58オ2、下4オ7、下28オ7
至(る)までに／「マテニ」　上11ウ3
至(る)までに／「ルマテニ」　中5オ3、中58オ4、下47ウ6
至り／「ルマテニシ」　中78ウ5
至(る)までに／「ルマテニシ」　中78ウ6
至る(もの)／「ルモノ」　下83ウ1
至れは／「レトモ」　上41オ3
時「ニ」至れは／「レハ」　上55ウ7
明「クルニ」至れは／「ヌレハ」　上72オ4
至(り)ては／「レハ」　中29ウ1
至(る)までせは／「レハ」　中67ウ1

至れは／「レハ」　中90オ6

至(り)て／「イタレルニ」　上24オ1

交はり／「マシハリ」至(り)て／「イタンテ」　上3オ7

〔致〕30149

子の／「ノ」前に／「ヘニ」致リテ／「リテ」　下19オ3

致ること／「スコト」　中72ウ1、中72ウ2

致る(と)／「タスト」　下17ウ5

〔臻〕30165

臻イタリ(て)／「イタンテ」　下6オ5

〔詣〕35412

往-／「ユキ」詣して／「イタンテ」　中36オ3

〔逮〕38931

逮(ら)しむ／「イタラシム」　上43ウ1

イチ(市)

〔市〕08775

市イチの／「ノ」如し　上66オ3

イヅ(出)

〔出〕01811

出つ／「ツ」　上8オ6、上9オ3、上18オ5、上25ウ1、上28ウ6、上35オ3、中69オ1

出す／「ツ」　上9ウ1、上16ウ7、中7ウ5

踊(「涌」の誤か)／「ワキ」出して／「ツ」　上17オ2

流「レテ」出す／「ツ」　上18オ6

出つ／「テヌ」　上25ウ7

流れ／「レ」出つ／「ツ」　上31オ5

出つ／「ツ」應し／「シ」　上75ウ5

出(て)て／「ツ」　中6オ5

出(し)たまふ／「ツ」　中7オ6

出つ／「ツ」[宜]し／「シ」　中64オ4

當「ニ」出「ツ」[當]きか／「ヘキカ」如し／「ク」　下77ウ5

出「ツル」時ニ　上29ウ6

出「ツル」　中31ウ5

出(て)む／「ツル」時に／「キ」　下43ウ6

出(つ)るか／「ツルカ」如き／「キ」　上6ウ4

雑「マシハリ」出して／「ツルコト」　上31オ7

出(つる)こと／「ルコト」能(は)不す／「ス」　上75ウ4

出(る)こと／「ツルコト」　下47オ3

出(つ)るに／「ツルニ」　上44オ5、下41ウ7

出(て)て／「ツレハ」　下12オ5

出て／「テ」已(り)て／「ハルニ」　上20ウ5

出て／「テ」已(り)て／「テ」　上21オ2、上21オ2、上21オ5、上21ウ1、上22オ3

出「テ」未す／「ス」　上22ウ7

出て／「テ」不す／「ス」　上26オ4

出「テ」未「ス」して　上51オ4

竝ひ／「ヒ」出(てた)まは／「テ」不す／「ス」　上84オ5

出「テ」未(す)と／「ス」　中28オ6

出て／「テ」不は／「スハ」　中64オ4

出て／「テ」不「ス」
下40ウ1、下41オ2、下41オ6

豈「ニ」…出て／「テ」不らむ(や)／「ラムヤ」 下68オ2

［也］

出(て)たまつりしに／「テタマフ(「ヘ」の誤か)ルニ」 下19ウ3

出せり／「テタリ」 下28ウ2

出てて／「テ」 上20ウ6

出(て)て／「テ、」 上33ウ4、中15オ4、中36オ3、下10オ3、下71オ3

出っ／「テヌ」 上25ウ7

〔生〕21670

光を生す／「イテタリ」 中12オ6

生する／「イテタル」 中23ウ6

生き(たる)か／イテ「イテタルカ」如し／「シ」 中6ウ1

イヅクンゾ(何)↓イヅコゾ、イヅコンゾ、イドコンゾ

イヅコゾ(何)

〔焉〕19076

焉イツコソ 下89ウ2

イヅコンゾ(何)

〔何〕00511

何「イツコンソ」 上107オ3

イツツ(五)

〔五〕00257

五(つ)の／「ツノ」 上36オ5、下53オ1

五「ツノ(「ノ」衍か)」 上82ウ4

五の／「ツ」 中3ウ1

五の／「ツノ」 中12オ5、中21オ6、中55オ3、下72ウ7

イヅミ(泉)

〔泉〕17274

泉の／「イツミノ」如し／「シ」 上17オ1

泉に／「イツミニ」 上57オ3

イヅレ(何)

〔何〕00511

何れの／「レノ」日か／「カ」 上35ウ1

何の「レノ」處といふことを知ら／「ラ」不す／「ス」 上59ウ7

何れの／「ノ」 上60ウ3、上60ウ3

何の／「レノ」時(に)か／「ニカ」 上70ウ5

何の／「ノ」時(に)か／「ニカ」 上107ウ2

何れの／「レノ」 上108オ1、中31ウ6、中42ウ2、中49ウ1、中50ウ7、中93オ7、下80オ7

何れ／「レノ」 中40オ4

何れの／「イカナル」 中42ウ3

何(れの)／「イツレノ」 中60ウ3

何の／「イツレノ」 中76オ2

何れの／「レノ」處に／「ニ」 中85オ4

何れの／「レノ」所 中86オ1

何れの／「ツレノ」身 下42ウ3

何れの／「レノ」土ソ／「ソヤ」耶 下42ウ3

何れの／「レノ」處と／「トイフコトヲ」　下50オ6
何れの／「レノ」處の／「ニカ」　下54ウ6
何(れ)の／「レノ」　下54ウ6
何の／「ツレノ」　下62ウ1
何レノ／「ツレノ」　下75オ6
何れの／「ツレノ」時に／「ニカ」於てか　下77ウ2

イト（糸）
〔糸〕27221
一「ツノ」-糸《シ》反の／「イトノ」　中3ウ6

イドコ（何）
〔何〕00511
何《トコ》／従「ヨリ」　中42ウ3

イドコゾ（何）
〔安〕07072
安《イトコソ》　中64ウ7

イドコンゾ（何）
〔何〕00511
何「イトコンソ」　中54オ7
何そ／「イトコンソ」　中90オ7
何そ／「トコンソ」　下45ウ5

イトナミ（營）
〔務〕02394
務《イトナミ》を／「マツリヲ」　上43ウ6

イトナム（營）
〔營〕19457
營み／「イトナムテ」　下83ウ7

イトヒ（厭）
〔厭〕03025
厭「ヒノ」心　上38ウ2
當に／「ニ」厭(ふ)ことを／「ヒヲ」生す［當］し　上39ウ7

イトフ（厭）
〔厭〕03025
蓋《イカソ》厭は／「トハ」［蓋］サラム／「サラム」　上36ウ4
厭ひ「テ」　上91ウ7
厭ひ／「テ」　下59ウ6
厭(ふ)こと／「フコト」勿れ／「マナ」　上86ウ6
厭ふと／「フト」雖「モ」　中62オ6

イトマ（暇）→イトマアリ
〔暇〕14036
何の／「ナンソ」暇まにか／「マアンテカ」　上106ウ7
暇「マ」　中29ウ2

イトマアリ（暇）
〔暇〕14036
貪-染(する)に／「スルニ」暇まアラ／「イトマアラ」不す／「ス」　上34ウ5
何の／「ナンノ」暇(あり)てか／「イトマアリテカ」　上75ウ5
〔遑〕39006

述するに／「スルニ」遑イトマ不アラス　上23オ3
遑イトマアラ不す／「スハ」　中30オ5

イトリ（五）→イトン

イトン（五）
〔五〕00257
五の／「トンノ」　上25オ6

イナ（不）
〔不〕00019
知るや／「ヤ」不や／「イナヤ」　上58オ6
生（す）や／「スヤ」不や／「イナヤ」　上92ウ4
生（す）や／「スヤ」不や／「ヤト」　上92ウ4
不や／「イナヤ」〔耶〕　中36オ4
知（る）や／「ルヤ」不や／「ヤ」　下38オ6

イナビカリ（電）
〔電〕42253
電の／「イナヒカリ」如く／「シ」　上16ウ3
掣「ヒク」-電「イナヒカリ」よりも　上34オ7

イニシヘ（古）
〔古〕03233
古を／「イニシヘヲ」　上43オ7

イヌ（犬）
〔狗〕20345
狗イヌ「イヌ」　上16ウ3
狗「イヌ」　上20ウ1、中98オ1
狗に／「イヌニ」　下71オ4

イヌ（往）
〔去〕03070
去（ぬ）れは／「ヌレハ」　上37オ4

イノチ（命）
〔壽〕05672
壽「リ」（「チ」か）　上9ウ7
壽を／「（イ）ノ（チ）ヲ」　中32オ7

イノチアリ（命）
〔壽〕05672
壽ち／「イノチアル」未アらす／「ス」　上57ウ3
〻（壽）アル者ものも／「モ」　上57ウ3

イハ（岩）
〔石〕24024
石の／「イハノ」　上6オ5

イハク（曰）→イハマク
〔云〕00254
云く／「ク」　上2オ7、上9ウ5、上17オ7、上26オ1、上31ウ5、上31ウ7、上36オ2、上37ウ1、上44ウ6、上63オ5、上72オ3、上100ウ2、中12ウ5、中13ウ6、中22オ1、中22オ7、中22ウ2、中22ウ5、中23オ1、中23ウ6、中25ウ5、中25ウ6、中26オ2、中27ウ7、中34オ1、中34オ6、中35オ3、中35オ5、中35オ5、中35オ6、中35ウ6、中36オ4、中38ウ4、中39オ3、中53ウ6、中77オ4、中99オ5、下1オ6、下2ウ6、下3ウ1、下4オ5、下6ウ1、下6ウ1、

下6ウ4、下7オ1、下7オ2、下7ウ4、
下8オ1、下9オ1、下11ウ4、下12オ1、
下12オ7、下15ウ3、下24オ7、下28ウ5、
下32オ5、下32ウ4、下32ウ6、下37ウ7、
下42ウ4、下42ウ5、下47オ4、下49オ6、
下49ウ4、下51ウ2、下51ウ5、下52オ3、
下52オ4、下52オ7、下52ウ3、下53オ4、
下53オ4、下53ウ6、下53ウ7、下56ウ6、
下57ウ1、下59ウ2、下64ウ6、下73オ7、
下73ウ2、下74オ4、下81オ7

云く／「ハク」　上2オ7、上36ウ5

云「ク」　上2ウ2、上20ウ3、上34ウ2、
上42ウ2、中3ウ4、中4オ3、中5オ3、
中5ウ2、中5ウ6、中6オ7、中6ウ2、
中6ウ6、中7オ5、中7オ6、中8ウ1、
中9オ1、中9オ3、中10ウ1、中10ウ2、
中10ウ4、中10ウ7、中20オ4、中20オ6、
中23オ3、中26ウ6、中27オ1、中27オ5、
中27ウ1、中27ウ2、中28オ1、中28オ3、
中28ウ4、中28ウ5、中28ウ7、中29オ5、
中30オ4、中31ウ1、中32ウ1、中32ウ6、
中33オ1、中34オ4、中34ウ4、中34ウ5、
中36ウ6、中37オ5、中37ウ1、中37ウ4、
中38ウ6、中39ウ4、中40オ2、中40オ5、
中40オ7、中40ウ3、中40ウ4、中40ウ7、
中41オ6、中41ウ2、中41ウ7、中42オ2、
中42オ4、中42オ7、中42ウ4、中42ウ7、
中43ウ4、中44ウ4、中45オ1、中45オ3、
中45オ6、中45ウ6、中46オ7、中46ウ2、
中46ウ5、中46ウ7、中47オ1、中47オ3、
中47オ4、中47オ6、中47ウ1、中48オ4、
中48ウ4、中48ウ6、中49オ1、中49オ3、
中50ウ6、中51オ7、中51ウ1、中51ウ4、
中51ウ6、中53オ1、中54オ5、中55オ2、
中55ウ1、中55ウ2、中55ウ4、中55ウ5、
中56オ4、中56オ5、中56オ7、中58ウ4、
中58ウ5、中59オ1、中59ウ6、中60オ1、
中61オ3、中64オ6、中65オ6、中65ウ1、
中65ウ6、中66ウ7、中67ウ6、中68ウ2、
中68ウ6、中69ウ5、中71オ4、中71ウ1、
中71ウ6、中72オ1、中72オ6、中73オ1、
中73ウ6、中73ウ7、中74ウ7、中75オ1、
中75オ6、中75ウ2、中80ウ2、中81オ1、
中81ウ3、中82オ2、中82オ7、中83ウ5、
中86オ5、中86ウ6、中87ウ2、中88オ1、
中88オ4、中88ウ7、中90オ2、中90ウ7、
中94ウ5、下45ウ7

云く　上2ウ2、上10ウ3、上64ウ4、
上90ウ3、上99ウ3、上108ウ2、中26オ1、
中34ウ5、中35オ3、中35オ4、中35オ5、
中98ウ5

て云く／「ク」　上5オ2

或(い)「ハ」云く／「ク」　上28ウ4

に／「ニ」云く／「ク」　上29ウ6、上31オ3、

上33オ5、上33ウ4、上48オ6、上60ウ5、
上79オ1、上79オ2、上96オ7、上97オ7、
上101オ2、上101ウ3、上101ウ5、上102ウ5、
上103ウ4、上106オ3、上106オ5、上107オ6、
上108オ5、上108ウ1
涅槃經に／「ニ」云く／「ク」　上33オ2
出曜「エイ」經に云く／「ク」　上33オ3
に／「ニ」云「ク」　上33ウ7、上38オ1、
上38ウ4、上41ウ7、上45ウ5、上50オ4、
上104オ2
云「ク」何ッ　上35オ6
「ニ」云「ク」　上45ウ1、上51ウ1、上61オ1
偈「ニ」云「ク」
上59オ7、上71オ4、下13オ3
法花に／「ニ」云く　上67オ4
偈に／「ニ」云く／「ク」　上72ウ5
天台大師の云く／「ハク」　上73ウ7
て／「テ」云く／「ク」

心地観經に／「ニ」云「ク」
上74ウ4、上97オ5、上105オ4
阿彌陀經に／「ニ」云く／「ク」　上75オ7
无量壽經に／「ニ」云く／「ク」　上76オ5
上76ウ5、上80オ4
慈恩の／「ノ」云く　上77オ1
懐感禪師の／「ノ」云く／「ク」　上77オ3
玄奘(平)三藏の／「ノ」云く／「ク」
上77ウ3
稱讃淨土經に／「ニ」云く／「ク」　上79ウ3
十往生經に云く／「ク」　上79ウ4
會して／「シテ」云く／「ク」　上80ウ2
相傳に云く　上80ウ3
心地観經に／「ニ」云く／「ク」　上81オ2
第三に／「ニ」云く／「ク」　上81オ6
故の／「ニ」(誤點か)法師の／「ノ」云く／
「ク」　上82オ7
私に云く　上83オ5

安樂集に／「ニ」云く／「ク」　上86オ4
大經に／「ニ」云く／「ク」　上86オ5
淨土論に／「ニ」云く／「ク」　上86ウ2
思益經に云く　上88ウ1
莊嚴菩提經に／「ニ」云く／「ク」　上88ウ2
「ニ」は云く　上89オ3
「ニ」は云く／「ク」　上89オ5
て／「テ」云く　上90ウ6
に／「ト」云く／「ク」　上91オ2
般若經に云く　上91オ5
法句經に云く　上91オ6
反(去)本反質(入輕)して／「シン(ヲ)モテ」
云く／「ク」　上91ウ5
(に)云く　上96オ1
に云く
上96オ5、上103オ1、上103ウ2、上106オ7
偈に云く／「ク」　上96ウ5
に／「ニ」云く

上96ウ6、上102ウ2、上104オ7、上109ウ5
破して／「シテ」云く／「ク」　上97ウ2
淨戒「カイ」品に／「ニ」云く／「ク」　上97ウ6
明して／「シテ」云く／「ク」　上98オ2
(に)云く／「ク」　上98ウ7
(に)／「ニ」云く／「ク」　上98ウ7
大般若經に云く　上100ウ7
引き／「キ」已(り)て／「テ」云く／「ク」　上104ウ3
唯「ユイ」識「シキ」論に／「ニ」云く／「ク」　上104ウ7
同(し)く／「ク」云く／「ク」　上105オ6
有(る)か／「ルヒトノ」云く／「ク」　上108ウ5
有るか／「ルヒトノ」云「ク」　上109オ1
觀經に／「ニ」云く／「ク」　中1オ7
瑜伽(に)云「ク」　中11オ7
瑜伽(に)／「ニ」云く／「ク」　中11ウ6
觀「-」經「ニ」云「ク」　中18ウ2
天台大師の云く／「イ(ヒ)タマハク」　中18ウ6
花嚴經に／「ニ」云く／「ク」　中18ウ7
觀佛三昧經に／「ニ」云く／「ク」　中19オ2
文殊般若經の／「ノ」下巻に／「ニ」云く／「ク」　中19オ4
觀經「ニ」云「ク」　中19ウ2
觀佛經「ニ」云(く)／「ク」　中19ウ4
觀佛經の／「ノ」第九(に)／「ニ」云「ク」　中20ウ5
云(ひ)て／「ク」　中36オ3
云へる／「ク」　中70ウ1、下63オ1、下73オ5
云(ふ)か／「ク」如し／「シ」　中91ウ5、下50オ7
云はく／「ク」　下1ウ5
又云(く)／「ク」　下1ウ7、下2オ5、
下2オ7、下2ウ4、下10ウ2、下20オ1、
下20ウ4、下21ウ4、下23オ2、下24オ2、
下38オ7、下80ウ6、下91ウ7
遺「-」日摩尼經に／「ニ」云く／「ク」　下3オ6
云(は)く／「ク」　下4オ1、下7オ7
云(く)／「ク」　下5オ7、下5ウ1、
下7ウ6、下8オ3、下8オ5、下8ウ1、
下8ウ1、下9オ2、下9オ5、下9ウ1、
下9ウ7、下10オ3、下10ウ1、下10ウ4、
下10ウ6、下11オ3、下11オ7、下11ウ4、
下12オ7、下13ウ2、下14オ2、下14オ4、
下14オ6、下14ウ3、下15オ1、下15オ2、
下16オ3、下16ウ5、下17オ1、下17ウ1、
下17ウ4、下18ウ1、下18ウ4、下26オ2、
下27オ4、下29オ1、下30ウ1、下31オ7、
下33オ1、下33オ2、下33オ6、下33ウ1、
下34オ4、下35オ4、下35ウ4、下36ウ7、
下37ウ5、下42ウ7、下43ウ1、下43ウ2、

下43ウ3、下44オ5、下44オ6、下44ウ1、下45オ1、下45オ4、下45オ5、下45ウ3、下47オ1、下47オ2、下49ウ1、下49ウ2、下50オ3、下55オ2、下55ウ3、下55ウ6、下57ウ5、下58オ3、下60オ7、下60ウ5、下60ウ7、下61ウ2、下62オ1、下63オ4、下63オ5、下63オ7、下64オ7、下64ウ2、下64ウ4、下65オ2、下65ウ1、下65ウ4、下65ウ6、下67オ5、下69ウ1、下70オ6、下70ウ3、下70ウ7、下71ウ1、下73オ6、下74オ7、下74ウ2、下75オ4、下75オ6、下76オ1、下77ウ3、下78オ5、下78ウ6、下79ウ5、下80ウ3、下80ウ4、下81オ2、下81ウ7、下82オ3、下82ウ1、下82ウ3、下82ウ6、下83オ2、下83オ5、下83ウ7、下84ウ4、下86オ5、下86ウ3、下86ウ7、下87ウ1、下88オ5、下94オ3、下94オ5、下94ウ2、下95オ2、下95ウ4、下95ウ7、下97ウ2、下99オ3、下99オ5

云(はく)／「ク」 下9ウ4
云ふ／「ク」 下13オ7、下44オ4
觀經に／「ニ」云(く)／「ク」 下38オ2
偈に／「ニ」云(く)／「ク」 下40ウ2、下41ウ1
私に／「ニ」云(く)／「ク」 下41オ1
云く／「イフニ」 下42ウ6
有る／「ル」師(の)／「ノ」云ク／「ク」 下46オ1
有る／「ル」師し(の)／「ノ」云ふ／「ク」 下46オ2
有(る)／「ル」師の／「ノ」云(く)／「ク」 下46オ4
又云く／「ク」 下51オ3、下90ウ1
有る(カ)／「ルカ」云く／「ク」 下53オ5
有(る)か／「ルカ」云く／「ク」 下53オ6、下54オ1、下54オ1

云(へるや)／「ク」 下71ウ4
云く／「イヘリ」 下93オ1
云(く)／「ハク」 下96オ1

〔云謂〕00254 35759
云謂「ク」 中26オ4

〔曰〕14278
曰く／「ク」 上7ウ1、上64オ3、中36オ4、中36ウ3、下6オ1、下13オ5、下26ウ5
答(へ)て／「ヘテ」曰く／「ハク」 上9ウ4、上16オ2
歎ナケイテ／「ナケイテ」曰く／「ク」 上35オ5
に／「ニ」曰く／「ク」 上43オ7
の曰く／「ク」 上43ウ4、上43ウ4、上44ウ3
「テ」曰く／「ク」 上43ウ7
の／「ノ」曰く／「ク」 上44オ1
て／「テ」曰く／「ク」 上44ウ1

(に)曰「ク」　上69ウ5
曰く／「ハク」　中36オ3、下26ウ4
謂カタ(り)て／「イヒ」曰く／「イハク」
下13オ7
對して／「コタヘテ」曰く／「イハク」
下26ウ4
曰(く)／「ク」　下30ウ1
〔言〕35205
言く／「ハク」　上9ウ2、上18オ6、
中10ウ7、中78オ2、下66オ7
言く／「ク」　上11オ2、上14ウ2、上75オ3、
中30ウ2、中50オ1、中100オ4、中100ウ1、
下19オ6、下49ウ6、下56ウ6、下66オ7、
下66ウ1、下66ウ4
問(ひ)て／「テ」言く／「ク」　上22ウ1
答(へ)て／「コタヘテ」言く／「ハク」
上22ウ1
答「ヘテ」言「イハク」　上22ウ4
經に／「ニ」言く／「ク」　上57ウ4
言く／「イハマク」　上61オ6
觀世音菩薩の／「ノ」言く／「イハク」
上63ウ1
師子吼菩薩の／「ノ」言く／「ク」　上66ウ5
告けて／「ケテ」言く／「ハク」　上69オ5
或(い)「ハ」言く／「ク」　上70ウ3
相ひ／「ヒ」謂(か)た(り)て／「インテ」言く
／「ク」　上70ウ5
言さく／「ハク」　上77オ4
白(して)言「ク」　上91オ4
言「ハク」　中12ウ5
告(け)て／「テ」言く／「タマハム」　中20オ6
言「ク」　中30オ4
言ク／「ク」　中72ウ4
言く／「ノタマハク」　中78オ3
言(は)く　中98オ5
有る／「ル」經に／「ニ」言く／「ク」　下10オ2
言(は)く／「ハク」　下19オ1
語かた(り)て／「ラムテ」言く／「ク」
下22オ3
言く／「イハク」　下23オ5、下23ウ1、
下26ウ3、下27ウ5、下29ウ6
答へて／「ヘテ」言く／「ク」　下24ウ6
又言く／「ク」　下61オ7、下74ウ5
言く　下61ウ4
言(く)／「ク」
下66オ4、下66ウ1、下66ウ4、下96オ3
擧(け)て／「ケテ」言く／「ク」　下77オ5
〔言云〕35205 00254
言「-」云く／「イハク」／「イハク」　上12ウ2
言-云く／「ハク」　上15ウ5
〔謂〕35759
謂く／「イハク」　上2ウ7
謂く／「ク」　上3オ2、上3ウ1、上3ウ2、
上5ウ6、上7ウ6、上7ウ7、上8オ7、

上8ウ1、上8ウ5、上10オ7、上12オ7、上13オ1、上15オ6、上19オ5、上19ウ2、上19ウ6、上20ウ5、上25ウ3、上25ウ5、上25ウ6、上27ウ5、上29オ4、上36ウ1、上51ウ7、上78ウ3、上79オ5、上79ウ7、上79ウ7、上80オ4、上87ウ3、上89オ5、中2ウ5、中25ウ7、中28オ4、中28オ5、中28ウ1、中50オ1、中54ウ1、中64ウ3、中67オ4、中95ウ3、下34ウ4、下46オ5、下55オ4、下59ウ5、下59ウ6、下59ウ7、下65オ7、下80オ4、下85ウ5、下87ウ4、下89オ5、下89ウ3

謂く／「ハク」　上3オ4、上8オ4

謂「ク」　上3ウ6、上4オ5、上5ウ1、上20ウ3、上66ウ4

謂く　上67オ6、上79オ7、上79ウ2、上80オ3

謂（く）／「ク」　下34オ6

［補讀］

經に／「ニイハク」　中100オ6

イハホ（巖）

〔巖〕08649

巖はを／「イハホヲ」以（て）「テ」　上6オ6

巖「イハホニ」　上34オ2

イハマク（曰）↓イハク

〔言〕35205

言く／「イハマク」　上61オ6

言（は）まく／「マク」　上92ウ4、上95ウ1

イハムヤ（況）↓イカニイハムヤ

〔況〕17264

況「ヤ」　上11オ2、上12オ2、上32オ2、上32オ2、上54ウ1、上57ウ2、上80オ6、中37ウ1、中49オ7、中60ウ3、中74ウ6、中76オ3、中83オ4、中87オ7、中87ウ1

況「ヤ」復　上26オ6、上31オ3、上42ウ5、中18ウ4、中69オ7

況「ヤ」復「タ」　上36ウ4

況「ヤ」无量劫をや／「ヲヤ」　上37ウ5

況「ヤ」復…せむをや／「セムヲヤ」　上40ウ2

況「ヤ」…名く／「ク」可（から）不「ス」　上49オ7

況（や）結焉「ヲヤ」乎をや　上61オ1

況（や）我か／「カ」身を／「ヲ」見むや／「ムヤ」　上61オ7

況（や）…受（けむ）ヤ／「ケム（「ム」は「ン」と も見ゆ）ヤ」　上99オ1

況（や）上「ノ」有らむや／「ラムヤ」　上103オ7

況（や）…菩提心を／「ヲ」耶やといへり／「ヤト」　上104ウ4

況（や）／「ヤ」復　中20オ5、下14オ6、下32オ3、下90オ1

何「ニ」況「ヤ」　中20ウ7、中21オ3

何に／「ニ」況（や）／「ヤ」　中37オ4、中68オ7

何(に)／「ニ」況(や)／「ヤ」　中86ウ3
況(や)／「ヤ」　下11オ4、下23ウ1、下24ウ4、下92ウ6、下97ウ7
況(や)／「ヤ」三と／「ト」爲せるをや／「セルヲヤ」　下54オ5
況(や)／「ヤ」唐「-」捐ならむ(や)／「ナラムヤ」［耶］　下57オ5
豈「ニ」況(や)／「ヤ」　下68ウ2
況(や)道果を／「ヲ」得むや／「エムヤ」　下72ウ1
況(や)／「ヤ」三昧なるを／「ナルヲヤ」耶や　下85オ7

イハユル(所謂)

〔所謂〕11715 35759
謂(は)所る／「所-謂《イハユル》」　上10ウ4
謂(は)所る／「ル」　上32オ7、中73オ4
謂は所る／「所-謂《ユル》」　上40オ6
謂は所る／「ル」　中50ウ2

イフ(言)↓イハク、イハマク、オイテイフ、トイハ、トイハバ、トイフハ、モノイフ

〔云〕00254
云は／「ハ」不す　上81ウ7
解(る)とは／「ルトハ」云は／「ハ」不す／「ス」　上104オ3
云《い》は／「イハ」不「ス」　下34オ2
云ひ／「イヒ」　上71ウ1、上71ウ1
拂ふと／「ハラフト」云へる／「イヒ」
云ひ／「ヒ」　下92ウ7
天台大師の云く／「イ(ヒ)タマハク」　下98オ2、下98オ2
云ふ　中18ウ6
　上50ウ2、上80ウ5
同しと／「シト」云ふ［也］　上79オ2
云ふ／「ヘ(「可」の訓か)」可し／「シ」　上89ウ3
云ふ／「イフ」應「シ」　上92ウ5
〻(生)(せ)しめむを／「セシメムヲ」以(て)の／「テノ」故に／「ニトイフ」云といつり　上104オ5
云ふ／「イフ」所の／「ノ」　上104ウ4
云ふ／「フ」　中23オ7、中76ウ3、下44オ4
云ふ／「イフ」　中24オ2
云ふ／「フニ」　中24オ3
云「フ」　中35ウ5
云「イフ」　中70オ7
云ふ／「フ」應し／「シ」　中97オ3、中97オ5
云ふ／「ク」　下13オ7、下44オ4
然《シカ》(ありと)／「アリト」云ふ(なり)／「イフ」　下13ウ7
念(したてま)つれ／「スト」云といへり／「フ」　下32ウ3
化「-」土化「-」身(なり)／「ト」云といふは／「イフ」　下42ウ5

十八劫と／「ト」云といつり／「フ」　下43オ6
十小劫云といつり／「フ」　下43オ6
十大劫云といつり／「フ」　下43オ7
有る／「ル」師し(の)／「ノ」云ふ／「ク」
下46オ2
云ふ／「フヤ」耶　下65オ1
取「-」意(す)と／「ト」云いへり／「フ」
下98オ2
に／「二」云(ふ)か／「フカ」如し／「シ」
上82ウ4
に／「二」云「フ」か／「カ」如し／「シ」
上107オ1
云ふ(か)如し／「シ」　中64オ1
南「-」无佛といふこと／「トイフコト」
下4オ4
云「フニ」　中60ウ6
云く／「イフニ」　下42ウ6
化「-」土化「-」身(なり)／「ト」云といふは
／「イフ」　下42ウ5
ゝ(生)(せ)しめむを／「セシメムヲ」以(て)の
／「テノ」故に／「ニトイフ」云といつり
上104オ5
願「-」作佛と／「ト」云といつり　上104ウ2
云いつり／「イヘリ」　中23ウ1
云といつり／「ト(イ)フ」
下43オ5、下43オ5
十八劫と／「ト」云といつり／「フ」　下43オ6
十小劫云といつり／「フ」　下43オ6
十大劫云といつり／「フ」　下43オ7
癡と／「ト」云いつり　下79ウ4
云く／「イヘリ」　下93オ1
取「-」意(す)と／「ト」云いつり／「フ」
下98オ2
云(へ)ル／「イヘル」　中66オ7
云つる／「ク」
中70ウ1、下63オ1、下73オ5
云つる／「イヘル」耶　下56オ3
云つる(や)／「イヘル」　下59オ7
云(へる)か／「ヘルカ」如とく／「クンハ」不
(あ)ら／「ラス」「スト」　下34オ1
〔可〕03245
可(ふへ)し／「イフヘシ」　下48オ2
〔曰〕14278
犯と／「ト」爲「スト」曰「ハ」不す／ス
中69オ7
曰(ひ)き／「イヒキ」　中52オ2、下19オ2
曰(ひ)き／「ヒキ」　下24ウ1
曰ふ／「フ」　上20オ5、下50ウ1、下50ウ3、
下50ウ4、下50ウ5、下76オ1
曰(ひ)き／「フ」　下27オ5
極樂と／「ト」曰ふといつり／「フ」　下49ウ3
億と／「ト」曰(ひ)／「フ」　下49ウ6
萬と／「ト」曰(ひ)／「フ」　下49ウ6
兆(去)テウと／「テウ」／曰(ひ)／「フ」

下49ウ6
經と／「ト」曰(ひ)／「フ」　下49ウ6
姟(去濁)と／「ト」曰(ふと)／「フ」　下49ウ7
曰ふ　下50ウ5
曰フ／「フ」　下50ウ5
曰(ふ)か／「フカ」如し／「シ」　下71オ3
〔者〕28853
救はゝ／「ハ」不す／「ストイハ」者といはゝ／「ハ」　上63ウ1
對せ／「スト」者は／「イハ」　上77ウ3
往「-」生すること／「スルコト」得「ウト」者といふは／「イハ」　上105オ5
阿耨菩提を得「ウ(ト)イハ」者といふは　上105オ5
爾(ら)／シカイ／「イハ」不す者は　下46オ7
侵す／「ヲカスト」者「イハ、」　中87ウ2
現せ／「セ」不す／「スト」者といふは／「イハ、」　中94ウ7
得「エ」不すと／「スハ」者といはは　下18ウ3
得不すと／「スハ」者といはは　下18ウ4
往生せ／「セ」不と／「スト」者といはは／「イハ、」　下55ウ6
沒する／「シツムト」者は／「イハ、」　下66ウ3
得「エ」不と／「スト」者といはむ／「イハ、」　下68ウ4
得「エ」不と／「スト」者といはむ／「イハ、」　下68ウ4
得と／「エハ」者といはむ　下71ウ4
勸「-」修を／「ト-者いひ／「トイフハ」　中87オ1
結せ／「スト」者は／「イフハ」　上36ウ1
護持「ト」者といふは／「イフハ」　下5オ7
佛「-」身「ナリトイフコトヲハ」者といふは　中18ウ6
佛「ト」者といふは／「フハ」　下12オ4
佛ニ作ル者といふは／「フハ」　下12オ4
明さ／「スト」者は／「イフハ」　下29オ1、下34ウ4
證據「五ト」者といふは／「イフハ」　下31オ3
十八劫「ト」者といふは／「イヘルハ」　下43ウ1
相續(す)「スト」者といふは／「イフハ」　下64ウ2
卽(せり)／「セリト」者といふは／「イフハ」　下71オ1
異なり／「コトナリト」者といふは／「ヲハ」　下71ウ1
〔言〕35205
有(り)と／「リト」言は／「イハ、」者は　上92ウ1
豈「ニ」言は／「イハ」不や／「スヤ」　下97ウ1
言はゝ／「イハ、」　中34ウ7
言へは／「イハ、」　中76ウ4

言ひ／「(イ)ハ、」　中84オ4
言(は)む／「ハム」　下65ウ3
言(は)むと「イハムト」欲ふ「スル」所　上60ウ3
言はむや／「イフ」　上80オ7
言ひ／「(イ)ハ、」　中84オ4
言いひ／「イヒ」已(り)て／「テ」　下24ウ5
勝けて／「アケテ」言ふ／「フ」可(から)不　上68オ6
言はむや／「イフ」　上80オ7
言ふ／「イフ」者は／「ハ」　上87オ3
答して／「ヘテ」言ふ／「フ」應し／「シ」　上92オ5
言ふ／「フ」所　上98ウ3
言ふ可(から)不す　上100オ7
と／「ト」言ふ／「イフ」者は／「ハ」　上100ウ2
此コ、に／「コ、ニ」言ふ／「イフ」發心　上102ウ4

言ふ／「フ」所の／「ノ」　上105ウ3、中77オ4、中81ウ7、中90ウ2、下52ウ1
言ふ／「イフ」所の／「ノ」　中18ウ5、下64オ7
言ふ／「イフ」應し／「シ」　中24オ1
言ふ／「イフ」耶や／「ヤ」　中24オ6
言といふは／「イフ」　中24オ7
言ふ／「イフ」所の／「ノ」如し／「シ」　中62オ5
言ふ／「イフ」　中68オ6
言ふ所の　中73ウ6
言か／「フ(ト)」者「イフハ」　中81オ6
言「イフ」所の／「ノ」　中82オ2
心「-」想なりと／「ナリト」言ふ／「イフ」　下12オ3
倶胝と「ト」言い(ふ)／「イフ」者は／「イフハ」　下49ウ4
雜(せ)／「セ」不(ると)／「サル(ナリ)ト」言ふ(なりと)／「イフ」也　下52オ7

言ふ／「イフ」耶　下55オ6
言ふ／「イフ」可(から)不「ス」　下61オ1
得「ウト」言といゝり／「イフ」　下62オ5
言(のた)まふ／「イフ」　下74オ5
易行道と／「トイフハ」言い(ふ)は／「イフ」　下83オ4
問(ヒテ)言「イフ」　下89オ4
言(ひ)たまへるか／「イフカ」　中49ウ2
言「イフコト」　下66オ5
言(ふ)こと(を)／「イフコト」　下69オ4
言「イフテ」　上100オ7
言(ひ)つ／「イフト」　中36オ3
言(ふ)なり(と)／「イフナリ」　下73ウ4
別因「ト」言「イフハ」「者」　中12ウ7
億と／「ト」言(ふは)／「イフハ」　下50オ1
上の／「ノ」如(しと)／「シト」言(ふは)／「イフハ」「者」　下56オ2

佛智と等ら／言ぃ(ふ)は　下89オ4
言(ひ)たまはく／「イヘ」　中21ウ3
言っは　上22ウ4
言っは／「イハ、」　中76ウ4
言っは／「ヘハ」　下41オ2
〻〻(虎來)「ト」言っは／「イヘハ」　下71オ5
得「ウト」言といっり／「イフ」　下62オ5
言「イヘルコト」有「リ」　下61ウ2
言「ヘルコト」有「リ」　下61ウ4
〔語〕35533
語イフこと　中79ウ2
〔謂〕35759
謂「イハ」者は／「ハ」　上88オ3
謂は／「イハ」者は／「ハ」　上88オ3
生せ／「セ」不すと／「スト」謂といはむトニ
ハ／「イハム」非す／「ス」[也]　上105オ7
謂カタ(り)て／「イヒ」曰く／「イハク」
下13オ7

謂ふ　上86ウ7、上87オ1
光明と／「ト」謂ふ／「イフ」　中16ウ6
實相と／「ト」謂ふ／「イフ」　中16ウ6
謂ふ／「イフ」　中23ウ3
謂ふ／「イフヘシ」　中90ウ4
六念と／「ト」謂ふ／「イフ」　下41オ5
胎生と／「ト」謂ふ(と)／「イフ」
下89オ1、下89オ1
謂ふて／「オモムテ」　上27オ7
謂カタ(り)て／「イフテ」　上44ウ1
謂オモへりと／「イフト」雖(も)／「モ」
下22オ3
謂(ふ)／「イフナリ」　下55オ7
謂「ヘハ」　上86ウ7、上87オ1
相ひ／「ヒ」謂(かゝた)(り)て／「インテ」言く
／「ク」　上70ウ5
[補讀]
緣-事といふは／「トイハ」　上98ウ3

有(り)といはゝ「リトイハ」　上100オ6
少念トイハ　中30ウ3
利せむは／「ヌルヲモテイハ、」　上103オ6
生(し)たてまつることは／「ナストイハ、」
中20オ1
約せは／「シテイハ、」　中69オ3
得「エ」不といはゝ／「ストイハ、」
下38オ1、下38オ1
許す(は)／「ユルスヲモテイハ、」　下46オ4
爾ら(は)といはは／「ハ」
下54ウ2、下54ウ2
菩提せ／「ハ」不といはは／「ストイフ」
下76ウ6
死(ぬる)ことをタモ／「トイハムニスラ」
上43ウ4
作らむとイヒ　下52オ5
拂ふ／「ハラフトイヒ」　下93ウ5
出さ／「セ」／「イタ」未す／「ルトキ(ニ)ヲイ

テ」／「サ、(ル)トキヲイフ」　上92オ6
聞「カ」不すといふ／「ストイフコト」　中7オ3
爾なり／「シカイフ」　中22ウ5
見むといふ／「ミムトイフ」[之]　中29オ2
製せりトイフ／「ツクル」　中32ウ5
至ら／「ラ」不といふこと／「ストイフ」　中50オ3
受く／「ク」[當](か)りき／「ク(ヘ)シトイフ」　中52オ5
墮「セ」不「ストイフ」　中70ウ7
滅す(と)／「ストイフ」　中71オ1
見「ムトイフ」　中79オ6
意の／「ノ」止觀なり／「ヲイフ」　中82オ3
當に／「ニ」遊ふ／「フ」[當](し)／といふ／「シトオモフト」　中100オ3
爾あり／「シカイフ」　下4オ1
往「-」生す(るなり)／「スルコトヲイフ」　下9オ4
佛トイフ／の／「ノ」音聲を　下30オ3
極樂と／「ト」曰ふといつり／「フ」　下49ウ3
愚に／「ニ」非(さるなり)／「ストイフ」　下52オ6
得(と)／「ウトイフ」　下75オ4
菩提せ／「ハ」不といはは／「ストイフ」　下76ウ6
得「エ」／といふ　下77ウ6
當ふ／「アッヘシトイフ」　下89オ6
木槵經の／「ニイフ」　下89ウ4
供「-」給す／「ストイフ」　下93ウ6
功能の／「ニイフカ」如(し)／「シ」　下31オ2
前の／「キニイフカ」如し／「シ」　下68ウ5
前の／「サキニイフカ」如し／「シ」　下69オ2
苦に(あら)「ナラ」不といふこと／「トイフコトハ」无し／「シ」　上32ウ6
奇妙なら／「ナラ」不といふこと／「ストイフコト」无し／「シ」　上48ウ6
照(ら)／「ラ」不といふこと／「トイフコトハ」无し／「シ」　上52ウ4
佛法に／「ニ」(あら)不といふこと／「ストイフコトハ」无し／「シ」　上53オ3
歡喜せ／「セ」不といふこと莫し／「シ」　上54オ2
嗟「サ」-歎せ不といふこと／「ストイフコト」无し／「シ」　上70ウ6
獲「エ」不といふこと／「ストイフコト」无し／「ケムトイヘリ」　上75オ6
中道に／「ニ」非(す)といふこと／「トイフコト」无し／「シ」　上87ウ7
少なし／「シトイフコト」　上106ウ3
圓滿せ／「セ」不といふこと／「ストイフコト」无し／「シ」　中11ウ6
觸れ／「フレ」不といふこと／「ストイフコト」　中12オ2

照「-」曜せ／「セ」不といふこと／「ストイフコト」靡なし／「ナシ」　中15オ5
非(す)といふこと／「トイフコト」　中16ウ7
然ら／「ラ」不といへるは／「ストイフコト」　中34オ4
照さ／「サレ」不き／「トイフコト」　中36ウ4
不といふこと／「ストイフコト」　中42ウ1
來(れる)といふこと／「レリトイフコト」　中42ウ4
聞え／「キカ」不といふこと／「ストイフコト」　中48ウ7
稱「-」歎(した)まは／「シタマハ」不といふこと／「ストイフコト」　中51オ6
不らむこと／「ストイフコト」　中71オ2
盡(き)たまは不(る)こと／「ストイフコト」　中71ウ2
百萬遍を／「セヨトイフコト」　中81ウ6
具「-」足せ／「セ」不といふこと／「トイフコト」无し／「シ」　中93ウ7
南「-」无佛といふこと／「トイフコト」　下4オ4
除(き)なむ／「クトイフコト」　下8オ2
獲「エ」不といふこと／「ストイフコト」无し／「シ」　下8ウ4
獲不といふこと／「ストイフコト」　下8ウ7、下8ウ7
説「-」法「トイフコト」　下13ウ6
佛といふこと(の)／「ノ」　下27オ1
勝「-」縁なり／「トイフコト」　下58オ3
往生せ／「セ」不といふこと／「ストイフコト」　下60オ6
往生せ／「セ」不といふこと／「ストイフコト」无し／「シ」　下60ウ6
生(ま)る／「マルトイフコト」　下66オ4
生(れ)たてまつること／「セトイフコト」　下66ウ2
入(る)か／「ラムナリトイフコト」如し／「モシ」　下66ウ4
无しと／「シトイフコトニ」　上34ウ1
由「-」旬を／「トイフコトハ」　下46オ6
に／「ニ」在りといふことを／「リトイフコトヲ」　上46ウ7
消す(こと)／「トイフコトヲ(「ヲ」衍か)」　上104ウ2
有(り)といふことを／「トイフコトヲ」　上105オ1
得たり／「トイフコトヲ」　中18ウ5
无し／「シトイフコトヲ」　中24ウ5、中71オ2
首と／「ト」爲「ストイフコトヲ」　中28ウ6
在らむといふことを／「アラムトイフコトヲ」　中40オ4
者ものと／「モノトイフコトヲ」　中47オ4
无-「-」生なりといふことを／「ナリト」

中65ウ2
要と／「ト」爲する／「セントイフコトヲ」 中76オ2
佛を／「ヲ」得「セ」不「ストイフコトヲ」 中85オ1
在「リトイフコトヲ」 中85オ4
照(し)たまふらむ／「ストイフコトヲ」 中96オ5
火車に／「ニ」非(す)といふことを／「トイフコトヲ」 中99オ5
同せ／「セ」不すといふことを／「ストイフコトヲ」 中100ウ3
在れ(衍か)りと(いふことを)／「アルヘシトイフコトヲ」 下26オ6
要と／「ト」爲するなり／「セリトイフコトヲ」 下34ウ2
說か／「カ」不「ストイフコトヲ」 下46ウ1
五百歲なりと／「ナリトイフコトヲ」

下47オ4
勝(れ)たりと／「タリトイフコトヲ」 下48オ4
何れの／「レノ」處と／「トイフコトヲ」 下50オ6
生處(に)は／「ハ」非「ストイフコトヲ」 下52ウ1
說(く)なり(といふことを)／「ケルナリトイフコトヲ」 下55オ6
得「ウ」可(から)不(といふことを)／「ストイフコトヲ」 下62ウ5
有ましますと(いふことを)／「リトイフコトヲ」 下73オ1
欲-相のみには／「ノミニハ」非(す)／「ストイフコトヲ」 下79ウ4
行なりといふことを／「ナリトイフコトヲ」 下83ウ6
火「-」「ヒノ」燒「ヤク」／「ニ」於「イテイフニ」

上8オ3
大菩提心には／「ヲイフニ」 上109オ3、上109オ3
心の／「ヲイフニ」 上109オ3
欣ふ／「フ」心も／「ヲイフニモ」 上109オ3、上109オ3
緣-事といふは／「トイハ」 上98ウ3
相貌「トイフハ」 中25ウ4
現「-」前せむ／「ストイフハ」 中89ウ1
定は／「トイフハ」 下60ウ1
稱す／スト／「スト」可しと／イフヘシ／「イフヘシ」者といふは／イ(フ)ハ／「フハ」 下65オ6
佛智等ら／「トイフハ」 下89オ4
是(の)如し／「クイフヘシ」 中82ウ5
稱す／スト／「スト」可しと／イフヘシ／「イフヘシ」者といふは／イ(フ)ハ／「フハ」 下65オ7

阿育王「トイフモノ」　中35ウ6
交「シテ」「(去)」-入す／「(イ)レムトイフヲモテ」　中64オ7
皆-空ならは／「ナリトイヘハ」　上96ウ6
愍アハレフ可きを／「キヲ」以て／「テイヘハ」　上96ウ7
言へは／「ヘハ」　中17オ5
法(なり)／「トイヘハ」［也］　下60ウ2
難しといへり／「シト」　上38オ4
登るといへり／「ノホルトイヘリ」　上43ウ3
名く／「トイヘリ」　上76オ5
證-成(し)たまへり／「ヘリトイヘリ」　上76ウ3
是(の)如(し)と／「シトイヘリ」　上100ウ1
應せりといへり／「シ」　上104ウ1
況(や)…菩提心を／「ヲ」耶やといへり／「ヤト」　上104ウ4
无しといへり／「シ」　上105オ6

生するに／「セ」非す／「ストイヘリ」　上106オ5
當「ニ」…度す／「ス」［當］しと／「トイヘリ」　上107オ4
同(しく)すといへり／「シクスト」　上107オ5
發すといへり／「スト」　上108ウ2
計-念す／「セヨドイヘリ」　中26ウ6
發願心なり／「トイヘリ」　中28オ3
生すること／「ル・コト」得不す／「ストイヘリ」　中28ウ3
絶え／「エ」不さら／「サラ」令シメよと／「シムトイヘリ」　中30オ5
超と／「コエシメタマフトイヘリ」　中31ウ6
大善「ナリトイヘリ」［也］　中32ウ5
及「ハ」不す／「シトイヘリ」　中33ウ6
一切无导なり／「ナリトイヘリ」　中38オ2
歩む／「(ト)イヘリ」　中38オ4
往生す／「ストイヘリ」　中38オ7

及「ハ」不「シトイヘリ」　中44ウ4
所なり／「ナリトイヘリ」　中45オ1
有(る)こと／「コト」无し／「シトイヘリ」　中46オ7
不可見(なる)を／「ナリトイヘリ」　中50ウ4
過(き)たらむと／「タラムトイヘリ」　中53オ1
異「-」處に／「ニ」非すと／「ストイヘリ」　中65ウ7
證せむと／「セムトイヘリ」　中68オ5
等らイヘリ　中71オ4
得たり／「タリトイヘリ」　中72ウ6
往生すること／「スルコト」得(と)／「ウトイヘリ」　中78オ5
得(と)／「ウルヲモ(「テ」脱か)ナリトイヘリ」　中78オ7
見むといへり／「ル」　中78ウ1
議論す應し／「シトイヘリ」　中82ウ1

建立せりと／「セリトイヘリ」 中91ウ7
引「ー」攝したまへ／「シタマヘトイヘリ」 中97ウ3
坐せむと／「キヌトイヘリ」 中99オ3
迎ふと／「フトイヘリ」 中100オ5
折-截すといへり／「スト」 中100ウ1
〻(至)らしむといへり／「イタラ」 中100ウ2
修せむをやといへり／「セムヲヤトイヘリ」 下2ウ5
生(した)まふといへり／「スト」 下11ウ7
擁「ー」護せむといへり／「スト」 下15ウ3
成(し)たまふ(と)／「レリトイヘリ」 下24オ7
得てき／「エタリトイヘリ」 下27オ3
具せ／「セ」不(る)か／「サルカ」故にといへり／「ナリト」 下28ウ7
念(したてま)つれ／「スト」云といへり／「フ」 下32ウ3
得(と)／「ウトイヘリ」 下32ウ6
當「二」…觀す[當]しといへり／「シト」 下32ウ7
得といへり 下36ウ6
无(し)といへり／「キナリ」 下37ウ6
无けむといへり(と)／「ケムト」 下38オ1、下38オ1
得といへり／「ウ」 下40ウ4
讚歎する／「スル」等(なりと)「ラナリトイヘリ」 下41オ1
如きなり(と)／「キナリトイヘリ」 下43オ4
闕せるなりといへり／「カケタルナリト」 下43ウ1
有(る)こと／「コト」无けむといへり／「ケム」 下44オ3
感す(といへり)／「スルトイヘリ」 下44ウ4
說(く)なりといへり／「ク」 下45オ3
一日一夜と／「ト」爲すと／「ス」等といへり／「トノコトク」 下45ウ3
得「エ」不といへり(と)／「スト」 下49オ5
極樂と／「ト」曰ふといへり／「フ」 下49ウ3
釋迦文の／「ノ」如しといへり／「クト」 下50オ4
倶なりといへり／「ナルト」 下50ウ6
牢-固なら／「ナラ」不るに／「サルニ」由(りて)なりト／「(ヨ)テナリトイヘリ」 下56ウ6
成「ー」就スルなりといへり／「スルナリ」 下57ウ7
得(む)といへり／「エム」 下61ウ7
を得(む)／「エム」といへり 下62オ1
當に／「二」〻(念)す／「ス」[當](し)と／「シトイヘリ」 下62オ3
取(ら)不と／「シト」云ふ／「イヘリ」 下73ウ5
受く(と)／「クトイヘリ」 下75オ1

名くと／「クトイヘリ」　下75オ3
得「ウ」／といへり　下83ウ2
養育「セ」不し(と)／「シトイヘリ」　下90ウ2
歸すと／「ストイヘリ」　下95ウ6
因「-」縁なり(と)／「トイヘリ」　下95ウ7
當に成る／「ル」當しと／「シトイヘリト」
　下26オ1
所なりとはイヘル／「ナリト」　中70ウ4
言といへり／「イヘルコト」　下61ウ2
然ら／「ラ」不といへるは／「ストイフコト」
　中34オ4
護るといへるは／「ル」　中76オ5
掃《サウ》-灑すといへるは／「ス」　中78ウ3

イフトモ(雖)→イヘドモ

〔雖〕42104
扣くと／「タ、クト」雖(も)／「フトモ」
　上38オ7
加ふと雖「フトモ」　上65オ7

減すと／「スト」雖「フトモ」　上65オ7
薫すと／「リト」雖「フトモ」　上102オ3
處すと／「セリト」雖「フトモ」　上106オ5
觀(す)と／「スト」雖(も)／「フトモ」
　中13ウ2
異なりと／「ナリ」雖「フトモ」　中18オ7
觀すと／「スト」雖「(イ)フトモ」　中74ウ4
見(る)と／「ルト」雖(い)ふ(と)も／「トモ」
　中74ウ5
期せ／「セ」不と／「スト」雖(も)／「フトモ」
　下57オ4
具せ／「セ」不と／「スト」雖(も)／「フトモ」
　下57オ4
在(り)と／「ト」雖(も)／「フトモ」　下57オ7
樂-求せ／「セ」不と／「スト」雖(も)／「フト
モ」　下76ウ7、下76ウ7
輪廻すと／「スト」雖(も)／「フトモ」
　下77ウ2、下77ウ2

持す(と)／「セリト」雖(も)／「フトモ」
　下95オ2

イヘ(家)

〔家〕07169
家に／「ヘニ」　上44オ5、中64オ3、
下10オ1、下18ウ6、下24ウ6、下27オ4、
下42オ2
家に／「ヘニ」〔於〕　中57ウ2
家の／「ヘノ」　中62オ3
家を／「ヘヲ」　下42オ2

イヘドモ(雖)→イフトモ

〔雖〕42104
と／「ト」雖(も)／「トモ」　上9オ5
住すと／「セリト」雖「トモ」　上24ウ5
施せりと／「セリト」雖(も)／「トモ」　上30ウ7
脣「ヒル」なりと雖「トモ」　上32オ1
存せりと雖「トモ」　上33オ2

と／「ト」雖「トモ」　上33オ6
感「セリト」雖「トモ」　上33オ6
なりと／「ナリト」雖「トモ」　上33ウ1
と雖「ヘトモ」　上35オ2
作すと／「スト」雖「モ」　上35ウ7
と／「ト」雖「モ」　上36オ5
盡(き)ぬと／「キヌト」雖「モ」　上38オ6
悅ふと／「ヨロコフト」雖「モ」　上38ウ7
樂著すと／「スト」雖「モ」　上39オ1
有(り)と／「ト」雖「モ」　上39オ3
少しと／「スクナシト」雖「モ」　上39オ4
と雖「モ」　上39ウ4
食す／「ス」應しと／「シト」雖「トモ」
上39ウ6
受くと雖「モ」　上40オ4
具セリト／「セリト」雖「モ」　上40オ5
なりと／「ト」雖「トモ」　上51オ3
なりと／「ト」雖「モ」　上51オ4

適「-」悅せ／「セ」令(訓)しむと／「シムト」
雖「トモ」　上56ウ2
春「ツ」クと雖「モ」　上59ウ3
有(り)と／「リト」雖「モ」　上71ウ1
斯(の)如しと／「シト」雖「モ」　上78ウ6
なりと／「ナリト」雖(も)
上92オ2、上108ウ6
と／「ト」雖(も)
上93オ6、上93ウ1、上108ウ7、上109オ7
滞シタ、リ／アマツヒ／「ミツタリノ」微(す
こしき)なりと／「スコシキナリト」雖「モ」
上95オ3
空なりと／「ナリト」雖(も)　上96ウ5
有なりと／「ナリト」雖(も)　上96ウ5
發-起すと／「スト」雖「トモ」　上101オ1
全(か)ら／「マタカ」不と／「スト」雖(も)
上102オ7
懈怠なりと／「ナリト」雖(も)　上102ウ1

縁「(ス)ルカ」如「クハ」不「アラスト」雖「モ」
上104オ1
の如(く)には(あら)不と雖(も)　上104オ1
滅すと／「スト」雖「ヘトモ」　上105ウ7
有(り)と／「ト」雖(も)　上106ウ2、上109オ4
力ありと／「ラアリト」雖(も)　上108オ6
高下なりと雖(も)／「トモ」　中12オ1
能(は)不と／「スト」雖(も)／「トモ」
中17ウ2
有ら／「ラ」未(す)と／「スト」雖「モ」
中22オ2
有と／「ト」雖モ　中24ウ1
在(り)と雖「モ」　中28ウ3
无量なりと／「ナリト」雖「モ」　中28ウ5
見タテまつら／「ミ」不すと雖「モ」　中47ウ3
念すと／「セリト」雖「モ」　中55ウ7
雖「モ」　中58ウ4
聞きと／「クト」雖「ヘトモ」　中58ウ6

異なりと／「ナリト」雖「(イ)ヘトモ」　中61ウ7
欣ふと／「(ネ)カフト」雖「モ」　中62オ5
厭ふと／「フト」雖「モ」　中62オ6
合すと／「セリト」雖「モ」　中65オ1
清「-」浄なり／「ナリト」雖「(イ)ヘトモ」　中70ウ1
懺悔すと／「スト」雖(も)／「トモ」　中70ウ2
多しと／「シト」雖「モ」　中73ウ2、中94ウ2
有(り)と雖「ヘトモ」　中90ウ3
平「-」等なりと／「ナリト」雖「トモ」　中93オ2
見たてまつること能(は)不と／「トモ」雖(も)／「トモ」　中96ウ6
造れりと／「レリト」雖「ヘトモ」　中99ウ2
入(ル)ト雖「トモ」　下2ウ7
覆「オホハ」所れたりと／「レタリト」雖(も)／「トイヘトモ」　下3オ6

在(り)／「リト」雖(も)／「モ」　下9オ6
謂オモへりと／「イフト」雖(も)／「モ」　下22オ3
堕(ち)たりと／「セリト」雖も／「モ」　下30ウ5
有(り)と／「ト」雖(も)／「トモ」　下32ウ2、下46オ2
異なりと／「ナリト」雖(も)／「ヘトモ」　下37ウ6
誹謗せ／「セ」不と／「スト」雖(も)／「トモ」　下39ウ3
稱「-」美す／「ス」可(し)と雖(も)／「ヘトモ」　下48ウ5
稱す／「ホム」可(から)／「ヘ」不と／「ト」雖(も)／「トモ」　下48ウ6
生(れ)たりと／「レタリト」雖(も)／「トモ」　下49オ5
殊勝なりと／「ナリト」雖(も)／「ヘトモ」

下51ウ7
具せりと／「セリト」雖「モ」　下52オ1
文「-」證无(し)と／「シト」雖(も)／「モ」　下52ウ6
欣-「-」求すると／「スル」雖(も)／「モ」　下59ウ7
空なりと／「ナリト」雖(も)／「モ」　下60オ1
修-習(す)と／「スト」雖(も)／「トモ」　下63ウ7
縁せ／「セ」不と／「スト」雖も／「モ」　下65オ5
異なりと／「ナリト」雖(も)／「モ」　下66ウ5、下77オ5
堅固なりと／「ナリト」雖(も)／「モ」　下69ウ4
大なりと／「ナリト」雖(も)／「モ」　下70オ3
小チヒサシ／「ト」雖(も)／「モ」　下70オ3
少しと／「スクナシト」雖(も)／「モ」

下70オ6

少さし／「シト」雖(も)／「モ」　下70オ7

有(り)と／「ト」雖(も)／「モ」　下75ウ1、下76ウ3

在(り)と／「リト」雖(も)／「モ」　下77ウ5

墮-「-」在すと／「セリト」雖も／「ヘトモ」　下78オ1

得と／「スト」雖(も)／「トモ」　下80ウ1

聞(く)と／「クト」雖(も)／「トモ」　下86ウ2、下88オ2

聞(く)と／「クト」雖(も)／「モ」　下87オ4

隔つと／「ヘタット」雖(も)／「ヘトモ」　下87ウ6

疑(ふ)と／「フト」雖(も)／「ヘトモ」　下88ウ1

小縁なり(と)／「ナリト」雖(も)／「トモ」　下89ウ1

破(る)と戒を／「ナリト」雖(も)／「ヘトモ」　下90ウ6

多しと／「シト」雖(も)／「モ」　下97オ7

正文に／「ニ」非(す)と／「スト」雖(も)／「モ」　下98オ4

イホリ(庵)

〔蘆〕32425

蘆イホリ／「アシヲ」　上43オ4

イマ(今)↓イマニ

〔今〕00358

今「マ」　上7オ3、上9ウ6、上15ウ7、上16オ3、上22ウ4、上37オ5、上38オ4、上47オ1、上48オ4、上50オ3、上51オ2、中1オ4、中20オ7、中21オ1、中22オ2、中23ウ5、中24オ2、中25オ1、中30オ7、中32ウ7、中40オ3、中41ウ1、中42オ1、中43ウ2、中60オ7、中63ウ4、中65ウ3、中65ウ7、中67オ4、中71ウ2、中71ウ7、中73ウ2、中77オ7、中90ウ7、中95オ1、中95オ5、中95ウ1、中99ウ2、下19オ4、下22オ4、下26オ1、下29ウ2、下38オ6、下47オ4、下50オ1、下57ウ5、下59オ4、下65オ1、下85オ4、下89オ5、下92オ7、下92ウ4、下97ウ1、下97ウ4、下97ウ4、下97ウ7

今よりは／「イマハ」　上35オ7

今は／「マ」　中24オ2

今の／「マノ」　中30ウ4、下54ウ1

今(の)「マ」　下24オ2

今(の)／「マ」　下25ウ7

今「マ」-者　下61ウ4

〔今日〕00358 13733

今「-」日の／「イマノ」　下43オ4

〔今者〕00358 28853

今-「-」者「マ」　上22ウ2

〔如〕06060

如「イマ」　下28オ6

イマシ（乃）
〔乃〕00113 乃ち／「イマシ」
上14ウ4、上90ウ2、下87オ1
乃し　上72オ1
乃し／「シ」　下20オ6
イマシム（戒）
〔誡〕35538 誡《イマシメ》つ／「イマシメテキ」　上43ウ7
イマシメ（戒）
〔勅〕02354 父か／「カ」勅（いまし）めを／「ヲ」　下82オ5
〔誡〕35538 誡め／「イマシメ」　上76オ7
イマス（坐）
〔在〕04881 在まします／「イマサム」　下33オ5
在「イマサムカ」　中13ウ2
在まし（し）／「イマシキ」　中56ウ2
在まして／「イマス」　中38オ4、中38オ4
在（まし）まして／「イマシテ」　中78オ6
在まして／「イマシテ」　中84オ6、中84オ6
无上大恩徳「イマス」　上83ウ2
在ましますと／「イマス」　中77ウ1
在ましますこと／「イマスココ（「ト」の誤か）」　上67オ2
在ましますと／「イマスト」　下32ウ7
〔有〕14332 有（い）ましき／「イマシキ」　中52オ2
有まして／「マス」　上49ウ4
幷有まして／「イマシテ」　下18オ3
有まして／「マス」　上49ウ4
七佛有まします／「イマス」　中7ウ1
化佛有まします／「イマス」　中9ウ4
有まします／「イマス」
中12オ5、中93オ7、下61ウ5
イマダ（未）
〔未〕14419 未《タ》　上1オ4
イマニ（今）
〔今者〕00358 28853 今-者「ニ」　上22ウ1
〔垂〕05012 垂《イマニ》…〔垂〕せむ／「セム」　下17オ5
垂「イマニ」／する死「スル」／なむと時「キノ」
／の　下70オ7
イム（齋）
〔戒〕11548 戒（めて）／「イムコト」　下27ウ1
イモウト（妹）
〔妹〕06138 妹《イモウト》／「イモウト」　中36オ2
イヤシクモ（苟）
〔苟〕30790

苟(く)も／「イヤシク」　下98オ5

イユ(癒)

〔愈〕10904

愈(えぬ)／「エヌ」　下71オ4

愈(ゆ)／「エヌ」　下71オ5

愈(え)ぬ／「エヌ」　下71オ6

〔除〕41669

除コるか／イエヌルカ／「コンヌ」如(し)　下68オ2

イヨイヨ(愈)

〔彌〕09877

彌イヨ、、　上9オ5

彌イヨ〱　上17オ6

彌「イヨ〱」　上52ウ6

彌よ／「イヨ〱」　上59ウ5

〔轉〕38507

轉(ウ)タ、／「イヨ、、」　中51ウ6

轉イカ(「ヨ」の誤か)(い)よ／「ウタ、」　中56ウ1

イヨタツ(竪)

〔竪〕25790

竪イヨタ、／「イヨタ、」不し／「シ」　下6オ7

竪たち／タ／「イヨタチ」　中57ウ6

竪(ち)て／「イヨタチテ」　下29ウ1

〔起〕37048

起イヨタツコトヲ爲すること／「シ」　下86ウ4

イル(入)(四段)

〔入〕01415

入ら／「レ」令しむ／「シムルニ」　上4ウ4

入ら／「レ」令しむ／「ム」　上6オ4

入ら／「ラ」令しめむと／「ムト」　上87オ4

入(りた)まは／「ラ」不して／「スシテマレ」　中45オ6

入ら／「ラ」令(め)むと／「シメムト」　中74ウ4

入ら／「ラ」不「ス」　中75ウ1、下95ウ5

入(ら)／「ラ」不「ス」　下75オ1

入らむ／「ラム」「之」時「キ」　上38オ6

入らむと／「ラムト」　中78ウ1

入(ら)むと／「ラムト」　下6ウ5

入らむと／「ラムト」垂する／「スル」之時なり／「キナリ」　下87ウ4

入(る)ことを／「ラムトキヲ」　中80オ5

入「ラムトシ」　中28ウ7

入(る)か／「ラムナリトイフコト」如し／「モシ」　下66ウ4

入り／(リ)已るに／「ルニ」　上12ウ4

入り／「リ」　上17ウ2、上97オ3

入り　上21オ3、上42ウ5

入「リ」　上34オ2、中29オ3

入り／「テマレ」　中45オ6

入(り)にき／「リキ」　下29オ6

入(り)「リ」て　上42オ1
入「リ」て　上63オ4
入る／「リヌ」　上40オ6
入(る)より／「リンシヨリ」來(このかた)／「タ」　中92オ1
進「ス、ミ」-入す／「(イ)ル」　上12ウ5
入れり／「ル」　上16オ1
入る／「リヌ」　上40オ6
入る／「ル」　上50オ1、中6オ6、中9ウ4、中48ウ7
入る／「ルテ(「テ」行か)」　上69オ2
入る　上84ウ6
頂「キ」從「リ」入「ル」　中6ウ5
入る／「ル」者もの(は)／「ノハ」　中19オ6
定に／「ニ」入「ル」［當］「シ」　中62ウ3
入る／「ル」時に／「キニ」　下28オ2
入(り)て／「ルコト」　上81ウ4
入ること／「ルコト」　中89ウ7

入(る)こと／「ルコト」　下10ウ3、下11オ2
入る(と)／「ヌト」　中45オ4
入れとも／「ルニ」　下70オ2
入れとも／「トモ」　上101オ6、上101オ7
入れとも／「ルニ」　下70オ2
入れり／「ル」　上16オ1
流「レ」入して／「レリ」　上95ウ5
入(り)たまふ／「レリ」　中45オ2
入れるか／「レルカ」如し／「クナリ」　上47ウ7
入れるか／「ルカ」-如し　上48ウ3
陥(平)オチ／「オチ」入(り)て／「インテ」　上21オ2
入る(なり)／「インヌ」　下60オ2
〔沒〕17204
沒する／「イル」處を／「ニ」　中88オ5
沒しぬ／「インヌ」　上21オ2
沒(し)ぬ／「インヌ」　上33ウ4

沒す／「インヌ」　上56オ7
沒したれは／「インヌレハ」　上56オ7

イル(入)(下二段)

〔入〕01415
入る／「ル」　上9オ7、上20オ2
入「ル、コトモ」　中39ウ2
入(る)れは／「イルレハ」　下69オ2
入ら／「レ」令しむ／「シムルニ」　上4ウ4
入ら／「レ」令しむ／「ム」　上6オ4
入れ／「レ」　上11ウ7、中19ウ3
入(り)たまふ／「イレタマフ」　中36オ6
入れたまふ／「タマハン」　中46オ3
入「レテ」　上3ウ1
入(れ)て／「レテ」　上6オ6、上8オ5
入れて／「テ」　上19ウ4
入れ／「テ」令「シメ」　中39ウ4
入れ／「テ」　中78ウ7
入れて／「レテ」　下28オ1

交「シテ」「(去)」-入す／「(イ)レムトイフヲ
モテ」 中64オ7
〔在〕04881
在(れ)て／「イ(れ)テ」 上19ウ4
〔寄〕07203
寄すれは／「イレツレハ」／「ノセツレハ」 下70オ3
〔投〕11887
投オケル(に)／「イル」 上72オ4
投イルれは／「イルレハ」 上100ウ4
〔盛〕23005
盛り／「イレ」滿(て)て／「ミテ、」 上17ウ7
盛レルか／「イレタルカ」如く／「ク」 上45ウ7
盛(れ)て／「レテ」 上70オ7
〔置〕28298
置く／「イレ」 上22ウ3
置きたまはむ／「イレタマフ」 中43オ7
置ケるに／「イレタルニ」 上40オ3
置「イレテ」 上22オ4
擲け／「ナケテ」置(き)て／「イレハ」 中43オ1

イル(射)(上一段)
〔射〕07434
射イラ／「ヤ」被れ／「カフレルモノ」 下76オ2
射「イル」 上5ウ7
射イル 上9オ4

イル(沃)(上一段)
〔灌〕18759
灌(る)／「イル」 上15オ7
灌く／「イル」 上22ウ5

イル(鑄)(上一段)
〔鑄〕40972
鑄イタルカ如く／「ク」 中6オ1

イルカセニス(忽)
〔忽爾〕10405 19750
忽-爾イルカセニスルコト／「スレトモ」得え
／「エ」不れ／「レ」 上42ウ7

ウ

ウ(得)→エマク
〔得〕10137
得う 上7ウ2
聽(く)こと／「キクコト」得「ウ」可「へ(から)」
不「ス」 上18ウ7
存立すること／「スルコト」得「ウ」 上24オ6
生すること／「スルコトヲ」得「ウ」 上48オ2
を／「ヲ」得「ウ」 上54オ2、上62ウ7
當に…得「ウ」〔當〕しといふことを／「シト
イフコトヲ」 上60ウ4
見たてまつること／「コト」得「ウ」 上62オ7
聞(く)こと／「クコト」得たり／「ウ」

上70ウ4
見(る)こと／「ルコト」得「ウ」可し／「シ」　上77ウ7
往生すること／「ルコト」得「ウヘ」容けむや
　／「ケムヤ」　上78オ1
生(する)こと／「ルコト」得　上80オ3
見たてまつること／「ルコト」得う／「ウ」　上82ウ5
當に／「ニ」得「ウ」[當]し／「シ」　上85ウ3、中37ウ3
法性を／「ヲ」得／「ルコト」　上90ウ2
得む／「ウ」　上97ウ7
こと／「コト」得う／「ウ」　上100オ4
往「-」生すること／「スルコト」得「ウト」者
　といふは／「イハ」　上105オ5
得「ウ」　上105ウ3、中6ウ6、中18ウ3、
中18ウ4、中20オ5、中41ウ5、中55オ7、
中59ウ7、下14オ5、下47ウ1、下52オ1、
下56オ1、下59ウ2、下60ウ3、下64オ6、
下65ウ7、下69ウ6、下69ウ6、下69ウ7、
下69ウ7、下73オ6、下73オ7、下73ウ6、
下77ウ3、下84ウ7、下88ウ2、下94ウ1
生することを／「スルコト」得「ウ」　上109オ1
果報を／「ヲ」得「ウ」應「ヘ」(から)不(すや)
　／「スヤ」　上109オ5
大果報を／「ヲ」得「ウ」　上109ウ1
髪「-」毛金「-」精の／「ノ」相を／「ヲ」得と
　／「ウ」　中3ウ4
得う／「タマヘリ」　中5オ4
得う／「タリ」　中5ウ2、中8ウ2、中26オ3
摩(つることを)得「ウ」　中9オ1
臃(か)なること(を)／「(マリ、)カナルコト」
　得「ウ」　中9オ1
織「ホソヤカニ」長なる／「キ」相(を)／「ヲ」
　得「ウ」　中9オ3
此の／「ノ」相を／「ヲ」得「ウ」
　中9オ6、中9ウ2、中10オ6、中12オ3
値(ふ)こと(を)／「コト」得「ウ」　中10オ4
陰藏の／「ノ」相を／「ヲ」得「ウ」　中10ウ7
无量の／「ノ」功德を／「ヲ」得「ウ」　中11オ1
七處滿の／「ノ」相を／「ヲ」得「ウ」　中11オ2
翳-泥耶ノ膞ノ相を／「ヲ」得「ウ」　中11オ5
見(る)こと得(て)／「ウ」　中13ウ1
安「-」穩なること／「ナルコト」得「ウ」可し
　／「シ」　中13ウ5
得「ウ」可(き)こと／「コト」　中23ウ6、中23ウ7、下56ウ5
得むと／「ウ」　中35ウ3
解を／「(ス)ルコト」得「ウ」　中49オ1
得「ウ」可き／「ヘイ」者は／「ノ」　中50ウ1

得ゥ可（から）不す（と）／「スト」 中50ウ7
消すること／「ケスコト」得「ウ」 中76ウ1
種（う）ること／「ウフルコト」得「ウ」
中76ウ2
見（る）こと／「ルコト」得て／「ウ」 中78オ2
得「ウ」可「シ」 中80ウ6
往生すること／「スルコト」得「ウ」
中81ウ5、下44ウ6
得「ウヘキ」［當］「ヘキ」 中84ウ3
下の／「ノ」勢力を／「ヲ」得「ウ」 中86ウ4
中の／「ノ」勢力を／「ヲ」得「ウ」 中86ウ5
上の／「ノ」勢力を／「ヲ」得「ウ」 中86ウ6
成「-」就すること／「スル」得るなり／「ウ」
中90オ1
得「ウ」［當］し／「シ」 下3オ4
當「ニ」…得「ウ」［當］「シ」
下10ウ3、下79ウ7
得「ウ」［當］（しと）／「シト」 下11オ2
解「-」脱すること得「ウ」 下13オ2
得つ／「ウ」 下13ウ4
得「ウ」當「シ」 下20オ4
得て／「ウ」 下21オ3
當「ニ」涅槃「ヲ」得「ウ」［當］（し）と／「シト」
下29オ4
得「ウマ」不しと／「シクナンヌト」 下29ウ3
得「ウ」可（から）／「ヘ」不「ス」 下33オ2
往生すること／「スルコト」得「ウ」［當］（し）
／「シ」 下38ウ3
往「-」生すること／「スルコト」得「ウ」
下38ウ6
生（れ）たてまつること／「スルト」得といつり
／「ウ」 下40ウ4
得（と）／「ウ」 下56オ1
得（といふ）／「ウ」 下57オ4
得「ウ」可（から）不と／「ストハ」 下59ウ1
得「ウヤ」耶や 下60ウ5
得「ウ」可（から）不（といふことを）／「ストイ
フコトヲ」 下62ウ5
得「ウ」耶や 下62ウ6
得「ウ」應きか／「キニ」 下68オ7
得「ウ」可けむや／「ケムヤ」 下69オ4
生るること／「スルコト」得「ウ」 下73オ3
得「ウ」可き／「キ」（もの） 下74ウ5
當「ニ」…得「ウ」［當］しと／「シト」
下80ウ7
得「ウ」／といへり 下83ウ2
得む（と）／「ウ」 下86ウ1
聞（く）こと／「クコト」得む／「ウ」 下87オ1
生「ル、コト」得「ウト」 上84ウ3
住することを／「スルコト」得（と）／「ウト」
得「ウト」 上97オ3
中7オ1、中28ウ4、中31ウ4、中56オ7
手軟の／「ノ」相を／「ヲ」得（と）／「ウト」

中9オ7
菩提を／「ヲ」得と／「ウト」　中69ウ2
荓を得と／「ウト」　中69ウ4
得と／「ウト」　下14オ3、下37オ2、
下47オ2、下52オ2、下52オ2、下52オ4、
下62ウ5、下65ウ1、下65ウ6、下94オ6
得(と)／「ウト」　下18ウ1、下70ウ5
得むと／「ウト」／ト　下34ウ2
得「ウト」言といつり／「イフ」　下62オ5
得むと／「ウト」　下65オ1
得う(と)／「テム」　下79ウ1
得たりと／「ウト」　下97ウ4
阿褥菩提を得「ウ(ト)イハ」者といふは
上105オ5
得(と)／「ウトイフ」　下75オ4
往生すること／「スルコト」得(と)／「ウトイ
ヘリ」　中78オ5
得(と)／「ウトイヘリ」　下32ウ6

得とは／「ウトハ」　下56オ3
得「ウ」未(る)なり／「ヘカラス」　下86ウ6
得るか／「ウヘキカ」故に／「ニ」　下80ウ5
得むと／「ウヘシト」　下77オ1
存すること／「スルコト」得る／「エム」者も
の／「ノ」(あらむ)　上41ウ3
生るゝこと／「コトヲ」得ル者ものは／「ノハ」
上48オ6
得る／「ル」者もの／「ノ」　上65オ6
往生すること／「ルコト」得ル／「エム」耶
「ヤ」　上105ウ2
福「ヲカ」得る／「ツル」　中72ウ7
得る／「ル」　下55オ3
得る／「ウル」　下57ウ3、下64オ2
得む(や)／「ウル」　下74オ3
知「ルコト」得る(や)／「ル」　下75ウ7
得む／「ウル」　下77ウ2
得(る)こと／「ウル」　下87オ4

得る／「エム」　下87オ7
罪報をか／「ヲカ」得る(や)／「ル」　下88オ4
所得「ウル」　下89ウ7
得る(や)／「ウル」　下94オ3
得るか／「ルカ」如し／「シ」　上90ウ3
得るか／「ルカ」　中24ウ3
得る(か)／「ルカ」故(に)／「ニ」　下16ウ6
得るか如く／「キハ」　下52ウ6
得(る)か／「ルカ」如く／「ク」　下62ウ3
得(る)か／「ルカ」如し(と)／「シ」　下70ウ3
得え／「ウルカ」如し　下78オ7、下78オ7
得「エ」／るか如く　下82ウ1
を／「ヲ」得(る)こと／「ルコト」　上37ウ7
得(る)こと／「ルコト」莫し／「ナシ」
上41オ1
生すること／「ル、コト」得(る)こと／「ルコ
ト」能「ハ」不す／「ス」　上76オ2
を／「ヲ」得(る)こと／「ルコト」能(は)不し

上93オ7
を／「ヲ」得(る)こと／「コト」 上106ウ1
得(る)こと／「ルコト」能(は)不す 中13オ2
得(る)こと／「ルコト」 中24ウ7、中51ウ5、
中52ウ6、中78オ4、下6ウ2、下67オ1、
下67オ3、下82ウ2、下87オ2
得(る)／「ルコト」 中52ウ5
得(る)こと／「ルコト」能(は)不「ス」 中75オ7
休息すること／「スルコト」得(る)こと／「ル
コト」莫れ／「マナ」 中85ウ1
得むこと／「ウルコト」 下4ウ3
得たり／「ルコト」 下11オ4
得ること／「タルハ」 下31オ7
得(る)こと／「ルコト」能(は)不(と)／「スト」 下47オ3
得(る)こと／「ウルコト」 下66ウ7
得(ること)／「ルコト」 下75ウ6

こと／「コト」得(る)ことは／「ルコトハ」 上84オ4
得(る)こと(も)／「ルコトモ」 下67オ5
こと／「コト」得ることを／「ルコトヲ」 上76ウ4
成「-」就すること／「スル」得るなり／「ウ」 中90オ1
得たり／「ウルナリ」 下34オ7
得(る)なり／「ウルナリ」 下78オ3
阿耨菩提を得るに 上84ウ6
得るに／「ツ」 中30オ7
得(る)ことも／「ルニ」亦 下51ウ5
得(る)に／「ルニ」在り／「リ」 下95ウ2
清浄なること／「ナルコト」得るは／「レハ」 上90ウ4
道を／「ヲ」得るは／「ルハ」 上90ウ4
得(る)ことは／「ルモノハ」 下55ウ3
得とも／「ルヲ」 下11オ7

すること／「スルコト」得れはなりと／「ルヲ
モテナリ」 上61オ4
得(と)／「ウルヲモ(「テ」脱か)ナリトイヘリ」 中78オ7
得れとも／「ツレハ」 上97オ2
清浄なること／「ナルコト」得るは／「レハ」 上90ウ4
「ヲ」得「レハ」 上101オ5
得れは／「タリ」 中6ウ1
得つる／「ウレハ」者は 中81ウ4
得つれは／「ウレハ」 下76オ3
すること／「スルコト」得れはなりと／「ルヲ
モテナリ」 上61オ4
得え／「エ」已(り)て 上7オ2
こと／「コト」得え／「エ」令め／「メ」不す／
「ス」 上22オ7
食を／「スルコトヲ」得「エ」不る／「ル」 上25ウ2

得「エ」不「ル」鬼　上25ウ5
得「エ」　上32ウ3、上54オ1、下14ウ7、下27ウ1
食せむこと／「スルコト」得え／「エ」難し／「クナンヌ」　上35ウ5
忽-爾イルカセニスルコト／「スレトモ」得ぇ／「エ」不れ／「レ」　上42ウ6
得「エ」未れは／「サルトキニハ」　上44ウ6
得え／「ツ」　上48ウ5
を得「エ」未る／「ル」者ものは／「ハ」　上53ウ7
を／「ヲ」得「エ」　上53ウ7、上67ウ1
を／「ヲ」得「ウ(「エ」の誤か)」未る／「ル」者ものは／「ハ」　上54オ1
を／「ヲ」得「エ」未る／「ル」者ものは／「モノハ」　上54オ1
得「エ」不し／「シ」　上61オ7、下91ウ6
得「エ」令しむ／「シム」　上64オ5
を／「ヲ」得え／「テ」　上73オ1
こと／「コト」得不「ルコト」　上76オ1
出家「スルコトヲ」得「エ」已「(リ)テ」　上81ウ1
得「エ」令めたまへ／「マフ」　上90オ7
自在を／「ヲ」得「エ」未す／「ス」　上96ウ1
利「ヲ」得不れとも／「ストモ」　上99オ7
を／「ヲ」得不るか／「ラムカ」如く／「ク」　上101オ3
度を／「コト」得「エ」未して／「シテ」　上103ウ5
を／「ヲ」得未れは／「モノハ」　上107オ2
得「エ」令(め)よ／「メヨ」　中1ウ3
得「エ」不され／「レ」　中2ウ2
衆「-」多にすること／「ナルコト」得「エ」不れ／「レ」　中13ウ2
得「エ」不す／「ス」　中15ウ3、中69ウ1、中69ウ2
得「エ」不れ／「レ」　中20ウ1、中82ウ6、中83ウ3
得「エ」不して／「ス」　中36オ7
得「エ」令(め)たまふ／「シメタマフ」　中41ウ6、中46ウ6
得「エ」不「ス」　中46オ6、下12オ5、下75オ7、下90オ2
得ェ「未」りき／「サリキ」　中52ウ2
得「エ」不る／「ル」　中59ウ2
得「エ」令(め)たまつと／「シメタマヘリト」　中72ウ5
邪法を／「ヲ」得「エ」令しむ／「シム」　中73オ4
得「エ」不る／「サル」　中75オ5
得「エ」不し／「サレ」　中79ウ2
說(く)こと／「クコト」得「エ」不れ／「レ」　中79ウ5
得(る)こと／「エ」難けむ／「シ」　中83オ5

得「エ」不は／「スハ」　中83オ7
望(む)こと／「ムコト」得「エ」不れ／「レ」　中83ウ5
向フルこと／「ヘシムルコト」得「エ」不れ／「サレ」　中89ウ2
得「エ」令(め)たまへ(と)／「シメタマヘト」　中96ウ2
得「エ」不し　中97ウ5
得「エ」令(め)よ／「シメム」　下2オ3
得て／「エ」　下7オ3、下30ウ3、下32オ2
得「エ」不「ス」者は／「ハ」　下7オ4
得「エ」不し(と)／「シト」　下15ウ2
得「エ」不すと／「スハ」　下18ウ2
聞(く)こと／「クコト」得え／「タリ」　下19ウ7
得「エ」令(め)たまふ　下21ウ6
得「エ」已(り)て／「ハンシカハ」　下22ウ3
得(る)こと／「エ」　下24ウ6

得え／「シ」　下25ウ1、下25ウ1
得「エ」難し／「シ」　下29ウ2
得え／「エ」　下30オ6、下30オ7、下41ウ3
得「エ」令「シメタマハム」　下33ウ3
得「エ」不といはゝ／「ストイハヽ」　下38オ1
得「エ」不ら／「サル」令(む)／「シム」　下41ウ4
得「エ」已れとも「(り)ヌレハ」　下41ウ5
得「エ」不といへり(と)／「スト」　下49オ5
得「エ」不と／「スト」　下61オ2、下90オ3
得「エ」不(るなり)／「サルナリ」　下66ウ2
得「エ」不と／「スト」者といはむ／「イハヽ」　下68ウ4
得「エ」不(り)き／「サリ」　下72ウ1
得「エ」／ル／て　下72ウ6
得「エ」不「ス」／と　下73オ7
得「エ」／といふ　下77ウ6
得「エ」／て　下79オ5

得え／「エ」已(り)て／「テ」　下81ウ1
得「エ」不(れはなり)／「サルヲモテナリ」　下84オ5
得「エ」不(して)／「ス」　下91オ5
得「エ」不ら／「サラ」令しめむ／「シメ」　下91ウ5
得「エ」不「サレ」　下93ウ1
打すること／「スルコトハ」／「ウツヘカ」得「エ」不「サレ」　下93ウ1
當に得「エ」令む／「シム」應し／「シ」　下94ウ6
得「エ」不とも／「ストモ」　下96オ5
道を／「セハ」得は／「エ」　下98ウ1
得は／「エ」　下98ウ4
得(し)めたまはむ／「エシム」　下18オ4
得「エ」令(む)る(を)／「シムルヲ」　中61ウ5
得え(しめ)／「エシメ」　中75ウ5
得「エシメ」不「ス」　下93オ7

得シメてよ／「ムト」 上81オ3
得たまふ／「エタマフ」 中41ウ6
得「エタマヘリ」 中5オ3
得たまへり／「エタマヘリ」 中37ウ5
得すり／「エタマヘリ」 中67オ4
得テ／(タマ)ヒシ／「エタマムテ」 中46オ2
を／「ヲ」得たる／「タラム」者もの／「ノ」 上99オ4
得えは／「タラムハ」 下84ウ6
を得たり／「タリ」 上42ウ6
得「エ」たり 上66ウ7
生すること／「スルコト」得たり／「タリ」 上93オ1
得「エタリ」 中78ウ3
検へ／「カムカヘ」得たるに／「エタリ」 中81ウ4
得たり／「エタリ」 下26オ1
得てき／「エタリトイヘリ」 下27オ3
得(た)る／「エタル」者を／「モノヲ」 下53ウ4
得たるか／「タルカ」如し／「ク」 上48ウ2
得たるか／「エタルカ」故に／「ナリ」 下52ウ5
を／「ヲ」得たれとも／「タレトモ」 上37ウ7
得とも／「タレトモ」 下87オ3
ことを得っ 上50オ2
有「ラ」未「ルコト」得「ツ」 上50オ2
持-／「モチ」得しつ／「エッ」 中60ウ3
得てき／「ツ」 下30オ3
を／「ヲ」得つれは／「ツレハ」 上101オ3、上101オ6
を／「ヲ」得つれは／「レハ」 上101オ4
得て／「テ」[而] 上24ウ2
求め得て 上42オ6
こと／「コト」得「エ」て 上62オ6
見(る)こと／「コト」得「テ」 上70ウ5
離るること得て 上84ウ3
往「-」生すること／「スルコト」得「テ」(ママ)
應し／「シ」 上85ウ7
を／「ヲ」得て 上101オ5
を／「ヲ」得「エ」て 上103ウ1
生すること／「ル、コト」得「テ」 上108ウ6
得て／「エテ」 中26ウ1、中98オ3、下8オ6
得て／「エ」 下29オ2
得てき／「テキ」 下20オ3
こと／「コト」得ては／「テハ」 上61オ7、上70ウ7、上103オ7
得ては／「エテハ」 下13ウ1
「ヲ」得よ／「テム」 上41オ7
見たてまつること／「ツルコト」得てむ 上77オ5
阿耨菩提「ヲ」得「テム」 上84ウ6
増長すること／「スルコト」得て(む)と／「テ

ム」 上110オ1
得(て)む(と)／「エテム」「エテム」 下6ウ1
當「二」…得てむ／「エテム」 下26ウ5
得てむ／「エ」 下32オ7
淨(なる)こと／「ナルコト」得むと／「エテム
ト」 中45オ4
聞(く)こと／「クコト」得(むと)／「テムト」
下57オ7
得ては／「エハ」 中32ウ6、下11オ3
報を／「ヲ」得えは／「エハ」 上109オ5
得むは／「エハ」 中31オ3
得えは／「エハ」 下55ウ2
得は／「エハ」 下59オ7
得と／「エハ」者といはむ 下71ウ4
存すること／「スルコト」得る／「エム」者も
の／「ノ」(あらむ) 上41ウ3
往生すること／「スルコト」得む／「エム」
上60ウ6

相ひ／「ヒ」見(る)こと／「ミ(「コ」の誤か)ト」
得む／「エム」者もの／「モノ」(あらむ)
上66オ4
を／「ニ(「ヲ」の誤か)」得むか／「エム」爲の／
「メノ」故にせよ／「ニセヨ」 上94オ2
往生すること／「ルコト」得ル／「エム」耶
「ヤ」 上105ウ2
こと／「コト」得む／「エム」 上107ウ2
得むと／「エム」 中40オ4、下8オ4
得む／「エム」者をや／「モノヲヤ」 中51ウ6
得む／「エム」 中57ウ4、下17オ3
生(る)ること／「スルコト」得むと／「エム」
中78オ3
除(く)こと／「(ノ)ソクコト」得むと／「エム」
中80オ6
因縁を／「ヲ」得む／「エム」 中80オ7
見たてまつること／「ルコト」得む／「エム」
中81オ6

得(む)／「エム」 下6オ2
見(る)こと／「ルコトヲ」得む／「エム」
下7オ5
得む／「エムヤ」耶や 下28ウ4
得(む)といつり／「エム」 下61ウ7
を得(む)といつり／「エム」 下62オ1
得む(や)／「エム」 下77オ1
得る／「エム」 下87オ7
得むと／「エムカ」 中49ウ1
を／「ヲ」得(む)か／「エムカ」爲の／「メノ」
故(に)せよ／「ニセヨ」 上94オ3
得(む)か／「エムカ」爲の／「メノ」故に／「ニ」
下77ウ4
得むこと／「ウルコト」 下4ウ3
こと得むと／「コト」 上12ウ7
こと／「コト」得(む)と／「エムト」 上70ウ6
開「-」示「スルコト」得「エムト」欲「オモヘ」
上94オ5

開示すること得むと欲ホせよ　上94オ5
樂を／「ヲ」得むと／「エムト」願ふ／「ス」　上109ウ2
顯(すこと)／「スコト」得むと／「エムト」　中50ウ7
得むと／「エムト」
中54ウ3、中87オ1、下17オ5、下24ウ5
得えむ(と)／「ムト」　下10オ7
得む(と)／「エムト」　下17オ7、下33オ6
怖り不ること／「ルコト」得む／「ムヤ」　上34ウ4
淨土を／「ヲ」得むや／「エムヤ」　下51ウ7
豈「ニ」得(む)や／「エムヤ」　下67ウ3
得むや／「エムヤ」　下72ウ1
「ヲ」得よ／「テム」　上41オ7
〔獲〕20758
當「ニ」獲う／「ウ」〔當〕(しと)／「シ」　下32オ2
當に／「ニ」獲「ウ」〔當〕(し)／「シ」　下84ウ3
獲「ウル」所「ノ」　上73ウ3
獲る所の　上85ウ3
獲「エ」不といふこと／「ストイフコト」无し
／「ケムトイヘリ」　上75オ6
獲「エ」不といふこと／「ストイフコト」无し
／「シ」　下8ウ4
獲え／「エ」　下10オ2
獲「エム」所「ノ」　下5オ5
獲(む)／「エム」　下8オ7
ウ(助動詞)↓ム、ン
[補讀]
顯(さ)むか／「サウニ(「カ」の誤か)」爲に／
「ニ」　下50オ2
ウウ(植)
〔値〕00786
値っても／「ウヱンシニ」　下72ウ2
値っても／「ウヱンシニ」　下72ウ2
〔植〕15023
植って／「ウヘテ」　上107ウ6
植ヱ／「ウヱ」　下48オ5
〔殖〕16502
殖ったる(ものは)／「エタル」　下86ウ7
殖へ／「ヱ」　中94オ7
殖へ／「ヱ」　中94オ7
殖(ゑ)つるは／「ヱツレハ」　下10オ2
〔種〕25174
種(う)ること／「ウフルコト」　中76ウ2
種ヱ／「ウヘ」不す／「ス」　上51オ6
種へ／「ヘ」未す／「ス」　上61オ6
種(ゑた)る／「ヘ(タ)ル」者もの／「ノ」
種ヱ／「ヱ」　下76ウ5
種(ゑ)たる／「ウヱタル」人(「訓」)なり(と)／　下77ウ6
「トナリ」　下53ウ6
種(ゑ)たる／「ウヱタル」人(なり)と／「トナ

リ」　下54オ2
種（ゑ）て／「ウヱタルニ」　上50オ4
種（ゑ）つれは／「ウヱツレハ」　下77ウ1
種（ゑ）つれは／「ヱテハ」　下76ウ7

ウウ（飢）
〔飢〕44023
飢「ウヱ」乞す／「アキタラス」　上25オ6
〔餒〕44163
裸《ハタカニ》／「ラ」餒《ウヱテ》／「大ニシテ」　下89ウ2

ウカガフ（伺）
〔伺〕00483
伺ひ／「ウカ、ヒ」求め不し／「シ」　中58オ3

ウガツ（穿）
〔蔪〕13585
蔪《ウカチ》／「ウタ（「カ」の誤か）ンテ」　上26ウ1
〔穿〕25436
穿《ウカチ》　上17ウ2
穿（ち）て／「ウカンテ」　上21オ3、下26オ7

ウカブ（浮）（四段）↓ムカブ
〔浮〕17487
浮かはは／「ウカハ、」　中29ウ2
浮「ウカハム」　中29ウ1
浮ふ／「ウカフヤ」耶や　下66オ6
浮ふ／「フ」　下70オ3
浮（ふ）こと／「フコト」　下70オ3
浮《ヘル》／「ヘル」　上75ウ7
浮《カムテ》／「オヨイテ」　上79オ6

ウキギ（浮木）
〔浮木〕17487 14415
浮き／「ウキ」木に／「キニ」　上66ウ7
浮「ウキ」木の／「ノ」　中94オ2

ウク（受）
〔受〕03159
受く／「ク」　上2オ7、上5オ1、上7ウ7、上8オ4、上8ウ1、上8ウ5、上9ウ4、上10オ7、上10ウ6、上13オ5、上13ウ2、上19ウ5、上20ウ1、上22ウ6、上23ウ2、上23ウ4、上23ウ7、上24オ3、上24ウ1、上24ウ3、上24ウ7、上25オ2、上25オ3、上25オ4、上27オ4、上30ウ3、上32オ4、上37ウ3、上39オ7、上42オ1、上60オ1、上70ウ3、中38オ7、下72オ2
受「ク」　上14オ7
受く／「ク」［也］　上15ウ1
受（け）て／「ク」　上43ウ5
受（け）む／「ケム」／「ク」　上63ウ6
受く／「ク」應し／「シ」　上91ウ7
受く／「（ケ）テム」　上99オ5
受（く）るに／「ク」應「シ」　上104ウ1
受けむ／「ク」　中26オ5、下92オ3、下92オ3
受く／「ク」［當］（か）りき／「ク（ヘ）シトイフ」

中52オ5
受く／「ク」應（か）らむを／「ヘカラムヲ」　中71ウ4
受く／「ク」應き／「キ」者ものをは／「ヲハ」　下6ウ1
受けき／「ク」　下72オ5
當に／「ニ」受く／「ク」［當］「シト」　下88オ7
受くと雖「モ」　上40オ5
受く（と）／「クトイヘリ」　下75オ1
輕「クシテ」受す／「クト」　下75オ5
受「クトモ」　下11オ7
受（く）る／「クヘキ」　上99オ3
受（く）る／「クル」者ものは／「ノハ」　上71オ7、上71オ7
受（く）る／「クヘキ」　上99オ3
受（く）る／「ケム」　上99ウ1
受けし／「ル」時に／「ニ」　下19ウ2
受けむ／「クル」地トコロ（は）／「トコロ」　下26オ6
受する（や）／「ル」　下75オ6
受（くる）こと／「ルコト」　上8オ6、上11オ7、中32オ6、中32オ7
受（くる）こと／「クルコト」　上19オ7、下46オ1
受けて／「ルコト」　上20オ3、上20オ3
受（け）て／「ルコト」　上26ウ5
受「ク」る（こと）有り　上27オ2
受（く）ること／「クルコト」　上32オ5
受（く）るに／「クルコト」　上41オ4
受（くる）こと／「ルコト」能（は）不し／「シ」　上99オ2
受（け）て／「クルコト」　上99ウ1
受（く）ること／「ルコト」　上99ウ2
受「クルコト」有「ラ」令「シムルコト」勿「カレ」　下92ウ4
受（け）て／「ルニ」　上6ウ5、上6ウ6
受（く）るに非す　上7ウ2
受（く）るは／「クルハ」　中47オ2
受け／「ケ」不るは「ス」有（る）こと／「コト」无し／「シト」　上34オ1
受け／「ケ」　上44オ5、上53ウ6、下10オ7、下39オ6
受け／「ケ」不る／「ル」　中59ウ1
受け／「ケ」不（る）に／「ルニ」　中71オ2
受け／「ケ」不しと／「シ」　中71ウ5
受け／「ケ」不れ／「サレ」　中82ウ7
色を／「ヲ」受（け）／「ケ」不「ス」　中86オ7
受（け）／「ケ」不しと／「シト」　下11オ7
受「ケ」　下36オ2
受せ／「ケ」令しむ／「シム」　下74ウ7
受け令（むる）こと勿れ　下92ウ4
受けし／「ル」時に／「ニ」　下19ウ2
受（け）たまはむ（か）「ケタマヘルカ」故に／「ニ」　下41ウ6

受(け)たり／「ケタリ」 下27ウ4
受(け)て／「ケテ」後 上44オ1
受(け)て／「ケ」 上44オ6
受け／「ケテ」 中53オ1
受けむ／「ケテム」 上71オ2
受(け)む／「ケム」／「ク」 上63ウ6
受(く)る／「ケム」 上99ウ1
受けむ／「ク」 中26オ5
受けむと／「(ウ)ケム」 中54ウ7
受けむ／「ケム」 下32オ1
受(け)むと／「ケム」欲して／「トシテ」 下65オ4
受けむ(こと)を／「ケムコトヲ」 下61オ6
受(け)むに／「ケムニ」 上37オ2
況(や)…受(けむ)ヤ／「ケム(「ム」は「ン」と
　も見ゆ)ヤ」 上99オ1

〔承〕11852
承く／「ウク」 中38オ6

承「ウケ」-接「トリ」す 上32オ5
承「ケ」不して／「スシテ」 中48オ6
承ウケて／「テ」 上70ウ7
承(け)て／「ケテ」 下46ウ4

〔義〕28504
義(う)く／「シテ」 下28オ6

ウゴカス(動)

〔動〕02390
動(か)さ／「カスコト」 中37オ4
動かして 上69オ1
動(「訓」)(か)して／「シテ」 中96ウ5
動(か)すに／「カス」 中6ウ4
動(か)さ／「カスコト」 中37オ4
動(か)すこと／「スコト」能「ハ」不「シ」 中37ウ1
動すに／「セリ」 上67オ7
動すに／「セリ」 上67オ7

ウゴク(動)

〔動〕02390
動か／「セ」不「ス」 下26ウ2
動き／「コキ」易く／「ク」 上71ウ3

ウシナフ(失)

〔喪〕03985
喪ウシナヒ／「ホロホシ」 上44オ6

〔失〕05844
失せ／「ウシナハ」令(む)ること／「シメタマ
　フコト」 中47オ4
失せ／「ナハ」不して／「ス」 中47ウ5
失は令め／「セシメ」 中73オ4
失は／「ウシナハ」不「ス」 下98オ4
失はむに／「ウシナヘク(「ク」は「リ」の誤か)
　トモ」 上109ウ5
失ひ／「シ」 中89ウ3
失「フ」心 上110オ1
失ふ／「ス」 中56オ1
失ふ／「ツ」 中87ウ6

失ふ／「イタサク」　中98オ3
失(ふ)こと／「フコト」　下59オ6
失ふ(と)／「シ」　下41ウ5
失はむに／「ウシナヘク(「ク」は「リ」の誤か)
トモ」　上109ウ5

ウシロ(後)→シリヘ

〔後〕10098
後に／「ウシロニ」　上5ウ7
の／「ノ」後りへに／「ウシロニ」　上48オ1
後(シリ)へニ／「ウシロニ」　中88ウ4
後(しり)へに／「(ウ)シロニ」　中91オ6
後へに／「ウシロニ」　下17ウ7

ウス(臼)

〔臼〕30173
臼「ウス」に　上6オ6

ウス(失)

〔亡〕00287
亡《ウセ》／「ウセ」不して／「スシテ」　下77ウ3

〔失〕05844
失せ／「ナハ」不して／「ス」　中47ウ5

ウスシ(薄)

〔薄〕32083
薄き／「ウスキ」　上38ウ5
薄く／「ウスク」利(き)こと／「トキコト」　上11オ7
薄「ウスク」　中6ウ2

ウタガヒ(疑)

〔疑〕22007
疑ひ／「ヒ」　下9ウ3
疑(ひ)を／「ヒヲ」　下34オ3

ウタガフ(疑)

〔疑〕22007
疑「フ」可(から)不「ス」　中96ウ7
疑ふ／「フ」須(から)／「ヘカラ」不(るなりと)
／「ス」〔也〕　下60ウ6
疑(ふ)こと／「フコト」　下69オ6、下70オ4

疑(ふ)と／「フト」雖(も)／「ヘトモ」　下88ウ1
疑ふは／「フハ」　下89オ1
疑へは／「ヘハ」　上50オ4

ウダク(抱)→イダク

〔懐〕11456
懐(き)て／「ウタイテ」　上95オ2

〔抱〕11917
歃《クチスヒ》／「ヲ」抱《ウタイテ》／「ハウ」　上32オ2
抱《ウタカ》不る　上7オ4

ウタタ(轉)

〔漸〕18179
漸《ウタ、》／「ウタ、」　上41オ2

〔轉〕38507
轉た／「ウタ、」　上53オ2、下48オ6
轉(ウ)タ、／「イヨ、、」　中51ウ6
轉《イカ》(「ヨ」の誤か)(い)よ／「ウタ、」

ウタフ(歌)
〔歌〕16167
歌ひ戯れて／「シ」 中56ウ1
ウタフ(訴)↓ウンタフ
ウタンテ(穿)
〔斲〕13585
斲《ウカチ》／「ウタ(「カ」の誤か)ンテ」 下79オ4
ウチ(内)
〔中〕00073
懐(平)フト「ト」コロノ中ちに／「カニ」在り 上26ウ1
殿の／「ノ」中ちに／「ニ」在り／「リ」 上78ウ6
器の／「モノ、」中ち／「カニ」 上78ウ6
中の／「ウチノ」 上100ウ4
池の／「ノ」中(う)ち／「ノ」 中49オ5
口の／「ノ」中に／「チニ」 中97ウ1
五百歳の／「ノ」中に／「チニ」 下71オ5
〔内〕01512 下75オ7
内「チノ」 上25ウ4
内の／「チノ」 上31オ3
〔裏〕34294
裏《ウチニ》／「ツ、メリ」 上28ウ2
殿(平)「ノ」裏(上)「ウチ」 上52オ6
花の／「ノ」裏ち 上78ウ6
ウツ(打)↓スミウツ
〔伐〕00439
相ひ／「ヒ」伐《ウテ》 下6オ4
〔打〕11781
鞭「フチヲモテ」-打せ／「ウタハ」者は 下93ウ1
打ち／「チ」築ツク／「ツク」 上2オ5
打「チ」 上3ウ4、上4オ4
打ち／「チ」 上11ウ4
撾《ウチ》／「ウチ」-打す／ッ／「ウツ」 上24オ7
逆へ／「サカヘ」「ムカヘ」打つ／「ウツ」 上25ウ4
打つ(に)／「ウツニ」 上6オ5
打つに／「テハ」 上19ウ7
打すること／「スルコトハ」／「ウツヘカ」得「エ」不「サレ」 下93ウ1
打つに／「テハ」 上19ウ7
〔撾〕12778
撾《ウチ》／「ウチ」-打す／ッ／「ウツ」 上24オ7
〔撃〕12800
扣《タ、き》撃《ウ》(ち)て／「ウンテ」 中64オ2
〔擢〕12951
揮(平)フルヒ擢《ウツ》 中98オ4
〔釘〕40159
釘《ウツ》／「クキ(ウツ)」 上8オ2

〔鼓〕48330

鼓(訓)「ウタ」不るに／「サルニ」 上55オ5

治(上)ヤ／「シ」／「ミカク」鼓(上)して／「ウテ」 上90ウ2

ウツク(空)

〔空〕25415

空《ウツケ》疎《スイタリ》 上29オ1

ウツタフ(訴)↓ウンタフ

ウツハモノ(器)

〔器〕04376

器なり／「ウツハモノナリ」 上9ウ3

器「(ウツハ)モノ」を／「ヲ」 上25ウ2

器「モノ」の如し／「シ」 上28ウ1

器の／「モノ、」中ち／「カニ」 上100ウ4

一-器に／「モノニ」 上100ウ4

〔鉢〕40317

衣鉢《ウツハモノ》／「キハン」／ハン反 中88オ6

ウツハリネブリ(欺眠)

〔詐〕35373

詐《ウツハリ》眠ふりをして／「ネフリシテ」 上34ウ3

ウツハリネブリス(欺眠)

〔詐眠〕35373 23240

詐《ウツハリ》眠ふりをして／「ネフリシテ」 上34ウ3

ウツブク(俯)

〔伏〕00438

伏《ウツフイ》て／「シニ」臥(し)／「フシ」 下71ウ7

ウツブシ(俯)

〔伏〕00438

伏《ウツフイ》て／「シニ」臥(し)／「フシ」 下71ウ7

ウツブス(俯)(下二段)

〔臥〕30071

仰ふけ／「アフケ」臥(せ)て／「ウツフセ」 上18オ3

〔覆〕34789

覆《ウツフ》せて「セテ」 上11ウ3

ウツル(移)

〔移〕25045

移(う)つら／「ツラ」不して／「ス」 中12オ2

移る／「ウツル」 中54オ7

〔遷〕39123

推《オシ》遷《ウ》(「ツ」脱か)テ／「リ」 上59ウ6

推《オシ》遷《ウ》(「ツ」脱か)テ／「リ」 上59ウ6

ウテナ(臺)

〔臺〕30161

臺「ウテナ」に 上59オ4

ウナガスモノ(促)

〔御者〕10157 28853

御-者を／「ウナカスモノヲ」 上108オ6

ウナジ(項)

〔項〕43343

項ウナシの／「シノ」 上27ウ7

項ウナシの／「ノ」 上28オ1

項(ウナ)シ／「ウナシ」 中8オ6

項ウナシ／「ウナシ」 中11オ2

ウバフ(奪)↓バフ、ムバフ

〔奪〕05994

奪ふ／「ウハヘル」「-之」者もの／「ノ」 上6オ1

奪ふこと／「ウハフ」 上99ウ6

奪ふ／「ハフ」 中74オ1

奪ふとき／「ハヘルナリ」 下26オ5

奪ふ(もの)／「フモノ」 下5ウ6

奪(ひし)や／「ヘル」不(いな)や／「ヤ」耶 下26ウ3

ウバラ(刺)

〔刺〕01969

刺「シ」「ウハラ」-鋒「サキ」 上21ウ6

刺-「-」「シ」「ウハラ」鋒「フ」「サキ」 上21ウ6

〔棘〕14938

棘「ウハラ」 中11ウ5

ウヘ(上)

〔上〕00013

縄の／「ノ」上っ／「ヘ」從「リ」 上4ウ7

「ノ」之上「ヘニ」 上5ウ3

上に／「ヘニ」 上6ウ3、上52オ3、上52オ5、中97ウ1、中98オ1、中98オ3、下32ウ7

の／「ノ」上に／「ニ」 上11ウ3

上に／「ニ」 上11ウ4

上(ウ)ヘニ／「ニ」 上16ウ6

上へ／「ヘ」從「リ」 上17ウ1

上っに／「ニ」 上19オ5

其の／「ノ」上に／「ヘニ」 上21ウ5、上32オ1

上に／「ウヘノ」 上22オ1

上に／「ヘニ」 上28ウ4、上29オ2

上を／「ニ」 上28ウ7

頭らの／「ヘノ」上への／「ヘノ」 上35オ2

爪の／「ツメノ」上の／「ヘノ」 上38オ2

地の／「ノ」上へ／「ヘ」 上49オ4

の／「ノ」上に／「ヘニ」 上49ウ2

の／「ノ」上に／「ヘニ」 上49ウ3

樓(平)「ノ」上(去)に／「ヘニ」 上52オ6

花の／「ノ」上みに／「ヘニ」 上54ウ4

上「ヘヲ」 上56オ6

上を 上56オ6

座の／「ノ」上へに／「ニ」於て／「オイテ」 上69ウ6

地の／「ノ」上に／「ヘニ」 中1ウ6

其の／「ノ」台の／「ノ」上に／「ヘニ」 中2オ1

憧の／「ノ」上への／「ヘニ」 中2オ2

花(の)台の／「ノ」上に／「ヘニ」 中2ウ5

頂(き)の／「キノ」上の／「ヘニ」　中2ウ6
頂(き)の／「キノ」上に／「ヘヲ」　中3オ1
頂(き)の／「キノ」上つより／「ヘニ」　中3オ3
頂(き)の／「キノ」上に／「ヘニ」　中3オ5
華の／「ノ」上に／「ヘニ」　中4ウ5
舌「ノ」上「ヘニ」　中6ウ4
〻(花)の／「ノ」上に／「ヘニ」　中7ウ1
上(ウ)へに／「ヘニ」　中9ウ3
頂の／「キノ」上に／「ヘニ」　中11ウ1
花の／「ノ」上に／「ヘニ」　中12オ5
花臺の／「ノ」上に／「ヘニ」　中14オ2
一「-」切世界の／「ノ」上に／「ヘニ」　中15オ4
上の／「ヘノ」　中36オ7
上に／「ニ」／「ヘニ」　中40ウ3
上に／「(ウ)ヘニ」　中91オ6
〻(花)の／「ノ」上へに／「ヘニ」　下18オ3
上へに(して)／「ヘニ」　下24ウ3
船の／「ノ」上に／「ヘニ」　下29ウ5、下66ウ1
高き／「キ」樹きの／「キノ」上に／「ヘニ」　下66ウ6
卑ミシかき／「ミンカキ」樹の／「キノ」上に／「ヘニ」　下66ウ7
上にして／「ヘニ」於「シテ」　下72オ1

ウマル(生)↓ムマル

〔生〕21670
生る／「ス」　上56ウ7、上62ウ2、下38ウ3、下72オ5、下73ウ3
生る／「ル」　上62オ5、下57オ2
當に／「ニ」…生る發「ス」應「シ」　上76オ6
生れ／「ウマル」　上95オ1
當「ニ」…生(ま)る／「ル」[當]し／「シ」　中2ウ5
生る／「ウマル」　中8ウ7
生る／「マル」　中56オ2、下17ウ7
當に／「ニ」…生る／「マル」[當]し／「シ」　中85ウ2
生ると／「ル」　中96オ7
生る／「レ」　下8ウ7
當「ニ」…生る／「マル」[當]「シト」　下18ウ6
當に生る[當]し(と)／「ヘクナンヌ」　下30ウ7
當に／「ニ」生す／「マル」[當]き(もの)／「キ」　下55オ5
生す(なり)／「マル」[也]　下57オ1
生(ま)る／「マル」　下57ウ1
生(ま)る／「マレ」　下66ウ5
生す／「マル」　下68オ5
生る／「シヌ」　下72オ3
生る／「ス」應(から)／「ヘ」不「ス」　下88ウ1
生ると　上84ウ4

生(ま)ると／「マルト」　下51ウ2
生る(と)／「マルト」　下56ウ4
生(ま)る／「マルトイフコト」　下66オ4
生(ま)るる／「マルヘキ」者を／「モノヲ」　下59オ3
生るる／「スル」者ものは／「モノハ」　上38オ2
〻(生)う(ま)るゝ心　上86ウ3
生るゝ「-」處に／「二」　中56オ1
生「(去)」るる／「スル」者は／「モノハ」　下57オ2
生(ま)るる／「スル」者は／「ノハ」　下57オ2
生(ま)る(る)か如き／「キ」　下66ウ5
生るること／「レム」　上12ウ7
生るゝこと／「コトヲ」得ル者ものは／「ノハ」　上48オ6
生すること／「ル、コト」得(る)こと／「ルコト」能「ハ」不す／「ス」　上76オ2

生「ル、コト」得「ウト」　上84ウ4
生るること／「ル、コト」　中57ウ4
生(る)ること／「スルコト」得むと／「エム」　中78オ3
生ること／「ルコト」　下20オ3
生るゝこと／「スルコト」　下30ウ3、下32オ1、下32オ7、下32ウ6、下33オ3
生(るゝ)こと／「マル、コト」　下51ウ5
生(る)ること／「ル、コト」　下52オ4
生(るゝ)こと／「ル、コト」　下56ウ3、下64オ2、下68オ7
生すること／「ル、コト」　下56ウ5
生(まるゝ)こと／「ル、コト」　下59ウ1
生るること／「スルコト」得「ウ」　下73オ3
生れむ(と)／「ル、コトヲ」　中80オ4
生するを／「ル、ヲ」　上49オ2
生し／「レ」已(り)て／「テ」　上48ウ1
生し／「レ」難しと／「シト」　上80オ6

生れ不るのみならむ／「サルレニ(「サルノミ」の誤か)ナム」　上82ウ2
生れ／「ウマル」　上95オ1
生し／「レ」　上95ウ5
生れて／「レ」　中57ウ1
生するに／「レ」　中78オ1
生(ま)れ／「ウマレ」不し／「シ」　下8オ6
生れ／「レ」已(り)て／「テ」　下47ウ4
生(ま)れ／「マレ」已(り)て／「テ」　下55オ3
生れ／「シテ」　下72オ1
生れき／「シヌ」　中57オ3
生れき／「ス」　中57オ4、中57オ5
生(れ)にき／「レキ」　下72ウ1
生れき／「シキ」　下72ウ5
〻(生)レシめむと　上76ウ6
生して／「ウマレタリ」　上24ウ4
生せり／「マレタリ」　下19ウ5
生(れ)たりと／「レタリト」雖(も)／「トモ」

下49オ5
生(れたる)こと／「レタルコト」有る(ものは)／「アルモノハ」 上51ウ2
生(し)て／「レテ」 上25オ2
生れて／「シテ」 上26ウ3、上107ウ3
生して／「レテ」 上26ウ4、上32オ4
生(れ)て／「レテ」之の後「ハ」 上36オ3
生(れ)て／「レテ」 上60ウ3、上82ウ5、中54ウ5、下47ウ7
生れて／「レテ」 上89ウ4、中47ウ1、中54ウ4、中57ウ2、下54ウ2、下55オ7
生れて／「レヌ」 下21オ1
生れて／「セルスラ」 下30オ6
生れて／「シテ」従(り)／「ヨリシテ」 下72オ6
〻(生)れて／「シテ」 下88ウ6
生れては／「レテハ」 下72オ6
生れてより／「レテヨリ」來(このかた)／「タ」

中99ウ2、下66オ1
極樂と(「に」の誤か)「ニ」生れな／「レ」者は／「ナハ」 上82オ4
生(れ)にき／「レヌ」 下19オ7、下28オ1
生(れ)にき／「マレヌ」 下19ウ3
生(れ)ぬれは／「レヌレハ」 上59オ7
生るること／「レム」 上12ウ7
生れむ／「レム」 上73ウ4
生れむ所にて 下8オ4
生れむ／「セム」 下66オ2
生(れ)むことを／「レムコトヲ」 中90ウ2
生れむことを／「レムコトヲ」 下28ウ6
生れむと垂するか如し 上42ウ5
生れむと／「セムト」 上57オ6
生れむと／「レムト」 上61オ4
生せむと／「レムト」願ふ／「スル」耶「ヤ」 上73ウ6
生「レムト」 上76オ6

生れむと／「ムト」願せむ／「ム」者ものは 上82ウ1
生れむと／「セム」 上107オ6
〻(生)(れむ)と／「レムト」 中18オ3
生せむと／「レムト」 中54ウ4
生れむと／「セムコトヲ」 中80オ2、下39オ2
生れむ(と)／「ル、コトヲ」 中80オ4
生(れ)むと／「レムト」 中94ウ1、下38オ2
生(れ)むと／「レムト」欲せむに／「(オ)モハムニ」 中94ウ6
生(れむ)ことを／「レムト」 下10オ1
生れむと／「レムト」欲ふて／「ホンシテ」 下17ウ2
生れむと／「レムト」欲は／「オモ」者は／「ハ、」 下32オ5
生(れ)むと／「レムト」欲は／「オモ」者は／「ハ、」 下32ウ7

生れむ(と)／「セムト」　下34ウ1

生(れむ)と／「レムト」　下39オ3、下56ウ2

ウミシル(濃)

〔濃〕18442

濃「ウミシル」血　上25ウ2

ウム(倦)

〔倦〕00788

倦ま／「ウマ」不して／「シテ」　中26ウ5

倦(む)こと／「ウムコト」　中17ウ3

ウム(生)

〔生〕21670

生むに／「ウマシムルニ」　上44オ6

生む／「ウム」　上25オ6

生むに／「ニ」隨(ひ)て／「テ」　上25オ6

生むに／「ウマシムルニ」　上44オ6

ウヤマフ(敬)

〔敬〕13303

敬(ひ)て／「ウヤマムテ」　中52ウ5

ウラミ(恨)

〔恨〕10588

恨の／「ウラミノ」　中56ウ1

〔慼〕11158

慼ウレへと／「ウレヘト」／「ウラミ」爲し／「シ」　中74オ4

ウラム(恨)(上二段)

〔恨〕10588

傷「-」恨して／「ウラミテ」　上9ウ2

瞋(い)かり「-」恨むる／「スルヤト」　上9ウ5

ウル(賣)

〔沽〕17258

沽るに／「ウルニ」　上24オ7

〔賣〕36825

賣ウシニ　上10オ2

ウルハシ(麗)

〔好〕06053

好「ウルハシキ」　上6ウ7

好き／「ウルハシキ」　上31オ2

赤「ク」-好なること／「ウルハシキコト」　中6オ3

ウルフ(潤)

〔沾〕17259

沾ウルハ未るに／「ス」　上106ウ6

〔津〕17396

津(平)シン反／「ウルヒ」液ヤク反／「エキ」「シタ、ル」(の)〔之〕　上29ウ1

〔濕〕18483

濕ウルヘル　上45ウ6

ウルホス(潤)

〔霑〕42329

霑ウルホシテ／「ウルホシテ」　中43オ5

霑ウ(ル)ホシテ／「シテ」　中43ウ3

ウルモノ(賣物)

〔買〕36755

賈「ウルモノ」を　上24ウ7

ウレフ（憂）

〔患〕10691
患ふ／「レヘ」　上41オ2
患（ふ）るに／「イタマムニハ」　下71オ6
患ふ／「レヘ」　上41オ2

〔愁〕10885
悲-「シヒ」愁「ウレ（ヘ）」　上14オ7

〔憂〕11170
憂へ／「ヘ」　上71オ7

ウレヘ（憂）

〔患〕10691
患〻多し／「シ」　上39オ1

〔慼〕11158
慼ウレへと／「ウレヘト」／「ウラミ」爲し／「シ」　中74オ4

〔憂〕11170
憂を／「ヘヲ」　上36ウ5

ウヲ（魚）

〔魚〕45956
魚を／「ウヲノ」　中47オ5

ウンタフ（訴）

〔訟〕35266
訟アラカハ／「ウンタヘ」不す／「ス」　中7オ5

エ

エダ（枝）→コエダ

〔枝〕14557
枝「エタ」　上54オ5

〔條〕14859
條の／「エタノ」　上67オ7

エマク（得）→ウ

〔得〕10137
得むと／「エマク」欲する／「ホンスル」

エラブ（選）

〔擇〕12796
擇エラハ不す／「ス」　中60オ5

〔簡〕26520-01
簡は／「エラハ」不す　上34オ4
料簡「エラフ」「ト」者といふは　下31オ5

オ

オイテ（於）→オキテ

〔於〕13628
男に／「ニ」於て／「オイテ」　上8ウ1
一日夜に／「ニ」於「テ」　上10オ4
に／「ニ」於て／「イテ」　上10ウ3、上51オ1、上73オ1、上88ウ7、上89オ1
千分の中に於て／「テ」　上18ウ6
此に／「ニ」於て／「テ」　上28ウ4

「ノ」中に／「ニ」於ては／「テハ」　上37オ1
に／「ニ」於て／「テ」　上39ウ7、上51オ2、上51オ2、上64オ2
に／「ニ」於「テ」　上40オ2、上51オ6
於を(い)て／「テ」　上40ウ4
空に於て／「イテ」　上44ウ5
に於「テ」　上51オ5
阿耨菩薩に／「ニ」於て／「オイテ」　上61ウ1
中に／「ニ」於「イテ」　上62ウ3、中3ウ7
无上道に／「ニ」於て／「テ」　上62ウ7
於て／「イテ」　上63ウ3
に／「ニ」於「イテ」　上65オ3、上93ウ2
座の／「ノ」上へに／「ニ」於て／「オイテ」　上69ウ5
に／「ニ」於(て)／「イテ」　上71ウ6
中に／「ニ」於て／「イテ」　上75ウ2、上88オ5、上88ウ6、中40オ3
佛に／「ニ」於て／「イテ」　上77オ7
難易「イ」に／「ニ」於て／「オイテ」　上79オ4
我「カ」法「ノ」中「ニ」於「イテ」　上81オ6
賢劫「ニ」於「イテ」　上81ウ3
行業に／「ニ」於て　上82ウ7
中に／「ニ」於て／「テ」　上88オ5
一切衆生に於て　上88オ6
に／「ニ」於て／「オイテ」　上90オ1
に／「ニ」於ては／「イテハ」　上91ウ7
に／「ニ」於ては／「テハ」　上91ウ7
世に／「セニ」於して／「イテ」　上93ウ2
「ニ」於「イテ」　上96ウ7
に於て　上96ウ7
に／「ニ」於て　上97オ1
「ニ」於て／「テ」　上100オ2
法に／「ニ」於て／「イテ」　上103オ3
に／「ニ」於ては／「イテ」　上107ウ7
此レに／「レニ」於て／「イテ」　上109ウ5
菩薩衆に／「ニ」於て／「イテ」　上109ウ7
地の／「ノ」上に／「ニ」於「イテ」　中1オ7
少時の／「ノ」間「ニ」於て／「イテモ」　中5ウ7
諸の／「ノ」衆生に／「ニ」於て／「テ」　中7オ6
衆生「ノ」中に／「ニ」於て／「テ」　中8ウ1
尊「‐」長に／「ニ」於て／「テ」　中9オ3
如‐法の／「ノ」所作に／「ニ」於て／「テ」　中9ウ1
諸の苦悩の事に／「ニ」於て／「テ」　中11ウ7
一微塵に／「ニ」於(き)て／「イテ」　中39ウ5
世界に／「ニ」於て／「イテ」　中40オ5
三千大千世界に／「ニ」於(き)て／「イテ」　中43ウ7
佛の／「ノ」智恵の／「ニ」於て／「イテ」　中44ウ3

此「-」の夜「コヨヒ」於ヨリ／「イテ」　中46オ2
三時の／「ノ」中に／「ニ」於て／「イテ」　中48ウ5
无上道に／「ニ」於て／「イテ」　中53オ5
聲聞衆に／「ニ」於て／「イテ」　中53ウ7
佛界に／「ニ」於て／「イテ」　中74オ5
七日の中に於「イテ」　中81オ2
中「-」間に／「トニ」於「(オ)イテ」　中82ウ2
處に／「ニ」於て／「イテ」　中83オ3
師に／「ニ」於「イテ」　中83オ5
中に／「ニ」於(て)／「テ」　下1オ6
此レに／「レニ」於て／「テ」　下8オ2
如來の／「ノ」所み(もと)に／「トコロニ」於て／「イテ」　下10ウ1
我か／「カ」所に／「ロニ」於て／「イテ」　下10ウ3
功德莊嚴に／「ニ」於て／「イテ」　下14ウ4

阿耨井に／「ニ」於に／「ニ」於て／「イテ」　下14ウ7
念々の／「ノ」中に／「ニ」於(て)／「イテ」　下18オ7
佛世尊に／「ニ」於て／「テ」　下29オ4
念佛の門に／「ニ」於て／「イテ」　下32ウ4
九品の／「ノ」中に／「ニオイての」於て　下55ウ1
國土に／「ニ」於て／「イテ」　下55ウ3
何れの／「ツレノ」時に／「ニカ」於てか　下77ウ2
弟子(に)於て／「イテハ」　下91ウ1

[補讀]

物を／「ニオイテ」　上27オ4
功德は／「ニオイテ」　上63ウ3
布施は／「ニオイテ」　上96オ1
二「ノ」心は／「ニオイテ」　上103ウ4
事ヲ／「ニオイテ」　中42ウ2

諸-念をも／「ニオイテ」亦「タ」　中46オ5
自-法に／「ニオイテ」／「ヲ」　中58ウ4
所-「-」念「ニオイテ」　中86オ1
我か／「カ」心「ニオイテ」　中86オ2
親戚を／「ニオイテ」　中98ウ1
成れらむを／「ナレラムニオイテ」　下4オ2
說「-」講せむ／「セム」者は／「モノニオイテハ」　下4ウ4
經卷を(は)／「ニオイテ」　下7オ3
大-「-」恐-懼「ク」／ヲモ／をも／「ニオイテモ」　下7ウ3
出「-」離の／「ニオイテノ」　下42オ1
未-得解脫を／「ノモノニオイテハ」　下75オ2
已-得解脫「ノモノニオイテハ」　下75オ3
大菩薩を／「ニオイテ」　下83ウ1、下83ウ1
持(た)／「タモム(タの誤か)」不らむ／「サラム」者も／「モノニオイテ」　下91オ1

其の／「ノ」身の／「ニオイテ」　下93ウ2

オイテイフ（於）

〔於〕13628

火「ー」「ヒノ」焼「ヤク」／「ニ」於「イテイフニ」　上8オ3

オイテス（於）

〔於〕13628

に／「ニ」於てせる（も）／「イテスルモ」　上102オ6

に／「ニ」於てせる（も）／「イテスルモ」　上102オ6

〔補讀〕

刹の／「ニオ（イテ）スル」　下4ウ5

鏡の／「ニオイテスルカ」　中55ウ1

菩薩すら／「ニオイテスルスラ」　下79ウ2

一偈の／「ノ」事に／「ニ」於「テスルヲハ」　下4ウ1

二の邊「ニオイテセムニ」　上98オ3

佛を／「ニオイテセムヲヤ」耶や　下79ウ3

オキテ（於）→オイテ

〔於〕13628

に／「ニ」於き「テ」　上50ウ7

況「ヤ」…於おきてをや／「テヲヤト」［乎］　中49オ7

オキビ（燠火）

〔煻〕19269

煻オキヒ／「タウ」煨の／「ワイ」　上20ウ5

オク（置）

〔在〕04881

掛アケ在（き）て／「オイテ」　上6ウ1

在オイて／「アルニ」　上100ウ4

心に／「ヲ」在イテ／「オケハ」　中63ウ5

在（お）いて／「アラシメテ」　中88ウ4

在オくか／「オカムカ」如し／「シ」　上15オ1

在（お）く　中88オ6

在オくか／「オカムカ」如し／「シ」　上15オ1

在「オクコト」　中18オ5

在（お）け　中18オ5

心に／「ヲ」在イテ／「オケハ」　中63ウ5

在り／「オケリ」　中98オ1

在「ヲイテ」　上5ウ1

在（り）て／「ラシメテ」／「ヲイテ」　上8オ4

〔安〕07072

處（「訓」）に／「ニ」安オイて／「オイテ」　下2オ3

安（お）く／「ス」　中74オ4

〔投〕11887

投オケル（に）／「イル」　上72オ4

〔捨〕12191

捨オキ（て）／「テ」　下6ウ5

〔置〕28298

置（く）に／「オイタマハムニ」　中39オ5

置（き）て／「オイテ」　上18オ1

置（き）て／「イテ」　上22オ7

置-在するか／「オカムニ」如き／「モシ」　下66オ6
置-在するか／「オカムニハ」如き／「モシ」　下66オ7
置きたまはむ／「イレタマフ」　中43オ7
置(き)たまふ(と)／「キタマフト」　下78オ3
置く／「オク」　上6ウ6、中24オ6
置く／「イレ」　上22ウ3
置(く)と／「オク」　下10オ4、下10オ5
置く／「オク」可(し)　下17ウ3
置(き)て／「オク」　下29オ3
置くか／「クカ」如し／「キ」　上36ウ3
置ケハ／(き)て／「オケハ」　上18オ4
置けり／「ケリ」　上20ウ5
置けり／「オケリ」　中88ウ2
置(き)つ／「オケリ」　下81ウ5
置ケるに／「イレタルニ」　上40オ3
置(き)て／「ヲイテ」　上6オ5、上9オ6

置かは／「ヲカハ」　上12オ2
置(き)て／「ヲクニ」　上11ウ7
〔著〕31410
著「オイツレハ」　上100ウ6
著けて／「オイテ」　中39オ4
〔處〕32697
處すれども／「オケリトモ」　上101オ7
〔除〕41669
除(き)ては／「オイテ」　上101ウ5、上101ウ6
除オイては／「オイテハ」　中60オ2
除(き)て／「オイテハ」　中80オ5
除くなり／「ヲカム」　下40オ2
除「オク」　中29オ3
除(き)て／「オク」　下5ウ7
除おく／「オク」　下17オ4
除く／「オク」　下62ウ5
除オくと／「オク」　下80ウ3
除く(と)／「オクト」　下6ウ1

除(か)むと／「オクト」　下73オ5
除をく／「ク」　中83ウ4

オク(起)

〔起〕37048
起く／「オク」應(し)／「シ」　中56ウ5
起オクルこと／タツ／「オコルコト」　中56ウ4
起「レハ」　下10ウ1
起「ヲキテ」　上2オ7

オクル(送)

〔送〕38842
送り／「リ」著つけ／「ツケタマフ」　中31ウ3
送くり／「テ」　下28オ5
送て／「オクンテ」　上5オ2

オゴカス(動)

〔動〕02390
動すに／「オコカセハ」　上57オ3
動すに／「オコカセハ」　上57オ3

オコサク（起）
〔發〕22669
發さく／「コサク」　上80オ1
オコス（起）↓オコサク
〔作〕00518
作っ（く）らむ／「オコサム」　中41ウ3
作す／「オコス」者ものは／「ノハ」　上109ウ1
作（つ）くれとも／「オコセトモ」　中64オ7
作せるか／「オコセルカ」如し／「シ」　上54ウ2
〔發〕22669
發せることを／「オコイタリト」　上103ウ6
發して／「イテ」　下32ウ4
發さ／「サ」不る／「ル」者ものは／「ハ」　上108ウ4
發「サ」不らむに／「サル」　中32ウ6
發（さ）／「コサ」令め／「シメ」　中73オ4
發さ／「サ」未（る）も／「ル（ニ）」　下11オ3

發さは／「ツレハ」　上98ウ5
發せ／「サハ」　中29オ2、中29オ2
發さむ／「サム」耶　上92ウ5
發さむ／「セラム」者ものは／「ノハ」　上99オ6
心を發し　上58ウ1
發し／「シ」　上71ウ3、上94ウ2、中95オ1、中98ウ3
心「ヲ」發「シ」　上72オ5
發して／「シ」　上83オ7、下53オ6
發し／「シテ」　中75ウ2
發して／「コシ」　下53オ6
發（す）と／「シツ」　中49オ5
發（し）きと／「シツ」　中49オ6
發（し）つる／「シツル」後には／「ニハ」　上95ウ4
發せは／「シツレハ」　上101ウ4
發して／「ツレハ」　上108ウ6

發して／「（オ）コシテ」　上15オ4
發して／「コシテ」　上57オ5
發して／「シテ」　上61オ4、上65ウ7、上93オ1、上106ウ4、中75ウ2、中94ウ5、中95オ1
發して／「ス」　上68ウ7、上68ウ7
發して　上76オ6
心を發して　上86オ6
發して／「シ」　上99オ6
發すに／「シテ」　中10ウ1
發（「訓」）して／「ス」　下39オ3
發（し）つる／「オコス」耳のみ／「ノミト」　上44ウ3
當に／「ニ」…生る發「ス」應「シ」　上76オ6
須く／「クハ」菩提心を／「ヲ」發す／「（ヘ）シト」［須］っし［也］　上86ウ4
發す／「ス」　上89オ7
須く…發す／「セ」［須］し／ヘシ

上90オ2、上90オ3
須く／「クハ」發す／「ス」[須]「シ」　上92ウ6
發す／「セルナリ」　上108ウ5
當「ニ」願を／「ヲ」發す／「シ」[當]く　下14ウ5
發(「訓」)して／「ス」　下39オ3
發せる／「ス」　下56ウ2
心「ヲ」發「スコト」　上62オ1
發(す)と／「スト」　上88ウ2
發すと／「スト」　上104オ2
發すといへり／「スト」　上108ウ2
發「スト(イフ)」者「ハ」　上86ウ2
發す(に)／「スニ」　上102オ2
發すに／「シテ」　中10ウ1
發「スニハ」　上96ウ2
發せ／「スヘシ」　上108ウ4
發すをもて／「テ」　上86オ5
發せ／「セ」　上94オ7
發せ／「スヘシ」　上108ウ4
發(し)つれは／「セハ」　上86ウ1
發せり／「セリ」　上63ウ7
發せる／「ス」　下56ウ2
發せることを／「オコイタリト」　上103ウ6
發す／「セルナリ」　上108ウ5
〔興〕30226
興す／「ス」　上88オ7
〔起〕37048
起(さ)／「コサ」不る／「ル」　中55オ3
起さ使しむ／「シム」　中55ウ6
起さむ／「サム」　中58オ3
起「コサ」不「ス」　下36ウ5
起さは／「サハ」　上91ウ6
起さは／「コサム」　下10ウ3
起(さ)は／「サハ」　下94オ4
起して／「シ」　上72オ6、中50ウ3
起し／「コシ」　中74オ5、下37ウ2
起し／「シ」已(り)て／「ナハ」　下62オ3
起(さ)は／「コシツレハ」　上101オ1
起して／「テ」　上88オ6
起して／「ス」[當]し／「シ」　中1オ7
起して／「ス」　中17ウ3、中74オ6
起して／「コセ」　中64オ5
起して／「シ」　中74ウ4
起して／「シテ」　下37オ4、下37ウ1
起(す)こと／「シテ」　下61ウ2、下61ウ3
起す／「ス」應し／「シヤ」耶　上91ウ4
起す／「ス」　上99オ2、上106オ6、中27ウ3
起して／「ス」[當]し／「シ」　中1オ7
起して／「ス」　中17ウ3、中74オ6
起す／「コス」者は／「ハ」　中50オ7
起すは／「ス」　中55ウ5
起す者は　下10ウ1
行「ヲ」起「コス」　下53ウ1
當に／「ニ」…起す／「ス」[當]「シ」

下62オ3
起(す)／「スカ」如し／「キ」　中85ウ3
起(す)こと／「スコト」　中54オ7、下98オ7
起せ(は)／「コスコト」　中83オ7
起せ(は)／「スコト」　中83ウ1
起す／「スト」　中74オ7
起すとも／「コストモ」　下79ウ5
起(すに)／「コスニ」　下44ウ1
起すは／「オコスハ」　中86オ5
起すは／「コセルハ」　下79ウ7
起して／「コセ」　中64オ5
起セトモ／「ヲコシツレハ」　上39オ7
起せ(は)／「コスコト」　中83オ7
起せ(は)／「スコト」　中83ウ1
起すは／「コセルハ」　下79ウ7
起セトモ／「ヲコシツレハ」　上39オ7

オコタル(怠)

〔怠〕10469
怠ること／「オコタルコト」　下56オ5
〔懈〕11328
懈オコタ(ら)／「ラヌ」不「スシテ」　下26ウ7
懈たること／「ルコト」匪ナカレ　上73オ7
懈たること／「ルコト」　中5オ4
懈(おこ)たること／「タルコト」　中52ウ5

オコナフ(行)

〔行〕34029
行ヒ易(かり)ナム　上1オ6
行しき／「オコナフ」　上43ウ3

オコル(起)

〔起〕37048
起ら／「ソ」令め／「シム」　上11ウ7
起ら／「オコラ」不す／「ス」　上55オ7
雑「マシハリ」起せ／「オコラ」令め不れ／「レ」　中27オ4
起(し)て／「オコラハ」　中13ウ2
起らむか如きに／「キニ」　中60ウ6
起る／「コル」時に／「ハ」　上34ウ4
起る／「ス」　上105オ1
起る／「ル」　上105ウ7
起る　中36ウ6
起る／「コル」　中62オ6、中67ウ7
起「コル」法は／「ハ」　中69ウ4
起る／「レリ」　中71ウ3
起オクルこと／タツ／「オコルコト」　中56ウ4
起ること／「(オ)コルコト」　中64オ3
起(る)ことを／「(オ)コルコトヲ」　中63ウ6
起れり／(り)つ／「コレリ」　上44オ2
起る／「レリ」　中71ウ3
起(り)て／「オコンテ」　上21ウ2

オゴル(奢)

〔矜〕23852
矜カ(「オ」の誤か)コリ／「オコリ」／「コウ」　中58オ7

オス(押)
〔押〕11929
押サ(るる)こと／「オサル、コト」 上25オ2
押オシ殺「コロ」せる者もの 上4オ1
推「オシ」-求して／「テ」 上41オ1
合せ／「アハセ」押オス／「ス」 上6オ4
押す／「オス」 上6オ6
〔推〕12284
推オシ遷ウ(此下「ツ」脱か)テ／「リ」 上59ウ6
推「オシテ」 上5ウ2
推して／「オシテ」 上15オ1
〔逼〕38973
逼さ／「メ」所れて／「サレ」 上40ウ6
オソシ(遅)
〔遅〕39113
遅から／「オソカラ」不す／「ス」 上53オ3、上53オ3
遅く／「オソク」 下47ウ2
オソラクハ(恐)
〔恐〕10552
恐らくは／「ハ」 上77ウ5
恐(ら)クハ 中29ウ2
恐(ら)くは／「オソラクハ」 下26ウ4
〔畏〕21778
畏(ら)くハ 中29ウ2
オソリ(恐)
〔怖〕10450
怖り／「オソリ」 下8オ2
〔懼〕11488
懼り／「オソリ」无(き)か／「(カ)ラム」如し 下82ウ5
〔畏〕21778
畏りを／「リヲ」 上59オ1
オソル(恐)(四段)→オソラクハ
〔恐〕10552
恐ら／「オソラ」不はアル／「スハアル」可(か
ら)／「へ」不す／「ス」 中91オ2
オソル(恐)(上二段)
〔怖〕10450
怖り不ること／「ルコト」得む／「ムヤ」 上34ウ4
怖オ(そる)ること莫れ／「オソル、コトマナ」 下26ウ3
〔恐〕10552
恐「ル」 中29ウ2
〔畏〕21778
畏る／「オッ」可き／「キ」 上14オ1
畏っ／「ル」可し／「シ」 上46オ5
畏「オソル」 中29ウ2
畏るゝ／「ル」所 下7ウ3
オソレ(恐)
〔怖〕10450
々(怖)「レノ」-心 上34ウ4

〔急〕10475
急(入)なりと／「キフト」「ヲソレト」 上34ウ4

オチイル(陥)

〔落〕31362
落「オチイル」 上4ウ7

オツ(落)

〔下〕00014
下(り)て／「オチテ」 上19ウ7
〔墜〕05451
亂れ／「ミタレ」墜ち／「オツ」 上55オ3
亂れ／「ミタレ」墜ち／「オツ」 上55オ3
〔墮〕05481
墮「チ」落す／「ツルニ」 上21ウ2
墮ち／「ツルニ」 上32オ4、上32オ4
墮「チ」不す／「ス」 上45オ7、上62ウ6
墮(ち)／「チ」不りき／「ス」 下22ウ1
墮(ち)／「チ」不「ス」 下30ウ4
墮(ち)たりき／「チタリキ」 下27オ4
墮(ち)て／「チテ」 上38オ7
墮「チヌレハ」 上40オ5
墮(つ)とも／「チハ」 下5ウ2
墮「ツ」 上3オ2、上3ウ5、上4オ1、上4オ5、上4オ7、上5ウ1、上6オ1、上7ウ5、上10オ1、上10オ3、上11オ1、上12オ6、上13オ1、上13ウ3、上15オ5、上15ウ3、上19オ3、上19ウ1、上19ウ6、上20オ4、上20ウ2
墮つ／「ツ」 上3オ3、上3ウ2、上5ウ5、上57ウ5
墮つ 上3ウ1、上40オ5
墮つ／「ツレハ」 上8ウ3
墮(ち)て／「ツ」 上10オ7
墮(ち)ぬ／「ツ」 上22オ4
墮(ち)／「ツ」不「ス」して 上62ウ1
墮つ／「ス」 上97ウ6
墮(ち)なむ／「(オ)ツ」 中89ウ3
墮つ／「ス」當ヘカキリ／「シ」 下22オ2
墮つ〔當〕「キヲモテナリ」 下80オ1
墮つ／「スレトモ」 下80オ3
墮つと／「ツ」 上26オ2
墮つ(と)／「シナムト」 下94オ4
墮(つ)るか／「ツルカ」如(く)して／「クシテ」 上20オ6
墮(つ)るか／「ツルカ」 下95ウ4
墮つ／「ツレハ」 上8ウ3
墮つ／「ヲツ」 上2ウ5
〔落〕31362
落(ち)て／「オチテ」 上6オ5
落(ち)て／「チテ」 下82オ2
落(ち)ぬ(れと)も／「チル(「ヌ」の誤か)レトモ」 下26ウ1
落つ／「ツ」 上54ウ1
遺アフレ-落ツル／の 上24オ5

墮「チ」落す／「ツルニ」　上21ウ2

〔陥〕41707

陥《オチ》／「オチ」入(り)て／「インテ」　上21オ2

オツ（畏）

〔怖〕10450

怖ちて／「オチテ」　下26オ7

驚「トロキ」怖するか／「オチムカ」　上34ウ3

〔恐〕10552

恐「オツル」魄ハクして／「タマシヒアテ」　上14オ7

恐《オツル》　上14ウ2

〔懼〕11488

懼ちて／「オチテ」　中64ウ1

〔畏〕21778

畏ち／「オチ」不るか／「サラムカ」若ことし

／「シ」　上79ウ5

畏「ツ」可き／「キ」　上4オ5

畏る／「オツ」可き／「キ」　上14オ1

畏っ／「ル」可し／「シ」　上46オ5

オト（音）→オトス

オトガヒ（頷）

〔頷〕43512

頷(頷)の／「オトカヒノ」　上28オ1

頷《オトカヒ》／「オトカヒ」臆「ムネ」　中9オ7

オトス（落）

〔墮〕05481

墮さ／「サ」令(む)ること／「ムルコト」勿れ

と／「レト」　上35ウ7

墮さ／「セ」令(む)／「セシム」　下68ウ2

墮「オトス」　上5ウ2

墮す／「オトス」　上6ウ3

墮すこと／「オトスコト」　上14ウ7

〔洗〕17379

洗「(平)」「ヲトシ」脱し　下97ウ3

〔落〕31362

落「オトシ」　上3ウ4

オトス（音）

〔聲〕29166

聲「オト」すること无れと／「ナカラムコトヲ」　上44オ1

聲《キシニ》／「オトスルコト」／「キコユルコト」　下28オ2

オドス（脅）

〔怖〕10450

怖さ／「オトサ」令め　上3ウ5

〔畏〕21778

畏(お)とさ令しめむと　中71オ4

オドロク（驚）

〔驚〕45029

驚き／「オトロキ」　上14ウ2、下29オ7

驚「トロキ」怖するか／「オチムカ」　上34ウ3

驚き／「オトロキ」叫《サケ》ふと／「ムツル」　上44オ1

驚「キ」忙「イソイテ」　中26ウ5

オトロフ(衰)
〔衰〕34127
衰オトロフルこと／「ヘ」有「リ」　上33ウ2

オトロヘ(衰)
〔衰〕34127
衰オトロフルこと／「ヘ」有「リ」　上33ウ2

オナジ(同)↓オナジウス、オナジクス
〔同〕03294
に／「ニ」同し／「シ」　上2ウ5、上6オ2、上9オ2、上10ウ5、上11ウ2
前「ニ」同「シ」　上4ウ1
同し／「シ」　上10ウ5、上13オ7、上78オ2、中9オ4、中12オ3、下10ウ1、下37ウ6、下53ウ7、下57ウ7、下65ウ5
「ニ」同し／「シ」　上13オ7
相同し／「シクシテ」　上51ウ1
同「シ」　中22ウ5、中30オ1、中34ウ5
同し／「シウス」　中36ウ2
同(し)／「シ」　下12ウ7
同(しから)／「カラ」不らむ／「サラムヤ」耶　下47オ5
同なる／「シカラ」不「サル」　下49ウ4
同(しか)らむや／「シカラムヤ」[也]　中99ウ4
同(しか)る／「カル」應し／「シ」　下47オ1
同(し)き經　上32オ7、上97ウ6
同(し)き　上91オ2
同(し)き／「シ」經　上101ウ3
同「キ」　中27ウ2、中45ウ6、中46ウ5
同(し)き／「キ」　中37ウ4、中45オ2、中51ウ1、中55ウ1、下29オ5
同「(シ)キ」　中58ウ5
同(し)き／「キ」經の／「ノ」　下7オ7
同(し)き／「キ」偈に／「ニ」　下9ウ7
同(しき)／「キ」品(の)／「ノ」
同(しき)／「キ」　下17ウ7、下18オ4
同(し)き／「シキ」經に／「ニ」　下33オ1
同(し)く／「シキト(此下「キ」脱か)ニ」　下90ウ6
同(し)く／「ク」　下19ウ5
同　上35ウ1、上46オ4、上54オ4、上55ウ6、上57ウ7、上58オ7、上77ウ4、中89ウ4、下26オ6、下28ウ5、下63ウ3、下87ウ7
同(し)く／「ク」云く／「ク」　上105オ6
同「ク」　中21ウ5
同く／「ク」　中22ウ4
同(し)く／「シク」　中50オ6、中89オ7、下19オ3、下49オ6
同(し)く　中74ウ1
相同し／「シクシテ」　上51ウ1
同しと／「シト」云ふ[也]　上79オ2
同しと／クシタマフト／「シタマフト」

中49オ2

オナジウス(同)

〔同〕03294

同クシテ／「ウシテ」　中90オ7

同し／「シウス」　中36ウ2

同くする／「オナシウセム」　下95オ3

オナジクス(同)

〔同〕03294

同しと／クシタマフト／「シタマフト」

中49オ2

同クシテ／「ウシテ」　中90オ7

同(しく)すといつり／「シクスト」　上107オ5

同くする／「オナシウセム」　下95オ3

同くすること／「シクスルコト」　下35ウ1

オノオノ(各)

〔各〕03281

各『ノ』(消)」　上2オ3

各「ノ」　上4ウ5、上5オ4、上10オ3、上23オ2、上29オ1、上31ウ1、上43ウ6、上49ウ4、上52ウ7、上53オ1、上53ウ5、上58ウ2、中2オ5、中5オ6、中7ウ2、中8ウ3、中8ウ6、中9ウ4、中10ウ1、中11ウ1、中12オ4、中14オ7、中14ウ2、中14ウ5、中15ウ2、中33オ7、中47オ3、中49オ1、中72オ4、中72ウ3、中90オ7、下31オ3、下31オ3、下34ウ5、下51ウ4、下53ウ5、下63オ7、下65ウ2、下71ウ7、下93ウ7

各(にして)／「オノ、、ニシテ」　中64ウ7

各(ゝ)「ノ」　中95オ5

各／「ノ」　下74ウ4、下85ウ4

〔各々〕03281 00097

各ゝ「ノ」　下29ウ1

オノガ(己)→オノレ

〔己〕08742

己か／「オノカ」身「ミ」に　上40ウ2

己か／「カ」　上72オ2

己か／「カ」身　上83オ5

己か／「カ」爲に／「ニ」　上106オ7

己(の)か／「ノカ」　中15オ5

己か／「ノカ」　中39オ5、中98ウ3

己か／「オノカ」　中99ウ6

己「-」「オノカ」自身與「ト」　下32ウ1

オノヅカラ(自)

〔自〕30095

自(お)の／「オノツカラ」　上27ウ2

自オの(つから)／「ミ」　上37オ6

自(お)の(つか)ら／「ラ」　上47ウ2

自「オ」ら　上55オ5、上72オ6、上95ウ4

自「カ」ら　上58オ2

自(お)の(つか)ら／「オ」　中25ウ1

自オ(ノッカ)ら／「ミ」　中40ウ1

自(お)の(つから)／「オ」　中62オ1、中62オ3、中63オ5、中64オ5、中65オ6、

下63ウ1、下86ウ1

自（お）の（つから）モテ／「ミ」　中73オ2

自み（つから）／「オ」　中85ウ5

自（ら）／「オ」　中92オ2

自（ら）「オ」／の　下33ウ7

自み（づから）／ォ　下97オ7

オノレ（己）↓オノガ

〔自〕30095

自「オ」の名　下70ウ7

自「オ」／の名　下71オ1

オビヤカス（脅）

〔逼〕38973

逼（訓）（おひやか）さ／「セメヤ（「ラ」の誤）」所 れて／「レテハ」　中30オ6

逼（おひやか）されて／「セメ（ラレ）テ」　中30オ4

オフ（負）（四段）

〔負〕36660

負「オハ」令「メテ」／「シムルニ」　上4ウ6

オフ（追）（四段）

〔追〕38836

追ふ／「フ」所　上77ウ1

追フか　中18オ6

追ふ／「オフ」　下82オ1

追ふか／「オフカ」如クス應し／「ヘシ」　上43オ1

追ふか／「フカ」如くす／「ク」應「ヘ」（から）不す／「ス」　上43オ1

オフ（生）（上二段）

〔生〕21670

〻（生）し／「ヒ」已（り）ぬれは／「ハ」　上19ウ3

生ヒたり／「オヒタリ」　中3オ6

生「ヒタリ」　中4オ2

生オヒたり／「オヒタルコト」　中11ウ2

生せる／「オヒタル」　上69ウ5

生して／「ヒテ」　中5オ6

生す／「オヒヌ」　上11オ6

生す／「オヒル」（ママ）　上19ウ3

生（し）ぬれは／「オフレハ」　上11オ6

オホイ（大）↓オホキ

〔大〕05831

大「イ（ナル）」法の／「ノ」　下9オ7

オホカミ（狼）

〔狼〕20432

鼠（去）」「ショ」狼「オ（此下「ホ」脱か）カミ」等 は／「ハ」　上26ウ3

オホカリ（多）↓オホシ

〔多〕05756

多きは／「カルハ（「カ」の誤か）」　上39ウ5

オホキ（大）↓オホイ

〔大〕05831

大（き）に／「キニ」　上13ウ5、上27オ7、

上34ウ1、上34ウ3、中85ウ7、下29ウ4、

下81ウ6、下82ウ2
大きに／「キニ」 上90ウ2
大(きに)／「キニ」 下23ウ4
大(き)／「ナル」に失せりと／「トカト」爲す／「ス」 下42ウ6
大に／「ニ」 下59ウ4
大なる／「ナル」石は／「ハ」 下66ウ1
大なる／「ナル」池の 下77ウ4
〔洪〕17402
洪(き)に／「ヲホキ」 中7オ3

オホキサ(大)

〔大〕05831
大(き)さの／「オホキサ」如(く)せむをは／「ハカリセムヲハ」 上97オ5
大(き)さ／「キサ」 中55ウ4

オホケム(多)↓オホシ

〔多〕05756
多けむ／「カラム」 中57ウ3、下84ウ6

オホシ(多)↓オホカリ、オホケム

〔多〕05756
多(き)こと／「イコト」 下85オ2
多(から)／「ニ」非す／「ス」 上79オ3
多けむ／「カラム」 中57ウ3、下84ウ6
多クシテ／(か)りき／「ク」 中56ウ7
多きをは／「カルフハ」 上39ウ4、上39ウ4
多き者もの(は) 中11オ1
多なる／「キ」耶「ヤ」 中22ウ3
多きか／「キカ」故に／「ニ」 中89ウ6、中89ウ7
多きを／「キヲ」以(て)の／「テノ」故に／「ニ」
多し／「キヲモテナリ」 上72オ6
多し 中30ウ5
多く／「ク」 上4ウ7、上6オ2、上21オ2、上97ウ6、上97ウ7、上100ウ7、中1オ4、中10ウ7、中19ウ1、中20ウ1、中27ウ3、中53オ4、中55ウ6、中60オ6、中88オ7、中88ウ1、下11ウ2、下32オ3、下34オ1、下34ウ2、下39ウ3、下41ウ6、下54ウ1、下57ウ4、下62ウ4、下64ウ4、下83ウ7、下95オ6、下97オ2、下97オ4、下97オ6、下97ウ6
多く 上50オ3、上65ウ2、上69ウ4
多「ク」 上73ウ1、中12ウ3、中20ウ1
多く／「クハ」 上80ウ3
多クシテ／(か)りき／「ク」 中56ウ7
多(く)／「ク」 下43オ5
多く聞けとも／「ナルモ」 下81オ3
多くは／「ク」 下88オ1、下97ウ7
多く／「クシテ」 下22オ2
多し／「クトモ」 中87オ6
多くの 上63ウ6
多くの／「ノ」 上72オ7
多(く)の／「クノ」 中13オ4、中60オ5、中65ウ3、中90ウ3、下45ウ3、下84ウ5、

下97ウ4
多くの／「クノ」 下48オ4
多く／「クハ」 上80ウ7
多くは 下85オ1
多し／「シ」 上1オ4、上23オ5、上32オ7、
上39オ1、上47オ7、上62ウ4、上75オ3、
上78オ3、上79オ3、上85オ5、上106ウ6、
中19ウ2、中76オ1、中82オ7、下32オ4、
下94オ5
多し／「シテ」 上75オ4
多し／「キヲモテナリ」 中30ウ5
多し／「クトモ」 中87オ6
多(く)して／「シ」 下59オ2
多しと／「シト」雖「モ」 中73ウ2、中94ウ2
多しと／「シト」雖(も)／「モ」 下97オ7
〔大〕05831
大「ク」 上18ウ3
大(き)なり／「オホシ」 下67オ1、下67オ2
大(き)なり／「(オ)ホシ」 下67オ3

オボス(思)

〔欲〕16080
欲せは／「オホサハ」 中41ウ6
欲(し)たまふには／テ／「オホシテ」
中48ウ1
欲せは／「オホセハ」 中38オ1
欲ホせは／「オホセハ」 中42オ7
欲ホせは／「オ(ホ)セハ」

オホゾラ(大空) 中45オ7、中45ウ1

〔空〕25415
空「オホソラ」從(り)して／「ヨリシテ」
上6オ5
空に／「オホソラニ」 上15ウ6、上55ウ1
空の／「オホソラノ」 上20オ6
空にも／「オホソラニアンテモ」非す／「ス」
上34オ1
空「ラニ」 上34オ2
空らの／「オホソラノ」 上41ウ4
空の／「オホソラノ」中に／「ニシテ」
上49オ4
空の／「オ、ソラノ」 上53ウ5
空「ホソラ」に 上55オ4
空を／「オ、ソラヲ」 中38オ4
空を／「(オ)ホソラヲ」 中51オ7
空「(オ)ホソラ」從(り)して／「リシテ」 下21ウ4
空「(オ)ホソラ」／の 下22オ2
空「(オ)ホソラノ」／の 下22オ5
空の／「(オ)ホソラノ」 下46ウ4

オホフ(覆)

〔弊〕09644
弊ツヒエ／「オホフテ」 上36ウ2
〔蓋〕31652
蓋「オホヘリ」 下27オ5

〔覆〕34789
覆「オホハ」所れたりと／「レタリト」雖(も)／「トイヘトモ」 下3オ7
覆「オホヒ」蔽して／「カム(「ク」の誤か)シテ」 上38ウ5
覆つり／「ヒ」 上67オ7
覆(ひ)て／「オホヒ」 中6ウ3
覆ふか／「ホフカ」如し／「ク」 下78ウ3
覆へ／「カクス」［者］は／「モノハ」 中66ウ5
覆へるか／「ヘラムカ」如し／「シ」 上32オ1
覆へり／「ヘリ」 上28ウ4
相ひ／「ヒ」裏ッ、ミ覆(ひ)て／「ホヘリ」 上45ウ6
覆つり／「ヒ」 上67オ7
覆へるか／「オ、ヘルカ」如し／「シ」 上28ウ1
覆(ひ)て／「オ、ムテ」 上24オ4
覆(ひ)て／「オホムテ」 中66オ5
覆(ひ)て／「オホンテ」 上76ウ3

オボホル(溺)↓オボル
〔溺〕17990
溺オホ、ル、ヲ／「オホ、ル、モノヲ」 上107オ3
沒「シッミ」溺「ヲホ、レ」せ不「ス」 下70オ2

オホヨソ(凡)
〔凡〕01739
凡ソ 上27ウ4、上47オ6、上82オ6
凡「ソ」 上50ウ7、中16オ5、中88オ6
凡(て)の／「ソ」 上55オ7、上69ウ3
凡て／「ソ」 上56ウ3
凡そ 上74オ3、下37オ2
凡ソ／「ソ」 上86オ5
凡そ／「ソ」 中49オ6、中53ウ4、中54ウ5、中94オ5、下72オ4、下80ウ6
〔汎〕17120
汎オホヨソ／「ヒロク」 下55オ4

オホヨソニ(凡)
〔汎爾〕17120 19750
汎爾「ヲホヨソ」に 中69オ3

オボル(溺)↓オボホル
〔溺〕17990
沒「シッミ」溺せ／「オホレ」不さるか／「サルカ」如く／「ク」 上101オ6

オボロケ(少)
〔少〕07475
少「オホロケニ」縁に非す／「ス」 上66オ3

オモサ(重)
〔重〕40132
重さ／「オモサ」 下81ウ3

オモシ(重)
〔重〕40132
重き／「キ」 上6ウ4
重き／「キ」者もの／「モノ」 下51ウ6

重きものを／「キモノヲ」　上26ウ2
重きを／「ヲモキモノヲ」　中66オ3
重し／「キヲモテ」　中96ウ5
重「ク」／「カサネテ」　上5オ1
重「モク」　上10ウ6
慶むて重く／「シテ」　下68ウ7
重(くし)て／「クシテ」　下7オ1
重く／「クシテ」　下75オ1
重くは／「クハ」　上98ウ1
重し／「シ」　中56ウ2
重し／「キヲモテ」　中96ウ5
重(く)して／「シ」　下63ウ5
重と／「シト」爲し／「シ」　下69オ7

オモテ(面)↓オモテゴトニ

〔面〕42618
面てに／「オモテニ」　上13ウ4
面ての／「ニ」　上85オ4
面て／「テヲ」　中26オ2
面を／「オモテヲ」　中29オ1
面を／「(オモ)テ」　中88ウ2

オモテゴトニ(面)

〔面〕42618
面ことに／「(オモ)テコトニ」　中10ウ1

オモネル(阿)

〔耽〕29024
耽「オモネレル」　上46オ5

オモヒ(思)

〔念〕10390
念ひ／「ヒ」　上45ウ4
念ひに／「ニ」　上53ウ4
念ひに／「ニ」隨(ひ)て／「テ」　上55ウ7
他「ノ」-念を／「ヒヲ」　上75ウ6
念ひに／「ヒニ」隨(ひ)て／「テ」　上82オ4
念ひを／「ヒヲ」　中13ウ4
念(ひ)を／「ヒヲ」　中20オ5、中32ウ7、下22オ5、下35オ7
念を／「ヒヲ」　中27ウ5、中29ウ1、中47ウ4、中54ウ6、中67オ2、中74オ7、中94オ4、中94オ7、中96オ7、中97ウ1、下12オ7、下17オ1
念を／「ヒ」　中36ウ5
念「ヒ」　中31オ5
念「ヒヲ」　中42オ1、中42オ5、中96オ3、下33オ7
念ひ　中45ウ6
念(を)／「ヒヲ」　中53オ7、中93ウ2
念(ひ)に／「ヒニ」　中89オ7
念を／「ヒヲ」繫けて／「カケムモノヲヤ」　下8オ7
念「ヒヲ」繫「カケ」　下16ウ1
念「ヒヲ」正「タ、シウシ」　下35ウ5
念ひに／「ヒニ」　上52オ4

〔思〕10462
思を／「ヒヲ」　下64ウ3

〔想〕10858
往く／「ク」想ひを／「ヲ」　上78オ5
蓮華の想ひを／「ヒヲ」　中1ウ1
想(ひ)を／「ヒヲ」　中26オ3、中74ウ3、下62オ3
想を／「ヒヲ」　中58オ3、中79オ6、中92オ6、中92ウ4、下91ウ2
想ひを／「ヒヲ」　中58オ5、中89オ4、中92ウ1
想ひ／「ヒ」　中67ウ3、中89オ3
迎「-」接の想ひを／「ヒヲ」　中89ウ5
往生の／「ノ」想ひ／「ヒ」　中89ウ5
癡狂の想ひを／「ヒヲ」　中98ウ3
狂「ノ」癡の想を／「ヒヲ」　中99ウ6

オモフ(思)→オモフラク

〔念〕10390
念は／「オモハ」不「ス」　中26オ7
念ふか／「(オ)モハムカ」如(く)して／「クシテ」　中29ウ4、中29ウ4
計「ハカラヒ」念「オモハムコト」　中29オ4
念「ヒ」　上95ウ1
念ひ／「スル」　中20オ4
念ひ／「シ」　中21ウ3、中29ウ5、中29ウ6、中29ウ6
念し／「ヒ」　中67オ2
念ひ／「スルニ」　中70ウ5
懷「コ、ロニ」-念／「ヒ」　中90オ7
念し／「ヒ」已(り)て／「テ」　中99オ3
念ふ／「オモフ」　上7オ3
念ふ所　上60ウ3
念ふ／「ス」應し／「シ」　上83オ3、上84オ3、中91ウ4
念ふ／「ス」應「シ」　上89ウ4
念ふ／「スル」者ものは／「ハ」　中10オ4
念ふ／「フ」應し／「シ」　中18オ1、中45ウ4、中46ウ1
念ふ／「モフ」［之］　中29オ5
念「フ」應「シ」　中31ウ6、中51ウ2
念ふ應し　中42オ5
念「フ」應し／「シ」　中42ウ5、中50ウ7
念ふ／「ヲ」應し／「シ」　中45オ4
念ふ應し／「シ」　中49ウ1
當に／「ニ」…念ふ／「フ」［當］し／「シ」
念ふ／「スル」　中59オ7
念ふ／「スル」　中60オ6
念ふ／「フ」應(し)／「シ」　中65ウ3
念ふ／「ス」　中78オ5
念ふ／「ス」［須］(し)／「シ」　中95オ2
念ふ／「フ」應「シ」　中95ウ1
念す／「フ」應(し)　中97ウ3
念ふか如くし／「ク」　中18オ6
念ふか／「ヘ」　中85オ7
念(ふ)こと／「フコト」　中83ウ3、下35ウ1
念ふに／「(ス)ルニ」　中78オ7

念ふに／「ヘハ」　中85オ5
念へ／「セヨ」　中29ウ6
念へ／「セム」　中77オ7
念す／「ヘ」　中84ウ3、中85ウ7
念ふか／「ヘ」　中85オ7
念(ふ)に／「ヘハ」　中85オ4
念ふに／「ヘハ」　中85オ5
念へは／「ヘハ」　下20ウ5、下23オ2
念《オモ》みれは／「オモヘハ」　下21ウ7
〔思〕10462
思(ひ)／「ヒ」難(き)こと／「キコト」　下70オ4
思ふ／「フ」可(し)／「シ」　下50オ3
思(ふ)こと／「フコト」勿れ／「マナ」　上46ウ2
思(ふ)こと／「フコト」勿れ／「レ」　中91オ5
〔想〕10858
想はむ／「オモハム」者は／「モノハ」　下1ウ6
想ひ／「オモヘ」　中13ウ2
〻(想)ひ／「ヒ」已(り)て／「ハンテ」　中13ウ3
想ひ／「ヒ」巧め／「タクメ」　中26オ4
想ひ／「ヒ」　中27オ6、下16オ6
想ふ／「オモフ」時(は)／「キンハ」　下11ウ6
想ふ／「モフ」時に／「ニ」當タ(り)て／「タンテ」　下12オ2
想(ふ)に／「オモフスラ」　中18ウ4
想ふに／「フニスラ」　下14オ5
想へ／「オモヘ」者は　中11オ1
想ひ／「オモヘ」　中13ウ2
想ゝ／「モヘ」　中13ウ3
〔憶〕11295
憶「オモフ」　中95ウ7
憶して／「オモフ」　下19ウ2
〔欲〕16080
知らむと／「ラム」欲は／「ハ」者は／「ハ」　上45オ5
欲せ／「オモハ」令しめ／「シメ」不すは／「スハ」　中66オ5
欲は／「モハ」者は／「ヽ」　中78オ3
欲は／「(オ)モハヽ」者は　中87オ1
生れむと／「レムト」欲は／「オモ」者は／「ハヽ」　下32オ5
生(れ)むと／「レムト」欲は／「オモ」者は／「ハヽ」　下32ウ6、下38オ2
觀せむと／「セムト」欲はは／「ハヽ」　上38ウ3
滅せむと／「セムト」欲はは／「セハ」　上41オ6
往生せむと／「セムト」欲はは／「モハヽ」　上86オ5
欲ひ(「はむ」の誤か)／「ハヽ」　中21オ2
欲せは／「(オ)モハヽ」　中66ウ7

欲(は)/「(オ)モハ、」者は　中94オ5
欲すれは/「(オ)モハ、」　下6ウ5
求めむと欲はは　下9ウ7
滅せむと/「セムト」欲はは/「モハ、」[者]　下31ウ3
成らむと/「セムト」欲はは/「ハ、」　下85オ5
念せむと/「セムト」欲はむ/「セハ」者ものは　中2ウ1
欲ひ(「はむ」の誤か)/「ハ、」　中21オ2
欲はむ/「セム」　中78ウ1
欲(は)む/「オモハム」者は/「ノハ」　下33オ6
欲はむ/「オモハム」者ものは/「ノハ」　下35オ7
欲はむに/「ストモ」　中37ウ1
欲はむに/「セムニ」　中44ウ6
欲せむに/「モハムニ」　中94オ7

生(れ)むと/「レムト」欲せむに/「(オ)モハムニ」　中94ウ6
見「ミムト」欲「オモヒ」　下7ウ4
欲「オモヒ」　下9ウ7
欲ひき/「スルニ」　下26オ2
欲ひき/「モフ」　下26オ5
往かむと/「カムト」欲ひて/「モフト」　中100オ7
食せむと/「セムト」欲ふ/「スル」時には/「ハ」　上55ウ3
寂ならむに(「に」は「と」の誤か)/「シツカナラムト」欲ふ/「スル」時「キ」には　上58オ2
見むと/「ミマク」欲ふ/「ホンスル」時には/「ハ」　上58オ2
言(は)むと「イハムト」欲ふ「スル」所　上60ウ3
供養(し)たてまつらむと/「セムト」欲ふこと/「オモフ」有るは/「アレハ」　上70オ3

欲(ふ)こと/「(オ)モフ」　中47オ7
欲ふ/「(フ)トシテ」　中74オ6
當「ニ」生(れ)むと/「セムト」欲ホス/「オモフ」[當]し/「シ」　下35オ5
圓滿せむと/「セムト」欲ふか/「スルカ」爲に/「ニ」　上89オ6
利益せむと/「セムト」欲ふか/「スルカ」爲に/「ニ」　上107オ1
救「-」拔せむと/「セムト」欲ふか/「オモフカ」故なり/「ナリ」　上107オ6
生れむと/「レムト」欲ふて/「ホンシテ」　下17ウ2
往かむと/「ユカムト」欲ホす/「(オ)モフト」　中98オ2
往かむと/「カムト」欲ひて/「モフト」　中100オ7
欲ふなり/「ホンシテナリ」　下98オ2

歸らむと／「ラムト」欲ふに／「スルニ」 中26オ6
欲ふは／「モヘハ」 下17ウ4
開「-」示「スルコト」得「エムト」欲「オモヘ」 上94オ5
ならむと／「ナラムト」欲へとも／「スレトモ」 上59ウ3
見むと／「ムト」欲へは／「ヘハ」 上50ウ4
聞(か)むと／「カムト」欲へは／「ヘハ」 上50ウ5
と欲へは／「ヘハ」 上54ウ5
むと欲へは／「ヘハ」 上55ウ7
見つらむと／「ムト」欲へは／「ヘハ」 中85ウ6

〔謂〕35759

謂ひ／「オモヒ」 上36ウ3
謂ひ／「オモンテ」 中50ウ3、中50ウ3
謂(ひ)て／「オモヒテ」 上44ウ5

謂ひて／「オモヒナム」 下63ウ3
謂《オモフ》／「ヘリ」 中49オ1
謂ふて／「オモムテ」 上27オ7
謂ふ(とも)／「オモヘトモ」 上36ウ7
謂(お)もへり／「オモヘハ」 中65オ7
謂つり／「ヘリ」 上36ウ3
謂《オモフ》／「ヘリ」 中49オ1
謂《オモヘ》りと／「イフト」雖(も)／「モ」 下22オ3

[補讀]

遊ふ／「フ」[當]し／「シトオモフ」 中99オ3
當に／「ニ」遊ふ／「フ」[當](し)／といふ／「シトオモフト」 中100オ3
是(の)如く／「クオモンテ」 下61ウ6、下61ウ6
見「ミントヲモフヲ」 中10ウ2

オモブキ(趣)

〔概〕15364

一-概にす／オモフキ／「カイナルヘ」可(から)不「ス」 下70ウ7

〔趣〕37207

趣「キ」 中90ウ7

オモブク(赴)↓オモムク

〔趣〕37207

走し(り)て／「リ」「-」趣(き)て／「オモフイテ」 上24オ4
趣か不「ス」 中59オ3
趣《オモフキ》-「-」向するに／「ムカフ」 上15ウ5
趣き／「キ」 下32オ3
趣く／「ムク」 中59オ3
趣(き)て／「フクニ」 上21ウ1
趣けは／「ケハ」 上41オ2
趣くに／「ヲモフクニ」 上12ウ3

オモフラク(思)

〔欲〕16080

欲ふらく／「スラク」耳のみ／「ノミ」　下26ウ3

オモホス（思）
〔欲〕16080
欲（オモ）ホセハ　中41ウ4

オモミル（惟）↓オモムミラク
〔念〕10390
念オモみれは／「オモヘハ」　下21ウ7

オモムク（赴）↓オモブク
〔赴〕37040
向ひ／「テ」赴けは／「ムケハ」　上25ウ3

オモムミラク（惟）↓オモミル
〔惟念〕10820 10390
惟「-」念すらく／「オモムミラク」　上44ウ2

オユ（老）
〔老〕28842
老いたり／「レタリ」　下24ウ7

オヨグ（浮）
〔浮〕17487
浮カムテ／「オヨイテ」　上79オ6

オヨビ（及）
〔及〕03118
及（ひ）／「ヒ」　上10ウ5、中11オ2、中11オ4、中52ウ3、下2オ2、下2オ3、下2オ7、下4ウ2、下6ウ2、下8オ4、下10オ1、下17オ3、下20ウ1、下29オ7、下30オ2、下32ウ1、下35オ2、下35ウ6、下39ウ5、下40ウ3、下53オ6、下57オ7、下58オ5、下59オ1、下59オ3、下82オ6、下83ウ1、下85オ3、下91オ3、下91ウ7、下93オ1、下94ウ6、下95オ5、下97オ3、下98ウ4、下99オ6
四方及（ひ）／「ト」「ヒ」　上15ウ6
喉「ノト」及「ヒ」口　上18オ6
及「ヒ」　上22オ6、上25オ3、上32ウ7、上60ウ2、中7ウ3、中10ウ7、中12オ3、中12オ4、中12ウ4、中12ウ7、中20ウ4、中21ウ3、中27オ6、中28オ7、中28ウ7、中29オ2、中29オ3、中32オ2、中33オ2、中34オ1、中37オ1、中37オ5、中42オ3、中42オ7、中43ウ4、中47オ3、中48ウ2、中53ウ7、中55ウ5、中56オ5、中58オ5、中64ウ2、中74オ7、中76ウ5、中80ウ3、中81オ4、中82ウ5、中87オ5、中95オ1、中98ウ5、中98ウ7
妻子及「ヒ」親戚を　上37オ2
父母兄弟及「ヒ」妻子　上37オ3
妻子珍寶及ひ／「ヒ」王位　上37ウ1
戒と及「ヒ」施と　上37ウ2
色「-」族及「ヒ」多聞　上39オ3
父母妻子及「ヒ」眷屬　上39オ6
剝（入）ハク／「ハキ」-刺「シ」及「ヒ」无間　上40オ7
繫「-」縛し／「セラレ」及「ヒ」　上40ウ4

神變及「ヒ」身の通あり／「アリ」　上51ウ3

菩薩及「ヒ」聲聞衆「ハ」　上53ウ3

及ひ／「ヒ」　下4オ3、下35ウ7、下39ウ6、
下63ウ3、下92ウ2

〔及以〕03118 00388

及「-」以「ヒ」　上11ウ7

及-以「ヒ」　中11ウ1、下85オ1

及-「-」以「ヒ」　中22ウ1

及-以「(オヨ)ヒ」　中72オ7

〔及與〕03118 30212

諸佛の／「ノ」國と及「-」與「ヒ」衆生(の)　上96ウ4

及-與「ヒ」　中17ウ6

オヨブ(及)

〔及〕03118

及「ハ」不す／「スト」　上36オ3

及は／「ハ」不す／「ス」　上62ウ4

及「ハ」不(る)か／「サルカ」如く／「ク」　上102オ1

には／「ニ」及「ハ」不す／「ス」　上103オ3

には／「ニハ」及「ハ」不し／「ス」　上103オ3

及(は)／「ハ」不す／「ス」　中19ウ5、下3ウ6

及「ハ」不「ス」　中26オ3

及「ハ」未るに／「ルニ」　中29オ7

及「ハ」不す／「ス」　中33オ4

及「ハ」不す／「シトイヘリ」　中33ウ6

及は／「ハ」不る／「ル」　中34オ7

及「ハ」不「シ」　中43ウ7、中44オ3、
中44オ6、中44ウ1、中44ウ7

及「ハ」不「シトイヘリ」　中44ウ4

及は／「ハ」不る／「サル」　中73ウ1

及(は)／「ハ」不「ス」　下3ウ6、下3ウ6

稱するに／「スルニ」及(は)／「ハ」未して／
「サルニ」　下19オ7

相ひ／「ヒ」及(は)「ハ」不らむか／「ラムカ」　下26ウ4

及は／「ハ」不「ス」　下85ウ6

及は／「ハ」不るは／「サル」　下95ウ1

及はむ／「ハムヤ」　中62オ4

及ふ／「フ」所かあらむ／「サル」　上9ウ6

及ふ／「フ」　中18ウ1

及(ふ)／「フ」所に／「ニ」　中18ウ3

及ふ者もの／「モノ」　中83ウ1

聲の／「ノ」及ふ所の／「ノ」　下13ウ3

及(ふ)こと／「フコト」能(は)不る／「サル」
所なるか／「ロナラムカ」如く／「ク」　上102オ4

及「フコト」能(は)不(る)か／「ルカ」如く／
「ク」　上102オ7

及(ふ)こと／「フコト」能(は)不る／「サル」
所なり／「ナリ」　上102ウ1

及(ふ)こと／「フコト」　中45オ1、下79オ6

〔洎〕17369

泊オヨフマテニ　上44オ6

〔逮〕38931

逮(およ)は／「タイセ」令(め)たまへと／「シメタマヘト」　中84ウ3

逮よへり／「オヨヒヌ」　中52オ4

逮ふ／「オヨフ」者もの／「モノ」　中83ウ2

逮よへり／「オヨヒヌ」　中52オ4

オヨボス(及)

〔及〕03118

及す／「ノ(「ス」の誤か)」　上68ウ6

オル(下)

〔下〕00014

下りて／「オリテ」　上49ウ6、上103ウ7

オロス(下)

〔下〕00014

下し　中37ウ4

カ

カ(香)

〔香〕44518

香か／「カ」　上102オ5

〔馥〕44545

馥カヲ／「ニホヒヲ」　上54ウ1

カ(助詞)→イカンガ、ナニヲモテカ

〔歟〕16226

興-盛なら／「スルコト」未る／「サリケム」

歟か／「カ」　上81オ1

〔耶〕29008

爾かる／「シカアルカ」耶　下55オ1

［補讀］

誰「カ」　上1オ3

予か／「カ」如き／「キ」　上1オ4

及ふ／「フ」所かあらむ／「サル」　上9ウ6

年歳「カ」(存疑)　上20オ3

何「ノ」須「モチキル」所「ロヲカ」欲「ホンスル」　上22ウ1

何の所-須をか欲すると　上22ウ1

者ものか／「ノカ」　上31ウ4

住せ／「カ(「セ」の誤か)」令めむ／「メムカ」　上33オ3

樂シヒか有らむ／「ルニ」　上33オ4

何れの／「レノ」日か／「カ」　上35ウ1

誰の／「ノ」「レカ」有智の／「ノ」者か／「ノカ」　上36ウ4

益か／「カ」有らむ／「ラム」乎「ヤ」　上38ウ1

を／「ヲ」以てか／「テカ」　上38ウ2

何「ノ」利益「カ」有る／「ルヤ」　上45オ6

何の縁ありてか／「カ」　上69オ4

何の／「ノ」處にか／「ニカ」　上69ウ4

何の／「レノ」時(に)か／「ニカ」　上70ウ5

何の／「ナンノ」暇(あり)てか／「イトマアリ

テカ」　上75ウ5

云何(に)してか／「テカ」　上77オ5

誰の／「レノ」人か／「カ」　上82オ6

に／「ニ」於(て)か／「テカ」　上90オ3

誰の／「ノ」人か／「カ」　上93オ2

何の／「ナンノ」方便を／「ヲ」以(て)か／
「カ」　上95ウ7

誰か／「カ」度す／「ス」可き／「キ」者もの
(そ)／「モノ」　上96ウ7

何な(に)等らの／「ノ」比丘か／「カ」　上99オ3

何の／「ナンソ」暇まにか／「マアンテカ」　上106ウ7

何の／「ノ」時(に)か／「ニカ」　上107ウ2

何等らの／「ノ」法を／「ヲ」以てか／「テカ」　上109ウ3

何の／「ノ」證「-」據か／「コカ」有る／「ル」　中18ウ6

何の／「ノ」證據か／「カ」有る／「リヤ」耶　中19ウ1

何を／「ヲ」以てか／「テカ」　中21ウ7

何なるをか／「ソ」　中22オ6

何の／「ノ」差別か／「カ」有る／「ル」　中23ウ2

何の／「ノ」過失か／「カ」有る／「ル」　中27オ7

何にか　中29オ4

惑ひか／「マトフコトカ」　中30ウ3

時にか／「カ」　中31ウ6

有「レハカ」　中35ウ7

踰(えたれは)か／「エタルコト」　中36オ1

殊-「-」異なることか／「カ」　中36オ4

誰か／「レカ」　中40オ4、中47オ4

行スル所カアル　中42ウ3

得むと／「エムカ」　中49ウ1

時にか／「(ト)キンカ」　中49ウ1

時に(か)／「キンカ」　中50ウ7

何の／「ノ」勝利か／「カ」有る／「ル」　中53ウ5

何の／「ノ」義か／「カ」有る／「ルヤ」耶　中55オ7

何等らか／「ナンラノ」　中61オ4

何等か／「ナンラカ」　中61ウ2

何の／「ナンノ」方便を／「ヲ」以(て)か／
「テ」　中62オ6

何(な)に／「ニ」者ものか／「モノカ」　中63ウ1

生か／「スル」　中64ウ4

誰かは／「カ」　中68オ6

勝「-」徳か／「カ」有る／「ル」　中68ウ5

何に／「ニ」者ものをか／「ノヲカ」　中69オ3

云「-」何たま〻をか／「イカナルヲカ」　中69ウ3

何の善權を／「ヲ」以(て)か／「テカ」

福「ヲカ」得る／「ウル」　中72ウ2
何を／「ヲ」以(て)か／「テカ」　中72ウ7
何(な)に／「(ナ)ニ」者ものか／「モノカ」　中73ウ2
何の／「イツレノ」業をか／「ヲカ」　中75オ3
法を／「ヲ」持もてか／「シテカ」　中76オ2
何れの／「レノ」所従りか／「リカ」　中78オ3
境「-」界を／「カ」　中85ウ7
生にか　中89オ6
何の／「ノ」勝「-」利か／「カ」有る／「ル」　中93オ7
怙たの(ま)む／「タノマム」所ありてか／「ロアリテカ」／「ヲトカ」　下13オ1
相ひ／「ヒ」及(は)「ハ」不らむか／「ラムカ」　下19オ5
何等な(に)らか／「ナンラカ」　下26ウ4
何等をか／「ヲカ」　下29オ5
　下38ウ2
何等をか／「ナンラヲカ」　下38ウ4
何者(な)に(もの)か／「ナニモノカ」
何者をか／「ノヲカ」　下43オ3
有(りて)か／「テカ」　下44オ7
極樂トカ／(と)か／「カ」爲セム　下47オ5
何「ナン」等らか／「ラノ」　下50オ3
何の／「ナンノ」意か／「ロカ」　下50オ5
不同なるを「ナルカ」以(て)の／「テノ」故なり／「ナリ」　下51ウ3
何れの／「レノ」處の／「ニカ」　下53ウ2
何(れ)の／「レノ」處の／「ニカ」　下54ウ6
凡夫か　下54ウ7
因縁を以(て)か／「テカ」　下54ウ7
何「ニ」因(り)てか／「テカ」　下64オ2
云-何なるをか／「イカナルヲカ」　下65ウ2
得「ウ」應きか／「キニ」　下67オ7
幾「-」許「イクハクナレハカ」　下68オ7
　下70オ5
何を／「ヲ」以てか／「カ」　下75ウ7
何れの／「ツレノ」時に／「ニカ」於てか　下77ウ2、下77ウ2
罪報をか／「ヲカ」得る(や)／「ル」　下88オ4
罪福をか／「ヲカ」　下94オ3
教「-」文か／「カ」　下96オ7
何に／「ニ」事をか／「コトヲヤ」期する／「スルヤ」耶　下98ウ3

ガ(助詞)↓オノガ、ゴトクス、ゴトシ、ナニガユヱゾ、ワガ
[補讀]
何「カ」故(に)「ソ」　上7オ3
汝か身　上16オ3
心「カ」府　上29オ6
我「カ」　上37オ5
彼か／「ノ」　上39オ6
汝か／「カ」子　上44ウ1
父か／「カ」縁覺爲たるを／「タルヲ」

上99ウ4
母か／「カ」羅漢爲たるを／「タルヲ」
上99ウ5
有(る)か／「ルヒトノ」云く／「ク」　上108ウ5
有るか／「ルヒトノ」云「ク」　上109オ1
云(ふ)か／「カ」如「シ」　中1オ3、中24ウ1
見るか／「ルカ」如くせよ／「クセヨ」
中2ウ4
七「-」匝「セリシカ」如(し)　中3ウ2
加へ／「ヘ」不(る)か／「ルカ」故に／「ニ」
中3ウ4
生(する)か／「ルカ」故に／「ニ」　中4オ7
求(むる)か／「ルカ」故に／「ニ」　中5ウ2
生(する)か／「セルカ」　中5ウ2
鑄イタルカ如く／「ク」　中6オ1
生き(たる)か／イテ「イテタルカ」如し／「シ」
中6ウ1
浄きか／「ナルカ」故に／「ニ」　中6ウ2

施與す(る)か／「セリ」故に　中7オ1
累(ね)たるか／「カサネタラムカ」如し／「シ」
中7オ2
利せむか／「スルカ」爲に／「ニ」　中7オ5
語(る)か／「アルカ」故にと／「ナリト」
中7オ6
增長せ令(めた)るか／「メタルカ」故に／
「ニ」　中8オ7
佐-助せるか／「セルヲモテ」故に／「ニ」
中9オ1
起立するか／「セルカ」故に／「ニ」　中9オ3
攝取せるか／「スルカ」故に／「ニ」　中9オ6
安摩せるか／「スルカ」故に／「ニ」　中9オ7
莊嚴せるか如(く)して　中10オ6
憐「-」愍せむか爲の／「メ」　中10ウ1
療治することを爲せるか／「セルカ」故に／
「ニ」　中10ウ4
給施せるか／「セルカ」故に／「ニ」　中10ウ5

覆藏せるか／「セルカ」故(に)／「ナリ」
中10ウ7
斷せるか／「セルモノ」故に／「ナリ」
中10ウ7
施せるか／「セルカ」故に／「ニ」　中10ウ7
瑣クサレル／「クサレルカ」　中11オ4
依止する所なるか故にと　中11オ7
渧(シ)タ、ルか／「シタ、リノ」如し／「シ」
中11ウ4
除-去せるか／「セルカ」故に／「ナリ」
中11ウ5
動「-」轉の／「ノ」業に／「セルニ」由るか／
「カ」故に／「ニ」　中11ウ7
安住せるか／「セルカ」故に／「ニ」　中12オ3
在るか／「ルカ」如し／「シ」　中14ウ4
見るか／「ミユルカ」如し／「ク」　中15オ4
己(の)か／「ノカ」身を／「ヲ」　中15オ5
非(さ)るか／「ルカ」如し／「ク」　中16オ7

有(る)か／「ルカ」故に／「ニ」　中16ウ1

法なるか／「ナンナムカ」故に／「ニ」　中16ウ2

空なるか／「カ」故に／「ニ」　中16ウ6

色なるか／「カ」故に／「ニ」　中16ウ6

我か／「カ」身を／「ミヲ」　中17ウ3、中47ウ4

我か／「カ」身を／「ヲ」　中17ウ5

不動「(ナル)カ」故「ニ」　中18オ5

渇して／「セルカ」如くせよ／「クセヨ」　中18オ6

追フか如くせよ／「クセヨ」　中18オ6

无「-」二なるか／「ナルカ」如「ク」　中19オ3

何「カ」故「ソ」　中21オ1、中21オ3、中24オ1

略(せる)か／「セルカ」故に／「ニ」　中21オ4

攝するか／「セルカ」故に／「ニ」　中22オ5

應するか／「セル」心か(と)／「ナリト」　中22オ7

何「カ」故そ／「ソ」　中22ウ1、中68オ5、中75オ5、中76オ4

遍するか／「スルカ」如し(と)／「シト」　中22ウ5

无(からむ)か／「カラムカ」如し／「クト」　中23オ1

望むか／「ノソムカ」如し／「ク」　中23オ5

何「カ」故「ニ」　中23オ6

何か／「カ」故「ソ」　中23ウ5

易きか／「キカ」如し／「シ」　中23ウ6

无(き)か／「キカ」如し／「シ」　中24オ1

順するか／「フ」故に／「ニ」　中24オ3

論するか／「シツルカ」如「シ」　中24ウ1

得るか／「ルカ」如きなり／「シ」　中24ウ3

異(な)ら不す／「ルカ」故「ニ」　中25ウ2

隨(ふ)か／「(シタ)カ(フ)カ」如「シ」　中26オ2

歡「(平)」娯せむか／「セム」若ことく　中26ウ1

衆(去)か務を　中27ウ2

隨(ふ)か／「フカ」如く／「ク」　中27ウ7

須(ゐ)るか故に　中28オ4

願(ふ)か／「スルカ」故に／「ナリ」　中28ウ2

无(か)らむか／「ラムカ」如く／「ク」　中29ウ3

念ふか／「(オ)モハムカ」如(く)して／「クシテ」　中29ウ4

云(ふ)か／「カ」如し　中30オ2

言(ふ)か／「カ」如し／「シ」　中31ウ7

阿難カ／「ノ」如く／「ク」　中32オ6

无(き)か故に／「ニ」　中35オ3

无與「ナルカ」故に／「ニ」　中35オ3

自在なるか故に／「ニ」　中35オ3

悅意「(ス)ルカ」故に／「ニ」　中35オ4

悅(はしむる)か故に　中35オ4

所生なるか／「ナルカ」故に　中35オ4、中35オ5
一「カ」云「ク」　中35オ4
一「カ」云く　中35オ4
滅せしか／「スルカ」故に／「ニ」　中35オ4
所發なるか／「ナルカ」故に　中35オ5
一か云く　中35オ5
一か／「ノ」云く／「ク」　中35オ5
相續の／「ナルカ」故に　中35オ5
一か／「カ」云く／「ク」　中35オ6
盡す／「ス」可(から)不「ルカ」故に　中35オ6
我れ／「カ」　中35ウ1
我か／「レ」　中36オ5
行(き)たまへとも／「ユイタマフカ」　中38オ4
己か／「ノカ」　中39オ5、中98ウ3
擧(く)るか如(く)して／「シテ」　中39ウ1
見(る)か如し　中40ウ2

我か／「カ」身　中41ウ1
我か／「カ」　中42オ1、中42オ5、中46ウ1、中47ウ4、中64オ3、中65ウ3、中78オ4
十六分か／「カ」中に／「ニ」　中43ウ6
舍利弗の／ヵ／「カ」　中43ウ6
千分か／「カ」中に／「ニ」　中44ウ1
住するか／「シテ」故に／「ニ」　中45ウ7
告(け)たまふか／「ケタマムシカ」如し／「シ」　中46オ1
出-過せるか／「セルカ」故に／「ニナリ」　中46オ1
斷せるか／「シタマヘルカ」故に／「ニ」　中46オ1
行「スルカ」故に／「ニ」　中46オ1
利せむか／「セムカ」爲に／「ニ」　中46ウ6
度さむか／「セムカ」爲の／「ノ」　中47オ1
見をか／「ムカ」如し／「ク」　中47ウ2
萬分か[「之」]一(「音」)　中49オ5

言(ひ)たまへるか／「イフカ」如「シ」　中49ウ2
離(れ)たるか／「レタルカ」故に／「ニ」　中50オ3
汝等か／「チカ」爲に／「メニ」　中57ウ5
及ト、ノフルカ如くせ(は)／「ク」　中58オ5
愛-染するか／「スルカ」故に／「ニ」　中58ウ4
云「カ」如し／「シ」　中59オ3
專-精なるか／「ナルカ」故に／「ニ」　中60オ4
遠「-」離するか／「セルカ」故に／「ニ」　中61オ4
遠「-」離するか／「スルカ」故に　中61オ6、中61オ7
得(る)か／「ルコト」故に／「ニナリ」　中61ウ2
滿足すること／「スルカ」　中61ウ2

求「メ」不(る)か／「サル」故に／「二」　中61ウ3
抜(く)か／「クカ」故に／「二」　中61ウ4
何「カ」故(に)そ／「ソ」　中61ウ6
護るか／「マホルカ」如くす／「クス」「當」し／「シ」　中62オ4
云(ふ)か／「カ」如し／「シ」　中62オ7、中71オ6、中76オ7、下98オ6
破す(るか)／「スルカ」故に　中63オ3
鄙「ヒ」-恥するか／「チスルカ」如く／「ク」　中63オ5
知(る)か／「ヌルカ」故に／「二」　中63ウ2
撃(く)るか／ケタラム／「サ、ケタラムカ」如(くせよ)／「クセヨ」　中63ウ7
駈るか／「カルカ」如くし／「クシ」　中63ウ7
汝か／「カ」　中64オ4、下22オ3
顧-視せ不るか如し　中64ウ1
无(き)か／「キカ」如し／「ク」　中65オ1

有ら／「ラ」未(る)か／「サルカ」故に／「二」　中65ウ7
此(れ)か／「レカ」爲に／「二」　中66ウ2
滅せむか／「セムカ」爲に／「二」　中66ウ2
迷「-」亂するか／「スルカ」爲に／「二」　中66ウ4
念(し)たまふか／「ノ」故に／「二」　中73ウ5
出(せ)るか／「セルカ」如きなり／「シ」　中73ウ6
我か／「カ」身なり／「ナリ」　中74ウ2
无-「-」二なるか／「ナルカ」故に／「二」　中74ウ2
離れ／「レ」令しむ／「シメムカ」　中75オ4
釋するか／「スルカ」如し／「シ」　中76オ5
不(あ)らす／「アラサルカ」　中77ウ4
由(り)て／「ルカ」／「カ」　中77ウ4
専するか／「ラニシテ」故に／「に」　中78オ2
念を／「スルカ」故に／「に」　中78オ2、中78オ5

専するか／「(ラ)ニシテ」　中78オ5
壊せ／「セ」不る(か)／「ルカ」故に／「二」　中78オ7
由(る)か／「カ」故に／「二」　中78オ7
說(く)か／「カ」如し／「シ」　中81ウ3
観るか／「ミルカ」如し／「ク」　中82オ6
渉るか／「ワタルカ」如きを／「クスルヲ」　中83オ6
母の／「カ」子を／「ヲ」　中83オ6
養(ふ)か／「フカ」如きを／「クスルヲ」　中83オ6
知(ら)／「ラ」不(る)か／「ス」如く　中85オ4
宛-然なり／「ナルカ」如「ク」　中85オ6
空し／「ムナシカラムカ」如「ク」　中85オ7
念ふか／「ヘ」如く　中85オ7
之か／「レカ」爲に／「二」　中87ウ7
多きか／「キカ」故に／「二」　中89ウ6

難(「訓」)(か)ら不(る)か／「サルニ」若ことき に　中90オ2
傾けるか／「カタフケル」　中90オ6
曲(れる)に／「マカレルカ」　中90オ6
順するか／「スルカ」爲「ニ」　中90ウ5
利せむか／「スルカ」爲(た)めに／「ニ」　中90ウ6
往「-」生「セムカ」爲に／「ニ」　中93オ4
利益せむか／「セムカ」爲に／「ニ」　中95オ2
稱するか／「スルカ」故に／「ニ」　中100オ4、下17ウ6
須達か／「カ」家の／「ノ」　下2オ7
人の爲にせむか／「ニスルカ」故なり／「ナリ」　下6オ4
供「-」養せむか／「セムカ」爲に／「ニ」　下10オ4
心か／「ノ」外に／「カニ　下12オ4
見(る)か／「ルカ」故に／「ナリ」　下12ウ3

決定せ／「セ」令しめむか爲(に)／「ニ」　下14オ1
念せむか／「セムカ」故に／「ニ」　下16ウ2
得る(か)／「ルカ」故(に)／「ニ」　下16ウ6
其の／「レカ」勝「-」友と爲ならむ／「タリ」　下18ウ6
父か／「カ」爲の／「ノ」故に／「ニ」　下19ウ6
除(こ)れるか／「クカ」故に／「ニ」　下19ウ7
禮せし(か)／「セルカ」故に／「ニスラ」　下20オ6
崩るゝか／「クツル、カ」如(く)して／「ク」　下22オ7
阿難か／「カ」頂(き)を／「キヲ」　下22ウ7
〻(見)るか／「ルカ」故に／「ニ」　下23ウ4
其れか／「レカ」爲に／「ニ」　下23ウ7
我か／「カ」身「ミ」　下25ウ7
母か中に／「ニ」　下26オ4
父か／「カ」教ゝに／「ニ」　下28ウ6

具せ／「セ」不(る)か／「サルカ」故にといへり／「ナリト」　下28ウ7
何(か)／「カ」故(に)／「(ニ)ソ」　下31オ4
己「-」「オノカ」自身與「ト」　下32ウ1
汝か／「カ」爲に／「ニ」　下35ウ4
任「ニム」-驟ラ反「ライ」の懷(平)ハラメルカ／スルカ／「ハラムルヲモテ」　下41ウ2
喪ホロホスか／「ホロホスカ」如(し)／「シ」　下41ウ2
受(け)たまはむ(か)「ケタマヘルカ」故に／「ニ」　下41ウ6
勝(り)たるか／「マサレルカ」故に／「ニ」　下45オ2
同するか／「スルカ」故に／「ニ」　下45オ2
理有(る)か／「カ」故に／「ニ」　下47ウ2
相-似せるか／「セリ」故(に)／「ニ」　下49オ7
何(か)／「カ」故(にか)／「ソ」　下49ウ4

有(る)か／「リ」故に／「ニ」　下52オ6

得たるか／「エタルカ」故に／「ナリ」　下52ウ5

有(る)か／「ルカ」云く／「ク」　下53オ6、下54オ1、下54オ1、下64ウ6、下73オ7

我「レ」等か／「ラカ」分なりとは／「トハ」　下54オ4

我等か／「ラカ」分に／「ニ」　下54オ5

決「-」定せ／「セ」不るか／「ルカ」故に／「ニ」　下55ウ4

間マシハレるか／「ハルカ」故に／「ニ」　下55ウ5

非(さ)るか／「ルカ」故に／「ニ」　下56オ4

信に／「ニ」由(る)か／「ルカ」故に／「ニ」　下57ウ1

業に／「ニ」由(るか)／「ルカ」故に／「ニ」　下57ウ1

得(る)か／「スルカ」如く／「ク」　下65オ5

知るか／「シルカ」故に／「ニ」　下67オ3

悔(ゆる)ことを／「ユルカ」爲「ニ」　下67オ4

勇健なるか／「コンナルカ」故に／「ニ」　下70オ7

捨(つ)るか／「ツルカ」故に／「ニ」　下70ウ2

事急なるか／「ナルヲ」以「テノ」故に／「ナリ」　下70ウ2

救(ふ)か如くせし(も)／「クニセシスラ」　下72ウ5

縁に／「ニ」由(る)か／「ルカ」故に／「ニ」　下72ウ7

信せ／「セ」不(る)か／「サルカ」故に／「ニ」　下73オ1

作すか／「ナシ、カ」故に／「ニ」　下73オ2

爾(ら)／「ラ」不(る)か／「ス」故に／「ニ」　下73オ4

十念に／「ニ」由(る)か／「ルカ」故に／「ニ」　下73オ6

何(か)／「カ」故(そ)／「ソ」　下74オ1

由「ルカ」故「ニ」　下74オ2

別なるか／「ナルカ」故に／「ニ」　下74オ3

云(ふ)か如し／「シ」　下74オ6

度せむか／「セムカ」爲の／「ノ」故に／「ニ」　下74ウ3

彼か／「レカ」如くなる／「クナル」應(か)ら／「ヘカ」不「ス」　下75ウ5

得(む)か／「エムカ」爲の／「メノ」故に／「ニ」　下77ウ4

觀見(し)たまふか／「シタマヘルカ」故に／「ニ」　下78オ2

得るか／「ウヘキカ」故に／「ニ」　下80ウ5

救はむか／「ハムカ」如くす／「クンス」應しと／「シト」　下81オ1

數(ふ)るに／「カソフルカ」　下81オ2

在(る)か／「ラム」如(し)　下82オ3

父か／「カ」勅(いまし)めを／「ヲ」　下82オ5

有(る)か／「ルカ」故(に)／「ニ」　下85ウ5

抜き／「ヌキ」出すか／「タスカ」如くせむ／「クスル」者ものは／「ノハ」　下86ウ4

法なるか／「ナルカ」故に／「ニ」　下88オ1

交際に／「ニ」非(さる)か／「ヌカ」故に／「ニ」　下88オ2

我か／「カ」爲に／「ニ」　下90ウ6

欲するか／「スルカ」爲の／「メノ」故に／「ニ」　下91オ4

墮せ／「セ」令しめむか／「シム」故に／「ニ」　下91オ5

盈滿するか／「スルカ」爲の／「メノ」故に(と)／「ニ」　下91オ6

憐愍するか／「スルカ」故に／「ニ」　下92オ2

我か／「カ」與に／「タメニ」　下92オ2

我か／「カ」滅後に／「ニ」於「テ」　下92オ4

汝か／「カ」手に／「ニ」　下92ウ1、下92ウ3、下92ウ5

知らむか／「ラムカ」爲に／「ニ」　下93ウ6

不同なるか／「ナルカ」如く／「ク」　下94オ1

我か／「カ」弟子なり　下94ウ5

墮(つ)るか／「ツルカ」　下95ウ4

渉るか／「ワタルカ」如きを／「クシ」　下95ウ6

道法を／「ヲ」用るか／「テノ」故に／「ニ」　下96オ4

予か／「ヨカ」如き／「キ」之者もの／「ヒトハ」　下97ウ1

源信か／「カ」撰せる所の／「ノ」　下99オ3

カウブル(蒙)↓カブル

〔蒙〕31555

蒙らむ／「フラム」　中80オ6

蒙り／「フリ」　中80オ6

〔被〕34222

被ふるか／「フルカ」如「シ」　中98ウ3

被るか／「フレルカ」如し／「シ」　中99ウ5

カウベ(頭)↓カシラ、カベ

〔頭〕43490

頭を／「ヘヲ」　上9オ4、上9オ6、中5ウ1、中79ウ2、下26ウ2

頭に／「ヘニ」　上10ウ1

頭「ヘ」從「リ」　上11ウ3

頭を／「ヘニ」　上11ウ6

頭らは／「ヘハ」　上16ウ5

頭らの／「ヘノ」　上22オ1、上25オ4、中36オ7

頭らを／「ヘヲ」　上25オ7、下92オ6

頭ら／「ヘ」　上29ウ4

頭ら／「ヘヲ」　上34ウ3

頭らの／「ヘノ」上への／「ヘノ」　上35オ2

頭らに／「ヘニ」　上38オ5

頭「ヘヲ」　中18オ6

化の／「ノ」頭(かし)ら／「ヘ」　下26ウ1

〻(頭)「ヘハ」　下26ウ1

頭(かし)らを／「ヘヲ」　下26ウ1
〔首〕44489
首「ヒニ」「ウヘニ」　上26ウ2
首ら／「ヘ」　上39ウ5
カガマル(屈)
〔鈎〕40220
鈎カ、マレル　上16ウ5
カガミ(鏡)
〔鏡〕40812
鏡(の)／「ミノ」　中85ウ5
カガミル(鑑)
〔鑑〕40988
鑑カ、みて／「カ、ミテ」　上80オ7
カカヤカス(輝)
〔炫曜〕18948 14227
炫「(平)」-曜「(去)」カ、ヤク／「(カ、ヤ)カセル」　中58オ7
〔耀〕28828
暎テリ-耀カ、ヤカス　中6オ7
カカヤク(輝)
〔晃〕13891
晃カ、ヤキ／「ヤイテ」　中36ウ1
晃カ、ヤキ／「ヤイテ」　中36ウ1
〔炫曜〕18948 14227
炫「(平)」-曜「(去)」カ、ヤク／「(カ、ヤ)カセル」　中58オ7
カガユ(嗅)
〔聞〕29104
聞カイツレは／「ユレハ」　上31ウ6
カカル(掛)
〔嬰〕06828
嬰「カ、ヌルコト」　上35ウ6
嬰カ、ル　上39ウ2
〔封〕07426
封して／「カ、リ」　上31ウ2
〔懸〕11462
懸「カ、リ」-處せり／「シテ」　上55オ5
懸カ、(り)て／「カ、ンテ」　中10オ1
懸カ、(り)て／「カ、ンテ」　中10オ1
カキ(垣)
〔墻〕05505
鐵-「ノ」墻「カキ」　上20ウ4
墻「カキ」壁に／「カヘニ」　上32オ6
墻「カキ」壁「カヘ」には　上46オ7
カギリ(限)
〔限〕41627
限を／「カキリヲ」　中42ウ5
限りなるには／「カキリナラム」　中46ウ4
限り／「カキリ」有(り)／「リ」　下54オ4
カギル(限)
〔局〕07653
局ら／「カキラ」不す／「ス」　上45オ1
〔限〕41627
限カキルこと／ること／「カキルコト」

上89ウ6

カク（畫）（四段）

〔畫〕21859

畫《カイ》て／「シテ」　下24ウ3

カク（缺）（四段）

〔缺〕28122

缺くこと／「スルコト」　下39オ7

カク（掛）（下二段）

〔係〕00663

係《カクル》／「カクル」所「トコロ」无し／「ク」　上73オ1

係（け）て／「カケ」　中94オ7

〔嬰〕06828

大-罥（嬰）《カケテ》／ヤウ反／「モタヒノ」-水
の／ヲ／「ノ」　下5ウ3

〔懸〕11462

懸くるに／「カク」　上8ウ5

懸けて／「カケテ」　上4ウ3

〔繫〕27940

繫「カケ」已て／「ハテ」　上5ウ2

繫《カケ》　上26ウ2

相ひ／「ヒ」繫け／「カケタリ」　上28オ5

念「ヒヲ」繫「カケ」　下16ウ1

繫（け）たり／「カケタリ」　中88ウ3

繫（け）て／「ケテ」　中20オ5

繫けて／「カケテ」　中20ウ5

繫けて／「ケテ」
中22オ7、中27ウ5、下6ウ6、下23ウ3

念「ヲ」繫「カケテ」　下5オ5

念を／「ヒヲ」繫けて／「カケムモノヲヤ」
下8オ7

繫「ケテ」　下8ウ3

心「ヲ」繫「ケテ」　下8ウ7

繫けむと／「カケムト」　中45オ7

繫けよ／「カケヨ」　中13ウ4

〔羂〕28386

羂《カケ》　上22オ7

〔鉤〕40220

鉤《カケ》帶《メクテ》　上28オ6

カク（缺）（下二段）

〔少〕07475

少《カケヌ》れは／「レハ」　中28ウ2

〔缺〕28122

缺（く）ること／「ルコト」　上41オ4

醜-／「ミニクキ」缺にして／「カケテ」
中57オ7

缺けぬ／「カケヌ」　上33ウ5

〔闕〕41456

闕「クルコト」　中61ウ7

闕せるなりといへり／「カケタルナリト」
下43ウ1

カグ（嗅）

〔嗅〕04048

嗅《カイ》て／「テ」　上23ウ5

嗅カ、不(る)か／「サルカ」如し／「ク」 中87ウ7
〔聞〕29104
聞カイツレは／「ユレハ」 上31ウ6
聞かき／「キ」 上67ウ2
上妙の／「ノ」香を／「ヲ」聞かき／「カク」 中6オ3
聞かき／「カキ」 中91ウ2
上妙の／「ノ」香を／「ヲ」聞かき／「カク」 中6オ3
香を／「ヲ」聞くに／「カクニ」 上55ウ6
聞かく／「カクニ」 中100オ1

カクス(隠)
〔密〕07205
密カクシ藏ヲサめ／「シテ」 下82オ5
〔屏〕07692
屏ヘタて／「カクシ」 上43ウ1
屏ヘタテ、／カクシテ／「カクシテ」
屏てむや／「カクセテミナラムヤ(存疑)」 上43オ5
〔蔽〕31888
覆「オホヒ」-蔽して／「カム(「ク」の誤か)シテ」 上43ウ5
〔藏〕32264
闇クラ(ク)藏カクス／したまふ／「スル」 上38ウ5
藏(か)く(しつ)／「カクシツ」 下97ウ3
當「ニ」之を／「ヲ」密「キヒシク」-藏す／「カクス」[當]「シ」 下82オ6
〔覆〕34789
覆へ／「カクス」[者]は／「モノハ」 下81ウ7
〔隠〕41891
隠さ不して／「ス」 中66ウ5
隠くし／「カクシ」 中5オ3

カクノゴトクアリ(如是) 下28ウ3
〔如是〕06060 13859
是(の)如くす／「クアル」應し／「シ」 下42オ3

カクノゴトクス(如是)
〔如是〕06060 13859
是(の)如(く)して／「シテ」 上7オ7、上14オ2
是(の)如し／「クス」 上13オ4
是(の)如くす／「クアル」應し／「シ」 下42オ3
是(の)如く／「クスルニ」 上17ウ3
是(の)如(く)するは／「クスレハ」 下65オ7
是(の)如きを／「クスルヲ」 上75ウ1
是(の)如(く)せは／「クセハ」 下33オ7

カクノゴトシ(如是)→カクノゴトクアリ、カクノゴトクス
〔如斯〕06060 13563
斯(の)如しと／「シト」雖「モ」 上78ウ7

〔如是〕06060 13859

是「ノ」如「キ」等「ラノ」　上2ウ2

是（の）如き／「キ」　上7オ3、上8オ2、上30オ7、上39ウ2、上41オ6、上42ウ2、上45オ5、上46オ4、上46ウ3、上61オ4、上64ウ6、上69オ7、上69ウ2、上91ウ4、上103ウ4、中19ウ5、中33オ3、中33オ4、中44ウ2、中53ウ4、中55ウ7、中58ウ2、中61ウ1、中67ウ7、中68ウ5、中70オ2、中80ウ3、中82ウ1、中87ウ6、中93オ3、下1ウ2、下3オ5、下3ウ5、下9ウ1、下15オ6、下16オ7、下16オ7、下16オ7、下21ウ1、下24ウ5、下36ウ6、下60オ4、下61オ6、下61ウ5、下74ウ3、下84オ1、下84ウ1、下90ウ3、下91ウ1

是（の）如き／「キ」等の／「ラノ」　上11オ7、中73ウ1、下57ウ4、下93オ6

是（の）如き／「ク」　上13オ5

是（の）如き　上14オ4、上32オ2、上65ウ2、上69ウ4、上81ウ5、上97オ3、上103オ5、中38オ3、中40オ1、中43オ4、中70オ1

是（の）如く／「キ」　上14ウ3、中20オ3、中38オ2、中38オ2、中69ウ6、下14ウ5、下29ウ1

是（の）如き「シテ」　上18ウ1

是（の）如き／「シテ」　上18ウ1

是（の）如き「クナルヲモテ」　上18ウ6

是（の）如「キ」等の／「ラノ」　上26オ5

是（の）如（き）／「キ」[之]身　上28ウ3

是（の）如「キ」　上46オ5、上52ウ3、上93ウ1、上98ウ6

是（の）如（き）／「シ（「キ」の誤か）」　上56ウ6

是（の）如（く）して／「キ」　上66オ1

是（の）如（き）／「キ」　上73オ6、中1ウ3

是（の）如「キ」[之]人　上93オ6

是（の）如き／「シ」　上103ウ3

是（の）如き／「シ（「キ」の誤か）」　上109ウ7

是（の）如し／「キ」　中20オ5

是（の）如き／「クシテ」　中33オ6、中33ウ6

是（の）／「ノ」如き／「キ」　中37ウ6

是（の）如き等の／「ラノ」　中42ウ4

是の如き／「キ」　中43ウ4、下65オ3

是（の）如き／「ハ」　中65オ6

是（の）如き／「キ」等の「ラノ」　下2ウ2

是（の）／如き／「キ」　下24ウ4

是（の）如きは／「キ」　下43オ3

是（の）如き等「ラノ」　下61オ4

是（の）等の／「ラノ」如き／「キ」　下61ウ3

是（の）如き／「キ」等の／「ノ」　下75オ3

是（の）如き／「キ」言を／「コトヲ」　下76ウ5、下77オ7

是（の）如き／　下78オ3

是（の）如き「キ」　下87オ2

是(の)如き(は)／「ハ」　上26ウ7
是(の)如きを／「クスルヲ」　上75ウ1
是(の)如く／「キヲ」　中33オ7
是(の)如ク／「ク」　上6ウ7
是(の)如く／「ク」　上7オ1、上7オ7、上7ウ1、上8オ4、上10ウ2、上13オ3、上28オ3、上34ウ1、上85ウ2、上88ウ4、上88ウ5、上88ウ5、上94オ7、上96オ2、上100オ5、中64オ4、中65オ5、中66オ2、中69ウ4、中74ウ4、中95オ6、中97ウ3、下3オ1、下24オ6、下29ウ7、下29ウ7、下56ウ2、下61オ5、下61ウ7、下62オ5、下76オ3、下79オ6
是「ノ」如く／「ク」　上12ウ1
是(の)如き／「ク」　上13オ4、上13オ4、上13オ5
是(の)如く／「キ」　上14ウ3、中20オ3、中69ウ6、下36ウ3
是(の)如「ク」　上14ウ5、上54ウ7、中17ウ7
是(の)如く／「クスルニ」　上17ウ3
是(の)「ノ」如く／「ク」　上22ウ1
是(の)如く／「シ」　上58ウ7
是(の)如(く)／「ク」　上68ウ2、中6オ5、下29ウ1
是(の)如く　上70オ7、上90オ5、上96ウ2
是の如く／「ク」　上94オ5
是(の)如「ク」して　上94ウ1
是(の)如く／「クシテ」　中30オ5、中54ウ4、中62ウ3、中67ウ1、中82オ7、中85オ6、中85ウ1、中91オ5、中91オ7、下31ウ6
是(の)如く／「キヲ」　中33オ7
是の如く／「クシテ」　中54ウ3
是(の)如く／「ニシテ」　中85オ4
是(の)如く(して)／「クシテ」　下16ウ2

是(の)如し／「クイフヘシ」　中82ウ5
是(の)如く／「クオモンテ」　下61ウ6
是(の)如(くして)／「シテ」　上14ウ1
是(の)如(くして)／「クシテ」　上15ウ1
是(の)如き／「(く)シテ」　上32ウ1
是(の)如(く)「クシテ」　上37ウ2
是(の)如く／「クシテ」　上45オ6、上49オ6、中13ウ4、中14ウ5、下3オ5、下41ウ4、下62ウ1、下63オ4、下82オ7、下91ウ6
是(の)如(く)して／「クシテ」　上94ウ4、上94ウ6、中14オ7、中19オ6、下73ウ1
是(の)如(く)し(て)／「クシテ」　中13ウ4
是(の)如き／「クシテ」　中33オ6、中33ウ6
是(の)如しと／「クシテ」　下63オ3
是(の)如く(なる)／「ナル」「當」しと／「シ」　中67オ4
是(の)如き／「クナルヲモテ」　上18ウ6

是(の)如(く)にして／「クシテ」　上40ウ1
是の如し　上7ウ2
是(の)如し／「クス」　上13オ4
是(の)如し／「シ」　上17ウ4、上31ウ4、
上33オ6、上40オ4、上44ウ5、上46オ1、
上49オ5、上51ウ7、上56ウ1、上66オ2、
上101オ4、中15オ4、中16ウ7、中23オ5、
中30オ7、中49オ7、中63オ5、中63ウ6、
中65ウ6、下11オ4、下25オ7、下48ウ7、
下57ウ2、下58オ6、下58オ7、下59オ2、
下70オ4、下80オ6、下83オ7、下85オ6
是(の)如「シ」
上33ウ7、中39ウ2、中44オ7
是(の)如(く)／「シ」　上37ウ6
是(の)如く／「シ」　上58ウ7
是(の)如し　上59ウ5、上61ウ2、
上68ウ7、上72オ5、上81ウ6、上84ウ5、
上90ウ7、上92ウ1、上95オ5、上101ウ1、
上101ウ6、上106オ4、中35オ2、中35ウ2
是(の)如き／「シ」　上103ウ3
是(ノ)如し　中13オ7
是(の)如し／「キ」　中20オ5
是(の)如「シ」[也]　中34ウ3
是「ノ」如「シ」　中44オ5
是(の)如し／「クイフヘシ」　中82ウ5
是(の)如(し)／「シ」　下3オ3、下10オ4、
下17ウ3、下41ウ2、下78ウ2、下81ウ7、
下82オ3、下83オ1、下86オ2、下90オ3
是(の)如(しと)／「シ」　下82ウ1
是(の)如し(と)／「シト」　中46ウ7
是(の)如(し)と／「シト」　下81オ3
是(の)如(し)と／「シトイヘリ」　上100ウ1
〔如此〕06060 16259
此(の)如き／「キ」　上19ウ5、上90ウ7、
上96オ1、中56オ3、中99オ3、中100オ3、
下26オ1、下38オ5、下40オ3、下41ウ4、
下62オ2
此(の)如き／「キ」等の／「ノ」物　上29ウ2
此(の)如き／「キ」[之]事「ノ」(「之」の訓か)　上36オ5
此(の)如き／「キ」等の／「ノ」　上83ウ5
此の如き／「キ」　中2オ7、下39ウ3
此の／「ノ」如き／「キ」　中34オ1
此の如き　中98ウ6
此の如く／「シテ」　上107ウ2
此(の)如「シ」　上34ウ5
此(の)／「ノ」如し／「シ」　下23ウ1
此(の)如き／「キ」　下39ウ6

カクル(隠)
〔隠〕41891
隠「レテ」　上34オ2

カケ(掛)
〔鉤〕40319
鉤カケ／「クサリ」　中11オ4

カゲ（影）
〔影〕10019
影（か）け／「ケ」　中85ウ3
〔陰〕41691
陰（か）ケニ　上21ウ1
カケハシ（掛橋）
〔梯〕14881
飛-梯（平）カケハシ／テイ反を／「ヲ」　上58オ3
カサ（瘡）→ハタケカサ
カサナル（重）
〔重〕40132
重ら／「カサナラ」不す／「ス」　中48オ3
カサヌ（重）
〔累〕27343
累ネて／「カサネ」　上71ウ6
累（ね）たるか／「カサネタラムカ」如し／「シ」　中7オ2
累ネて／「カサネテ」　上108オ3
〔重〕40132
重「ク」／「カサネテ」　上5オ1
重（ね）て　上99オ6
重（ね）て／「ネテ」　中94ウ2
重ねて／「テ」　下26ウ5
カザル（飾）
〔嚴〕04589
嚴「カサレル」　中62ウ2
〔飾〕44111
枉ワウ／「タフロカシ」-飾せり／「カサレリ」　上46オ7
カシコ（彼處）
〔彼〕10066
彼コニ／「カシコニ」　上6ウ2
彼に／「カシコト」　上14オ5
彼に／「シコニ」　上15ウ5
彼（かし）コを／「レヲ」　上16オ6
彼（カシ）コ／「レ」従「ヨリ」　上21オ2
彼（かし）コ従「ヨリ」　上21オ5
彼コ従（り）／「ヨリ」　上21ウ1
彼の／「コノ」　上24ウ4
彼コに／「カシコニ」「ニ」　上25ウ3
彼をは／「カシコニ」　上80ウ4
彼に／「（カシ）コニ」　中77ウ1
彼（に）／「カシコニ」　下47ウ7
彼コ／「（カ）シコニ」　下48オ1
彼コに／「（カ）シコニ」　下54ウ2
彼レに／「コニ」「レ」於て／テ／「ヨリ」　下84ウ7
カシコシ（賢）
〔賢〕36822
賢く　下41ウ3
カシコマル（畏）
〔恭〕10596
恭ツ、シムテ／カシコマテ／「キヤマムテ」

カシラ（頭）↓カウベ　下27ウ6
〔頭〕43490
頭「シ」ら　上9オ2
頭らは／「ヘハ」　上16ウ5
頭らの／「ノ」　上16ウ6、上22オ1
頭らの／「ヘノ」　上25オ4、中36オ7
頭らを／「ヘヲ」　上25オ7、下92オ6
頭ら／「ヘ」　上29ウ4
頭ら／「ヘヲ」　上34ウ3
頭らの／「ヘノ」上への／「ヘノ」　上35オ2
頭らに／「ヘニ」　上38オ5
頭ラノ燃モエムヲ／「ヲ」　中55オ5
化の／「ノ」頭（かし）ら／「ヘ」　下26ウ1
頭（かし）らを／「ヘヲ」　下26ウ1
〔首〕44489
首ら／「ヘ」　上39ウ5

カズ（數）
〔數〕13363
其の／「ノ」數「カス」　下28ウ3

カスム（劫）
〔劫〕02316
劫カスムる　中56オ6

カゼ（風）
〔風〕43756
風「セ」　上14オ4、中36ウ7
猛「タケキ」-風「セ」　上34オ7
風セ　下68ウ6

カセキ（鹿）
〔鹿〕47586
鹿きに　上2オ3

カゾフ（數）
〔數〕13363
數（ふ）るに／「カソフルカ」　下81オ2
數って／「ヘテ」　下65オ3
〔算〕26146
算へつ／「ヘツ」可し　上102ウ6
〔計〕35220
勝「アケテ」計す／「カソフヘ」可（から）不す／「ス」　上27オ3

カタ（方）↓コノカタ

カタ（肩）
〔肩〕29299
肩の／「カタノ」　上28オ2
肩カタ／「カタ」　中8オ6
肩「カタ」　中8ウ2
肩の／「カタ」　中11オ2
〔髆〕45241
髆カタニ　上22オ1

カタクナ（頑）
〔癡〕22591
癡「カタクナ、ル」-狗　上43オ1
癡「カタ（ク）ナ、ル」-人　上75ウ3

カタケム（難）

〔叵〕03254
叵けむと／「カタケム」　下24ウ6
〔難〕42145
堪〻／「ヘ」難けむ／「シ」　中27ウ4
難し／「(カ)タケム」　中32ウ4
難し／「ケム」　中52ウ6
成り／「ナリ」難まて／「ケム」　中66ウ3
得(る)こと／「エ」難けむ／「シ」　中83オ5
難けむ／「シ」　中94オ3

カタシ(固)
〔堅〕05210
堅かたから／「カタカラ」不す／「ス」
上34オ4
堅(から)／「カタカラ」令(め)よ／「シメヨ」
下82オ5
堅たく／「カタク」　上14オ2
堅く　上98ウ2
堅く／「ク」　中60ウ2
堅「ク」　中62オ1
堅く／「カタク」　下22オ1

カタシ(難)→カタケム
〔難〕42145
値「-」遇し／「スルコト」難(き)こと／「イコ
ト」　上83ウ3
難(「訓」)(か)ら不(る)か／「サルニ」若こと
きに　中90オ3
難から／「タ」不「ス」　下31オ6
成り／「シ」難(か)らむ　上77ウ5
難し／「(カ)ラムコト」　中29ウ2
値遇し難き者ものを／「ヲ」　上84オ4
難き／「ク」　下87ウ5
難き(もの)／「キ」　下88オ3
思(ひ)／「ヒ」難(さ)こと／「キコト」
下70オ4
成り／「ナリ」難きに／「キニ」　中30オ6
捨て／「テ」難きを／「キヲ」　上95ウ7
難きを／「キヲ」以(て)／「テ」　下63ウ6
長し／「ヒト、ナリ」難く／「ク」　上71ウ4
繫《ツナキ》難く／「ク」　中62オ3
難(き)ことを／「ク」　下34オ5
難き／「ク」　下87ウ5
測「ハカリ」難「クシテ」　上50ウ4
食せむこと／「スルコト」得え／「エ」難し／
「クナンヌ」　上35ウ5
棄て／「スツルコト」難(く)は／「クハ」
中27ウ5
保《タモチ》／「タモチ」難し／「シト」　上33オ3
侍「シ」-怙す／「ス」可(き)こと／「コト」難
し／「シ」　上34オ4
述す／「ス」可(き)こと／「コト」難し／「シ」
上35オ1
難し／「シ」　上37ウ7、上37ウ7、上38オ1、
上38オ1、上66ウ5、上71オ7、中51ウ4、
中58ウ7、下56ウ5、下88オ1

聞(く)こと／「クコト」亦難し／「シ」　上38オ3
忍ひ／「ヒ」難し／「シ」　上40ウ2
報す／「ス」可(き)こと／「コト」難し／「シ」　上60オ2
思議し／「スルコト」難し／「シ」　上62オ3
遇(ふ)こと／「ヲ(「ア」の誤か)フコト」「モ」難し／「シ」　上64ウ6
量り／「リ」難し／「シ」　上65オ1、中36オ5
成就し／「シ」難し／「シ」　上71ウ2
測り／「ハカリ」難し／「シ」　上75ウ3
決し／「シ」難し／「シ」　上80ウ2
難「シ」　上103ウ5
量り／「ハカリ」難し／「シ」　中3ウ1
難(き)こと／「シ」　中23ウ7
堪ゝ／「ヘ」難けむ／「シ」　中27ウ4
難し／「(カ)ラムコト」　中29ウ2
難し／「(カ)タケム」　中32ウ4
難し／「ケム」　中52ウ6
遇こと／「アフコト」難し／「シ」　中54オ6
得(る)こと／「エ」難けむ／「シ」　中83オ5
難けむ／「シ」　中94オ3
成「-」就し／「シ」難し／「シ」　下7オ1
得「エ」難し／「シ」　下29ウ2
知(り)／「リ」難し／「シ」　下43オ7、下87オ4
知(り)難し／「シ」　下87オ7
抜き／「ヒラクコト」難し／「シ」　下97ウ2
難「シト」　上1オ4
堪ゝ難(き)ことを／「シト」　上91ウ7
難しといへり／「シト」　上38オ4
生し／「レ」難しと／「シト」　上80オ6
往き難しと／「シト」　上80オ7

カタチ(形)

〔形〕09969
形ち　中15ウ4、中73オ1
形「チ」　下63ウ2
形を「チヲ」　下78ウ7

〔狀〕20280
悪「ミニクキ」-狀「チ」　上13ウ4
狀「チ」　上29オ1、中9ウ6
狀(かた)ち　中98オ1

カタナ(刀)

〔刀〕01845
刀「ナ」(ヲ)　上2オ5
刀を／「(カタ)ナヲ」以「テ」　上4ウ2
刀「ナ」　上11オ7
刀を／「ナヲ」以「テ」　上20オ1
无「-」常の刀「カタナ」　下19オ4

カタハシ(片)

〔片〕19813
片を／「カタハシ」　下91ウ2

カタハラ(傍)

〔傍〕00948

傍らの／「カタハラノ」 中66オ4
傍の／「カタハラノ」 中89オ6
〔勒〕02386
勒カタハラの／「ノ」 上27ウ7
カタブク(傾)(四段)
〔傾〕01038
傾き／「カタフケルカ」 中26オ2
傾けるか／「カタフケル」 中90オ6
傾き／「カタフケルカ」 中26オ2
〔垂〕05012
垂「カタフク」 中36オ3
カタブク(傾)(下二段)
〔傾〕01038
傾カタフク／「カタフクト」 上86ウ1
傾カタフケて 上30ウ7
カタミ(形見)
〔形〕09969
形を／「ミヲ」 下70ウ4

カタラハク(語)
〔語〕35533
語らはく／「ハク」 下27オ7
カタラヒ(語)
〔談咲〕35633 03554
談「タム」-咲カタラヒの「セウノ」 中54ウ2
カタラフ(語)→カタラハク
〔話〕35441
話カタラひ／「カタラヒ」 上58ウ3
〔語〕35533
語らひ／「ラヒ」 上58ウ2
語らひ／「ヒ」已(り)て／「レハ」 上58ウ5
語「フ」-聲を／「ヲ」 上65ウ3
語(り)たまはく／「ラムタマハク」 中72オ6
語かた(り)て／「ラムテ」言く／「ク」 下22オ3
語た(り)て／「ランテ」 下19オ3
カタル(語)
〔語〕35533
語た(り)て／「ランテ」 下19オ3
語かた(り)て／「ラムテ」言く／「ク」 下22オ3
語た(り)て／「テ」 下27ウ5
語る／「カタル」 下99オ5
語カタルこと／「モノイフコト」能(は)不は／「スハ」 中89オ5
〔謂〕35759
謂カタ(り)て／「イフテ」 上44ウ1
相ひ／「ヒ」謂(か)た(り)て／「インテ」言く／「ク」 上70ウ5
謂カタ(り)て／「イヒ」曰く／「イハク」 下13オ7
カチヨリ(歩)
〔歩〕16264
歩カチヨリ行イテ／「スルハ」 下83オ6
カツ(存疑)

〔悼〕10738
戰オノ、キ／「セン」悼カツ／「テウス」　上27オ7

カツテ（曾）
〔嘗〕04205
嘗カッテ　上44オ6
〔曾〕14299
未(た)曾にも／「ツラ(「テ」の誤か)」　上26オ6
曾にも／「カッテ」　上71ウ7
未(た)曾(に)も／「ツテ」休息せ／「セ」[末]す／「ス」　上107ウ2
曾て／「カッテ」　中52ウ2
曾(か)つて／「(カ)ツテ」　中90オ4
曾つて／「カッテ」　下13オ5
〔都〕39509
都(か)つて／「ス(ヘ)テ」　上65オ6
都(か)つて／「スヘテ」　中14ウ7

カヅラ（鬘）↓ハナカヅラ

カナ（哉）
〔哉〕03596
悲し(き)哉な／「カナ」　上35ウ5
奇(しき)／「アヤシキ」哉かな／「カナ」　下29ウ1

カナグサリ（鎖）
〔鎖〕40708
鎖りを／「カナクサリヲ」　下82ウ6

カナシ（悲）
〔悲〕10720
悲し(き)哉な／「カナ」　上35ウ5

カナシビ（悲）
〔哀〕03580
哀しひ／「カナシヒ」　上57ウ5
〔悲〕10720
悲「ヒ」无(き)と／「キト」　上9ウ3

カナシブ（悲）
〔悲〕10720
悲「カナシヒ」「-」絶「イキタユルコト」／「スルコト」／「ス」　上8オ2
悲-「シヒ」愁「ウレ(ヘ)」　上14オ7
悲ひ「-」泣(けり)／「スラク」　下29ウ1
悲むて／「シムテ」　上44ウ4

カナバサミ（金鋏）
〔鉆〕40270
鉆カナハシ／「ハサミ」／「カ(ナ)ハサミ」を以「テ」　上18オ3

カナバシ（金箸）
〔鉆〕40270
鉆カナハシ／「ハサミ」／「カ(ナ)ハサミ」を以「テ」　上18オ3
鉆カナハシを以「テ」　上22ウ3
〔鉗〕40306
鉗カナハシを以「テ」　上9ウ1
鉗を／「カナハ(シ)ヲ」　上11オ5

カナフ（叶）
〔従〕10152
従ふ／「カナヘリ」　上54オ3
〔稱〕25180
何そ／「カソ」相ひ／「ヒ」稱カナハ／「カナハ」
不る／「ル」　下45オ7
相「ヒ」稱して／「カナフテ」　中6オ4
稱（ひ）たまふこと／「カナヘリ」　下63オ7
稱（へる）／「カナヘル」　下3ウ4
相ひ／「ヒ」稱（ひ）て／「カナンテ」　中11オ5
相「ヒ」稱せり／「カナンテ」　中11オ7
〔逗〕38887
逗して／「トウスル」／「カナカ（「ヒ」の誤か）」　下61ウ4

カナヘ（鼎）
〔鑊〕40981
鑊カナヘ／「カナヘ」　上4ウ6
鑊カナヘ／「カナヘ二」　上4ウ7
鑊「カナヘ二」　上22オ4
鑊の／「カナヘノ」　上23ウ1

カナラズ（必）→カナラズシモ
〔必〕10299
必す／「ス」　上33オ7、中26オ2、下77オ5
必「ス」　上33ウ2、上45ウ5、上56ウ7、上69オ7、上95オ4、中24ウ3、中26オ2、中28オ4、中28ウ4、中42オ5、中48ウ5、中60ウ2、中71オ6、中76オ6、中81オ6、中89オ7、中89ウ2、中90オ6、中93オ3、中96オ6、中97ウ3、下6ウ1、下10オ1、下10オ3、下10オ3、下14ウ5、下16ウ3、下48オ2、下56オ2、下57オ7、下60オ4、下73ウ3、下76ウ3、下77オ1、下77ウ1、下77ウ3、下79ウ7、下80オ5、下80ウ1、下95ウ5
必「カナラス」　上72ウ6
必（すしも）／「ス」　中62オ1
必（す）／「ス」　下38ウ3
〔決〕17174
決（さた）めて／「カナラス」　下69オ4
〔畢〕21829
畢ひに／「カナラス」　上104ウ2
〔要〕34768
要「-」必「カナラス」　上33ウ1
要す／「カナラス」　上86オ5
要す／「ス」　上89ウ7、上106ウ4、上108ウ4、中27オ1、中62オ4、下51オ5、下89ウ1、下93ウ7
要す／「ラス」　上108オ6、上108オ6
要「ス」　中22ウ1、下17ウ1
要「（カナラ）ス」　中53オ2
要す　下97オ7

カナラズシモ（必）
〔必〕10299
必（す）しも／「シモ」　上57ウ3、上57ウ3、

上80ウ6、下38オ1、下52ウ2、下87オ3
必(す)「シモ」　上98ウ3
必(す)しも　上105オ3
要(す)しも／「カナラス」　上108オ4
必(すしも)／「シモ」
下34ウ4、下65オ3、下77オ2
必(す)しも／「スシモ」　下38ウ7、下90ウ2
何ぞ／「ナンソ」必(すし)も／「スシテ」
下46ウ2
必(す)しも／「ス」行と／「ト」爲せむ／「セム」
耶「ヤ」　下54ウ2
必す(しも)／「シモ」　下93ウ7

カヌ(兼)
〔苞〕30789
苞カネたり／「カネタリ」　下71ウ2

カネ(鐘)
〔鐘〕40902
鐘カネ(の)／「カネ」　下28オ2

カノ(彼)
〔彼〕10066
彼の／「ノ」　上6ウ3、上6ウ3、上6ウ7、
上7オ2、上7ウ4、上8オ4、上9ウ6、
上10ウ7、上11ウ6、上12オ7、上12ウ6、
上13オ5、上14ウ7、上14ウ7、上16オ6、
上17ウ2、上17ウ4、上18ウ5、上19ウ3、
上19ウ7、上20ウ3、上20ウ6、上21オ5、
上21オ7、上21ウ1、上21ウ4、上22オ1、
上22オ3、上22オ6、上22ウ1、上22ウ2、
上35オ1、上36ウ3、上37オ1、上44オ3、
上50オ6、上50ウ2、上50ウ3、上51オ5、
上51オ7、上51ウ7、上53ウ3、上54ウ3、
上55ウ7、上57オ6、上57ウ6、上59オ7、
上60ウ1、上60ウ2、上60ウ6、上60ウ6、
上61オ4、上61オ5、上61ウ7、上62ウ4、
上63オ5、上63ウ3、上65オ4、上66オ4、
上66オ6、上67オ2、上67オ5、上68ウ7、
上69オ6、上69ウ5、上70オ2、上70ウ7、
上71オ4、上71ウ5、上72オ6、上73ウ1、
上73ウ3、上73ウ4、上75オ5、上76オ6、
上76ウ2、上76ウ6、上77ウ1、上80ウ5、
上81ウ6、上85オ2、上85オ5、上85オ7、
上85ウ4、上100ウ2、上100ウ4、上102ウ3、
上103オ1、上103オ3、上104オ4、上104オ6、
上108ウ6、上108ウ6、中1オ7、中2ウ1、
中3オ1、下49オ5、下50オ3、下57オ4、
下57ウ1、下57ウ3、下88ウ1、下88ウ2、
下88ウ3、下88ウ6、下89オ1、下91ウ4、
下92オ5、下92ウ4、下94オ2、下97オ7
彼の／「の」　上7オ6
彼の　上7オ7、上13オ1、上14オ4、
上35ウ7、上37オ5、上48オ2、上62ウ2、
上75オ6、上80ウ1、上80ウ2、上82ウ5
彼「ノ」
上12ウ5、上72ウ7、中7オ5、下82ウ5

彼か／「ノ」　上39オ6
彼の／「ノ」國に／「ニ」　上48オ6
彼の／「ノ」國　上51ウ2、上56ウ7
彼の／「カノ」　上55ウ3
彼の／「ノ」時に／「ニハ」　上80ウ7

カハ（川）
〔江〕17140
江カハ　上6ウ2
〔河〕17245
駃「クヱン」／「トキ」河「カハ」は　上41オ5
清「スメル」河「カハ」　上54オ3
河に／「ハニ」　中29オ7

カハ（皮）
〔皮〕22823
皮を／「カハヲ」　上15オ6
皮-「ハ」肉「シ、」　上20ウ7
皮の／「カハタ（「ヲ」の誤か）モテ」　上28ウ2
九十九重（の）[之]「ノ」皮「カハ」　上28ウ6
皮「カハ」　上31オ5、上38ウ5
皮「ハ」　上45ウ6
皮は／「カハ」　中10オ5

カハベ（肌）
〔肌〕29242
肌カハヘ／「ヒキ」肉を／「ヲ」　中83オ4
肌カハヘヲ／「ヲ」　下68オ1
〔膚〕29829
膚カハへに／「ニ」　上29ウ4

カハヤ（厠）
〔厠〕02981
厠の／「カハヤノ」　上42オ2

カハラ（瓦）
〔塼〕05400
塼ら／「カハラ」之「ノ」中「ニ」　上4オ1

カハラマロカシ（瓦轉）
〔塼〕05400
塼（去）カハラマロカシを　上19オ6

カハル（代）
〔代〕00386
代る／「カハル」者もの／「モノ」无し／「シ」　上37オ6

カハルガハル（交）
〔更〕14283
更カヘル、、、／「カハル、、、ニ」　上66オ2

カヒ（卵）
〔鷇〕16702
鷇カヒの／「カヒコ」中に／「ニ」　上101ウ7

カヒ（貝）
〔螺〕33512
螺カヒノ／「ラ」-文アヤト／「ト」　中3ウ4

カヒゴ（卵）
〔鷇〕16702
鷇カヒの／「カヒコ」中に／「ニ」　上101ウ7

カヒナ（腕）

〔肘〕29268
臂(ヒ)チ／「ヒチ」-肘カヒナ／「カヒナ」 中8ウ2
肘「カヒナ」 中9オ1

カフ(替)
〔博〕02761
博カフるか／「ヘムカ」如し／「ク」 中88オ1
博カフるか／「ヘムカ」如し／「ク」 中88オ1
〔換〕12358
改(あ)らた(め)／「アラタメ」換かへよ／「カヘヨ」 中83オ1

カブト(兜)
〔冑〕01537
介(平)カイ反／ヨロヒ-冑(去)チウ反／カフト／「チウ」 上35ウ2

カブル(蒙)↓カウブル
〔蒙〕31555
蒙(り)なは／「フンナハ」 中80オ7
蒙らるる(に)／「フルニ」 中66オ4
蒙る／「カフル」 中35ウ1
蒙らるる(に)／「フルニ」 中66オ4
〔被〕34222
被(か)ふ(り)なむ(と)／「カフンナムト」 中47ウ5
嚙クハ所るることを被るに 下71オ4
射イラ／「ヤ」被れ／「カフレルモノ」 下76オ2
被「カフンテ」 上46ウ1
被(か)ふ(り)なむ(と)／「カフンナムト」 中47ウ5

カベ(壁)
〔壁〕05516
壁ゝ／「カヘ」 上3オ4
墻「カキ」壁に／「カヘニ」 上32オ6
墻「カキ」壁「カヘ」には 上46オ7
壁に／「カヘニ」 中78ウ4
壁を／「カヘヲ」 下26オ7

カベ(頭)
〔頭〕43490
頭「カヘノ」-燃を／「ホノホヲ」 上34ウ2

カヘス(返)
〔反〕03127
反(去)して／「カヘセト」 上43ウ2
〔還〕39174
還(し)て／「ヘシ」 中39オ5
還し／「ヘシテ」 中43オ7
還したまはむ(と)／「ヘシタマヒテムト」 中43ウ3
還したまへと／「ヘシタマヘト」 中43ウ2

カヘズ(不肯)↓カヘニス、カヘンズ
〔肯〕29311
滅し／「シ」肯かゝせ不らむ(こと) 下67ウ4

カヘニス(不肯)↓カヘズ、カヘンズ
〔不肯〕00019 29311

去「サリ」肯「カヘニ」不「ス(アル)」可「(カ)ラ」不「ス」 上100オ7

カヘリテ(却)

〔反〕03127

反(り)て／「テ」 上76オ4

〔還〕39174

還(り)て／「テ」 上26ウ4、上87ウ4、上100オ5

還(り)て 上40オ5

カヘリミル(顧)

〔顧〕43689

顧「カヘリミス」不して／「シテ」 上5ウ5

顧み不す 上75ウ7

顧(カ)ヘリミ／「(カ)ヘリミ」視「ミ」 中64ウ1

顧(カ)ヘリミ瞻みれは／「マハレハ」 中98オ4

顧み／「ヘリミ」瞻れは／「ミルニ」 中100ウ1

顧みて／「ミテ」 上44オ3

顧ミれは／「カヘリ(ミ)ルニ」 上44ウ2

顧ミれは／「カヘリ(ミ)ルニ」 上44ウ2

カヘル(返)↓カヘリテ

〔廻〕09575

廻カヘリ-流して／メクリ／「シ」 上53オ2

廻(り)て／「カヘンテ」 上21ウ6

〔歸〕16349

歸らむと／「ラムト」 中26オ6、中29オ5

歸るか／「ヘルカ」如けむ／「クナ、ム」 上82オ5

歸ること／「ルコト」莫れ／「マナ」 上38ウ2

歸へ(り)て／「カヘンテ」 中26ウ1

〔還〕39174

還(り)て／「ヘテ」 上2ウ1

還(り)て／「ヘテ」 上10ウ1

還(か)へなること(「り」の誤か)／「ヘルモノハ」反るは 中88ウ1

還(り)ぬ／「ヘヌ」 上71ウ3

還らむ／「リ」 上71オ1

還らむ／「リ」 上71オ1

還(か)へなること(「り」の誤か)／「ヘルモノハ」反るは 中88ウ1

還へ(り)て／「テ」 下19ウ3

還るか／「ヌルカ」猶コトシ／「コトシ」 上71ウ4

カヘルガヘル(交)

〔更〕14283

更カヘル、、、／「カハル、、、ニ」 上66オ2

カヘンズ(不肯)↓カヘズ、カヘニス

〔不肯〕00019 29311

滅し／「シ」不「-」肯「カヘンスルコト」 下67ウ4

カホ(顔)

〔容〕07172

容《カヲ》を　上69オ1

カマ(釜)

〔釜〕40164

釜「カマ」　上17オ2

カミ(上)

〔上〕00013

上「ミ」従「ヨリシテ」［而］　上19ウ7

上に／「ミニ」　上21ウ7、上28オ1、中24ウ1

花の／「ノ」上みに／「ヘニ」　上54ウ4

上み／「ミ」　中4ウ4、中33ウ4

上の／「ミノ」　中20ウ3、中48オ1、下72オ2、下96ウ6

上の／「ミノ」如き／「キ」　中87ウ4

上の／「(カ)ミノ」　中87ウ6、中89オ1

上の／「ミノ」如く／「クスルコト」　下55ウ7

カミ(髪)

〔毛〕16772

毛「カミ」　中11ウ2

〔髦〕45377

一「ノ」-髪(入)髦(去)モウ反／カミを／「モウヲ」　上97オ6

〔髪〕45400

髪み／「カミ」　上24オ4、上25オ4

髪「ミ」　上25オ5

髪の／「カミノ」　上29ウ7、中6オ5

髪「カミ」　中3ウ4

髪の／「カミ」　中6ウ3

カミザマ(上)

〔上〕00013

上みサマに／「ニ」　上7オ2

上(さま)に／「ミサマニ」　中3オ6

上み(さま)に／「ミサマニ」「-」向(き)て　中3ウ5

上に／「サマニ」　中11ウ5

カミソリ(剃刀)↓カムソリ

〔剃刀〕01989 01845

剃「テイ」「-」刀《カミソリ》の／「ノ」如(く)して「シテ」　上7オ5

カム(嚙)

〔喫〕03987

喫《ク》は／「クラハ」／「カマサ」不れ／「レ」　中79ウ7

〔齧〕48651

齧《カミ》／「ツ(かみ)」食ふ／「クラフ」　上19ウ4

齧《カム》　上20ウ1

カムガフ(考)

〔勘〕02393

勘ふ／「ヘ」可「シ」　中4オ3

勘ふ可し　中4オ5

勘「フ」可し　中7オ1

勘ふ／「カフ」可し／「シ」　中34オ1

勘へ／「カムカフルコト」易「ヤスカラ」令し

めむと／「シメムコトヲ」　下98オ3
勘ふ／「ヘ」可「シ」　中4オ3
勘へ／「カムカフルコト」易「ヤスカラ」令し　
めむと／「シメムコトヲ」　下98オ3
勘へよ／「ヘヨト」　下12オ6
〔檢〕15684
檢へ／「カムカヘ」得たるに／「エタリ」　中81ウ4
檢へ／「カヘテ」得たり／「タリ」　中81ウ6
檢つよ／「ヨ」　上98ウ1
檢へよ／「ヱヨ」　中23ウ5
〔考〕28843
考《カムカ》へて　上43オ7
カムザシ（簪）
〔釵〕40191
釵《カムサシ》　中36オ7
釵（かむ）さし／「カムサシ」　中36ウ2
カムソリ（剃刀）↓カミソリ
〔剃頭刀〕01989 43490 01845
剃-頭-刀《カムソリ》の如し／「シ」　上11オ7
カメ（瓶）
〔瓶〕21486
瓶に／「カメ二」　上31オ1
カメ（龜）
〔龜〕48847
龜「カメノ」背　中11オ6
カモ（鴨）
〔鳧〕46643
鳧（平）カモ／「フ」雁（去）カリ／「カン」　上49オ1
カラク（底）
〔底〕09262
底「カラク（存疑）シテ」　中12オ1
カラス（烏）
〔烏〕18998
烏「カラス」　上8ウ4
カラタチ（枳殼）
〔刺〕01969
刺を／「カラタチ」　中11ウ5
カリ（雁）
〔雁〕41960
鳧（平）カモ／「フ」雁（去）カリ／「カン」　上49オ1
カリス（狩）
〔獦〕20723
獦「レウ」「カリスル」者の／「ノ」爲に／「二」　上26オ7
カリニ（假）
〔假〕00835
假《カテ》／「カリ二」　上32オ1
カル（假）（四段）
〔假〕00835
假《カテ》／「カリ二」　上32オ1
假《カテ》／「テ」　中37オ5

假かて／「ヨンテ」　中66オ4
假(り)て／「カンテ」　上38ウ5

カル(駈)(四段)

〔駈〕44636
駈かて／「カ」　上3ウ4
駈るか／「カルカ」如くし／「クシ」　中63ウ7
駈「カンテ」　上4ウ3、上4ウ6
駈(り)て／「カンテ」　上6オ3、上9オ7、上36オ4

カル(枯)(下二段)↓カレカワク

〔乾〕00204
乾(れ)たる／「カレタル」　上14ウ3
乾-「カレタル」脯ノ「ホシ、ノ」如し／「シ」

〔亂〕00214　上19オ7
亂-「カレタル」草　上28ウ1

〔枯〕14579
枯「カレ」竭せり／「ツキル(ママ)」　上24ウ6
枯「カレ」涸カク反して／カレヌ／「カハキヌ」
「カレカハ」　上25ウ4
枯れ朽ち　中83オ7

〔涸〕17601
枯「カレ」涸カク反して／カレヌ／「カハキヌ」
「カレカハ」　上25ウ4

カルガユヱ(故)

〔故〕13161
故に／「カルカユヘト」　下12オ5、下12オ5

カレ(彼)↓カレコレ、カレラ

〔彼〕10066
彼(かし)コを／「レヲ」　上16オ6
彼(カシ)コ／「レ」従「ヨリ」　上21オ2
彼れ／「レ」従「リ」　上22オ3
彼れ／「レ」　上22ウ4、上109オ5、中31オ5、
中54ウ1、中57オ6、下77ウ2
彼に／「レニ」　上36オ4、下47オ5
彼れ／「レ」等の／「ノ」　上103オ6
於彼に／「カレニ」　中23ウ3
彼に／「レヨリ」　中44オ2
彼に／「レヨリモ」　中53オ1、下85オ3
彼に／「レヨ(リ)モ」　中54オ5
彼を／「レヲ」　中69オ7、下65ウ3、
下74ウ3、下94オ5、下98ウ1
彼れも／「レモ」　中85オ5
彼は／「レハ」　中100オ5
[於]彼れニ／「レヨリモ」　下4ウ4
彼レに／「レニ」　下10ウ6
彼(か)れ(は)／「レハ」　下28ウ7
彼か／「レカ」如くなる／「クナル」應(か)ら
／「ヘカ」不「ス」　下75ウ5
彼の／「レ」　下77ウ1
彼より／「レヨリモ」　下84ウ6
彼レに／「コニ」「レ」於て／テ／「ヨリ」　下84ウ7
彼れ／「レハ」　下87オ4

彼をして／「レヲシテ」 下91ウ5
彼れ／「レ」亦 下94ウ1
ゝ(彼)れ／「レ」 下98ウ1

カレカワク(枯乾)

〔涸〕17601
枯「カレ」涸カク反して／カレヌ／「カハキヌ」
「カレカハ」 上25ウ4

カレコレ(彼此)

〔彼此〕10066 16259
彼れ此れ 上50オ7

カレラ(彼等)

〔彼等〕10066 25992
彼「レ」等らの／「ノ」 中60オ7
彼「レ」等ら(は)／「ラハ」 下90ウ7
彼「レ」等をして／「ヲシテ」 下92ウ3

カロクス(輕)

〔輕〕38346
輕「クシテ」受す／「クト」 下75オ5

輕(くして)／「クスヘシ」 下74ウ7

カロシ(輕)→カロクス

〔輕〕38346
輕く／「(カ)ロク」 中66オ4
輕(く)／「ク」 下74ウ7、下75オ6
輕(し)と／「(カ)ロシト」爲せ(む)や／「セム
ヤ」 下69ウ1

カロム(輕)

〔輕〕38346
輕(み)て／「カロムテ」 中31オ6
輕(む)して／「ロムテ」 下74ウ3

カワク(乾)→カレカワク

〔乾〕00204
乾(き)たる／「カハケル」 上43オ5

〔涸〕17601
枯「カレ」涸カク反して／カレヌ／「カハキヌ」
「カレカハ」 上25ウ4

キ

キ(牙)

〔牙〕19909
牙「キ」 上5ウ3

キ(木)→ウキキ

〔木〕14415
木を／「キヲ」 下12オ5、下12オ5
木を／「キ」 下12オ6、下12オ6

〔樹〕15496
樹きの／「キノ」 上6ウ7
樹の／「キノ」
上8ウ6、中26オ2、中90オ6
樹を／「キヲ」 上25オ3
樹「キ」 上59ウ3
樹きの／「ノ」／「キ」菓み／「コノミ」
下41ウ1

高き／「キ」樹きの／「キノ」上に／「ヘニ」　下66ウ6
卑ミシかき／「ミシカキ」樹の／「キノ」上に／「ヘニ」　下66ウ7
栴檀の樹き　下69ウ1
樹に／「キニ」　下82オ1

キ（黄）

〔黄〕47926

黄なること／「キナルコト」　上9オ2

キ（助動詞）

［補讀］

誑かさ／「タフロカサ」所れき／「レタルナリ」　上9ウ6
有「リキ」　上12ウ2
作（り）てき／レリ／「レリ」　上16オ3
人-「-」畜をして形を易（へ）使しメキ／「シム」　上43オ6
行しき／「オコナフ」　上43ウ4
誡イマシメつ／「イマシメテキ」　上44オ1
讀（み）き／「ミキ」　上50オ3
經へき／「ヘシニ」　中31オ2
超（え）たり／「コエンキ」　中31オ3
得き／「テキ」　中36ウ2
滅（え）にき／「キエヌ」　中36ウ2
色なりき　中36ウ2
見え／「ミエ」不りき／「ス」　中36ウ2
爲（し）たまひき／「タルコトヲ」　中36ウ3
開-悟（し）き　中36ウ3
信せり／「シン（シ）キ」　中49オ6
得不りき／「サリキ」　中52オ1、下72ウ2
有（い）ましき／「イマシキ」　中52オ2
持ちき／「ス」　中52オ3
見き／「ミツ」　中52オ6
在まし（し）／「イマシキ」　中56ウ2
爲ナレリキ／りき／「タリキ」　中56ウ6
多クシテ／（か）りき／「ク」　中56ウ7
有（り）き／「リ」　中56ウ7、下20ウ6、下23オ4、下26オ2、下26オ5
生れき／「シヌ」　中57オ3
生れき／「ス」　中57オ4、中57オ5
无（か）りき／「シ」　中57オ6、下27ウ7
障-礙しき／「ス」　中57オ7
憙コノま／「ネカハ」不りき／「ス」　中57オ7
下「-」劣なりき／「ナルナリ」　中57ウ1
除「-」却しき／「ス」　下2オ6
一（り）の／「リ」長者有（り）き／「リ」　下19オ2
五百の／「ノ」子有（り）き／「リ」　下19オ2
曰（ひ）き／「イヒキ」　下19オ2
南无佛と／「ト」稱しき／「ス」　下19オ6
命「-」終しにき／「シヌ」　下19オ7
生（れ）にき／「レヌ」　下19オ7、下28オ1
墮（ち）にき／「シヌ」　下19ウ1
刺サシ／「サシ」壞りき／「ヤフル」　下19ウ2

生(れ)にき／「マレヌ」　下19ウ3
観み／「ミ」不りき／「ス」　下19ウ3
聞き(き)／「キ、キ」　下19ウ4
謗しき／「ス」　下19ウ6
有(り)き／「リキ」　下20オ1、下71ウ5
生しき／「ナシキ」　下20オ2
得てき／「テキ」　下20オ3、下30オ5
得てき／「タリ」　下20オ6
有りき／「リキ」　下20ウ6、下24オ7
號しき／「ケキ」　下20ウ6
禮「-」拜しき／「ス」　下20ウ7
讃「-」歎しき／「ス」　下21オ1
化「-」生しき／「セリ」　下21オ2
學しき／「シキ」　下21ウ7
習ひき／「ラフニ」　下22オ1
墮っ／「ス」當ヘカリキ／「シ」　下22オ2
涅「-」槃(し)たまひにき／「シタマヒテ」
　下22オ3
懺「-」悔しき／「シキ」　下22オ7
墮(ち)／「チ」不りき／「ス」　下22ウ1
受「-」持しき／「ス」　下22ウ2
授(け)たまひき　下22ウ3
還-歸(し)たまひにき(と)／「シタマヒヌ」
　下23オ2
名(け)たてまつりき／「ケキ」　下23オ3
有ましき／「マシキ」　下23オ3
信せ／「セ」不りさ／「ス」　下23オ4
曰(ひ)き　下23オ4
觀しき／「ミ」　下23オ7
見き／「ミル」　下23ウ3
歸-衣しき／「ス」　下23ウ4
授「-」記(し)たまひき／「シタマヒキ」
　下23ウ7
墮(せ)／「セ」不りき／「ス」　下24オ1
名けき／「ク」　下24ウ1
曰(ひ)き／「ヒキ」　下24ウ1
无比なりき　下24ウ2
與へき／「フ」　下24ウ3
求-哀しき　下24ウ6
聽しき／「ユルス」　下25オ4
観しき／「スルニ」　下25オ5
聽「-」受しき／「ス」　下25ウ3
食と／「ト」爲しき／「ス」　下25ウ3
供養しき／「ス」　下25ウ4
住(し)にき／「ス」　下25ウ5
住(し)にき(と)／「シンキ」　下25ウ6
欲ひき／「スルニ」　下26オ2
欲ひき／「モフ」　下26オ5
冷サメニキ／サメヌ／「サメヌ」／「ス、シク
　ナンヌ」　下27オ2
得てき／「エタリトイヘリ」　下27オ3
得てき／「ツ」　下27オ3、下30オ3
墮(ち)たりき／「チタリキ」　下27オ4
惑-網たりき／「セラレ」　下27オ4

名(け)き　下27オ5
曰(ひ)き／「フ」　下27オ5
化「-」導しき／「ス」　下27オ6
无量なりき　下27オ6
近ヵ、りき／「キニ」　下27ウ4
盡(き)にき／「ツキヌ」　下28オ1
向ヘ(り)き／「ヘリ」　下28オ2
唱ヘき／「ナフ」　下28オ3
徹れりき／「トホレリ」／「セリ」　下28オ4
往ユカシめき／「ユカシ」　下28オ5
慚愧「(平)」せ／「セ」不りき／「サルヲモテナリ」　下28ウ6
入(り)にき／「リキ」　下29オ6
噬「クハレムト」欲しき／「ス」　下29オ7
悲「-」哭しき／「コクス」　下29ウ4
稱しき／「ス」　下30オ1
閉(ち)きと／「チツ」　下30オ2
得てき／「テ」　下30オ4

食-噉せ／「セ」不りき／「ス」　下30オ4
證すること／「スルコト」能(は)／「ハ」不りき／「ス」　下47ウ7
止ま(り)たまひき／「ヲリ」／「セリ」　下66ウ6
萬「(去濁)」閉「キ」(は)(存疑)　下69オ5
貧-樂しき／「セリ」　下71ウ6
燋コカシ／「セウ」爛タ、サレキ(存疑)／「セラレ」　下72オ1
受けき／「ク」　下72オ5
得「エ」不(り)き／「サリ」　下72ウ1
生(れ)にき／「レキ」　下72ウ1
出せる／「シキ」　下72ウ3
生れき／「シキ」　下72ウ5
能(は)不りき／「サリキ」　下87オ6
作なしき／「ナシキ」　下92オ2
修しきと／「シキト」　上58ウ2
知(り)て／「リンキト」　中36ウ2

發(し)きと／「シツ」　中49オ6
成(り)にき(と)／「リンキト」　下10ウ7
殺せる／「(し)シ」[之]　上3オ3
滅せし／「セシ」時に　上42オ5
事ツカヘシ　上44オ2
求(め)し／「シ」[之]時「ニハ」　上58ウ1
好-「コノムシ」憙せし所の／「ノ」[之]　上58ウ3
喜「-」願せし／「スル」所　上68オ7
求「メシ」時　上68オ7
住セシ念ひを／「ヒヲ」　中13ウ4
寄ヨセタテマテし／「ヤトイシ」　中43ウ2
得テ／(タマ)ヒシ／「エタマムテ」　中46オ2
縁せ／「セ」未る／「サンシ」時に／「キニ」　中63ウ3
求したまふ／「メシ」　中72オ6
期せし／「スル」所は／「ハ」　中91オ2
受けし／「ル」時に／「ニ」　下19ウ2

因縁を／「ヲ」聞(き)し／「ケル」　下19ウ4
禮せし(か)／「セルカ」故に／「ニスラ」　下20オ6
稱せし／「セシ」　下23ウ5
得え／「シ」　下25ウ1、下25ウ1
行せし／「セシ」時「キ」／に　下92オ1
滅せしか／「スルカ」故に／「ニ」　中35オ4
念(する)とも／セシカ／「セシカトモ」　下28ウ6
救ふか／「ハラフカ」如クセシかとも／「クスルニ」　下72オ7
得「エ」已(り)て／「ハンシカハ」　下22ウ3
言(ひし)かは／「マウスニ」　下27オ1
說しかは／「クニ」　下27オ2
退せる／「セシカ」者ものの／「ノ」如き／「キ」　上71ウ5
七「-」匝「セリシカ」如(し)　中3ウ2
救(ふ)か如くせし(も)／「クニセシスラ」　下72ウ5
服(し)たりとも／「セシトモ」　中55ウ3
賣ウシニ　上10オ3
求(め)たまふしに／「ムルコト」　上71ウ7
經へき／「ヘシニ」　中31オ2
八歳なりしに／「ナリ」　中36オ6
禮せしに／「スルニ」　中36オ7
捨「-」離せ／「セ」不(り)しに／「サルニ」　中52オ1
出(て)たまへりしに／「テタマフ(「ヘ」の誤か)ルニ」　下19ウ3
讚歎せしに／「セルニ」　下21ウ2
觀せしに／「スル　ニ」　下25ウ7
聲キシニ／「オトスルコト」／「キコユルコト」　下28オ2
具「-」足せしに／「セルニスラ」　下47ウ6
說(き)たまひしに／「タマヘル」　下72ウ2
値っても／「ウヱンシニ」　下72ウ2
愛-視して／「シセシハ」　中5ウ6
稱せしは／「セルハ」　下10ウ7
親近(せしもの)／「セシモノ」　下72オ3
入(る)より／「リンショリ」來(このか)た／「タ」　中92オ1
念せしを／「スルヲ」以て／「テノ」故に／「ニ」　下19ウ3
稱セシをもて／「セルヲモテ」　下19ウ6

キカマク(聞)
〔聞〕29104
聞かむと／「マク」欲する／「ホンスル」所は　上69ウ3
聞キカマク　中53オ4

キキ(聞)
〔聽〕29211
聽キ、　上48ウ7

キク(聞)↓キカマク、キクナラク
〔聞〕29104

聞「カ」不すといふ／「ストイフコト」　中7オ3
聞か／「カ」令めむと／「シメムト」　中41ウ6
聞え／「キカ」不といふこと／「ストイフコト」　中48ウ7
聞か令メヨ　中93オ1
聞「カ」不「ルヲハ」　下11ウ1
聞(か)／「カ」不る／「サル」等を／「ラヲ」以(て)／「テ」　下75ウ2
聞「キカ」不と／「スト」　下87ウ2
聞か／「カ」不「ス」　下88ウ7
聞かは／「カハ」　上18ウ2、下13オ2
聞(き)て／「キカハ」　上18ウ5、中87ウ4
聞かは／「キカハ」　上18ウ6
聞かは／「ハ」　上63ウ4
聞かは／「ケハ」　中20オ2
聞かは　下8オ5
聞かは／「ケルモノナリ」／「ケルモノ」　下86オ6
聞かむ／「ム」者もの／「ノ」　上61オ3
聞かむ／「キツレハ」者は　中53オ5
聞かむ／「カム」　下7オ4
聞かむ／「カム」者は／「モノ」　下9ウ2
聞か(む)者は　下11オ1
聞かむ／「カム」／「ケル」者もの(なり)／「モノナリ」　下86オ7
聞かむ／「ク」者ものは／「ノハ」　下86ウ2、下86ウ2
聞かむ(に)／「キコエハ」　下96オ3
聞かむ／「カム」者ものを／「ノ」　下99オ7
聞くこと／「カムコト」　上55オ7
聞(か)むこと(は)／「ク」　下11オ6
聞(か)むと／「カムト」欲へは／「ヘハ」　上50ウ5
聞かむと／「マク」欲する／「ホンスル」所は　上69ウ3
聞かむと／「カムト」　中41ウ4
聞かむと　中53オ4
聞かむに／「カムトキ」　下27ウ5
聞(き)て／「カムニ」　下18ウ2
聞くに(すら)／「カムニスラ」　下8オ7
聞(き)て／「カムモノ」　下9ウ4
聞き／「キ、」　上40ウ1、上62オ2、中91ウ1、下24オ3、下39ウ4
聞く／「キ」　上60オ6
聞き「テ」　上65ウ3
聞き／「キ」　上71オ2、中87オ2
聞き　中11ウ5
聞き／「キ」已(り)て／「テ」　中11ウ5、下40オ2
聞き／「キ」已(り)て／「ナハ」　中89オ4
聞き／「ク」　中93ウ6
聞き／「キ」已(り)て／「ハンテ」　中99オ3
聞き／「キ」已(り)て　中100オ3

聞き／「キ、」已(り)て／「テ」　下19オ6
聞(き)／「キ、」已(り)て／「テ」　下28オ4
聞(く)こと／「キ、」已(り)て／「ヌレハ」／「テ」　下30オ6
聞(き)／「キ」已(り)て／「テ」　下96オ6
聞き(き)／「キ、キ」　下19ウ4
聞(き)たまふ／「キタマフ」　中41ウ4
聞(く)こと／「キタマフコト」　下87オ6
聞かむ／「キツレハ」者は　中53オ5
聞きて／「(ケ)ルニ」　上14ウ1
聞きて／「ケハ」　上42ウ4
聞くに／「キテスラ」　上14ウ2
聞く／「ク」者もの／「ノ」　上41ウ6、上55ウ2
聞く／「ク」　上48ウ5、上50ウ5、上67オ2、上67オ5、下46ウ4、下87ウ3
聞く／「ク」所の／「ノ」如し／「シ」　上50ウ6
聞く／「ク」所は／「ハ」　上51ウ6

聞「ク」所「ニ」　上53オ5
聞く／「ク」者もの／「モノ」　上54ウ2、下88オ3
聞く／「キ」　上60オ6
聞く／「ク」者は／「ノハ」　上62オ4
聞く／「ク」者ものは／「ノハ」　上62ウ6
聞く／「ク」者もの／「ノハ」　上64ウ2
聞(き)き／「キク」　中52オ7
聞き／「ク」　中93ウ6
我か／「カ」聞の／「ク」所「ノ」如く／「ク」　下16ウ2
聞(く)／「ク」者の／「モノ、」　下57オ6
聞(き)て(の)／「ク」　下67ウ2
說(き)たまふ(と)／「ヲ」聞く／「ク」　下74オ7
聞く／「ク」(こと)　下76オ6
聞く(に)／「ケハ」　下81オ1
聞(く)か／「クカ」如く／「クシテ」　下16ウ1

聞(く)こと／「クコト」亦難し／「シ」　上38オ3
聞(く)こと／「クコト」得「ツ」　上69ウ3
聞(く)こと／「クコト」得たり／「ウ」　上70ウ4
聞(く)こと／「クコト」　中32ウ6、中41ウ5、中41ウ6、中49ウ1、中51ウ5、中52オ1、中52ウ2、下4ウ3、下11オ3、下76オ3、下76オ4、下78オ5、下87オ2、下87オ3、下87ウ1、下87ウ5、下88オ1、下88オ3、下96オ5
聞(く)こと／「クコト」勿れ／「カレ」　中91オ4
聞「クコト」　下11オ1
聞(く)こと／「クコト」得え／「タリ」　下19ウ7
聞(く)こと／「クコト」得(むと)／「テムト」　下57オ7

聞(く)こと／「クコト」得む／「ウ」　下87オ1
聞(く)ことを／「クコト」　下87オ4
聞に／「クコト」无「キニ」非(す)／「ス」　下88オ1
聞く(すら)／「クスラ」　下11オ4
聞きと／「クト」　中58ウ6
聞(く)と／「クト」雖(も)／「トモ」　下86ウ2、下88オ2
聞(く)と／「クト」雖(も)／「モ」　下87オ4
聞くに／「キテスラ」　上14ウ2
聞(き)ては／「クニ」　上34ウ3
聞くに／「クニ」　中52オ4、下57オ7
聞(きて)／「クニ」　下30オ2
聞けは／「クニ」　下68オ1
聞くは／「ケルハ」　下78オ4
聞く(すら)／「クモノスラ」　下57オ4
聞くを「スラ」尚「ホ」　上66オ3
多く聞けとも／「ナルモ」　下81オ3

聞きて／「ケハ」　上42ウ4
聞けは／「ケハ」　上105オ5
聞かは／「ケハ」　中20オ2
聞けは／「クニ」　下68オ1
聞(け)は／「ケハ」　下69ウ7
聞く(に)／「ケハ」　下81オ1
因縁を／「ヲ」聞(き)し／「ケル」　下19ウ4
聞かむ／「カム」／「ケル」者もの(なり)／「モノナリ」　下86オ7
聞(く)も／「ケルニ」亦　下81オ4
聞かは／「ケルモノナリ」／「ケルモノ」　下86オ6

〔聲〕29166
聲キシニ／「オトスルコト」／「キコユルコト」　下28オ2

〔聽〕29211
徹し／「シ」聽(く)に／「カ」不「ス」　中77ウ7
聽かは／「キカハ」　上19オ1

聽き／「キ、」　中91ウ3
聽く／「ケル」者もの／「モノ」　上38オ3
聽く／「ク」者もの／「モノ」　上53ウ6
聽(く)こと／「キクコト」得「ウ」可「ヘ(から)」不「ス」　上18ウ7
聽を／「キクコトヲ」　上43ウ2
諦に／「アキラカニ」聽け／「ケ」　上69オ5
聽く／「ケル」者もの／「モノ」　上38オ3

キクナラク(聞)

〔聞〕29104
聞(くなら)く／「クナラク」　中36オ2

キコユ(聞)

〔聞〕29104
聞「キコエ」不「ス」　中41ウ5
聞え／「キカ」不といふこと／「ストイフコト」　中48ウ7
聞かむ(に)／「キコエハ」　下96オ3
聞「キコユルニ」　上14オ7

〔聲〕29166
聲キシニ／「オトスルコト」／「キコユルコト」 下28オ2

キササ（蟣）
〔蟣〕33672
蟣(去)キ反／キサ、蝨(入)シチ反／シラミ
「キム」蚤サウ反「サウ」／ノミ「ノミ」等は
／「ハ」 上26ウ4

キシ（岸）
〔岸〕08009
岸に／「シヨリ」 上5ウ5
岸に／「ヨリ」 上8ウ3
險「サカシキ」岸に／「キ（シ）ニ」 上15オ1
岸シ「ノ」 上20ウ4
岸に／「シニ」
上22オ5、上54オ4、下78オ3
岸に／「キシニ」 中29ウ1
岸に／「キシテ（「ニ」の誤か）」 下82ウ5

キス（著）
〔著〕31410
著キセタルか如し 上32オ1

キズ（傷）
〔瘡〕22404
瘡キス／「キス」 中75オ7
瘡も／「キス」 中75ウ1

キソフ（競）
〔競〕25831
競「キソヒ」食「ラフ」 上3オ2
競ひ(て)／「キホヒ」 下81ウ2

キダ（段）→フタキダ

キタル（來）
〔來〕00581
來ら／「ラ」不ぬ／「ル」 上18ウ4
來ら／「ラ」不す／「ス」 上88オ2、中85オ6
來(ら)／「ラ」不「ス」 中85ウ5
來らむ／「ラム」 中87ウ4
來り／「リ」 上71オ1
來「リ」求「（ム）ル」者を／「ノヲ」 中4オ7
來(り)／「リ」問トフラフて 中90ウ6
來(り)て／「リ」 中96オ5
來り迎(ふ)ること(は)／「ハ」 中99オ4
來り「-」迎(ふる)ことを／「スルヲ」
中99ウ4
來り／「リ」「-」逼るに／「テ」 下70ウ4
來リ(て) 上2オ6
來る 上17ウ5
來る／「ル」 上57ウ1
來(り)たまふ／「ル」 上62オ5
來る／「（り）ヌ」
上66オ1、上66オ2、上66オ2
十方より／「ヨリ」來る／「レル」所の
上66ウ1
從(り)て來る所 中65オ4
持(ち)て來る 中85ウ4

來る／「ル」者ものは／「(モ)ノハ」 中88ウ1
從(り)て來る所无し／「シ」 下12ウ1
合せ「-」來るは／「ス」 上36ウ2
來るを／「ルヲ」 上49オ2
來れ／レ 上12ウ2
吹き／「キ」來(り)て／「キタレハ」 上53オ1
來「レリ」 上17ウ5
來れり／「(リ)テ」 上37オ5
來(れる)といふこと／「レリトイフコト」 中42ウ4
十方より／「ヨリ」來る／「レル」所の 上66ウ1
來き(た)れ(る)／「ル」 上69オ5
來(り)て／「キタンテ」 上27ウ2

キネ(杵)

〔杵〕14503

杵を／「ネヲ」以(て)／「テ」 上6オ6

キノフ(昨日)

〔昨〕13847

昨ふは／「キノフ」 上57ウ3

キハ(際)

〔際〕41820

際(き)は无し 上37ウ3
際に／「キハニ」 中3ウ4
髪の／「カミ」際に／「キハニ」 中6ウ3
際を／「キハヲ」 中37オ4
際きは／「キハ」无「シ」 中93オ6

キバ(牙)

〔牙〕19909

牙「キハ」 上5ウ3、上13ウ7、中6ウ1
牙は／「キハヽ」 上16ウ3
牙の／「キハノ」 上16ウ6
牙の「キハアル」 上19オ7
牙「キハノ」-歯を／「ヲ」 上28オ1
耳「ミヽ」尾「ヲ」牙を／「キハヲ」 上34ウ3

キハマリナシ(無極)

〔无極〕13716 15181

極「リ」无「シ」 上4ウ5
極「リ」无し／「シ」 上4ウ7
極り／「ナリ」无し 中51オ5
極「リ」无しと／「トシ(「シト」の誤か)」 上35オ2

〔无窮〕13716 25593

窮「リ」无「シ」 上57ウ6

キハマル(極)

〔極〕15181

極(まり)て／「マテ」 上2オ5
極(まり)て／「マテ」 上3オ6
極(まり)／「マンテ」 上3オ1
極(まり)て／「マンテ」 中13ウ4、中79ウ6
極「マンテ」 中19ウ3

〔窮〕25593

窮「キハマレラムニモ」 下6オ5

キハム(極)↓キハメテ

〔極〕15181
究め／「メ」極めて／「キハメテ」　上43オ6
〔究〕25409
究め／「メ」極めて／「キハメテ」　上43オ6
究め盡(す)こと　下4ウ1
〔窮〕25593
窮めて／「ムトモ」　上102ウ4
窮ならむ(こと)／「キハムルコト」　中48オ4
窮(む)るまでに／「ムルマテニ」　下10オ6
窮め／「キハメ」已ヤムこと／「ヤムコト」　上38ウ5
窮「キハメ」　上51ウ6
窮め／「メ」不す／「ス」　中15ウ4
窮め盡す／「ス」　中51オ4
窮めて／「ムトモ」　上102ウ4

キハメテ(極)
〔極〕15181
極(め)て／「テ」　上8ウ3、上13ウ5、上18ウ3、上79オ3、上83ウ3、上83ウ6、下29ウ4、下57オ2
極(め)て　上84オ4

キビシ(嚴)
〔密〕07205
密《キヒシ》く／「キヒシク」　中6オ6
充「ミチ」密「キヒシク」　中9オ1
當「ニ」之を／「ヲ」密「キヒシク」-藏す／「カクス」〔當〕「シ」　下81ウ7
〔稠〕25130
稠「チウ」「(去)」密にして／「ニシテ」「キヒシ」　中3オ7

キビス(踵)→クビス
〔跟〕37491
跟きひす／「タ(「ク」の誤か)ヒスハ」　中11オ5

キホフ(競)
〔競〕25831
競ひ／「キホヒ」來(り)て　上6オ7
競ひ(て)／「キホヒ」　下81ウ2

キミ(君)
〔仁〕00349
仁「キミ」　上69オ5
〔君〕03323
君「キム(「ミ」の轉か)」　上59ウ5

キム(君)
〔君〕03323
君「キム(「ミ」の轉か)」　上59ウ5

キモ(肝)
〔肝〕29273
肝《カン》反／「キモ」「カンツ」-「-」藏は／「ハ」　上29オ2

キモノ(衣)
〔衣〕34091
衣《ソ》／「(キ)モノ」　中37オ4

キヤル(存疑)

〔嚴飾〕04589 44111
嚴-飾の／「キヤル」(存疑)　上6ウ7

キユ(消)
〔消〕17529
消(え)／「キエ」盡(き)なむ／「キナム」
　上18ウ3
消「キエ」爛しぬ／「タ、レヌ」　上21オ6
洋／「トケ」消せしむ／「キエテ」　上10ウ1
〔滅〕18008
滅して／「キエテ」　中36ウ2
滅(え)にき／「キエヌ」　中36ウ2
滅しなむ(こと)／「キエムコト」　下5ウ3
滅すること／「キユルコト」　中23ウ7

キヨシ(清)
〔淨〕17669
淨(く)して／「キヨウシテ」　中64ウ2
淨(か)ら／「キヨカラ」令しむ／「シム」[當]
　し／「シ」　上39ウ6
淨き　中78ウ3
淨きか／「ナルカ」故に／「二」　中6ウ2
淨(き)を／「キヲ」　中79オ1
淨きを／「キヲ」　中85ウ5
淨「ク」　上72ウ6
淨く／「キヨク」　中6オ6
淨(く)して／「ク」　中25オ4
淨く／「ク」　下21オ3
淨くして／「キヨクシテ」　中6ウ2
淨し／「シ」　中10ウ7
〔淸〕17695
淸き／「スメル」　上25ウ3

キヨム(淸)
〔淨〕17669
淨むること　上108オ7
淨め　中32オ3

キラフ(嫌)
〔斥〕13535
斥キラヒテは／「テ」　下65ウ3

キリ(錐)
〔錐〕40536
錐りを／「ハリヲ」　上8オ1

キル(切)(四段)
〔伐〕00439
伐キリ　上25オ3
伐キレル[之]者の／「ノ」　上25オ3
〔切〕01858
切「キリ」割「サキ」　上4ウ2
刺「サシ」切「キル」す　上25オ5
〔刖〕01900
刖キル／「キラレ」　上32ウ3
刖キル／「キラレ」　上32ウ3
〔劓〕02249
劓きり／「キリ」「サキ」　上32ウ3
〔截〕11639
截きて／「センシ」　下91オ2

截キリ／「キルニ」　上80オ4
截キリ／「キリ」切セム(とも)／「セムトモ」　下19オ4
斫-尺反「クタキ」截して／きるに／「キレハ」　上21ウ2
截キリ／「キルニ」　上80オ4
斫-尺反「クタキ」截して／きるに／「キレハ」　上21ウ2
截キ(り)て／「ンテ」　中31ウ6

〔折〕11890

折キリ截サク　中98オ5

〔斫〕13548

斫(く)たき／「キリ」打(ち)　上5ウ7
斫ること／「キルコト」　下26ウ1

〔斷〕13611

斷キラムことを／「タシ(「、」の誤か)ムコトヲ」　上34ウ3

〔鑽〕41082

鑽サ、ム／「キラレム」　上40ウ3

キル(着)(上二段)

〔著〕31410

著き／「キ」　中81オ3
著きた(らむ)／「キタラム」者をは／「ノニ」　下91ウ2
著たり「キタリ」　上9オ3
著た(る)／「キタル」者に／「ノニ」　下92オ6
著た(る)／「キタル」者をは／「ノヲ」　下92ウ2
著「キナカラヤ」　中29ウ1
著るとや　中29ウ1

〔衣〕34091

衣「キ」鉢ウツハモノ／「ハン」／ハン反　中88オ6

〔被〕34222

被きたる／「キタル」　下94オ3

ク

ク(語尾)→イハク、オソラクハ、オモハク、オモヘラク、ゴトクアラク、ザラク、スラク、セシク、セマク、タマハク、ツゲタマハク、ツゲラク、トイタマハク、トカク、トハク、トハマク、ナサク、ナサマク、ノタマハク、ノタマハクハ、ベカラク、マク、ミマク、ヲシフラク、ヲシヘタマハク

クイ(悔)

〔悔〕10659

悔(ゆる)ことを／「クイヲ」　上16オ3
後の／「ノ」悔(「訓」)イ　中62オ4

クガ(陸)

〔陸〕41708

陸-「-」「クカニ」行（の）「アリク」［之］類は／「ハ」　上26オ7

陸クカノ道は／「ヨリシテ」　下83オ6

クギ（釘）

〔釘〕40159

釘クキを／「クキヲ」以「テ」　上18オ2

クギウツ（釘打）

〔釘〕40159

釘ウツ／「クキ（ウツ）」　上8オ2

クサ（草）

〔草〕30945

草より／「クサヨリ」　中23ウ6

クサグサ（種々）

〔雑〕42122

雑「クサ〱ノ」樹　上57オ4

クサシ（臭）

〔臭〕30108

臭き／「クサキ」　上18ウ4

臭「クサキ」　上18ウ5

臭「キ」-處「（ニ）シテ」　上31オ7

臭き　上31ウ6

臭クサキ處「トシテ」　中98ウ4

臭「サキ」處「トシテ」　中99ウ7

臭「キカ」如く／「シ」　上30ウ6

臭きを／「クサキヲ」以「テノ」故に／「ナリ」　上18ウ3

臭く／「クシテ」　上31オ2

クサリ（鎖）

〔鉤〕40319

釣（鉤）クサリをもて／「ヲモテ」　上26ウ1

鉤カケ／「クサリ」　中11オ4

クサル（腐）

〔臭〕30108

臭リ／「リ」爛（タ）タレテ／して／「タ、レ」　上31オ5

クサル（鎖）

〔瑣〕21147

瑣クサレル／「クサレルカ」　中11オ4

〔鏁〕40770

鏁クサ（り）／「クサリ」成せり／「ナセリ」　上28オ3

クシ（串）

〔串〕00080

串クシを／「ヲ」以「テ」　上11ウ5

クジル（挑）

〔挑〕12055

挑クシルなり／「クシル」　下91オ4

クスシ（藥）

〔藥〕32341

藥「クスシノ」　下79オ4

クスリ（藥）

〔藥〕32341

藥り／「リ」　中66ウ1

藥と／「リト」　中66ウ2

藥を／「リヲ」　下78ウ7

クソ（糞）

〔糞〕27102

糞《クソ》　上29オ7

クソブクロ（胃）

〔胃〕29348

腸《ハラワタ》胃《クソフクロ》　上28オ7

クダク（碎）（四段）

〔摧〕12609

摧たき／「クタキ」煮に／ニル「コト」　上4ウ7

〔斫〕13548

斫（く）たき／「キリ」打（ち）　上5ウ7

斫-尺反「クタキ」截して／きるに／「キレハ」　上21ウ2

〔碎〕24284

碎（き）て／「（ク）タイテ」　中87オ5

合せ／「セ」碎くこと／「クタクコト」　上3ウ7

碎くこと／「クタクコト」　上13オ3

碎くこと／「クタ（ク）コト」　下4ウ5

クダク（碎）（下二段）

〔催〕01005

催「クタケ」「-」碎して　上6オ4

〔屑〕07709

毒の屑《クタケ》（たる）／「タル」　中75ウ1

〔碎〕24284

碎（く）ること／「クタクルコト」　上3オ5

破「ヤフレ」碎すること／「クタ（ク）ル」　上19オ7

碎（く）ること／「クタクルコト」　上6オ5

碎（く）ること／「クルコト」　上19ウ7

碎け／「タケ」已れは／「ハ」　上19ウ7

碎け／「ケ」已（りぬ）れは／「ハテ」　上20オ7

破れ-碎《クタケ》たる　上28ウ1

碎（け）て／「ケテ」　上20オ6

クダス（下）

〔下〕00014

下すに／「クタサレテ」　中38ウ1

下し（て）／「タシテ」　下77オ6

下す　上18オ1

下す／「タス」「之」時には／「ニハ」　上20ウ6

下す／「クタス」「之」時には／「トキニハ」　上21オ5

蹈「フミ」下「クタスカ」如「シ」　上56オ6

下すに／「クタサレテ」　中38ウ1

〔降〕41620

降し／「クタシ」　下82ウ3

クダル（下）

〔下〕00014

下《クタ》（り）て／「タンテ」　下21ウ4

下る／「ル」　上3オ7、上17オ5

下る／「ル」時に／「ニ」　上17オ6

下「クタル」　上18オ1

下るか／「クタルカ」如(く)して／「シ」　上55オ4
下たる／「クタルニスラ」　中38ウ2
下れは／「レハ」　上7オ5
下クタれる／「レル」處に／「二」　下95ウ5
垂り／「タリ」下た(り)て／「クタンテ」　上25オ4
下(り)て／「クタンテ」　中3オ4

クチ(口)

〔口〕03227
口の／「チノ」　上8ウ4
口「チ」-舌「タ」に　上11オ4
口「チ」　上29ウ4

クチスフ(口吸)

〔歆〕16168
歆クチスヒ／「ヲ」抱ウタイテ／「ハウ」　上32オ2

クチバシ(嘴)

〔嘴〕04256
嘴「クチハシアル」　上3オ1
嘴の／「クチハシノアル」　上6ウ1
嘴はし／「クチハシ」　上17オ5
嘴「クチハシ」　上20オ5
〔柴〕16331-01
柴クチハシの　上22オ1
〔觜〕35050
鸜鵒「ノ」觜クチハシの如し／「クナリ」　中6オ1

クチビル(脣)

〔脣〕29526
脣に／「ク(チ)ヒルニ」依(り)て／「ヨンテ」　上30オ3
脣を／「ルヲ」　上30オ3
脣「ヒル」なりと雖「トモ」　上32オ1
脣る　上67ウ6
脣の／「(クチ)ヒルノ」　中6オ3
脣の／「(クチヒ)ルノ」　中6オ6

クツ(朽)

〔朽〕14439
朽ち／「クチ」壞(れ)たる／「ヤフレタル」　上28オ4
枯れ朽ち　中83オ7
〔腐〕29625
腐クチ「フ」-朽「ク」碎「サイ」-末「マン」して　上31ウ3
腐「クチ」-敗せ／「ヤフレ」不すは／「スハ」　上37ウ4

クヅス(崩)

〔壞〕05590
壞しなむ／「シナム」　中47オ6
壞し／「セリ」　中85オ3
壞し／「セリ」　中85オ3

クツバミ(轡)

〔轡〕38587

轡クツワツラを／「クツハミヲ」　上26ウ2

クヅル（崩）

〔崩〕08212
崩るるか／「クツル、カ」如く／「クシ」　中80ウ5
崩る、か／「クツル、カ」如（く）して／「ク」　下22オ7

クツワヅラ（轡）

〔轡〕38587
轡クツワツラを／「クツハミヲ」　上26ウ2

クニ（國）

〔國〕04798
我か國（く）にも　上69オ1
國（く）に「ー」土は　下48ウ1

クハシ（詳）

〔委〕06181
委「クハシ」曲にすること／「クキヨクニ」　下49オ2
〔曲〕14280
曲けて／「クハシク」　上54オ3
〔細〕27344
細（し）く／「シク」　下41オ2
〔面〕42618
面り／（擦消）「クハシク□□」　上60ウ5

クハフ（加）

〔加〕02297
加ふ／「ハフ」應へ（から）不「ス」　下93ウ2
加ふ／「クハフ」　下98オ3
加ふと雖「フトモ」　上65オ7
加（ふ）る（こと）／「フルコト」有（る）こと／「コト」无し／「シ」　上37オ5
加〻益ませる／マセル者もの／「ノ」　上10オ3
加〻／「ヘ」　上24オ7
加〻／「クハヘ」　上43ウ3
加〻／「ヘ」不（る）か／「ルカ」　中3ウ4
加〻て／「テ」　上83ウ6
加（へ）て／「ヘテ」　中32ウ4、下69ウ1、下99オ5
加（〻）て／「ヘテ」　中93ウ4
釋を／「スラク」加〻は／「ヘ」　下73ウ4
加〻む／「ヘム」　中63ウ6
加（へ）らる／「クハヘラル」　上26ウ2

クビ（首）

〔頸〕43515
頸より／「クヒヨリ」　中7オ6、中7ウ5
頸をのみ／「クヒ」　中7ウ4
頸を／「クヒヲ」　中7ウ7
〔首〕44489
首「ヒニ」「ウヘニ」　上26ウ2

クビス（踵）↓キビス

〔跟〕37491
跟きひす／「タ（「ク」の誤か）ヒスハ」　中11オ5

跟に／「クヒスニ」　中12オ4

クフ（食）

〔喫〕03987

喫クは／「クラハ」／「カマサ」不れ／「レ」　中79ウ7

〔噬〕04382

噬「クハレムト」欲しき／「ス」　下29オ7

〔嚙〕04516

嚙クハ所るることを被るに　下71オ4

〔食〕44014

呑ノ（ム）ニ／「トム」食クハ／「セ」令（む）／「シム」　下77ウ5

食ふ／「ス」　上24ウ2

食〻（る）／「セリ（し）」者の／「ノ」　上19オ3

クボム（窪）

〔蹈〕37744

蹈み／フ、（「、」衍か）ムニ／クホミ　上56オ6

クミス（與）

〔與〕30212

與クミすること／「イ（「ク」の誤か）ミシナム」　下27ウ2

與（す）ること／「クミスルコト」　上10ウ2

クユ（悔）

〔悔〕10659

悔（い）／「クイス」不して／「シテ」　上9ウ6

悔（い）／「クイ」不して／「スシテ」　中66ウ7

悔ユ／「クイ」　中72ウ4

悔（い）て／「クヒテ」　上45ウ2

惜「－」「ヲシミ」悔「クヒ（此下「タ」脱か）ルコト」　中59ウ3

悔ユ／「クイ」　中72ウ4

悔（ゆ）る心　下79ウ7

悔（ゆる）ことを／「ユルカ」　下67オ4

悔（ゆ）ること／「ニ」　上9ウ6

悔ること／「ルコト」　下67オ3

クラサ（暗）

〔翳〕28796

塵-翳「サ」　中6オ1

クラシ（暗）→クラサ

〔冥〕01588

冥の／「クラキ」　中77ウ4

〔闇〕41421

闇クラ（ク）藏カクス／したまふ／「スル」　下97ウ3

クラシタミ（篩）

〔篩〕26255

篩クラシタミに／仙／「トニ」　上45ウ7

クラフ（食）

〔喫〕03987

喫クは／「クラハ」／「カマサ」不れ／「レ」　中79ウ7

〔噉〕04299

噉ひ／「ハミ」　上3オ3

噉へとも／「ラヒ」　上31ウ6
噉ふに／「クラフニ」由し／「シ」无し／「シ」　上25ウ6
噉らふこと／「ア（「ク」の誤か）ラコト」　上25オ7
噉《クラフ》(て)／「テ」　上23ウ4
噉ふに　上25オ1
噉つる／「クラヘル」［之］者もの／「ノ」　上23ウ6
噉へとも／「ラヒ」　上31ウ6
〔食〕44014
食ひ／「ヒ」已(り)ぬれは／「ハ」　上19ウ3
食ひ／「ヒ」已(り)て／「ルレハ」(ママ)　上31オ6
食らひ／「シ」　中98オ6
競「キソヒ」食「ラフ」　上3オ2
食「ラフ」　上4オ4
食ふ／「クラフ」　上19ウ2、上21オ4
食ふ／「ラフ」　上19ウ3
齧《カミ》／「ツ(かみ)」食ふ／「クラフ」　上19ウ4
食らふて／「ラフ」　上25オ6
食らふ／「ス」　上25オ7
食ふ／「ス」　上25ウ2、上30オ5、上30オ5、上30オ7
食「フ」　上26オ6
食ふ／「フ」　上30オ1、上30オ1、上30オ2、上30オ3、上30オ3、上30オ4、上30オ4
食す／「フ」　上30オ2
食ふて／「ラフ」　上30オ5
煮「ニ」食へる／「フヘル」［之］　上3ウ2
食《クラ》へる／「セル」　中89ウ2

クラブ(比)
〔比〕16743
相ひ／「ヒ」比ふ(る)こと／「クラフルコト」　下67ウ3
比《フ》□ふるに／「タクラフルニ」　上24ウ5

クラミ(暗)
〔暗〕14065
暗「ミトシテ」　下67ウ4

クラヰ(位)
〔位〕00503
此の／「ノ」位の／「ヒニハ」　下87ウ7
位にして／「クラキニシテ」　上15ウ5

クリヤヒト(厨人)
〔厨〕03005
厨「クリヤヒトノ」　上2オ6

クル(暮)
〔曛〕14224
曛《クル》、を／「ク(ルル)ヲ」　上43ウ6

クルシ(苦)
〔苦〕30797
苦《クルシ》　上36ウ1
苦(ク)ルシ／「クルシイ(存疑)」　下83オ6

苦(ク)ルシ／「クルシイ(存疑)」 下83オ6
苦(しく)して／「クルシクシテ」 上90ウ4

クルシビ(苦)
〔苦〕30797
苦「クルシヒ」 中26オ7

クロシ(黑)
〔黑〕48038
黑し／「シ」 上29オ3、上29ウ1

ケ

ケ(尾)
〔尾〕07650
尾「ケ(「ヲ」の誤か)」あり／「アリ」 上29ウ5

ケ(毛)
〔毛〕16772
身(の)毛「ケ」 中11ウ5
毛「ケ」 中57ウ6、下29オ7
身の／「ノ」毛「ケ」 下86ウ4

ケウ(存疑)
〔至〕30142
乃「コレ」至「ケウ」(存疑) 上89オ1

ケガス(汚)
〔汚〕17133
汚かし／「シ」 上81ウ2
汚ケカシ／「ケカシ」 上99ウ5
汚ケカセル／「オカセル」 上13ウ3
〔著〕31410
著せ／「ケカサ」所る／「ル」 上35オ3

ケガラハシ(汚)
〔穢〕25331
穢しき「-」物を／「ヲ」 下81ウ5
凡「ハン」-鄙「ヒ」「-」穢ラハシクして／「ニシテ」 上77ウ5

ケス(消)
〔消〕17529
消「ケサシム」 中19ウ7
消す 上99ウ3
消す(こと)／「トイフコトヲ(「ヲ」衍か)」 上104ウ2
消すること／「ケスコト」 中76ウ1
〔滅〕18008
滅するか／「ケスカ」如し／「シ」 下5ウ3

ケダモノ(獸)
〔狩〕20390
獫(平)トリ-狩(上)ケタモノ 下26オ3
〔獸〕20775
獸もの／「ケタモノ」 上6オ7
獸(ケタ)もの／「シテ(「ウ」の誤か)」 上59ウ7

ケツ(消)
〔滅〕18008
滅ケッ可し／「シ」 上14ウ4
滅ッ可(から)／「ラ」不「ス」(と) 上14ウ5

滅する／「ケツ」　中24オ1

ケツル（削）

〔削〕02000

削《ケツル》　上11オ7

ケハシ（險）

〔嶮〕08520

嶮「ケハシキ」　上5ウ1、上8ウ3

嶮《ケハシキ》／「ケム」-徑《ミチ》に／「ケイニ」　上79ウ6

〔陜〕41656

陜《セハク》(「ク」蟲損)／ケフ反／ケハシキ(「ケフ反／ケハシキ」は「道」に附す)道　上98オ3

〔險〕41874

嶮「ケハシキ」處「ロ」從「リ」　上3ウ4

ケフ（今日）

〔今日〕00358 13733

今-日「ケフ」は　上33オ2

今日ふ／「ケフ」　上50ウ6

今日ふ　上73オ4

今「-」日「ケフ」　中19ウ6

今日「フ」　中58オ1

今日「フ」從「リ」　中58オ4

今-「-」日ふ／「フ」　中94オ4

今「-」日「フ」　中95オ2

今「-」日ふの／「(ケ)フノ」　中99オ4

今「-」日(け)ふ從(り)／「リ」　下1ウ7

今「-」日ふ／「フ」從(り)／「リ」　下15オ7

今「-」日ふ　下24オ1

今「-」日「フ」從(り)／「リ」　下25オ1

ケブリ（煙）

〔烟〕19022

烟り／「ケア(「ア」は「フ」の誤か)リ」　上16ウ4

〔煙〕19203

煙を／「ケフリヲ」　上3ウ4

ケム（助動詞）

［補讀］

興-盛なら／「スルコト」未る／「サリケム」

歟か／「カ」　上81オ1

ケリ（助動詞）

［補讀］

芇なりけり／「ナリケリ」　下28オ5

在(り)けるを／「リ」　下67オ1

コ

コ（子）

〔子〕06930

子のみありと／「コノミナリト」　上44ウ2

コエダ（小枝）

〔條〕14859

條《コエタ》　中43オ4

コガス（焦）

〔焦〕19119
焦コカイテ　上4ウ4
〔燋〕19410
燋コカシ／「セウ」爛タ、サレキ(存疑)／「セ
ラレ」　下72オ1
ココ(是)→ココニ、ココヲモテ
〔斯〕13563
斯コトニ／コ、／「コトコト」　下69オ2
〔是〕13859
是に／「コ、ニ」於して／「シテ」　下48オ4
是を／「コ、ヲ」以(て)／「テ」　下63オ2
〔此〕16259
此コ、に／「ニ」　上7ウ7
此に／「コ、ニ」　上8ウ1、上8ウ5、
上19ウ6、上20ウ6、上21オ5、上100オ7、
下48オ2
此「コ、」(に)　上20オ4
此「コ、ニ」　上20ウ2
此に／「ニ」於て／「テ」　上28ウ3
此に／「コ、ニ」在(り)て／「テ」　上72オ5
此コ、を／「コ、ヲ」　中77ウ1
此於コ、ニシテ／「ニ」／「シニ」　中78オ1
此を／「コ、ヲ」　中84オ6、下49ウ1
此コ、に／「ニ」於(て)／「シテ」　中87オ2
此コ(こ)に／「コ、ニ」於して／「シテ」
下48ウ1
此コ、には／「コ、ニハ」　下49ウ5
ココニ(於是)
〔斯〕13563
斯れ／「コ、ニ」　上33オ4
〔於是〕13628 13859
［於］是コ、に／是「コ、」於「ニ」　上43ウ5
〔是〕13859
是れをもて／「コ、ニ」　下56ウ7
〔此〕16259
此コ、に／「コ、ニ」言ふ／「イフ」　上102ウ4
ココノ(九)
〔九〕00167
九コ、ノ／「コ、ノ、」　下20ウ6
ココノツ(九)
〔九〕00167
九の／「ツノ」　上38ウ4、上42オ2
九「ツノ」-處　上45ウ6
ココロ(心)
〔意〕10921
意に／「ロ」　中25ウ1
意ロ／「ノ」　中66ウ7
何の／「ナンノ」意か／「ロカ」　下51ウ3
〔懐〕11456
懐(去)／「コ、ロニ」-念(去)／「ヒ」　中90オ7
ココロザシ(志)
〔志〕10331
志し／「シ」　上59ウ3

志「シ」　中90ウ5

ココロミニ（試）
〔試〕35415
試みに／「キ（「キ」衍か）コ、ロミニ」　上80ウ2
試（み）に／「コ、ロミニ」　下73ウ4、下87オ7

ココヱ（小聲）
〔小聲〕07473 29166
小コ聲に／「ニシテ」　中30ウ3

ココヲモテ（以是）
〔以是〕00388 13859
是コを／「ヲ」以て／「テ」　上74オ3
是を／「コ、ヲ」以（て）の／「ノ」故に／「ニ」　上109ウ2
是を／「コ、ヲ」以て／「テ」　中36ウ2
是コ、を／「コ、ヲ」以（て）／「テ」　下7オ2
是コ、を／「コレヲ」以て／「テ」　下68オ4

コシ（層）
〔層〕07798
七層の／「ソヘ（「ウ」の誤か）ノ」「コシ」　上16ウ2

コシ（腰）
〔腰〕29705
腰コシの／「ノ」　上27ウ7

コゾル（擧）
〔擧〕12863
擧コソテ　上17ウ3
擧ンテ／「コソンテ」　中57ウ6

コタフ（答）→コタフラク
〔報〕05275
報コタへたまふ／「タマフ」　中85ウ7
〔對〕07457
對して／「コタヘテ」曰く／「イハク」　下26ウ4
〔答〕26006
答（へ）たまはむに／「ヘタマハム」　中48オ3
答（へ）たまつり／「ヘタマヘリ」　下37ウ5
答（へ）て／「ヘテ」曰く／「ハク」　上9ウ4、上16オ2
答（へ）て／「コタヘテ」言く／「ハク」　上22ウ1
答って　上22ウ4
答「ヘテ」言「イハク」　上22ウ4
答して／「ヘテ」言ふ／「フ」應し／「シ」　上92オ5
答「ヘテ」　中36オ2
答（へ）て／「ヘテ」　中36オ4
答（へて）／「ヘテ」　下13ウ2
答へて／「ヘテ」言く／「ク」　下24ウ6

コタフラク（答）
〔答〕26006
答「フラク」　上45オ6
答（ふ）「ラク」　上95オ7

答(ふ)／「ラク」 上109ウ4
答(ふ)／「フラク」
中66ウ1、下64オ7、下64オ7
答(ふらく)／「フラク」 下42ウ3

コト(事)
〔事〕00241
何に／「ニ」事をか／「コトヲヤ」期する／「スルヤ」耶 下98ウ3

コト(琴)→コトノヲ
〔琴〕21079
琴コトノ／「ノ」 下69ウ2
〔絃〕27373
絃(平)「劵ン」「コト」管(上)「火ン」「フエ」 上58オ2

コト(言)
〔言〕35205
言「コトヲ」 上7オ3
言「コト」 上9オ5
言ことを／「コトヲ」
上35ウ7、上39オ6、中43オ6
言ことを／「ヲ」 上40ウ1
言を／「コトヲ」 下24ウ4
是(の)如き／「キ」言を／「コトヲ」
下76ウ5、下77オ7
〔語〕35533
是の／「ノ」語ことを／「コトヲ」 中20オ2
語ことを／「ヲ」 中60オ3
語ことは 中60ウ5
語に／「コトニ 中79ウ7
語を／「コトヲ」
中98ウ6、下21ウ3、下22オ7
語ことを／「コトヲ」 下20ウ1
語ことに／「コトニ 下23オ6
語ことに 下82オ7

ゴト(如)
〔如〕06060
の／「ノ」如し／「コトヲモテハ」(ママ) 上69ウ7

ゴト(毎)(接尾語)→ゴトニ

ゴトキナリ(如)
〔如〕06060
三福業の／「ノ」如きなり／「キナリ」 下40ウ6
逢「アヘルカ」如「キナリ」 上2オ3
十六観を／「ノ」如きなり／「キナリ」 下40ウ6
生「-」蘇の／「ソノ」如き(なる)をや／「クナルヲヤ」 上12オ2

ゴトキヲモス(如)
〔如〕06060
芥子許りの如き(をも)せ不れと 下61ウ3

ゴトクアラク(如)
〔如〕06060
到るか／「ルカ」如き／「クアラク」耳(な)ら

(くの)み／「ノミ」 下66ウ6

ゴトクアリ(如)↓ゴトクアラク

〔如〕06060

如くアラ／「ク」令む／「シメタラム」 中37オ7
本願の／「ノ」如クあらむ／「クナリ」 上73オ5
辟支佛の／「ノ」如クあらむ／「ナラム」 中48オ5
如(く)ある／「クナラム」 中33オ1

ゴトクス(如)

〔如〕06060

念ふか如くし／「ク」 中18オ5
駈るか／「カルカ」如くし／「クシ」 中63ウ7
崩るるか／「クツル、カ」如く／「クシ」 中80ウ5
蓋の／「ノ」如(く)して／「シ」 中1ウ5
雲の／「ノ」如くして／「クシテ」 中3オ4

日の／「ノ」如(く)して／「クシテ」 中4ウ4
救ふか／「ハラハムカ」如(く)して／「クシテ」 中5オ4
豆の／「ノ」如し／「(ク)ス」 上3ウ1
草の／「ノ」如し／「クス」 上35オ5
追ふか／「オフカ」如クス應し／「ヘシ」 上43オ1
志「-」願するか／「スルカ」如くす／「クナリ」 上73オ4
護るか／「マホルカ」如くす／「クス」［當］し／「シ」 中62オ4
須彌山の／「ノ」如くすとも／「クストモ」 下61ウ2
草の／「ノ」如くする／「クスル」 上35オ6
佛の／「ノ」如くする／「クス(「ル」脫か)ナリ」 中59ウ3
抜き／「ヌキ」出すか／「タスカ」如くせむ／「クスル」者ものは／「ノハ」 下86ウ4

頃の／「アヒタ」如くすること／「ハカリモスルコト」 中83ウ3
救ふか／「ハラフカ」如クセシかとも／「クスルニ」 下72オ7
の／「ノ」如(く)するは／「クナルハ」 上10ウ4
渉るか／「ワタルカ」如きを／「クスルヲ」 中83オ6
養(ふ)か／「フカ」如きを／「クスルヲ」 中83オ6
如くせ／「ク」不は／「ナラスハ」 中58オ5
救(ふ)か如くせし(も)／「クニセシスラ」 下72ウ5
滞シタツるか／「ルカ」如くせむ／「シ」 上47オ1
見る／「ル」所の／「ノ」如くせむ／「ク」 中77ウ3
是(の)／「ノ」如くせむ／「クセム」 下6オ2

の／「ノ」如くせむを／「クセムヲ」　上103オ5
大(き)さの／「オホキサ」如(く)せむをは／「ハカリセムヲハ」　上97オ5
作さむか／「ナセラム」如(く)せむをは／「ハカリニセムヲハ」　上97オ6
頃「アヒタ」(の)如くせむをや　中87ウ1
造-立せるか／「スルモノ」如くせよ　上98オ5
見るか／「ルカ」如くせよ／「クセヨ」　中2ウ3
在「イマサンカ」如くせよ／「クニセヨ」　中13ウ2
渇して／「セルカ」如くせよ／「クセヨ」　中18オ6
行の／「ノ」如くせよ／「クセヨ」　中27ウ6
撃(く)るか／ケタラム／「サ、ケタラムカ」如(くせよ)／「クセヨ」　中63ウ7
視たてまつるか／「ミムカ」如くにし／「クセヨ」　中83オ3
奉ふるか／「ツカフルカ」如くせよ／「クセヨ」　中83オ4

〔若〕30796
須彌山の／「ノ」若コトクすとも／「コトクセリトモ」　上99ウ2
須彌山の／「ノ」若コトクすとも／「コトクセリトモ」　上99ウ2

ゴトクナリ(如)

〔如〕06060
肉-摶マロカレの／「タンノ」如くなら／「クナラ」令しめ／「シム」　上11ウ4
意の／「ノ」如くなら／「クナラ」不す／「ス」　上59ウ2
如(く)なら／「クナラ」令めて／「シム」　中38ウ7
願の／「ノ」如くなら／「クナラ」令しめたまはむ／「シメタマハム」　下6オ4
に／「ニ」在るか／「ラムカ」如し／「クナラム」　上50ウ3
水の／「ノ」如けむ／「クナラム」　上65オ5
如(く)ある／「クナラム」　中33オ1
上の／「ミノ」如き／「クナラム」　中48オ1
辟支佛の／「ノ」如クあらむ／「ナラム」　中48オ5
燒くか／ヤクヲヤ如し／「トクナラムヤ」　上14ウ3
の／「ノ」如し／「(ク)ナリ」　上13ウ7
張るか／「ハルカ」如し／「(く)ナリ」　上18オ3
か如し／「クナリ」　上22オ4
周「-」旋廻復「スレ(「ル」の誤)カ」如「クナリ」　上22オ5
入れるか／「レルカ」如し／「クナリ」　上47ウ7
山王の／「ノ」如し／「クナリ」　上69ウ6

志「-」願するか／「スルカ」如くす／「クナリ」 上73オ5

本願の／「ノ」如クあらむ／「クナリ」 上73オ5

天蓋の／「ノ」如「クナリ」 中2ウ7

頗梨珠の／「ノ」如し／「クナリ」 中4ウ3

鸚鵡「ノ」觜《クチハシ》の如し／「クナリ」 中6オ1

明-／「ナル」星の／「ノ」如し／「クナリ」 中33ウ4

非(さる)か／「キルカ」如し／「クナリ」 中65ウ6

異なら／「ニ」不るか／「ルカ」如し／「クナリ」 下12オ3

彌勒の／「ノ」如(し)／「クナリ」 下58オ5

如(し)／「クナル」 上66ウ1

彼か／「レカ」如くなる／「クナル」應(か)ら／「ヘカ」不「ス」 下75ウ5

傷「ソコナヒ」-割するか／「サクカ」如く(なる)には／「ニハ」非す 上39ウ1

の／「ノ」如(く)するは／「クナルハ」 上10ウ4

海水「ノ」如「クナルヲ」 上73ウ3

生「-」蘇の／「ソノ」如き(なる)をや／「クナルヲヤ」 上12オ2

の／「ノ」如(く)して／「クナレハ」 上25ウ5

ゴトクナル(如)

〔如〕06060

何(に)況(や)…如けむ／「クナ、ム」 上82オ5

故《モト》の／「ノ」如し／「クナンナム」 中39オ6

の／「ノ」如けむと／「クナンナムト」 上37ウ4

ゴトクニス(如)→ゴトクス

〔如〕06060

視たてまつるか／「ミムカ」如くにし／「クセヨ」 中83オ3

在「イマサンカ」如くせよ／「クニセヨ」 中13ウ2

ゴトクニモス(如)

〔如〕06060

毛髪の如クにもすること／「ハカリモスレハ」 中55ウ5

ゴトクンズ(如)→ゴトクス

〔如〕06060

救はむか／「ハムカ」如くす／「クンス」應しと／「シト」 下81オ1

ゴトクンナル(如)

〔如〕06060

音の／「ノ」如(く)あらむ／「クンナンヌ」 中99オ2

ゴトケム(如)

〔如〕06060

の／「ノ」如けむと／「クナンナムト」　上37ウ4
水の／「ノ」如けむ／「クナラム」　上65オ5
何(に)況(や)…如けむ／「クナ、ム」
上82オ5

コトゴト(異)

〔異〕21854
異の／「コト〱ナル」　上57オ4

コトゴトク(悉)

〔咸〕03563
咸く／「コトコト(畳符)ク」　上44オ7
咸く　上85オ6
咸く／「コト〱ク」　中9オ3
咸く／「コト、、ク」　中36ウ5
〔悉〕10635
悉く／「ク」　上6ウ2、上8ウ2、上8ウ2、
上11ウ7、上12ウ4、上14オ1、上15オ3、
上18ウ5、上21オ6、上21ウ6、上24ウ2、
上25ウ4、上35オ4、上36オ5、上51ウ6、
上54ウ5、上61ウ6、上61ウ7、上64ウ3、
上65オ4、上77オ1、上87オ4、上100ウ6、
上102ウ5、上103オ4、中7ウ3、中8オ7、
中12オ2、中14ウ7、中14ウ7、中19オ6、
中20オ4、中22オ1、中23ウ5、中28ウ2、
中40オ3、中41オ7、中42オ5、中42ウ1、
中43オ1、中44ウ5、中47オ2、中48オ1、
中48ウ2、中58ウ3、中59オ7、中68ウ7、
中71ウ2、中73ウ1、中73ウ6、中77オ5、
中77ウ6、下2ウ4、下4オ7、下5オ2、
下6オ3、下7オ3、下7オ4、下7オ4、
下7オ5、下8オ2、下17ウ3、下17ウ4、
下21オ1、下25ウ3、下30オ2、下35オ6、
下36ウ6、下42ウ6、下42ウ7、下51オ4、
下51ウ1、下54ウ7、下69ウ3、下74オ6、
下75オ4、下76オ5、下79ウ1、下80ウ4、
下80ウ6、下80ウ6、下86オ6、下86ウ4、
下90ウ7、下91オ7、下91ウ4、下93オ7
悉く　上54オ2、上68ウ5、上69オ5、
上75オ6、上76オ1、上85ウ3、上91オ4、
中16ウ1、中32オ3
悉く／「コト、、ク」　中43オ3
悉「ク」　中87オ2、下17オ2、下17オ5
〔盡〕23029
盡く／「クシテ」　上60ウ5
盡して／「コト(〱)ク」　上60ウ7
盡く／「コト〱ク」　上95ウ2、上95ウ2
盡く　中19オ7
盡く／「コト、、ク」
中23オ3、中34オ2、中94ウ3、中95ウ1
盡く／「ク」　中78ウ7

コトゴトニ(別)

〔別〕01924
別に／「コトコト二」　下65オ5

コトゴトニ(悉)

〔斯〕13563
斯コトニ／コ、／「コトコト」　下69オ2

コトサラニ（故）
〔故〕13161
故ラニ／「コトサラニ」　下93ウ2

ゴトシ（如）↓カクノゴトクス、カクノゴトシ、ゴトクアラク、ゴトクアリ、ゴトクス、ゴトクナリ、ゴトクナル、ゴトクニス、ゴトクニモス、ゴトクンズ、ゴトクンナル、ゴトケム、ナホシ
〔如〕06060
予か／「カ」如き／「キ」　上1オ4
の如き　上6ウ4、上26ウ7
出(つ)るか／「ツルカ」如き／「キ」　上6ウ4
の如き有り　上26ウ6
の／「ノ」如き　上26ウ7
置くか／「クカ」如し／「キ」　上36ウ3
前「キノ」如「キ」　上38ウ3
退せる／「セシカ」者ものの／「ノ」如き／「キ」　上71ウ5
引く／「ク」所「ノ」如き／「キ」　上78オ3
上「ノ」如「キ」　上94オ6
上(の)如き　上94オ6
「ノ」如「キ」　上98ウ6
作るか如き　上109オ5
願「セ」不「ルカ」如「キ」　上109オ5
彌勒の／「ノ」如き／「シ」　中9ウ6
上の如き／「ク」　中33オ7
世尊の／「ノ」如き／「キ」　中45オ5
舍利弗の／「ノ」如き／「シ」　中47ウ7
辟支佛の／「ノ」如き／「シ」　中47ウ7
上の／「ミノ」如き／「クナラム」　中48オ1
法の／「ノ」如き／「キ」　中66オ1
无し／「キカ」如(なり)／「コトキ」　中75オ4
前の／「ノ」所說の／「ノ」如き／「シ」　中81オ3
見ルとも／「ルカ」如く／「キ」　中85オ3
起(す)／「スカ」如し／「キ」　中85ウ3
上の／「ミノ」如き／「キ」　中87ウ4
上の／「ノ」如き／「キ」　下8オ5
是(の)如き／「キ」　下8オ7、下90ウ3、下91ウ1
須彌山の如き／「ハカリノ」　下46オ7
彌勒等(の)／「ノ」如き／「キ」　下55オ5
學「(ヒ)ヌルコト」請「セシカ」如「キ」　下60ウ1
學ふしか如き　下60ウ1
是(の)如き／「キ」等の／「ラノ」　下61ウ3
置-在するか／「オカムニ」如き／「モシ」　下66オ6
置-在するか／「オカムニハ」如き／「モシ」　下66オ7
生(ま)る(る)か如き／「キ」　下66ウ4

到るか／「ルカ」如き／「クアラク」耳(なら)(くの)み／「ノミ」　下66ウ6
墮(す)るか／「スルカ」如し／「キ」　下68オ7
盡(く)るか／「キムカ」如(し)／「キ」　下68オ7
章句等の／「ノ」如き／「キ」　下71オ1
〻(指)(す)か／「スカ」如き／「キ」　下71ウ1
前(の)／「キノ」如し／「キ」　下85ウ5
是(の)如き「キ」　下87オ2
大士の／「ノ」如き／「キ」　下89ウ5
證「-」據の如き／キ／「キ」(は)　下96オ7
予か／「ヨカ」如き／「キ」之者もの／「ヒトハ」　下97ウ1
如き／「ハ」(か)故に(と)／「ニト」　中47オ7
是(の)如きことを／「キコトヲ」　下6オ2
死ぬるか／「ヌルカ」如し(と)／「キト」　中75ウ1
焼「カム」か如し(と)／「トキ(ナリ)」

上11オ3
得るか／「ルカ」如きなり／「シ」　中24ウ3
出(せ)るか／「セルカ」如きなり／「シ」　中73ウ5
大菩薩等の／「ノ」如(き)なり／「キナリ」　下87ウ3
須達か／「カ」老女等の／「ノ」如し／「キナリ」　下87ウ6
如きなり(と)／「キナリトイヘリ」　下43オ4
是(の)如(くなる)ことを／「キナルコト」　下6ウ1
氷の如きに／「ク」　上72オ3
恒沙の／「ノ」如きに／「クナラムニ」　中52ウ7
起らむか如きに／「キニ」　中60ウ6
一「-」念の／「ノ」頃の／「アヒタ」如きに／「ハカリニ」　下18オ7
攝論の／「ノ」如きに／「キニハ」　下44ウ4

等の／「ノ」如き／「キハ」　上26ウ1
の／「ノ」如「キ」は　上35オ1
沒せるか／「シメラ(「レ」脱か)ムカ」如き「ハ」　上107オ2
釋迦尊の髪クシの如きは　中3ウ1
我か／「カ」所「-」語の／「ノ」如きは／「キハ」　下5ウ7
得るか如く／「キハ」　下52ウ6
愚人の／「ノ」如きは／「モシ」　下66ウ7
芥子(去)「ハカ」りの如きも／「リ(「キ」の誤か)モ」　上72オ1
大福聚の／「ノ」如きも／「キモ」　上103オ2、上103オ3
其の夜「-」半の如きも　下27ウ6
の／「ノ」如き(もの)／「モノ」　上65オ3
渉るか／「ワタルカ」如きを／「クスルヲ」　中83オ6
養(ふ)か／「フカ」如きを／「クスルヲ」

中83オ6
渉るか／「ワタルカ」如きを／「クシ」
下95ウ6
前の／「ノ」如く／「ク」　上2オ7、上7オ5
釖の／「ツルキノ」如く／「シ」　上16ウ3
の／「ノ」如く／「シ」　上16ウ3、上16ウ5
電の／「イナヒカリ」如く／「シ」　上16ウ3
東方從(り)するか／「ヨリスルカ」如く／「ク」
上17ウ3
臭「キカ」如く／「シ」　上30ウ6
近くか／「カツクカ」如く／「シ」　上33オ5
の／「ノ」如く／「ク」
上34オ3、上41ウ2、上42ウ1
か如く／「ク」　上34ウ3
增すか／「マスカ」如し／「ク」　上38ウ7
有ら／「ルコト」令(む)ること能(は)不るか／「ルカ」如く／「ク」
上40オ3
樂しふか／「シフカ」如し／「ク」

上42オ2、上42オ2
との／「ノ」如し／「ク」　上42ウ1
說の／「クカ」如く／「ク」　上42ウ7
盛レルか／「イレタルカ」如く／「ク」
上45ウ7
我か／「カ」[之]所說の／「ノ」如く／「ク」
上46ウ2
得たるか／「タルカ」如し／「ク」　上48ウ2
氷の如きに／「ク」　上72オ3
會するか／「スルカ」如く／「ク」　上75ウ6
…如「ク」　上88オ4
有るか／「ルカ」如く／「シ」　上90オ5
水と／「ト」氷「トノ」與との如く／「ク」
上92オ2
盈(つる)か／「ツカ」如く／「シ」　上95オ3
墜沒せ／「セ」令め不(る)か／「ルカ」如く／「ク」
上95オ5
會するか／「スルハ(「カ」の誤か)」如「ク」

上95ウ4
死せむか／「セムカ」如く／「ク」　上98オ2
成な(る)こと／「ルコト」能「ハ」不す／「ルカ」如「ク」
上98オ6
か／「カ」如く／「クシテ」　上98ウ5
有るか／「カ」如「ク」　上98ウ5
滅(し)ぬるか／「スルカ」如く／「ク」
上100ウ1
滅するか／「スルカ」如く／「ク」
上100ウ2、下75ウ3
礙り／「サハリ」无きか／「キカ」如く／「ク」
上100ウ4
を／「ヲ」得不るか／「ラムカ」如く／「ク」
上101オ2
沈沒せ／「セ」不るか[如]く　上101オ5
沒「シツミ」溺せ／「オホレ」不さるか／「サルカ」如く／「ク」
上101オ5
无きか／「カラムカ」如く／「ク」　上101オ7

勝(り)たるか／「マサレルカ」如く／「ク」　上101ウ5
及「ハ」不(る)か／「サルカ」如く／「ク」　上102オ1
及(ふ)こと／「フコト」能(は)不る／「サル」所なるか／「ロナラムカ」如く／「ク」　上102オ3
及「フコト」能(は)不(る)か／「ルカ」如く／「ク」　上102オ6
生する／「セ」に非(さ)るか／「ルカ」如く／「ク」　上106オ3
所-至有るか／「ルカ」如く／「シ」　上108オ6
異解するか／「アルカ」如く／「ク」　上109オ2
鑄イタルカ如(く)／「ク」　中6オ1
實の／「ノ」如く／「ク」　中11オ4
見るか／「ミユルカ」如し／「ク」　中15オ4
非(さ)るか／「ルカ」如し／「ク」　中16オ7
无「-」二なるか／「ナルカ」如「ク」　中19オ2

說(き)つる／「ク」所の／「ノ」如く／「シ」　中20ウ2
望むか／「ノソムカ」如し／「ク」　中23オ4
隨(ふ)か／「フカ」如く／「ク」　中27ウ7
无(か)らむか／「ラムカ」如く／「ク」　中29オ6
阿難ヵ／「ノ」如く／「ク」　中32オ6
上の如き／「ク」　中33オ7
作-「-」意セ／「セ」不るか／「ルカ」如「ク」　中40ウ2
意の／「ノ」如く／「ク」　中45オ7
大梵王の／「ノ」如く／「ク」　中45ウ2
辟支佛の／「ノ」如(く)して／「ク」　中45ウ3
爛壞するか／「シヌルカ」如し／「ク」　中47オ5
見をか／「ムカ」如し／「ク」　中47ウ1
說(き)たる／「ノ」如く／「ク」　中53オ3
說の如く／「シ」行す／「ス」應し／「シ」　中53オ6

止-滅するか如く／「ク」　中59オ1
鄙「ヒ」-恥するか／「チスルカ」如く／「ク」　中63オ4
顧(カ)ヘリミ／「(カ)ヘリミ」視「ミ」不「サラムカ」如「ク」　中64ウ6
引くか／「クカ」如し／「ク」　中66オ3
法の／「ニ」如く　中68ウ7
言ふ所の如く／「ク」　中73ウ6
觸る／「フル」可(から)不(る)か／「サルカ」如し／「ク」　中74ウ5
法の／「ノ」如く／「クシ」　中77オ6
觀るか／「ミルカ」如し／「ク」　中82オ6
見ルとも／「ルカ」如く／「キ」　中85オ3
宛-然なり／「ナルカ」如「ク」　中85オ5
空し／「ムナシカラムカ」如く／「ク」　中85オ6
現するか／「スルカ」如く／「ク」　中85ウ2

見(る)か／「ユルカ」如し／「ク」　中85ウ5
大海の／「ノ」如(く)に／「ク」　中87オ1
博カフるか／「ヘムカ」如し／「ク」　中87ウ7
嗅カ、不(る)か／「サルカ」如し／「ク」　中87ウ7
野(上)馬(上)の／「ハ」如し／「ク」　中90オ3
見るか／「ルカ」如く　下7オ7
佛「-」心「ノ」如「ク」　下9オ6
是(の)如く／「ク」　下13オ4、下29ウ2
上「ノ」如「ク」說「ク」　下13ウ2
說の／「ノ」如く／「ク」　下14ウ6
聞(く)か／「クカ」如く／「クシテ」　下16ウ1
我か／「カ」聞の／「ク」所「ノ」如く／「ク」　下16ウ2
其の／「ノ」所「-」願の／「ノ」如く／「ク」　下17オ7
崩る丶か／「クツル、カ」如(く)して／「ク」　下22オ7

法の／「ノ」如く／「ク」　下28オ3
上の／「ノ」如く／「ク」　下32オ7
幻の如く　下32ウ2、下60オ1
說「(キ)タマヘル」所-「ノ」如く／「シ」　下36ウ7
自「ミ」-害するか／「ヤフルカ」如(く)／「ク」　下41ウ1
弁するか／「スルカ」如し／「ク」　下48ウ7
有るか／「ルカ」如く／「ク」　下49オ2
次ての／「テノ」如く／「ク」　下54オ1
上の／「ミノ」如く／「クスルコト」　下55ウ7
說の如く／「ク」　下62ウ1
得(る)か／「ルカ」如く／「ク」　下62ウ3
得(る)か／「スルカ」如く／「ク」　下65オ4
壞るか／「ヤフル、カ」如く／「ク」　下67オ1
兩段するか／フタキタナルカ／「ニスルカ」如(く)／「ク」　下68オ6
毒の／「ノ」如し／「ク」　下70オ6

火の／「ノ」如く／「ク」　下70オ6
歳數の／「ノ」如く／「クニシテ」　下72オ2
害するか／「スルカ」如し／「ク」　下74ウ1
除コるか／「ソノコルカ」如く／「ク」　下76オ3
當「ニ」出「ツ」[當]きか／「ヘキカ」如し／「ク」　下77ウ5
覆ふか／「ホフカ」如し／「ク」　下78ウ3
有(る)か／「ルカ」如く／「ク」　下79ウ3
无(き)か／「キカ」如く／「ク」　下81オ2、下90オ3
住するか／「スヘシ」如く　下82ウ7
樂しきか／「タノシキカ」如し／「ク」　下83オ6
有らむか／「ラムカ」如し／「ク」　下87オ4
次ての／「テ」如く／「ク」　下89オ6
不同なるか／「ナルカ」如く／「ク」　下94オ1
歸するか／「スルカ」如し／「ク」　下95ウ4

雨の／「ノ」如くして／「(ク)シテ」　上3オ6
割「サクカ」如「クシテ」　上7オ1
刀の／「ツルキノ」如し／「クシテ」　上7オ1
輪の／「ノ」如く「シテ」　上13オ2
沙の／「コノ」如(く)して／「シテ」　上13オ3
の／「ノ」如く／「ク」して／「シテ」　上17オ5
墮(つ)るか／「ツルカ」如(く)して／「クシテ」　上20オ6
駃トキ／「トキ」雨の／「ノ」如(く)して／「クシテ」　上49オ1
の／「ノ」如(く)して／「クシテ」　上49オ2、上49ウ1、上60オ3
讚「ホメタテマツル／マフ」所「ノ」如し／「クシテ」　上56オ1
頗梨の／「ノ」如「クシテ」　中5オ7
量「ノ」如「クシテ」　中6オ4
赤眞珠「ノ」貫の／「ツラノ」如(く)して／「クシテ」　中6オ5

鴈王の／「ノ」如し／「クシテ」　中9オ3
靚羅綿の／「ノ」如し／「クシテ」　中9オ6
瑠璃の／「ノ」筒ッ、の／「ツ、ノ」如(く)して／「クシテ」　中10オ1
金剛の器の／「ノ」如(く)して／「クシテ」　中10ウ6
念ふか／「(オ)モハムカ」如(く)して／「クシテ」　中29ウ4
舊モトの／「ノ」如(く)して／「クシテ」　中33ウ5
輪の／「ノ」如(く)して／「クシテ」　中39オ4
舍利弗の／「ノ」如し／「クシテ」　中44オ1
慈氏の／「ノ」如して／「クシテ」　中44ウ2
鏡の／「ニオイテスルカ」如(く)して／「クシテ」　中55ウ1
塵數の／「ノ」如(く)して　下4ウ5
我か／「カ」如(く)して／「クシテ」　下10ウ4
理の／「ノ」如く／「クシテ」　下93オ2

救ハムカ／「ハムカ」如クスルナリ／「クスルナリ」　中55オ5
无(からむ)か／「カラムカ」如し／「クト」　中22ウ7
盡す／「ツク」可(から)不(る)か／「サルカ」如し(と)／「クト」　中51ウ1
火なるか／「ナルカ」如し(と)／「クト」　下12オ5
釋迦文の／「ノ」如しといつり／「クト」　下50オ4
恒沙の／「ノ」如きに／「クナラムニ」　中52ウ7
緣「(ス)ルカ」如「クハ」不「アラスト」雖「モ」　上104オ1
釋の／「ノ」如(く)には／「クンハ」「者」　中28ウ3
云(へる)か／「ヘルカ」如とく／「クンハ」不(あ)ら／「ラス」「スト」　下34オ1

意ノ如クンハ　下78オ3
の／「ノ」如し／「シ」　上2オ5、上3オ6、上9オ2、上10ウ2、上16オ5、上16ウ5、上24オ1、上33オ4、上36ウ6、上41ウ2、上42ウ2、上78オ5、上85オ1、上95ウ6、上106ウ1
屠ルか／「カ」如し／「シ」　上2オ6
故の／「モトノ」如し／「シ」　上2オ6、上56オ7
雪の／「ノ」如し／「シ」　上3オ5
芥子の／「ノ」如し／「シ」　上3オ5
豆の／「ノ」如し／「(ク)ス」　上3ウ1
割くか／「サクカ」如し／「シ」　上3ウ7
散「チラスカ」如「シ」　上3ウ7
沙揣「セムノ」如し／「シ」　上6オ5
刀の／「ツルキノ」如し／「クシテ」　上7オ1
か／「か」如し／「シ」　上9オ1、上13オ6
の／「ノ」如し／「ノシ」　上9オ3
剃-頭-刀カムソリの如し／「シ」　上11オ7
か／「カ」如し／「シ」　上11ウ1、上15ウ3、上32オ4、上33オ7、上33ウ7、上34オ2、上34オ3、上37ウ3、上41ウ1、上42ウ1、上43オ4、上45オ2、上84ウ2、上84ウ5、上85ウ7、上89オ7、上92オ4、上107オ1、上109オ7
霜「サウ」雪「セン」の如し／「シ」　上12オ4
雷「ライ」吼「クナルカ」を(「の」の誤か)如し／「シ」　上13ウ6
の／「ノ」如し／「(ク)ナリ」　上13ウ7
燈の／「トホシヒ」如し／「シ」　上13ウ7
焼くか／ヤクヲヤ如し／「トクナラムヤ」　上14ウ3
在オくか／「オカムカ」如し／「シ」　上15オ1
取らは(「む」の誤か)か／「トラムカ」如し／「シ」　上16オ5
の／「ノ」如し／「シ」と　上16オ5
釖の／「ツルキノ」如く／「シ」　上16ウ3
の／「ノ」如く／「シ」　上16ウ3、上16ウ5
刺の／「ヒシノ」如し／「シ」　上16ウ3
電の／「イナヒカリ」如く／「シ」　上16ウ3
泉の／「イツミノ」如し／「シ」　上17オ1
雷カッチの／「イカツチノ」如し／「シ」　上17オ4
脂「シ」-燭「ソク」の／「ノ」如し／「シ」　上17ウ3
張るか／「ハルカ」如し／「(く)ナリ」　上18オ3
見るか／「ムカ」如し／「シ」　上18ウ2
雨の／「メノ」如し／「シ」　上19オ6
乾-「カレタル」脯ノ「ホシ、ノ」如し／「シ」　上19オ7
沙揣セン／「タン」の如し／「シ」　上19ウ7
象の／「サウノ」如し／「シ」　上20オ5
(か)／「カ」如し／「シ」　上20ウ2、上93オ5

故モトの／「モトノ」如し／「シ」 上21オ6
か如し／「クナリ」 上22オ4
説(きし)か／「カム(か)」如し／「シ」 上22ウ4
の如「シ」 上23オ3
の如し 上23オ6、上38ウ3
脚アシの／「アシ」如し／「シ」 上23ウ1
の如し／「シ」 上24オ1、上50ウ7
刀の／「ノ」如(く)して／「シ」 上25オ5
孔の／「アナノ」如し／「シ」 上25ウ5
舎の／「ヤノ」如し／「シ」 上28オ4
の／「ノ」塗ぬれるか／「ヌレルカ」如し／「シ」 上28オ5
隙ヒマの／「ヒマ」「ヒマノ」の如し／「シ」 上28オ7
器「モノ」の如し／「シ」 上28ウ1
覆へるか／「オ、ヘルカ」如し／「シ」 上28ウ1

祀マツルか／「マツル」「マサ(「ツ」の誤か)ルカ」如(く)して／「シ」 上28ウ2
蓮華の如し／「シ」 上29オ1
蟠ワタカマレルか如し／「シ」 上29ウ3
臭「キカ」如く／「シ」 上30ウ6
盛レラムか／「タルカ」如し／「シ」 上31オ1
嘔オウ反「オウ」-吐ハク／するか「トスルカ」如し／「シ」 上31ウ7
著キセタルか如し 上32オ1
覆へるか／「ヘラムカ」如し／「シ」 上32オ1
觸(る)るか如し 上32オ6
近くか／「カックカ」如く／「シ」 上33オ5
履フムか／「ソ(「フ」の誤か)マムカ」如し／「シ」 上34ウ4
草の／「ノ」如し／「クス」 上35オ5
置くか／「クカ」如し／「キ」 上36ウ3
土の／「チノ」如し／「シト」 上38オ2
土の／「ツチノ」如し／「シ」 上38オ2

益(す)か／「マスカ」如し／「シ」 上39ウ5
散「-」滅するか／「スルカ」如し／「シ」 上41ウ3
芭「ハア」蕉「セウ」の／「ノ」如し 上41ウ4
筐の／「ハコノ」如し／「シ」 上41ウ5
死「シニ」「-」屍「カハネ」の／「ノ」如し 上42オ2
との／「ノ」如し／「ク」 上42ウ1
生れむと垂するか如し 上42ウ5
「ノ」如「シ」 上45オ7
か如し 上45オ7
城廓(入)「火ク」の／「ノ」如し／「シ」 上46オ6
滞シタツるか／「ルカ」如くせむ／「シ」 上47オ1
入れるか／「レルカ」如し／「クナリ」 上47ウ7
得たるか／「タルカ」如し／「ク」 上48ウ2

入れるか／「ルカ」如し　上48ウ3
燃せるか／「トモセルカ」如し／「シ」　上49ウ5
に／「二」在るか／「ラムカ」如し／「クナラム」　上50ウ3
聞く／「ク」所の／「ノ」如し／「シ」　上50ウ6
見「ルカ」如「シ」　上50ウ7
見る所の如し　上50ウ7
頂「イタ、キ」の如し／「シ」　上51ウ1
作せるか／「オコセルカ」如し／「シ」　上54ウ2
下るか／「クタルカ」如（く）して／「シ」　上55オ4
讃「ホメタテマツル／マフ」所「ノ」如し／「クシテ」　上56オ1
たるか／「タルカ」如し／「シ」　上56オ4
の／「ノ」如し　上56オ6、上77ウ6
蹈「フミ」下「クタスカ」如「シ」　上56オ6

虚空の／「ノ」如し／「シ」　上57オ2、上61ウ4、中50オ2
子の／「ノ」如し／「シ」　上57ウ7
「カ」如し／「シ」　上60オ1、上65ウ1
か／「カ」如「シ」　上60ウ1、上93ウ3、上93ウ4、上93ウ7、上95オ4
か如し／「シ」　上61オ3
海の／「ノ」如し／「シ」　上63ウ6
の／「ノ」如（く）して／「シ」　上64ウ7
の／「ノ」如「シ」　上65オ4
増无く／「ク」亦滅无きか／「キカ」如し／「シ」　上65オ7
市《イチ》の／「ノ」如し　上66オ3
集（め）たるか／「アツム（ル）カ」如し／「シ」　上68オ1
山王の／「ノ」如し／「クナリ」　上69ウ6
の／「ノ」如し／「コトヲモテハ」（ママ）　上69ウ7

海-水の如し　上73ウ3
云（ふ）か／「カ」如し／「シ」　上75ウ6、上76ウ1、中51オ4、中62オ7、中66オ3、中68ウ1、中71オ6、中76オ7、中89ウ5、下48ウ7、下49オ4、下51オ1、下51オ6、下51ウ3、下52ウ2、下53オ2、下57オ6、下87ウ2、下88ウ2、下98オ6
晝-日「ノ」［之］遊の／「ヒノ」如し／「シ」　上79ウ1
に／「二」云（ふ）か／「フカ」如し／「シ」　上82ウ4
優曇花の／「ノ」如し／「シ」　上83ウ3
一子の／「ノ」如し／「シ」　上84オ1
月の／「ノ」如（く）して／「シ」　上85オ4
水と／「ト」成（す）か／「ムカ」如し／「シ」　上88オ1
无（き）に／「キニ」非さるか／「ス」如し　上88オ3

云(ふ)か/「カ」如「シ」　上90オ4、中1オ2、中24ウ1
有るか/「ルカ」如く/「シ」　上90オ5
金と/「ト」爲なさ/「ナラ」使むるか/「シムルカ」如し/「シ」　上90ウ1
得るか/「ルカ」如し/「シ」　上90ウ2
の/「ノ」如し/「シト」　上90ウ4
菓コノミトノ如し/「シ」　上92オ2
明(す)か/「スカ」如し/「シ」　上92ウ6
盈(つる)か/「ツカ」如く/「シ」　上95オ3
か/「カ」如し　上96ウ3、上107オ4
に/「ニ」云(ふ)か/「カ」如し/「シ」　上98オ7
廻向門の/「ノ」如し/「シ」　上105オ2
地の如し/「シ」　上106オ7
に/「ニ」云「フ」か/「カ」如し/「シ」　上107オ1
濟ふこと/「スクフコト」能(は)不(る)か/「ルカ」如し/「シ」　上107オ3
の/「ノ」如し[也]　上107ウ4
湌「セン」-受するか/「スルカ」如し/「シ」　上107ウ6
所-至有るか/「ルカ」如く/「シ」　上108オ6
天の/「ノ」繪の/「ヱノ」如し/「シ」　中1ウ2
蓋の/「ノ」如(く)して/「シ」　中1ウ5
夜摩天宮の/「ノ」如「シ」　中2オ2
畫「ノ」-法の/「ノ」如し/「シ」　中3ウ5
一「ツノ」-糸シ反の/「イトノ」如し　中3ウ6
秋の/「ノ」月の/「ノ」如し/「シ」　中4オ6
都「ト」羅「ラ」綿「メンノ」如し/「シ」　中4ウ1
筒ッ、の/「ツノ」如し/「シ」　中4ウ2
頗梨珠の/「ノ」如し/「クナリ」　中4ウ3
鬢の/「ヒケノ」如(く)して/「シ」　中5オ7
鸚鵡「ノ」觜クチハシの如し/「クナリ」　中6オ1
頻婆菓の/「ノ」如し/「シ」　中6オ3
生き(たる)か/イテ「イテタルカ」如し/「シ」　中6ウ1
赤の銅の/「ノ」如し/「シ」　中6ウ3
印-文の/「ノ」如し/「シ」　中6ウ4
瑠璃の/「ノ」筒ッ、の如「シ」　中7オ2
累(ね)たるか/「カサネタラムカ」如し/「シ」　中7オ2
天の/「ノ」鼓の/「ノ」如し/「シ」　中7オ3
伽陵頻の/「ノ」音の如し/「シ」　中7オ4
畫の/「ノ」如し/「シ」　中7ウ4
象王の/「ノ」鼻の如し/「シ」　中8ウ2
水「-」精の/「ノ」色の/「ノ」如し/「シ」　中8ウ4
花赤銅の/「ノ」如し/「シ」　中9オ2
鴈王の/「ノ」如し/「クシテ」　中9オ3

観羅綿の／「ノ」如し／「クシテ」　中9オ6
獅子王の／「ノ」如し／「シ」　中9ウ1
彌勒の／「ノ」如き／「シ」　中9ウ6
紅蓮華の／「ノ」如し／「シ」　中9ウ7
心の／「ノ」如し／「シ」　中10オ1
妙金臺(の)如「シ」　中10オ5
尼物陀樹の／「ノ」如し／「シ」　中10ウ3
日輪の／「ノ」如し／「シ」　中10ウ6
満月の／「ノ」如し／「シ」　中10ウ6
腨はき／「ハキノ」-膞(入)ハカ反　ハキの如し／「シ」　中11オ3
龜「カメノ」背の／「ノ」如し／「シ」　中11オ6
滞(シ)タ、ルか／「シタ、リノ」如し／「シ」　中11ウ4
奩レム反／「レム」底の／「テイノ」如し　中12オ1
論の／「ノ」文の／「ノ」如「シ」　中13オ1
閻浮壇金の／「ノ」如し／「シ」　中14オ2

五須彌山の／「ノ」如し／「シ」　中14オ4
四大海水の／「ノ」如(く)して／「シ」　中14オ4
大千界の／「ノ」如し／「シ」　中14オ5
須彌山の／「ノ」如し／「シ」　中14オ5
在るか／「ルカ」如し／「シ」　中14ウ3
見るか／「ミユルカ」如し／「ク」　中15オ4
非(さ)るか／「ルカ」如し／「ク」　中16オ7
五須彌の／「ノ」如し／「シ」　中17オ3
日月の／「ノ」如し／「シ」　中17オ6
頗梨珠の／「ノ」如(く)して／「シ」　中18オ2
說(き)つる／「ク」所の／「ノ」如く／「シ」　中20ウ2
无(からむ)か／「カラムカ」如し／「クト」　中22ウ7
望むか／「ノソムカ」如し／「ク」　中23オ4
易きか／「キカ」如し／「シ」　中23ウ6
无(き)か／「キカ」如し／「シ」　中24オ1

文「ノ」如「シ」　中24オ7
論するか／「シツルカ」如「シ」　中24ウ1
得るか／「ルカ」如きなり／「シ」　中24ウ3
隨(ふ)か／「(シタ)カ(フ)カ」如「シ」　中26オ2
止観の／「ノ」如し／「シ」　中27ウ4
云(ふ)か／「カ」如し　中30オ2、中74オ2
前の／「キノ」如し／「シ」　中31オ4、下89オ6
料簡門の／「ノ」如し　中31オ6
言(ふ)か／「カ」如し／「シ」　中31ウ7、下66オ2
頗胝「テイ」迦寶の／「ノ」如し／「シ」　中33ウ3
明-／「ナル」星の／「ノ」如し／「クナリ」　中33ウ4
故モトの／「ノ」如し／「クナンナム」　中39オ6

見(る)か如し　中40ウ2
告(け)たまふか／「ケタマムシカ」如し／「シ」　中46オ1
爛壞するか／「シヌルカ」如し／「ク」　中47オ5
見をか／「ムカ」如し／「ク」　中47ウ1
羅睺羅の／「ノ」如し／「シ」　中47ウ3
云「カ」如「シ」　中47ウ6
舍利弗の／「ノ」如き／「シ」　中47ウ7
辟支佛の／「ノ」如き／「シ」　中47ウ7
言(ひ)たまへるか／「イフカ」如「シ」　中49ウ2
幻化の／「ノ」如(く)して／「シ」　中50オ7
云(ふ)か／「ノタマ(フ)カ」如し　中51オ2
說の如く／「シ」行す／「ス」應し／「シ」　中53オ6
門の／「ノ」如「シ」　中54オ7
良藥の／「ノ」如し／「シ」　中55ウ2

譫病人の／「ノ」如し／「シ」　中55ウ2
醫王の／「ノ」如し／「シ」　中55ウ2
服藥の／「ノ」禁忌の／「コノ」如「シ」　中55ウ3
云(ふ)／「ク」如し／「シ」　中56ウ2
云「カ」如し／「シ」　中59オ2
言(ふ)か如し／「シ」　中59オ5
責(むる)／「ムル」所の如し／「シ」　中62オ1
言ふ／「イフ」所の／「ノ」如し／「シ」　中62オ5
云ふ(か)如し／「シ」　中64オ1
金剛の／「ノ」如し／「シ」　中64ウ1
顧-視せ不るか如し　中64ウ6
非(さる)か／「キルカ」如し／「クナリ」　中65ウ6
引くか／「クカ」如し／「ク」　中66オ3
云か／「カ」如「シ」　中66ウ5
念佛相門の／「ノ」如し／「シ」　中71オ4

出(せ)るか／「セルカ」如きなり／「シ」　中73ウ5
下の／「ノ」利益門の／「ノ」如「シ」　中74オ2
觸る／「フル」可(から)不(る)か／「サルカ」如し／「ク」　中74ウ5
釋するか／「スルカ」如し／「シ」　中76オ4
說(く)か／「クカ」如し／「シ」　中80ウ1
前の／「ノ」所說の／「ノ」如き／「シ」　中81オ3
說(く)か／「カ」如し／「シ」　中81ウ3、中97ウ6、下46ウ3
觀るか／「ミルカ」如し／「ク」　中82オ6
起(す)／「スカ」如し／「キ」　中85ウ3
見(る)か／「ユルカ」如し／「ク」　中85ウ5
博カフるか／「ヘムカ」如し／「ク」　中87ウ7
嗅カ、不(る)か／「サルカ」如し／「ク」　中87ウ7

地の／「ノ」如し／「シ」　中89ウ6
水の／「ノ」如し／「シ」　中89ウ7
野(上)馬(上)の／「ハ」如し／「ク」　中90オ3
告(け)たまふか／「マヘルカ」如し／「シ」　中90オ5
隨(ふ)か／「フカ」如し／「シト」[也]　中90オ6
料簡の／「ノ」如し／「シ」　中90ウ4
云(ふ)か／「ク」如し／「シ」　中91ウ5、下50オ7
言たまふか／「ノタマフカ」如し／「シ」　中93オ2
如し／「シ」　中94オ6
閻浮檀金の／「ノ」如(く)して／「シ」　中95ウ3
金「-」山の／「ノ」如し／「シ」　中95ウ4
五-須彌の／「ノ」如し／「シ」　中95ウ5
億千の／「ノ」日月の／「ノ」如「シ」　中95ウ6
云か／「カ」如し／「シ」　中96オ5
金「-」車の／「ノ」如(く)して／「シ」　中98オ1
被ふるか／「フルカ」如「シ」　中98ウ3
被るか／「フレルカ」如し／「シ」　中99ウ5
音の／「ノ」如し／「シ」　中100オ3
助念方法門の／「ノ」如し／「シ」　下1ウ6
說(く)か如し／「シ」　下2オ7
正修念佛門の／「ノ」如し／「シ」　下5オ6
滅するか／「ケスカ」如し／「シ」　下5ウ3
佛の心の如し　下9オ6
心「ノ」如し／「シ」　下11ウ4
異なら／「ニ」不るか／「ルカ」如し／「クナリ」　下12オ3
花嚴經の／「ノ」如「シ」　下13オ3
偈に云(ふ)か如し　下13オ3
上に說(く)か如し　下13ウ2
次ての／「テノ」如し／「シ」　下14オ2
念佛門の／「ノ」如(し)／「シ」　下18ウ7
故モトの／「モト」如し／「シ」　下26ウ1
命終するか／「スルカ」如(し)／「シ」　下30ウ3
妙果の／「ノ」如し／「シ」　下31オ1
功能の／「ニイフカ」如(し)／「シ」　下31オ2
說(く)か／「クカ」如し(と)／「シ」　下34オ7
喪ホロホスか／「ホロホスカ」如(し)／「シ」　下41ウ2
云(ふか)如し　下45ウ6
夢の如し　下60オ1
引(く)か／「カ」如し／「シ」　下60オ5
聚めたるか如し　下61ウ6
融「ツクカ」如「シ」　下61ウ6
文の／「ノ」如し／「シ」　下64オ1
入(る)か／「ラムナリトイフコト」如し／「モシ」　下66ウ3

墮(す)るか／「スルカ」如し／「キ」 下68オ7
前の／「キニイフカ」如し／「シ」 下68ウ5
前の／「サキニイフカ」如し／「シ」 下69オ2
毒の／「ノ」如し／「ク」 下70オ6
健と／「タケシト」／「コハシト」爲るか／「スルカ」如し／「シ」 下70ウ2
得(る)か／「ルカ」如し(と)／「シ」 下70ウ2
曰(ふ)か／「フカ」如し／「シ」 下71オ2、下71オ3
方法の／「ノ」如し 下71ウ3
云(ふ)か如し／「シ」 下74オ6
害するか／「スルカ」如し／「ク」 下74ウ1
利益門の／「ノ」如し／「シ」 下75ウ7
當「ニ」出「ツ」「當」きか／「ヘキカ」如し／「ク」 下77ウ5
足る(か)／「タシテ」如し 下78オ6
云(ふ)か／「カ」如(し)／「シ」 下80ウ2
分无(き)か／「キカ」如し／「シ」 下81オ3

歡喜ス／せるか如し 下81ウ6、下81ウ7
出(す)か／「サム」如し 下82ウ3
善「-」呪の人の／「ノ」如し(と)／「シ」 下82ウ3
懼り／「オソリ」无(き)か／「(カ)ラム」如し 下82ウ5
大力士の／「ノ」如し／「シ」 下82ウ6
是(の)如(し)／「シ」 下83オ1、下86オ2
是(の)如し／「シ」 下83オ7
前(の)／「キノ」如し／「キ」 下85ウ5
有らむか／「ラムカ」如し／「ク」 下87オ4
須達か／「カ」老女等の／「ノ」如し／「キナリ」 下87ウ6
行の／「ノ」如し／「シ」 下89ウ4
第四の／「ノ」如し／「シ」 下89ウ7
大論に／「ニ」云(ふ)か／「カ」如し／「シ」 下90オ2
言(の)たまふか／「ノタマヘルカ」如し／「シ」 下90ウ6

言(のたまふ)か／「マハク」如し／「シ」 下93オ3
歸するか／「スルカ」如し／「ク」 下95ウ4
燒「カム」か如し(と)／「トキ(ナリ)」 上11オ3
の／「ノ」如し(と)／「シト」 上39ウ5
値(ア)るか／「ハムカ」如しと／「シト」 上66ウ6
響の／「カク(「ウ」の誤か)ノ」如しと／「シト」 上69オ7
電「テン」影の／「ノ」如しと／「シト」 上69オ7
天と／「ト」「與」地と／「ト」の如しと／「シト」 上91オ1
遍するか／「スルカ」如し(と)／「シト」 中22ウ5
大千界の／「ノ」如(し)と／「シト」 中34ウ4

盡す／「ツク」可(から)不(る)か／「サルカ」如し(と)／「クト」　中51ウ1

死ぬるか／「ヌルカ」如し(と)／「キト」　中75ウ1

夢の／「メノ」如(し)と／「シト」　中85ウ1

虚空の／「ノ」如しと／「シト」　中86ウ7

忉利天の／「ノ」如し(と)／「シト」　下46オ1

上の／「ノ」如(しと)／「シト」言(ふは)／「イフハ」［者］　下56オ2

非ら(さる)か／「サラムト」如し(と　下77オ5

化の如しとは　上43オ3

〔如似〕06060 00485

囚コメラレたるに／「トラハレタルカ」如-似たり／「コトシ」　上36ウ5

〔猶〕20557

猶「ホ」(し)雷の［猶］くして／「ホタ(「コトク」の誤か)シテ」　上69オ4

莊嚴せるか／「スルカ」［猶］コトシ　上38ウ6

禽-獸の／「ノ」［猶］コトシ　上39オ3

還るか／「ヌルカ」猶コトシ／「コトシ」　上71ウ3

〔等〕25992

出(す)と／「ス」~~等~~「トノコトク」　中89ウ7

可「-」厭「ナリ」~~等~~「トノコトク」　下32ウ2

一日一夜と／「ト」爲すと／「ス」等といゝり／「トノコトク」　下45ウ3

〔若〕30796

亡せるか／「セルカ」若き(か)／「キ」故に／「ニ」　下55ウ4

難(「訓」)(から)不(る)か／「サルニ」若ことき(に)　中90オ2

歡「(平)」娯せむか／「セム」若ことく　中26ウ1

存「(去)」せるか／「セル」若く／「コトク」　下55ウ4

夢の／「ノ」若くして／「クシテ」　上44オ2

の／「ノ」若し／「コトシ」　上38ウ5

遊ふか／「カ」若し／「シ」　上79オ6

度るか／「ラムカ」若ことし／「コトシ」　上79オ6

畏ち／「オチ」-不るか／「サラムカ」若ことし／「シ」　上79ウ6

午王の／「ノ」若ト(し)／「コトシ」　中5オ5

［補讀］

ゝ(雨)「フルカコトク」　上6オ3

滅(し)たまゝ／「シタマヘトノコトク」　中67オ7

欲(する)なり(と)／「トイフトノコトク」　中71オ4

氷のコトク　下69ウ5

鋒なり／「ホコサキノコトクシテ」　上13ウ7

コトナリ(異)

〔別〕01924

別なり／「ナリ」　上109オ7
何そ／「ナソ」別なる「コトナル」　下28ウ5
別なるか／「ルカ」故に　上78オ7

〔異〕21854
異(なら)不す／「ルカ」　中25ウ2
異なら／「ナラ」不(る)ことを／「ス」　下25オ6
異ならむ／「ラム」　下22オ6
豈「ニ」…異ならむや／「ラムヤ」　上44ウ7
異「ナリ」　上92オ3
異なりと／「ナリト」雖(も)　上78オ2
異なり／「コトナリト」者といふは／「ヲハ」　下71ウ1
異なる(こと)／「コトナル」　下71オ1
異なるか／「ナルカ」故に／「ニ」　上92オ2
異なること无し／「シ」　上42オ2
異「ナルコト」有(れ)とも／「トモ」　上92ウ1
異なること／「ノ(「コト」の誤か)」无しと／「シト」　上96オ7
異なること　下20ウ3、下22オ4
異なるを／「ナルヲ」以て／「テ」　上92ウ3

コトニ(殊)

〔別〕01924
別に　上81オ1
別に／「ニ」　上92ウ2

〔殊〕16451
殊に／「ニ」　中97ウ5
殊-「-」スト「コトニ」使ひ　下35オ6

〔特〕20013
特コトに／「ヒトリ」　上76ウ5
特に／「ヒトリ」　上77オ2
特に／「コトニ」　上77オ6、下31ウ1

ゴトニ(毎)(接尾語)

〔毎〕16725
對ふ／「ムカフ」毎ことに／「ニ」　上70ウ6
見む／「ミムニ」毎ことに／「ニ」　中54ウ6
一々の／「ノ」念毎ことに／「ニ」　中91ウ4

[補讀]
戶に／「コトニ」　上29ウ5
脈に／「コトニ」　中1ウ2
々(佛)「コトニ」　中4オ2
々(色)(こと)に／「コトニ」　中4オ2
光に／「ヒカリコトニ」　中8オ4
面ことに／「(オモ)テコトニ」　中10ウ1
聲「コヱコトニ」　下28オ3

コトノヲ(絃)

〔絃〕27373
絃は／「コトノヲハ」　下69ウ3

コトバ(詞)→コトマ

〔言〕35205
言を／「コトハヲ」以(て)　上48オ5

〔詞〕35394
詞コトハを／「ヲ」　中90ウ7
詞の／「コトハノ」　中97ウ5

〔語〕35533
語を／「コトハナリ」　中100オ6
〔辭〕38671
禁呪の／「ノ」辭に／「コトハニ」　下71オ2
コトマ（詞）→コトバ
〔詞〕35394
詞を／「コトマ（「バ」の誤か）ヲ」　下98オ4
コトワリ（理）
〔處〕32697
處り／「ハリ」　上100オ6、下76ウ6
處り／「コトワリ」　中20オ1
處（ことわ）り／「リ」　中48オ6
處り／「コトハリ」　中66ウ7、下68ウ4
處り／「（コトワ）リ」　中87ウ3
處り／「リ」／「コトワリ」　下38オ1
處り／「リ」　下55ウ6
コトワル（判）
〔判〕01923
判せる（や）と／「コトハレルヤト」　下28オ5
判して／「コトハンテ」　下28オ1
コノ（此）
〔今〕00358
今「コノ」　上38オ5
今「コノ」‐身從（り）　上95オ1
今（訓）「コノ」身「ミマレ」　中71ウ3
今「コノ」身「ニ」於「シテ」　中71ウ4
今の／「コノ」　下17オ4
今の／「コノ」身（は）／「ハ」　下30ウ4
〔斯〕13563
斯の／「ノ」　上39オ2
斯「ノ」時に／「ニ」　上68オ5
〔是〕13859
是の／「ノ」　上22ウ5、上35オ4、上35ウ7、上38オ3、上38オ3、上40オ7、上41ウ4、上76オ5、上76オ6、上77オ7、上85ウ2、上88ウ6、上90オ7、上90オ7、上91オ1、上92オ5、上92オ7、上92ウ2、上92ウ4、上92ウ4、上94ウ4、上94ウ6、上96オ2、上97ウ4、上97ウ5、上98オ1、上99ウ1、上100オ3、上100オ6、中4ウ7、中8オ3、中9ウ4、中47オ1、中47ウ4、中48オ2、中48オ6、中48オ7、中48ウ3、中51ウ5、中57ウ5、中63ウ3、中66ウ7、中71ウ3、中72ウ6、中74オ1、中74ウ6、中75オ5、中77オ5、中77ウ5、中77ウ6、中78オ7、中82ウ2、中83オ5、中83オ7、中84ウ3、中85ウ2、中85ウ4、中86オ2、中86オ3、中86ウ2、中87オ4、中87ウ1、中87ウ2、中87ウ3、中94オ4、中96オ7、中96ウ5、中97ウ1、中97ウ7、中98ウ5、中98ウ6、下12オ7、下24オ3、下24オ4、下34オ5、下38オ1、下55ウ6、下59ウ3、下61オ5、下62オ3、下68ウ4、下77オ6、下83オ1、下86オ7、下87オ1、下87オ6、下92オ2、

下94ウ7
是「ノ」身　上38ウ4
是の／「ノ」界　上58オ6
是の／「ノ」處をは／「ヲハ」　上58オ6
是「ノ」　上67オ4、上76オ5、上99オ4、
中8ウ6、中58ウ3、中74オ7、中93ウ2、
中94ウ3、中97オ1、中98オ4、下63オ6
是の　上68ウ3、上72オ1、上76オ5、
上99ウ1、上106ウ5、上106ウ5
是の／「ノ」中　上89オ1
是の／「ノ」時「ニ」　上96ウ7
是「ノ」故「ニ」　中1オ4、中74オ6
是の／「ノ」故(に)／「ニ」　中62オ3
是「ノ」故に／「ニ」　中65ウ2
是れ／「ノ」　下48オ2
是の／「ノ」人
下71ウ6、下72ウ2、下76ウ6
是の／「ノ」人(は)／「ハ」　下76ウ7
是の／「ノ」人は／「ヲハ」　下84オ3
是「ノ」人(は)／「ハ」　下85オ3、下93ウ2
是の／「ノ」人は／「ハ」
下91オ3、下91オ4、下94ウ4
是の／「ノ」經　下96オ4
〔此〕16259
此の／「ノ」　上2オ1、上2オ2、上2ウ1、
上2ウ4、上2ウ5、上5ウ5、上7オ3、
上7ウ4、上7ウ5、上8オ3、上9オ5、
上12オ3、上12オ5、上13ウ3、上15オ1、
上16オ5、上17オ5、上17ウ4、上19オ6、
上20ウ7、上21オ1、上21ウ3、上22オ4、
上23オ2、上23ウ2、上23ウ4、上23ウ6、
上24オ3、上24ウ1、上24ウ3、上24ウ7、
上25オ2、上25オ4、上27オ4、上30オ7、
上31ウ3、上31ウ5、上31ウ7、上32オ3、
上32オ7、上32ウ6、上33ウ6、上35オ5、
上35ウ6
此の　上2ウ6、上3オ2、上10オ1、
上10ウ7、上12オ1、上42オ6、上51オ2、
上81ウ3、上90オ2、中6オ6、中7ウ6、
中8オ7、中10オ6、中55オ6、中66オ7、
中76ウ5、中93オ4、中96ウ7、下58オ4
此の中に／「ニ」　上3オ3
此「ノ」中「ニ」　上3オ6、上3ウ2、
上12オ6、上13オ1、上19オ3
此の中に　上3ウ1、上17オ7
此「ノ」　上3ウ2、上10オ2、上10オ3、
上10オ7、上11オ1、上13ウ3、上17オ7、
上19ウ1、上21ウ7、上23ウ7、上36オ5、
上36ウ5、上81ウ3、上87オ5、上105ウ5、
中6オ2、中10オ5、中95オ2、中96オ3、
中99ウ2、下53オ1、下59オ1
此「ノ」中　上7ウ5、上15オ5
此の／「ノ」中
上15ウ3、上22ウ7、上96ウ2

此の／「ノ」身も／「モ」　上30ウ6
此の／「ノ」日　上33オ3
此の／「ノ」中に／「ニ」　上56ウ6、上82ウ7
其の／「此ノ」　中62オ7
此の／「レニ」　中63ウ4
此の／「レハ」　中99ウ7
此の／「ノ」身は／「ミ」　下24ウ6
此の／「ノ」法　下27ウ6
此の／「ノ」間の／「ノ」　下45ウ5
此の／「ノ」方の／「ノ」　下47オ4
此の／「ノ」指「ヒ」　下70ウ6
此の／「ノ」文　下80オ1
此の／「ノ」義　下87オ7
此の／「ノ」位の／「ヒニハ」　下87ウ7
此れ／「ノ」　下88オ3

コノカタ(以來)

〔來〕00581
本より來(このかた)た　上87ウ5
本より／「ヨリ」來た／「コ(ノ)カタ」　上91オ7
本より／「リ」來た／「(コノカ)タ」　上91ウ1
本從(り)來た／「(コノ)カタ」　上91ウ2
本より來た　上91ウ3
本(も)とより／「ヨリ」來「(コノ)カタ」　中67ウ7
本(もと)より／「ヨリ」-來「(コノカ)タ」　中68オ3
入(る)より／「リンシヨリ」來(このか)た／「タ」　中92オ1
本從「リ」來(このか)た／「タ」　中92オ2
本より／「ヨリ」來た／「(コノカ)タ」　中95オ3
生れてより／「レテヨリ」來(このか)た／「タ」　中99ウ2、下66オ1
久(シ)キヨリ／「クヨリ」來(コノカタ)ノ／「コノカタ」　下67ウ4

〔已來〕08743 00581
无始より／「ヨリ」已來た／「コノカタ」　上107ウ2
已-「-」來(このか)た／「タ」　中50オ2
已「-」來「コノカタ」　下23ウ7
已-「-」來「コノカタ」　下28オ7
一-「-」生より／「ヨリ」已-來(このか)た／「タ」　下68オ7

コノトキ(是時)

〔爾時〕19750 13890
爾「ノ」時の／「ノ」　上48オ5

コノトキニ(是時)

〔是時〕13859 13890
是の／「ノ」時に／「ニ」　上6オ4、上97オ3
是の時に／「ニ」　上47ウ6
〔爾時〕19750 13890
爾「ノ」時に／「ニ」　上97ウ5

コノミ(菓)

〔實〕07294
實みあり／「コノミ」　上54オ6
〔果〕14556
果「コノミ」　上41オ3、下78ウ1
果「ミ」无し／「キト」耶やと　上92オ5
果の／「コノミハ」　下78オ7
〔菓〕31168
菓コノみ／「コノミ」　上54ウ4
菓コノミトノ如し／「シ」　上92オ2
菓みを／「コノミヲ」　上107ウ7
樹きの／「ノ」／「キ」菓み／「コノミ」

コノミ（好）　下41ウ1
〔好〕06053
好コノミに／「ニ」　上54オ3

コノム（好）
〔好〕06053
好-「コノムシ」憙せし所の／「ノ」「之」

〔憙〕11219
憙コノま／「ネカハ」不りき／「ス」　上58ウ3
憙コノム／ネカフて／「コノムテ」　中57オ7
　中60オ7

コノユヱニ（是故）
〔是故〕13859 13161
是「ノ」故「ニ」　上1オ5、上66ウ1、上75オ5、上76オ3、上84ウ6、上88オ6、上89ウ7、上93ウ4、上98オ4、上103オ7、上103ウ3、上103ウ5、上106オ1、上108ウ2、上108ウ3、上109ウ2、中74オ7、中81ウ6、中93ウ1
是「ノ」故に／「ニ」　上37オ7、上45オ4、上64オ3、上92オ1、上92オ6、上92オ6、上107オ3、下81オ4、下85オ4、下89オ1
是の／「ノ」故に／「ニ」　上41ウ5、上48オ6、上51ウ2、上75ウ1、中92オ3
是（の）故に　上71オ5
是の／「ノ」故「ニ」　上97ウ7
是「ノ」故（に）／「ニ」　下73オ3、下77オ4、下80オ4、下80ウ5
是（の）／「ノ」故に／「ニ」　下86オ1

コハシ（強）
〔健〕00875
健と／「タケシト」／「コハシト」爲るか／「スルカ」如し／「シ」　下70ウ2
〔強〕09815
強（く）して／「コハウシテ」　下57ウ6
強はし／「コハシ」　上31ウ5

コバム（拒）
〔拒〕11957
拒コハム／まむ　上76ウ1
拒コハム／まむ　上76ウ1

コフ（乞）
〔請〕35640
請コふ／「コト」　上80オ7

請コフ／「フ」　中43ウ2
請ことと／「コフニ」　中66オ5
請コヘ　中66オ3

コブ（媚）
〔媚〕06513
欲‐「‐」媚の「ミノ」／「コヒタル」　上7オ2

コボス（零）
〔棄〕14913
棄スツること／コホスコト／「コホイテハ」　中64オ7
棄スツること／コホスコト／「コホイテハ」　中64オ7

コホリ（氷）→コホリス
〔氷〕17087
氷を／「リヲ」　中66オ1

コホリス（氷）
〔凍〕01670
凍コイテ／「コホリシテ」　中57ウ3

コボル（零）
〔盈〕22961
盈「コホレ」流「（ナカ）ルト」　中98ウ4

コマヤカ（濃）
〔濃〕18442
濃□□□カ「コマヤカナリ」（擦消）　上67ウ5

コム（籠）
〔囚〕04680
囚コメラレたるに／「トラハレタルカ」如‐似
たり／「コトシ」　上36ウ6

コムラガヘリ（轉筋）
〔轉筋〕38507 25994
脚「カク」‐「‐」轉‐筋「コンニ」を／コムラカ
ヘリ／「コムラカヘリ」　下71オ6

コユ（越）（下二段）
〔超〕37096
超と／「コエシメタマフトイヘリ」　中31ウ6
超（え）よ／「エナム」　上46ウ3
超（え）たり／「コエンキ」　中31オ3
〔踰〕37675
踰「コエ（タリ）」　上24ウ5
〔逾〕38977
逾（え）たり／「コエタリ」　中6オ7

コユ（凍）（上二段）
〔凍〕01670
凍コイテ／「コホリシテ」　中57ウ3

コヨヒ（今宵）
〔此夜〕16259 05763
此「‐」の夜「コヨヒ」　中46オ2

コラス（凝）
〔凝〕01720
凝して／「コラシテ」　下64ウ3

コレ（此）→コレガ、コレニヨリテ、コレラ、コレヲモテ
〔乃〕00113
乃「コレ」至「ケウ」（存疑）　上89オ1

〔之〕00125

之を／「レヲ」　上8ウ6、上47ウ6、中3ウ1、中23ウ3、中24オ6、中36オ7、中47オ7、中60ウ5、中62オ5、中62オ6、中64オ2、中74オ4、中76ウ6、中93オ6、下14オ2、下26ウ1、下27ウ7、下31オ6、下35オ6、下41オ2、下41オ5、下41オ6、下71オ4、下71オ7、下82オ6、下87ウ1、下91ウ4、下98オ5

之に／「レニ」　上21ウ5、中13オ7、中23ウ5、中90オ2、中93ウ4、下13オ7、下26ウ5、下31オ1、下45オ3、下47オ1、下75ウ1、下95ウ6

之レニ／「レニ」　上72オ4

豈「ニ」之に／「レニ」乖タカハム／ソムカム

耶や　上78オ6

之れ／「レ」　中16ウ1

之(れ)を／「レニ」　中16ウ2

之(れ)を／「レヲ」　中16ウ6、中17オ5

之「レニ」　中30オ1

之を／ヲ／「レヲ」　中43オ2

之を／「レ」　中71オ3

之か／「レカ」爲に／「ニ」　中87ウ7

之に／「レヲ」　下57ウ7

〔斯〕13563

斯れ／「コ、ニ」　上33オ4、上33オ4

斯れ／「レ」　中30ウ3、中49オ2

〔是〕13859

是れ／「レ」　上5オ2、上9ウ3、上11ウ1、上14ウ4、上14ウ4、上30ウ7、上39オ2、上40オ7、上41オ5、上42ウ2、上47ウ7、上51オ7、上51ウ6、上58ウ7、上81ウ2、上84ウ4、上86オ6、上86ウ2、上88オ1、上89ウ2、上89ウ2、上94オ6、上98オ7、上99オ5、上99オ5、上104オ3、上105ウ1、上105ウ4、上106オ6、上106ウ2、上108ウ5、中2オ7、中11オ7、中15オ1、中15オ2、中15オ7、中18ウ1、中18ウ7、中47オ2、中50ウ5、中55オ1、中55ウ6、中55ウ7、中63オ7、中63ウ2、中75オ2、中84ウ7、中98ウ4、中99オ4、中99ウ7、下9オ1、下11オ6、下11ウ6、下12ウ3、下12ウ4、下12ウ7、下13オ7、下31オ5、下31オ5、下42ウ3、下42ウ4、下42ウ5、下42ウ7、下42ウ7、下43オ3、下46オ2、下48ウ3、下49ウ7、下50オ2、下52ウ2、下53ウ6、下54オ2、下54オ3、下54オ4、下57ウ1、下57ウ4、下57ウ6、下58オ3、下60オ3、下62ウ1、下62ウ2、下63ウ1、下64ウ2、下65ウ2、下70オ7、下73ウ7、下74オ3、下81ウ3、下81ウ5、下83オ4、下83ウ6、下85オ7、下86オ4、下87オ5、下87ウ7、下89オ2、下90ウ3、下95ウ1、下95ウ7、下96オ1、下96オ1、下96オ7、下97ウ7、

下98オ1、下99オ4
是「レ」　上16オ3、上73オ6、上87オ3、上87オ5、上92オ3、上98オ7、上100オ7、上109オ2、中18ウ2、中18ウ7、中21オ3、中21オ6、中22オ7、中23オ7、中24オ3、中24オ7、中28オ5、中29オ5、中31ウ4、中34オ6、中48オ4、中49オ6、中62オ2、中62オ5、中62オ6、中63ウ2、中66ウ1、中68オ7、中68ウ2、中68ウ4、中69ウ4、中70オ6、中71オ2、中71オ3、中73ウ1、中75オ3、中76ウ4、中84オ3、中87オ3、中91オ2、中92オ4、中93オ5、中93ウ5、中97オ7、中99ウ2、中100オ5、下8ウ2、下8ウ4、下8ウ5、下11ウ5、下11ウ7、下12オ6、下12ウ7、下94ウ1、下98オ7
是れ　上27オ7、上32オ3、上46オ5、上59オ5、上62オ2、上78オ2、上83オ6、上86オ4、上86ウ2、上86ウ3、上86ウ5、上87オ2、上87オ5、上87ウ2、上88ウ3、上88ウ3、上89ウ2、上89ウ2、上90オ7、上91オ3、上91ウ3、上92ウ1、上99オ5、上104ウ4、上108オ1、中16オ1、中16ウ4、中16ウ5、中97オ5、下52ウ1
是を／「レヲハ」　上32ウ7、下84ウ7、下86オ3
是に／「ヨリモ」　上33ウ5
是を／「レヲ」　上39ウ4、下16ウ7
即(ち)是れ　上42オ3、中65ウ5
是「レ」(なり)［也］　上71ウ5
是れ／「レヲハ」　上97ウ7
是れ／「レ」／「ニ」　上108オ1
則(ち)是れ／「レ」　中16ウ2
是(れ)を／「レヲ」　中19ウ1、中61オ7、中75オ4、中86オ7
此は／「レハ」是「レ」　中24オ5
是は／「レハ」　中43オ4
是の／「レ」　中46ウ4
是「レ」／「レ」　中70オ7
是(れ)を／「レ」　中85ウ2
是にして／「レ」　中85ウ4
是(れ)／「レ」　中86オ2、下12ウ2、下18ウ5、下30ウ2、下44オ7、下46ウ6、下50オ5、下53ウ6、下53ウ6、下77オ3、下80オ7、下97ウ5、下98オ2
是(の)／「レ」故(に)／「ニ」　中92オ6
是レ　下12オ4
方「ニ」是「レ」　下13ウ5
是なり／「レナリ」　下22ウ4、下22ウ5、下22ウ6、下25ウ7、下88オ2
是「レ」従(り)／「リ」　下23ウ7
是れ(なり)／「レナリ」　下24オ2
是れ(なる)／「レ」耶(や)　下29オ5
是に／「レニ」因(りて)／「テ」　下30オ4
是(なり)／「レナリ」　下41オ5

此は／「レハ」是(れ)／「レ」 下44オ5
是れ／「ノ」 下48オ2
是れより／「レ」於「ヨリ」 下49ウ2
是れ／「レ」(なる)耶 下50オ5
是(なり)／「レナリ」[也] 下71オ2
是れ／「レハ」 下94ウ5
是をは／「レヲハ」 下95オ7
是れ／「レヲ」 下97ウ7

〔此〕16259

此を／「ヲ」 上18ウ6
此を／「レヲ」 上31ウ5、下10オ5、下40ウ1、下42ウ5、下65ウ3
此れ／「レ」 上44ウ4、上81オ4、中30ウ5、下28オ4、下57オ1、下60ウ2、下86ウ6、下89ウ1
此に／「レニ」 上45オ3、上82ウ4、上94ウ3、下45ウ4、下59ウ4、下64ウ5
此「レ」は 上46オ5
此は／「レハ」是「レ」 上87オ7、上87オ7、中24オ6
此は／「レハ」 上87ウ1、下46ウ6、下65オ2
此は／「ハ」是「レ」 上87ウ3、上87ウ3、上98オ6、上98オ6
此には／「コレ」「レニハ」 上103オ7
此れ(も)／「レテ(「テ」は「モ」の誤か)」 上104オ2
此は／「ハ」是れ／「レ」 上105オ3、上105オ3、上105オ6、上105オ6
此レに／「レニ」於て／「イテ」 上109ウ5
此(れ)を／「レニ」 中1オ5
此(れ)を／「レヲ」 中12ウ2、中53オ3、中66オ2、中86オ7
此「レ」亦 中24オ6
此(れ)は／「レハ」 中31ウ4
此「レ」 中57ウ1、下44ウ5、下64ウ5
此の／「レニ」 中63ウ4
此(れ)か／「レカ」 中66ウ2
此にして／「レ」 中85ウ4
此の／「レハ」 中99ウ7
此レに／「レニ」於て／「テ」 下8オ2
此を(は)／「レヲハ」 下10オ4
此れ／「レ」亦 下15ウ4、下81オ6
此(れ)／「レ」従(り)／「リ」 下21オ3、下49ウ1
此れ／「レ」與「ト」 下22オ6
此レに／「レニ」 下34ウ5、下59ウ1
此は／「レハ」是(れ)／「レ」 下44オ5
此「レ」／より於「ヨ(リ)」 下55オ5
此れ／「レヲハ」 下63オ3
此(れ)／「レ」 下65ウ6
此に／「レニ」由(り)て／「テ」 下70ウ3、下80オ5
此を／「レヲ」以(て)／「テ」 下75オ7

此れ／「ノ」　下88オ3
此に／「レニ」於て／「テ」　下94オ4
此には／「レニハ」　下97オ7
〔維〕27568
維《コレ》／「コレ」　上1オ4

コレガ（此）
〔此〕16259
此か／「カ」爲に／「ニ」　上107ウ3

コレニヨリテ（因是）
〔因此〕04693 16259
此に／「ニ」因（り）て／「テ」　上24オ2
〔由是〕21724 13859
此に／「レニ」由（りて）　上92オ3

コレラ（此等）
〔是等〕13859 25992
是「レ」等らも／「ラ」　中48ウ2
是等らの「ラノ」　下12オ7
〔此等〕16259 25992
此等らの／「ノ」　上27オ3、上48オ3
此-等らの／「ラノ」　上38オ4
此「レ」-等「カ」爲に／「ニ」　上39オ7
此「レ」等「ラノ」　中47オ7
此（れ）／「レ」等の／「ラノ」　中49ウ6
此「レ」等は／「ラハ」　中71オ5
此「レ」等らの／「ラノ」
中76ウ5、下35オ3、下85ウ4
此「-」等らの／「ラノ」　下34オ2

コレヲモテ（以是）
〔以〕00388
以て／「（コ）レヲモテ」　上18オ7
以て／「コレヲモテ」
以「コレヲモテ」
上25ウ1、上28オ5、中56オ2、下53ウ1
中1ウ6、中2オ1、中2オ3
以（て）し／「コレヲモテ」　中9ウ7
五十五の菩薩を以て／「コレヲモテ」
以（て）／「コレヲモテ」　中12オ6
〔以是〕00388 13859
以（て）／「コレヲモテ」　中43ウ5
是を／「レヲ」以「テ」　上91ウ1
是《コ》、を／「コレヲ」以て／「テ」　下68オ4
〔是〕13859
是れをもて／「コ、ニ」　下56ウ7
〔用〕21703
用て／「コレヲモテ」　中43ウ4、中87オ6

コロス（殺）
〔殺〕16638
殺し／「シ」　上3オ3、中97ウ7
殺し／「ロシ」　上3ウ2、上6オ1
殺しつれは／「シツレハ」　下66オ5
當「ニ」…殺す／「セン」「ス」［當］し／「ヘシ
ト」　上44ウ1
殺せる　上3オ7
押《オシ》殺「コロ」せる者もの　上4オ1

殺「セル」　中70ウ6

コロモ（衣）

〔衣〕34091

衣「（コロ）モヲ」　中29ウ1

衣を／「（コロ）モヲ」　中29ウ2、中72ウ3、中81オ3

コヱ（聲）→コゴヱ、ミコヱ

〔聲〕29166

聲「ヘ」　上2オ7

聲「ヱ」　上4オ3、上13ウ5

聲を／「コヱ」　上9オ3

聲「ヱ」を　上14オ7

聲を／「ヲ」　上14ウ1

聲に／「ヘニ（あら）不といふこと／「ストイフコト」无し／「シ」　上51ウ6

三「ミ（ツノ）」聲を／「コヱ」　下28オ2

聲「コヱコトニ」　下28オ3

サ

サイギル（遮）

〔遮〕39086

遮せり／「サイキルヲモテ」　上18ウ5

サイハヒニ（幸）

〔幸〕09176

幸に／「サイハヒニ」　下59オ5

サカサマ（逆）

〔倒〕00767

倒サカサまに僻さ／「タフサシ」令む／「シム」　下82オ2

サガシ（險）

〔嶮〕08520

嶮「サカシキ」岸　上4オ6

〔險〕41874

險「サカシキ」岸に／「キ（シ）ニ」　上15オ1

サカヒ（境）

〔境〕05409

境ニハ、（「、」存疑）／「サカヒハ」　上73ウ1

〔界〕21775

界の／「サカヒノ」　上52オ3

界ひ　中93ウ5

サカフ（境）

〔界〕21775

界へり／「サカヘリ」／「ヒ」　上52オ1

サカフ（逆）

〔逆〕38849

逆へ／「サカヘ」「ムカヘ」打つ／「ウツ」　上25ウ4

サカリ（盛）→サカン

〔熾〕19385

熾「サカリナル」　上12ウ3

〔盛〕23005

盛なる／「サカリナル」　上3オ6、上19オ6

盛にして／「サカリニシテ」　上17オ6
盛に／「リニ」　上80ウ5

サカン（盛）↓サカリ

〔熾〕19385
猛「タケク」熾「カンナル」　上22オ4

〔盛〕23005
盛「サカンナル」　上8オ5

サキ（先）

〔先〕01349
先に／「キニ」　中43ウ2
先に／（マ）ツ／「サキヨリ」　中45ウ7
先さきより／「サキヨリ」　中90オ6
先より／「サキヨリ」　中90オ7
果の／「コノミハ」先きより／「キヨリ」　下78オ7

〔前〕02011
前の／「ノ」如く／「ク」　上2オ7
前「キノ」如「キ」　上38ウ3
前の／「キノ」　上44オ7、中7オ7、中11オ7、中12オ3、中24オ7、中31オ4、中32ウ3、中66ウ2、中75ウ6、中100ウ5、下3ウ5、下15オ7、下19ウ1、下31オ1、下37ウ6、下54オ1、下56ウ5、下57ウ1、下75ウ7
前に／「キヨリ」　上48ウ2
前きは／「ハ」　上75ウ7
至ら未る／「ル」前きは／「キハ」　上105ウ6
豈（に）前に／「ニ」言（は）不すや／「スヤ」
前に／「キニ」　上106ウ3、中21オ3、中29オ4、中76オ4、下7オ2
前（の）／「キノ」[之]　中32ウ2
前「キノ」身の／「ミマレ」　中71ウ3
前の／「（サ）キノ」　中80ウ6
前に／「（サ）キニ」　中89ウ1
前に／「キノ」　下23ウ5
前の／「キニイフカ」如し／「シ」　下68ウ5
前の／「サキニイフカ」如し／「シ」　下69オ2
前（の）／「キノ」如し／「キ」　下85ウ6
前の／「キノ」如し／「シ」　下89オ6
前ニ／「キニ」　下96オ7

〔鋒〕40455
刺「シ」「ウハラ」-鋒「サキ」　上21ウ6
刺-「-」「シ」「ウハラ」鋒「フ」「サキ」　上21ウ6
鋒「サキ」　中6ウ1

サキダツ（先）（四段）

〔先〕01349
先つ／「サキタンテ」　上13ウ3

サク（裂）（四段）

〔刺〕01969
刺す／「サク」／「サシ」　上8オ1

〔剝〕02049
剝ハキ割サイテ／「サク」　上15オ6

〔割〕02112

剝(き)／「キ」割(き)て／「サイテ」　上15オ6
割(き)て／「サイテ」　上20オ1
割サイて／「サイテ」　上67オ1
割サイテ／「サイテスラ」　中83オ4
切「キリ」割「サキ」　上4ウ2
割さき　上7オ1
割く／「サク」　上7オ1
割さく／「サク」　上7オ5
割く／「ク」　上20オ7
割くか／「サクカ」如し／「シ」　上4オ1
割「サクカ」如「クシテ」　上7オ1
傷「ソコナヒ」-割するか／「サクカ」如く(なる)には／「ニハ」非す　上39ウ1
割くこと／「サクコト」　上2オ6
割さくとも／「サクトモ」　上98オ1
割ける　上20オ2

〔劈〕02223
劈(入輕)「サキ」剖し已(り)て／「テ」　上7オ1

〔劓〕02249
劓きり／「キリ」「サキ」　上32ウ3

〔截〕11639
折キリ截サク　中98オ5

〔斫〕13548
斫き／「セム」　下91オ2

〔裂〕34260
爴ツカミ裂サク「サク」　上2オ3
裂サク／「サク」　上2オ3

サク(離)(下二段)

〔却〕02856
却けむ／「ケムト」　下1ウ5

〔去〕03070
去けて／「サケヨ」　下35オ7
去けて／「サケヨ」　下35オ7

サグル(探)

〔探〕12276
探タム反／ツキ／「サクリ」啄タク反／ハム／「ツイハンテ」　上22オ1

サケブ(叫)

〔叫〕03240
叫ヨフ／「サケフ」　上43ウ7
驚き／「オトロキ」叫サケふと／「ムツル」　上44オ1
驚き／「オトロキ」叫サケふと／「ムツル」　上44オ1

ササグ(捧)

〔捧〕12189
捧サ、ケ／「サ、ケ」　上32オ5

〔擎〕12808
擎(く)るか／ケタラム／「サ、ケタラムカ」
擎ケ／「サ、ケ」持モテ／「モタシメテ」　中63ウ7
擎(く)るか／ケタラム／「サ、ケタラムカ」　中64オ6

中63ウ7
擊サ、ケて／「サ、ケテ」 上47ウ4
擊けて／「サ、ケテ」 中97オ4
擊サ、ケて／「ケテ」 中98ウ7

ササフ(支)
〔支〕13061
支「サ、ヘ」-持せり／「シテ」「タモンテ」 上28オ4

〔柱〕14660
柱(へ)たり／「ヘタリ」 上27ウ5
相ひ／「ヒ」柱サ、へたり／「サ、ヘタリ」 上27ウ5

サス(刺)
〔刺〕01969
刺サイて／「テ」 上11オ4
刺サイテ 上17ウ2
刺す／「サク」／「サシ」 上8オ1
刺「サシ」切「キル」す 上25オ5
刺サし／「サシ」壊りき／「ヤフル」 下19ウ2
貫ぬき／「ツラヌキ」刺して／「サスコト」 上21ウ7
刺す／「サク」／「サシ」 上8オ1

〔鑽〕41082
鑽(去)サ、ム／「キラレム」 上40ウ3

サス(指)
〔指〕12034
指(す)なり／「ス」「也」 下56オ2
〻(指)(す)か／「スカ」如き／「キ」 下71ウ1
〻(指)すに／「サスニ」 下70ウ6
指す／「セリ」 上100ウ1
指す／「セリ」 上100ウ1

〔收〕13110
收めて／「ヲサメテ」／「サス」／「テ」 中57ウ6

サダマル(定)
〔定〕07109
定なること／「マラ」不「スシテ」 中98ウ2
定(まら／「マラ」不「ス」 中99ウ5
定(ま)れること／「リ」 下59ウ2
定り(ぬ)／「ヌ」應し／「ヘシ」 中97オ6
倶に「-」定(ま)れり／「ナリ」 下74オ3
定(ま)れる「-」性 中92オ3

サダム(定)→サダメテ、サダンデ

サダメテ(定)→サダンデ
〔定〕07109
定(め)て／「テ」 上52ウ5、上92オ5、上92ウ4、下57オ2、下73ウ6、下73ウ6、下80ウ7、下94オ4
定(め)て／「メテ」 中29ウ7、下14ウ7、下14ウ7、下58オ2、下81オ1

〔決〕17174
定「メテ」 中28オ7
決(さた)めて／「カナラス」 下69オ4

サダンデ(定)→サダメテ

〔迮〕38801
逼‐セメ／「セメテ」迮サク反／ソ反／セメテ／「サタンテ」「スハ、テ(存疑)」　上25オ2

サヅク(授)
〔授〕12242
當に／「ニ」菩薩の記を／「ヲ」授く／「ク」〔當〕しと／「シト」　上69オ5
授(け)たまふ(と)／「ケタマハムト」　下10ウ6
授(け)たまふ／「ケタマフ」　中57ウ5

サト(里)
〔鄕〕39571
鄕サトに　中26オ6

サトリ(悟)
〔覺〕34973
覺(り)を／「サトリヲ」　上44ウ6

サトル(悟)
〔了〕00226
了り／「サトリ」易し／「ヤスシ」　上43オ2
了る／「サトリ」　上60オ7
了る／「サトリ」　上60オ7
了す／「サトル」　下13オ2
了(り)たまふも／「サトンタマヘリ」　中41ウ7
了すらく／「サトンテ」　中86オ4
了(し)て／「サトンナハ」　中63ウ6
〔悟〕10680
悟らむ／「ラムヤ」　下47ウ7
悟る／「モ(「サ」の誤か)トル」　上41ウ7
悟る／「サトレリ」　上73オ2
悟る／「サトル」應から／「ヘ」不「ス」　下47ウ4
悟る／「サトル」應〻(から)／「ヘ」不「ス」　下54ウ2
悟る／「ル」　下54ウ4、下87ウ7
悟る／「トル」　下55オ7、下87ウ5
悟るに／「サトルニ」　下48ウ4
悟(る)なり／「サトルヘシ」　下48オ1
悟る／「サトレリ」　上73オ2
悟れり(と)／「サトレリ」　下8オ3
〔曉〕14176
曉「サトル」　中30オ1
曉サトルに／「アキラムヘキニハ」　中30ウ6
〔覺〕34973
覺「サトリ」易「ヤスク」　上1オ6
〔解〕35067
解ら／「サト」不る／「サル」　中48ウ2
解ら／「サトラ」　中48ウ2
解ら／「サトラ」不す／「スシテ」　中74ウ3
解ラ／「サトラ」不シテ／「ス」　下65ウ3
解(り)て／「サトリ」　下38ウ7
解サト(り)て　下26ウ2
解する／「サトル」　下36オ6
解ること／「(サト)ルコト」　中86オ7

解(る)とは／「ルトハ」云は／「ハ」不す／「ス」　上104オ3

〔識〕35974

識らむ／「サトラム」　下8オ4

識る／「サトル」　中8ウ5

サハ(澤)

〔澤〕18383

大なる「-」澤サハを／「タクヲ」　中85オ7

サハリ(障)

〔导〕07421

导り／「ハリ」有り／「リ」　上51オ5

〔礙〕24542

礙り／「サハリ」无きか／「キカ」如く／「ク」
上100ウ5

礙り／「サハリ」　中26オ2

〔障〕41821

障に／「リニ」　上25ウ2、上25ウ5

障「リ」无(け)れとも／「レトモ」　上25ウ6

障を／「リヲ」
中62オ7、中62ウ5、中63オ6、中66オ4

諸の／「ノ」障(り)／「リ」　下19ウ7

障りを／「ヲ」　下51オ7

障り／「リ」　下63ウ5

サフ(障)

〔妨〕06111

妨サヘ／「ケ」不「ス」　上97オ2

〔导〕07421

导っ／「サヘ」所る／「ラル」　下41ウ7

相ひ／「ヒ」导っ／「サヘ」不(と)／「ス」
下45ウ1

〔遮〕39086

遮して／「サヘテ」「シテ」　上22オ6

〔障〕41821

障ふ／「サフ」　中60ウ5、中73オ3

障ふ／「フ」　中73ウ1、中76オ5

障っ不す／「ス」　上106オ6

障っ／「サヘ」所れ／「ラレ」　下87ウ6

障(へ)て／「ヘテ」　中17ウ2

障っられて／「サヘラレテ」　下87ウ6

サブラフ(侍)

〔侍〕00589

侍ラヒタマフ　上49ウ3

サマ(様)→タタザマ、ヨコサマ

〔相〕23151

相(なり)／「サマナリ」「也」　中29オ5

サマタグ(妨)

〔妨〕06111

妨サマタケ不す／「ス」　上45オ3

妨せ／「サマタケ」不す／「ス」　上97オ2

妨サヘ／「ケ」不「ス」　上97オ2

妨サマタけむ／「サマタケム」　下89ウ4

サム(冷)

〔冷〕01622

冷サメニキ／サメヌ／「サメヌ」／「ス、シク

ナンヌ」 下27オ2

サム(醒)

〔覺〕34973

覺め／「サメ」未レハ／しては／「サルトキニハ」 上44ウ5

覺め／「サメ」已(り)て／「テ」 中52オ6、中85オ4

覺め／「サメ」未して／「ス」 中74ウ3

覺「メ」已「テ」 中85オ5

覺(め)／「サメ」已(り)て／「テ」 中85オ7

覺めて／「サメタルトキ」 中78ウ1

サムサ(寒)

〔寒〕07239

寒(さ)／「サ」 中98オ3

ザラク(不)

〔不〕00019

留め／「メ」不さる／「サラ(ク)」耳のみ／「ノミ」 中27オ5

サラス(曝)

〔曝〕14239

曝《サラシ》 上31ウ2

サラニ(更)

〔更〕14283

更に／「ニ」 上13ウ6、上18オ3、上31ウ4、上35ウ4、上35ウ6、上38ウ1、上43オ7、上45オ5、上56オ7、上76オ2、上79オ1、上88オ2、上89オ7、上98ウ1、上105ウ7、中22オ4、中23オ7、中23ウ5、中25ウ2、中45ウ1、中62ウ3、中63ウ4、中64ウ5、中68オ6、中75ウ6、下30オ4、下49オ6、下72オ1

更に／「ラニ」 上44オ2

更「ニ」 上56ウ3、中32ウ4

ザリ(不)→ザラク、ズ

サル(去)

〔却〕02856

却さ(り)て／「サンテ」後 下28オ1

却(り)て／「サンテ」 下86オ6

〔去〕03070

去ら不しと 上100オ7

去らは／「ラハ」 上80オ2

去らむと／「ラムト」 中31ウ7

去らむと／「サラムト」 中38オ2

相ひ／「ヒ」去り／「サンヌ」 上58ウ5

去「サリ」肯「カヘニ」不「ス(アル)」可「(カラ」不「ス」 上100オ7

去「リ」て 上57ウ5

去り「テ」 上71オ1

去りぬ／「ヌ」 下26ウ6

去りぬ／「サンヌ」 下81ウ6

去る／「ル」 上47オ7、上47オ7

去る／「ル」者もの／「ノ」 上65オ5

去る所 中65オ4

去る／「サル」 下28ウ4

去ること／「テ」　上14オ2
去れること／「サルコト」　下56オ6
去る／「サルコトス」[當]「シ」　中27ウ3
去るに／「テ」　上8ウ3
去テ／れとも／「ルニ」　下12ウ1
去れは　上66オ1
去れは／「レハ」　上66オ1
去れは／「ハ」　上66オ2
去(れる)こと／「レルコト」　上16オ6
去れること／「レルコト」
上91オ1、中77ウ1、下49ウ1、下49ウ2
去(り)たまへること／「レルコト」　中84オ6
去(り)たまへと／「サンタマヘル」　中36ウ1
相ひ／「ヒ」去り／「サンヌ」　上58ウ5
〔逝〕38895
逝けは／「サレハ」　中27ウ7
〔避〕39163
避さら不す／「ス」　上75ウ3
避さ(り)て／「ノカレテ」　下42オ2
避さる／「ノカル、ニ」處无し／「シ」　上34オ3
遁トン反／ノカレ／「ノカレ」「トン二」避／ス
ル／アカル、／「ヒイン」「サル」所无し／
「シ」　上36ウ2
避され／「ノカレテ」　中82ウ6

シ

シ(助詞)
[補讀]
貧と／「トシ」名く／「ク」　上39ウ4
塵「ノ」中にも／「ニシ」　上61ウ7

ジ(不)(助動詞)→アタハジ
〔不〕00019
見「ミ」不す／「シ」　上32オ2
樂しから／「タノシカラ」不らむ／「シ」乎　上35ウ7
辭(平)せ／「セ」不し／「シ」　上43ウ4
得「エ」不し／「シ」　上61オ7、下91ウ6
退轉せ／「セ」不し／「シ」　上61ウ1
盡さ不し　上63オ7
取ら／「ラ」不し／「シ」　上63ウ1
樂(しか)ら不す／「シ」乎や／「ヤ」　上71オ3
樂(しか)ら不らむ／「シ」乎や　上73オ6
虚-設ナラ不し　上81ウ6
盡(くる)こと／「ルコト」能「ハ」不し／「シ」　上85ウ1
爲なら／「セ」不し／「ス」　上93オ4
の／「ノ」爲にせ／「ニシ(「シ」行か)セ」不す／
「シ」　上95ウ1
驚-怖せ／「セ」不「シ」　上97オ5
毀-呰せ／「セ」不「シ」　上97オ6
には／「ニハ」及「ハ」不し／「ス」　上103オ2
知(る)こと／「ルコト」能(は)不し／「ス」

中5オ3
記せ／「セ」不し　中35オ6
能(く)動(か)さ／「カスコト」不し／「シ」　中37オ4
成ら／「セ」不し／「シ」　中37ウ2
知せ／「セ」不「シ」　中39オ5
有ら／「ラ」使め／「メ」不「シ」　中39オ6
及「ハ」不「シ」　中43ウ7、中44オ3、中44オ6、中44ウ1、中44ウ7
伺ひ／「ウカ、ヒ」求め不し／「シ」　中58オ3
矜「(平)」カコリ／「オコリ」／「コウ」伐「(入)」アコら／「ハンセ」不し／「ス」　中58オ7
待(た)／「マタ」不れ／「シ」　中64ウ5
受け／「ケ」不しと／「シ」　中71ウ4
容(去)「-」受せ／「セ」不し／「シ」　中73オ2
中や(ふ)ること／「ヤフルコト」能(は)不し／「シ」　中74オ1
得「エ」不し／「サレ」　中79ウ2

如か／「シカ」不「シ」　中87オ6
得「エ」不し　中97ウ4
夭せ／「エウセ」不し／「シ」　下6オ5
堅イヨタ、／「イヨタ、」不し／「シ」　下6オ7
墮せ／「セ」不し／「シ」　下8オ3
墮(せ)／「セ」不し／「シ」　下8オ6、下85オ4
生(ま)れ／「ウマレ」不し／「シ」　下8オ6
息せ／「ヤマ」不し／「シ」　下8オ7
虚(しか)ら／「カラ」不し／「シ」　下11オ5
如か／「カ」不し／「シ」　下14ウ1
中-害せ／「セ」不し／「シ」　下15ウ2
惱(まさ)／「マサ」不し／「シ」　下15ウ2
取(ら)不し(と)／「シ」　下16オ5
取ら不し／「シ」　下18ウ3
昇(ら)／「ノホラ」不「シ」　下25オ1
食せ／「セ」不「シ」　下25オ1

飲せ／「セ」不「シ」　下25オ1
違せ／「タカハ」不「シト」　下28オ7
如か／「シカ」不し／「ス」　下31オ7、下96ウ1、下96ウ2、下96ウ5、下97オ1
絶つ／「タツ」當へ(から)／「ヘ」不し／「ス」　下35オ7
爲せ(るにあら)／「セルニ」不「アラシ」也　下46オ7
取ら不と／「シト」　上80オ2
去ら不しと　上100オ7
明の／「ニハ」如(く)にはあら／「シカ」不す／「シト」　上106ウ2
盡さ／「ツキ」不し(と)／「シト」　中34オ4
休-「-」息せ／「セ」不しと／「シト」　中83オ7
取(ら)／「ラ」不しと／「シト」　中94ウ1
取ら／「ラ」不「シト」　中94ウ7
受(け)／「ケ」不しと／「シト」　下11オ7

得「エ」不し(と)／「シト」　下15ウ2
取(ら)不し(と)／「シト」　下18ウ4
言-說せ／「セ」不しと／「シト」　下25オ2
取不し(と)／「シト」　下32ウ5
取(ら)不と／「シト」云ふ／「イヘリ」
　下73ウ5
及「ハ」不す／「シトイヘリ」　中33ウ6
及「ハ」不「シトイヘリ」　中44ウ4
養育「セ」不し(と)／「シトイヘリ」　下90ウ2
〔未〕14419
竟「ヲヘ」未「シ(と)」　下59オ4

シカ(然)→シカアテノチ、シカアリ、シカアンテノチ、シカイフ、シカウシテ、シカス、シカナリ、シカモ、シカラバ、シカリ、シカルユヱ、シカルヲ、シカレドモ、シカンテノチニ

シカアテノチ(然後)
〔然後〕19149 10098
然「カアテ」後「チ」　上5ウ2
然して／「カアテ」後に／「チ」　上15ウ2
然して／「カアテ」後に／「ニ」　上72オ1

シカアリ(然)→シカアンテノチ
〔然〕19149
然シカ(ありと)／「アリト」　下13ウ7
〔爾〕19750
爾あり／「ナリ」
　上72ウ6、上76オ1、上78オ1、上86オ2
爾あり／「シカイフ」　下4オ1
爾なりと／「カアリト」　下63ウ4
當に／「ニ」爾る／「シカアル」應し(と)／「キヲモテナリ」　下72ウ4
爾かる／「シカアルカ」耶　下55オ1

シカアンテノチ(然後)
〔然後〕19149 10098
然して／「アンテ」後に／「ニ」　上40オ1
然して／「(シ)カアンテ」後に／「ニ」　上90ウ2
然して／「シカンアテ」後に　中13ウ4
然して／「アンテ」後に　中13ウ5

シカイフ(然言)
〔爾〕19750
爾「シカイハ」不す／「ス」者は　上81オ1
爾シカイハ不す／「ス」者「ハ」　上98ウ3
爾ら／「シカイハ」不す／「スハ」者は　上104オ4
爾(ら)／シカイ／「イハ」不す者は　下46オ7

シカウシテ(然)
〔然〕19149
然して／「シカンアテ」後に　中13ウ4
然して／「アンテ」後に　中13ウ5
〔而〕28871
而して　上7オ6、上28ウ6
而「シテ」　上8ウ4、上17ウ7、上24ウ5、

上25ウ7、上42ウ6、上51オ6、上81オ7、上96オ6、上100オ4、上100オ7、中29オ2、中40ウ4、中43オ6、中43ウ2、中45ウ7、中66オ3、中69ウ1、中69ウ2、中88ウ1

而(し)「テ」　上18オ1

けて／「ケテ」而「シテ」　上22ウ1

而も／「シテ」　上32ウ3、中9ウ1、中26ウ3、下42オ3、下75オ7

而して／「モ」　上99ウ4、上99ウ5、上109ウ7、中22オ1、中39オ6

而して／「シテ」　中43オ7、下91オ1

而(して)／「シテ」　中64オ2、下30ウ1

而(し)て／「シテ」　中64オ2、中90オ1

而「シテ」「-」以て　下68ウ7

シカウシテノチニ(然後)

〔然後〕19149 10098

然して／「カアテ」後に／「チ」　上15ウ2

然して／「シカンテ」後に／「チ」　上20オ6

然して／「アンテ」後に／「ニ」　上40オ1

然して／「カアテ」後に／「ニ」　上72オ1

然して／「(シ)カアンテ」後に／「ニ」　上90ウ2

然して／「カンテ」後「チ」(に)　上107オ5

シカジ(不如)→シク

シカス(然)

〔爾〕19750

菩薩「スラ」尙「ホ」(し)爾す／「ナリ」　上67オ1

爾す／「ナリ」　上67オ3

爾シカするに／「シカスルコト」　下35オ6

爾ら／「シカセ」不は／「スハ」「者」　中58ウ1

シカナリ(然)

〔然〕19149

然なり／「ナリ」　上11オ6、上12オ5、上39オ1、上40ウ6、上44ウ5、上58オ3、上61ウ7、上67ウ3

然なり／「カナリ」　上30オ4

唯し「-」然なり／「ナリ」　上69オ4

〔爾〕19750

爾り／「カナ(リ)」　下26ウ4

爾なり／「ナリ」　上30ウ6、上61オ1、上75ウ5、上95ウ4、上98ウ4、上98ウ5

尙し／「シ」爾なり／「ナリ」　上37ウ5

菩薩「スラ」尙「ホ」(し)爾す／「ナリ」　上67オ1

爾す／「ナリ」　上67オ3

爾あり／「ナリ」　上72ウ6、上76オ1、上78オ1、上86オ2

爾り／「ナリ」　上86オ2

爾なり／「シカイフ」　中22ウ5

爾「カナリ」　中31オ6

爾か(なりと)／「シカ」　下47オ7

爾なりと／「カアリト」　下63ウ4

爾「シカ」者なるは不(る)／「(アラ)スハ」

下48オ3

シカモ（然）

〔然〕19149

然モ　上22ウ2

然も／「モ」　上46ウ6、上78ウ7、上89オ1、中7オ5、中10オ7、中12ウ3、中18ウ3、中60ウ4、中62オ1、中71オ2、中71オ5、中90オ3、中90ウ3、中92オ4、中93オ7、中95オ4、下9ウ6、下32ウ3、下48オ1、下49オ7、下50オ5、下55ウ1、下62ウ2、下67オ2、下76ウ7、下77ウ1、下88ウ5、下89オ2、下89オ3、下96ウ1

然の（「も」の誤か）　上66オ4

然（る）を／「モ」　上81オ5、上88ウ6

〻（然）「モ」　中24オ2

然「モ」　下56オ4、下75ウ5

〔而〕28871

而「『モ』（消）」　上2オ3

而（も）／「モ」　上6ウ1、上9オ4、上9オ7、上9ウ1、上10オ1、

而「モ」　上6ウ5、上8オ6、上8ウ3、上11ウ6、上61ウ4、上65オ6、上80オ5、上82オ3、上88オ5、上89ウ1、上90オ1、上90ウ4、上93ウ6、上101オ1、上109ウ4、中3オ6、中4オ4、中38オ4、中47オ1、中74オ5、中87ウ7、下11ウ1、下48ウ6、下60オ1、下65オ4、下70オ2、下81ウ6、下88ウ2、下95オ7、下98オ4

而も／「モ」　上7オ6、上25ウ6、上51オ5、上56ウ2、上65オ7、上88オ5、上96ウ5、上101オ6、上101ウ1、上108ウ7、中24ウ4、中36オ1、中50ウ3、中53オ4、中85オ6、中86ウ6、下5オ6、下12オ3、下49オ5、下65オ5

而も　上31オ1、上43ウ2、上47オ1、上100オ7、上101オ7、中39ウ1、中46ウ1、下28ウ6、下60オ2、下84オ5、下87オ5

而も／「シテ」　上32ウ3、中9ウ1、中26ウ3、下42オ3、下75オ7

而モ／「モ」　上36ウ2

而るを／「モ」　上38オ4、上67オ5、上70ウ6、上76オ4、上80オ6、中63ウ4、中74オ4、中74ウ2、中92オ1、下97ウ4

而して／「モ」　上99ウ4、上99ウ5、上109ウ7、中22オ1、中39オ6

シカラバ（然）

〔爾〕19750

爾らは／「ラハ」　中62オ6、下47ウ6

爾ら（は）といはゝ／「ハ」　下54ウ2

爾（ら）は／「ハ」　下61オ2、下78オ4、下78オ4、下94オ7

爾らは／「ハ」　下70ウ6

爾（ら）は／「ラハ」　下86ウ2

シカリ（然）

〔然〕19149
然ら不す　上92ウ2
然ら／「ラ」不といへるは／「ストイフコト」　中34オ4
然らむと願す　上69オ1
願（ハク）「ハ」…然「ラムト」　上69オ1
然る／「ル」可「シ」　上37ウ6
然る可「シ」　上96ウ3、中89ウ5
然る／「ル」可し／「シ」　中24オ2
然る／「ル」者「ハ」　中24オ3
然る／「ル」所「-」以「ユヘ」者は／「ハ」　下47ウ5
然る／「ル」可（し）／「シ」　下55オ1、下67オ5、下70ウ5、下76ウ1、下93ウ5
然る／「レ」可（き）／「ヘシトヤ」耶や　下75ウ4
〔爾〕19750
爾ら不す／「スト」　上79オ2
爾ら／「ラ」不す／「ス」　上79ウ1
爾ら／「ラ」不「ス」　上79ウ5、下96オ1
爾ら不　上79ウ7
爾ら／「シカイハ」不す／「スハ」者は　上104オ4
爾ら／「シカセ」不は／「スハ」「者」　中58ウ1
爾ら／「シカラ」不（る）／「スハ」者は　下16オ5
爾（ら）／「シカ」不す／「スハ」者は　下34ウ3
爾（ら）／「ラ」不（る）か／「ス」故に／「ニ」　下73オ4
爾（ら）／「ラ」不は／「スハ」　下73ウ5
爾らは／「ラハ」　中23オ6、中24オ1
若（し）／「シ」爾（ら）は／「ハ」　下73オ4
爾り／「ナリ」　上86オ2
爾る／「カル」可（し）／「シ」　下48ウ3
爾かる／「シカアルカ」耶　下55オ1

シカルユヱ（然所以）
〔然所以〕19149 11715 00388
然る／「ル」所以「ユヱ」者は／「ハ」　上47ウ2
然「ル」所以「ハ」者　上106ウ5

シカルヲ（然）
〔然〕19149
然（る）を／「モ」　上81オ5、上88ウ6
〔而〕28871
而るを／「モ」　上38オ4、上38オ5、上67オ5、上70ウ6、上76オ4、上80オ6、中63ウ4、中74オ4、中74ウ2、中92オ1、下97ウ4
而（る）を　上48オ4

シカレドモ（然）
〔然〕19149
然（れと）も／「モ」　下48ウ3

シカンテノチニ（然後）
〔然後〕19149 10098
然して／「シカンテ」後に／「チ」　上20オ6

然して／「カンテ」後「チ」(に)　上107オ5

シキリニ(頻)

〔荐〕30951

荐シキリニ／「シキリニ」　下6オ5

シキヰ(敷居)

〔閫〕41263

閫シキヰノ／コン／「トシキミ」(の)　上17オ2

シク(如)

〔如〕06060

如か／「シカ」不「シ」　中87オ6

如か／「シカ」不「ス」　下96ウ7

には／「ニハ」如しか／「シカ」不す／「ス」　上54ウ3

明の／「ニハ」如(く)にはあら／「シカ」不す

／「シト」　上106ウ2

如か／「カ」不し／「シ」　下14ウ1

如か／「シカ」不し／「ス」　下31オ7、下96ウ1、下96ウ2、下96ウ5、下97オ1

如か／「カ」不「ス」　下96ウ3

如か／「シカ」不「ス」　下96ウ6

如シクは／「シ」／「シク」无し／「シ」　中92オ5

シク(敷)→シクバカリス

〔布〕08778

布しき／「シキ」　上67オ6

布き／「シキ」　下48オ5

布けり／「シケリ」　上52オ2

布しけり／「シケリ」　上54オ3

布けり／「セリ」　中1ウ6

〔敷〕13359

敷しき／「シクハカリシ」　上99ウ2

敷しけり／「シケリ」　上52オ5

シクバカリス(敷)

〔敷〕13359

敷しき／「シクハカリシ」　上99ウ2

シゲシ(繁)

〔繁〕27849

繁に／「シケク」　下40ウ4、下59ウ1、下89オ3

繁ケレハ／「シケ、(レ)ハ」　下41ウ1

シシ(肉)

〔宍〕07084

宍「シ、ヲ」　上3オ3

〔肉〕29236

肉「シ、ヲ」　上2オ6

肉をは／「シ、ヲハ」　上15オ6

肉に／「シ、ニ」　上17ウ2

肉を／「シ、ヲ」　上19ウ2

皮-「ハ」肉「シ、」　上20ウ7

肉「シ、ニ」　上21オ3

シジム(縮)

〔巻〕02860

巻けは／「シ、ムレハ」　中33ウ5

シシムラ（肉）
〔宍〕07084
宍シ、ムラ　上28オ5
〔臠〕30049
臠シ、ムラ　上28ウ4
シタ（下）
〔下〕00014
（の）［之］下た　上2オ1
「ノ」下に／「タニ」　上4ウ1
下に／「タニ」　上4ウ6
下に「シタ」在（り）て「ヨリ」　上8オ6
（の）［之］下「タ」に　上15ウ4
下たに／「ニ」　上16ウ2
地の下た／「タ」　上23オ4
腋ワキの／「ノ」下たより／「タヨリ」　上35オ3
白‐日「ノ」下たを／「モトヲ」　上38オ6
の／「ノ」下に／「モトニ」「タ」　上49ウ4
寶樹の／「ノ」下たに／「トニ」　上68オ7
膝（訓）の／「ノ」下た／「モト」　上78ウ6
舌の／「ノ」下の／「タノ」　中6ウ6
足の／「ノ」下に／「タニ」　中8オ1
腋の／「ワキノ」下は／「タハ」　中8オ7
腋の／「ノ」下「タ」　中8ウ2
足「ノ」下「タ」　中12オ4
シタ（舌）
〔舌〕30277
口「チ」‐舌「タ」に　上11オ4
シタウヅ（鞢）
〔鞢〕42761
鞢シタウツ／「ハイヒ（「モ」の誤か）ノ」　中79オ1
シタガフ（從）（四段）
〔從〕10152
從（ひ）て／「シタカウ」　中52オ5
從「ツテ」　中52オ6
從はむ／「ヒナンム」　上77オ3
行に／ケル／「カウニ」從はれて／（ヒ）テ／
「カヘテ」　下69オ1
從ひ／「ヒ」　上48オ1
從ひ／「シ（タ）カヒ」　中91オ6
從はむ／「ヒナンム」　上77オ3
從ふ／「ヒヌ」　上36オ3
從ふ／「ヒヌ」　上36オ3
從ふ／「カナヘリ」　上54オ3
從ふ／「フ」可けむ／「ケム」耶や　上78オ3
從ふ／「カヘタリ」　中32ウ3
從ふ／「シタカフト」　中85オ5
從（ひ）て／「フテ」　下67ウ1
事「ニ」從「カヘ」　中83ウ2
從（ひ）て／「ムテ」　上49ウ7
〔承〕11852
承シタカヒ事ツカマツラム　中83オ4
〔追〕38836

追(ひ)て／「シタカヒテ(擦消)」[而]　上58ウ5
相ひ／「ヒ」追(ひ)て／「シタカンテ」　上70オ5

〔逐〕38877
走り逐ふて／「シタカフ」／「シタカテ」　上5ウ7
逐ふて／「シタカンテ」　中54オ7
逐ふて／「シタカンテ」　中54オ7

〔遵〕39118
遵シタカフて／「カムテ」　上64ウ3
遵シタカフて／「カムテ」　上64ウ3

〔隨〕41871
當に／「ニ」隨は／「かは」不レ／る／「サレ」
[當]シ／「シ」　下83オ3
隨ひ／「ヒ」　上52オ4
に／「ニ」隨「ヒ」　上53ウ4
見るに／「ニ」隨ひ／「ヒ」　上70ウ4

隨「ヒテ」　上56オ6
樂ひに／「(ネ)カヒニ」隨(ひ)／「ヒ」て[而]　上58ウ5
意に／「ニ」隨(ひ)て／「テ」　上70ウ1
に／「ニ」隨(ひ)「ヒ」て　上82ウ1
意に／「ニ」隨ふ／「フ」　上55ウ5
隨ふ／「フ」可「シ」　上82オ7
隨「フ」時「ニ」　中79オ2
當に／「ニ」…隨(ふ)／「フ」[當]「シ」　下31ウ4
隨(ふ)／「フ」　下51オ2
隨(ふ)か／「(シタ)カ(フ)カ」　中26オ2
隨(ふ)か／「フカ」如く／「ク」　中27ウ7
隨(ふ)か／「フカ」如し／「シト」　中90オ6
隨ふと／「フト」　中27ウ7
隨(ふ)は／「フハ」　下80オ1
隨ふゝし／「カヘ」　上38ウ1
隨ゝ／「フヘシ」　中68オ6

隨ゝ／「ヘ」　中21オ5
隨ゝ／「フヘシ」　中68オ6

〔順〕43349
順せ／「シタカハ」不る／「ル」時には／「ニハ」　上36オ3
順するか／「フ」故に／「ニ」　中24オ2
順して／「シタカンテ」　中24オ6

シタガフ(從)(下二段)

〔從〕10152
從ふ／「カヘタリ」　中32ウ3
行に／ケル／「カウニ」從はれて／(ヒ)テ／
「カヘテ」　下69オ1

〔隨〕41871
隨(ひ)て／「ヘテ」　下50ウ7

シタシ(親)→シタシクス

〔親〕34918
親シタしく／「マナアタリニ」　中25オ6

シタシクス(親)

〔親〕34918
相ひ／「ヒ」親（し）く（する）こと／「シタシフ
モノ」无し／「シ」　上37オ4

シタシブ（親）

〔親〕34918
相ひ／「ヒ」親（し）く（する）こと／「シタシフ
モノ」无し／「シ」　上37オ4

シタダリ（滴）

〔渧〕17772
渧シタ、リ／アマツヒ／「ミツタリノ」　上95オ3
渧（シ）タ、ルか／「シタ、リノ」　中11ウ4

〔滴〕18084
滴を／「シタ、リヲ」　中43オ3
滴「シタ、リ（ノ）」水を／「を」以「テ」　中43オ6

シタダル（滴）

〔液〕17586
津（平）シン反／「ウルヒ」液ヤク反／「エキ」
「シタ、ル」（の）［之］　上29ウ1

〔渧〕17772
渧（シ）タ、ルか／「シタ、リノ」　中11ウ4

シタヅ（滴）

〔渧〕17772
渧シタツるか／「ルカ」如くせむ／「シ」　上47オ1

〔滴〕18084
滴シタツ　中6ウ7

シタム（漉）

〔漉〕18112
漉シタムて　上22オ7

シヅカ（静）

〔安靖〕07072 42570
安靖の／「セイノ」時に／「キ」／シツカナル
／「ル」　下26オ7

〔寂〕07200
寂ならむに（「と」の誤か）／「シツカナラムト」
欲ふ／「スル」時「キ」には　上58オ1

〔閑〕41247
閑（か）に／「シツカニ」　中62オ2

シヅム（沈）（四段）

〔沈〕17189
沈ミて／「シツムテ」　中26ウ2

〔没〕17204
没ま／「（シ）ツム」不「マシ」（と）　下66ウ1
没せ／「（シ）ツマ」不して／「スシテ」　下66ウ2
没「シツミ」溺せ／「オホレ」不さるか／「サル
カ」如く／「ク」　上101オ6
没「シツミ」溺「ヲホ、レ」せ不「ス」　下70オ2
没（む）や／「（シ）ツミナムヤ」不や／「ヤ」　下66ウ1
没シツム／す／「シツミヌ」　上72オ3

沒む／「シツムヤ」耶や(と)　下66オ7
沒すること／「ムコト」　下66ウ2
沒む(と)／「シツムト」[也]　下66オ7
沒する／「シツムト」者は／「イハ、」　下66ウ3
〔淪〕17675
淪シツミ／「リン」溺「ニヤクシテ」　上107ウ1

シヅム（沈）（下二段）
〔沈〕17189
沈シツメ　上24オ7

シテ（助詞）→シテス、トシテ、ニシテ
〔於〕13628
に／「ニ」於て／「イテ」　上10ウ3
に／「ニ」於して／「シテ」　上13ウ4
に／「ニ」於て／「シテ」　上16オ1、上50オ2
前に／「ニ」於して／「シテ」　上23ウ6
に／「ニ」於して　上23ウ7
内に／「ニ」於して／「テ」　上28オ6
中に／「ニ」於て　上39オ3、下37オ6
池の／「ノ」側(に)於「シテ」　上43オ5
に／「ニ」於「テ」　上54ウ5
講堂に／「ニ」於「テ」　上68オ2
萬物に／「ニ」於て／「テ」　上72ウ7
土に／「ニ」於して／「シテ」　上77ウ1
極樂兜「ト」率に於て　上78オ7
法の中に於て　上81オ6
我か法の中に於して　上81ウ1
彌勒に於して　上81ウ3
盧遮那佛の／「ノ」所み(もと)に／「モトニシテ」[於](再讀)して　上81ウ4
世に／「セニ」於して／「イテ」　上93ウ2
无量の／「ノ」佛の／「ノ」所み(もと)に／「トニ」於して／「シテ」　上93ウ2
生死「ノ」齶「ヒニ」於「シテ」　上102オ1
[於]生死の齶にして　上102オ1
生死「ニ」於「テ」　上102ウ2
惡世の／「ノ」中に／「ニ」於して／「シテ」　上107ウ4
處「ニ」[於]「シテ」　中29オ6
[於]…處にして　中29オ6
眉「マユノ」間「アヒタト」於「シテ」　中33ウ5
虛空に於して／「テ」　中37ウ4
虛空に／「ニ」於て／「シテ」　中38オ2
中に於シて　中54ウ2
於「シテ」…法「ノ」中「ニ」　中56ウ5
[於]…法の中にして　中56ウ5
菩薩乘の／「ノ」人に／「ニ」於て／「テ」　中57ウ7
夢の／「ノ」中に／「ニ」於「シテ」　中78ウ1
中にして／「ニ」於「シテ」　中79オ3
道場の／「ノ」内にして／「ニ」於「シテ」　中79ウ1
定の／「ノ」中に／「ニ」於して／「シテ」

中82オ5
此コ、に／「ニ」於「シテ」 中87オ2
諸佛「の」所「トコロニ」於「シテ」 下3ウ5
億劫「ニ」於「テ」 下4オ6
中に／「カニ」於て／「テ」 下6オ5
一佛に「ニ」於て／「テ」 下6ウ7
中(に)／「ニ」於「シテ」 下6ウ7
夢の／「メノ」中(に)／「ニ」於して 下7オ5
佛の「-」福用に／「ニ」於て／「テ」 下10オ2
天人の／「ノ」中に／「ニ」於し／「シテ」 下10オ7
如來の／「ノ」所み(もと)に／「トコロニ」於
て／「イテ」 下10ウ1
我か／「カ」所に／「ロニ」於て／「イテ」 下10ウ3
三界の／「ノ」中に／「ニ」於て／「テ」 下12ウ1
十方に於して／「ニ」 下21ウ2

所み(もと)に／「ミモトニ」於して 下22ウ2
所み(もと)に／「モトニ」於して 下24オ3
賢「-」劫にして／「ニ」於「シテ」 下24オ5
爾(の)／「ノ」時に／「ニ」於(て) 下27オ6、下27ウ4
其の／「ノ」佛の／「ノ」所と(ころ)に／「ニ」
於して／「シテ」 下30オ5
无上道に／「ニ」於て／「テ」 下36ウ5
衆生に／「ニ」於て／「テ」 下37オ3、下37オ4、下37ウ1
法に／「ニ」於て／「テ」 下37オ5、下81オ2
談「タム」話火イ反に／「イニ」於て／「テ」 下37ウ2
時に／「ニ」於(て)／「テ」 下37ウ5
心の／「ノ」中に／「ニ」於て／「テ」 下37ウ7
第一義に／「ニ」於て／「テ」 下39オ1
世に／「ニ」於て／「テ」 下41ウ3
其の國に／「ニ」於して／「シテ」 下44オ2

其の／「ノ」中に／「ニ」於して／「シテ」 下46オ1
蓮花の／「ノ」中より／「ニ」於「シテ」 下47オ2
世界に／「ニ」於して／「シテ」 下47ウ6
是に／「コ、ニ」於して／「シテ」 下48オ4
此コ(こ)に／「コ、ニ」於して／「シテ」 下48ウ1
國の／「ノ」中に／「ニ」於して／「シテ」 下48ウ2
中「カ」／に於て／「テ」 下50ウ1
所と(ころ)に／「ロニ」於して／「シテ」 下60ウ2
九品の／「ノ」中に／「ニ」於て／「テハ」 下62オ7
上「ヘニ」於「シテ」 下66ウ6、下66ウ6
沙訶陀「イホムカ」藥に／「ニ」於て 下69ウ6

上にして／「ヘニ」於「シテ」　下72オ1
業縁の／「ノ」中に／「ニ」於て／「テ」　下74ウ2
佛に／「ニ」於て／「テ」　下76ウ2、下77オ4、下80オ5
福田に／「ニ」於て／「テ」　下76ウ5
佛の／「ノ」所（みも）とに／「トコロニ」於して／「テ」　下76ウ7
諸佛の／「ノ」所に／「トコロニ」於して／「テ」　下77ウ6
如來に於て／「テ」　下79ウ5
所と（ころ）に／「ロニ」於て／「テ」　下79ウ6
如來の／「ノ」所（みも）とに於て「テ」　下79ウ7
三乗の／「ノ」中に／「ニ」於て／「テ」　下80オ7
中に／「ニモ」於ても　下81オ6
諸の／「ノ」行の／「ノ」中に／「ニ」於て　下83ウ5
所に／「ロニ」於て／「テ」　下84オ6
菩薩に／「ニ」於て／「テ」　下84ウ1
歳數に／「ニ」於て　下84ウ5
一佛の所と（ころ）に／「トコロニ」於して／「シテ」　下86オ5
百佛の／「ノ」所（みも）とに／「トコロニ」於せることと／「シテ」　下86オ6
智に／「ニ」於て／「テ」　下88ウ5
彼の／「ノ」國土に／「ニ」於ては／「テ」　下89オ1
佛前に／「ニ」於して／「シテ」　下90オ5
如來に（して）／「ニ」於「テ」　下92オ1
我か／「カ」滅後に／「ニ」於「テ」　下92オ4
資具に／「ニ」於て／「テ」　下92ウ3
解脫に／「ニ」於て／「テ」　下93ウ3
人に／「ニ」於て／「テ」　下94オ2
此に／「レニ」於て／「テ」　下94オ4
教文に／「ニ」於（て）／「テ」　下96オ2
首楞嚴院に於して／「シテ」　下99オ2
［補讀］
地獄に（して）／「ニシテ」　上14ウ3
中にして／「ニシテ」　上15オ3
人をして／「ヲ」　上20ウ2
長大にして／「ニシテ」　上23オ7
丈夫の／「トシテ」　上23ウ3
婦「女ノ」人の／「トシテ」　上23ウ4
林の／「ノ」中に／「ニシテ」　上23ウ5
誑「ワウ」惑して／「ワクニシテ」　上24ウ3
刀の／「ノ」如（く）して／「シ」　上25オ5
急（入）「ニシテ」　上25ウ3
の／「ノ」如（く）して／「クナレハ」　上25ウ5
の／「ノ」中にして／「ニシテ」［而］　上26ウ3、上26ウ3
聾「リヨウ」「ミ（、）シヒ」駭「カイニシテ」「ホレ」　上26ウ6

无「-」漸にして／「ニシテ」　上27オ3
祀マツルか／「マツル」「マサ(「ツ」の誤か)ルカ」如(く)して／「シ」　上28ウ2
臭「-」穢にして／「ナリ」　上28ウ3
良医として／「ノ」　上30ウ1
身をして　上30ウ1
臭く／「クシテ」　上31オ2
臭「キ」-處「(ニ)シテ」　上31オ7
見「ミ」未しては／「ルトキニハ」　上31ウ5
懸ハルカニテモ／「シテモ」　上31ウ6
是(の)如き／「(く)シテ」　上32ウ1
法として／「トシテ」　上33ウ3
危(平)アヤフク／「アヤフク」脆セイ反／モロクシテ　上34オ4
救ハラハムか如(く)して　上34ウ2
共に／「ニシテ」　上37オ3
是(の)如(く)「クシテ」　上37ウ2
空-手にして　上38ウ2

眞實「ニシテ」　上39ウ3
調-和して／「ニシテ」　上40オ1
水をして　上40オ2
水「ニ」令「シテ」　上40オ3
是(の)如(く)にして／「クシテ」　上40ウ1
百千萬分にして／「ニシテ」　上40ウ3
二三里(ニ)「シテ」　上43オ4
言モノイハ不して／「スシテ」　上44オ4
懈怠にして／「ニシテ」　上45ウ1
盛-年にして／「ノ」　上45ウ1
を／「ヲ」以「テ」[而]「シテ」　上55ウ2
樓閣は／「ニシテ」　上57オ3
重(く)して／「シテ」　上77オ3
欲界「(ニ)シテ」　上77ウ4
无量の佛の／「ノ」所み(もと)に(して)／「トニシテ」　上93ウ3
衆の生ノ中にして／「ニシテ」　上98オ1
空に(して)は／「ニシテハ」　上98オ6

蓮華「ヲシテ」　中1ウ1
一〻の／「ノ」葉をして／「ニ」　中1ウ1
長く／「クシテ」　中11オ5
高(く)して／「イコト」　中11オ6
无く／「クシテ」　中11ウ5
移(う)つら／「ツラ」不して／「ス」　中12オ2
无(く)して／「ク」　中12ウ6
是(の)如く／「クシテ」　中13ウ4、中14ウ5、中54ウ4、下62ウ1、下63オ4、下91ウ6
无(く)して／「ウシテ」　中17ウ3
等(く)して／「ウシテ」　中19オ3
等(しく)して／「シテ」　中19オ5
是(の)如(く)して／「クシテ」　中19オ6、下73ウ1
願せ／「セ」不して／「レ」　中23オ2
癈せ／「スタレ」不して／「スシテ」　中53ウ7
是の如く／「クシテ」　中54ウ3

鏡の／「ニオイテスルカ」如(く)して／「クシテ」 中55ウ1
多クシテ／(か)りき／「ク」 中56ウ7
盡き／「ツキ」未して／「スシテ」 中57オ3
病者をして／「ヲシテ」 中97ウ5
心をして／「ヲシテ」 下1ウ1
身「-」相をして／「ヲシテ」 下2オ1
衆「-」生をして／「ヲシテ」 下2オ3
水をして／「ヲシテ」 下3オ1
煩惱をして／「ヲ」 下3オ2
[於]億劫よりして 下4オ6
塵數の／「ノ」如(く)して 下4ウ5
重(くし)て／「クシテ」 下7オ1
因縁從(りして)／「リシテ」 下12ウ6
空「(オ)ホソラ」從(り)して／「リシテ」 下21ウ4
所とにして／「ミモトニシテ」 下21ウ7
昔-「-」曾し「(二)シテ」 下21ウ7
山從(りして)／「リシテ」 下25ウ4
懈オコタ(ら)／「ラヌ」不「スシテ」 下26ウ7
亂み(たれ)／「レ」不「スシテ」 下31ウ7
殺「セ」不「スシテ」 下38オ3
受持せ／「セ」不して／「ス」 下38ウ7
无(く)して／「シ」 下39オ5
無(く)して／「クシテ」 下39オ7
聲をして／「ヲシテ」 下40オ5
淨土の／「ノ」中にして／「ニシテ」 下42ウ6、下44オ6
穢土の／「ノ」中にして／「ニシテ」 下42ウ7
无量百千億劫に(して)／「ニシテ」 下43ウ4
於「テ」菩提樹下にして／「ニ」 下43ウ6
相續せ／「セ」不して／「ス」 下55ウ4
專ら／「ラニシテ」 下57オ1
是(の)如しと／「クシテ」 下63オ3
能(は)不して／「スシテ」 下68ウ3
生れて／「シテ」從(り)／「ヨリシテ」 下72オ6
用(ゐ)／「ヰ」不して／「シテ」 下73ウ1
重く／「クシテ」 下75オ1
何レノ／「ツレノ」處にして／「ニシテ」 下75オ6
強(く)して／「ケレハ」 下75ウ4
亡ウセ／「ウセ」不して／「スシテ」 下77ウ3
久(しか)ら不して／「スシテ」 下77ウ5
究「-」竟は／「シテハ」 下80ウ1
修行せ／「セ」不るは／「スシテ」 下81オ2
餘の／「ノ」業の／「ノ」中に／「ニ」亦於ても／「テモ」 下81オ5
久(しか)／「シカラ」不して／「ス」 下81ウ1
識ら／「シラ」不して／「スシテ」 下81ウ5
久(しから)不して／「スシテ」 下82オ4
水「-」道は／「ヨリシテ」 下83オ6
陸クカノ道は／「ヨリシテ」 下83オ6

修し／「シ」易(く)して／「ヤスクシテ」　下83ウ6
衆-務從りは／「リシテハ」　下84オ4
諸佛の／「ノ」所み(もとに)て／「ミモトニシ
　テ」　下84ウ5
佛の／「ノ」所にして／「ミ(モ)トニ」
　下86ウ7
无(く)して／「クシテ」　下88オ7
了せ不「スシテ」　下88ウ3
持せ／「セ」不して／「シテ」　下91ウ1
同處に(して)／「ニシテ」　下91ウ6
理の／「ノ」如く／「クシテ」　下93オ2
學せ／「セ」不して／「ス」　下94ウ7
弟子に／「ニ」非(す)して／「サルモノ、」
　下95オ6
能(は)／「ハ」不して／「スシテ」　下95オ6
善くして　下95ウ3
住ら／ト、マ／「ト、マラ」不(し)て／「シテ」
　下95ウ4
須く(し)て／「クシテ」流「-」布せ／「セ」令
　しむ／「シム」［須］へし(と)　下99オ5

シテス(於)
〔於〕13628
一偈の／「ノ」事に／「ニ」於「テスルヲハ」
　下4ウ1
夜「-」分に／「ニ」於(て)／「テ(ス)ヘシ」
　下16ウ4

シニカバネ(屍)
〔屍〕07688
屍シニカハネヲ／を　上25オ1
屍シニカハネを／「ヲ」　上44オ4
〔死屍〕16365 07688
死「シニ」「-」屍「カハネ」の／「ノ」如し
　上42オ2

シヌ(死)
〔死〕16365
死なは／「(ム)モ」　上99オ2
死なむ／「シナム」　上18ウ6
死なむ／「ナム」　上19オ1
將に／「ニ」死なむと／「セムスル」［將］する
　時に／「ニハ」　上30ウ2
死なむと／「スル」垂する／「イマニ」時の／
　「キノ」　下70オ7
死ぬ／「シヌ」　上26ウ4
死ぬ／「ヌ」　上26ウ4、上44ウ4、上57ウ4
死(みまか)りぬ／「シヌ」［當］しと／「シト」
　下24ウ7
當に／「ニ」…死ぬ／「ヌ」［當］しと／「シト」
　下46ウ4
死ぬるか／「ヌルカ」如し(と)／「キト」
　中75ウ1
死(に)たる／「シネル」者に／「モノニ」
　下69オ3

シノブ(忍)

〔忍〕10312
忍ノヒ／「シキハ(存疑)」 上31ウ6
忍ひ／「ヒ」難し／「シ」 上40ウ2
忍(ひ)たまふ／「(シ)ノヒタマヘリト」 中47オ1
堪「ヘ」忍「フ」可(から)不 上3オ7
忍ふ／「ノフ」可けむ／「ケン」哉や／「ヤ」 上12オ3
忍むて／「シノムテ」 上44オ3
忍(ひ)て／「レ(「ン」の誤か)テ」 上44オ7

シバシバ(屢)
〔屢〕07787
屢シハシハ／「シハシハ」 下98オ3
〔數〕13363
數「シハシ(ハ)」 上27オ2
數シハ、、／「〱」 上35オ4
數シハ、、 上43ウ3
數(しは)しは／「シハ、、ニ」 中24ウ1
數しは／シハ、、 中52ウ2
數しは／「シハ、、」 中59オ1
數しは(、、)／「シハ、、」 中100ウ4
數しは「シハシハ」 下27ウ4
數しは／「シハシハ」 下82ウ4
〔數々〕13363 00097
數-〻しは(し)は 中85ウ1
數-〻しは／「シハ、、」 中89オ5
數「-」〻しは／「ソクソクニ」 下33オ7

シハハユシ(鹹)
〔鹹〕47553
鹹(去)「シハ、ユキ」-味(平)「ヒ」 上40オ4

シバラク(暫)
〔且〕00029
且く／「シハラク」 上35オ1
且く／「ク」 上106オ2、中13オ5、下29オ3、下46オ6、下55オ2、下63ウ6
且く／「シ(ハ)ラク」 中90ウ7
且(く)／「ク」 下50ウ7
〔斯須〕13563 43352
斯-須シハラク／「シハラク」(の)「之」頃に／「ヒタニ」 下68ウ7
〔旦〕13734
旦く／「シハラク」 下79オ5
〔暫〕14120
暫(く)も／「モ」 上26オ6、上32ウ6
暫く／「ク」 上38ウ7、上108ウ7、下23オ6
暫(く)も／「クモ」 上46オ6、下9ウ2、下11オ4
暫くの時も 上63ウ3
暫くも／「クモ」 上94ウ3
暫く／「モ」 中20オ2
暫く(も)／「モ」 中26オ7
〔蹔〕37782
蹔く(は)／「クハ」 下57オ5
蹔く／「ク」 下67ウ3

シバル（縛）
〔縛〕27771
縛（り）て／「シハテ」 上6オ1
縛むて 上14オ6
縛「シハリ」 上3ウ3
束「ツカネ」「-」縛「シハリ」 上5ウ2
縛て／「シハンテ」 上5オ2
〔繋〕27940
繋シハル／「ユハフ」 上14オ2
シフ（強）
〔強〕09815
強しひ／「シヰ」逼せめて／「セメテ」 上7ウ6
強ひて／「シヒテ」 上76オ7
シフ（盲）
〔盲〕23132
盲（ひ）／「シヒサ（「ラ」の誤か）」所れて／「レラ（「テ」の誤か）」 中92オ2

シボム（萎）
〔萎〕31269
萎シホム 上35オ3
シボル（絞）
〔搆〕12447
搆シホル 中87ウ1
シム（卜）
〔卜〕02774
トシメテ 中25オ4
シム（令）（使役）
〔令〕00387
入ら／「レ」令しむ／「ム」 上6オ3
走ら／「ハシラ」令め／「ム」 上9オ6
行か／「アリカ」令（め）て／「シム」 上10ウ1
肉-摶マロカレの／「タンノ」如くなら／「クナラ」令しめ／「シム」 上11ウ4
起ら／「ソ」令め／「シム」 上11ウ6
登ら令しむ 上18オ1

淨-潔「フ」なら令しむ／「ム」（「可」の訓か）可（から）不す／「ス」 上30ウ7
出さ／「サ」令む／「シム」 上36オ4
淨（か）ら／「キヨカラ」令しむ／「シム」「當」し／「シ」 上39ウ6
得「エ」令しむ／「シム」 上64オ5
至ら／「ラ」令しむ／「シム」 上64ウ3
在「アルコト」有（ラ）令「シム」 上75オ5
在ら令しむ 上75オ5
可「カ」愛なら／「アイナラ」令しむ／「シム」 中12ウ1
觀せ／「セ」令しむ／「シメム」 中20オ7
无盡なら／「ナラ」令しむ／「シム」 中22ウ6
如くアラ／「ク」令む／「シメタラム」 中37オ7
如（く）なら／「クナラ」令めて／「シム」 中38ウ7
生さ／「セ」令しむ／「シム」 中50ウ2

生せ／「セ」不ら／「サラ」令しむ／「シム」　中56オ3
斷た／「セシム」令「シテ」　中57オ2
覺-了せ／「セ」令しむ／「シム」　中60ウ4
生せ／「セ」令む／(シ)ム／「シメテム」　中64ウ6
邪法を／「ヲ」得「エ」令しむ／「シム」　中73オ4
離れ／「レ」令しむ／「シメムカ」　中75オ4
見(せ)令む／「シム」可し／「シ」　中88ウ7
增-「-」盛なら／「ナラ」令しむ／「シム」[須]
(し)／「シ」　中95オ4
住せ／「セ」令しむ／「シム」應し／「シ」　中95ウ3
盈「-」溢「セ」不「サラ」令「シム」　下3オ1
得「エ」不ら／「サル」令(む)／「シム」　下41ウ4
勤「-」修せ／「セ」令(む)／「シム」　下46ウ5

墮さ／「セ」令(む)／「セシム」　下68ウ2
受せ／「ケ」令しむ／「シム」　下74ウ6
呑ノ(ム)ニ／「トム」食クハ／「セ」令(む)／
「シム」　下77ウ5
出こと／「タサ」令しむ／「シム」　下78オ2
倒サカサまに僻さ／「タフサシ」令む／「シム」　下82オ2
无(か)ら／「カラ」令しめむ／「シム」　下92オ5
无(か)ら／「カラ」令めむ／「シム」　下92オ6
當に得「エ」令む／「シム」應し／「シ」　下94ウ7
須く(し)て／「クシテ」流「-」布せ／「セ」令
しむ／「シム」[須]へし(と)　下99オ5
適「-」悅せ／「セ」令(訓)しむと／「シムト」
雖「トモ」　上56ウ2
滅せ／「セ」令しむ(と)／「シムト」　中36ウ5
絕え／「エ」不さら／「サラ」令シメよと／「シ
ムトイヘリ」　中30オ5
住せ／「セ」令(むる)「シムル」者の／「ノ」　上12ウ7
渇死せ令めたる／「ムル」「メタル」[之]者
もの／「ノ」　上20ウ2
空なら／「ナラ」令むる／「シムルヤ」耶　中23ウ5
決「-」定せ／「セ」令(むる)／「シムル」　下56オ5
出せ／「イタ(サ)」令(む)るか／「ムルカ」故
に／「ニ」　上72ウ3
无(か)ら令(む)ること／「ムルコト」　上18オ3
墮さ／「サ」令(む)ること／「ムルコト」勿れ
と／「レト」　上35ウ7
有ら／「ルコト」令(む)ること能(は)不るか
／「ルカ」如く／「ク」　上40オ3
欣「-」求せ／「セ」令(む)ること／「ルコト」

上73オ4
失せ／「ウシナハ」令(む)ること／「シメタマフコト」　中47オ4
有ら／「ラ」令(むる)こと／「シムルコト」　中89ウ2
生さ／「ナサ」令(むる)／「シムルコト」勿れ／「マナ」　中97ウ5
知(ら)／「ラ」令(むる)こと／「シムルコト」　下82オ5
生さ／「ナサ」令(む)ること／「シムルコト」　下84オ1
終ら／「ヲハラ」令(む)ること／「シムルコト」　下92ウ1
終ら／「ヲハラ」令(む)ること／「シムルコト」勿かれ／「カ」　下92ウ3
受「クルコト」有「ラ」令「シムルコト」勿「カレ」　下92ウ4
懺悔せ／「セ」令(むる)こと／「シムルコト」

下95オ7
退「-」失せ／「セ」令むると／「シメム」　中75ウ5
和合せ／「セ」令(む)るなり／「シムルナリ」　中21ウ2
相「-」應せ／「セ」令しむるなり／「シムルナリ」「也」　中24オ6
負「オハ」令「メテ」／「シムルニ」　上4ウ6
念せ／「セ」令(む)るに／「シムルニモ」　中99ウ1
得「エ」令(む)る(を)／「シムルヲ」　中61ウ4
絶タエ／「タエ」不ら／「サラ」令(む)れは　中30オ6
絶(え)／「タ、」不ら／「サラ」令(む)れは／「シムレハ」　中30オ7
行「ユカ」令「メ」　上3ウ4
走ら／「ハシラ」令め／「ム」　上9オ6
醉は／「ヱハ」令しめ／「シメ」已(り)て／「テ」

上10オ6
肉-摶マロカレの／「タンノ」如くなら／「クナラ」令しめ／「シム」　上11ウ4
起ら／「ソ」令め／「シム」　上11ウ6
登「ノホラ」令「シメ」　上18オ1
こと／「コト」得え／「エ」令め／「メ」不す／「ス」　上22オ6
熱惱せ／「セ」令めて／「メ」　上30オ7
漏落せ／「セ」令め不して／「スシテ」　上95オ4
墜沒せ／「セ」令め不(る)か／「ルカ」如く／「ク」　上95オ5
墜「タ(「墮」と誤讀せるか)」沒せ／「セ」令め不す　上95オ6
隔(て)／「テ」令め／「シメ」不して／「スシテ」　中26ウ7
雜「マシハリ」起せ／「オコラ」令め不れ／「レ」　中27オ4

入れ／「テ」令「シメ」　中39ウ4
欲せ／「オモハ」令しめ／「シメ」不すは／「スハ」　中66オ5
了〻にして／「ナラ」令しめ／「シメテ」　中67ウ2
失は令め／「セシメ」　中73オ4
發(さ)／「コサ」令め／「シメ」　中73オ4
佛-界に／「ナラシメ」「令」　中74オ6
无(から)／「カラ」令め／「シメ」　中87オ1
了〻なら／「ナラ」令め　下1オ7
足ら／「タラ」令め／「シメ」　下2オ1
轉せ／「セ」令め／「シメ」不「ス」　下77オ4
醜陋なら令しめむ／「シメ」　下91ウ5
得「エ」不ら／「サラ」令しめむ／「シメ」　下91ウ5
見せ／「ミ」令(め)たまひ／「シメタマハ、」　中81オ4
悟-入せ／「セ」令(め)たまふ／「シメタマハム」　中46ウ5
願の／「ノ」如くなら／「クナラ」令しめたまはむ／「シメタマハム」　下6オ4
得「エ」令「シメタマハム」　下33ウ3
作さ／「ナラ」令めたまひなむ／「シメタマフ」　中39オ1
開解得「-」道せ／「セ」令めたまふ／「メタマフ」　上68ウ1
得「エ」令めたまつ／「マフ」　上90オ6
得「エ」令(め)たまふ／「シメタマフ」　中41ウ6、中46ウ6
解ら／「サトラ」令めたまふ／「シメタマフ」　中48ウ2
失せ／「ウシナハ」令(む)ること／「シメタマフコト」　中47オ4
銷「-」滅せ／「セ」令めたまふこと／「シメタマフコトモ」　下3オ2
知ら／「ラ」令(め)たまふ(と)／「シメタマヘルナリト」　下46オ5
清浄なら／「ナラ」令(め)たまへと／「シメタマヘト」　中42ウ6
得令(め)たまへと／「シメタマヘト」　中45ウ4
解「-」脱のみ／「セ」令はた(「しめ」の誤か)たまへと／「シメタマヘト」　中66オ2
逮(およ)は／「タイセ」令(め)たまへと／「シメタマヘト」　中84ウ3
得「エ」令(め)たまへ(と)／「シメタマヘト」　中96ウ2
見み令めたまつり　上77オ5
得「エ」令(め)たまつと／「シメタマヘリト」　中72ウ5
住せ／「セ」令めたらむ／「シメタラム」　上103オ1
如くアラ／「ク」令む／「シメタラム」　中37オ7

作なさ／「ナサシ」令(め)む(や)／「メタリ」 上78オ4
號「カウ」「-」哭「コク」せ令めたる「ル」者もの 上7ウ6
羞恥せ／「セ」令めたる／「シメタル」[之]者もの／「ノ」 上10オ6
渇死せ令めたる／「ムル」「メタル」[之]者もの／「ノ」 上20ウ2
増長せ令(めた)るか／「メタルカ」故に／「ニ」 中8オ7
増上せ／「セ」令め(むと)ならは／「シメタルヲモテ」 中11ウ5
負「オハ」令「メテ」／「シムルニ」 上4ウ6
開らか／「ラカ」令めて／「メテ」 上18オ4
開ら(か)／「ヒラカ」令めて／「シメテ」 上22ウ3
安穏なら／「ナラ」令め／「メテ」 上40オ1
明「-」利なら(ら)令めて／「メヨ」 中13ウ4

欣「コン」「-」悦せ／「セ」令めて／「メヨ」 中17ウ7
上「ノラ」令「シメテ」 中31ウ3
如(く)なら／「クナラ」令めて／「シム」 中38ウ7
至ら／「ラ」令(むる)なり／「シメテ」 中88オ7
銷-滅せ／「セ」令(め)て／「シメテ」 下3オ1
絶え／「タ、」不ら／「サラ」令めて／「シメテ」 下18オ6
絶え／「タ、」不ら／「サラ」令(め)て／「メテ」 下40オ6
死せ／「セシ」令しむ／「シメテム」 上10オ4
生さ／「ナサ」令メテム／「シメテム」 中60ウ1
生せ／「セ」令む／(シ)ム／「シメテム」 中64ウ6

住せ／「カ(「セ」の誤か)」令めむ／「メムカ」 上33オ3
成ら／「セ」令めむ／「シメム」 上94オ7
順せ／「セ」令めむ／「メム」 上96オ1
行(せ)令しめむ／「シメム」 上103オ3
類をして／「ヲシテ」…生なさ／「サ」令しめむ／「シメム」 上109ウ7
観せ／「セ」令しむ／「シメム」 中20オ7
住せ／「セ」令(め)(たて)まつら(む)／「シメム」 中72オ1
退「-」失せ／「セ」令むると／「シメム」 中75ウ5
往生せ／「セ」令しめむ／「シメム」 下35オ6
无(から)／「カラ」令めむ／「シメム」
下90オ6
无(から)／「カラ」令しめむ／「シメム」
下91ウ3
无(から)／「カラ」令しめむ／「シム」

下92オ5
无(か)ら／「カラ」令めむ／「シム」　下92オ6
離れ／「レ」令しむ／「シメムカ」　中75オ4
決定せ／「セ」令しめむか爲(に)／「二」　下14オ1
墮せ／「セ」令しめむか／「シム」故に／「二」　下91オ5
勘へ／「カムカフルコト」易「ヤスカラ」令しめむと／「シメムコトヲ」　下98オ2
入ら／「ラ」令しめむと／「ムト」　上87オ4
當「二」…廣大なら／「ナラ」令しめむと／「(ム)[當]シト」　上96オ5
聞か／「カ」令めむと／「シメムト」　中41ウ6
知ら／「ラ」不ら／「サラ」令めむと／「シメムト」　中45ウ1
畏(お)とさ令しめむと　中71オ4
幷に／「ナラ」令むと／「シメムト」　中74オ6
入ら／「ラ」令(め)むと／「シメムト」　中74ウ4
生せ／「セ」令めむ(と)／「シメムト」　下17ウ3
殺「-」害「スルコト」无(か)ら／「カラ」令めむとして／「メムトシテ」　上44ウ3
作さ令メよ／「シ(メ)ヨ」　中1ウ1
得「エ」令(め)よ／「メヨ」　中1ウ2
分明なら／「ナラ」令(め)よ／「シメヨ」　中2ウ3
明「-」利な(ら)令めて／「メヨ」　中13ウ4
住せ／「セ」令シメよ　中13ウ5
欣「コン」「-」悅せ／「セ」令めて／「メヨ」　中17ウ7
明「-」了なら／「ナラ」令(め)よ／「シメヨ」　中19ウ3
清淨なら／「ナラ」令めよ／「シメヨ」　中27オ1
退せ／「セ」不ら／「サラ」令(め)よ／「メヨ」　中55オ6
滅せ／「セ」令(め)よ／「シメヨ」　中89オ7
聞か令メヨ　中93オ1
得「エ」令(め)よ／「シメム」　下2オ3
堅(か)ら／「カタカラ」令(め)よ／「シメヨ」　下82オ5
順せ／「セ」令(め)よ／「メヨ」　下98オ5
絶え／「エ」不さら／「サラ」令シメよと／「シムトイヘリ」　中30オ6

〔使〕00573

人-「-」畜をして形を易(へ)使しメキ／「シム」　上43オ6
起さ使しむ／「シム」　中55ウ6
堅固なら／「ナラ」使しむ／「シム」[須]へし　中90オ4
淨-除せ使しむと　上72ウ6
枯れ／「コ」朽ち／「クセ」使むとも／「シムトモ」　中83オ7

遊戯せ／「セ」使むる(こと)／「シムル」无(く)して／「クシテ」　中98ウ6
金と／「ト」爲なさ／「ナラ」使むるか／「シムルカ」如し／「シ」　上90ウ1
有ら／「ラ」使め／「メ」不「シ」　中39オ6
護「-」持せ／「セ」使め／「シメム」　下15オ7
人-「-」畜をして形を易(へ)使しメキ／「シム」　上43オ6
除「カ」「ク」使「シメタマフ」　上72ウ6
爲なら／「ナラ」使めたまふ／「シメタマフ」　中39オ2
遠離せ／「セ」使めたまへと／「セシメタマヘト」　下31ウ2
開-「-」明なら／「ナラ」使めて／「シメヨ」　中62ウ4
成さ使メム／「シメヨ」［宜］「ヘシ」　中90ウ2
悩无(か)ら／「カラ」使(めむ)／「シメム」　下15ウ1

開-「-」明なら／「ナラ」使めて／「シメヨ」　中62ウ4
成さ使メム／「シメヨ」［宜］「ヘシ」　中90ウ2
［補讀］
到「イタラシム」　上5オ3
洋(去)／「トケ」消(上)せしむ／「キエテ」　上10ウ1
到らしむ／「ル」　上14オ5
向ふ／「シム」　上14オ6
憂-愁有ラシム　上30ウ1
逮(ら)しむ／「イタラシム」　上43ウ1
安慰せしむ／「ス」　中9ウ6
消「ケサシム」　中19ウ7
作さしむ／「ナサシム」［當］「シ」　中88ウ4
誦せしむ／「セシム」　下13オ7
香-美なり／「ナラシム」　下69ウ2
罵「ノリ」辱す／「ス」／「ハツカシム」應(か)ら／「ヘ」不「ス」　下93ウ1

勞イタハ(ら)しむ／「ワツラハシク」　下97ウ1
〻(生)せしむ／「セシム」　下99オ6
守「-」護せしむと／「タマフト」　上79ウ5
〻(至)らしむといへり／「イタラ」　中100ウ2
念せしむること／「セムコト」　中88ウ1
向フルこと／「ヘシムルコト」得「エ」不れ／「サレ」　中89ウ2
修(せ)しむ(る)ならは／「セシメタレハ」　中10ウ4
求(む)る(なり)／「(メ)シムル(なり)」［也］　上75ウ1
生むに／「ウマシムルニ」　上44オ6
〻(生)(せ)シムるを／「セシムルヲ」　中61ウ5
念し／「セシメ」　上74オ1
間ヘタて／「ヘタサ(「テ」の誤か)シメ」　上99ウ5

得え(しめ)／「エシメ」　中75ウ5
願して／「セシメ」　中90ウ2
稱も(「(せし)め」の誤か)／「セシメ」
　下20オ3
流「-」布(し)／「セシメ」　下36ウ6
共に同せ／「セシメ」不れ／「サル」　下93オ7
得「エシメ」不「ス」　下93オ7
懺悔(せし)む／「セシメ」　下95オ6
得(し)めたまはむ／「エシム」　下18オ4
超と／「コエシメタマフトイヘリ」　中31ウ6
滅(し)たまへ／「セシメタマヘ」　中68オ4
往「-」生ひたまへ(と)／「セシメタマヘト」
　中94オ5
來「-」迎して／「セシメタマヘト」　中97オ1
自ら殺せる「セシメタル」　上5ウ5
修(せ)しむ(る)ならは／「セシメタレハ」
　中10ウ4
作なして／「ナサシ(め)テ」　上4オ5

在(らしめ)て／「アラシメテ」　上76ウ6
面ムカへて／「カハシメテ」　上78オ5
撃ケ／「サ、ケ」持モテ／「モタシメテ」
　中64オ7
在(お)いて／「アラシメテ」　中88ウ4
遣しむて(「て」衍か)／「シメテ」　下31ウ1
得シメてよ／「ムト」　上81オ3
設け(し)めむ／「マウケシメム」　中54オ3
離(れ)しめむか／「レシメムカ」爲の／「メノ」
　故なり／「ナリ」　上97ウ1
〻(生)レシめむと　上76ウ6
念「セシメムニハ」　下14ウ2
〻(生)(せ)しめむを／「セシメムヲ」以(て)の
　／「テノ」故に／「ニトイフ」云といへり
　上104オ6
在すと／「アラシメヨ」　中79オ7
念と／「ト」爲せよ／「セシメヨ」　中97ウ4
沒せるか／「シメラ(「レ」脱か)ムカ」如き「ハ」

シメス(示)
〔示〕24623
豈に…示さ／「メ」不らむや／「ラムヤ」　上107オ2
示さは／「サハ」　上104オ7
示さむ／「サム」　上98ウ7
示して／「シテ」　中25オ1
示し(て)／「シテ」　中20オ7
示す／「メス」可き／「キ」者もの／「モノ」无　中92オ5
　し／「シ」　中86オ4
示す　下13ウ5
示(せる)なり／「シメセルナリ」　下62ウ2

シモ(下)
〔下〕00014
下に／「モニ」
　上8ウ6、上16オ7、上21ウ6
下も從(りして)／「シテ」　上9ウ1

下も／「モ」從り／「ヨリ」 上11ウ5
下も／「モ」從「ヨリシテ」[而] 上18オ5
下「モ」從(りして)／「シテ」 上18オ6
下の／「シ(も)ニ」 上24オ5
下に／「シモニ」 上28ウ7
下の／「モノ」
上95ウ6、中20ウ3、中54オ6、中71オ4
下も 中28オ7
下しも 下10オ5

シモ(霜)
〔霜〕42363
霜「モ」 上31ウ2

シモ(助詞)↓カナラズシモ
[補讀]
一(つ)も／「ツトシモ」 上41ウ2
極樂ヲシモ／「シモ」 上75ウ2
堅-執にしも／「ニ」非す／「ス」 上98ウ3

シモザマ(下樣)
〔下〕00014
下(さまに)／「シモサマニ」 上14オ3

シモシマ(下)
〔下〕00014
下に／「シモシマ」 上16ウ1

シモト(笞)
〔捶〕12215
杖「ツヱ」捶を／「シモトヲ」 上26ウ2

シラブ(調)
〔奏〕05915
奏するに／シラフル／「スルニ」 下69ウ3

シラミ(蝨)
〔蝨〕33303
蟣(去)キ反／キサ、蝨(入)シチ反／シラミ
「キム」蚤サウ反「サウ」／ノミ「ノミ」等は
／「ハ」 上26ウ4

シリゲタ(髖)
〔髖〕30006
髖シリケタの／「シリケタ」「シリタフラ」 上27ウ6

シリゾク(退)(下二段)
〔却〕02856
却く 中11ウ7

シリタブラ(髖)
〔髖〕30006
髖シリケタの／「シリケタ」「シリタフラ」 上27ウ6

シリへ(後)
〔後〕10098
の／「ノ」後リへに／「ウシロニ」 上48オ1
後(シリ)へニ／「ウシロニ」 中88ウ4
後(しり)へに／「(ウ)シロニ」 中91オ6
後つに／「ウシロニ」 下17ウ7

シル(汁)
〔汁〕17104
汁シルあり／「アリ」 上6ウ3

〔汗〕17130
汗アセ／「アセ」「シル」　上28ウ6

シル（知）

〔了〕00226
了（り）て／「シンテ」　中100ウ4

〔知〕23935
知（ら）／「シラ」不「ス」　上51オ4
何の「レノ」處といふことを知ら／「ラ」不す／「ス」　上59ウ7
知ら／「ラ」不す／「ス」　中40オ3
知ら／「ラ」不ら／「サラ」令めむと／「シメムト」　中45ウ2
知ら／「ラ」不「ス」　中47オ2、中98ウ1
知ら未す／「ス」　中76オ1
知（ら）／「ラ」不（る）か／「ス」　中85オ4
知ら／「ラ」不　中86オ2
心を／「ヲ」知ら不「ス」　中86オ5
知（ら）／「ラ」不す／「ス」　下12ウ5
知ら／「ラ」令（め）たまふ（と）／「シメタマヘルナリト」　下46オ5
知（ら）／「ラ」未「ス」　下48オ3
知（ら）／「ラ」未す／「ス」　下50オ6
知ら／「ラ」不れ（は）／「サレハ」　下66ウ3
知ら／「ラ」不して／「ス」　下67オ2
知（ら）／「ラ」不る／「サレ（「ル」の誤か）」者は／「ノハ」　下67オ2
知（ら）／「ラ」令（むる）こと／「シムルコト」　下82オ5
知（ら）／「ラ」不「ス」　下82オ6
知らむ／「ム」所　上65オ4
知らむ／「ラム」　中45ウ3
知らむや／「ラム」　中99オ4
知るや／「ラムヤ」／「ラム」「耶」　下54オ4
知らむか／「ラムヵ」爲に／「ニ」　下93ウ6
知らむと／「ラム」欲は／「ハ」者は／「ハ」　上45オ5
知らむと／「ラムト」　下13オ4
知り／「リ」　上60ウ1、中46オ4、中46オ5
知れり／「リ」　上60ウ3
知り　上60ウ4、中46オ4、中46オ5
知り／「ル」　上88ウ1
知「リ」　中46オ4
知（り）／「リ」難し／「シ」　下43オ7、下87オ4
知（り）て／「リ」　下52オ4
知り（た）まはむ／「シンタマヘリ」　中46オ4
知（りた）まはむ／「シ（リ）タマヘリ」　中46オ5
知（り）たまふ／「シ（リ）タマヘリト」　中42オ3
知りぬ／「ヌ」　中28オ1、下11オ6、下34ウ2、下42オ1、下48オ1、下55オ6、下56ウ7、下62オ4、下62ウ5、下83ウ6、下95ウ1、下97ウ6

方に／「ニ」知りぬ　下13ウ5
知りぬ　下26ウ2
知りぬ可(し)／「シ」　下80オ7
知(り)て／「リンキト」　中36ウ2
知(る)／「シル」　上17ウ6
知る／「ル」所「ロ」无し／「シ」　上26ウ3
當に／「ニ」知「ル」[當]「シ」　上31ウ3
當「ニ」知る／「ル」[當]し／「ヘシ」　上34オ2
當「ニ」知「ル」[當]「ヘシ」　上36オ1
當「ニ」知「ル」[當]「シ」
上36オ6、上86ウ4、上98オ1、中16ウ3
知る／「ル」時にすら／「キニスラ」　上40ウ1
知る／「ル」所に／「ニ」非す／「ス」　上46ウ6
知る／「ル」應「シ」　上74オ4、中91ウ5
知る／「ル」可(から)不　上88オ4
知り／「ル」　上88ウ1
知る／「ル」　上88ウ1
知る／「ルコト」　上90オ7

知「ル」應「シ」(倒置法)　上107ウ5
知る　中42オ2、中45ウ2
當「ニ」知「ル」[當](し)／「シ」　中64オ3
知(り)て／「ル」　中66オ6
當「ニ」知(る)／「ル」[當](し)／「シ」
中91ウ7
知「ル」[當]「シ」　中96オ5
知る／「レ」　中99オ5
當(に)／「ニ」知る[當]「シ」　下9オ5
知る(なり)／「ル」　下12ウ5
當「ニ」知(る)／「ル」[當]「シ」　下18ウ5
知る／「ル」可(し)／「シ」　下42オ5
知(る)／「ル」應(し)／「シ」　下76オ7
知るか／「シルカ」故に／「ニ」　下67オ3
知(る)こと／「ルコト」
中5オ3、中45ウ4、中50ウ3、下28ウ4
知(る)こと／「シルコト」　中42ウ5
知(る)こと／「ルコト」能(は)不し／「シト」

下5オ3
知「ルコト」得る(や)／「ル」　下75ウ7
知るとなら／「ルト」者は／「ナラハ」
上104オ2
知ると　中19オ7
知る(と)／「ルト」　中86ウ7
知(る)に／「ルニ」　下13オ1
知「ルヘキ」　中30ウ5
知るや／「ヤ」不や／「イナヤ」　上58オ6
知(る)や／「ルヤ」不や／「ヤ」
中97オ5、下38オ6
知れ／「レ」
上31オ2、中79オ5、中79ウ6、下62オ6
知れ　上108オ3
知れ／「セヨ」　中55オ1
知る／「レ」　中99オ5
知れ／「ヌ」　中100ウ3
足りぬと／「タンルコトヲ」知れ／「レ」

下89ウ7
知れは(なり)／「シレ」　下44ウ3
知り／「レリ」　上60ウ2
知れり／「レリ」　上60ウ4、上69オ6
知(れ)り／「レリ」　下67オ1
知「レリト」雖(も)而も／「モ」　上96ウ3
知れる／「レル」者は／「ノハ」　下67オ2
覺(り)知「レルコト」无し／「シ」　上22ウ2
知(り)たまふらむと／「シンタマヘラムト」　中42オ5
知り(た)まはむ／「シンタマヘリ」　中46オ4
〔識〕35974
識ら／「シラ」不「ス」　中98オ6
識ら／「シラ」不して／「スシテ」　下81ウ5

シルス(記)
〔著〕31410
著シルシテ／アラハシテ　上81オ1
著アラハス(や)／「シルスヤ」〔耶〕　下97ウ1
〔記〕35244
記す　上57オ1
記せ／「スヘカ」未(と)／「ラスト」　下64ウ4

シロシ(白)
〔白〕22678
白き者ものは／「モノハ」　中5ウ3
白「キ」光の／「ノ」　中5ウ5
其の色「ノ」(「其」の訓か)白し　上29オ2
白し／「シ」　上29オ5
〔皓〕22732
皓シロキ　上31ウ7

シワ(皺)
〔理〕21014
理シワ　中8ウ3
〔皺〕22899
皺シハ／「シワ」　上18オ2

ス

ス(爲)→オイテス、シカス、シクバカリス、シタシクス、シテス、セシク、セマク、タダシウス、タダシクス、タメニス、タメノユヱニス、ツブサニス、ツミス、トシテ、トモニス、トモンズ、ナホウス、ニシテ、バカリモス、ヒデリス、ヒトシクス、ヒトツニス、マデス、マデニス、モハラニス、モハランズ、ヤマヒス、ユヱニス、ワヅラハシウス、ワヅラハシクス
〔垂〕05012
入らむと／「ラムト」垂する／「スル」之時なり／「キナリ」　下87ウ4
生れむと垂するか如し　上42ウ5

垂イマニ…［垂］せむ／「セム」　下17オ5

〔將〕07438

將に／「ニ」至(り)なむと／「ナムトスルヲヤ」［將］す　上36ウ4

將に／「ニ」死なむと／「セムスル」［將］する時に／「ニハ」　上30ウ2

將に／「ニ」成ならむと／「ナラムト」［將］する　中44ウ3

將「ニ」死なむと／「セムコト」［將］すること　下81ウ1

將に／「ニ」死(せ)むと／「セムトスルコト」［將］するに　下82オ4

將に／「ニ」至(り)なむと／「ナムトスルヲヤ」［將］す　上36ウ4

〔欲〕16080

受(け)むと／「ケム」欲して／「トシテ」　下65オ4

ムト欲スル時には／「ニハ」　上21ウ6

退せ(む)と欲する／「スル」時に／「キニハ」　上36オ2

食せむと／「セムト」欲ふ／「スル」時には／「ハ」　上55ウ3

作佛「セムト」欲する／「スル」者ものは／「ノ」　上86オ6

終らむと／「ヲハラムト」欲せむ／「スル」　下39ウ7

ならむと／「ナラムト」欲へとも／「スレトモ」　上59ウ3

滅せむと／「セムト」欲せむ／「セム」時に／「ニ」　上81オ6

〔爲〕19686

地と／「ト」爲し／「シテ」　上51ウ7

三藐三佛陀と／「ト」爲し／「ス」　中32オ4

多陀阿伽度と／「ト」爲し／「ス」　中32オ4

方便と／「ト」爲し／「ナリ」　中53ウ3

屋「オク」「-」宅と／「ト」爲し／「シ」　中64オ2

鼓(つつ)みと爲し／「シ」　中64オ2

慼ウレヘと／「ウレヘト」／「ウラミ」爲し／「シ」　中74オ4

報と／「ト」爲し／「シ」　下44ウ2

是と／「ト」爲し／「シ」　下65ウ3

重と／「シト」爲し／「シ」　下69オ7

起イヨタツコトヲ爲すること／「シ」　下86ウ4

鳧「フ」雁「(去)」と／「ト」爲ならむ／「シツ」　中99オ2

と／「ト」爲して／「シテ」　上2ウ4、上7ウ4、上10ウ7、上12オ4、上12オ5

一日夜「ト」爲して／「ス」　上5オ6

と「ト」爲して／「ス」　上7ウ3

と／「ト」爲して／「ス」　上9ウ7、上10オ1

と爲して／「シテ」　上10ウ6、上72ウ3

と／「ト」爲し(て)「シテ」　上26オ1

上首と／「ト」爲す／「シテ」　中9ウ1
期と／「ト」爲して／「シテ」
　中25ウ6、下56オ4
期(せむ)と／「ト」爲して　中26ウ6
豪相と／「ト」爲な(り)て／「シテ」　中33ウ5
一の「-」河と／「ト」爲け(「せらむ」の誤か)
　／「シテ」　中37ウ7
一(の)／「ツノ」佛「-」刹と／「ト」爲せむ／
　「シテ」　中87オ5
刹と／「ト」爲して／「シテ」
　下4ウ5、下4ウ5
眷屬と／「ト」爲して／「シテ」　下5ウ1
同學と／「ト」爲して／「シテ」　下22オ1
座と／「ト」爲して／「シテ」　下25オ5
龍(の)／「ノ」身と爲して／「ナレトモ」
　下30ウ4
と／「ト」爲す／「ス」　上1オ6、上1ウ6、
　上25ウ1、上29オ5、上29オ6、上29オ6、
　上29ウ1、上32ウ2、上42ウ3、上44ウ6、
　上45オ2、上45オ2、上91ウ1、上93ウ3、
　上98オ2
と／「ト」爲せり／「ス」　上2ウ7
爲す／「タリ」　上5オ2
と
爲「ス」　上7ウ1
と／「ト」爲して／「ス」　上9ウ7、上10オ1
一と／「ット」爲「ス」　上23オ1
と
爲す　上23オ2、上32ウ7
府(上)と／「フト」爲す／「ス」　上29オ4
肺「ハイ」-府と／「フト」爲「ス」　上29オ4
と／「ト」爲す　上29オ5
と／「ト」爲「ス」
　上29オ6、上29ウ1、上29ウ2
脾「ヒク(「イ」の誤か)カ」-府と／「ト」爲「ス」
　上29オ7
舐(去)シ「-」髮と／「ト」爲「ス」　上29ウ7
衣「トモ」爲「ス」　上45オ2
と／「ト」爲す／「セリ」　上45オ5
法要と／「ト」爲す／「スト」　上75ウ1
源と／「ト」爲す／「ス」[須]し　上86オ5
菩薩と／「ト」爲す／「ス」　上88ウ5
の／「ノ」者ものと／「モノト」爲す／「ス」
　上91ウ4
名(け)て／「テ」假-名と／「ト」爲「ス」
　上98オ7
と
爲す／「ス」　上99ウ7
花報と／「ト」爲す／「ス」　上107ウ5
業因と／「ト」爲す／「ス」　上107ウ5
本懷と／「ト」爲す／「ス」　上107ウ6
果報と／「ト」爲す／「ニ(「ス」の誤か)」
　上107ウ6
根本と／「ト」爲す／「ス」　上108ウ1
三と／「ト」爲す／「ス」　中1オ5
邪觀と／「ト」爲す／「ス」　中2ウ4
正觀と／「ト」爲す／「ス」　中2ウ4

瓔珞と／「ト」爲す／「ス」 中6オ3
獅子王と／「ト」爲す／「ナンヌ」 中8ウ5
上首と／「ト」爲す／「シテ」 中9ウ1
次第と／「ト」爲す／「スル」［也］ 中13オ6
最「-」勝と／「ナリト」爲す／「ス」 中19ウ1
行すと／「スト」爲「ス」 中20ウ6
生「スト」爲「ス」 中20ウ7
願と／「ト」爲「ス」 中23ウ2
二と／「ト」爲せり／「ス」 中23ウ4
所なりと／「ロト」爲す／「ス」 中27ウ2
因と／「ト」爲「ス」 中28ウ5
三藐三佛陀と／「ト」爲し／「ス」 中32オ4
佛陀と／「ト」爲す／「ス」 中32オ4
多陀阿伽度と／「ト」爲し／「ス」 中32オ4
佛世尊と／「ト」爲す／「セリ」 中32ウ3
嚴「-」飾と／「ト」爲せり／「ス」 中56オ2
念佛と／「ト」爲す／「ス」 中68ウ3
勝と／「レタリト」爲す／「ス」 中69オ3、中69オ4
犯と／「ト」爲「ス」 中69オ6
本と／「ト」爲「ス」 中76オ6
要と／「ト」爲「ス」 中76ウ5
佛-立と／「ト」爲「ス」 中82オ4
主と／「ト」爲「ス」 中84オ4
癡と／「ト」爲「ス」 中86オ3
第一「ト」爲たり／「ス」 中87オ3
无常院と爲せり／「ツクレリ」／「ス」 中88オ5
少分と／「ト」爲す／「ス」 下1オ7
見たてまつると／「ツト」爲「ス」 下7ウ2
攝することを／「ヲサメツイ（ツル）」爲す／「ス」 下9ウ1
爲「ス」 下16ウ7、下47ウ5、下47ウ5
食と／「ト」爲しき／「ス」 下25ウ3
淨業と／「ト」爲「ス」 下38オ5
大（い）／「ナル」に失せりと／「トカト」爲す／「ス」 下42ウ6
一日一夜と／「ト」爲すと／「ス」等といつり／「トノコトク」 下45ウ3
穢土と／「ト」爲す／「セリ」 下50オ7
張（平）本（上）と／「ト」爲「ス」 下56オ5
爲するなり（と）／「ス」 下56ウ7
大と／「ト」爲す／「ス」 下59ウ3
四と／「ト」爲（す）／「ス」 下59ウ4
邪教と／「ト」爲（し）／「ス」 下61オ5
助（く）と／「クト」爲（す）／「ス」 下61オ5
垢と爲す／「ス」 下63オ3
一「ツノ」-理なりと／「ト」爲「ス」 下63ウ1
邪と／「シヤト」爲す／「ス」 下63ウ4
忍辱と／「ト」爲「ス」 下69ウ5
大心と／「ト」爲す／「ス」 下70ウ1
苦と／「ト」爲「ス」 下75ウ1
苦と／「ト」爲す／「ス」應カラク／「ヘキ」／「カラク」耳のみ／「ノミ」 下75ウ2

最と／「スクレタリト」爲「ス」　下81オ5
供養しつと／「スト」爲す／「ス」　下84オ4
勝(れたり)と／「レタリト」爲す／「ス」
下86オ2
最「-」勝と／「ナリト」爲「ス」　下86オ3
幢衣と／「ト」爲す／「ス」　下94オ4
遠方と／「ト」爲「ス」[也]　下96オ6
因と／「ニ」爲る／「ス」　下97ウ7
「ト」爲「ス」(と)名「ク」　上32ウ7
犯と／「ト」爲「スト」曰「ハ」不す／ス
中69オ7
破-「-」壞(し)つと／「シツト」爲すと／「ス」
中70オ5
爲す(と)／「スト」　下4オ5
勝(れ)たりと／「レタリト」爲す(と)／「スト」
下49オ1
首と／「ト」爲「ストイフコトヲ」　中28ウ6
と／「ト」爲る／「ナス」　上20オ6

と／「ト」爲する／「スル」　上43オ2
次第と／「ト」爲す／「スル」[也]　中13オ6
最勝と／「ナリトハ」爲する／「スル」
中69オ3
解-知すとは／「スルトハ」爲する／「スル」
中69ウ3
要と／「ト」爲する／「セントイフコトヲ」
中76オ2
要と／「ト」爲する／「スル」　中76オ4
爲する／「スル」　下8ウ2、下37オ2
三と／「トハ」爲する／「スル」　下38ウ2
正と／「ト」爲する(や)／「スル」　下44オ7
億と／「ト」爲(るなり)／「スル」[也]
下49ウ5
期と／「ト」爲する／「スル」者は／「ノハ」
下55ウ7
爲する／「トハ」　下67オ7
最と／「スクレタリヤ」爲す(る)／「モシ」耶

下81オ6
健と／「タケシト」／「コハシト」爲るか／「ス
ルカ」如し／「シ」　下70ウ2
報と／「ト」爲すること／「セル」者は／「ハ」
下44オ7
化と／「ト」爲すること／「スルコト」
下44ウ3
爲(つ)くること／「スルコト」　下48オ7
起イヨタツコトヲ爲すること／「シ」
下86ウ4
首と／「(ハシ)メト」爲す(るなり)／「(ル)ナ
リ」　下11ウ2
要と／「ト」爲するなり／「セリトイフコトヲ」
下34ウ2
爲するなり(と)／「ス」　下56ウ7
と／「ト」爲て／「スルニ」　上18オ7
樂と／「ト」爲するに／「スルニ」足ら「タラ」
未す／「ス」　上48オ3

如來と／「ト」爲するに／「スルニモ」 中16ウ1
如來と／「ト」爲るに／「スルニモ」 中16ウ2
爲するに／「ルニ」足ら／「タラス」未「ス」 下49オ1
十と／「ト」爲するに／「セルニ」非(す)／「ス」 下65オ3
業と／「ト」爲するには／「ナルニ」 下38オ1
何そ／「ナン」-爲せむ／「スレソ」自害「スルヤ」耶や 下97ウ5
琴コトノ／「ノ」絃ヲト／「ヲト」爲れは／「スレハ」 下69ウ2
と爲せ／「セ」[未]す／「ス」 上1オ4
と／「ト」爲せ／「セ」不す／「ス」 上34ウ4
犯と／「ト」爲せ不す 中69オ7
欣(ヨロ)コヒと／「ヨロコヒト」爲(「訓」)せ／「セ」不す／「ス」 中74オ4
爲せり／「セ」 下35オ3

期と／「ト」爲せ／「セハ」者は 下56オ2
見(たり)と／「ト」爲せ／「セ」未す／「ス」 下63オ3
唐-捐なりとや爲せむ[耶] 上95オ7
念すとや／「ストヤ」爲せむ／「セム」 中30オ1
唱(ふ)とや／「フトヤ」爲せむ／「セム」 中30オ2
一(の)／「ツノ」佛「-」刹と／「ト」爲せむ／「シテ」 中87オ5
爲せむ／「セム」 下19オ4
爲(む)／「セム」 下35ウ4
已-久イクヒサシ(しと)／「サシ」爲せむ(や)／「セム」 下43オ5
極樂トカ／(と)か／「カ」爲セム 下50オ3
國とや爲せむ／「セム」 下50ウ6
必(す)しも／「ス」行と／「ト」爲せむ／「セム」耶「ヤ」 下54ウ2

爲せむに／「セムニ」 下46ウ1
輕(し)と／「(カ)ロシト」爲せ(む)や／「セムヤ」 下69ウ1
爲なス／「セヨ」 上41オ6
一期と／「ト」爲せよ／「セヨ」 中83オ2
念と／「ト」爲せよ／「セシメヨ」 中97ウ4、中97ウ4
と／「ト」爲せり／「ス」 上2ウ7
爲せり／「セリ」 上21オ4、下4ウ5、下33ウ5
編アミ／「アミ」絡マトフコトヲ爲せり／「セリ」 上28オ5
と／「ト」爲す／「セリ」 上45オ5
暎飾と爲せり 中1ウ4
侍者と／「ト」爲せり／「タリ」 中7ウ2
侍者(と)爲せり／「タリ」 中8オ5
侍「シ」者と／「ト」爲せり／「ナリ」 中12オ6
侍「シ」者と／「ト」爲せり／「セリ」 中14オ7

二と／「ト」爲せり／「ス」　中23ウ4

佛世尊と／「ト」爲す／「セリ」　中32ウ3

无常院と爲せり／「ツクレリ」／「ス」　中88オ5

首と／「(ハシ)メト」爲(せり)／「セリ」　下11ウ2

業と／「ト」爲せり／「セルコト」　下32オ4

爲(り)／「セリ」　下33ウ4

要と／「ト」爲するなり／「セリトイフコトヲ」　下34ウ2

爲せり／「セ」　下35オ3

人と／「ト」爲せり／「セリ」　下89オ3

爲せ(るにあら)／「セルニ」不「アラシ」也　下46オ7

況(や)／「ヤ」三と／「ト」爲せるをや／「セルヲヤ」　下54オ6

要と／「ト」爲する／「セントイフコトヲ」　中76オ2

[補讀]

劈(入輕)「サキ」剖し已(り)て／「テ」　上7オ1

轉-行し／「シ」　上7ウ1

死(し)／「シ、」已(り)て／「テ」　上8ウ3

調モテアソヒ「-」戯して／タハフレアサケリ／「シ」　上10オ6

〻(生)し／「シ」已れは／「レハ」　上12ウ4

生し／「シヌ」　上12ウ4

散し／「シ」已(り)ぬれは／「ニハ」　上13オ3

轉し／「シ」已るに／「ルニ」　上13オ3

〻(生)し／「シ」已(り)ぬれは／「レハ」　上13オ4

行し／「シ」　上15ウ2

啼「-」哭して／「シ」　上15ウ5

呵責し／「シ」已(り)て／「テ」　上16オ6

撥无し／「シ」　上19オ2

誹謗し／「シ」　上19オ3

焚「ホン」「-」燒し／「セラレ」　上19ウ4

〻(生)し／「シ」已れは　上19ウ7

〻(合)し／「ヒ」已(りぬ)れは／「ヌレハ」　上20オ7

觀し已(り)て／「テ」　上34ウ1

怖-畏し／「シテ」　上34ウ1

著せり／「シ」　上36ウ2

生し／「シ」　上37ウ3

處し／「シ」　上39オ4、上48オ4

貪して／「シ」　上39ウ6

憶念し／「シ」　上40ウ1

繋「-」縛し／「セラレ」　上40ウ4

貪「シ」　上42オ1

弘-宣し／「シ」　上42オ6

〻(滅)し／「シ」已(り)て／「ヲハンテ」　上42ウ3

誦し／「シ」　上43ウ6、上49オ4

雜し／「マシハテ」　上46オ3

相ひ／「ヒ」連(去)-合せり／「シ」　上46ウ1
歡喜す／「シ」　上47ウ6
生し／「レ」已(り)て／「テ」　上48ウ1
照曜せり／「シ」　上49オ1
奏し／「ソウシ」　上49オ5
散し／「シ」　上49オ5
具足して／「シ」　上50オ7
長「-」養し／「シ」　上52ウ5
廻カヘリ-流して／メクリ／「シ」　上53オ2
隨「-」順し／「シテ」　上53オ5
讚-嘆し　上53ウ2
洗浴し／スルコト已「テニ」-訖(り)て／「ハ
ンル(「ヌ」の誤か)レハ」　上53ウ5
講し／「シ」　上53ウ6
現-前して／「シ」　上55ウ4
食し／「シ」已(り)ぬれは／「ハンテ」
上55ウ6
經-行し／「シ」　上57ウ7

迎-「ヘ」送し／「(リ)タリ」　上58オ5
議す／「シ」　上58ウ4
議し／「シ」已(り)て／「レハ」　上58ウ5
宴默し／「シ」　上58ウ7
憶し／「シ」　上60オ6
變-現し／「シ」　上60オ7
往生し／「シ」已(り)て／「ナハ」　上60ウ6
思議し／「スルコト」難し／「シ」　上62オ3
具足し／「シ」　上63ウ7
洞達し／「シテ」　上65オ2
充滿シテ／せり／「シ」　上65ウ2
相ひ／「ヒ」瞻「-」望す／「シ」　上65ウ3
瞻仰し／「シ」　上65ウ5
奏し／「シ」　上65ウ6
獻たてまつり／「シエン(「エン」衍か)」
上65ウ6
聽受し／「シ」　上65ウ7
問-訊し恭敬し／「シ」　上66オ5、上66オ5

親「-」近し承習す／「ス」　上66オ5
住し　上67ウ2、上103オ3
散す／「シ」　上68オ4
究竟し／「シ」　上69ウ1
飜ヒルカヘリ飛ヒ／「ヒ」／「シ」　上70オ5
值-遇し／「シテ」　上71オ2
修し／「シ」　上71オ6、上96ウ4、上99オ4
遠「-」離す／「シ」　上71ウ1
成就し／「シ」難し／「シ」　上71ウ2
難行苦行し／「シ」　上71ウ6
示現し／「シ」　上73オ3
度す／「シ」　上73オ4
轉し／「シ」　上73オ4
念し／「セシメ」　上74オ1
成り／「シ」難(か)らむ　上77ウ5
生し／「レ」難しと／「シト」　上80オ6
決し／「シ」難し／「シ」　上80ウ2
遊行し　上81オ7

稱し／「シ」　上81ウ5

往(去)來(平)し／「シ」　上82オ4

歸命して／「シ」　上83オ2

念ふ／「ス」應し／「シ」　上83オ3

躰-「-」解して／「シ」　上83オ7

値「-」遇し／「スルコト」難(き)こと／「イコト」　上83ウ3

値遇し難き者ものを／「ヲ」　上84オ4

念し／「シ」　上84ウ6

稽首し　上85オ1

度し／「シ」　上85オ7

頌「シ」　上86オ1

冶(上)ヤ／「シ」／「ミカク」鼓(上)して／「ウチ」　上90ウ2

苦行頭陀して／「シ」　上90ウ3

厭患「シ」　上93オ7

受持し／「シ」　上93ウ2、上93ウ3

施し／「シ」　上93ウ2、上93ウ3、上94ウ3

成就し／「シ」　上94ウ1、上94ウ1

圓「-」滿し／「シ」　上94ウ2

證して／「シ」　上94ウ2、上94ウ5、上95オ2

成就して／「シ」　上94ウ4、上94ウ6

斷し／「シ」　上94ウ4

菩提を／「ヲ」證して／「シ」　上94ウ7

學し／「カクシテ」　上94ウ7

修學し／「シテ」　上95オ1

學し／「シ」　上95オ2

生し／「レ」　上95ウ5

增長し　上96オ5

信し　上96ウ2

勤修「シ」　上96ウ3

憶-念分別して／「シ」　上97ウ3

著し／「シ」　上98オ3

觀し／「シ」　上98オ4

害し／「シ」　上99ウ4

謗しり／「シ」　上99ウ5

壞-亂し　上99ウ6

貪し(存疑)　上99ウ7

生し／「シ」已(り)て／「テ」　上100オ5、上100オ6

生し／「シ」已(り)て／「ヌレハ」　上100オ5

應せりといへり／「シ」　上104ウ1

滅し／「シ」　上105ウ3

圓滿して／「シ」　上106ウ7

度し／「シ」已(り)て／「テ」　上107オ4

親近し／「シ」　上107ウ3

妄語し／「シ」　上109ウ6

入「ラムトシ」　中28ウ7

一「-」日／「シ」　下33オ4

失ふ(と)／「シ」　下41ウ5

見「ミムトシ」　下63オ5

渉るか／「ワタルカ」如きを／「クシ」　下95ウ6

行しき／「オコナフ」 上43ウ4
噬「クハレムト」欲しき／「ス」 下29オ7
修しきと／「シキト」 上58ウ2
禮讃したてまつる／「スル」[「之」]者もの／「ノ」 上49オ6
歌-「-」歎「シ」たてまつる 上65ウ7
止「シ」息し(た)まは未す／「ハス」 上71ウ7
化せ／「シタマハ」不る／「サル」所なりと／「ナリ」 上97ウ1
呵し(た)マフ／「シタマヘリ」 上41ウ6
慰喩「シ」たまふ 上49ウ6
母と爲したまふ／「タリ」 上62オ1
議(し)たまふ／「シタマフ」 上68ウ4
微笑して／「セウシタマフ」 上69オ1
來「ノ」(ママ)迎したまふ 上79オ2
證「-」成(し)たまふ／「シタマフ」 上79ウ7
言說(し)たまふ／「シタマフ」所は／「ハ」 上85オ5
處(し)たまふ／「シタマフ」 上91オ7
現したまふ／「ス」 上108ウ3
利益「シ」たまふこと／「シタマフハ」 上62ウ3
利益したまふと／「コト」 上83ウ5
讃「-」揚(し)たまふとも／「シタマフトモ」 上85ウ1
處(ゐ)たまへり／「シタマヘリ」 上49ウ2
演「-」暢(し)たまふ／「シタマヘリ」 上68オ2
轉「シテ」-生したまへり 上77ウ1
披「ヒ」-閲(す)ること／「エンシタマヘルコト」 上74オ3
豈(に)…勸進(し)たまふに「シタマヘルニ」非すや／「スヤ」 上81オ4
衰「-」老したり／「シヌ」 上44ウ2
沒したれは／「インヌレハ」 上56オ7
憐-愍しつ／「シツ」 上35オ6
辭しつ／「シツ」 上35ウ2
具せり／「シツ」 上38オ4
教-誡示-導す／「シツ」 上60ウ1
折(「析」の誤か)(入か)尺反-滅し／(つ)「シツ」 上101オ2
瓔珞しつれは 上101オ5
薫しつれは／「セラム」 上102オ3
誓-願すれは／「シツレハ」 上104ウ1
瓔珞すれは／「トシツレハ」 下70オ2
聚集して／聚「アツマリ」集「マテ」 上3オ2
周「-」匝して／「シテ」 上3オ4、上25オ5
熾然として／「トシテ」 上3オ4
貪「シテ」 上3オ7
極「ホ(「コ」の誤か)ク」惡にして／「シテ」 上4オ3
十「-」倍して「ハイシテ」 上5オ1
呵「カ」「-」責して／「シヤクシテ」 上5オ2
地「-」獄に／「ニシテ」 上5オ3

例して／「シテ」　上5オ5、上43オ3
割「サクカ」如「クシテ」　上7オ1
剃「テイ」「-」刀カミソリの如(く)して「シテ」
上7オ5
耶「-」行して／「シテ」　上7ウ6
復「-」活って／「シテ」　上8ウ3
唱「-」喚して／「シテ」　上8ウ7
垂(れ)て／「シテ」　上9オ4
惶「-」怖して／「シテ」　上9オ4
反「ハン」-覆「フク」して／「シテ」　上9オ6
焼き「-」爛きて／「ランシテ」　上9ウ1
傷「-」恨して／「ウラミテ」　上9ウ2
生し／「シテ」　上10ウ3
十倍「シテ」　上10ウ6
呵嘖して／「シテ」　上11オ2
反-覆して／「テ」　上11ウ6
息ま／「ヤマ」不して／「シテ」　上12ウ5
死(し)て／「シテ」　上12ウ6、上37オ4

死(し)て／「シテ」「而」　上12ウ6
餓「シテ」　上12ウ7
輪の／「ノ」如く「シテ」　上13オ2
轉(縛)して／「ハクシテ」　上13オ2
沙の／「コノ」如(く)して／「シテ」　上13オ3
生して／「シテ」
上13オ3、上29ウ7、上106オ4
十倍して／「シテ」　上13ウ1
鋒なり／「ホコサキノコトクシテ」　上13ウ7
搖-「エウ」「-」動して／「スルニ　上14オ1
卅六億由旬(に)して　上14オ3
縛む(「し」の誤か)て　上14オ6
羂「-」縛「シテ」　上14オ6
是(の)如(くして)／「シテ」　上14ウ1
呵責して／「シテ」　上14ウ2
恐魄ハクして　上14ウ2
勢力にして　上14ウ7
燃して「モエテ」　上15オ3

敷ヮ在サイ(し)て／「シテ」　上15オ7
位にして／「クラキニシテ」　上15ウ5
遍して／「シテ」　上15ウ6
孤(「狼」と誤認せるか)ラウ-獨にして／「ニ
シテ」　上15ウ7
人として／「ト」　上16オ4
十倍「ニ」して　上16オ7
臭シウ-「-」惡にして／「ニシテ」　上16ウ4
流-「レ」迸して／「トハシンテ」　上17オ1
の／「ノ」如く／「ク」して／「シテ」　上17オ5
盛にして／「サカリニシテ」　上17オ6
和(上)「-」雜して／「シテ」　上17ウ5
和「-」新して　上17ウ5
下も／「モ」從「ヨリシテ」「而」　上18オ5
下「モ」從(りして)／「シテ」　上18オ6
是(の)如き「シテ」　上18ウ1
上「ミ」從「ヨリシテ」「而」　上19ウ7
周「-」遍して／「シテ」　上20オ1

具足して／「シテ」 上20オ2、上64ウ5
食して／「シテ」 上20オ3
遊行す／「シテ」 上20オ6
墮(つ)るか／「ツルカ」如(く)して／「クシテ」 上20オ6
決「-」斷「タン」人「トシテ」 上20ウ2
決-斷して 上20ウ2
通して／「シテ」 上20ウ3、上45オ1
遊行して／「シテ」 上20ウ6
求(めむ)として／「ムトシテ」 上20ウ6
遊「-」行して／「スルニ」 上21オ2、上21オ2
遊「-」行して 上21オ5
尋-「タツネ」求して／「ムトシテ」 上22オ3
周旋して 上22オ5
遮して／「サヘテ」「シテ」 上22オ6
住して／「シテ」 上22オ6、上30オ1、上30オ1、上49オ4、上49オ4

行「-」列「レツ」して 上22オ6
摠して／「シテ」 上23オ1
合して／「シテ」 上23オ2、上100ウ4
貪り／「シテ」 上23ウ2
廣「-」大にして 上23ウ3
食(し)て／「シテ」 上23ウ4
馳「ハセ」「-」走して／「シテ」 上23ウ7
周「-」章して／「シテ」 上24オ3、上27オ7
接「トリ」-取して／「テ」 上24オ5
生して／「ウマレタリ」 上24ウ4
生(し)て／「シテ」 上25オ2
の／「ノ」如(く)して／「シテ」 上25オ3
變して／「ヘシテ」 上25オ5
枯「カレ」涸《カク》反して／カレヌ／「カハキヌ」「カレカハ」 上25ウ4
變して／「シテ」 上25ウ4、上25ウ7、上41オ3、上88オ1、上90ウ1
惣して／「シテ」 上26オ4、上36ウ1、上89オ6、上104オ1、中17オ5、中28オ1、中76ウ4、下11ウ1、下34ウ6、下41オ1

略して／「シテ」 上26オ4、上27ウ3、上85ウ4、上98ウ7
生れて／「シテ」 上26ウ3、上107ウ3
生して／「レテ」 上26ウ4、上32オ4
宛「ヱン」轉「テン」して／「シテ」 上26ウ6
展「-」轉して／「シテ」 上28オ3
周「-」帀して／「シテ」 上28オ4
支「サ、ヘ」-持せり／「シテ」「タモンテ」 上28オ4
分「-」布して／「セリ」 上29ウ2
周「-」轉して／「セリ」 上29ウ3
食(ひ)て／「シテ」 上30オ6
依-止して／「シテ」 上30オ7
食噉して／「シテ」 上30オ7
現前するに／「シテ」 上30ウ1
怖「-」畏して／「シテ」 上30ウ2

相ひ／「ヒ」食して／「ス」　上30ウ4
膸-張して／「シヌ」　上31オ4、上31オ4
捐「エン」捨して／「シツレハ」　上31オ4、上31オ4
變す／「シテ」　上31オ4
齟(去)トリ掣者反／「シテ」　上31オ6
潰火イ反／ツエ-爛せり／タ、ル／「ランシテ」　上31オ6
雜「マシハリ」出して／「ツルコト」　上31オ7
分「-」散して／「シテ」　上31ウ1
封して／「カ、リ」　上31ウ2
精進して／「シテ」　上33ウ6
脫-「-」止して／「シテ」　上34オ1
修「-」行して／「シテ」　上34オ3
馳「ハセ」-求して／「モトメテ」　上34オ5
詐ウツハリ眠ふりをして／「ネフリシテ」　上34ウ3
遠「-」離して／「シテ」　上35オ5
悲-泣して／「シテ」　上35オ5、上99オ2
養「-」育して／「シテ」　上36ウ7
屬して／「シヌ」　上37オ2
展轉して／「シテ」　上37ウ2
死して／「シテ」　上37ウ3
辭して／「シテ」　上38オ6
分別して／「シテ」　上38ウ6、上90ウ2、上91オ5、上102ウ4、上102ウ5
現して／「シテ」後に／「ニ」　上39ウ2
觀して／「シテ」　上39ウ5、上40オ2、上90ウ4
生「シテ」　上39ウ7
調-和して／「ニンテ」　上40オ1
居して／「シテ」　上40オ5
劫「コフ」-奪して／「タンシテ」　上41オ1
推「オシ」-求して／「テ」　上41オ1
離(れ)て／「シテ」　上41オ7
略して　上41ウ1
憶-想して　上42オ3
思念して／「セヨ」　上42ウ6
觀察して／「シテ」　上42ウ7
命して／「メイシテ」　上43ウ1
反して／「カヘセト」　上43ウ2
坐して／「シテ」　上43ウ2、上49ウ2、上58オ7
誦して／「シ」　上43ウ2
坐して／「キテ」　上43ウ5
行「カウシテ」　上43ウ5
行事して　上43ウ5
發して／「テ」　上43ウ7
夢の／「ノ」若くして／「クシテ」　上44オ2
感(上)して／「シテ」　上44オ2
託-生して／「スルト」　上44オ4
願「シテ」　上44オ4
感して／「スルヲモテ」　上44ウ4
憤(去)分恚して／「イシテ」　上44ウ4

處して／「シテ」　上45オ2、上64ウ1
貪-「-」營して／「シテ」　上45ウ2
精勤「シテ」　上45ウ3
觀「-」察して／「シテ」　上45ウ3
周遍して／「シテ」　上45ウ7、上56オ2、上61ウ6、上63オ4、上64ウ2
運動して／「スル」　上46オ1
遷「セン」-流「シテ」　上46オ6
繫-念して／「シテ」　上46ウ2
勤-求して／「キ(ウか)セハ」　上46ウ3、上46ウ3
動熱して／「シテ」　上47オ7
讚「-」嘆して／「シテ」　上47ウ5
託して／「シヒ(「テ」の誤か)」　上48オ4
越-過して／「シ」　上48オ5
往(上)來して／「シテ」　上49オ6
充滿して／「シテ」　上49オ7
坐し／「シテ」　上49ウ1
嚴飾して／「シテ」　上49ウ4
來至して／「シテ」　上49ウ5
具して／「シテ」　上51ウ2、上69ウ1、上83ウ5
映「ヤウ」-徹して／「シテ」　上52ウ4
深く／「トシテ」　上52ウ4
蕩タウ反-除して／「ソキ」　上53ウ5
得道「シテ」　上54オ2
遊-覽して／「ラムシテ」　上54オ4
微「スコ(シ)」動シテ　上54オ7
化して／「シテ」　上54ウ4、上55ウ7
光-曜「エウ」して／「シテ」　上54ウ7
下るか／「クタルカ」如(く)して／「シ」　上55オ4
旋「セ」轉(し)て／「シテ」　上55オ4
懸「カ、リ」-處せり／「シテ」　上55オ5
芬「フン」郁「イク」して　上55オ6
薫す／「シテ」　上55ウ2
芬-烈して／「シテ」　上56オ5
吹「フキ」-散して／「シシ(「テ」の誤か)」　上56オ5
究竟して／「シテ」　上57オ2、上73オ2、上95オ2、上102ウ7
交-錯して／「シテ」　上57オ3
生(れ)て／「シテ」　上57ウ4
交「-」接して／「シテ」　上57ウ6
薫して／「シテ」　上57ウ7
發-心シテ　上58ウ1
相「-」續して／「シテ」　上58ウ7
相「-」應して／「セレハ」　上59オ2
歸命して　上59ウ1、上83ウ7、上84オ1、上84オ3、上84オ4、上84オ6、上84オ7、上85オ2
墮-在して／「シテ」　上60オ1
輪廻して／「シテ」　上60オ2
引接せり／「シテ」　上60オ5

洞-達せり／「シテ」　上60オ5、上60オ5
隨-逐して　上60オ7
圓滿して／「スルコト」　上60ウ7
隨「-」順して／「シテ」　上61ウ2
住して／「ス」　上61ウ4
示現して／「シテ」　上61ウ5
遊戯して／「シテ」　上63ウ5
修して／「シテ」
　上63ウ7、上64ウ1、上66ウ6、上77ウ1
具して／「シ」　上64オ2
恭敬(し)て／「シテ」　上64ウ6
具足して／「セルカ」　上64ウ7
供養(し)たてまつる／「シテ」　上65ウ5
現して／「シテ」　上65ウ5
會して／「アンテ」　上66オ5
具足して　上66オ6
歸命して／「シテ」　上66オ7
超「-」出して　上66オ7

稽首して禮す／「ス」　上66ウ1
瞻仰して／「シテ」　上66ウ2
顯-現して／「シテ」　上66ウ2
流布して／「シテ」　上67ウ1
合掌して／「シテ」　上68オ3、上85オ1
坐-「-」侍して／「シテ」　上68ウ3
對「-」坐して／「シテ」　上68ウ3
往詣して／「シテ」　上68ウ5
恭敬供養して／「ス」　上68ウ6
動容「シテ」　上69オ1
時に／「ニ」應して／「シテ」　上69オ1、上108ウ2
三匝して／「シテ」　上69オ2
稽首して／「シテ」　上69オ3
踊躍して／「シテ」　上69オ3
滿足して／「シテ」　上69オ7
覺-了して／「シ」　上69オ7
　なりと／「ナリト」通達して／「シテ」

上69ウ1
長-跪して／「シ」　上70オ4
歡喜して／「シテ」し　上70オ5
散-「-」飛して／「シテ」　上70オ5
出-生して／「シテ」　上70ウ2
稽首して／「ス」　上71オ5
發-心して　上72オ5
畢竟して／「シテ」　上72オ7、上82ウ5
增進して／「シテ」　上73オ1
證す／「シテ」　上73オ2
指-授して／「シテ」　上74オ2
決して／「シテ」　上75オ3
困「コン」-劇「キヤク」して　上76オ2
修行「シテ」往生すること／「ルコト」能(は)
　／「ス(擦消)」不して／「スシテ」　上76オ4
攝「-」取して／「シテ」　上76ウ2
念して　上76ウ4、上77オ5
決定して／「シテ」　上76ウ4、上105ウ5

接-引して／「シテ」　上76ウ6
滅して　上77オ1
請して／「シテ」　上77オ4
轉「シテ」-生したまへり　上77ウ1
攝取して／「シテ」　上79オ7
會して／「シテ」云く／「ク」　上80ウ2
滅「シテ」後の／「ノ」　上80ウ7
遊行し／「シテ」　上81オ7
稱(平)し／「シテ」　上81ウ2
首と／「ト」爲して／「シテ」　上81ウ3
通「シテ」　上83オ1
接-足して／「シテ」　上83オ5
圓滿して／「シテ」　上83ウ4
稱し／「シテ」　上84ウ6
必定して　上84ウ6
憶「-」念して／「シテ」　上84ウ7
稽首して　上85オ5
歌唄「シテ」　上86オ1

攝-「-」受して／「シテ」　上86ウ3
惣しては／「シテ」　上86ウ7
別しては／「シテ」　上87オ1
稱-得して／「シテ」　上87ウ4
融して／「トイテ」　上88オ1
思-想して／「シテ」　上88オ5
約して／「シテ」　上89オ7
引「-」導して／「シテ」　上90オ6
冶(上)ヤ／「シ」／「ミカク」鼓(上)して／「ウチ」　上90ウ2
懃「-」心觀「-」禪して／「シテ」　上90ウ4
反(去)本反質(入輕)して／「シン(ヲ)モテ」云く／「ク」　上91ウ5
答して／「ヘテ」言ふ／「フ」應し／「シ」　上92オ5
答して／「テ」　上92ウ4
誦して／「スレトモ」　上92ウ7
相應して／「セリ」　上93オ4

用-心して　上93ウ4
准へて／「シテ」　上94ウ3
觸「シテ」　上94ウ7
持(し)て／「シテ」　上95オ4
流入して／「テ」　上95ウ4
轉して／「シテ」　上95ウ4、上95ウ5
流「レ」入して／「レリ」　上95ウ5
勤「-」加精「-」進「シテ」　上96オ3
勤加精進「シテ」　上96オ4
學して／「マナヒ」　上96オ4
緣「シテ」　上96ウ2
生して／「ツレハ」　上97オ3
破して／「シテ」云く／「ク」　上97ウ2
決-定して／「シテ」　上98ウ6
兩舌して／「ヲモテ」　上99ウ5
惡口して／「ヲモテ」　上99ウ6
和合して／「シテ」　上100オ4
消盡して／「シテ」　上100ウ5、上100ウ6

攝-取して／「シテ」　上104オ6
信して　上104ウ5
深く／「ク」「-」信「シテ」　上104ウ5
執して／「シテ」　上105オ1
間-「-」雜して／「シテ」［而］　上105ウ7
生す／「シテ」　上106オ5
淪シツミ／「リン」-溺「ニヤクシテ」　上107ウ1
輪轉して／「シテ」　上107ウ2
證(し)て／「シテ」　上107ウ3
例して／「レイシテ」　上108オ3
佛に作らむと願して／「シテ」　上108ウ2
具して／「ニシテ」　上109オ2
增長して／「シテ」　上109ウ4
惣「シテ」　中32ウ3
惣して／「シテ」　中76ウ4
求む／「(モ)トムトシテ」　中88ウ1
捻して／「シテ」　下9ウ1

易「イ」／して行し／「ヲ」以て／「テ」　下83オ7
覺し／「シテスルニマレ」覺せ不るにも／「スシテスルニマレ」　上95ウ3
覺(り)なは／「シテハ」　上34ウ1
施しては／「シテハ」　上93ウ7、上93ウ7、上94オ2、上94オ2、上94オ3、上94オ3、上94オ4
獨「リ」-行の／「シテハ」　上108オ5
報してむ／「シテム」　上99ウ2
往生しなは／「ス」　上98ウ6
輪-「-」轉しなむ／「シナムト」　上82ウ3
解「-」散しぬ／「シヌ」　上8ウ2
分-「-」散「シヌ」　上13オ3
生しぬ／「シヌ」　上8ウ7、上10ウ1
生し／「シヌ」　上13オ3
散す／「シヌ」　上13オ4
生す／「シヌ」　上19ウ7、上20ウ7

消爛しぬ／「タ、レ」「シヌ」　上20ウ7
沒しぬ／「インヌ」　上21オ2
消「キエ」爛しぬ／「タ、レヌ」　上21オ6
相ひ／「ヒ」和しぬ／「シヌ」　上31ウ3
散「-」失しぬ／「シヌ」　上41オ2
枯「-」渇しぬ／「シヌ」　上41オ3
往生しぬ／「セム」　上48オ5
現す／「シヌ」　上58オ3
會す／「シヌ」　上95ウ6
失トカあり／ナリ／「シヌ」　上98オ4
滅しぬ／「シヌ」　上100オ5、上100オ5
朝(平)-宗(平)「ソウ」しぬ／「タラ(「ル」の誤か)ナリ」　上106ウ7
咸(「滅」の誤か)少す／「シヌルコト」　上33オ4
託(し)ぬれは「シヌレハ」　上59オ4
往生するは／「シヌレハ」　上73ウ2
生しぬれは／「ヌレハ」　上100ウ1

成ら／「セ」就めむ／「シメム」 上94ウ1
食す／「ス」 上3オ2
堪忍す可(から)不 上3オ7
焚「フ」「-」燒す／「ス」 上4オ2
怖畏す／「ス」可「シ」 上4オ3
食噉す 上4オ3
散「-」在す／「サイセリ」 上4ウ3
噉「-」食「ス」 上6ウ2
と「ト」爲して／「ス」 上7ウ3
悲「カナシヒ」「-」絶「イキタユルコト」／「スルコト」／「ス」 上8オ2
堪「-」忍す可(から)不「ス」 上8オ3
噉「-」食す／「ス」 上8ウ4、上22オ2
煎「セン」煮「スク」す／「ス」 上9オ7
飲「-」食す／「ムス」(存疑) 上10オ5
生す／「オヒヌ」 上11オ6
燒「-」薄す／「ハクス」 上11ウ5
徹す／「トホル」 上12オ1

進「ス、ミ」-入す／「(イ)ル」 上12ウ5
復活す／「ヨミカヘル」 上12ウ6
散す／「シヌ」 上13オ4
忙「キ(「マ」の誤か)ウ」怖す／「ス」 上13ウ5
麁-「アラ(ク)」起す／「タチ」 上14オ1
呵「-」責す／「ス」 上14オ5
怖畏す／「ス」 上14ウ2、上14ウ3
唱〻喚はふ「ス」 上15オ4
燒く／カムトス「ヤカムトス」 上16オ3
悶絶す／「ス」 上16オ7
迸(去)「ヒヤウ」「トハシリ」-「-」散す／「ス」「チラスコト」 上16ウ5
流「レテ」出す／「ツ」 上18オ6
譬喩す／「ス」可(から)不ることなり／「ルヲモテナリ」 上18ウ7
食「-」噉す／「ス」 上19オ7
煎「セウ」煮す／「セラル、」 上19ウ5
生す／「シヌ」 上19ウ7、上20ウ7

生せり／「ス」 上20オ5
遊行す／「シテ」 上20オ6
合す／「アヒヌ」 上20オ7
墮「チ」落す／「ツルニ」 上21ウ2
噉「-」食す 上21ウ3
遍す／「セリ」 上21ウ7
煎煮す 上22オ5
廻(平)-復(入)す 上22オ5
焚燒す／「ス」 上23ウ1
活-命す／「ス」 上23ウ6
活「-」命す／「ス」 上24オ2、上24オ5、上24ウ5
食ふ／「ス」 上24ウ2、上25ウ2、上30オ5、上30オ5、上30オ7
刺「サシ」切「キル」す 上25オ5
焚「(ホ)ム」「-」燒す／「ス」 上25オ5
飢「ウヱ」乏す／「アキタラス」 上25オ6
食らふ／「ス」 上25オ7

住す／「ス」　上26オ3、上30オ6、上30オ6
相ひ／「ヒ」害す／「ス」　上26オ5
勝「アケテ」計す／「カソフヘ」可(から)不す／「ス」　上27オ3
住す／「セリ」　上27オ5
戰《オノ、キ》／「セン」悼《カツ》／「テウス」　上27オ7
夭(平)す／「エウスス」　上27ウ1
逼「-」害す／「ス」　上27ウ2
觀「-」察す／「ス」應「シ」　上27ウ3
愛「-」重し惰慢せむ／「ス」「當」(キ)　上28ウ4
流「-」注主反　す／「ス」　上28ウ5
食噉す／「ス」　上29ウ7、上31オ6
食す／「フ」　上30オ2
相ひ／「ヒ」食して／「ス」　上30ウ4
闘「トウ」諍す／「ス」　上30ウ4
愛-「-」惜す／「ス」　上31オ2
變す／「シテ」　上31オ4
變-異す　上31ウ2
承「ウケ」-接「トリ」す　上32オ5
生す／「スルコト」　上32ウ1
逼-切するを／「ス」　上32ウ2
逼「-」切す／「ス」　上32ウ6
咸(「減」の誤か)少す／「シヌルコト」　上33オ4
歸す／「ス」　上33ウ1
頂禮す／「ス」「當」し／「ヘシ」　上33ウ6
恃「シ」-怙す／「ス」可(き)こと／「コト」難し／「シ」　上34オ4
厭離す／「ス」可し／「シ」　上34ウ5
述す／「ス」可(き)こと／「コト」難し／「シ」　上35オ1
現す／「ス」　上35オ2、上55ウ7、上58オ4、上61ウ6、上64ウ2
生す／「ナス」　上36オ2、上70ウ5
耽「タム」-荒す「(ク)ハウスヘ」可きに／「キニ」非す／「ス」　上36ウ1
合せ「-」來るは／「ス」　上36ウ2
隨逐せり／「ス」　上37オ4
當に／「ニ」…勤-修す／「ス」「當」し／「シ」　上37オ7
往生す／「ス」　上38オ4
棄「キ」捨す／「ス」　上38ウ7
食す／「ス」應しと／「シト」雖「トモ」　上39ウ6
勤「-」求「ス」「當」「シ」　上39ウ7
當に／「ニ」厭(ふ)ことを／「ヒヲ」生す「當」し　上39ウ7
修す／「ス」應し／「シ」　上40オ1
當「ニ」眠-息す／「ス」「當」し／「シ」　上40オ2
脩す應し／「シ」　上41オ6
抄す　上41ウ1、上94オ7

當に／「ニ」愛樂す［當］き／「キ」　上41ウ5
親「-」近す／「ス」可(から)不「ス」　上41ウ5
分別する／「ス」　上42オ3
斷滅す　上42オ4
生す／「ス」　上42オ4、上55オ2、上98ウ2、上105ウ3、上109オ1
當に／「ニ」…觀す／「ス」［當］し／「シ」　上43オ3
慰「ヰ」謝「サ」す／「ス」　上44オ2
嘆-惜「セキ」す／「ス」　上44オ4
怪-異す　上44オ7
斷除す／「ス」應し／「シ」　上45ウ3
散亂す／「ス」　上45ウ5
觀す／「ス」應し／「シ」　上45ウ6
流溢せり／「ス」　上45ウ7
愛樂す／「ス」　上46オ2
保-護す／「ス」　上46オ5
讃すること／「ス」　上47オ1

生す／「ナル」　上47ウ2
歡喜す／「シ」　上47ウ6
具す／「ス」　上48オ6
歸命(し)たてまつる／「ス」　上48オ7、上85ウ1
群「ムラカレ」-飛す／「トフ」　上49オ1
遊戲す／「ス」　上49オ7
敬禮ライす／「ライス」　上49ウ7
禮す／「ス」　上51ウ2、上59ウ1、上66オ7、上85オ1、上85オ3、上85オ4、上85オ5、上103ウ5
禮(し)たてまつる／「ス」　上51ウ4、上83ウ7、上84オ1、上84オ3、上84オ5、上84オ7、上85オ6、上85オ7
應す／「オウセリ」　上52オ4
歌嘆(し)たてまつる／「ス」　上52オ7
增-益す／「ス」　上52ウ5、上85オ4
亂轉す／「ス」　上53オ1

相ひ灌「火ン」／「ソ、キ」-注す／「ス」／「ソ、ク」　上53オ2
流-出す／「ス」　上53オ4
演「ノヘ」-說す／「ク」　上53オ4
隨順せり／「ス」　上53オ6
演-暢す／「ス」　上53ウ2
念す／「ス」　上54ウ2
映ヤウ／「ヤウ」-現す／「ス」　上54ウ4
照し／「ス」見る／「ス」　上54ウ6
遊樂す／「ス」　上54ウ7
來「-」下「ス」　上55オ4
供-「-」散(し)たてまつる／「ス」　上55オ4
薰す／「シテ」　上55ウ2
修す／「ス」　上55ウ2
增長す／「ス」　上55ウ6、上108オ7
遍「-」滿す／「ス」　上56オ5
沒す／「インヌ」　上56オ7
生る／「ス」　上56ウ7、上62ウ2

亂「-」轉す／「ス」 上57オ3
滿足す／「ス」 上57オ6
願す／「ス」 上57オ6
耽「タム」-玩す／「ス」「ヨロコフ」可(き)こと／「コト」无「シ」 上57ウ1
遊「-」戯「ス」 上58オ1
現す／「シヌ」 上58オ3
遊「-」覽す／「ラムス」 上58オ5
慰-問す／「ス」 上58オ5
當に／「ニ」歸依す／「ス」[當]しと／「シト」 上58オ7
議す／「シ」 上58ウ5
讀誦解說す／「ス」 上58ウ7
報す／「ス」可(き)こと／「コト」難し／「シ」 上60オ2
引接す／「シツ」 上60オ5
教-誡示-導す／「シツ」 上60ウ1
利益す／「ス」 上61オ2
當に／「ニ」…願す／「ス」應し／「シ」 上61オ4
住して／「ス」 上61ウ4
圓滿す／「ス」 上62オ6
除-却す／「ス」 上62ウ6
當に供養す／「ス」[當]しと／「シ」 上63オ7
思議す／「ヘカラ」不まし／「ス」 上63ウ6
頂禮(し)たてまつる／「ス」應「シ」 上64オ3
禮(し)たてまつれ／「ス」 上64ウ6
圍「-」繞(し)たまへり／「ス」 上65オ1
相ひ／「ヒ」瞻「-」望す／「シ」 上65ウ3
宣布す／「ス」 上65ウ7
親「-」近し承習す／「ス」 上66オ5
稽首して禮す／「ス」 上66ウ1
恭敬(し)たてまつる／「ス」 上66ウ3、上84オ2
頂禮す／「ス」 上66ウ3
遍す／「ス」 上67ウ1
淸徹す／「ナリ」 上67ウ2
瞻-仰(し)たてまつる／「ス」 上68オ3
散す／「シ」 上68オ4
奏《ソウ》す／「ス」 上68オ5
政-論(去)す／「ス」 上68ウ3
恭敬供養して／「ス」 上68ウ6
然らむと願す 上69オ1
歡喜す／「ス」 上69オ3、上85オ3
志-求す／「スルニ」 上69オ6
頂禮(し)たてまつる／「ス」 上69ウ6、上70オ1、上73ウ2
供養(し)たてまつる／「ス」 上70オ3、上70オ7、上71オ5
供養恭敬(し)たてまつる／「ス」 上70オ7
供養恭敬す／「ス」 上70ウ2
稽首して／「ス」 上71オ5
著す／「ス」 上71オ7

遠「-」離す／「シ」　上71ウ1
增-進す　上72ウ1
證す／「シテ」　上73オ2
度す／「シ」　上73オ4
對す／「ス」　上73ウ5、上73ウ6
念す／「スル」［也］　上74オ3
稱計す可(から)／「ヘ」不す／「ス」　上75オ1
願求す／「ス」　上75オ1
信す／「ス」可し／「シ」　上75ウ3
信す／「ス」應し／「シ」　上76オ7
接-「-」引(し)たまふ／「ス」　上76ウ2
滅す　上78ウ4
兼學す／「ス」　上80ウ3
學す／「ス」　上80ウ3
學(す)と／「ス」　上80ウ3
同す／「ス」可へ(から)不す　上80ウ5
興(去)す／「ス」　上80ウ5
利す／「ス」　上80ウ7

用す／「ル」應し／「シ」　上83オ1
禮するなり／「ス」　上83オ2
禮す　上83オ4、上85オ2
念す／「ス」應(し)／「シ」　上83オ6
を／「ト」爲なさむ／「ス」　上83ウ6
念す／「ス」應し／「シ」　上83ウ6、上84オ1、上84オ2
念ふ／「ス」應し／「シ」　上84オ3
念「ス」應「シ」　上84オ5、上84オ6
禮(し)たてまつる／ツル／「ス」　上84オ6
稱讚す／「ス」應「シ」　上84ウ7
破「-」除す／「ス」　上85オ5
歸命す／「ス」　上85オ6
度す／「ス」　上85オ7
度(し)て／「ス」　上85オ7
稱讚す／「ス」　上85ウ2
抄す／「ス」　上85ウ4
遍-周す／「ス」　上86オ7

生せむと／「セムト」願す／「ス」　上86ウ4
念「ス」應し／「シ」　上87オ4
辨す／「ス」可(から)不　上88オ4
得す／「ス」　上88ウ6
約す／「ス」　上89オ5、上89オ5
念ふ／「ス」應「シ」　上89ウ4
生「ス」生「セ」不「スト」　上92ウ5
攝-入す／「ス」應し／「シ」　上93オ3
趣-向す／「ス」　上95ウ3
會す／「シヌ」　上95ウ6
思惟を(「す」の誤か)／「ス」應し／「シ」　上96オ2
當に／「ニ」…斷「-」除す／「ス」應し／「シ」　上96オ4
布施す／「ス」可き／「キ」(もの)　上96オ6
當に／「ニ」…心を用(ゐる)「イ・「用-心ス」
應し／「シ」　上96ウ2
行道「ス」可「シヤ」［耶］　上96ウ3

行す可(く)して[耶]　上96ウ3
誰か／「カ」度す／「ス」可き／「キ」者もの(そ)／「モノ」　上96ウ7
滅盡せむ／「ス」　上97ウ4
毀壞せむと／「ス」　上97ウ5
墮つ／「ス」　上97ウ6
說法「ス」應「ヘ」(か)ら不す／「ス」　上98オ2
往生しなは／「ス」　上98ウ6
相す　上100ウ2
滅す／「ス」　上100ウ3
動す／「ス」可(から)不す／「ス」　上102ウ3
に／「ニ」通す／「ス」　上102ウ4
得-證す[當]シ／「シ」　上103ウ1
度す／「スルヲモテナリ」　上103ウ5
禮讚せり／「ス」　上103ウ7
起る／「ス」　上105オ1
逑す／「ノフ」　上106オ2
當「ニ」…度す／「ス」[當]しと／「トイヘリ」
成す／「ス」　上107オ4
引-成す／「ス」　上108オ3
歸命(し)たてまつると／「ス」　上108オ7
現したまふ／「ス」　上108ウ3
證す／「セルナリ」　上108ウ3
具す／「セルヘ」應し／「シ」　上108ウ7
樂を／「ヲ」得むと／「エムト」願ふ／「ス」　上109オ4
行す／「スヘ」應(から)不「ス」　上109ウ2
想と／「ト」爲す／「ス」　上109ウ6
梵「-」天つす／「マテニス」　中2オ7
見「ミ」不る／「スナンナムトス」　中6ウ3
當「ニ」一心清淨「ニス」[當]「シ」　下29ウ3
至(る)までにす／「ラム」　下35オ4
一-概にす／オモフキ／「カイナルヘ」可(から)不「ス」　下66オ4
救はむか／「ハムカ」如くす／「クンス」應しと／「シト」　下70ウ7
住すと／「セリト」雖「トモ」　下81オ1
結せ／「スト」者は／「イフハ」　上24ウ6
歡-娛(す)と／「スト」　上36ウ1
樂著すと／「スト」雖「モ」　上36ウ7
生すと雖(も)　上39オ1
增「-」滅すと爲なさ／「スルコトヲ」不す／「セス」　上59オ5
滅すと／「スト」雖「フトモ」　上65オ6
供養(し)たてまつる／「スト」　上65オ7
對せ／「スト」者は／「イハ」　上70ウ3
修「スト」　上77ウ3
を／「ヲ」得と／「スト」　上88ウ4
惠「スト」雖(も)　上88ウ7
獲「-」得スト／「セム」　上93オ6
教化すと／「スト」　上93ウ2
觀すと／「スト」　上96ウ4
發-起すと／「スト」雖「トモ」　上96ウ4
　上101オ1

薫すと／「リト」雖「フトモ」　上102オ4
滅すと／「スト」雖「ヘトモ」　上105ウ7
處すと／「セリト」雖「フトモ」　上106オ5
生すと／「スト」　上109オ2
食すと(も)／「スルトモ」(連體形接續)　上30ウ5
稱-揚すとも／「セムニ」　上63オ3
讃-說すとも／「ストモ」　上63オ7
周-遍すとも／「ストモ」　上103ウ2
經とも／「ヘテストモ」　中32ウ1
害せり／「スヘシ」　上32オ2
往生(し)なむ／「スヘシ」　上108オ4
輕(くして)／「クスヘシ」　下74ウ7
號「カウ」「-」哭「コク」する／「ス(る)」　上6ウ5
號「-」哭する／「スル」　上6ウ5
愛-「スル」「-」心「ヲオモテ」　上8オ2
歸す(る)／「スル」所「ロ」　上15ウ7

繫-「-」縛する所なり／「ラレ」　上16オ4
號「-」叫「スル」[之]聲　上17ウ6
感する／「キ(ママ)スル」　上22ウ6
初「メ」-生の／「スル」時從(り)　上32オ3
生せる／「スル」者ものは　上33ウ1
逃-避する／「ノカル、」　上34ウ1
現する／「スル」時に／「キニ」　上35オ4
坐せむ／「スル」時「キ」　上35ウ4
墮(す)る／「スル」者ものは／「ノハ」　上38オ2
生るる／「スル」者ものは／「モノハ」　上38オ2
勸-「-」發する偈　上38ウ4
修「-」習するは／「スル」者「ノハ」　上39オ2
分別する／「ス」　上42オ3
發(す)る／「オコス」耳のみ／「ノミト」　上44ウ3
運動して／「スル」　上46オ1

住する／「セリ」者もの／「ノ」　上49オ3
入「-」定する者もの／「ノ」　上49オ4
禮讚したてまつる／「スル」[之]者もの／「ノ」　上49オ6
洗浴する／「スル」[之]時に／「キ」　上53ウ4
誦する／「スル」者もの／「モノ」　上53ウ6
坐禪する／「スル」者もの／「ノ」　上53ウ7
經-行する／「スル」者もの／「ノ」　上53ウ7
觀する／「スル」者ものは／「モノ」　上56ウ6
願「-」樂する／「スル」所　上57オ6
言(は)むと「イハムト」欲ふ「スル」所　上60ウ3
禮《礼》-拜供養する／「スル」者ものは／「ノハ」　上62オ5
行する／「スル」者ものは／「ノ」　上62オ7
稱する／「スル」者ものは／「ノハ」　上62ウ4、上62ウ6

受「-」持する／「スル」於よりも／「ヨリモ」
上62ウ5
稱讚禮拜する／「スル」者ものは／「ノハ」
上63オ1
觀する／「スル」者ものは／「ノハ」 上64オ6
喜「-」願せし／「スル」所 上68オ7
修／「スル」（「行」に附すべきか）行の者もの
上71ウ1
生せむと／「レムト」願ふ／「スル」耶「ヤ」
上73ウ6
念す／「スル」[也] 上74オ3
攝「-」受する／「シタマフ」所 上79ウ3
遮する／「サセム」 上81オ4
益「スル」所 上85オ5
願する 上86ウ2
縁「ス（ル）」 上87オ1
縁「スル」 上87オ2、上87オ3、上87ウ5、
上104オ1、上104オ7

修する 上88ウ4
解する／「スル」 上88ウ4
造「スル」者ものも／「ノ」无し／「シ」
上89オ1
造「スル」者ものも／「ノ」 上89オ2
造する／「スル」者ものも／「ヲ」无「シ」
上89オ3
遁トン反／ノカレ／「ノカレ」「トンニ」避／ス
ル／アカル、／「ヒイン」「サル」所无し／
「シ」
分別するは／「スル」 上91オ1
修する／「スヲ（「ル」の誤か）」者ものは／「ノ
ハ」 上92オ3
用-「-」心（とする）／「スル」 上93ウ7
修行する／「スル」者ものは／「ノハ」
上95オ3
著する／「スルモ」 上98オ4
執する／「スル」時に／「ニ」 上98ウ2

發心「スル」時「キ（ニ）」 上102ウ2
容-受する／「スル」者もの／「モノ」无（か）
らまし 上103ウ3
禮「スル」 上103ウ4
縁「（ス）ル」 上104オ6
縁する／「スル」 上104ウ5
信-解せは／「スル」 上105オ2
救護する 上106オ5
生せむと／「セムト」願する／「スルヤ」
上106ウ3
伏「-」滅する／「スル」所有るは／「ルハ」
上108オ2
苦を／「ヲ」願ふ／「スル」者ものは／「ノハ」
无し／「シ」 上109ウ2
刹の／「ニオ（イテ）スル」 下4ウ5
三と／「トハ」爲する／「スル」 下38ウ4
死なむと／「スル」垂する／「イマニ」時の／
「キノ」 下70オ7

抜き／「ヌキ」出すか／「タスカ」如くせむ／「クスル」者ものは／「ノハ」 下86ウ4
貪(り)しか／「スルカ」 上6オ1
周「-」旋廻復「スレ(「ル」の誤)カ」如「クナリ」 上22オ5
貪せしか／「スルカ」爲に／「ニ」 上24オ2
嘔オウ反「オウ」-吐ハク／するか「トスルカ」如し／「シ」 上31ウ7
驚「トロキ」怖するか／「オチムカ」 上34ウ3
莊嚴せるか／「スルカ」[猶]コトシ 上38ウ6
傷「ソコナヒ」-割するか／「サクカ」如く(なる)には／「ニハ」非す 上39ウ1
散「-」滅するか／「スルカ」如し／「シ」 上41ウ4
一切の／「ノ」如來の／「ノ」所み(もと)の／「ミモトニスルカ」如(く)「シテ」 上61ウ7
攝持するか／「スルカ」故に／「ニ」 上72ウ1
増するか／「スルカ」故に／「ニ」 上72ウ2
伏せるか／「スルカ」故に／「ニ」 上72ウ4
志「-」願するか／「スルカ」如くす／「クナリ」 上73オ5
會するか／「スルカ」如く／「ク」 上75ウ7
圓滿せむと／「セムト」欲ふか／「スルカ」爲に／「ニ」 上89オ7
會するか／「スルハ(「カ」の誤か)」如「ク」 上95ウ4
滅(し)ぬるか／「スルカ」如く／「ク」 上100ウ1
滅するか／「スルカ」如く／「ク」 上100ウ3
緣「(ス)ルカ」如「クハ」不「アラスト」雖「モ」 上104オ2
利益せむと／「セムト」欲ふか／「スルカ」爲に／「ニ」 上106ウ7
湌「セン」-受するか／「スルカ」如し／「シ」 上107ウ7
異解するか／「アルカ」如く／「ク」 上109オ3
兩段するか／フタキタナルカ／「ニスルカ」如(く)／「ク」 下68オ6
煎「-」熟「スルコト」 上3ウ1
沈「チム」「-」沒「モッ」せること／「スルコト」 上6ウ4
悲「カナシヒ」「-」絶「イキタユルコト」／「スルコト」／「ス」 上8オ2
焚「-」燒すること／「セムニ」 上12オ3
哮ホエ／「カウ」吼ホユルコト「コクスルコト」 上17オ4
還「-」復すること／「スルコト」 上21オ6
呪「-」願說「-」法すること／「スル」 上24オ1
存立すること／「スルコト」得「ウ」 上24オ6
用すること／「スルコト」能「タ」(は)不る／「ル」鬼 上25ウ6
長「-」養せり／「スルコト」 上28ウ2
呑ノミ／「トッ」受(く)ること／「スルコト」

上28ウ3
除「-」療「レウ」する／「スル」こと　上30ウ2
生す／「スルコト」　上32ウ1
食せむこと／「スルコト」得え／「エ」難し／
「クナンヌ」　上35ウ5
住すること／「スルコト」得(る)こと／「コト」
能(は)／「タハ」不す／「ス」　上36オ4
歡-樂すること／「スルコト」　上36ウ6
具(する)こと／「スルコト」　上37ウ7
除-斷すること／「スルコト」有るは／「レハ」
上39オ5
增(する)こと／「スルコト」　上39ウ5
長マスこと／「スルコト」勿れ／「マナ」
上39ウ7
消滅散壞すること／「スルコト」　上40オ4
存すること／「スルコト」得る／「エム」者も
の／「ノ」(あらむ)　上41ウ3
陪すること／「ハムヘラ」能(は)未す／「ス」
上43オ7
聲「オト」すること无れと／「ナカラムコトヲ」
上44オ1
殺「-」害「スルコト」无(か)ら／「カラ」令め
むとして／「メムトシテ」　上44ウ3
讃すること／「ス」　上47オ1
歡喜すること　上53オ5
洗浴し／スルコト已「テニ」-訖(り)て／「ハ
ンル(「ヌ」の誤か)レハ」　上53ウ5
復すること／「スルコト」　上56オ7
遊樂すること　上58ウ7
生すること／「スルコト」　上60オ3
往生すること／「スルコト」得む／「エム」
上60ウ6
圓滿して／「スルコト」　上60ウ7
會すること／「スルコト」　上61オ5
思議し／「スルコト」難し／「シ」　上62オ3
稱すること／「スルコト」　上62オ5
受持(し)讀誦すること／「コト」有る／「ル」
者ものは／「ノハ」　上62オ7
歸依すること／「スルコト」有る／「ル」者も
のは／「ノハ」　上62ウ7
稱-念すること／「スルコト」有らむ／「ラム」
上63ウ2、上63ウ3
稱念すること／「スルコト」有らむ／「ラム」
者ものは／「ノハ」　上63ウ4
往(上)來(平)すること／「スルコト」
上66オ1
相ひ開避すること／「スルコト」　上66オ3
得(する)こと／「スルコト」　上71オ1
熟すること／「スルコト」　上71ウ5
引「-」攝すること／「スルコト」　上73オ5
披「ヒ」-閲(す)ること／「エンシタマヘルコ
ト」　上74オ3
專-「-」一にすること／「スルコト」能「-」
(は)不す／「ルトキニハ」　上75オ4

生すること／「ル、コト」得(る)こと／「ルコト」能「ハ」不す／「ス」　上76オ3
修行「シテ」往生すること／「ルコト」能(は)／「ス(擦消)」不して／「スシテ」　上76オ4
信すること／「スルコト」有らむ／「ラム」者ものは／「ノハ」　上76オ6
往生すること／「ルコト」得「ウヘ」容けむや／「ケムヤ」　上78オ1
相ひ／「ヒ」是-非すること／「スルコト」莫れ／「マナ」　上78ウ7
ゝ(生)(す)ること／「スルコト」　上80オ1
生(する)こと／「ルコト」得　上80オ3
興-盛なら／「スルコト」未る／「サリケム」歟か／「カ」　上81オ1
違すること／「スルコト」无し／「シ」　上81オ4
當「ニ」…被-著すること／「セル」有る／「ル」[當]からむ／「シ」者ものは／「ノ」
上81ウ3

相ひ／「ヒ」是非すること／「スルコト」莫れ／「ナカレ」　上82ウ2
脩すること／「スルコト」　上82ウ5
値「-」遇し／「スルコト」難(き)こと／「イコト」　上83ウ3
往生すること／「スルコト」得「ヤ(存疑)」　上84ウ2
往「-」生すること／「スルコト」得「テ」(ママ)應し／「シ」　上85ウ7
顯露にすること／「ニスルコト」能「ハ」不す／「ス」　上86オ3
生すること／「スルコト」能(は)不す／「ス」　上92オ6
生すること／「スルコト」得たり／「タリ」　上93オ1
觀「-」察すること／「スルコト」能(は)不「サラム」　上93オ5

開示すること得むと欲ホせよ　上94オ5
布施「スルコト」　上94オ6
開「-」示「スルコト」得「エムト」欲「オモヘ」　上94オ6
學するに／「スルコト」能(は)不す／「ス」　上96オ2
住することを／「スルコト」得(と)／「ウト」　上97オ3
執すること／「スルコト」　上97オ5
執「-」着すること／「スルコト」　上97オ6
生「スルコト」得ぅ／「ウ」　上100オ4
生起すること得ぅ／「ウ」　上100オ5
住すること／「スルコト」　上100オ7
壊(する)こと／「スルコト」能(は)不る所なり／「ナリ」　上101オ5
斷「-」滅すること／「スルコト」能「ハ」不す／「ス」　上101ウ2
斷「-」滅すること／「スルコト」能(は)「ハ」

不す／「ス」　上101ウ2
比類「スルコト」　上103オ7
證「スルコト」「スルコト」得「テ」「テ」　上103ウ1
滅すること／「スルコト」无(か)らむや／「ラムヤ」　上104ウ6
生せむと／「セムト」願すること／「スルコト」有ルハ／「ラムモノハ」　上105オ4
往「-」生すること／「スルコト」得「ウト」者といふは／「イハ」　上105オ5
往生すること／「ルコト」得ル／「エム」耶「ヤ」　上105ウ2
墮すること／「スル」无(か)る／「カル」應き／「シ」者ものなり／「モノ」　上105ウ5
願求すること／「スルハ」　上106ウ5
度すること／「ルコト」能(は)不す／「ス」　上107オ2
成就すること／「スルコト」能(は)不す／「ス」　上108オ6
生すること／「ル、コト」得「テ」　上108ウ6
生することを／「スルコト」得「ウ」　上109オ1
増長すること／「スルコト」得て(む)と／「テム」　上110オ1
名「-」花を／「ヲモテスルコト」　下4オ3
七「-」日「スルコト」　下33オ4
委「クハシ」曲にすること／「クヰヨクニ」　下49オ2
用「-」心「スルコト(ニ)」　上95オ7
食を／「スルコトヲ」得「エ」不る／「ル」　上25ウ2
怖畏「スルコトヲ」　上41オ6
生すること／「スルコトヲ」得「ウ」　上48オ2
増「-」減すと爲なさ／「スルコトヲ」不す／「セス」　上65オ6
出家「スルコトヲ」得「エ」已「(リ)テ」　上81オ7、上81ウ1
託せむことを／「スルコトヲ」　上82オ2
廣「ク」行を／「スルコトヲ」　上84ウ1
施「-」與することを／「スルコトヲ」　上96オ4
上-生することをは／「スルコトヲハ」　上80ウ3
菩薩すら／「ニオイテスルスラ」　下79ウ2
託-生して／「スルト」　上44オ4
食すと(も)／「スルトモ」(連體形接續)　上30ウ5
觀スルなり／「ナリ」　上39オ2
禮するなり／「ス」　上83オ2
料簡せむ／「スルナリ」　上86ウ6
願求するなり／「スルナリ」　上87ウ3
度するなり／「スルナリ」　上87ウ5
信「-」解するなり／「スルナリ」　上105オ3
願-求するなり／「スルナリ」　上105ウ4
成「-」就せむと／「セムト」欲す(る)なり／

「ホス」　下44ウ5
搖-「エウ」「-」動して／「スルニ」　上14オ1
趣オモフキ-「-」向するに／「ムカフ」　上15ウ5
煎「セツ」煮「サスルニ」　上22オ5
述するに／「スルニ」遑イトマ不アラス　上23オ3
施するに／「スルニ」　上24オ6
投トウ反　するに／「ナク」　上25ウ1
論するに／「スレハ」　上26オ4
現前するに／「シテ」　上30ウ1
互に／「ヒニ」相ひ／「ヒ」噉-食スルに／「スルヲモテ」　上30ウ3
失(ひ)ては／「テムトスルニ」　上34ウ3
貪-染(する)に／「スルニ」暇まアラ／「イトマアラ」不す／「ス」　上34ウ5
沐浴せむに／「スルニ」由し／「シ」无し／「クナンヌ」　上35ウ4

分別するに／「スルニ」　上40オ1
逕ること／「スルニ」　上41オ4
観するに／「スルニ」　上57オ1、上71ウ7
觀(す)るに／「スルニ」　上57オ4
度すに／「スルニ」　上64オ4
成(す)るに／「スルニ」　上67ウ3
縁するに／「スルニモ」　上67ウ3
志-求す／「スルニ」　上69オ6
減するに／「ヌルニ」似たれとも／「タレトモ」　上72オ4
修習するに／「スルニ」　上72ウ4
案するに／「スルニ」　上81ウ7
禮するに／「スレハ」　上83オ4
具足するに／「スルニ」由て／「テ」　上87ウ3
飜「ホン」すれは／「スルニ」　上87ウ7
勤修(する)に／「スルニ」堪つ／「ヘ」不す　上92ウ5
生すは／「スルニ」　上97オ4

發「-」起するに／「スルニ」由し无し／「シト」　上104ウ7
縁「スルニ」非すや／「ヤ」　上105オ2
念する(に)／「スルニ」　上105オ7
生するに／「セ」非(さ)るか／「ルカ」如く／「ク」　上106オ4
生するに／「セ」非す／「ストイヘリ」　上106オ5
念するに／「スル」　上108オ4
成すに／「セントスルニ」　中62ウ2
救ふか／「ハラフカ」如クセシかとも／「クスルニ」　下72オ7
稱するには／「スルニハ」　上78ウ3
稱するには／「ニハ」　上78ウ4
覺し／「シテスルニマレ」覺せ不るにも／「スシテスルニマレ」　上95ウ3、上95ウ3
鬼ノセルニ／の／「スルニモ」非す／「ス」　上16オ4、上16オ4

稱せむは／「スルハ」 上63オ6
往生するは／「シヌレハ」 上73ウ2
成熟せるは／「スルハ」 上82ウ5
行するは／「スルハ」 上93ウ6
解するは／「シヌルモノ」 上100オ6
施するは／「スルハ」 上106オ7、上106オ7
修するは／「スルハ」 上108オ1
行するは／「セハ」 上109ウ7
一日一夜するは／「モスルハ」 下86ウ1
貪するも／「スルモノ」 上42オ2
施「スルモノ」與「ト」 上96オ7
造-立せるか／「スルモノ」如くせよ 上98オ5
稱する(もの)は／「スルモノハ」 上83ウ6
稱せむには／「スルヨリハ」 上63オ6
逼-切するを／「ス」 上32ウ2
生するを／「ル、ヲ」 上49オ2
解するを／「スルヲ」 上88ウ5

讀誦せるを／「スルヲ」 上93ウ3
修「-」施「スルヲ」 上96オ6
脩するをは／「スレハ」 上39オ4
度す／「スルヲモテナリ」 上103ウ5
將に／「ニ」至(り)なむと／「ナムトスルヲヤ」
［將］す 上36ウ4
食「-」噉すれ／「サ(「セ」の誤か)ムトスレハ」
者《ハ》 上25ウ7
調伏すれ／「スレ」者は／「ノハ」 上45オ6
對せ／「ス(レ)」者は／「ハ」 上73ウ6
貯《タクハヘ》／「ヘ」積《ミ》聚《ツメ》斂(去)レム反
すれとも／ヲサメム 上34オ5
具すれとも／「セレトモ」 上37ウ7
養せむと／「ハムト」欲(へ)とも／「スレトモ」
［而］ 上59ウ3
誦して／「スレトモ」 上92ウ7
處すれとも／「オケリトモ」 上101オ7
處すれとも／「セレトモ」 上101ウ2

修すれとも／「セレトモ」 上109ウ1
論するに／「スレハ」 上26オ4
證(し)つれは／「シヨウスレハ」 上31ウ7
脩するをは／「スレハ」 上39オ4
瞻「セム」望すれは／「ハウスレハ」 上49ウ1
生(す)「レハ」 上60オ4
一日し七日すれは／「スレハ」／「レハ」 上62オ5、上62オ5
念(す)れは／「レハ」 上64ウ3
稱念すれは／「スレハ」 上77オ7
思「-」惟すれは／「スレハ」 上83オ4
禮するに／「スレハ」 上83オ4
敬禮すれは／「スレハ」 上84ウ3
飜「ホン」すれは／「スルニ」 上87ウ7
滅すれは／「セハ」 上100オ5
著すれは 上100ウ6
誓-願すれは／「シツレハ」 上104ウ1
念すれは／「レハ」 上108ウ2

食「セラレ」所「ル」　上5オ3
號「カウ」「-」哭「コク」せ令めたる「ル」者もの　上7ウ7
放「-」捨せ見れて(よ)／「(ム)コト(ヲ)」　上9オ5
死せ／「セシ」令しむ／「シメテム」　上10オ4
羞耻せ／「セ」令めたる／「シメタル」〔之〕者もの／「ノ」　上10オ7
住せ／「セ」令(むる)「シムル」者の／「ノ」　上12ウ7
憶せ／「タヘ(一本「堪」の訓の誤記か)」不さらむ／「ス」　上18ウ6
渇死せ令めたる／「ムル」「メタル」〔之〕者もの／「ノ」　上20ウ2
には同せ不　上23オ2
爲に／「ニ」害「セ」所る／「ラレ」　上26オ7
害「セ」所る／「ラル」　上26ウ1
唼食せ所らる　上26ウ6
残害せ／「セ」被らる／「ラル」　上27オ3
「ノ」爲に／「ニ」〔之〕侵「-」害せ／「セ」所る／「ラレテ」　上27ウ1
と／「ニ」成せる／「セ」所なり／「レタリ」　上28オ3
熱惱せ／「セ」令めて／「メ」　上30ウ1
觀せ／「セ」不す／「ス」　上31オ3
耐(去)タイ反　せ／タフヘ(から)不す／「ス」　上31ウ6
「ノ」〔之〕爲に／「ニ」唼「セフ」食せ／「セ」所る／「ラレ」　上32ウ4
休「ク」息せ／「セ」不る／「ル」　上32ウ6
住せ／「カ(「セ」の誤か)」令めむ／「メムカ」　上33オ3
著せ／「ケカサ」所る／「ル」　上35オ3
順せ／「シタカハ」不る／「ル」時には／「ニハ」　上36オ4
腐「クチ」-敗せ／「ヤフレ」不すは／「スハ」　上37ウ4
修せ未るか／「ルカ」故に／「ニ」　上37ウ5
勤-修せ／「セ」不すは／「スル(「ハ」の誤か)」　上37ウ6
報せ不す／「アラス」「コト」　上39ウ1
存せ／「セハ」者は　上41ウ1
斷「-」絶せ／「セ」不(る)ことは／「サルコトハ」　上42オ1
分別せ不れは　上42オ3
聲せ／「モノイハ」不ら／「サレト」耳(ま)くのみ　上43ウ4
辭(平)せ／「セ」不し／「シ」　上43ウ4
殺-害せ／「セ」見れぬ／「ラル」　上44オ3
報-語「キヨ」せ／「セ」不す／「ス」　上44オ3
怪異「セ」見「ラル」　上44オ7
語モノイハ／せ不す／「ス」　上44オ7
語せ／「モノイフ」不す／「ス」者「ハ」　上44ウ1

精進せ／「セ」不す／「ス」　上45ウ1
修せ不す／「セサモノハ」　上45ウ2
散せ／「セ」不す／「ス」　上45ウ4
具せ／「セサ」不といふこと／「レハ」有(る)こと／「コト」无し／「シ」　上51オ5
修せ／「スセ」不す／「ス」　上51オ7
歡喜せ／「セ」不といふこと莫し／「シ」　上54オ2
類せ／「セ」不す／「ス」　上55ウ5
適「-」悅せ／「セ」令(訓)しむと／「シムト」雖「トモ」　上56ウ2
增長せ／「セ」不す／「ス」　上56ウ3
墮「セ」不す／「ス」　上59オ7
退轉せ／「セ」不し／「シ」　上61ウ1
刹として身を／「ヲ」現せ不といふこと／「ストイフコト」无し／「シ」　上64オ1
處せ／「セ」不「ス」して　上64オ7
開解得「-」道せ／「セ」令めたまふ／「メタマフ」　上68ウ2
嗟「サ」-歎せ不といふこと／「ストイフコト」无し／「シ」　上70ウ6
退せ不して／「シテ」　上72オ7、上73ウ2
出せ／「イタ(サ)」令(む)るか／「ムルカ」故に／「ニ」　上72ウ3
淨-除せ使しむと　上72ウ6
欣「-」求せ／「セ」令(む)ること／「ルコト」　上73オ4
對せ／「ス(レ)」者は／「ハ」　上73ウ6
信せ不すは可アルヘ(か)／「ヘカラ」不らす／「ス」　上74オ4
信せ不るに由(り)て／「テナリ」　上76オ2
念「セ」令「(メタ)マフ」　上77オ6
對せ／「スト」者は／「イハ」　上77ウ3
退せ不す　上78ウ2
抄せ／「セ」不す　上79オ1
會せ／「セ」不すはアル／「ハ」可「ヘ」(から)不す　上80ウ2
欣樂せ不らむ／「ラムヤ」耶　上82オ6
論せ不す　上83オ3
論「セ」不す　上85ウ6
依-「-」著せ／「セ」不す／「ス」　上89ウ1
修せ／「セ」不る／「ル」者もの(は)／「ノハ」　上92オ3
出さ／「セ」／「イタ」未す／「ルトキ(ニ)ヲイテ」／「サ、(ル)トキヲイフ」　上92オ6
生「ス」生「セ」不「スト」　上92ウ5
稱せ／「セ」不「ス」　上93オ3
何(に)況「ヤ」…施せ／「セ」不らむこと／「ルヤ」　上93オ3
爲なら／「セ」不し／「ス」　上93オ4
廻向せ不る／「ストイフ」者ものは／「ノ」　上93ウ6
漏落せ／「セ」令め不して／「スシテ」　上95オ4

墜沒せ／「セ」令め不(る)か／「ルカ」如く／「ク」　上95オ5
墜「タ(「墮」と誤讀せるか)」沒せ／「セ」令め不す　上95オ6
順せ／「セ」令めむ／「メム」　上96オ1
成就せ／「セ」未す／「ス」　上96ウ1
失せ／「セ」不「ス」　上96ウ5
斷せ／「セ」不　上96ウ5
妨せ／「サマタケ」不す／「ス」　上97オ2
驚-怖せ／「セ」不「シ」　上97オ5
毀-呰せ／「セ」不「シ」　上97オ6
許-可せ不すと　上97オ7
化せ／「シタマハ」不る／「サル」所なりと／「ナリ」　上97ウ1
修せ／「セ」不るは／「ルハ」　上99オ1
修せ／「セ」不「ストモ」　上99オ7
墮せ／「セ」不す／「ス」　上99オ7
住せ／「セ」不「ス」　上100ウ6
沒「シツミ」溺せ／「オホレ」不さるか／「サルカ」如く／「ク」　上101オ6
沈沒せ／「セ」不るか[如]く　上101オ7
爛「-」壞せ／「セ」不す／「ス」　上101ウ1
敗壞せ不して／「シテ」　上101ウ4
住せ／「セ」令めたらむ／「シメタラム」　上103オ1
執せ／「セ」不すは／「スハ」　上104ウ7
生せ／「セ」不すと／「スト」謂といはむトニハ／「イハム」非す／「ス」[也]　上105オ7
生する／「セ」に非(さ)るか／「ルカ」如く／「ク」　上106オ4
生するに／「セ」非す／「ストイヘリ」　上106オ5
纏「-」縛せ／「セ」被れて／「レテ」　上107ウ1
未(た)曾(に)も／「ツテ」休息せ／「セ」[未]す／「ス」　上107ウ2
往生せ／「セ」不す／「ス」耶や／「ヤ」　上108ウ4
願「セ」不「ルカ」如「キ」　上109オ5
願せ不れは　上109オ5
願は／「セ」不す／「サルヲモテナリ」　上109ウ2
忘失せ／「セ」不ぬ／「ル」　上109ウ4
師とせ／「トモ(セ)」不れ／「サレ」　中66オ6
失は令め／「セシメ」　中73オ4
芥子「ノ」如「ク」許「リモセ」不「サレト」　下61ウ3
芥子許りの如き(をも)せ不れと　下61ウ3
沒「シツミ」-溺「ヲホ、レ」せ不「ス」　下70オ2
施「-」作供養「セ」非「サレ」　下79ウ6
滅せし／「セシ」時に　上42オ5
好-「コノムシ」憙せし所の／「ノ」[之]　上58ウ3
喜「-」願せし／「スル」所　上68オ7

退せる／「セシカ」者ものの／「ノ」如き／「キ」　上71ウ5
救(ふ)か如くせし(も)／「クニセシスラ」　下72ウ5
命「-」終せむと／「シナムト」欲せしに／「ス」　下20オ2
洋(去)／「トケ」消(上)せしむ／「キエテ」　上10ウ1
守「-」護せしむと／「タマフト」　上79ウ5
念し／「セシメ」　上74オ1
〻(生)(せ)しめむを／「セシメムヲ」以(て)の／「テノ」故に／「ニトイフ」云といつり　上104オ6
滅せむと／「セムト」欲はは／「セハ」　上41オ6
願「セハ」　上75オ6
歸(せ)は／「セハ」　上84ウ6
滅すれは／「セハ」　上100オ5

信-解せは／「スル」　上105オ2
行するは／「セハ」　上109ウ7
遠離せむと／「セマク」欲は／「ホンセハ」者は　上46ウ3
愛「-」重し憍慢せむ／「ス」「當」(キ)　上28ウ4
規キ反／ネカヒ／「ネカヒ」-望(平)せむ／「マウセ」　上34オ5
例せむ／「セム」　上35オ1
坐せむ／「スル」時「キ」　上35ウ4
寶-玩せむ乎　上36ウ5
往生しぬ／「セム」　上48オ5
成就せむ／「セム」　上60ウ7
見「ミ」-聞せむ／「(カ)ム」者ものは　上61ウ1
圓「-」滿せむ／「ヤム」　上61ウ3
成せむ／「ナシテム」　上69オ7
成せむ／「ナサム」　上69ウ2

修せむ／「セムコト」　上71オ3
往生せむ／「セム」　上73ウ4
論せむ／「セムヤ」　上75ウ5
遮する／「サセム」　上81オ4
生さむ／「セム」者ものは／「ノハ」　上81ウ5
期せむ／「セムヤ」耶や　上82オ3
志求せむ／「セム」者ものは／「ノハ」　上82オ7
生れむと／「ムト」願せむ／「ム」者ものは　上82ウ1
決-釋(「擇」の誤か)せむ／「チヤクセム」　上86ウ5
料簡せむ／「スルナリ」　上86ウ6
獲「-」得スト／「セム」　上93ウ2
制-伏せむ／「セム」時には／「ニハ」　上94ウ3
修習せむ／「セム」時には／「ニハ」　上94ウ5
度さむと／「セム」　上94ウ5

利せむ／「セムト」 上95オ2
滅盡せむ／「ス」 上97ウ4
癡せむ(存疑)／「アラム」 上99ウ7
解「-」知信「-」入せむ／「セム」者は／「ノヲハ」 上100オ2
願せむ／「セム」者もの 上106ウ4
修せむ／「ム」 上106ウ7
拯(去)「スクヒ」-濟(せむ)／スクハム／「セム」 上107オ3
生れむと／「セム」 上107オ6
例せむ／「レン(「ン」は「イ」の誤か)セ(ム)ヤ」 上109オ7
睡りの／「ネフラムトセム」 中28ウ7
是(の)／「ノ」如くせむ／「クセム」 下6オ2
終らむと／「ラムト」欲せむ／「セム」時に／「ニ」 下33ウ2
拔き／「ヌキ」出すか／「タスカ」如くせむ／「クスル」者ものは／「ノハ」 下86ウ4
存せむか／「セムカ」爲に／「ニ」 上39ウ6
利せむか／「ムカ」爲(の)／「ニ」故に／「ニ」 上89ウ1
具足せむか／「セムカ」爲の／「メノ」故にせよ／「ニセヨ」 上94オ1
斷せむか／「ムカ」爲の／「メノ」故にせよ／ニセヨ「」 上94オ1
死せむか／「セムカ」如く／「ク」 上98オ3
食せむこと／「スルコト」得え／「エ」難し／「クナンヌ」 上35ウ5
修せむことを／「セムコトヲ」 上45ウ2
生せむことを／「セヨト」 上74オ3
託せむことを／「スルコトヲ」 上82オ2
退せ(む)と欲する／「スル」時に／「キニハ」 上36オ2
觀せむと／「セムト」欲はは／「ハ、」 上38ウ3
滅せむと／「セムト」欲はは／「セハ」 上41オ6
報せむと／「ムクユ」 上44オ4
食せむと／「セムト」欲ふ／「スル」時には／「ハ」 上55ウ3
生れむと／「セムト」 上57オ6
養せむと／「ハムト」欲(へ)とも／「スレトモ」
[而] 上59ウ3
命終せむと／「セムト」欲せむ／「セム」時に／「キニ」 上60ウ5
利樂(せむ)と／「セムト」 上60ウ7
往生せむと／「セム」 上70オ1
供養(し)たてまつらむと／「セムト」欲ふこと／「オモフ」有るは／「アレハ」 上70オ3
生せむと／「レムト」願ふ／「スル」耶「ヤ」 上73ウ6
滅せむと／「セムト」欲せむ／「セム」時に／「ニ」 上81オ6
歸せむと／「セムト」 上83ウ1

往生せむと／「セムト」欲はは／「モハ、」　上86オ5
作佛「セムト」欲する／「スル」者ものは／「ノ」　上86オ6
生せむと／「セムト」願す／「ス」　上86ウ4
圓滿せむと／「セムト」欲ふか／「スルカ」爲に／「ニ」　上89オ6
圓滿竟（「究」の誤か）竟せむと／「セムト」　上89ウ5
度さむと／「セムト」　上94ウ2
毀壞せむと／「ス」　上97ウ5
趣-向すと／「セムト」　上100オ3、上100オ3
生せむと／「セムト」願すること／「スルコト」有ルハ／「ラムモノハ」　上105オ4
生せむと／「セムト」願する／「スルヤ」　上106ウ3
利益せむと／「セムト」欲ふか／「スルカ」爲に／「ニ」　上106ウ7

救「-」拔せむと／「セムト」欲ふか／「オモフカ」故なり／「ナリ」　上107オ6
摩睺勒もせむと／「モセムト」　下6オ2
命「-」終せむと／「シナムト」欲せしに／「ス」　下20オ2
退（き）なむと／「セムト」欲せ／「セハ」者は　下34オ6
食「-」噉すれ／「サ（「セ」の誤か）ムトスレハ」者ハ　上25ウ7
焚「-」燒すること／「セムニ」　上12オ3
稱-揚すとも／「セムニ」　上63オ3
稱せむに／「セムニ」　上63ウ1
計-校せむに／「セムニ」　上65オ4
願せむに／「セムニ」　上104ウ6
至（る）まで（に）せむ（に）　下10オ5
稱せむには／「スルヨリハ」　上63オ6
同せむにも／「セムニモ」　上94ウ3
稱せむは／「スルハ」　上63オ6

利せむは／「ヌルヲモテイハ、」　上103オ6
生さむ／「セムヤ」　上31ウ4
弁ツむ／「セムヤ」　上59ウ7
修せむを　上96オ6
婬タハレ「-」樂せむ（を）や　上32オ2
逕せむをや／「セムヲヤ」　上40ウ2
何（に）況（や）…憶-念せむをや／「セムヤ」　上95ウ6
佛を／「ニオイテセムヲヤ」耶や　下79ウ3
思念して／「セヨ」　上42ウ6
修學せよ／「セヨ」　上82ウ2
坐「セムカ」爲の／「メノ」故にせよ／「ニセヨ」　上94オ3
修習（する）こと／「セヨ」　上98オ5
取捨せよ／「セヨ」　上106オ3
百千萬せよ／「セヨ」　下31ウ7
觀せよ／「ミヨ」　下79オ5
生せむことを／「セヨト」　上74オ3

勸-修せよとは／「セヨトハ」 上106ウ4
薫しつれは／「セラム」 上102オ3
撾「タ」-打楚「ソ」撻セラる／「セラレ」 上32ウ3
鞭(去)ヘン／ウチ撻せらるること／「セラル、モノ」有り／「リ」 上40ウ4
殘害「セラル、ルコト」 上40ウ5
相「ヒ」煎「セラル、コト」 上46ウ1
焚「ホン」「-」燒し／「セラレ」 上19ウ4
繫「-」縛し／「セラレ」 上40ウ4
燒炙キウ反せられて／「アフルニ」 上12ウ6
充滿せり／「セリ」 上3オ1、上46オ2、上52ウ4
具せり／「セリ」 上10オ3、上50ウ3、上51ウ4
遍-滿せり／「せり」 上15ウ7
周「-」匝せり／「セリ」 上16ウ2
集-在せり 上17オ7

遮せり／「サイキルヲモテ」 上18ウ5
生せり／「ス」 上20オ5
圍繞せり／「セリ」 上20ウ4、上49ウ3、上57オ4
遍す／「セリ」 上21ウ7
彌「-」滿せり／「セリ」 上22オ3
枯「-」渴せり／「セリ」 上25ウ3
雜せり／「セル」 上26オ4
住す／「セリ」 上27オ5
支「サ、ヘ」-持せり／「シテ」「タモンテ」 上28オ4
彌「-」布せり／「セリ」 上28オ5
纏「モ(「マ」の誤か)トヒ」-結せり／「ムスヘリ」 上28オ7
盈滿せり／「セリ」 上28ウ2
長「-」養せり／「スルコト」 上28ウ2
相ひ／「ヒ」通せり／「セリ」 上29オ1
分「-」布して／「セリ」 上29ウ2

周「-」轉して／「セリ」 上29ウ3
存せり／「セリ」 上30ウ5
潰火イ反／ツエ-爛せり／タ、ル／「ランシテ」 上31オ6
害せり／「スヘシ」 上32オ2
著せり／「シ」 上36ウ2
隨逐せり／「ス」 上37オ4
具せり／「シツ」 上38オ4
超-越せり 上39ウ3
利益せり／「セリ」 上42オ7
按(去)せり／「セリ」 上43ウ7
處せり／「セリ」 上44ウ6
纏「マツヒ」-繞せり／「セリ」「メクレリ」 上45ウ6
流溢せり／「ス」 上45ウ7
居せり／「セリ」 上46オ4
枉ワウ／「タフロカシ」-飾せり／「カサレリ」 上46オ7

相ひ／「ヒ」連(去)-合せり／「シ」　上46ウ1
標せり／「セリ」　上46ウ7
照曜せり／「シ」　上49オ1
住する／「セリ」者もの／「ノ」　上49オ3
行列せり／「セリ」　上49ウ4
莊嚴せり／「セリ」
上50ウ1、上66オ7、上91ウ1
應(平)す／「オウセリ」　上52オ4
覆せり／「セリ」　上52ウ6
合成せり／「セリ」　上52ウ6、上67オ7
映「アウ」-飾せり／「セリ」　上54オ7
相ひ／「ヒ」和せること／「セリ」　上54ウ2
生せり／「ナシ」　上54ウ4
周-遍せり／「セリ」　上55オ1
彌滿せり／「セリ」　上55オ2
懸「カ、リ」-處せり／「シテ」　上55オ5
遍滿せり／「セリ」　上55オ6
合せ「-」成せり／「セリ」　上55ウ2

調適せり／「ナリ」　上56オ3
攝-在せり／「セリ」　上56ウ6
勝-過せり／「セリ」　上57オ1
彌覆せり／「セリ」　上57オ3
遍せり／「セリ」　上57オ5
絞「ケウ」絡「ラク」せる／「セリ」　上57オ5
堪「-」任「セリ」　上64オ4
倍せり／「セリ」　上65ウ1
充滿シテ／せり／「シ」　上65ウ2
纏マトヘリ／「リ」-絡せり／「セリ」
上68オ1
悅-「-」可(し)たまふ／「セリ」　上68オ3
略せり／「セリ」　上83ウ6
成佛道せり　上86オ1
具足せり／「セルコト」　上88オ2
離(れ)たり／「セリ」　上88ウ3
寂滅せり／「セリ」　上91ウ2
相應して／「セリ」　上93オ4

禮讚せり／「ス」　上103ウ7
台と／「イト」爲せり／「セリ」　中1ウ6
相具「-」足せり(と)／「セリト」　下9オ4
失せり／「セリ」　下13オ5
因と／「ト」爲(リ)／「セリ」　下40ウ1
食ゝ(る)／「セリ(し)」者の／「ノ」　上19オ3
存せりと雖「トモ」　上33オ3
感「セリト」雖「トモ」　上33オ7
具セリト／「セリト」雖「モ」　上40オ5
處すと／「セリト」雖「フトモ」　上106オ5
退せりと／「セリト」雖(も)　上108ウ7
受(く)るに／「ク」應せりといへり／「シ」
上104ウ1
行せる／「セル」　上8ウ1
食用せる／「セル」者の／「ノ」　上19ウ5
屠「ト」殺せる／「セル」[之]者もの／「ノ」
上23ウ2
說「-」法(を)せる[之]者もの／「ノ」

上24オ2
亡(平)せる／「セル」 上24オ6
亡せる／「ルカ」 上24ウ1
取り／「リ」用せる／「セル」[之]者もの／「ノ」 上24ウ3
薄「ホク」-少なる／「ニセル」[之]者もの／「ノ」 上24ウ7
畫(平)せる／「ヱセル」 上31オ1
生せる／「スル」者ものは 上33ウ1
習-心の／「セル」者ものは／「モノハ」 上45ウ3
莊嚴の／「セル」 上51ウ5
應(去)せる 上56オ1
來「テ」生せる／「セル」所の 上58ウ3
脩せる／「セル」 上63オ2
生せる／「オヒタル」 上69ウ5
當「ニ」…被-著する／「セル」こと有る／「ル」[當]からむ／「シ」者ものは／「ノ」 上81ウ3
薫「セル」所「ノ」 上102オ5
具す／「セルヘ」應し／「シ」 上109オ4
莊嚴せるか／「スルカ」[猶]コトシ 上38ウ6
具足して／「セルカ」 上64ウ7
伏せるか／「スルカ」故に／「ニ」 上72ウ4
偏せるか／「セルカ」故にと／「ニト」 上91オ6
造-立せるか／「スルモノ」如くせよ 上98オ5
沒せるか／「シメラ(「レ」脫か)ムカ」如き「ハ」 上107オ2
沈「チム」「-」沒「モッ」せること／「スルコト」 上6ウ4
倍せること／「セルコト」 上48ウ2
遍(し)たまへること／「セルコト」 上49ウ4
薫せる(こと)／「セルコト」 上102オ6
百佛の／「ノ」所(みも)とに／「トコロニ」於せることと／「シテ」 下86オ6
十に／「ニ」於てせるに(あら)／「テノミセルナラ」不す／「ス」 下86オ6
證す／「セルナリ」 上108ウ7
疲「-」「ヒセルニ」極せるを 上24ウ6
相卽せるに／「セルニ」由(る)か／「ルカ」故なり／「ナリ」 上98オ6
成熟せるは／「スルハ」 上82ウ5
須セルへし／「ヰルヘシ」 上108オ6
疲「-」「ヒセルニ」極せるを 上24ウ6
圖「ツ」畫「ヱヲ」せるを 上40ウ1
寂滅(せる)を／「セルヲ」 上42ウ3
生せる(を) 上60ウ2
讀誦せるを／「スルヲ」 上93ウ3
具すれとも／「セレトモ」 上37ウ7
修すれども／「セレトモ」 上109ウ1
相「-」應して／「セレハ」 上59オ2
當「ニ」…殺す／「セン」「ス」[當]し／「ヘシ

ト」 上44ウ1
成すに／「セントスルニ」 中62ウ2

ズ（不）（助動詞）→アタハズ、ザラク

〔不〕00019
聾せ／「モノイハ」不ら／「サレト」耳（ま）くのみ 上43ウ4
絶え／「エ」不さら／「サラ」令シメよと／「シムトイヘリ」 中30オ6
絶タエ／「タエ」不ら／「サラ」令（む）れは 中30オ6
絶（え）／「タ、」不ら／「サラ」令（む）れは／「シムレハ」 中30ウ1
知ら／「ラ」不ら／「サラ」令めむと／「シメムト」 中45ウ2
退せ／「セ」不ら／「サラ」令（め）よ／「メヨ」 中55オ6
生せ／「セ」不ら／「サラ」令しむ／「シム」 中56オ3
盈「-」溢「セ」不「リラ」令「シム」 下3オ1
絶え／「タ、」不ら／「サラ」令めて／「シメテ」 下18オ6
絶え／「タ、」不ら／「サラ」令（め）て／「メテ」 下40オ6
得「エ」不ら／「サル」令（む）／「シム」 下41ウ4
得「エ」不ら／「サラ」令しめむ／「シメ」 下91ウ5
觸れ／「フレ」不らは／「ルニハ」 上98ウ4
成ら／「セ」不らは／「スハ」 中62ウ2
歸せ不らむ／「ラム」者 上1オ3
憶せ／「タヘ（一本「堪」の訓の誤記か）」不さらむ／「ス」 上18ウ6
樂しから／「タノシカラ」不らむ／「シ」乎 上35ウ7
樂（しか）ら／「ラ」不らむ／「ス」乎や／「ヤ」 上66オ5
樂（しか）ら不らむ／「シ」乎や 上73オ6
求「メ」不らむ／「サル」哉「ヤ」 上73オ7
欣樂せ不らむ／「ラムヤ」耶 上82オ6
攝まら／「オサマラ」不らむ／「サラム」 中60ウ4
滅-除せ不らむ／「サラムヤト」耶や 下5オ6
同（しから）／「カラ」不らむ／「サラムヤ」耶 下47オ5
修せ／「セ」不る／「サラム」者もの／「ノハ」 下66オ1
信せ／「セ」不らむ／「ラム」耶や 下66ウ4
信せ不らむ／「サル」者は／「ノハ」 下86ウ5
相應せ／「セ」不らむ／「ラム」者をは／「ノヲハ」 下90ウ2
持（た）／「タモム（タの誤か）」不らむ／「サラム」 下90ウ7
持（た）／「タモム（タの誤か）」不らむ／「サラ

ム」者も／「モノニオイテ」　下91オ1
畏ち／「オチ」-不るか／「サラムカ」若ことし／「シ」　上79ウ5
を／「ヲ」得不るか／「ラムカ」如く／「ク」　上101オ3
顧(カ)ヘリミ／「(カ)ヘリミ」視「ミ」不「サラムカ」如「ク」　中64ウ1
相ひ／「ヒ」及(は)「ハ」不らむか／「ラムカ」　下26ウ4
何(に)況「ヤ」…施せ／「セ」不らむこと／「ルヤ」　上93オ3
不らむこと／「ストイフコト」　中71オ2
滅し／「シ」肯かゝせ不らむ(こと)　下67ウ4
動せ／「ナルモ」不らむことは　下82ウ1
壊れ／「ヤフレ」不ること(も)／「ラムコトモ」　下82オ3
勤-「-」修せ／「セ」不らむと／「ラムト」　中53ウ1

息ま／「ヤマ」不(ら)むと／「サラム」　下1ウ1
盡き／「ツク(「キ」の誤か)」不らむに／「サルコト」　上80オ2
畏せ／「セ」不らむ／「サラムニ」　中87オ7
病(ひ)せ／「セ」不らむに／「スシテマシ」　中89オ1
發「サ」不らむは／「サル」　中32ウ6
豈に…示さ／「メ」不らむや／「ラムヤ」　上104オ7
豈「ニ」…出て／「テ」不らむ(や)／「ラムヤ」
［也］　下68オ2
至「サ」不「ラムヲハ」　中29オ3
見え／「ミエ」不りき／「ス」　中36ウ2
得不りき／「サリキ」　中52オ1、下72ウ2
憙コノま／「ネカハ」不りき／「ス」　中57オ7
覩み／「ミ」不りき／「ス」　下19ウ3
信せ／「セ」不りき／「ス」　下23オ4

墮(せ)／「セ」不りき／「ス」　下24オ1
食-噉せ／「セ」不りき／「ス」　下30オ4
得「エ」不(り)き／「サリ」　下72ウ1
抱ウタカ不る　上7オ4
近「チカヅカ」不「サル」　上7オ4
寂「-」静なら／「ナラ」不る／「サル」　上9ウ2
燃ェ／「モエ」不る／「ル」處　上15オ3
來ら／「ラ」不ぬ／「ル」　上18ウ4
與へ／「ヘ」不る／「ル」者の／「ノ」　上20オ3
與「ヘ」不さる「ルモノ」　上23ウ4
修せ／「ス」不る／「ル」［之］者もの／「ノ」　上24ウ1
食を／「スルコトヲ」得「エ」不る／「ル」　上25ウ2
得「エ」不「ル」鬼　上25ウ5
償ツクノハ不る／「ル」者もの　上27オ4
休「ク」息せ／「セ」不る／「ル」　上32ウ6

順せ／「シタカハ」不る／「ル」時には／「ニハ」　上36オ4
隨(は)不る／「サル」者ものなり／「モノナリ」　上37ウ1
知(ら)不る所は／「ハ」　上65オ5
求「メ」不らむ／「サル」哉「ヤ」　上73オ7
修せ／「セ」不る／「ル」者もの(は)／「ノハ」　上92オ3
廻向せ不る／「ストイフ」者ものは／「ノ」　上93ウ6
化せ／「シタマハ」不る／「サル」所なりと／「ナリ」　上97ウ1
發さ／「サ」不る／「ル」者ものは／「ハ」　上108ウ4
忘失せ／「セ」不ぬ／「ル」　上109ウ4
僂(平)ロ反曲せ不さる／「ス」　中10ウ5
堪(へ)／「ヘ」不る／「ル」　中21オ2
留め／「メ」不さる／「サラ(ク)」耳のみ／「ノミ」　中27オ5
應せ／「セ」不る／「ル」　中27ウ2
發「サ」不らむは／「サル」　中32ウ6
及は／「ハ」不る／「ル」　中34オ7
解ら／「サト」不る／「サル」　中48ウ2
犯サ／「セ」不る／「ル」　中55オ3
起(さ)／「コサ」不る／「ル」　中55オ3
嫉「セ」不ル／「サル」　中55オ4
生せ／「セ」不「ル」　中55オ4
嫉妬せ／「セ」不る／「サル」　中59オ6
受け／「ケ」不る／「ル」　中59ウ1
得「エ」不る／「ル」　中59ウ2
見み／「ミ」不る／「サル」　中60オ4
擧「アケ」不る／「サレハ」耶　中60オ7
求「メ」不「サル」　中61オ4
依(ら)／「ヨラ」不る／「ヌ」　中61ウ6
用ゐ／「ヰ」不る／「サル」應し／「シ」　中64ウ6
生せ／「セ」不る／「サル」　中65オ1
生(な)さ／「セ」不る／「サレハ」者ものをは　中69オ6
救(ひた)まは／「ヒタマハ」不る／「サル」　中70ウ4
及は／「ハ」不る／「サル」　中73ウ1
壞せ／「セ」不る　中73ウ4
得「エ」不る／「サル」　中75オ5
聞(か)不る／「ル」所の／「ノ」　下7オ3
爾ら／「シカラ」不(る)／「スハ」者は　下16オ5
當／「ニ」斷絕せ／「セ」不る／「スル」[當]「シ」　下17ウ1
見「ミ」不る／「スナンナムトス」　下29ウ3
懷か／「(イ)タカ」不る／「サル」　下36オ4
破ら／「ヤフラ」不る／「サル」　下36オ7
毀ら／「ソシラ」不る／「サル」　下37オ3
生(せ)／「セ」不る／「サル」　下37オ5

染(せ)／「セ」不る／「サル」　下37オ6
生「セ」不る／「サル」　下37ウ2
犯せ／「セ」不る／「サル」　下38オ4
生(さ)／「サ」不ル／「サル」　下41オ7
何そ／「カソ」相ひ／「ヒ」稱カナハ／「カナハ」
　不る／「ル」　下45オ7
供養せ／「セ」不る／「サル」者は／「ノハ」　下49オ4
同なる／「シカラ」不「サル」　下49ウ4
相「-」應せ／「セ」不(る)／「ル」者は／「ノハ」　下55ウ5
稱計す／「ナル」可(から)不る　下58オ6
知(ら)／「ラ」不る／「サレ(「ル」の誤か)」者
　は／「ノハ」　下67オ2
造ら不る／「サル」人は／「ハ」　下73ウ2
信「セ」不「サル」　下74オ4
信せ／「セ」不る(は)／「サル」　下74ウ3
聞(か)／「カ」不る／「サル」等を／「ラヲ」以
　(て)／「テ」　下75ウ2
當に／「ニ」隨は／「かは」不レ／る／「サレ」
　[當]シ／「シ」　下83オ3
信せ不らむ／「サル」者は／「ノハ」　下86ウ5
願「-」求せ／「セ」不る／「サル」者は／「ノハ」　下88ウ1
當に／「ニ」見不る／「サル」[當]「シ」　下88ウ7
共に同せ／「セシメ」不れ／「サル」　下93オ7
應せ／「セ」不る／「サル」所なり／「ナリ」　下93ウ1
擧「-」處せ／「セ」不(る)は／「サル」　下94ウ4
及は／「ハ」不るは／「サル」　下95ウ1
異(な)ら不す／「ルカ」　中25ウ2
有ら／「ルコト」令(む)ること能(は)不るか
　／「ルカ」如く／「ク」　上40オ3
畏ち／「オチ」-不るか／「サラムカ」若ことし
　／「シ」　上79ウ5
墜沒せ／「セ」令め不(る)か／「ルカ」如く／
　「ク」　上95オ5
　を／「ヲ」得不るか／「ラムカ」如く／「ク」　上101オ3
沒「シツミ」溺せ／「オホレ」不さるか／「サル
　カ」如く／「ク」　上101オ6
沈沒せ／「セ」不るか[如]く　上101オ7
及「ハ」不(る)か／「サルカ」如く／「ク」　上102オ1
願「セ」不「ルカ」如「キ」　上109オ5
加〻／「ヘ」不(る)か／「ルカ」　中3ウ4
盡す／「ス」可(から)不「ルカ」故に　中35オ6
作-「-」意セ／「セ」不るか／「ルカ」如「ク」　中40ウ2
盡す／「ツク」可(から)不(る)か／「サルカ」　中51ウ1
求「メ」不(る)か／「サル」故に／「ニ」

中61ウ3
顧-視せ不るか如し　中64ウ1
觸る／「フル」可(から)不(る)か／「サルカ」如し／「ク」　中74ウ6
ゝ(着)せゝ(不)(る)か／「サルカ」故に／「ニ」　中75オ6
不(あ)らす／「アラサルカ」　中77ウ4
壊せ／「セ」不る(か)／「ルカ」　中78オ7
嗅ヵ、不(る)か／「サルカ」如し／「ク」　中87ウ7
盈「-」溢せ不るか如く　下3オ1
異なら／「ニ」不るか／「ルカ」如し／「クナリ」　下12オ3
具せ／「セ」不(る)か／「サルカ」故にといへり／「ナリト」　下28ウ7
決「-」定せ／「セ」不るか／「ルカ」故に／「ニ」　下55ウ4
信せ／「セ」不(る)か／「サルカ」故に／「ニ」　下73オ1
停ト、マラ／「ト、マラ」不ること／「ルコト」　上33オ2
怖り不ること／「ルコト」得む／「ムヤ」　上34ウ4
こと／「コト」得不「ルコト」　上76オ1
盡き／「ツク(「キ」の誤か)」不らむに／「サルコト」　上80オ2
堪へ不ること／「ルコト」　中18オ3
退轉せ／「セ」不(ること)／「サルコト」　下14ウ7
得「セ」不(る)こと／「サルコト」　下61ウ7
信せ／「セ」不ること／「シテ」　下88オ5
譬喩す／「ス」可(から)不ることなり／「ルヲモテナリ」　上18ウ7
斷「-」絶せ／「セ」不(る)ことは／「サルコトハ」　上41ウ7
成(ら)／「ナ」不る(こと)を／「サルコトヲ」　上44ウ4
退せ／「セ」不ることを／「サルコト」　下52ウ7
信せ不し(「る」の誤か)／「サルスラ」　下2オ5
抱(カ)不「ルト」　上7オ4
害せ／「セ」不ると／「ルト」　下40ウ3
見「ミ」不さるときには／「ルトキニハ」　上31ウ6
狙「(去)」-壊すること／「スルコト」能(は)不す／「サルナリ」　中73ウ4
染セ／「セ」不ル(なり)／「サルナリ」　下41オ7
流轉せ／「セ」不(る)なり／「サルナリ」　下52ウ3
得「エ」不(るなり)／「サルナリ」　下66ウ1
中止せ／「ヤマサ」不れ(と)／「ルナリト」　中25ウ6

棄-「-」捨せ／「セ」不(る)なりと／「サルナリト」 中75オ1
雑(せ)／「セ」不(ると)／「サル(ナリ)ト」言ふ(なりと)／「イフ」也 下52オ7
鼓(訓)「ウタ」不るに／「サルニ」 上55オ5
信せ不るに由(り)て／「テナリ」 上76オ2
捨「-」離せ／「セ」不(り)しに／「サルニ」 中52オ1
受け／「ケ」不(る)に／「ルニ」 中71オ2
見「ミ」不(る)に／「サルニ」 中77ウ4
難(「訓」)(か)ら不(る)か／「サルニ」若ことき に 中90オ2
牢-固なら／「ナラ」不るに／「サルニ」由(りて)なりト／「(ヨ)テナリトイヘリ」 下56ウ7
疑(は)不るに／「サルニ」在(り)／「リ」 下62ウ6
觸れ／「フレ」不らは／「ルニハ」 上98ウ4

息ま／「ヤマ」不れ／「サルニハ」 中67ウ3
得不して／「サルニマレ」 下1ウ2
无ニ有(ら)不(る)／「サルニモ」非(す)／「ス」 中68オ2
生れ不るのみならむ／「サルレニ(「サルノミ」の誤か)ナム」 上82ウ2
受け／「ケ」不るは「ス」有(る)こと／「コト」无し／「シト」 上34オ1
至ら／「イタラ」不るは／「サルモノハ」 上45ウ5
修せ／「セ」不るは／「ルハ」 上99オ1
斷せ不る(は) 中29ウ7
修せ／「サ」不るは／「サルハ」 中87ウ6
苦「(ネム)コロニ」-治せ／「セ」不るは／「サルハ」 下94ウ1
信せ／「セ」不るもの／「サルモノ」有る(や)／「ル」 下86ウ2
修せ不す／「セサ(ル)モノハ」 上45ウ2

何(に)況「ヤ」…施せ／「セ」不らむこと／「ルヤ」 上93オ3
觀せ／「セ」不るや／「ルヤ」 中21オ1
觀せ／「セ」不る(や)／「ルヤ」耶 中21オ4
信せ／「セ」不らむ／「サルヤ」耶(や) 下66ウ3
在ら／「アラ」不るを／「サルヲ」 中46オ6
離れ／「レ」不るを／「ルヲ」以て／「テ」 下12オ5
惜(ま)／「ヲシマ」不るを／「サルヲ」 下70ウ2
聞「カ」不「ルヲハ」 下11ウ1
謗「セ」不して／「サルヲモテ」 中7オ5
觀せ不さる(をもて)／「(サ)ルヲモテ」 中11オ2
及(は)不す／「ルヲモテナリ」 上99ウ3
願は／「セ」不す／「サルヲモテナリ」 上109ウ2

勉マノカレ／「ハケマ」不す／「サルヲモテナリ」 中58ウ6
慚愧「(平)」せ／「セ」不りき／「サルヲモテナリ」 下28ウ6
得「エ」不(れはなり)／「サルヲモテナリ」 下84オ4
忽-爾イルカセニスルコト／「スレトモ」得え／「エ」不れ／「レ」 上42ウ6
待た／「マタ」不ス／され／「ス」 上57ウ4
俟また／「アヤマサ(「サ」は「タ」の誤か)」不れ／「ス」 上108オ3
得「エ」不され／「レ」 中2ウ2
衆「-」多にすること／「ナルコト」得「エ」不れ／「レ」 中13ウ2
得「エ」不れ／「レ」 中20ウ1、中82ウ6、中83ウ2、中83ウ3
願せ／「セ」不して／「レ」 中23オ2
向(か)は／「ムカハ」不れ／「レト」 中26オ1
背「ソムカ」不れ／「レ」 中26オ1
間「マシヘ」不れ／「レ」 中26ウ7
雜「マシハリ」起せ／「オコラ」令め不れ／「レ」 中27オ4
雜せ／「セ」不れ／「レ」 中27オ7
宣-說せ／「セ」不れ／「サレ」 中60オ2
待(た)／「マタ」不れ／「シ」 中64ウ5
師とせ／「トモ(セ)」不れ／「サレ」 中66オ6
息ま／「ヤマ」不れ／「サルニハ」 中67ウ3
得不れ／「サレ」 中79オ4
須へ(から)／「ヰ」-不「サレ」 中79オ4
得「エ」不し／「サレ」 中79ウ2
說(く)こと／「クコト」得「エ」不れ／「レ」 中79ウ5
喫クは／「クラハ」／「カマサ」不れ／「レ」 中79ウ6
受け／「ケ」不れ／「サレ」 中82ウ7
嫌せ／「セ」不「レ」 中83オ3
恚せ／「セ」不「レ」 中83オ3
見「ミ」不れ／「レ」 中83オ3
休「-」息すること／「スルコト」得不れ／「レ」 中83ウ4
望(む)こと／「ムコト」得「エ」不れ／「レ」 中83ウ5
向フルこと／「ヘシムルコト」得「エ」不れ／「サレ」 中89ウ2
當に／「ニ」隨は／「かは」不レ／る／「サレ」［當］シ／「シ」 下83オ3
當に／「ニ」聽る(さ)／「ユルサ」不れ／「ス」［當］「シ」 下93オ6
共に同せ／「セシメ」不れ／「サル」 下93オ7
得「エ」不「サレ」 下93オ7
忘れ捨て／「セ」不れ／「サレ」 下96オ4
待た不されと／「ヌト」「スト」 上57ウ5
雜「-」亂「スルコト」得不れと／「レ」 中13ウ7

中止せ／「ヤマサ」不れ(と)／「ルナリト」 中25ウ6
得不れと／「レト」 中55ウ4
著せ不(と)／「レト」 中86ウ6
成「-」就せ／「セ」不れと(いふ)／「サレト」 耶 下61オ7
芥子「ノ」如「ク」許「リモセ」不「サレト」 下61ウ2
芥子許りの如き(をも)せ不れと 下61ウ2
利「ヲ」得不れとも／「ストモ」 上99オ7
見不れとも／「ス」 中47ウ2
信せ／「セ」不「レトモ」 下88ウ5
分別せ不れは 上42オ3
具せ／「セサ」不といふこと／「レハ」有(る) こと／「コト」无し／「シ」 上51オ5
願せ不れは 上109オ5
間へ／「マ(シ)へ」不れは／「レ」 中26ウ7
斷え／「セ」不すは／「レハ」 中35ウ3

念せ不れは／「レハ」 中47オ5
擧「アケ」不る／「サレハ」耶 中60オ7
前ま／「ス、マ」不れは／「レハ」 中66オ3
生(な)さ／「セ」不る／「サレハ」者ものをは 中69オ6
離れ／「レ」不れは 中69ウ6
離れ不れ(は) 中69ウ7
離(れ)／「レ」不れは／「ス」 中70オ2
見不(れ)は／「レハ」 中78ウ1
在ら／「ラ」不れは／「スハ」 中90オ7
縁せ／「セ」不れ(は)／「レハ」 下64ウ3
知ら／「ラ」不れ(は)／「サレハ」 下66ウ3
勤め／「メ」不るは／「サレハ」 下81オ3
述す可(から)不す 上2ウ2
具「サニ」說「ク」可「ヘ(カラ)」不「ス」 上3ウ3
說「カ」不す／「ス」 上4オ7、上18ウ6
救「スクフコト」能「ハ」不「ス」 上5オ4

堪「-」忍す可(から)不「ス」 上8オ3
及(は)不す／「ス」 上8オ4、上40ウ3
止ま／「ヤマ」不「ス」 上8オ7、下27ウ2
止ま／「マ」不す／「ス」 上10ウ2
見る「ミユ」可(から)／「ヘカラ」不す／「ス」 上13オ2
說く／「ク」可(から)／「カラ」不「ス」 上13ウ2
止(ま)／「ヤマ」不す／「ス」 上15オ4
侵《ヲカサ》／「ヲカサス」不「ス」 上15オ6
說き／「キ」盡す／「ス」可(から)「ラ」不す／ 「ス」 上18ウ7
聽(く)こと／「キクコト」得「ウ」可「ヘ(から)」 不「ス」 上18ウ7
止ま「ヤマ」不す／「ス」 上19ウ1
こと／「コト」得え／「エ」令め／「メ」不す／ 「ス」 上22オ6
述するに／「スルニ」遑《イトマ》不《アラス》

上23オ3
與〻／「へ」不す／「ス」 上23ウ4
出て／「テ」不す／「ス」 上26オ4
勝「アケテ」計す／「カソフへ」可(から)不す／「ス」 上27オ3
勝アケテ／「テ」說く／「ク」可(から)／「へ」不「ス」 上27ウ2
淨-潔「フ」なら令しむ／「ム」(「可」の訓か)可(から)不す／「ス」 上30ウ7
觀せ／「セ」不す／「ス」 上31オ3
耐(去)タイ反せ／タフヘ(から)不す／「ス」 上31ウ6、上31ウ6
見「ミ」不す／「シ」 上32オ2
ことを／「コトヲ」俟マツ可(から)不す／「ス」 上33オ1
免(れ)「カラ(「レ」の誤か)」不す／「ス」 上33オ6
停まら／「マラ」不す／「ス」 上33ウ2
滿た／「ミタ」不す／「ス」 上33ウ4
燃え／「モエ」不す／「ス」 上33ウ4
堅か(た)から／「カタカラ」不す／「ス」 上34オ4
擇エラハ不す／「ス」 上34オ4
安「ヤス」(む)せ不す／「ス」 上34ウ1
甘アマムせ／「アマセ」不す／「ス」 上34ウ2
と／「ト」爲せ／「セ」不す／「ス」 上34ウ4
貪-染(する)に／「スルニ」暇まアラ／「イトマアラ」不す／「ス」 上34ウ5
樂は／「ネカハ」不す／「ス」 上35オ4
免れ／「カレ」不す／「ス」 上36オ6
樂タノしふ可(から)不す／「ス」 上36オ7
見「ミ」不す／「ス」 上37オ2、上51オ4、上60オ2、中15ウ3
盡「キ」不す／「ス」 上38オ6
報せ不す／「アラス」「コト」 上39ウ1
隨(は)不す／「ス」 上40ウ6
親「-」近す／「ス」可(から)不「ス」 上41ウ5
追ふか／「フカ」如くす／「ク」應「へ」(から)不す／「ス」 上43オ1
報-語「キヨ」せ／「セ」不す／「ス」 上44オ3
出さ／「タサ」不す／「ス」 上44オ6
語モノイハ／せ不す／「ス」 上44オ7
語せ／「モノイフ」不す／「ス」者「ハ」 上44ウ1
局ら／「カキラ」不す／「ス」 上45オ1
妨サマタケ不す／「ス」 上45オ3
墮「チ」不す／「ス」 上45オ7、上62ウ6
精進せ／「セ」不す／「ス」 上45ウ1
修せ不す／「セサモノハ」 上45ウ2
散せ／「セ」不す／「ス」 上45ウ4
免れ／「レ」不「ス」 上48オ4
宣ふ／「フ」可(から)不「ス」 上48オ5
況「ヤ」…名く／「ク」可(から)不「ス」 上49オ7

開け／「ラケ」不「ス」　上50オ4
種ヱ／「ウヘ」不す／「ス」　上51オ6
修せ／「スセ」不す／「ス」　上51オ7
樂(訓)(しから)／「タノシカラ」不ス乎や／「ヤ」　上51オ7
疾(から)／「トカラ」不す／「ス」　上53オ3
遲から／「オソカラ」不す／「ス」　上53オ3
違「タカラ(「ハ」の誤か)」不す／「ス」　上53ウ4
には／「ニハ」如しか／「シカ」不す／「ス」　上54ウ3
起ら／「オコラ」不す／「ス」　上55オ7
類せ／「セ」不す／「ス」　上55ウ5
求め／「メ」不す／「ス」　上56オ2
用ゐ／「ヰ」不す／「ス」　上56オ2
增長せ／「セ」不す／「ス」　上56ウ3
久(しから)／「ラ」不す／「ス」　上57ウ1
待た／「マタ」不ス／され／「ス」　上57ウ4
墮「セ」不す／「ス」　上59オ7
意の／「ノ」如くなら／「クナラ」不す／「ス」　上59ウ2
停ヤマ／「ラ」不す／「ス」　上59ウ3
待た／「タ」不す／「ス」　上59ウ3
に／「ニ」堪へ／「ヘ」不す／「ス」　上59ウ4
何の「レノ」處といふことを知ら／「ラ」不す／「ス」　上59ウ7
墮(せ)不す　上62オ7
及は／「ハ」不す／「ス」　上62ウ4
能フヘカラ不ス　上63オ7
救は／「ハ」不す／「ストイハ」者といはゝ／「ハ」　上63ウ1
思議す／「ヘカラ」不まし／「ス」　上63ウ6
增「-」減すと爲なさ／「スルコトヲ」不す／「セス」　上65オ6
絶(え)不す　上66オ1
樂(しから)／「ラ」不らむ／「ス」乎や／「ヤ」　上66オ5
樂(しから)不す／「シ」乎や／「ヤ」　上71オ3
信せ不すは可アルへ(か)／「ヘカラ」不らす／「ス」　上74オ4
稱計す可(から)／「ヘ」不す／「ス」　上75オ1
信(せ)不す／「ス」　上75オ4
避さら不す／「ス」　上75ウ3
顧み不す　上75ウ7
捨(てた)まは不す　上76ウ3
退せ不す　上78ウ2
出(て)不す　上79オ1
抄せ／「セ」不す　上79オ1
捨(てた)まは／「テ」不す／「ス」　上79オ7、中17ウ1
爾ら／「ラ」不す／「ス」　上79ウ1
爾ら／「ラ」不「ス」　上79ウ5、下96オ1
說く／「クヘ」可(から)／「ラ」不す／「ス」　上80オ6

會せ／「セ」不すはアル／「ハ」可「ヘ」(から)不す　上80ウ2
許さ／「サ」不す　上80ウ4
同す／「ス」可へ(から)不す　上80ウ5
一時なら／「ナラ」不「ス」　上80ウ6
爾「シカイハ」不す／「ス」者は　上81オ1
且(去)シヤ反-千(平)なるか／「ナル」如(き)には(あら)不す／「ス」　上81オ5
云は／「ハ」不す　上81ウ7
論せ不す　上83オ3
竝ひ／「ヒ」出(てた)まは／「テ」不す／「ス」　上84オ5
論「セ」不す　上85ウ6
來ら／「ラ」不す／「ス」　上88オ2、中85オ6
依-「-」著せ／「セ」不す／「ス」　上89ウ1
強から／「ラ」不す　上89ウ7
然ら不す　上92ウ2
勤修(する)に／「スルニ」堪っ／「ヘ」不す　上92ウ5
免れ／「レ」不す／「ス」　上92ウ7
稱せ／「セ」不「ス」　上93オ3
爲なら／「セ」不し／「ス」　上93オ4
墜「タ(「墮」と誤讀せるか)」沒せ／「セ」令め不す　上95オ6
堪っ／「ヘ」不す／「ス」　上95オ7
の／「ノ」爲にせ／「ニシ(「シ」衍か)セ」不す／「シ」　上95ウ1
失せ／「セ」不「ス」　上96ウ5、中24ウ4
常なら／「ナラ」不「ス」　上96ウ5
妨せ／「サマタケ」不す／「ス」　上97オ2
妨サヘ／「ケ」不「ス」　上97オ2
說法「ス」應「ヘ」(か)ら不す／「ス」　上98オ2
爾シカイハ不す／「ス」者「ハ」　上98ウ3
墮せ／「セ」不す／「ス」　上99オ7
及(は)不す／「ルヲモテナリ」　上99ウ3
說か／「カ」不す／「ス」　上100オ3
言ふ可(から)不す　上100オ7
去「サリ」肯「カヘニ」不「ス(アル)」可「(カ)ラ」不「ス」　上100オ7
住せ／「セ」不「ス」　上100ウ6
爛「-」壞せ／「セ」不す／「ス」　上101ウ1
動す／「ス」可(から)不す／「ス」　上102ウ3
測る／「ル」可(から)不す　上102ウ7
には／「ニ」及「ハ」不す／「ス」　上103オ3
には／「ニハ」及「ハ」不し／「ス」　上103オ3
には／「ニ」及(は)不す　上103オ5
解(る)とは／「ルトハ」云は／「ハ」不す／「ス」　上104オ3
障っ不す／「ス」　上106オ6
明の／「ニハ」如(く)にはあら／「シカ」不す／「シト」　上106ウ2
自利の／「ノ」爲にはせ／「ニハセ」不「ス」　上107オ1
俟また／「アヤマサ(「サ」は「タ」の誤か)」不れ

／「ス」　上108オ3
成ら／「セ」不す／「ス」　上108ウ1
往生せ／「セ」不す／「ス」耶や／「ヤ」　上108ウ4
願は／「セ」不す／「サルヲモテナリ」　上109ウ2
行す／「スヘ」應(から)不「ス」　上109ウ5
堪っ不す／「ス」　中1オ2
雑亂せ／「セ」不す　中3オ6
稱數す／「ス」可(から)不「ス」　中3ウ3
見る／「ル」可「ヘ(カラ)」不す／「ス」　中4ウ4
知(る)こと／「ルコト」能(は)不し／「ス」　中5オ3
隱さ不して／「ス」　中5オ3
相ひ／「ヒ」雑亂せ／「セ」不「ス」　中5オ5
現せ／「アラハナラ」不す／「ス」　中5ウ7
増減(せ)不す／「ス」　中7オ5

見え／「ミエ」不す／「ス」　中9オ5
合せ／「セ」不「ス」　中10オ1
開せ／「セ」不「ス」　中10オ1
僂(平)ロ反曲せ不さる／「ス」　中10ウ5
悋せ／「セ」不「ス」　中11オ2
動せ／「セ」不す／「ス」　中12オ2
得(る)こと／「ルコト」能(は)不す　中13オ2
捨(てた)まは／「テタマハ」不す／「ス」　中14ウ2
現せ／「セ」不す／「ス」　中14ウ7、中14ウ7
現せ／「セ」不「ス」　中15オ3
得「エ」不す／「ス」　中15ウ3、中69ウ1、中69ウ1
窮め／「メ」不す／「ス」　中15ウ4
滅(せ)不「ス」　中16オ1
生(せ)不「ス」　中16オ1
一「ナラ」不「ス」　中16オ2
異(なら)不「ス」　中16オ2

及(は)／「ハ」不す／「ス」　中19ウ5、下3ウ6
說く／「ク」可(から)不「ス」　中20オ4、中95オ5
述せ／「セ」不「ス」　中21オ4
待「マタ」不「ス」［也］　中22オ4
求め／「メ」不「ス」　中23オ1
施せ／「セ」不「ス」　中23オ4
向へ／「ムカヘ」不「ス」　中23オ5
能(は)不「ス」　中24ウ7
抄「セ」不「ス」　中25ウ2
異(なら)不す／「ルカ」　中25ウ2
及「ハ」不「ス」　中26オ3
堪「-」忍せ／「セ」不「ス」　中26オ7
念は／「オモハ」不「ス」　中26オ7
自-由なら／「イムナラ」不「ス」　中26ウ2
求(め)不「ス」　中27オ2
論せ／「セ」不「ス」　中27オ2

具すること／「サニスルコト」能(は)不「ス」　中28ウ3
生すること／「ル、コト」得不す／「ストイヘリ」　中28ウ3
違イトマアラ不す／「スハ」　中30オ5
勇進すること／「スルコト」能(は)不す／「ス」　中30ウ7
生す／「ナス」應(から)／「ヘ」不す／「スト」
及「ハ」不す／「ス」　中31オ6
及「ハ」不す／「シトイヘリ」　中33オ4
得「エ」不して／「ス」　中33ウ6
見え／「ミエ」不りき／「ス」　中36オ7
知ら／「ラ」不す／「ス」　中36ウ2
聞「キコエ」不「ス」　中40オ3
動せ／「(カシ)タマハ」不して／「ス」　中41ウ5
得「エ」不「ス」　中45ウ6

見「ミ」不「ス」　中46オ6、下75オ7、下90オ2
下63オ2、下75ウ2、下88ウ7　中46オ6、中86オ2、
知ら／「ラ」不「ス」　中47オ2、中98ウ1
見不れとも／「ス」　中47ウ2
失せ／「ナハ」不して／「ス」　中47ウ5
重ら／「カサナラ」不す／「ス」　中48オ3
空-言なら不「ス」　中48オ4
設け／「マウケ」不「ス」　中48ウ5
信「セ」不「ス」　中49オ3
得可(から)不「ス」　中51オ7
退轉せ不「ス」　中53オ5
恚ラ／「セ」不「ス」　中55オ4
自み起オクルこと／タツ／「オコルコト」能(は)不「ス」　中56ウ4
憙コノま／「ネカハ」不りき／「ス」　中57オ7
矜「(平)」カコリ／「オコリ」／「コウ」伐「(入)」アコら／「ハンセ」不し／「ス」　中58オ7

趣か不「ス」　中59オ3
說か／「カ」不「ス」　中59オ4
忘語せ／「セ」不す／「ス」　中59オ7
述せ／「セ」不す／「ス」　中60ウ4
傾-動せ／「セ」不す／「ス」　中64ウ2
生せ／「セ」不「ス」　中65ウ1、中85ウ5、下73ウ3
共なら／「(ニ)シテモ」不「アラス」　中65ウ2
无-「-」因なら／「ニシテモ」不「アラス」　中65ウ2
成す／「ナスコト」能(は)／「ハ」不「ス」　中65ウ7
過(さ)／「スコサ」不して／「ス」　中66ウ5
動なり／「セ」不「ス」　中68オ1
犯と／「ト」爲せ不す　中69オ7
壞(やふ)れ不「ス」　中69ウ7
離(れ)／「レ」不れは／「ス」　中70オ2
壞せ／「セ」不「ス」　中70オ3

惱(ま)す／「マス」應(か)ら／「ヘ」不す／「ス」　中70オ4
徂「(去)」壞すること／「スルコト」能(は)不す／「サルナリ」　中73ウ4
欣(ヨロ)コヒ／「ヨロコヒト」爲(「訓」)せ／「セ」不す／「ス」　中74オ3
解ら／「サトラ」不す／「スシテ」　中74ウ3
執著す應(から)／「ヘ」不「ス」　中74ウ5
徂「-」壞せ／「セ」不「ス」　中74ウ7
實なら不す　中75オ2
著せ／「セ」不「ス」　中75オ6
入ら／「ラ」不「ス」　中75ウ1、下95ウ5
得不「ス」　中75ウ5
引か／「カ」不「ス」　中75ウ6
生せ／「セ」不す／「ス」　中76ウ1
勇「-」進すること／「スルコト」能(は)不「ス」　中77オ2
知(ら)不「ス」　中77ウ3

不(あ)らす／「アラサルカ」　中77ウ4
徹し／「(ト)ホシ」視み／「ミ」不「ス」　中77ウ6
到ら／「イタラ」不「ス」　中77ウ7
徹し／「シ」聽(く)に／「カ」不「ス」　中77ウ7
不(あ)らすして／「ス」　中78オ1
捉トル／「トル」／「トク」須へ(から)／「ヘ」不「ス」　中79オ5
息やま／「ヤマ」不して／「ス」　中80ウ4
佛-色を／「ヲモ」得「セ」不「ス」　中84ウ4
得「セ」不「ス」　中84ウ4
佛「ノ」心「ヲ」得「セ」不「ス」　中84ウ5
得「スヘカラ」不「ス」　中84ウ6
知(ら)不す／「ス」　中84ウ7
佛を／「ヲ」得「セ」不「ス」　中85オ1
知「ラ」不(る)か／「ス」　中85オ4
往か／「ユカ」不「ス」　中85オ6
來(ら)／「ラ」不「ス」　中85ウ5

心を／「ヲ」知ら不「ス」　中86オ5
心を／「ヲ」見「ミ」不「ス」　中86オ5
色を／「ヲ」受(け)／「ケ」不「ス」　中86オ7
壞すること／「ヤフルコト」能(は)／「ハ」不「ス」　中86ウ3
貪「-」著せ／「セ」不「ス」　中86ウ6
驚せ／「セ」不「ス」　中87オ7
驚せ不「ス」　中88オ1
離れ／「レ」不「ス」　中93オ2
得不は／「ス」　中94オ2
果し／「ハタシ」遂け／「トケ」不す／「ス」者といふは／「ハ」　中94ウ1
窮盡す可(から)不す／「ス」　中95オ7
捨(てた)まは不す／「ス」　中96オ4
疑「フ」可(から)不「ス」　中96ウ7
識ら／「シラ」不「ス」　中98オ6
悔「-」過を／「ヲ」生さ／「ナサ」不「ス」　中99ウ1

遇は／「アハ」不「ス」　中99ウ1
定(まら)／「マラ」不「ス」　中99ウ5
同「セ」不「ス」　中100オ6
驚-疑(上)せ／「セ」不「ス」　下1ウ4
空(しから)不「ス」　下3オ5
及(は)／「ハ」不「ス」　下3ウ6
稱「ー」量す／「ス」可(から)不「ス」　下5オ2
得「エ」不「ス」者は／「ハ」　下7オ4
盡「キ」竟(ふ)る「ヲフ」可(から)／「ヘ」不「ス」　下7オ6
生さ／「ナサ」不「ス」　下9オ2
覆蔽せ／「イセ(ママ)」所れ／「ラレ」不「ス」　下9オ7
受せ／「セ」不「ス」　下9ウ4
讀せ／「セ」不「ス」　下9ウ4
持せ／「セ」不「ス」　下9ウ4
誦せ／「セ」不「ス」　下9ウ4
習せ／「セ」不「ス」　下9ウ5
說(か)／「カ」不「ス」　下9ウ5
修せ／「セ」不「ス」　下9ウ5、下44ウ5、下88ウ1
轉せ／「セ」不「ス」　下9ウ5
一なら／「ニ」不「ス」　下12オ3
離(る)ること／「ル、コト」得「エ」不「ス」　下12オ5
知(ら)／「ラ」不す／「ス」　下12ウ5
見不「ス」　下12ウ5
修せ／「セ」不す／「ス」　下13オ5
謗せ／「セ」不「ス」　下15オ6
信せ／「セ」不「ス」　下19オ4、下88ウ1
墮(ち)／「チ」不りき／「ス」　下22ウ1
聽ユルシタ／(し)たまは／「ユルシタマハ」不す／「スハ」者は　下25オ1
食せ／「セ」不「ス」　下25オ2
六日までに／「マテニセ」不「ス」　下25オ3
異なら／「ナラ」不(る)ことを／「ス」
見／「ミエ」不す／「ス」　下25オ6
動か／「セ」不「ス」　下26オ3
絶え／「エ」不(れ)は／「ス」　下26ウ2
前ス、ま／「ス、マス」不す／「ス」　下26ウ5
至(さ)／「サ」不「ス」　下27ウ3
墮(ち)／「チ」不「ス」　下28ウ7
簡は／「エラハ」不す　下30ウ4
難から／「タ」不「ス」　下31オ5
論せ／「セ」不して／「ス」　下31オ6
如か／「シカ」不し／「ス」　下31オ6
得「ウ」可(から)／「ヘ」不「ス」　下31オ7、下96ウ1、下96ウ2、下96ウ5、下97オ1
云いは／「イハ」不「ス」　下33オ2
爾(ら)／「シカ」不す／「スハ」者は　下34オ2
念せ／「スヘ」不「カラス」　下34ウ3
絶つ／「タツ」當へ(から)／「ヘ」不し／「ス」　下34ウ4
下35オ7

斷絶せ／「セ」不「スハ」者は　下35ウ2
害せ／「セ」不「ス」　下36オ1
惡口せ／「セ」不「ス」　下36ウ3
起「コサ」不「ス」　下36ウ5
往生せ／「セ」不「ス」　下37オ4
惜(ま)／「マ」不「ス」　下37オ5
動せ／「セ」不「ス」　下39オ1
謗せ／「セ」不して／「ス」　下39オ1
造ら／「ラ」不「ス」　下39オ5
出て／「テ」不「ス」　下40ウ1、下41オ2、下41オ6
出さ／「サ」不「ス」　下40ウ4
設け／「ケ」不「ス」　下44ウ5
度(す)／「タクスヘ」[須](から)不「ス」　下44ウ6
相ひ／「ヒ」导〻／「サヘ」不(と)／「ス」　下45ウ1
述す／「ス」可(から)不「ス」　下45ウ2

別なら不「ス」　下46オ3
爾(ら)／シカイ／「イハ」不す者は　下46オ7
決了す／「ス」應へ(から)／「ヘ」不「ス」　下46ウ7
悟る／「サトル」應から／「ヘ」不「ス」　下47ウ4
弁せ／「セ」不「ス」　下48ウ6
起た／「タ、」不「ス」　下51オ4
許さ／「ルサ」不「ス」　下54オ7
悟る／「サトル」應へ(から)／「ヘ」不「ス」　下54ウ2
論せ／「セ」不／「ス」　下55ウ1
相續せ／「セ」不して／「ス」　下55ウ4
少から／「ナ」不「ス」　下57オ3
相違せ／「セ」不(るなり)／「ス」[也]　下57オ3
當「ニ」往生「ス」[當]「ヘキノミナラ」不「ラス」　下59オ1

違「-」害せ／「セ」不「ス」　下59ウ3
妨セ「セ」不「ス」　下60ウ3
疑ふ／「フ」須(から)／「ヘカラ」不(るなりと)／「ス」[也]　下60ウ6
言ふ／「イフ」可(から)不「ス」　下61オ1
念せ／「セ」不「ス」　下61ウ6
了せ／「セ」不「ス」　下63オ2
純-淨なら／「ナラ」不「ス」　下63ウ7
解ラ／「サトラ」不シテ／「ス」　下65ウ3
知ら／「ラ」不して／「ス」　下67オ2
能(は)不(るか)／「ス」故に／「ニ」　下67オ3
在ら／「アラ」不「ス」　下67オ6
沒「シツミ」-溺「ヲホ、レ」せ不「ス」　下70オ2
一-概にす／オモフキ／「カイナルヘ」可(から)不「ス」　下70ウ7
爾(ら)／「ラ」不(る)か／「ス」故に／「ニ」　下73オ4

得「エ」不「ス」／と　下73オ7
論するに／「セ」不「ス」　下73ウ2
入(ら)／「ラ」不「ス」　下75オ1
見「ミ」／(たてま)つら不「ス」　下75オ7
樂(ねか)は／「カハ」不「ス」／と　下75ウ1
彼か／「レカ」如くなる／「クナル」應(か)ら
／「ヘカ」不「ス」　下75ウ5
虛(しから)／「ムナシカラ」不(るを)／「ス」
下76オ7
一-同なら／「ナラ」不す／「ス」　下77オ2
轉せ／「セ」令め／「シメ」不「ス」　下77オ4
疑-念す／「ス」可(から)不す／「ス」
下78ウ4
違せ／「セ」不「ス」　下80オ4
虛(しから)／「ムナシカラ」不「ス」　下81オ4
相違せ／「セ」不「ス」　下81オ4、下93オ3
知(ら)／「ラ」不「ス」　下82オ6
摧-「-」破す／「ス」可(から)不「ス」
下82ウ7
及は／「ハ」不「ス」　下85ウ6
相-違せ／「セ」不「ス」　下86オ1
作レル(の)ミなら／「クレルナラ」不す／「ス」
下86オ5
十に／「ニ」於てせるに(あら)／「テノミセル
ナラ」不す／「ス」　下86オ6
信-解せ／「セ」不「ス」　下87オ5
生る／「ス」應(から)／「ヘ」不「ス」　下88ウ1
聞か／「カ」不「ス」　下88ウ7
能(は)／「ハ」不「ス」　下89オ3
煩ワッラハシ(くす)／「シウス」可(から)不
「ス」　下89オ7
得「エ」不(して)／「ス」　下91オ5
當に／「ニ」聽る(さ)／「ユルサ」不れ／「ス」
[當]「シ」　下93オ6
得「エシメ」不「ス」　下93オ7
罵「ノリ」辱す／「ス」／「ハッカシム」應(か)
ら／「ヘ」不「ス」　下93ウ1
加ふ／「ハフ」應へ(から)不「ス」　下93ウ2
決す／「ス」可(から)不「ス」　下93ウ7
學せ／「セ」不して／「ス」　下94ウ7
利なら／「ナラ」不「ス」　下95オ4
盡クす／「ツク」可(から)／「ヘ」不「ス」
下96オ5
如か／「カ」不「ス」　下96ウ3
如か／「シカ」不「ス」　下96ウ6、下96ウ7
過(き)／「スキ」不す／「ス」　下97オ7
失は／「ウシナハ」不「ス」　下98オ4
執せ／「セ」不「ス」　下98オ5
辭せ／「シセ」不「ス」　下98オ6
顧「カヘリミス」不して／「シテ」　上5ウ5
悔(い)／「クイス」不して／「シテ」　上9ウ6
息ま／「ヤマ」不して／「シテ」　上12ウ5
言モノイハ不して／「スシテ」　上44オ4
亂れ／「レ」不「ス」して　上45オ7

運は／「ハコハ」不して／「スシテ」 上50ウ5
處せ／「セ」不「ス」して 上64オ7
漏落せ／「セ」令め不して／「スシテ」 上95オ4
移(う)つら／「ツラ」不して／「ス」 中12オ2
隔(て)／「テ」令め／「シメ」不して／「スシテ」 中26ウ7
入(りた)まは／「ラ」不して／「スシテマレ」 中45オ6
息や(す)ま／「ヤスマ」不して／「スシテ」 中46オ6
捨て不して／「スシテ」 中47ウ2
承「ケ」不して／「スシテ」 中48オ6
癈せ／「スタレ」不して／「スシテ」 中53ウ7、中54オ2
顯なら／「(アラ)ハナラ」不して／「スシテ」 中60ウ5
生せ／「セ」不して／「スシテ」 中65オ7
悔(い)／「クイ」不して／「スシテ」 中66ウ7
成レルに／「セ」不アラす／「(スシ)テ」 中72オ6
知(ら)不して／「スシテ」 中74オ5
運せ／「ハコハ」不して／「スシテ」 中87オ2
定なること／「マラ」不「スシテ」 中98ウ2
取ら不して／「スシテ」 下6ウ5
懈オコタ(ら)／「ラヌ」不「スシテ」 下26ウ7
厭か／「アカ」不「スシテ」 下28オ3
亂み(たれ)／「レ」不「スシテ」 下31ウ7
殺「セ」不「スシテ」 下38オ3
受持せ／「セ」不して／「ス」 下38ウ7
謗せ／「セ」不して／「ス」 下39オ2
雜せ／「セ」不して／「スシテ」 下52オ4
深から不して／「スシテ」 下55ウ4
緣せ／「セ」不(る)に／「スシテ」 下65オ4
沒せ／「(シ)ツマ」不して／「スシテ」 下66ウ2
制(せ)「タ、」／「セ」不「ス」／「ス」／して 下68オ5
信せ／「セ」不して／「スシテ」 下72ウ3
滅(せ)不して／「スシテ」 下72ウ5
亡ウセ／「ウセ」不して／「スシテ」 下77ウ3
久(しか)ら不して／「スシテ」 下77ウ5
修行せ／「セ」不るは／「スシテ」 下81オ2
久(しか)／「シカラ」不して／「ス」 下81ウ1
識ら／「シラ」不して／「スシテ」 下81ウ5
久(しから)不して／「スシテ」 下82オ4
久(しか)ら不して／「シテ」 下87ウ7
了せ不「スシテ」 下88ウ3
住ら／ト、マ／「ト、マラ」不(し)て／「シテ」 下95ウ4
覺し／「シテスルニマレ」覺せ不るにも／「スシテスルニマレ」 上95ウ3
病(ひ)せ／「セ」不らむに／「スシテマシ」 中89オ1

滅ッ可(から)／「ラ」不「ス」(と)　上14ウ4
見「ミエ」不すと／「スト」　上16オ1
及「ハ」不す／「スト」　上36オ3
待た不されと／「ヌト」「スト」　上57ウ5
聞(か)不「スト」　上67オ4
爾ら不す／「スト」　上79オ2
生「ス」生「セ」不「スト」　上92ウ5
許-可せ不すと　上97オ7
全(から)／「マタカ」不と／「スト」雖(も)　上102オ7
生せ／「セ」不すと／「スト」謂といはむトニ
　ハ／「イハム」非す／「ス」[也]　上105オ7
能(は)不と／「スト」雖(も)／「トモ」　中17ウ2
生す／「ナス」應へ(から)／「ヘ」不「スト」　中31オ4
作さ不「スト」　中40オ1
見タテまつら／「ミ」不すと　中47ウ3

得ゥ可(から)不す(と)／「スト」　中50ウ7
窮め盡す／「ス」可(から)不(と)／「スト」　中51オ4
脱れ／「マヌカレ」不す／「スト」　中58ウ5
離れ／「レ」不「スト」　中60オ4
放「?」逸す／「ス」應(から)／「ヘ」不(と)／
　「スト」　中64オ5
除コら／「ノソコラ」不すと／「スト」　中70ウ3
現せ／「セ」不す／「スト」者といふは／「イハ
　、」　中94ウ7
喩ふ／「フ」可(から)不「スト」　下4ウ4
壞せ／「セ」不(と)／「スト」　下10ウ2
捨(て)たまは不す／「スト」　下15オ2
得「エ」不すと／「メハ」者といはは　下18ウ2
得不すと／「スハ」者といはは　下18ウ3
生せ／「セ」不「スト」者は／「イハ、」　下32ウ5

捨(て)たまは／「タマハ」不す(と)／「スト」　下33オ2
云(へる)か／「ヘルカ」如とく／「クンハ」不
　(あ)ら／「ラス」「スト」　下34オ1
誹謗せ／「セ」不と／「スト」　下39ウ3
得(る)こと／「ルコト」能(は)不(と)／「スト」　下47オ3
得「エ」不といへり(と)／「スト」　下49オ5
往生せ／「セ」不と／「スト」者といはは／
　「イハ、」　下55ウ6
具せ／「セ」不と／「スト」雖(も)／「フトモ」　下57オ4
得「エ」不と／「スト」　下61オ1、下90オ3
聽さ／「ユルサ」不す(と)／「スト」　下61オ6
縁せ／「セ」不と／「スト」雖も／「モ」　下65オ5
信せ／「セ」不(と)／「スト」　下66オ5
得「エ」不と／「スト」者といはむ／「イハ、」

下68ウ4
往生せ／「セ」不と／「スト」　下73ウ1
動-發せ／「セ」不と／「スト」　下76オ5
樂-求せ／「セ」不と／「スト」雖(も)／「フトモ」　下76ウ7
聞「キカ」不と／「スト」　下87ウ2
得「エ」不といはゝ／「ストイハ、」　下38オ1
菩提せ／「ハ」不といはは／「ストイフ」　下76ウ6
至ら／「ラ」不といふこと／「ストイフ」　中50オ3
墮「セ」不「ストイフ」　中70ウ7
奇妙なら／「ナラ」不といふこと／「ストイフコト」无し／「シ」　上48ウ6
聲に／「ヘニ」(あら)不といふこと／「ストイフコト」无し／「シ」　上51ウ6
佛法に／「ニ」(あら)不といふこと／「ストイフコト」无し／「シ」　上53オ3

刹として身を／「ヲ」現せ不といふこと／「ストイフコト」无し／「シ」　上64オ1
嗟「サ」-歎せ不といふこと／「ストイフコト」无し／「シ」　上70ウ6
獲「エ」不といふこと／「ストイフコト」无し／「ケムトイヘリ」　上75オ6
聞「カ」不すといふ／「ストイフコト」　中7オ3
圓滿せ／「セ」不といふこと／「ストイフコト」无し／「シ」　中11ウ6
觸れ／「フレ」不といふこと／「ストイフコト」　中12オ2
照「-」曜せ／「セ」不といふこと／「ストイフコト」靡なし／「ナシ」　中15オ5
然ら／「ラ」不といへるは／「ストイフコト」　中34オ4
聞え／「キカ」不といふこと／「ストイフコト」　中48ウ7

稱「-」歎(した)まは／「シタマハ」不といふこと／「ストイフコト」　中51オ6
不らむこと／「ストイフコト」　中71オ2
盡(き)たまは不(る)こと／「ストイフコト」　中71ウ2
獲「エ」不といふこと／「ストイフコト」无し／「シ」　下8ウ4
獲不「ストイフコト」　下8ウ7
致「-」敬「セ」不「トイフコト」　下16オ4
往生せ／「セ」不といふこと／「ストイフコト」　下60オ6
往生せ／「セ」不といふこと／「ストイフコト」无し／「シ」　下60ウ6
佛を／「ヲ」得「セ」不「ストイフコトヲ」　中85オ1
同せ／「セ」不すといふことを／「ストイフコトヲ」　中100ウ3
說か／「カ」不「ストイフコトヲ」　下46ウ1

得「ウ」可(から)不(といふことを)／「ストイフコトヲ」　下62ウ5
得「ウ」可(から)不と／「ストハ」　下59オ7
堪へ不すとも／「ストモ」　上92ウ6
修せ／「セ」不「ストモ」　上99オ7
利「ヲ」得不れとも／「ストモ」　上99オ7
能(は)／「ハ」不とも／「ストモ」　下9ウ5
開け不す(と)も／「ストモ」　下45ウ6
得「エ」不とも／「ストモ」　下96オ5
腐「クチ」-敗せ／「ヤフレ」不すは／「スハ」
上37ウ4
勤-修せ／「セ」不すは／「スル(「ル」は「ハ」の誤か)」　上37ウ6
爾ら／「シカイハ」不す／「スハ」者は
上104オ3
執せ／「セ」不すは／「スハ」　上104ウ7
断え／「セ」不すは／「レハ」　中35ウ3
聴(し)たまは／「ユルイタマハ」不は／「スハ」

中45ウ4
念(し)たまは／「シタマハ」不は／「スハ」
中47オ6
持た／「(タ)モ(タ)」不は／「スハ」　中55ウ3
如くせ／「ク」不は／「ナラスハ」　中58オ4
爾ら／「シカセ」不は／「スハ」[者]　中58ウ1
成ら／「セ」不らは／「スハ」　中62ウ2
明了なら／「ナラ」不は／「スハ」　中62ウ3
出て／「テ」不は／「スハ」　中64オ4
欲せ／「オモハ」令しめ／「シメ」不すは／「スハ」　中66オ5
成せ／「セ」不は／「スハ」　中66オ7
見え／「ミハ」不「スハ」　中80ウ7
得「エ」不は／「スハ」　中83オ7
語カタルこと／「モノイフコト」能(は)不は／「スハ」　中89オ5
在ら／「ラ」不れは／「スハ」　中90オ7
厭「-」離せ／「セ」不は／「スハ」　中93オ6

絶(え)不は／「スハ」　下17オ2
能は／「タヘス」不は／「スハ」　下27ウ5
亂れ不すは　下33オ4
断「-」絶せ／「セ」不すは／「ス」　下35オ5
爾「シカ」者なるは不(る)／「(アラ)スハ」
下48オ3
爾(ら)／「ラ」不は／「スハ」　下73ウ5
能(は)不は／「スハ」　下85オ5
安らか(なら)／「ヤスラカナラ」不は／「スハ」
下89ウ2
恐ら／「オソラ」不はアル／「スハアル」可(から)／「ヘ」不す／「ス」　中91オ2
説か不すや　上43オ3
豈(に)前に／「ニ」言(は)不すや／「スヤ」
上106ウ3
果報を／「ヲ」得「ウ」應「ヘ」(から)不(すや)／「スヤ」　上109オ5
往生せ／「セ」不や／「スヤ」　下88オ7

豈「ニ」言は／「イハ」不や／「スヤ」 下97ウ1
來(ら)不ぬ 上7オ4
來ら／「ラ」不ぬ／「ル」 上18ウ4
忘失せ／「セ」不ぬ／「ル」 上109ウ4
待た不されと／「ヌト」「スト」 上57ウ5
〔弗〕09708
奢「ユルハ」弗「ス」 上34ウ4
弗-奢「ユルカラス」 上34ウ4
〔未〕14419
得ェ［未］りき／「サリキ」 中52ウ2
興-盛なら／「スルコト」未る／「サリケム」
歟か／「カ」 上81オ1
を得「エ」未る／「ル」者ものは／「ハ」 上53ウ7
を／「ヲ」得「ウ(「エ」の誤か)」未る／「ル」者
ものは／「ハ」 上54オ1
を／「ヲ」得「エ」未る／「ル」者ものは／「モノ
ハ」 上54オ1

興-盛なら／「スルコト」未る／「サリケム」
歟か／「カ」 上81オ1
至ら未る／「ル」前きは／「キハ」 上105ウ6
縁せ／「セ」未る／「サッシ」時に／「キニ」 中63ウ3
發(さ)未すとも／「サル」 下78オ5
修せ未るか／「ルカ」故に／「ニ」 上37ウ5
有ら／「ラ」未(る)か／「サルカ」故に／「ニ」 中65ウ7
有「ラ」未「ルコト」得「ッ」 上50オ2
出(て)未るに／「サルトキ」 中59オ1
共にセ／「セ」未(る)とき／「サルトキ」 中64ウ7
盡「キ」未るときには／「キタ(「サ」の誤か)ル」 上22ウ7
覺め／「サメ」未レハ／しては／「サルトキニ
ハ」 上44ウ5
得「エ」未れは／「サルトキニハ」 上44ウ6

出さ／「セ」／「イタ」未す／「ルトキ(ニ)ヲイ
テ」／「サ、(ル)トキヲイフ」 上92オ6
盡き／「ツキ」未(る)なり／「サルナリ」 下86ウ6
足ら／「アカ」未るに／「ルニ」 上34オ6
沾ウルハ未るに／「ス」 上106ウ6
弁せ／「セ」未(さ)るに／「スシテ」 中26オ6
及「ハ」未るに／「ルニ」 中29オ7
發さ／「サ」未(る)も／「ル(ニ)」 下11オ3
稱するに／「スルニ」及(は)／「ハ」未して／
「サルニ」 下19オ7
至(ら)／「ラ」未るに／「サルニ」 下54ウ6
得「エ」未れは／「サルトキニハ」 上44ウ6
を／「ヲ」得未れは／「モノハ」 上107オ2
縁せ／「セ」未る／「サンシ」時に／「キニ」 中63ウ3
と爲せ／「セ」［未］す／「ス」 上1オ4
出「テ」未す／「ス」 上22ウ7

安すらか(なら)／「ヤスラカナラ」[未]す／「ス」　上26オ6
陪すること／「ハムヘラ」能(は)未す／「ス」　上43オ6
樂と／「ト」爲するに／「スルニ」足ら「タラ」未す／「ス」　上48オ3
壽ち／「イノチアル」未アらす／「ス」　上57ウ3
富ま／「トマ」未す／「ス」　上57ウ3
種へ／「ヘ」未す／「ス」　上61オ6
止「シ」息し(た)まは未す／「ハス」　上71ウ7
成就せ／「セ」未す／「ス」　上96ウ1
自在を／「ヲ」得「エ」未す／「ス」　上96ウ1
沾ウルハ未るに／「ス」　上106ウ6
未(た)曾(に)も／「ツテ」休息せ／「セ」[未]す／「ス」　上107ウ2
有ら／「ラ」未す／「ス」　中21ウ7
出「テ」未(す)と／「ス」　中28オ6

覺め／「サメ」未して／「ス」　中74ウ3
知ら未す／「ス」　中76オ1
知(ら)／「ラ」未「ス」　下48オ3
爲するに／「ルニ」足ら／「タラス」未「ス」　下49オ1
知(ら)／「ラ」未す／「ス」　下50オ5
能破「セ」未「ス」　下60ウ5
見(たり)と／「ト」爲せ／「セ」未す／「ス」　下63オ3
決せ／「セ」未「ス」　下74オ1、下88オ3
爲(す)可(から)／「ヘ」未す／「ス」　下86オ4
得「ウ」未(る)なり／「ヘカラス」　下86ウ6
信せ／「セ」未す(と)／「ス」　下87オ3
決了せ／「セ」未「ス」　下93ウ5
出「テ」未「ス」して　上51オ4
弁せ／「セ」未(さ)るに／「スシテ」　中26オ6
盡き／「ツキ」未して／「スシテ」　中57オ3
覺め／「サメ」未レハ／しては／「サルトキニハ」　上44ウ5
有ら／「ラ」未(す)と／「スト」雖「モ」　中22オ2
記せ／「スヘカ」未(と)／「ラスト」　下64ウ4
發(さ)未すとも／「サル」　下78オ5

〔蓋〕31652
蓋イカソ厭は／「トハ」[蓋]サラム／「サラム」　上36ウ4
期せ[蓋]さらむ耶　中23ウ1
蓋イカソ／「ソ」…招か[蓋]サラム(や)[耶]　下98オ4

〔非〕42585
常「ナラ」非「サルコトヲ」　下26ウ2
供養を施作せ非され　下79ウ6
施「-」作供養「セ」非「サレ」　下79ウ6
多(から)／「ニ」非す／「ス」　上79オ3
慇なら非す　上79オ3
虛「-」設なら／「ナラ」非「ス」　下57オ5

[補讀]

及ふ／「フ」所かあらむ／「サル」 上9ウ6

飢「ウヱ」乞す／「アキタラス」 上25オ6

スク（空）

〔疎〕22002

空ウツケ疎スイタリ 上29オ1

スグ（過）

〔過〕39002

過き／「キ」已(り)て／「テ」 上30ウ4

過き／「キ」已(り)ぬれは／「ヌレ」 上56オ7

過(き)たり／「キ」 中5ウ3

過き／「キ」 中36オ1

過せる／「キ」 中36ウ1

過き／「ワタリ」 中53オ7

過き／「キタル」 中73ウ1

過き／「ス」 下95ウ1

過(き)／「スキ」不す／「ス」 下97オ7

過(き)たまひなむ／「キタマヒナム」

過(き)たる／「キタラム」 中37ウ7、中38オ1

過きたらむ／「タラム」 中37ウ7、中38オ1

過(き)たり／「キタリ」 上31オ7、中9オ5

[於]山「ノ」水よりも／「ツヨリモ」過(き) 下4ウ4

たり／「キタリ」 上33オ2

過(き)たり／「スキタリ」 上33ウ5

過きたる／「キタル」 中41ウ5

過(き)たること／「キタルコト」 上23オ7

過「キタルコト」 上24ウ5

過たること／「キタルコト」 中44オ2

過(き)たる(は)／「(ス)キタルハ」 中56オ6

過(き)て／「キテ」 上14オ3、下47ウ2

よりも過「キ」て 上34オ7

過(く)ること／「キテ」 上100ウ5

過(き)たる／「キテ」 中46ウ3

過きて／「テヨリ」 中77ウ2

過きて／「キテ」 下43ウ5

過して／「キテ」 下47オ1

に／「ニ」過(き)たり／「キヌ」 上104ウ1

過(きぬ)れは／「キヌレハ」 上33オ4

過きむ／「キム」 中91オ6

過く／「ス」 中37ウ5

過「クトモ」 上67オ4

過(く)ること／「キテ」 上100ウ5

過(き)て／「クルトキ」 上44オ7

過(くる)までに／「クルマテニ」 中4ウ4

過(くる)までに／「スクルマテニ」 下4オ6

スグス（過）→スゴス

〔過〕39002

過く／「ス」 中37ウ5

當「ニ」…過くす／「スコス」[當]「シ」 下31ウ5

スクナシ（少）

〔小〕07473

小さし／「スクナシ」　下67オ1
小し(と)／「スクナシ」　下67オ4

〔少〕07475

少から／「ナ」不「ス」　下57オ3
少く／「ク」　上75オ4
乏(し)く「-」少なく　下92ウ1
少(から)むも／「ケレトモ」(擦消)　上98ウ6
少しと／「シ」　上65ウ2
少し／「シ」　上71ウ5
少「シ」　上80オ2
少なし／「シトイフコト」　上106ウ3
少(な)し／「スクナシ」　下57オ2
少しと／「スクナシト」雖「モ」　上39オ4
少しと／「スクナシト」雖(も)／「モ」　下70オ6

〔微〕10203

微ヨワウシテ／「ヨワウシテ」「スクナケレハ」　上72オ2

〔短〕23978

乏(し)く短スクノキ／「ナル」所　下90オ3

スクフ(救)

〔拯〕11991

拯(去)「スクヒ」-濟(せむ)／スクハム／「セム」　上107オ3

〔救〕13221

救は／「ハ」不す／「ストイハ」者といは、／「ハ」　上63ウ1
救はむ／「ハム」者もの／「ノ」(そ)　上35オ6
救ハムカ／「ハムカ」　中55オ5
救はむか／「ハムカ」如くす／「クンス」應しと／「シト」　下81オ1
救はむことの(「の」は「を」の誤か)／「ハムコトヲ」　上107ウ4
救ハムトスルモ／『フコトモ」　上72オ5
救ひ／「ヒ」　上64ウ5
救(ひた)まは／「ヒタマハ」不る／「サル」　中70ウ4
救「スクフ」者　上5ウ4
救ふ／「フ」者もの／「ノ」无し／「シ」　上36オ1
相ひ／「ヒ」救ふ／「フ」者もの／「ノ」无し／「シ」　上37オ1
救ふ／「フ」者もの／「モノ」　下22オ4
救「スクフコト」能「ハ」不「ス」　上5オ4
救(ふ)こと／「フコト」无し／「シ」　上37オ6
救ハムトスルモ／「フコトモ」　上72オ5
救ふに／「フニ」　上75ウ4
救ふは／「フ」　上106ウ1
救(ふもの)も／「スクフモノ」　上6ウ6

〔濟〕18498

拯(去)「スクヒ」-濟(せむ)／スクハム／「セム」　上107オ3
濟ふこと／「スクフコト」能(は)不(る)か／「ルカ」如し／「シ」　上107オ3

スグル（勝）

〔上〕00013

好上スクレタル-「-」莊嚴を／「ヲ」　下10オ1

上スクレたる／「スクレタル」者なり／「ノヲハ」　下82オ4

〔勝〕02409

勝(れ)たり／「スクレタリ」　上18ウ1、上19オ6

勝(れ)たり／「レタリ」　上101ウ7

勝なり／「レタリ」　中26オ2

勝と／「レタリト」爲す／「ス」　中69オ3

勝(れ)たりと／「レタリト」　下49オ1

勝(れたり)と／「レタリト」爲す／「ス」　下86オ2

勝(れ)たる／「レタル」　中31オ1

勝(れ)たることを／「クレタルコトヲ」　下78オ2

勝(れ)たるに／「クレタルニ」依(り)て／「テ」　下55オ3

勝(れ)たるに／「レタルニ」依(る)とは／「レリト」　下55オ6

勝れた(れ)は／「クレタレハ」　下48ウ4

〔最〕14301

最と／「スクレタリト」爲「ス」　下81オ5

最と／「スクレタリヤ」爲す(る)／「モシ」耶　下81オ6

スコシ（少）

〔小〕07473

小し／「スコシ」　上9オ4、下67オ2

〔少〕07475

少「コシノ」　上25ウ6

少「コシノ」-日を／「ヲモ」　上35ウ6

少し／「シ」　上102ウ1

少シノ／「(ス)コシノ」　中69オ5

少し「シ」　下37ウ6

少し／「スコシテ」　下89ウ7

〔微〕10203

微「スコ(シ)」動シテ　上54オ7

微スコシ　中56ウ1

微スコシノ／「スコシノ」　下45ウ6

スコシキ（少）

〔小〕07473

小「スコシキノ」　中75ウ1

〔少〕07475

少「(ス)コシキノ」　中69オ7

少(しきの)／「コシキノ」　下74ウ1

〔微〕10203

渧シタ、リ／アマツヒ／「ミツタリノ」微(すこしき)なりと／「スコシキナリト」雖「モ」　上95オ3

微「スコシキヲ」　中23オ2

スゴス（過）→スグス

〔過〕39002

擲ナ(ケ)／「ナケ」過(ス)コシタマフニ／「スコイタマハムニ」　中39オ4
過(さ)／「スコサ」不して／「ス」　中66ウ5
過さは／「シテハ」　中97オ6
擲ナ(ケ)／「ナケ」過(ス)コシタマフニ／「スコイタマハムニ」　中39オ4
過(し)て／「シテ」而「モ」　上93ウ6
過さは／「シテハ」　中97オ6
過す者もの无れ／「ナカレ」　上93ウ4
當「二」…過くす／「スコス」[當]「シ」　下31ウ5
過すこと／「スコト」勿れ／「マナ」　上40オ3

スコブル(頗)
〔頗〕43415
頗もし／「スコフル」　中49オ4

スズ(鈴)
〔鈴〕40267
鈴を／「ス、ヲ」　上55オ3
鈴「ス、」　上57オ5

ススキ(薄)
〔籚〕26736
籚ス、キ(の)／「フシノ」「ロノ」實みを／「ヲ」　下41ウ1

ススグ(滌)
〔洗〕17379
洗ふをは／「ス、クトモ」　上30ウ7

スズシ(涼)
〔冷〕01622
冷サメニキ／サメヌ／「サメヌ」／「ス、シクナンヌ」　下27オ2
〔潤〕18255
潤ス、シキ／「春」　上12ウ3

ススバナ(啜鼻)
〔洟〕17387
洟ナムタ／「ス、ハナ」　上46オ2
〔涕〕17543
糞「フン」涕ナムタ／「ス、ハナ」「テイ」　上25ウ2

ススム(進)(四段)
〔前〕02011
前ま／「ス、マ」不れは／「レハ」　中66オ3
前ス、ま／「ス、マス」不す／「ス」　下27ウ3
前むて　上12ウ5
前(み)て／「ス、ムテ」　上70オ4、中36オ7
前ス、ムテ／「ス、ムテ」　下13オ6
〔進〕38943
進「ス、ミ」入す／「(イ)ル」　上12ウ5
進(み)て／「ス、ムテ」　上70オ6

ススム(勸)(下二段)
〔勸〕02486
豈「二」…勸む／「ス、ム」容けむ／「ケム」耶や　上81オ2
勸む／「ス、ム」　中21オ2
勸む／「ス、メヨ」應し　中93ウ4

勸むる／「ムル」　上75ウ2
勸(む)る／「ル」耶「ヤ」　上78オ1
勸むる／「タル」　上108オ4
勸むる／「ス、ムル」　下31オ4
勸(め)たまふこと／「ルコト」　上79オ3
勸むること／「ス、ムルコトハ」　下31オ4
勸むるに／「タリ」在り／「テ」　上78オ6
勸(むる)こと／「ス、ムルニ」　中19ウ1
勸「ス、メ」讃(し)たまへり／「ホメタマヘルナリ」　上78ウ7
勸め明(ら)めたま〻／(たて)まつる　中72ウ5
勸「ス、メ」「-」勵して／「レイシ」／「ハケミテ」　下94ウ6
勸(め)たまふと／「ス、メタマヘリト」　下7オ2
勸めたり／「メタリ」　上74オ3
勸(め)たり／「メタリ」　下62ウ7
勸めたること／「ス、メタルコトハ」者は　下63ウ5
勸(め)たる／「メタルコトハ」者は　中81ウ7
勸めて／「メテ」　上73ウ7
勸(め)て／「メテ」　中10ウ4
勸む／「ス、メヨ」應し　中93ウ4

スタル（癈）

〔癈〕22520
癈すること／「スタル、コト」　中27オ3
癈(る、)こと／「スタル、コト」　下27ウ7
癈せ／「スタレ」不して／「スシテ」　中53ウ7、中54オ2

スヂ（筋）

〔筋〕25994
筋を／「スチヲ」　上7オ1、上17ウ2
筋ち／「スチ」　上28オ5
筋「ス」ち　上28ウ5
筋「コン」／「スチ」脉「チノミチ」　上45ウ6
筋(す)ちを／「スチヲ」　下69ウ2

スツ（捨）

〔捨〕12191
捨(つ)とも／「スツトモ」　下90ウ4
捨(て)たまへる／「ル」處　上72オ1
捨つる／「スツル」　上95ウ7
捨(つ)るか／「ツルカ」故に／「ニ」　下70ウ2
捨(つ)ること／「ルコト」能(は)不は／「スハ」　上96オ2
捨て／「ルコト」易きか／「キカ」故「ナリ」　上97ウ7
捨(つる)こと／「ツルコト」　中26オ7
捨つるは／「ツルヲハ」　下48ウ6
捨て／「テ」　上37オ7、上96オ4、下56オ1
捨(てた)まは／「テ」不す／「ス」　上79オ7、中17ウ1
捨て／「テ」難きを／「キヲ」　上95ウ7
捨て／「ルコト」易きか／「キカ」故「ナリ」

上97ウ7
捨て不して／「スシテ」　中47ウ2
忘れ捨て／「セ」不れ／「サレ」　下96オ4
捨(つ)るに／「テツ」　下68オ4
捨(て)て／「テ、」[而]　上36オ3
捨(て)て／「テ、」
上66ウ7、下71ウ5、下87ウ4
捨(つ)るを／「テ、」以(て)／「テ」　下70ウ1
〔棄〕14913
棄(つ)ること／「スツルコト」　上35オ5
棄(つ)ること／「ルコト」　上35オ6
棄て／「スツルコト」難(く)は／「クハ」
中27ウ5
棄スツること／コホスコト／「コホイテハ」
中64オ7
棄(て)て／「ステ」　上73オ7
棄て／「スツルコト」難(く)は／「クハ」
中27ウ5

スデニ(既)

〔已〕08743
已「ニ」　上7オ2
已に／「ニ」　上9ウ4、上14ウ3、上16オ3、
上33オ4、上44ウ2、上83ウ7、上103ウ6、
上104ウ1、上104ウ3、中28ウ6、中31オ2、
中63ウ3、中98オ4、下7ウ2、下52ウ4、
下86ウ5、下86ウ7、下99オ6
已「テニ」訖(り)て／「ハンル(「ヌ」の誤か)
レハ」　上53ウ5
已に／「(ス)テニ」　中84ウ6、中84ウ7
〔既〕13724
既に／「ニ」　上2オ4、上7オ6、上8オ2、
上12ウ5、上14オ5、上14オ5、上15オ6、
上16オ6、上35オ1、上36オ3、上41ウ3、
上45ウ4、上46ウ7、上48ウ3、上56オ7、
上60ウ6、上78オ3、上86オ2、上86ウ4、
上98ウ1、上108ウ3、上109オ6、中26オ7、
中31オ5、中32ウ5、中32ウ7、中53ウ1、
中62オ6、中63ウ1、中65オ2、中65オ3、
中68オ5、中76オ1、中89オ4、中91オ2、
中95オ3、中100オ6、下13オ5、下34オ1、
下60ウ7、下78オ3、下79ウ4、下85オ6、
下98ウ5
既(に)／「ニ」　中80オ7、下47ウ6
既に／「テニ」　下78オ4

スナゴ(砂)

〔沙〕17212
沙の／「コノ」如(く)して／「シテ」　上13オ3

スナドル(漁)

〔漁〕18101
漁「キヨ」「スナトル」者の爲に／「ニ」
上26オ7

スナハ(墨縄)

〔縄〕27937
縄「スナハヲ」　上4ウ1

スナハチ(卽)

〔乃〕00113

乃ち／「イマシ」　上14ウ4、上90ウ2、下87オ1

乃ち／「チ」　上38ウ6、上72オ4、上80オ6、上86オ6、上98ウ2、中30ウ5、中36ウ2、中73オ2、下13オ7、下21ウ5、下31ウ5、下63オ3、下81ウ3、下84オ4

乃ち　上82ウ2、中39ウ3

乃「チ」　中35オ1、下26ウ2

乃ち／「シ」　中57ウ4、中98ウ6

乃ナホ(ち)／「チ」　下24ウ4

乃(ち)／「チ」　下61オ6、下61ウ4

乃スナハチ／「チ」　下65ウ3

乃ち至　下84オ3

〔便〕00659

便「チ」　上21ウ5、上22ウ3、上38ウ7、上47ウ7、上96ウ7、上97オ3、中23オ2、中26ウ1、中30オ7、中47ウ1、中57ウ6、中70オ5、中77オ5、中78オ1、中81オ5、下66ウ3

便ち／「チ」　上21ウ7、下26オ3、下52オ1、下64ウ3

便(ち)／「チ」　中65ウ1、下26オ4、下26ウ5、下26ウ6、下66ウ2、下69オ1、下70ウ5、下79オ5、下93ウ3、下95オ7

〔便卽〕00659 02872

便-卽(ち)／「チ」　上21ウ2

便-卽「チ」　上22ウ5

〔則〕01994

則「チ」　上11オ6、上14ウ4、上18ウ6、上50オ5、上53ウ7、中58オ5

則ち／「チ」　中58ウ1

則(ち)／「チ」　下30ウ3、下44ウ5、下90オ3

〔卽〕02872

卽「チ」　上6ウ7、上22ウ3、上39ウ1、上46オ5、上87オ5、中62ウ4、中85ウ6、中85ウ7、中86オ1、下71オ1

卽チ　上20ウ7

卽(ち)／「チ」　中79ウ7、下98オ2

〔卽便〕02872 00659

卽-便チ／「チ」　上31ウ6

卽-「-」便(ち)／「チ」　下26ウ6

卽-便(ち)／「チ」　下89ウ7

〔輒〕38336

輒(ち)／「スナハチ」　中52オ6

スハテ(存疑)

〔迮〕38801

逼-セメ／「セメテ」迮サク反／ソ反／セメテ／「サタンテ」「スハ、テ」(存疑)　上25オ2

スハマ(洲濱)

〔水渚〕17083 17758

水-渚「スハマ」の　上33ウ4

スバル（昴）
〔昴〕13865
昴スハル／コウ反星を　下70オ1
昴スハル／ハウ反／マウ反星「セイ」／を　下78オ7
スフ（吸）
〔唼〕03780
唼スフ　上3オ3
スベカラク（須）↓スベカラクハ
〔須〕43352
須に（「ら」の誤か）く／「クハ」　上86オ5
須く／「クハ」菩提心を／「ヲ」發す／「(ヘ)シト」「須」っし「也」　上86ウ4
須く…發す／「セ」「須」し／ヘシ　上89ウ7
須く／「クハ」發す／「ス」「須」「シ」　上92ウ6
須く／「クハ」　上93オ3、中53ウ2、中66オ6、中67オ4、中76オ5、中78ウ2、下34ウ5
須く／「クハ」…介す／「ス」「須」「シ」　中25オ6
須く／「クハ」…依る／「ル」「須」「シ」　中25オ7
須く／「クハ」…念す／「ス」「須」(し)　中30ウ4
須く／「クハ」修す／「ス」「須」シト　中71オ6
須く／「ク」　中76オ6
須く／「キヨ」　中79オ1
須く　中82ウ1
須く／「クハ」誓「-」願を／「ス」「須」し　中83オ6
須く／「クハ」…問ふ／「フ」「須」し／「シ」　中89オ5
須く／「クハ」…誓-期す／「ス」「須」(し)　中91オ2
須く／「ク」…求む／「ム」「須」(し)／「シ」　中94オ6
須く／「ハク」…廻向す／「ス」「須」(し)／「シ」　中94ウ2
須く／「クハ」…念ふ／「ス」「須」(し)／「シ」　中95オ1
須く／「クハ」…増-「-」盛なら／「ナラ」令しむ／「シム」「須」(し)／「シ」　中95オ4
須く／「クハ」避る／「ノカル」「須」「シ」　下42オ4
當(に)／「ニ」須く／「クハ」…生(す)こと／「ナスコト」勿れ／「マナ」　下62オ5
須く／「ク」滿つ／「ミツ」「須」「シ」　下73ウ3
須く／「キテ」　下95ウ3
須く(し)て／「クシテ」流「-」布せ／「セ」令しむ／「シム」「須」へし(と)　下99オ5
スベカラクハ（須）↓スベカラク
〔須〕43352
須くは／「クハ」　上34オ3、上83ウ6
須に（「ら」の誤か）く／「クハ」　上86オ5

須く／「クハ」菩提心を／「ヲ」發す／「(ヘ)シト」［須］つし［也］　上86ウ4
須く／「クハ」發す／「ス」［須］「シ」　上92ウ6
須く／「クハ」　上93オ3
須「クハ」眞實「ナル」［須］「ヘキカ」　中28オ4
須「クハ」…堅固なら／「ナラ」使しむ／「シム」［須］へし［也］　中90オ4
須(くは)／「クハ」專ら稱念す／「ス」［須］し／「シ」　下44ウ7
須(く)／「クハ」決す／「ス」［須］(し)　下93ウ7

スベテ(總)

〔凡〕01739
凡て／「ソ」　上56ウ3
凡(て)の／「ソ」　上69ウ3

〔惣〕10829
惣て／「テ」　上1オ6
惣して／「テ」　上1ウ5

〔都〕39509
都《ミナ》／「スヘテ」「フツニ」　上31ウ5
都(か)って／「ス(ヘ)テ」　上65オ6
都へて／「スヘテ」　上75ウ7
都(か)って／「スヘテ」　中14ウ7
都(す)へて／「スヘテ」　中39オ6
都(す)へて／「(ス)ヘテ」　中65オ4
都(す)へて／「ヘテ」　中100オ1
都て／「ヘテ」　下95ウ2

スミ(墨)→スミウツ

〔墨〕05469
墨と／「スミト」　中43オ1

スミ(炭)

〔炭〕18953
鐵-「ノ」炭(去)タンを／「スミヲ」　上17ウ7

スミ(隅)

〔角〕35003
角「スミ」　中37オ5

〔隅〕41743
隅《スミ》に／「スミニ」　上42ウ4
隅みに／「スミニ」　上43ウ1

スミウツ(墨打)

〔拼〕12012
拼《スミウテ》／「ウンテ」　上4ウ1

スミナハ(墨繩)→スナハ

スミヤカ(速)

〔急〕10475
急に／「スミヤカニ」　上14ウ7

〔速〕38897
速に／「ニ」　上12ウ2、上94ウ1、上94ウ2、上94ウ5、上94ウ7、上95オ2
速(か)なること／「スミヤカナルコト」
速に／「カニ」　上33ウ5
上38ウ1、上46ウ3、上103ウ1、上106ウ3

速に／「ミヤカニ」 上75ウ5
速(か)に／「かに」 中54オ6
速(か)に／「カニ」 中64オ4、中68オ5、下32ウ1、下41ウ1、下47ウ1、下48ウ4、下81オ3、下99オ7
速(か)なる／「カナル」者も／「モノモ」 下55オ1

スム(澄)

〔淸〕17695
淸き／「スメル」 上25ウ3
淸「スメル」河「カハ」 上54オ3
淸「スメル」夜「ヨノ」 中82オ6
水「-」淸めは／スミヌレハ／「スメレハ」 下12オ2

スラ(助詞)

[補讀]
大「-」海を／「ヲスラ」 上11オ2
聞くに／「キテスラ」 上14ウ3
眼をた(も)／「コニスラ」 上32オ2
劫「フスラ」 上37ウ5
知る／「ル」時にすら／「キニスラ」 上40ウ1
死(ぬる)ことをタモ／「トイハムニスラ」 上43ウ4
聞くを「スラ」尙「ホ」 上66オ3
菩薩「スラ」尙「ホ」(し)爾す／「ナリ」 上67オ1
見る「スラ」 上72ウ6
悲願「スラ」尙「ホ」 上105オ1
人「-」身を／タニモ「ヲスラ」 中13オ2
想(ふ)に／「オモフスラ」 中18ウ4
觀する(も)／「スルスラ」 中20オ5
一毛を／「ヲスラ」 中37ウ1
下たる／「クタルニスラ」 中38ウ2
說くすら／「(ト)カムスラ」 中60ウ7
割サイテ／「サイテスラ」 中83オ4
索(む)るに／「モトムルスラ」 中85オ2
二乘「スラ」 中86ウ3
法を／「(ヲ)スラ」 中94オ3
信せ不し(「る」の誤か)／「サルスラ」 下2オ5
聞くに(すら)／「カムニスラ」 下8オ7
聞く(すら)／「クスラ」 下11オ4
想ふに／「フニスラ」 下14オ5
禮せし(か)／「セルカ」故に／「ニスラ」 下20オ6
如來の／「ハ」形「-」像「スラ」 下24ウ4
生れて／「セルスラ」 下30オ6
如來(すら)／「スラ」尙「ホ」爾(な)り／「ナリ」 下41ウ6
疑心の／「ノ」者もの(すら)／「ノスラ」 下47ウ1
具「-」足せしに／「セルニスラ」 下47ウ6
穢「-」土(すら)／「スラ」 下54ウ5
聞く(すら)／「クモノスラ」 下57オ4

虚妄ナル(す)ら／「ナルスラ」　下68ウ2

救(ふ)か如くせし(も)／「クニセシスラ」　下72ウ5

菩薩すら／「ニオイテスルスラ」　下79ウ2

縁する／「スルスラ」　下80オ6

禪定すら／「スラ」　下85オ6

破「-」戒(すら)／「スラ」尙「シ」　下92ウ5

聲聞(すら)／「スラ」尙「シ」　下92ウ5

スラク(爲)

［補讀］

惟「-」念すらく／「オモムミラク」　上44ウ2

讚歎(し)たまふ(らく)／「スラ(ク)」耳み／「ノミ」　上75オ6

答「スラク」　上75ウ2、上80ウ2

思「-」付すらく／「スラク」　上107オ7

發「-」願すらく／「スラク」　中22ウ3

教-令すらく／「スラク」　中30オ5

念言(すら)く／「スラク」　中35ウ7

護「-」念すらく／「スラク」耳のみ／「ノミ」　中75ウ6

了すらく／「サトンテ」　中86オ4

讚「(去)」(し)たまはく／「スラク」　中100オ4

思「-」念せしく／「スラク」　下24ウ5

愧「-」感せしく／「スラク」　下28オ4

悲ひ「-」泣(けり)／「スラク」　下29ウ1

釋すらく／「スラク」　下45ウ1

釋(すらく)／「スラク」　下45ウ1

開發するなら(く)／「スラク」耳のみ／「ノミ」　下57ウ5

釋を／「スラク」加へは／「ヘ」　下73ウ4

スル(磨)

〔磨〕24449

合せ／「セ」磨り／「スリ」　上3ウ7

磨すり／「テ」　下71オ7

磨て／「スンテ」　下71オ5

スヱ(末)

〔頭〕43490

樹の頭(は)しに／「スヘニ」　上6ウ1

頭を／「スヘヲ」　上6ウ7

頭(は)しに／「スヘニ」　上7オ6

頭しに／「スヘニ」　上8ウ6

セ

セシク(爲)

［補讀］

愧「-」感せしく／「スラク」　下28オ4

嗚「-」呼セシク／す／「ア」　下29ウ1

セナ(背)(存疑)

〔僂〕01045

僂「セナ」(「セナカク、セ」か)　中10ウ5

セナカ(背)↓セナ

〔背〕29363

背尺六背也／「セキ」「セナカ」胎ハラを／「ヲ」

「ハラヲ」 上21ウ3
背の／「セナカノ」 上27ウ7
背セナカの／「セナカノ」 上27ウ7

セバシ(狹)
〔迫〕38797
迫セハク 中39ウ6
〔陜〕41656
陜セハク(「ク」蟲損)／ケフ反／ケハシキ(「ケフ反／ケハシキ」は「道」に附す)道 上98オ3

セマク(爲)
〔補讀〕
遠離せむと／「セマク」欲は／「ホンセハ」者は 上46ウ3

セマル(迫)
〔逼〕38973
來り／「リ」「-」逼るに／「テ」 下70ウ4

セム(責)→セメヤル

〔切〕01858
截キリ／「キリ」切セム(とも)／「セムトモ」 下19オ4
〔讁〕36091
讁セメハ／「セメ」／「タクセサ(「サ」衍か)ム」 下93ウ2
讁セメハ／「セメ」／「タクセサ(「サ」衍か)ム」 下93ウ2
〔責〕36682
責(むる)／「ムル」所の如し／「シ」 中62オ1
責(む)る／「セムル」所「二」 下46オ4
〔迫〕38797
迫せめ／「セメ」「-」來(り)て／「テ」 上6オ4
〔迮〕38801
逼-セメ／「セメテ」迮サク反／ソ反／セメテ／「サタンテ」「スハ、テ」(存疑) 上25オ2
〔逼〕38973

逼む／「セムレハ」 上37オ1
逼む／「セムレハ」 上37オ1
飢苦の／「ノ」爲に／「二」逼(なやま)さ／「セメ」所るて(ママ)／「サル、」 上22ウ2
「ノ」爲「二」逼「セメ」所「サ(「ラ」の誤)ル、ト」 上22ウ4
逼さ／「メ」所れて／「サレ」 上40ウ6
逼さ／「メ」所レムことを／「コトヲ」 上79ウ5
逼「セメ」略「ハカリ」 中98オ7
強しひ／「シキ」逼せめて／「セメテ」 上7ウ6
逼-セメ／「セメテ」迮サク反／ソ反／セメテ／「サタンテ」「スハ、テ」(存疑) 上25オ2
逼(めら)れ／「メラレテ」已(り)て 上8オ4
苦-「二」逼(せられて)「セメラレテ」
逼されて／「メサ(「ラ」の誤か)サレテ」 上17ウ6

逼されて／「セメ（ラレ）テ」 上46オ6
逼されて／「メテ」（「られて」の誤か） 中30オ4
下18オ5

セメヤル（責）

〔逼〕38973
逼（訓）（おひやか）さ／「セメヤ（「ラ」の誤）」所れて／「レテハ」 中30オ6

ソ

ソ（助詞）→ナンズレソ

ソ（衣）

〔衣〕34091
衣《ソ》／「（キ）モノ」 中37オ4
衣《ソ》の／「ノ」 中37オ5

ゾ（助詞）→イカゾ、イカンゾ、イドコゾ、イドコンゾ、ナゾ、ナニガユヱゾ、ナンゾ

［補讀］
何「カ」故（に）「ソ」 上7オ4
何（か）／「カ」故（に）そ／「ソ」 上9ウ5
何（が）故（に）そ／「ソ」 上91ウ7
誰か／「カ」度す／「ス」可き／「キ」者もの（そ）／「モノ」 上96ウ7
攝そ／「ソ」 上108オ1
何「カ」故「ソ」 中21オ1、中21オ3、中24オ2
何なるをか／「ソ」 中22オ6
何「カ」故そ／「ソ」 中22ウ1、中68オ6、中75オ5、中76オ4
何か／「カ」故「ソ」 中23ウ5
云何そ／「ソ」 中28オ1、中66オ7
如-何そ／「イカンソ」 中53ウ1
何「カ」故（に）そ／「ソ」 中61ウ6
何をそ／「ソ」 中62オ1
幾-「-」許乎《イクソハクソ》／「イクハクヤ」 中62オ3
安《イトコソ》有あらむ（や）／「ラムヤ」 中64ウ7
云「-」何そ 中70ウ1
何故「ソ」 中73ウ4
云「-」何そ／「カンソ」 下12オ1、下89オ4
何そ／「ナンソ」 下22オ6、下57オ5、下89ウ4
云「-」何そ／「イカソ」 下28オ5
何そ／「ナソ」 下28ウ5
何（か）／「カ」故（に）／「（ニ）ソ」 下31オ4
何ぞ／「ナンソ」 下34オ3
云「-」何なる（をか）／「イカンソ」 下35ウ5
何れの／「レノ」土《ソ》／「ソヤ」耶 下42ウ3
幾-何《ソ》／「イクハク」 下43ウ2
滅後をそ／「ヲハ」 下49オ1
幾-處《クソ》／「イクソハクソ」 下49ウ1

何(か)／「カ」故(にか)／「ソ」　下49ウ4
如「-」何か／「イカンソ」　下52オ3
寧(そ)／「イカンソ」　下54オ4
如何そ　下56オ3
如-「-」何そ／「カンソ」　下59オ7、下72ウ6
攝は／「フソ」　下62ウ1
念そ／「ソ」耶「ヤ」　下64オ7
如-何そ／「カンソ」　下65オ4、下80オ2
聖教そ／「トシテ」　下65ウ2
云-何そ／「カンソ」　下65ウ6、下70ウ5、下71ウ4、下73オ4、下74オ3
何そ／「カンソ」　下66ウ3、下66ウ4、下77オ1
何(か)／「カ」故(そ)／「ソ」　下74オ1
果(なり)／「ソ」耶　下80ウ1
那そ／「ナンソ」　下93ウ6
何(そ)／「ナンソ」　下94オ7
何(か)「ナンカ」故そ／「ソ」　下97ウ1
何そ／「ナン」-爲せむ／「スレソ」自害「スルヤ」耶や　下97ウ5、下97ウ5
盍イカソ／「ソ」…招か[盍]サラム(や)[耶]　下98オ4

ソコ(底)
〔底〕09262
底(訓)「ソコ」　上69ウ5

ソコナフ(損)
〔傷〕01029
傷(は)／「ソコナハ」所れたるもの／「レタルコトニ」　下76オ2
傷「ソコナヒ」-割するか／「サクカ」如く(なる)には／「ニハ」非す　上39ウ1

ソコバク(若干)
〔爾〕19750
爾ソコハクの／「ソコハクノ」　中87オ6
〔爾所〕19750 11715
爾-所ソコハ(ク)の／「クノ」　中37オ7
〔爾許〕19750 35298
爾「-」許ソ(コ)ハクの／「ソコハクノ」　下20オ7
〔若干〕30796 09165
若「-」干の／「ソコハクノ」　上10オ4
若-「-」干の／「ソコハクノ」　中96オ4
若-干の／「ソコハクノ」　下4ウ5
若干クノ／「ソコハクノ」　下46オ6

ソシル(謗)
〔毀〕16654
毀ら／「ソシラ」不る／「サル」　下37オ3
毀り／「ソシリ」　中98オ7
嫉-／「ソネミ」毀する／「ソシル」　中56ウ2
毀ること／「ソシルコト」莫れ／「マナ」　上82ウ1
毀ること／「ルコト」勿れ／「マナ」　上82ウ1
毀やふるは／「ソシルハ」　下37オ3

〔謗〕35817
謗ラム／「セラム」　中80ウ3
謗しり／「シ」　上99ウ5
謗るは／「セム」　下84ウ7
謗れる／「セハ」者は／「ノハ」　下73オ6

ソソク(注)

〔注〕17316
相ひ灌「火ン」／「ソ、キ」注す／「ス」／「ソ、ク」　上53オ2
〔灌〕18759
灌くに／「ソ、イテ」　上8オ5
灌(き)て／「タ(ソ)、イテ」　上9ウ1
灌(き)て／「イテ」　上18オ5
灌ソ、キ　上31ウ2
相ひ灌「火ン」／「ソ、キ」注す／「ス」／「ソ、ク」　上53オ2
灌く／「イル」　上22ウ5
漑カイ反／「ミツマカセ」灌(し)「火ンシ」／「ソ、キ」／「ソ、ク」　下77オ6
灌くに／「ソ、イテ」　上8オ5
〔灑〕18774
灑(き)て／「ソ、イテ」　上39ウ6

ソナフ(備)

〔備〕00967
備ふれは／「タリ」　上86オ7
備(つふさ)に／「ソナヘテ」　中16オ5
備『ヘム』(消)」　上1ウ2
備へよ／「ヘヨ」　中82ウ7

ソネム(嫉)

〔嫉〕06611
嫉-／「ソネミ」毀する／「ソシル」　中56ウ2

ソノ(其)

〔其〕01472
其の／「ノ」　上2ウ3、上3オ1、上3オ1、上4ウ4、上4ウ4、上6ウ1、上7オ1、上7ウ3、上7ウ4、上8オ1、上8オ2、上8オ3、上8オ5、上8オ5、上8オ5、上8ウ2、上8ウ7、上9ウ7、上10オ4、上10オ5、上10ウ7、上11オ4、上12オ5、上13ウ2、上13ウ5、上13ウ6、上14ウ5、上14ウ7、上15オ6、上15オ7、上15ウ2、上17オ4、上17ウ2、上18オ1、上18オ4、上18オ4、上18オ5、上19ウ2、上20オ2、上20オ7、上20ウ1、上20ウ4、上20ウ5、上21ウ1、上21ウ2
其の　上2ウ4、上7オ1、上11オ1、上11オ7、上15オ6、上18オ2、上22オ3、上29オ3、上29オ5、上29オ6、上29オ7、上38ウ6、上44ウ3、上53オ5、上55ウ2、上56オ6、上58ウ2、上84ウ4、上101オ5、中58オ3、中97ウ4
其の／「ノ」中に／「三」　上3オ4、上12オ7、上21オ2、上53ウ7、上65オ5
其「ノ」　上7オ1、上14ウ5、上14ウ6、上16ウ4、上17オ1、上56オ6、上77ウ4、上84ウ4、上101オ6、中3ウ6、中11ウ6、中61ウ7、中62オ2、中90ウ7

其の中に／「ニ」　上10オ2

其の中の／「ニ」　上11オ4

其の／「ノ」中の／「ニ」　上15オ2

其の／「ノ」中の／「ノ」　上19オ4

其の／「ノ」上に／「ヘニ」　上21ウ5、上32オ1

其（の）／「ノ」　上25オ5

其の／「ノ」間に／「ニ」　上28ウ5

其の色「ノ」（「其」の訓か）白し　上29オ2

其の／「ノ」中　上46オ1

其の／「ノ」後　上51オ4

其「ノ」國　上58ウ1

其の／「ノ」名　上66オ3

其の／「レ」　上67ウ1

其の／「ノ」光「リ」　中1ウ5

其の／「此ノ」　中62オ7

其の／「ノ」心　下14オ1

其の／「ノ」數「カス」　下28ウ3

其の國　下44オ2

其の／「ノ」事を／「ヲ」　下46ウ7

其の／「ノ」罪　下85オ2

其の／「ノ」相　下89オ4

其の／「ノ」分　下90ウ6

其の／「ノ」身の／「ニオイテ」　下93ウ2

其の／「ノ」罪（は）／「ハ」　下94オ5

其ノ力「ラ」　下94ウ1

其の／「ノ」間　下95ウ1

其の／「ノ」餘　下97オ7

其の／「ノ」功　下98ウ3

〔爾〕19750

爾「ノ」時に／「ニ」　中46ウ4

ソノカビ（登時）→ソノカミ

〔登時〕22668 13890

登-時には／ソノカヒニ／「ソノカミハ」　中36ウ2

ソノカミ（登時）→ソノカビ

〔當時〕21890 13890

當-時には／「ソノカミニハ」　上72オ4

〔登時〕22668 13890

登-時には／ソノカヒニ／「ソノカミハ」　中36ウ2

ソノトキ（其時）

〔爾時〕19750 13890

爾「ノ」時に／「ニ」　上21ウ7、上22ウ5

爾「ノ」時の／「ノ」　上95オ7

ソビヤカ（密）

〔纖〕28072

纖そひやかに／「ホソヤカニ」　中11オ3

ソム（染）（四段）

〔染〕14621

染まむ　中90ウ6

染めり／「ソメル（「リ」の誤か）」　上38オ5

ソム（染）（下二段）

〔染〕14621

染（上）ソメ／「ソメ」治「フ」／ツクロヒ／
「ツクロヒ」　上56オ2

染めて／「ソメテ」　下98ウ2

ソムク（叛）

〔乖〕00149

豈「ニ」之に／「レニ」乖タカハム／ソムカム
耶や　上78オ6

〔背〕29363

背「ソムカ」不れ／「レ」　中26オ1

背（き）て／「ソムキ」　下32オ2

文を／「ヲ」背（き）て／「テ」　上78オ3

ソラ（空）

〔空〕25415

空「ソラノ」中「ニ」　上2オ7

ソラニ（暗）

〔暗〕14065

暗ソラニ　上80ウ2

ソル（剃）

〔剃〕01989

剃り／「リ」　下92オ6

ソレ（其）

〔其〕01472

其れ／「レ」　上51ウ2、中69オ5、中77オ6、
中77ウ5、下7ウ2、下8ウ7、下86ウ5、
下88オ5

其の／「レ」　上67ウ1

其（れ）を／「レ」　中32ウ5

其をして／「レヲシテ」
中46ウ5、中46ウ6、下33ウ3

其の／「レカ」勝「－」友と爲ならむ／「タリ」
下18ウ6

其れか／「レカ」爲に／「ニ」　下23ウ7

〔夫〕05835

夫れ／「ソレ」　上1オ2

夫れ／「レ」　上33ウ1、上39オ7

〔某〕14618

某れの／「ノ」　中43オ4

ソロフ（揃）（下二段）

〔揃〕12319

簸ヒ揃「ソロフ」　上17ウ7

ソヱニ（所以）

〔所以〕11715 00388

所「－」以に／「ソヘニ」　中26ウ5

〔故〕13161

故（に）／「ソヘニ」　下67オ4

〔補讀〕

ソヱニ頭面に／「ニ」佛足を／「ヲ」禮す／
「ス」　上85オ4

タ

タカサ（高）

〔高〕45313

高さ／「サ」　上3オ4、上14ウ6、中37オ1、下45オ4、下45オ5

高き／「サ」　上12ウ6

高「サ」　上16ウ6

身の／「ノ」高さ（は）／「サハ」　中14オ3

タカシ（高）

〔高〕45313

高（く）して／「イコト」　中11オ6

高き／「サ」　上12ウ6

高き／「キ」　上31ウ7

高き／「キ」樹きの／「キノ」上に／「ヘ二」　下66ウ6

高きか／「キカ」「如」（し）　上72オ5

深「ク」-高なることを／「キヲハ」　下54ウ1

高く／「ク」　上41ウ3、上67ウ5、中15オ4

高く／「タカクシテ」　中5ウ7

タガヒニ（互）

〔互〕00255

互に／「ニ」　上2オ2、上50オ7、上58ウ1

互に／『ニ』（消）』　上2オ3

互に／「ヒニ」相ひ／「ヒ」嗽-食スルに／「スルヲモテ」　上30ウ3

互に／「ヒニ」　上57ウ7、上60オ4、上65ウ2、上66オ2、下65ウ2、下98ウ2

互「ヒ」に　上66オ5

互に／「タカヒニ」　下95ウ7

〔更〕14283

更に／「タカヒニ」相ひ／「ヒ」　上41オ1

更に／「タカヒニ」　上45ウ6

〔迭〕38800

迭タカヒに／「タカヒニ」　中90ウ1

タガフ（違）

〔乖〕00149

豈「ニ」之に／「レニ」乖タカハム／ソムカム耶や　上78オ6

〔違〕39013

違「タカラ（「ハ」の誤か）」不す／「ス」　上53ウ4

違は不して／「シテ」　中26ウ4

違せ／「タカハ」不「シト」　下28オ7

違（た）かひ／「（タ）カハ、」　中79ウ7

違ひ／「タカヒ」　上57ウ2

違（た）かひ／「（タ）カハ、」　中79ウ7

違（ふ）こと／「フコト」无し／「シ」　下13オ1

違へり／「カヘリ」　下49オ6

タカラ（寶）

〔寶〕07376

寶の／「ラノ」　上38ウ2、上52オ5

寶「ラ」　中16オ7、下82オ4

寶を／「(タカ)ラヲ」　下81オ2
寶「ラノ」　下81ウ4
寶を／「ラヲ」　下82オ5、下82ウ1
〔財〕36664
財「ラ」　上94オ5
財「ラ」の／「トシテ」　上96オ6

タキギ(薪)
〔薪〕32149
薪きを／「タキ、ヲ」　上11オ3

タク(焚)
〔燃〕19394
燃「タイテ」　上22オ4
燃タイテ／「タイテ」　中98オ3
〔燒〕19420
燒き／「タキ」　上65ウ6
燒(き)て／「タクニ」　中24ウ3

タクハフ(貯)
〔貯〕36698
貯タクハヘ／「ヘ」積ミ聚ツメ斂(去)レム反
すれとも／ヲサメム　上34オ5

タグヒ(類)
〔屬〕07821
屬ヒハ／「タクヒハ」　上26オ7
〔比〕16743
比ひ／「ヒ」无「ク」して　上55ウ5
比ひ　中34オ7

タクミ(巧)
〔巧〕08721
巧(み)に／「タクミニ」　下62オ6

タクム(巧)
〔巧〕08721
想ひ／「ヒ」巧め／「タクメ」　中26オ5

タクラブ(比)
〔比〕16743
相ひ／「ヒ」比(ふ)ること／「タクラフルコト」　下67ウ7
比することを／「タクラフルコトヲ」　下4ウ5
比フ□ふるに／「タクラフルニ」　上24ウ5
比ふるに／「タクラフレハ」　上40ウ3
比ふるに／「タクラフルニ」　中44オ7
比(ふ)るに／「タクラフルニ」　下3ウ5
比ふるに／「タクラフレハ」　上40ウ3
比ふれは／「タクラヘムニ」　中43ウ6
比へて／「タクラヘヨ」　中31オ2
比せむと／「タクラヘムト」　中44ウ6
比ふれは／「タクラヘムニ」　中43ウ6
比へて／「タクラヘヨ」　中31オ2

タケ(丈)
〔長〕41100
長たけ　上23オ6
長け／「タケ」　上23ウ3

タケ(竹)
〔竹〕25841

竹「タケ」　下41ウ1

タケシ(健)

〔健〕00875

健と／「タケシト」／「コハシト」爲るか／「スルカ」如し／「シ」　下70ウ2

タケシ(猛)

〔猛〕20498

猛「タケキ」風「セ」　上34オ7

猛「タケク」熾「カンナル」　上22オ4

タシナム(嗜)

〔嗜〕04089

貪「(去)」嗜し／シ反／「シイシ」／「タシナミ」　下27オ7

嗜か／「タシナムカ」故なり／「ナリ」　上42オ1

タシナム(困)

〔困〕04717

困む／「タシナミ」　上40ウ6

困む／「タシナミ」　上40ウ6

困むて／「タシナメルモノ」　上24オ4

困(み)て／「タシナメトモ」　上23ウ3

困むて／「タシナメルモノ」　上24オ4

タス(足)

〔足〕37365

足る(か)／「タシテ」如し　下78ウ1

タスク(助)

〔助〕02313

助く／「ケ」　上64ウ1

助(く)と／「クト」爲(す)／「ス」　下61オ6

助く／「ケ」　上64ウ1

助『タスケテ』(消)　上1ウ1

助(け)て／「ケテ」　中25オ1

助けて／「テ」　中89オ6

タダ(唯)→タダニ

〔但〕00495

但「タ、」　上26ウ2、上53ウ3、上62ウ6、上84ウ2、上85ウ6、上104オ2、上104オ4、上104ウ2、中10ウ1、中15オ1、中16ウ3、中20ウ1、中23オ4、中25オ5、中26オ3、中27ウ5、中29ウ7、中35ウ1、中51ウ5、中68オ6、中72ウ1、中79オ5、中81オ5、中97ウ4、下1ウ4、下3ウ5、下8オ7、下8ウ3、下19ウ3、下19ウ6、下28ウ6、下40オ5、下44ウ3、下44ウ5、下54オ3、下59オ1、下59オ3、下62オ3、下64ウ3、下75ウ6

但「タ」　中18ウ4、中73ウ2

但(し)／「タ、」　下11オ4

但(タ、)　下93オ6

〔只〕03239

只「タ、」　上38オ5、上46ウ7、下31オ5

〔唯〕03761

唯「タ、」　上2オ4、上25オ7、上73ウ6、上75ウ2、上75ウ3、上91ウ4、中91オ1、

下28ウ7、下50オ3
唯「(タ)、」　中100オ1
〔徒〕10121
徒らに／「タ、」　上43ウ5
〔直〕23136
直タ、　上92ウ3

タダイマ(今)
〔今〕00358
今は／「ハ」／「タ、イマハ」　中97オ5

タタク(叩)
〔叩〕03238
叩タ、イテ　上9オ4
叩タ、イて／「テ」　下26ウ2
〔扣〕11807
扣タ、き撃ウ(ち)て／「ウンテ」　中64オ2、中64オ2
扣くと／「タ、クト」雖(も)／「フトモ」　上38オ7
扣けは／「タ、ケハ」　下69ウ4

タタサマ(縦)
〔竪〕25790
竪に／「タ、サマハ」　上51オ1
〔縦〕27819
縦「タ、サマ」横「ヨコサマニ」　上4ウ2

タダシ(但)
〔但〕00495
但し／「シ」　上1オ3、上10ウ5、上13ウ1、上43オ6、中4ウ4、中27オ4、中50ウ1、中60ウ5、下37ウ6、下50オ6、下89ウ7、下98オ3
但し　上62オ4、上109ウ1
但し／「タシ」　上81ウ1、下87オ4
但「タ、」し　上83オ3
但「シ」　中23オ5、中29ウ3、中80オ3、中81ウ4、中84オ4、中92オ2、下18オ5、下63ウ3、下63ウ5、下64オ7、下71ウ2、下78オ4
但(し)／「タ、」　下2オ3、下9ウ4、下11オ4
但(し)／「シ」　下29オ2、下33ウ5、下39オ3、下42オ2、下43オ7、下48ウ4、下63オ2、下65ウ3、下73オ2、下75オ5
但し／「タ、」　下60ウ6、下69ウ6
但「タ、」　下61オ1
〔唯〕03761
唯(し)／「シ」　上15ウ6、上16オ5、上17ウ5、上17ウ6、中65オ5、下24ウ7、下82ウ7
唯「シ」　上22ウ4、上30ウ4、上31オ1、上33ウ6、上37オ4、上37オ6、上44ウ2、上76オ7、上85ウ6、上104オ3、中15オ3、中23オ6、中29ウ2、中30オ1、中30オ4、中30ウ4、中39ウ3、中46ウ4、中68オ2、中68オ3、中79オ4、中84オ5、中90オ1、

中91オ7、中94ウ2、中96ウ3、下12ウ1、
下12ウ2、下13ウ2、下31オ4、下32ウ6、
下50ウ6、下53オ7、下61オ1、下61オ4、
下62ウ5、下64オ1、下73オ5、下73オ6、
下73ウ5、下73ウ7、下78ウ4、下79ウ4、
下80ウ2、下81ウ3
唯き(存疑)／「シ」　上24ウ5
唯し／「シ」　上30ウ7、上37ウ1、上71ウ5、
上98オ5、上98オ6、中21オ2、中75オ3、
下6ウ1、下17オ4、下82オ2、下83ウ5
唯シ　上57ウ5
唯し「｜」然なり／「ナリ」　上69オ4
唯し／「シ」願(はく)は／「ハ」　上91オ4
タダシ(正)↓タダシウス、タダシクス
〔正〕16255
正(し)く／「ク」　上1オ7、上50オ3、
上86ウ2、中55オ5、中79オ7、中97オ4、
中97オ6、下6ウ6、下33ウ1、下96ウ1

正「シク」　中2ウ5
正しく／「ク」　中11オ4
正(し)く　中67ウ3
正(シ)く／「ク」　中81オ3
正に／「(シ)ク」　中89オ1
〔端〕25806
端(たゝ)しく正(し)くして／「ニシテ」　下35ウ1
タダシウス(正)↓タダシクス
〔正〕16255
念「ヒヲ」正「タ、シウシ」　下35ウ5
正(し)くし／「タ、シウシ」　下48オ6
タダシクス(正)↓タダシウス
〔正〕16255
正(し)くし／「タ、シウシ」　下48オ6
端(たゝ)しく正(じ)くして／「ニシテ」　下35ウ1
タダス(正)
〔制〕01961
制(せ)「タ、(サ)」／「セ」不「ス」／「ス」／して　下68オ5
〔正〕16255
正し／「ナホニシ」　中29オ1
タダス(爛)
〔爛〕19604
燋コカシ／「セウ」爛タ、サレキ(存疑)／「セラレ」　下72オ1
爛タ、スこと／「タ、ル、コト」　下67オ2
タダニ(直)
〔直〕23136
直タ、に　上9ウ1
直タ、に／「タ、ニ」　上100ウ5
直に／「タ、ニ」　中29オ7、中38ウ2、
中68オ5、下7オ2、下34オ1
タタム(疊)
〔疊〕21983

疊(み)て／タ、ム／「タ、ムテ」 下46オ7

タダヨハス(漂)

〔漂〕18102

水の／「ノ」爲に漂よはさ／「タヨハサ」所れて／「サレルモノ(本のまま)」 上107オ3

漂はす／「タ、ヨハス」 上6ウ3

漂タ、ヨはす／「ヨハス」 上41オ5

タダル(爛)

〔殨〕16571

殨タ、レ／「ツエ」爛タ、レタリ／「ミタレタリ」 上28ウ3

〔爛〕19604

潰火イ反／ツエ-爛せり／タ、ル／「ランシテ」 上31オ6

爛タ、スこと／「タ、ル、コト」 下67オ2

消爛しぬ／「タ、レ」「シヌ」 上20ウ7

臭リ／「リ」爛(タ)タレテ／して／「タ、レ」 上31オ5

殨タ、レ／「ツエ」爛タ、レタリ／「ミタレタリ」 上28ウ3

爛「タ、レタル」-屍 上32オ1

消「キエ」爛しぬ／「タ、レヌ」 上21オ6

タチ(太刀)→ツルギ

〔刀〕01845

刀ツルキを／「タチヲ」 下26ウ1

刀タチ 下76オ2

タチマチニ(忽)

〔乍〕00130

乍マタ／「マタ」／「タチマチニ」 上99オ2

乍タチマチニ／「タチマチニ」 下71オ3

乍チニ 下71オ3

〔卒〕02740

卒に／「タチマチニ」 上35ウ5

〔忽〕10405

忽「タチマチ」に 上31ウ6

忽に／「チニ」 上34ウ3、上35オ3、上43ウ7、上48ウ3、下93ウ6

忽に／「ニ」 上93オ1

忽(ち)に／「チニ」 中26オ6、中26ウ4、中65オ2、下81ウ2

〔新〕13572

新たに／「タチマチニ」 上82オ5

〔欻〕16099

欻「-」然「タチマチニ」 上2オ7

タツ(斷)(四段)

〔斷〕13611

斷た／「セシム」令「シテ」 中57オ2

斷キラムことを／「タシ(「、」の誤か)ムコトヲ」 上34ウ3

斷ち／「チ」 上21オ3

斷つ／「タチツ」 上35ウ1

斷「タチ」取「テ」 中39オ3

斷つ／「ツ」「當」し／「シ」 中64オ4

斷て／「タテ」 上17ウ2

〔絶〕27407

絶(え)／「タ、」不ら／「サラ」令(む)れは／「シムレハ」　中30ウ1

絶え／「タ、」不ら／「サラ」令めて／「シメテ」　下18オ6

絶え／「タ、」不ら／「サラ」令(め)て／「メテ」　下40オ6

絶ち／「チ」　中61オ2

絶っ／「チッ」　上35ウ5

絶っ／「チッ」　上35ウ5

當(に)念(ひ)を／「ヒヲ」絶っ／「タッ」當へ(から)／「へ」不し／「ス」　下35オ7

絶《タ》て／「タンテ」　上43ウ1

絶《タ》て／「タンテ」　上43ウ1

タツ(裁)(四段)

〔裁〕34258

裁(平)《タチ》-縫(上)《ホウ》／ヌヒ「ヌヒ」　上56オ1

タツ(立)(四段)→イヨダツ

〔立〕25721

立《タ、》は／「セムニハ」　中79オ7

立(ち)たまはむ／「タンタマヘリ」　中77オ6

立(ち)たまつりと／「タンタマヘリト」　中82オ6

平「ナホク」-立(す)るに／「タンタマヘル」　中8ウ3

〔起〕37048

起《た》不して／「シテ」　上50ウ5

起た／「タ、」不「ス」　下51オ5

麁-「アラ(ク)」起《ず》／「タチ」　上14オ1

起《オクル》こと／タッ／「オコルコト」　中56ウ4

タツ(建)(下二段)

〔建〕09574

建「タテタリ」　上4ウ5

タツ(立)(下二段)

〔立〕25721

立て／「テ」　上81オ2

立《テ、》／「タテ、」　上43ウ1

〔起〕37048

起て／「タテ」　中54オ2

タヅヌ(尋)

〔尋〕07447

尋-「タツネ」求して／「ムトシテ」　上22オ3

タテマツル(奉)

〔奉〕05894

奉(たてま)つり　上71オ2

〔獻〕20783

獻たてまつり／「シエン(「エン」衍か)」　上65ウ6

〔貢〕36665

貢すれば／「タテマツルニ」　下68ウ7

［補讀］

見《タテ》まつら／「ミ」不すと　中47ウ3

見「ミ」／(たてま)つら不「ス」　下75オ7
任せ／「セ」令(め)(たて)まつら(む)／「シメ
ム」　中72オ1
見(たてま)つらむと／「ムト」　中85ウ6
覩見たてまつらむ／「ミム」　下16ウ3
供養(し)たてまつらむと／「セムト」欲ふこ
と／「オモフ」有るは／「アレハ」　上70オ3
見たてまつらむ(と)／「ミムト」　下7ウ7
見たてまつり／「ミテ」　上60ウ5
見たてまつり／「ル」　上67オ2、中96オ6
見たてまつり　上67オ5、下7ウ4
見たてまつり／「ミ」
中87オ2、中91ウ1、下22ウ2、下25ウ2
念(し)たてまつり／「シテ」　中92オ3
瞻(り)たてまつり／「マハリ」　中93ウ6
歸(し)たてまつり　下4オ4
覩たてまつり／「ミ」　下10ウ5
觀して／「ミタテマツリ」　下22オ5

供養したてまつり／「セリ」　下58ウ6
名(け)たてまつりき／「ケキ」　下23オ3
念(し)たてまつりて／「スルコト」　中84オ1
念(し)たてまつりて／「シテ」　中93ウ2
歸命(し)たてまつる／「ス」
上48オ7、上85ウ1、中51ウ2
禮讚したてまつる／「スル」[之]者もの／
「ノ」　上49オ6
見たてまつる／「ル」
上50オ5、中4オ7、中85ウ6
稽首(し)たてまつる　上51ウ3
禮(し)たてまつる／「ス」　上51ウ4、
上83ウ7、上84オ1、上84オ3、上84オ4、
上84オ7、上85オ6、上85オ7、中72ウ5
歌嘆(し)たてまつる／「ス」　上52オ7
供-「-」散(し)たてまつる／「ス」　上55オ4
讚「ホメタテマツル／マフ」所「ノ」如し／「ク
シテ」　上56オ1

號(け)たてまつる／「ツク」　上58オ7
頂禮(し)たてまつる／「ス」應「シ」　上64オ3
供養(し)たてまつる／「シテ」　上65ウ5
歌-「-」歎「シ」たてまつる　上65ウ7
恭敬(し)たてまつる／「ス」
上66ウ3、上84オ2
瞻-仰(し)たてまつる／「ス」　上68オ3
問(ひ)たてまつる／「ツル」　上69オ4
頂禮(し)たてまつる／「ス」
上69ウ6、上70オ1、上73ウ2
供養(し)たてまつる／「ス」
上70オ3、上70オ7、上71オ5
供養恭敬(し)たてまつる／「ス」　上70オ7
供養(し)たてまつる／「スト」　上70ウ3
禮(し)たてまつる　上71オ5
明(し)たてまつる者(といふは)／「イフハ」　上73ウ5
見たてまつる／「ツ」　上83オ4

禮(し)たてまつる／ツル／「ス」　上84オ6
問(ひ)て／「タテマツル」云さく　上99ウ1
見たてまつる「當」しと　中34オ5
號す／「(シタテマ)ツル」　中35オ2
歌(去)(ひたてまつ)る／「ス」　中35ウ7
當に／「二」…見たてまつる／「ル」「當」しと／「シト」　中40ウ6
名(け)たてまつる／「ク」　中48ウ3
勸め明(ら)めたま〻／(たて)まつる　中72ウ5
念(し)たてまつる／「ス」「當」し／「シ」　中85オ6
念(し)たてまつる／「ス」「當」(し)／「シ」　中85ウ1
問ふ／「タテマツル」　中85ウ7
稱「-」念(し)たてまつる／「ス」　中94オ4
見たてまつり／「ル」　中96オ6
見たてまつる者といふは　下6ウ4
見たてまつる／「ル」當し／「シ」　下7ウ1
見(たてまつ)る／「マツル」　下12ウ4
見る／「ミタテマツル」者は／「モノハ」　下16ウ5
視たてまつるか／「ミムカ」如くにし／「クセヨ」　中83オ3
見たてまつること／「コト」得「ウ」　上62オ7
見(たて)「マツルコト」　上66ウ6
見たてまつること／「ツルコト」得てむ　上77オ5
見たてまつること／「ルコト」得う／「ウ」　上82ウ5
見たてまつるコト／「コト」　中17ウ2
見たてまつること／「ルコト」　中55オ7、中55ウ1、中59ウ7、中81オ6、中82ウ4、下98ウ4、下98ウ4
見たてまつること能(は)不と／「トモ」雖(も)／「トモ」　中96ウ7
生(れ)たてまつること／「スルト」　下40ウ4
見たてまつること／「ミルコト」　下47ウ1
見たてまつる(こと)／「ルコト」　下62ウ4
生(れ)たてまつること／「セトイフコト」　下66ウ2
生(れ)たてまつること／「スルコト」　下73オ6
見たてまつること／「ミ」　下98ウ5
生(し)たてまつることは／「ナストイハ、」　中20オ1
見たてまつること(も)／「ルコトモ」亦　中82オ6
見たてまつること(を)／「コト」　下16ウ6
歸命(し)たてまつると／「ス」　上108ウ3
見たてまつると／「ツト」爲「ス」　下7ウ2
見たてまつると／「ルト」　下63オ4
見たてまつると／「ツト」　下63オ5
欺「-」誑「(上)」(し)たてまつるに／「スルニ」

中58オ1

欺「-」誑(し)たてまつるに　中58オ5

欺「-」誑(し)たてまつるに／「スト」　中58オ7

欺「-」誑(し)たてまつるに／「スルニ」　中58ウ1

請(ひ)たてまつるは／「ス」　中71ウ6

受「-」持(し)たまつるを／「スルコト」　中87オ3

見「(タテマ)ツルヲモテナリ」　上77オ6

禮(し)たてまつれ／「ス」　上64ウ6

念(したてま)つれ／「スト」　下32ウ3

奉れは／「タモテハ」　下30ウ3

圍「-」繞(し)たてまつれり／「セリ」　中14ウ5

瞻仰(したてまつ)れり／「シ」　中17ウ4

出(し)たてまつれ(る)に／「ス」　中5ウ4

寄ヨセタテマテし／「ヤトイシ」　中43ウ2

見(たてまつ)らむ(と)／「ミム」　下6ウ7

タテマテ(奉)→タテマツル

タトヒ(喩)

〔喩〕03979

喩ひ／「トヒ」无「シ」　上16ウ4

喩ひを／「ヒヲ」　中37オ5

喩「ヒ」　下68ウ5

喩を／「ヒヲ」以(て)／「テ」　下68ウ5

索(な)はの／「ナハノ」喩「ヒ」　下69オ2

〔譬〕36019

譬ひ／「ヒ」　中29オ5

譬「ヒ」　下81オ7

タトヒ(假令)

〔假令〕00835 00387

假-令ひ／「ヒ」　中41ウ2

假-「-」令ひ／「ヒ」　中94ウ6、下9ウ4、下71オ3

〔假使〕00835 00573

假-使ひ／「タトヒ」　上63オ6

假-使ひ／「ヒ」　中37オ6、中44ウ4、中45ウ2、中46ウ3、中51オ2、中52ウ6、下4オ5、下87オ2

假-「-」使ひ／「ヒ」　中42ウ7、下7ウ3、下79オ7

假-使「ヒ」　下96オ5

〔正使〕16255 00573

正-使ひ／「タトヒ」　中32オ6

正-「-」使ひ／「タトヒ」　中51ウ4

正-使ひ／「ヒ」　下5ウ2

〔縦〕27819

縦ひ／「ヒ」　上25ウ5、上30ウ5、上37ウ7、上37ウ7、上38オ1

〔縦使〕27819 00573

縦-使ひ／「ヒ」　中20オ1

〔設〕35293

設「ヒ」　上33オ6

設ひ／「ヒ」　上33オ6、上33オ6、上39オ7、上41オ1、上41オ3、上62ウ1、上65オ3、上75ウ2、上84ウ2、上92ウ6、上98ウ5、中37オ6、中53オ1、中55ウ3、中57ウ3、中66ウ4、中70オ4、中74オ1、中86オ4、中94オ6、中94ウ5、中95オ6、下1ウ3、下5ウ6、下45ウ6、下51ウ6、下54オ5、下58オ1、下77ウ2、下87オ7、下90ウ6、下90ウ7、下96オ3
設ひ餘行无(く)とも「クトモ」　上85ウ6
設(「訓」)ひ／「ヒ」　下57オ3
〔設令〕35293 00387
設-令ひ／「ヒ」　中52ウ7
〔設使〕35293 00573
設-使ひ／「ヒ」　中34オ2

タトフ(譬)
〔喩〕03979
喩(つたれは)か／「エタルコト」　中36オ1
喩ふ／「フ」可(から)不「スト」　下4ウ5
〔譬〕36019
譬へ　上3オ4

タトヘバ(例)
〔如〕06060
如「タトヘハ」　下2ウ6
〔譬〕36019
譬(へ)は／「ハ」　上30ウ6、上34ウ2、上45ウ7、上54ウ2、上56オ4、上71ウ3、上72オ3、上75ウ6、上90ウ1、上90ウ2、上91オ1、上95オ4、上98オ2、上98ウ4、上100ウ2、上100ウ3、上101オ7、上101ウ5、上101ウ7、上102オ2、上102オ6、上106オ3、上107ウ6、中22ウ7、中23オ3、中29オ6、中75オ7、下5ウ3、下12オ5、下48ウ5、下90オ2
譬は／「ヘハ」　上33オ5、中27ウ7
譬(へ)は／「ナホ」　上38ウ7
譬(へ)は／「ヘハ」　上40オ3、中15オ2、中16オ7、中47オ5、中64ウ7、下12オ2
譬(へ)は／「ハ」　上65オ6
譬(へ)は　上75ウ3、上101オ2、上101オ5
譬は／「ハ」　中26オ5、下78オ6
譬(へ)は-如「ハ」　下67ウ3、下67ウ7、下77オ5
譬(へは)／「ヘハ」　下68オ5
譬(へ)は「-」如「(へ)ハ」　下81オ7、下81ウ7、下82オ3
譬(へ)は「-」如「(へ)ハ」　下82ウ1、下82ウ3、下82ウ6
〔譬若〕36019 30796
譬「-」若「ヘハ」　上75ウ3

タナゴコロ(掌)
〔掌〕12248
掌の／「タナコ、ロノ」　上28オ2

タナシシ(困)

〔膜〕29834
皮「ヒ」膜(入)マク／「タナシ(、)」與と　上46オ4

タニガハ(谷川)
〔谿谷〕36219 36182
溪「ケイ」谷「タニカハ」　上58オ3

ダニモ(助詞)
［補讀］
人「-」身を／タニモ「ヲスラ」　中13オ2

タネ(種)
〔子〕06930
子を／「タネヲ」　上92オ6、上92ウ4
子(タ)ネ／「タネ」　上92オ6
子ネハ／は／「タネハ」　上92ウ4
〔種〕25174
種「タネニ」從(り)／「リ」　下78ウ3

タノシ(樂)
〔樂〕15399
樂しから／「タノシカラ」不らむ／「シ」乎　上35ウ7
樂(しから)／「タノシカラ」不ス乎や／「ヤ」　上51オ7
樂(しか)ら／「ラ」不らむ／「ス」乎や／「ヤ」　上66オ5
樂(しか)ら不す／「シ」乎や／「ヤ」　上71オ4
樂(しか)ら不らむ／「シ」乎や　上73オ6
樂しきか／「タノシキカ」如し／「ク」　下83オ6

タノシビ(樂)
〔娯〕06307
娯タノシひを／「クヲ」　上40オ5
〔樂〕15399
樂シヒか有らむ／「ルニ」　上33オ4
樂しひ／「ヒ」　上57ウ5

タノシブ(樂)→タノシム
〔娯〕06307
相ひ／「ヒ」娯タノシヘトモ／「タノシハムニ」　下79ウ1
〔樂〕15399
樂(し)ひ／「ヒ」　下36ウ3
樂タノしふ可(から)不す／「ス」　上36オ7
樂(し)ふ／「シムヘ」可(き)こと／「コト」无　上41ウ2
し／「シ」
樂(タ)ノ(しふ)／「シフ」可(き)こと无「シ」　中93オ6
樂しふ可く／「キコトアリ」　下29ウ1
樂しふか／「シフカ」如し／「ク」　上42オ2

タノシム(樂)→タノシブ
〔樂〕15399
樂(し)ふ／「シムヘ」可(き)こと／「コト」无　上41ウ2
し／「シ」

タノム(賴)
〔怙〕10454
怙たの(ま)む／「タノマム」所ありてか／「ロ

アリテカ」／「ヲトカ」 下19オ5
怙「タノム」「ノ（ママ）」无し 上35オ6

タハブル（戯）
〔戯〕11665
歌ひ戯れて／「シ」 下79オ4

タハブレアザケル（戯）
〔戯〕11665
調モテアソヒ「-」戯して／タハフレアサケリ／「シ」 上10オ6

タハル（婬）
〔婬〕06440
婬タハレ「-」樂せむ（を）や 上32オ2

タビ（度）→トタビ、ヒトタビ、ミタビ
［補讀］
十（た）ひ／「タヒ」 下71ウ4

タヒラカ（平）
〔平〕09167
平なること／「タヒラカナルコト」 中10ウ6

タフ（堪）
〔周〕03441
周タヘ／〻／「アマネウスルコト」 中32ウ4
〔堪〕05266
堪「ヘ」忍「フ」可（から）不 上3オ7
に／「ニ」堪へ／「ヘ」不す／「ス」 上59ウ4
堪〻難（き）ことを／「シト」 上91ウ7
勤修（する）に／「スルニ」堪〻／「ヘ」不す 上92ウ5
堪〻不すとも／「ストモ」 上92ウ6
堪〻／「ヘ」不す／「ス」 上95オ7
堪〻不す／「ス」 中1オ2
堪〻不ること／「ルコト」 中18オ3
堪（へ）／「ヘ」不る／「ル」 中21オ2
堪〻／「ヘ」難けむ／「シ」 中27ウ4
〔憶〕11295
憶せ／「タヘ（一本「堪」の訓の誤記か）」不さらむ／「ス」 上18ウ4
〔耐〕28879
耐（去）タイ反　せ／タフヘ（から）不す／「ス」 上31ウ6
〔能〕29454
能は／「タヘス」不は／「スハ」 下27ウ5

タブサ（腕）
〔腕〕29631
腕タフサの／「ノ」 上28オ2

タフス（倒）
〔僻〕01166
倒サカサまに僻さ／「タフサシ」令む／「シム」 下82オ2

タフル（倒）
〔倒〕00767
倒るるには／「タフル、ニハ」 中90オ6
倒れ（た）る（に） 中26オ2
〔蹶〕37912
蹶（れ）ぬ／「タフレ」 上21ウ3

タブロカス（誑）
〔枉〕14530
枉ワウ／「タフロカシ」飾せり／「カサレリ」 上46オ7
〔誑〕35510
誑タフロカさ所れて／「レテ」 上7オ7
誑かさ／「タフロカサ」所れき／「レタルナリ」 上9ウ6
誘アサムキ／「アサムキ」誑タフロカして／「タフロカシ」 上15ウ1

タヘ（妙）
〔妙〕06090
妙に／「ヘ二」 下62オ6

タマシヒ（魂）
〔魄〕45810
恐「オツル」魄ハクして／「タマシヒアテ」 上14オ7
魄タマシヒアテ 上14ウ2

タマタマ（偶）
〔適〕39076
適たま／「タマ〱」 上2オ3
適たま／「マ」 上25ウ3
適た（ま）／「タマ〱」 上25ウ6
適たま／「ハシメテ」 上32オ4
適たま 上38オ4
適た（またま）／「タマ〱」 上70ウ7
適た（またま）／「マ」 上71ウ1
適た（またま） 上82オ4
適タマ、、 中94オ1
適たま／「タマタマ」 下87ウ5

タマハク（給）
［補讀］
天台大師の云く／「イ（ヒ）タマハク」 中18ウ6
言（ひ）たまはく／「イヘ」 中21ウ3
言（は）く／「タマハク」 中56ウ5
說（きたまは）く／「イタマハク」 中60ウ7
語（り）たまはく／「ラムタマハク」 中72オ6
語（り）たまはく／「ハク」 中72ウ3
語（「訓」）（りたま）はく／「ハク」 中72ウ6
告（けたま）はく／「ハク」 中77オ5、下1ウ7、下5ウ3、下11オ1、下11ウ5
讚「（去）」（し）たまはく／「スラク」 中100オ4
告（けたま）はく／「（ケタマ）ハク」 下5オ4
勅（した）まはく／「シタマハク」 下20ウ1
告（けたまは）く／「ハク」 下29オ5、下58オ3
告はく／「ハク」 下38オ6、下77ウ3、下81オ7
教へたまはく／「フラク」 下61オ2

タマフ（給）→タマハク
［補讀］
滅（し）たまふて／「シタマウテ」 中35ウ6
止「シ」息し（た）まは未す／「ハス」 上71ウ7

捨(てた)まは不す　上76ウ3
捨(てた)まは／「テ」不す／「ス」　上79オ7、中17ウ1
竝ひ／「ヒ」出(てた)まは／「テ」不す／「ス」　上84オ5
化せ／「シタマハ」不る／「サル」所なりと／「ナリ」　上97ウ1
捨(てた)まは／「テタマハ」不す／「ス」　中14ウ2
入(りた)まは／「ラ」不して／「スシテマレ」　中45オ6
聽(し)たまは／「ユルイタマハ」　中45ウ4
動せ／「(カシ)タマハ」不して／「ス」　中45ウ6
念(し)たまは／「シタマハ」不は／「スハ」　中47オ6
稱「-」歎(した)まは／「シタマハ」不といふこと／「ストイフコト」　中51オ6
救(ひた)まは／「ヒタマハ」不る／「サル」　中70ウ4
盡(き)たまは不(る)こと／「ストイフコト」　中71ウ2
捨(てた)まは不す／「ス」　中96オ5
捨(て)たまは不す／「スト」　下15オ2
聽ユルシタ／(し)たまは／「ユルシタマハ」不す／「スハ」者は　下25オ1
捨(て)たまは／「タマハ」不す(と)／「スト」　下33オ2
說(き)たまはは／「タマハ、」　中32ウ1
見せ／「ミ」令(め)たまひ／「シメタマハ、」　中81オ4
告(け)て／「テ」言く／「タマハム」　中20オ6
了知(し)たまふ／「シタマハム」　中43オ4
置きたまはむ／「イレタマフ」　中43オ7
知り(た)まはむ／「シンタマヘリ」　中46オ4
知(りた)まはむ／「シ(リ)タマヘリ」　中46オ5
悟-入せ／「セ」令(め)たまふ／「シメタマハム」　中46ウ5
立(ち)たまはむ／「タンタマヘリ」　中77オ6
願の／「ノ」如くなら／「クナラ」令しめたまはむ／「シメタマハム」　下6オ4
稱「-」善(し)たまはむ／「シタマハム」　下17オ6
得(し)めたまはむ／「エシム」　下18オ4
得「エ」令「シメタマハム」　下33ウ3
還したまはむ(と)／「ヘシタマヒテムト」　中43ウ3
捨(て)むと／「タマハムト」　中71ウ7
隨「-」喜(し)たまふと／「シタマハムト」　中87ウ5
授(け)たまふ(と)／「ケタマハムト」　下10ウ6
爲な(り)たまはむ(と)／「ナラムト」

下20ウ4
視な(はす)には／「ミタマハムニ」 上84オ1
說(き)たまふとも／「マハムニ」 上102ウ4
擲ナ(ケ)／「ナケ」過(ス)コシタマフニ／「スコイタマハムニ」 中39オ4
置(く)に／「オイタマハムニ」 中39オ5
答(へ)たまはむに／「ヘタマハム」 中48オ3
讃-揚(し)たまはむに／「タマフトモ」 中51ウ1
欲したまはむを／「セムヲハ」 中71ウ7
入れたまふ／「タマハン」 中46オ3
至(り)たまひ／「ル」 上47ウ4
知(り)たまふ／「タマヒ」 中42オ2
見せ／「ミ」令(め)たまひ／「シメタマハ、」 中81オ4
照(し)たまひ／「シ」 中96ウ1
爲(し)たまひき／「タルコトヲ」 中36ウ3
授(け)たまひき 下22ウ3

授「-」記(し)たまひき／「シタマヒキ」 下23ウ7
止ま(り)たまひき／「ヲリ」／「セリ」 下66ウ6
得テ／(タマ)ヒシ／「エタマムテ」 中46オ2
說(き)たまひしに／「タマヘル」 下72ウ2
充滿(したま)ひたり／「セリ」 下50ウ2
涅「-」槃(し)たまひにき／「シタマヒテ」 下22オ3
涅槃(し)たまひて／「シタマヒテ」 下44オ2
還したまはむ(と)／「ヘシタマヒテムト」 中43ウ3
過(き)たまひなむ／「キタマヒナム」 中37ウ7、中38オ1
度(し)たまひなむ／「シタマフ」 中38ウ5
合(せ)たまひなむ／「アハセタマフ」 中38ウ7
作さ／「ナラ」令めたまひなむ／「シメタマフ」 中39オ1

還-歸(し)たまひにき(と)／「シタマヒヌ」 下23オ2
還(りた)まひぬ(と)／「タマヒヌ」 下21ウ4
呵し(た)マフ／「シタマヘリ」 上41ウ6
爲たまふ／「タマヘリ」 上44ウ7
引接(し)たまふ／「タマフ」 上47ウ5
侍ラヒタマフ 上49ウ3
慰喩「シ」たまふ 上49ウ6
讃「ホメタテマツル／マフ」所「ノ」如し／「クシテ」 上56オ1
母と爲したまふ／「タリ」 上62オ1
來(り)たまふ／「ル」 上62オ5
抜(き)たまふ 上63オ4
視たまふ／「ル」 上64オ2
作(り)たまふ 上64オ2
遊(ひ)たまふ／「フ」 上64ウ5
演「-」暢(し)たまふ／「シタマヘリ」

上68オ2、上68オ2
悦-「-」可(し)たまふ／「セリ」　上68オ3
現し／「シタマフ」　上68オ6
說(き)たまふ／「フ」　上68ウ2、上69ウ7
開解得「-」道せ／「セ」令めたまふ／「メタ
　マフ」　上68ウ2
議(し)たまふ／「シタマフ」　上68ウ4
微笑して／「セウシタマフ」　上69オ1
照(し)たまふ／「シタマフ」　上69オ2、中4オ3
咲ワラヒたまふ／「ヱムタマフ」　上69オ4
暢ノヘたまふ／「ノヘタマフ」　上69オ5
可ユルシたまふに／「シタマフ」　上70オ4
除「カ」「ク」使「シメタマフ」　上72ウ6
讚(へ)たまふ／「ヘル」　上75オ2
讚歎(し)たまふ／「スラ(ク)」耳み／「ノミ」　上75オ6
接-「-」引(し)たまふ／「ス」　上76ウ2
念「セ」令「(メタ)マフ」　上77オ6
來「ノ」(ママ)迎したまふ　上79オ2
至(り)たまふ／「マフ」　上79ウ2
攝「-」受する／「シタマフ」所　上79ウ3
證「-」成(し)たまふ／「シタマフ」　上79ウ7
出(て)たまふ／「タマフ」　上83ウ3
歎(し)たまふ／「タマフ」　上85オ2
言說(し)たまふ／「シタマフ」所は／「ハ」　上85オ5
得「エ」令めたまふ／「マフ」　上90オ6
處(し)たまふ／「シタマフ」　上91オ7
現したまふ／「ス」　上108ウ3
放(ち)たまふ／「ツ」　中3オ3、中10オ3
出(し)たまふ／「タマフ」　中4ウ6
行する／「シタマフ」者もの／「モノ」　中4ウ7
咲ヱム／「タマフ」時き／「キ」　中6ウ4
出す／「シタマフ」所の／「ノ」　中7オ2
作-意(し)たまふ／「スル」　中7オ4
出(し)たまふ／「ツ」　中7オ6
出(し)たまふ／「ス」　中9ウ5
作(し)たまふ／「ツ(ク)ル」　中10オ4
作「-」意したまふ／「スル」　中10オ7
現(し)たまふ／「アラハス」　中11ウ4
演說(し)たまふ／「シタマフ」　中14ウ6
利益(し)たまふ／「スル」　中15ウ1
圓滿(し)たまふ／「セリ」　中15ウ6
照(し)たまふ／「タマフ」　中17ウ3
照(す)に／「シタマフ」　中17ウ5
攝(し)／「シ」たまふ／「フ」　中18オ2
成(し)たまふ／「ナル」　中19オ5
說(き)たまふ／「イタマフ」　中20ウ7、下8ウ2
送り／「リ」著つけ令(め)たまふ　中31ウ3
送り／「リ」著つけ／「ツケタマフ」　中31ウ3
照(し)たまふ　中34ウ3

入(り)たまふ／「イレタマフ」 中36オ6
行く／「ユイタマフ」 中38オ3
度(し)たまひなむ／「シタマフ」 中38ウ5
合(せ)たまひなむ／「アハセタマフ」 中38ウ7
作さ／「ナラ」令めたまひなむ／「シメタマフ」 中39オ1
爲なら／「ナラ」使めたまふ／「シメタマフ」 中39オ2
變「-」化(し)たまふ／「シタマフ」 中40オ6
遍(し)たまふ／「スト」 中40ウ4
現(し)たまふ／「シ」 中40ウ4
轉(し)たまふ／「スト」 中40ウ5
見たまふ／「ミタマフ」 中41オ6
調「-」伏(し)たまふ／「シタマフト」 中41オ7
聞(き)たまふ／「キタマフ」 中41ウ4
得「エ」令(め)たまふ／「シメタマフ」 中41ウ6、中46ウ6
得たまふ／「エタマフ」 中41ウ6
知(り)たまふ／「タマヒ」 中42オ2
知(り)たまふ／「シ(リ)タマヘリト」 中42オ3
知(り)て／「タマフ」 中42ウ1
知「-」見(し)たまふ／「シタマヘリ」 中42ウ4
見「ミタマフ」 中42ウ5
了知(し)たまふ／「シタマハム」 中43オ4
置きたまはむ／「イレタマフ」 中43オ7
入(り)たまふ／「レリ」 中45オ2
爲たまふ／「タリト」 中45オ2
住(し)たまふ／「シタマフ」 中45オ7、中45ウ1
入れたまふ／「タマハン」 中46オ3
悟-入せ／「セ」令(め)たまふ／「シメタマハム」 中46ウ5
忍(ひ)たまふ／「(シ)ノヒタマヘリト」 中47オ1
觀たまふ／「シテ」 中47オ4
說(き)たまふ所 中48オ4、中84ウ7
言「-」說(し)たまふ／「スル」所「ロ」 中48ウ1
解ら／「サトラ」令めたまふ／「シメタマフ」 中48ウ2
謂(ひ)たまふ 中49オ1
爲(り)たまふ／「ナルコト」 中57オ6
授(け)たまふ／「ケタマフ」 中57ウ5
求したまふ／「メシ」 中72オ6
報コタヘたまふ／「タマフ」 中85ウ7
來(り)たまふ／「タマフ」 中86オ1
得たまふ／「タマヘリ」 中86オ6
生(し)たまふ／「ス」 中87オ5、下12ウ6
滅(し)たまふ／「ス」 中93ウ1
稱「-」讃(し)たまふ／「シタマフ」 中95オ6

婉「-」轉(し)たまふ／「セルコト」　中95ウ5
覺-悟(し)たまふ／「スレハ」　中96オ6
擁「-」護(し)たまふ／「シタマフ」　中96ウ4
入(り)たまふ／「タマフ」　中96ウ5、下11ウ5
度(し)たまふ／「ス」　下8ウ1
攝受(し)たまふ／「シタマフ」所「ロ」爲たらむ／「タラム」　下14ウ5
來「-」至(し)たまふ／「シタマフ」　下15オ3
當に／「ニ」現(し)たまふ「當」し(と)／「シト」　下16ウ4
授-記せむ／「シタマフ」　下16ウ7
問-訊(し)たまふ／「シタマフ」　下21ウ3
得「エ」令(め)たまふ　下21ウ6
攝「-」護(し)たまふ(ことを)／「シタマフ」　下34オ6
當「ニ」得「-」道する／「シタマフ」「當」「ヘキ」者もの／「モノ」　下43オ2
得「-」道する／「シタマフ」者もの／「モノ」　下43オ3
成(し)／「タマフ」　下43ウ6
成らむ佛に／「シタマフ」　下44オ2
遍(し)たまふ／「シタマヘリ」　下51オ3
現(し)たまふ／「シタマフ」　下51ウ1
說(き)たまふ／「ケリ」　下74オ6
作(り)たまふ／「ツクル」　下74ウ3
悅可(し)たまふ／「カシタマフ」　下84ウ2
闇クラ(ク)藏カクス／したまふ／「スル」　下97ウ3
行(き)たまへとも／「ユイタマフカ」　中38オ4
告(け)たまふか／「ケタマムシカ」如し／「シ」　中46オ1
念(し)たまふか／「ノ」故に／「ニ」　中73ウ5
告(け)たまふか／「マヘルカ」　中90オ5
觀見(し)たまふか／「シタマヘルカ」故に／「ニ」　下78オ2
利益「シ」たまふこと／「シタマフハ」　上62ウ3
留(り)たまふこと　上77オ2
勸(め)たまふこと／「ルコト」　上79オ3
行住坐臥したまふこと　中37ウ4
救(ひ)たまふこと／「タマフコトヲ」　中47オ3
失せ／「ウシナハ」令(む)ること／「シメタマフコト」　中47オ4
稱「-」讃(し)たまふこと／「シタマフコト」　中95オ6
銷「-」滅せ／「セ」令めたまふこと／「シメタマフコトモ」　下3オ2
說(き)たまふこと／「タマ」　下23オ1
住(し)たまふといつり／「シタマフコト」　下51オ4
勤「-」修(し)たまふこと／「スルコト」

下51オ7
稱(ひ)たまふこと／「カナヘリ」 下63オ7
說(き)たまふこと 下63オ7
供養したまふこと／「セムヨリハ」 下84ウ5
聞(く)こと／「キタマフコト」 下87オ6
說(き)たまふことは／「フコトハ」 上97オ7
布「-」施したまふことは／「セルヨ(「コト」の
誤か)ハ」 下14オ7
說(き)たまふことを／「フヲ」 上100オ2
說(き)たまふことを／「タマフヲ」 中78オ6
求(め)たまふしに／「ムルコト」 上71ウ6
侍(へた)まふて／「ツカヘ(タマフ)ニ」
上63ウ7
世を去(り)たまふて 下1ウ5
有したまふて／「テ」 下34オ6
出「-」現(し)たまふて／「シテ」 下51オ3
守「-」護せしむと／「タマフト」 上79ウ5
利益したまふと／「コト」 上83ウ5

施(訓)す／「コシタマフト」 中40オ7
見ナハス／「ミタマフト」 中41オ5
達(り)たまふと 中42オ5
同しと／クシタマフト／「シタマフト」
中49オ2
說(き)たまふと／「トイタマフト」 中84オ7
隨「-」喜(し)たまふと／「シタマハムト」
中87ウ5
成(し)たまふ(と)／「レリトイヘリ」
下24オ7
知ら／「ラ」令(め)たまふ(と)／「シメタマヘ
ルナリト」 下46オ5
說(き)たまふ(と)／「ヲ」聞く／「ク」
下74ウ1
置(き)たまふ(と)／「キタマフト」 下78オ3
超と／「コエシメタマフトイヘリ」 中31ウ6
生(した)まふといつり／「スト」 下11ウ7
讚「-」揚(し)たまふとも／「シタマフトモ」

上85ウ1
說(き)たまふとも／「マハムニ」 上102ウ4
歎ホ(め)たまふとも／「ホメタマフトモ」
中34オ3
演-「-」說(し)たまふとも／「タマヘトモ」
中51オ4
讚-揚(し)たまはむに／「タマフトモ」
中51ウ1
豈(に)…勸進(し)たまふに「シタマヘルニ」
非すや／「スヤ」 上81オ4
擲ナ(ケ)／「ナケ」過(ス)コシタマフニ／「ス
コイタマハムニ」 中39オ4
住(し)たまふに／「セムトスレハ」 中45ウ1
演-說(し)たまふに／「シタマフニ」
中49オ1
出(てたま)ふに 下8ウ1
修したまふ(に)／「シタマヘルニ」 下87オ6
欲(し)たまふには／テ／「オホシテ」

中48ウ1
照(し)たまふのみに／「タマフノミニ」非す／「ス」　中96ウ3
了(り)たまふも／「サトンタマヘリ」　中41ウ7
知(り)たまふらむと／「シンタマヘラムト」　中42オ5
觀「-」察(し)たまふ／「シタマフラム」　中47ウ5
照(し)たまふらむ／「ストイフコトヲ」　中96オ5
擁「-」護(し)たまふら(む)／「シタマフラム」　中96ウ6
來「-」入(し)たまふらむ／「シタマフラム」　中96ウ7
聞(き)たまふらむと　中42オ1
引「-」接(し)たまふらむと／「シタマフラムト」　中97オ4

出(て)たまへりしに／「テタマフ(への誤か)ルニ」　下19ウ3
濟-「-」拔したまふを／「シタマフヲ」　中26ウ4
放(ち)たまふを／「ツ」　中96オ5
轉「シタマフヲ」求「メハ」　下7ウ5
說(き)たまふを／「クヲ」　下63ウ3
說(き)たまへ／「タマヘ」　上69オ4
念(ひ)たまへ　上85ウ2
證明(し)たまへ／「シタマヘ」　中24ウ6
哀「-」愍し(た)マヘ／「シテ」　中66オ1
滅(し)たまへ／「シ」　中67オ5、中67オ6、中67オ7
滅(し)たまへ／「シタマヘトノコトク」　中67オ7
滅(し)たまへ／「セシメタマヘ」　中68オ4
勸め明(ら)めたまへ／(たて)まつる　中72ウ5

往生(せし)めたまへ　中97オ1、中97オ1
引「-」攝したまへ／「シタマヘトイヘリ」　中97ウ3
住(し)たまへる／「シタマヘ」　下14ウ5
聞(き)たまへて　中57ウ6
說(き)たまへと／「ヘト」　上91オ5
滅(し)たまへと／「シタマヘト」　中36ウ5、中96オ3
清淨なら／「ナラ」令(め)たまへと／「シメタマヘト」　中42ウ6
還したまへと／「ヘシタマヘト」　中43ウ2
得令(め)たまへと／「シメタマヘト」　中45ウ4
除-滅(し)たまへと／「タマヘリ」　中46ウ1
解「-」脫のみ／「セ」令はたたまへと／「シメタマヘト」　中66オ2
安「-」樂(し)たまへ(と)／「タマヘト」　中71ウ7

得「エ」令(め)たまへと／「シメタマヘリト」　中72ウ5
逮(およ)は／「タイセ」令(め)たまへと／「シメタマヘト」　中84ウ3
拔「-」濟(し)たまへと／「シタマヘト」　中93ウ3
往「-」生ひたまへ(と)／「セシメタマヘト」　中94オ5
得「エ」令(め)たまへ(と)／「シメタマヘト」　中96ウ2
來「-」迎して／「セシメタマヘト」　中97オ1
引「-」攝(し)たまへと／「シタマヘト」　中97ウ2
除(き)たまへと／「ソイタマヘト」　下22オ6
遠離せ／「セ」使めたまへと／「セシメタマヘト」　下31ウ2
行(き)たまへとも／「ユイタマフカ」　中38オ4

演-「-」說(し)たまふとも／「タマヘトモ」　中51オ4
知(り)たまふらむと／「シンタマヘラムト」　中42オ5
呵し(た)マフ／「シタマヘリ」　上41ウ6
演ふ／「ヘ(タマ)ヘリ」　上41ウ6
爲たまふ／「タマヘリ」　上44ウ7
處(ゐ)たまへり／「シタマヘリ」　上49ウ2
圍「-」繞(し)たまへり／「ス」　上65オ1
成(する)こと／「ナルコト」得たまへり／「ヘリ」　上72オ2
求(め)令(め)たまへり　上74オ1
證-成(し)たまへり／「ヘリトイヘリ」　上76ウ3
見み令めたまへり　上77オ6
轉「シテ」-生したまへり　上77ウ1
勸「ス、メ」讚(し)たまへり／「ホメタマヘルナリ」　上78ウ7

莊「-」嚴(し)たまへり／「セリ」　中2ウ6
坐して／「シタマヘリ」　中2ウ6
坐(し)たまへり／「タマヘリ」　中4ウ6
得「エタマヘリ」　中5オ3
得ぅ／「タマヘリ」　中5オ4
坐したまへるを／「シタマヘリ」　中14オ2
具(し)たまへり／「ス」　中19オ6
得たまへり／「エタマヘリ」　中37ウ5
究竟したまへり／「セリ」　中40ウ3
了(り)たまふも／「サトンタマヘリ」　中41ウ7
知「-」見(し)たまふ／「シタマヘリ」　中42ウ4
知り(た)まはむ／「シンタマヘリ」　中46オ4
知(りた)まはむ／「シ(リ)タマヘリ」　中46オ5
具「-」足(し)たまへり／「シテマヘリ」　中65ウ4

莊「-」嚴(し)たまへり／「シテ」　中66オ2
得す(「たまへ」の誤か)り／「エタマヘリ」　中67オ4
立(ち)たまはむ／「タンタマヘリ」　中77オ6
盡(き)たまへ(り)／「(ツ)キヌ」　中84ウ7
得たまふ／「タマヘリ」　中86オ6
坐(し)たまへへり／「シタマヘリ」　下20ウ5
出(てたま)へること／「(テ)タマヘリ」　下24ウ1
答(へ)たまへり／「ヘタマヘリ」　下37ウ5
成「-」就(し)たまへり／「セリ」　下51オ5
轉(し)たまへり／「シタマヘリ」　下51オ7
度(せ)む(とし)たまへり　下52オ5
出(て)たまへりしに／「テタマフ(への誤か)ルニ」　下19ウ3
知(り)たまふ／「シ(リ)タマヘリト」　中42オ3
明「-」達「シタマヘリト」　中42オ5

忍(ひ)たまふ／「(シ)ノヒタマヘリト」　中47オ1
立(ち)たまへりと／「タンタマヘリト」　中82オ6
勸(め)たまふと／「ス、メタマヘリト」　下7オ2
捨(て)たまへる／「ル」處　上72オ1
述(へ)たまへる／「ヘル」所　上74オ4
平「ナホク」-立(す)るに／「タンタマヘル」　中8ウ3
去(り)たまへと／「サンタマヘル」　中36ウ1
成佛(し)たまへる／「シタマヘル」者もの(を)／「モノ」　中71ウ6
成就(し)たまへ(る)／「セル」所　中95ウ7
說「(キ)タマヘル」所「ノ」如く／「シ」　下36ウ7
逗(し)たまへる／「シタマヘル」者を(と)／「ノヲ」　下62オ6

斷せるか／「シタマヘルカ」故に／「ニ」　中46オ1
言(ひ)たまへるか／「イフカ」　中49ウ2
告(け)たまふか／「マヘルカ」　中90オ5
受(け)たまはむ(か)「ケタマヘルカ」故に／「ニ」　下41ウ6
觀見(し)たまふか／「シタマヘルカ」故に／「ニ」　下78オ2
遍(し)たまへること／「セルコト」　上49ウ4
披「ヒ」-閲(す)ること／「エンシタマヘルコト」　上74オ3
留(め)たまへること／「コト」　上77オ3
具(し)たまへること／「シタマヘルコト」　中32オ3
去(り)たまへること／「レルコト」　中84オ6
出(て)たまへること／「ヘルコト」　下20ウ6
勸「ス、メ」讚(し)たまへり／「ホメタマヘルナリ」　上78ウ7

教(ゝ)たまふなりと／「ヘタマヘルナリ」　下63ウ6
豈(に)…勸進(し)たまふに「シタマヘルニ」非すや／「スヤ」　上81オ4
住して／「シタマヘルニ」　中45ウ1
出(て)たまゝりしに／「テタマフ(への誤か)ルニ」　下19ウ3
修したまふ(に)／「シタマヘルニ」　下87オ6
現(し)たまゝるを／「ス」　中5ウ6
成したまゝるを　中37ウ2
感することを／「シタマヘルヲ」　下44ウ3
成すれは／「タマヘルヲモテ」　下71ウ2
言(ひた)まへり／「マヘルヲヤ」〔乎〕
得テ／(タマ)ヒシ／「エタマムテ」　下34オ2
覺「?」悟して／「タマムテ」　中46オ2
放(ちたまひ)て／「タマンテ」　中96ウ1
成「-」道(し)たまひて／「シタマンテ」　上47ウ3

タマフ(賜)
〔賜〕36809
賜たまふ／「フ」〔當〕しと／「ヘシト」　下43オ5
賜(り)て／「タマンテ」　中43オ7
　　　　下31ウ2

タメ(爲)→タメニス、タメニハス、タメノユヱ、タメン
〔爲〕19686
の／「ノ」爲「ニ」　上3ウ6
鐵火「ノ」爲「ニ」燒か／「ヤカ」所る／「ル」　上4オ6
愛「-」羂の／「尺ノ」爲に／「ニ」　上9ウ4
欲「-」癡の爲に／「ニ」　上9ウ5
求(むる)か／「ムルカ」爲に／「ニ」　上21オ5、上21ウ5
求(むる)か／「トム(る)カ」爲に／「ニ」　上21ウ1
飢苦の／「ノ」爲に／「ニ」逼(なやま)さ／「セメ」所るて(ママ)／「サル、」　上22ウ2
「ノ」爲「ニ」逼「セメ」所「サ(「ラ」の誤)ル、ト」　上22ウ4
貪せしか／「スルカ」爲に／「ニ」　上24オ2
の／「ノ」爲に／「ニ」　上24ウ2、上39オ6、上40ウ4、上45ウ2
獦「レウ」「カリスル」者の／「ノ」爲に／「ニ」　上26オ7
漁-「キヨ」「スナトル」者の爲に／「ニ」　上26オ7
の／「ノ」爲に〔之〕　上26ウ6
「ノ」爲に／「ニ」〔之〕侵「-」害せ／「セ」所る／「ラレテ」　上27ウ1
爲に／「ニ」　上30ウ1、上45オ3、上68ウ1、上108ウ3
「ノ」〔之〕爲に／「ニ」啖「セフ」食せ／「セ」所る／「ラレ」　上32ウ4

の／「ノ」爲に／「ニ」呑ノマ「ノマ」所る／「レヌ」　上33ウ3
此「レ」-等「カ」爲に／「ニ」　上39オ7
存せむか／「セムカ」爲に／「ニ」　上39ウ6
子の／「ノ」爲に／「ニ」　上60オ1
作「ルカ」爲「ニ」　上64オ2
能く爲に／「ニ」　上64オ2
衆の／「ノ」爲に／「ニ」　上69ウ7
専にせむか／「セムカ」爲に／「ナリトモ」　上75ウ2
なるか爲に　上77ウ4
の／「ノ」爲に／「ニ」侵ヲカ(さ)／「ヲカサ」所るるに／「ルニ」似たり／「タリ」　上79ウ6
圓滿せむと／「セムト」欲ふか／「スルカ」爲に／「ニ」　上89オ6
我か／「カ」爲に／「ニ」　上91オ5
自「-」身の／「ノ」爲に／「ニ」　上105ウ4
己か／「カ」爲に／「ニ」　上106オ7
利益せむと／「セムト」欲ふか／「スルカ」爲に／「ニ」　上106ウ7
水の／「ノ」爲に漂よはさ／「タヨハサ」所れて／「サレルモノ(本のまま)」　上107オ3
此か／「カ」爲に／「ニ」　上107ウ3
汝等か／「チカ」爲に／「メニ」　中57ウ5
利せむか／「スルカ」爲(た)めに／「ニ」　中90ウ5
順するか／「スルカ」爲(た)め(に)／「ニ」　中90ウ5
善根(の)／「ノ」爲(に)／「(タ)メ」　中90ウ6
結縁(の)爲(に)／「(タ)メ」　中90ウ6

〔與〕30212
衆生の與(た)めに／「ト」　上76ウ7
衆生の與めに／「ト」　上77オ6
陀羅尼「ノ」人ノ與タメニ　中4オ4
魔王の／「ノ」與(た)めに／「タメニ」　中26ウ3
世の／「ヨノ」與た(め)に／「(タ)メニ」　中45オ2
善「キ」師の／「ノ」與ために／「タメニ」　中83ウ2
大衆「ノ」與「タメニ」　中94ウ7
金翅「(上)」鳥の／「ノ」與(た)めに／「タメニ」　下30ウ1
我か／「カ」與に／「タメニ」　下92オ2

タメニ(爲)
〔爲〕19686
爲に／「ニ」　上108ウ3

タメニス(爲)→タメニハス
〔爲〕19686
の／「ノ」爲にせ不して　上90オ1
の／「ノ」爲にせ／「ニシ(「シ」衍か)セ」不す／「シ」　上95ウ1
の／「ノ」爲にせむ／「ニセム」　上95ウ2

人の爲にせむか／「ニスルカ」故なり／「ナリ」　下6オ4
の／「ノ」爲にせむと／「ニセムト」　上95ウ2

タメニハス（爲）→タメニス
〔爲〕19686
自利の／「ノ」爲にはせ／「ニハセ」不「ス」　上107オ1

タメノユヱ（爲故）
〔爲故〕19686 13161
衆生の／「ノ」爲の／「メノ」故に／「ニ」　上72オ1
衆生の／「ノ」爲の／「ノ」故に／「ニ」　上73オ3
の／「ノ」爲の／「ノ」故に／「ニ」　上88ウ7
利せむか／「ムカ」爲(の)／「ニ」故に／「ニ」　上89ウ1
斷せむか／「ムカ」爲の／「メノ」故にせよ／
ニセヨ「」　上94オ1

離(れ)しめむか／「レシメムカ」爲の／「メノ」
故なり／「ナリ」　上97オ7
憐「-」愍せんか爲の／「メ」故に／「ニ」　中10ウ1
得(む)か／「エムカ」爲の／「メノ」故に／「ニ」　下77ウ4
欲するか／「スルカ」爲の／「メノ」故に／「ニ」　下91オ4
盈滿するか／「スルカ」爲の／「メノ」故に
(と)／「ニ」　下91オ6
利養の／「ノ」爲の／「メノ」故に／「ニ」　下95オ2

タメノユヱニス（爲故）
〔爲故〕19686 13161
具足せむか／「セムカ」爲の／「メノ」故にせ
よ／「ニセヨ」　上94オ1
を／「ニ(「ヲ」の誤か)」得むか／「エム」爲の／
「メノ」故にせよ／「ニセヨ」　上94オ2

を／「ヲ」得(む)か／「エムカ」爲の／「メノ」
故(に)せよ／「ニセヨ」　上94オ3
を／「ヲ」得(む)か／「ムカ」爲の／「メノ」故
(に)せよ／「ニセヨ」　上94オ4
除(か)むか／「カムカ」爲の／「メノ」故(に)
せよ／「ニセヨ」　上94オ4
坐「セムカ」爲の／「メノ」故にせよ／「ニセヨ」　上94オ2
斷せむか／「ムカ」爲の／「メノ」故にせよ／
「ニセヨ」　上94オ2

タメン（爲）→タメ
〔爲〕19686
成「ナリ」易「キカ」爲「タメンナリ」　上77ウ4

ダモ（助詞）→ダンモ
［補讀］
一分のみ／「タモ」　上18ウ6
眼をた(も)／「コニスラ」　上32オ1
不淨を／「ヲタモ」　上40ウ7

死（ぬる）ことをタモ／「トイハムニスラ」　上43ウ4

タモツ（保）

〔保〕00702
保《タモチ》／「タモチ」難し／「シト」　上33オ3

〔奉〕05894
奉れは／「タモテハ」　下30ウ3

〔持〕12019
持た／「（タ）モ（タ）」不は／「スハ」　中55ウ3
持（た）／「タモム（「タ」の誤か）」不（ら）むも／「サラム」　下90ウ7
持（た）／「タモム（タの誤か）」不らむ／「サラム」者も／「モノニオイテ」　下91オ1
持たは／「タモタハ」　中60ウ2
持たは／「スルモノハ」　下7ウ3
持（たも）たは／「スレハ」　下10ウ4
持（たも）たむ／「セル」并は　下5ウ2
持《タ》も（ち）て／「モンテ」　下1ウ7
持たも（ち）て／「テ」　下20ウ1
持たも（ち）て　下52オ2
持っ／「ル（「リ」の誤か）」　上65オ2
戒を持っ者を／「モノハ」　下93ウ4
持っに／「タモテハ」　中70オ3
持っに／「タモテハ」　中70オ3
持（たも）ては／「スレハ」　下6ウ2、下9オ3
支「サ、ヘ」-持せり／「シテ」「タモンテ」

〔有〕14332　上28オ4
有《タモテ》りき／「セリ」　中52オ5

タヤスク（易）

〔輒〕38336
輒く／「タヤスク」　中79ウ5、下63ウ7、下87オ6

タユ（絶）

〔斷〕13611
斷え／「セ」不すは／「レハ」　中35ウ3

〔絶〕27407
絶え／「エ」不さら／「サラ」令《シメ》よと／「シムトイヘリ」　中30オ6
絶《タエ》／「タエ」不ら／「サラ」令（む）れは　中30オ6
絶え／「タ、」不ら／「サラ」令めて／「シメテ」　下18オ6
絶え／「エ」不（れ）は／「ス」　下26ウ5
絶え／「タ、」不ら／「サラ」令（め）て／「メテ」　下40オ6
絶（え）たり／「エタリ」　中49ウ6
絶（えたり）／「エタリ」　中68オ1
將に／「二」絶（え）ナムトス／「タエヌ」　上35オ7
絶（ゆ）ること／「ルコト」莫れ／「マナ」　中89オ3

タヨリ（便）

〔便〕00659
便を／「タヨリヲ」 上32ウ4
便りを／「ヲ」 上101オ3
便を／「リヲ」 中75オ5、中75オ7、中75ウ5
便りを／「リヲ」 下15ウ2

タリ（爲）（助動詞・指定）
〔作〕00518
因と作ナれり／「タルヘシ」 下92オ2
〔爲〕19686
攝受（し）たまふ／「シタマフ」所「ロ」爲たらむ／「タラム」 下14ウ5
啀食「（せ）」所「ル、（トコロ）」爲「タリ」 上26ウ6
伴-侶と／「リヨ」爲ると／「タリ」 上37ウ2
怨「ノ（衍か）」爲たり／「タリ」 上41ウ4
賊（訓）爲たり／「タリ」 上41ウ5
爲たり／「タリ」 上56ウ5
母と爲したまふ／「タリ」 上62オ1
眷屬爲たり 中3ウ7
眷屬ト爲ナル／「タリ」 中4オ4
侍者（と）爲せり／「タリ」 中8オ5
第一「ト」爲たり／「ス」 中87オ3
其の／「レカ」勝「-」友と爲ならむ／「タリ」 下18ウ6
明道と爲たまふ／「タリト」 中45オ2
父か／「カ」緣覺爲たるを／「タルヲ」 上99ウ4
母か／「カ」羅漢爲たるを／「タルヲ」 上99ウ5
爲たり（「る」の誤か）を／「タルヲ」 下3ウ7
上首爲タレ 中9ウ1
［補讀］
狼藉「タリ」 上4オ4
依（去）タリ／「ナリ」 上83ウ4
洞然たる 上38オ7
妙香「タル」 上55オ6
悠（平）イウ〱たる／「トタル」 上82オ3
魏「-」〻たること／「ナルコト」 中14ウ3
赫奕たること 中17オ6
巍〻たること／「ナルコト」 中95ウ4
殊「-」特なりと／「トク」爲（し）たまひき／「タルコトヲ」 中36ウ3
朝（平）-宗（平）「ソウ」しぬ／「タラ（「ラ」は「ル」の誤か）ナリ」 上106ウ7

タリ（助動詞・完了）
［補讀］
過きたらむ／「タラム」 下4ウ4
得えは／「タラムハ」 下84ウ6
闕せるなりといへり／「カケタルナリト」 下43ウ1

タル（垂）（四段）
〔垂〕05012
垂り／「タリ」下た（り）て／「クタンテ」

上25オ4
垂れて／「タンテ」　中88ウ3

タル（足）（四段）
〔足〕37365
足ることを／「タヌルコトヲ」　上39ウ4
足ら／「アカ」未るに／「ルニ」　上34オ6
樂と／「ト」爲するに／「スルニ」足ら「タラ」未す／「ス」　上48オ3
足ら／「タラ」令め／「シメ」　下2オ1
爲するに／「ルニ」足ら／「タラス」未「ス」　下49オ1
足る（か）／「タシテ」如し　下78ウ1
足ることを／「タヌルコトヲ」　上39ウ4
知れ／「レ」足りぬと／「タン（此下「ヌ」脱か）ルコトヲ」　下89ウ7

タル（垂）（下二段）
〔低〕00504
低「タレ」　中18オ6
〔垂〕05012
垂れ／「タレ」　上52オ5
垂（れ）て／「レハ」　中68オ4
垂れて／「レテ」　上35ウ6、下31ウ1
垂れて／「タンテ」　中88ウ3
垂（れ）よ／「レヨ」［矣］　中90ウ6

タレ（誰）
〔誰〕35586
誰の／「ノ」「レカ」有智の／「ノ」者か／「ノカ」　上36ウ4
誰の／「レノ」人か／「カ」　上82オ5
誰の／「ノ」人か／「カ」　上93オ2

タレカ（誰）
〔誰〕35586
誰か／「カ」　上1オ3、上28ウ3、上34オ7、上35オ6、上41ウ3、上51オ2、上51オ3、上59ウ7、上66オ4、下28ウ4
誰か／「レカ」　上37オ2、上41ウ5、中40オ4、中47オ4
誰かは／「カ」　上81オ4
誰か／「カ」度す／「ス」可き／「キ」者もの（そ）／「モノ」　上96ウ7

ダンモ（助詞）→ダモ
［補讀］
順「-」忍たらむヲモ／「ヲ（タ）ンモ」　下72ウ1
順應を／「ヲタンモ」　下72ウ2

チ

チ（血）
〔血〕33964
血「チ」　上6オ4
血「フ（「チ」の誤か）」　上20ウ7
血を／「チヲ」　下94オ6

チカシ（近）

〔近〕38752
近ヵ、りき／「キ二」　下27ウ4、下27ウ4
近「キ」　中26ウ1
近きも／「(チカ)キンマレ」　中41ウ4
近くは／「クハ」　中53ウ3

チカヅク(近)

〔近〕38752
相ひ「ヒ」近(つき)て／「チカツイテ」　上6ウ5
近っ(き)て／「ツイテ」　下30オ5
近「チカツカ」不「サル」　上7オ4
近つき／「ツイテ」　下37ウ2
當「二」身に近く／「チカツク」〔當〕けむや／「ヘケムヤ」　上32オ2
近くか／「カツクカ」如く／「シ」　上33オ5
近(つき)て／「ツケル二」　上38ウ7

チカヒ(誓)

〔誓〕35514
誓を／「ヒヲ」　下25オ2

チカフ(誓)

〔誓〕35514
誓ひ／「チカヒ」　中80オ2

チカラ(力)

〔力〕02288
力は／「ラハ」　上10オ4
力「ラ」无し／「ナク」　上95ウ7
力ありと／「ラアリト」雖(も)　上108オ6
力の／「ラノ」　中20オ7
力「ラヲ」以「テ」　下3オ1
其の／「ノ」力「ラ」　下70オ5
深き／「キ」觀念の／「ノ」力「ラ」　下70ウ5
其ノ力「ラ」　下94ウ1

チチ(父)

〔邪〕39319
邪「チ、」　中26オ7

チナビニ(因)

〔因〕04693
因(ち)なひに／「チナヒ二」　下33ウ7
論の因ひに　下94オ2

チナミニ(因)→チナビニ

チノミチ(脈)

〔脉〕29421-01
細《ソキ》／「ホソキ」脉《チノミチ》を／「チノミチ」以「テ」　上28オ4
脉《チノミチ》あり　上28ウ5
筋「コン」／「スチ」脉「チノミチ」　上45ウ6

チヒサシ(小)

〔小〕07473
小《チヒサキ》／「ヒサキ」者ものは　中1ウ3
小(さ)き／「チヒサキ」石を／「イシヲ」　下66オ6
小(さ)き／「サキ」石「シ」／の　下66ウ3
小さし／「チヒサシ」　上29ウ5
小さし／「スクナシ」　下67オ1

小チヒサシ／「ト」雖(も)／「モ」　下70オ3
〔少〕07475
少さし／「シト」雖(も)／「モ」　下70オ7

チラス(散)
〔散〕13265
散し／「シ」　上54ウ1
吹「フキ」-散して／「シシ(「テ」の誤か)」　上56オ5
散し(て)／「シテ」　中88ウ5
散し／「シテ」　中88ウ7
散「チラスカ」如「シ」　上3ウ7
逬(去)「ヒヤウ」-「トハシリ」-「-」散す／「ス」
「チラスコト」　上16ウ5

チリ(塵)
〔塵〕05388
塵と／「リト」　中37オ2
塵と／「(チ)リト」　中87オ5
塵と／「リト」爲なして／「ナシ」　下4ウ5
塵を／「リヲ」　下4ウ5

ツ

ツ(助動詞)
［補讀］
飲(み)つ／「ツ」可し／「シ」　上12ウ3
見っ／「ッ」可「ヘシ」　上33オ1
憐-愍しつ／「シツ」　上35オ6
斷つ／「タチツ」　上35ウ1
辭(平)しつ／「シツ」　上35ウ2
絶つ／「チツ」　上35ウ5
具せり／「シツ」　上38オ4
見「ミ」つ可「シ」　上42オ7
誡イマシメつ／「イマシメテキ」　上43ウ7
起れり／(り)つ／「コレリ」　上44オ2
得え／「ツ」　上48ウ5
ことを得っ　上50オ2
有「ラ」未「ルコト」得「ツ」　上50オ2
引接す／「シツ」　上60オ5
教-誡示-導す／「シツ」　上60ウ1
隨「-」順して／「シツ」　上61ウ2
聞(く)こと／「クコト」得「ツ」　上69ウ3
見たてまつる／「ツ」　上83オ4
見っ可(し)　上94オ7
折(「析」の誤か)(入か)尺反-滅し／(つ)「シツ」　上101オ2
算〻つ／「ヘツ」可し　上102ウ6
量(り)つ／「ハカリツ」可し／「シ」　上102ウ6
見っ可し　上110オ1
見る／「ツ」　中19オ2
當「ニ」見っ／「ツ」［當］しと／「シ」　中19ウ4
明しつ／「ス」　中21オ3
攝(め)盡しつ／「シツト」　中28ウ6
得るに／「ツ」　中30オ7
言(ひ)つ／「イフト」　中36オ3

滅す／「シツ」　中37オ2
發(す)と／「シツ」　中49オ5
發(し)きと／「シツ」　中49オ6
持-／「モチ」得しつ／「エツ」　中60ウ3
除コる／「ノソイツ」　中68ウ7
美「-」食を／「ヲ」得っ／「ツ」　中85オ7
失ふ／「ツ」　中87ウ6
廻「-」向せり／「シツ」　中95オ1
作「ナシツ」　中99オ1
作ならむ／「ナシツ」　中99オ1
鳧「フ」雁「(去)」と／「ト」爲ならむ／「シツ」　中99オ2
見て／「ツ」　下26オ4
得てき／「ツ」　下27オ3、下30オ3
閉(ち)きと／「チツ」　下30オ2
捨(つ)るに／「テツ」　下68オ4
置(き)つ／「オケリ」　下81ウ5
呑(み)つ／「ノムツ」　下82オ1

藏(か)く(しつ)／「カクシツ」　下82オ6
破-「-」壞(し)っと／「シット」爲すと／「ス」　中70オ5
見たてまつると／「ツト」爲「ス」　下7ウ2
供養しっと／「スト」爲す／「ス」　下84オ4
驚き／「オトロキ」叫サケふと／「ムツル」　上44オ1
發(し)つる／「オコス」耳のみ／「ノミト」　上44ウ3
發(し)つる／「テ」後「ノ(チ)」には　上95ウ2
發(し)つる／「シツル」後には／「ニハ」　上95ウ4
說(き)つる／「ク」所の／「ノ」　中20ウ2
得つる／「ウレハ」者は　中81ウ4
攝することを／「ヲサメツイ(「ル」の誤か)」爲す／「ス」　下9ウ1
ゝ(見)る／「ツル」者は／「ノハ」　下16ウ5
得た(る)／「ツル」者ものは／「ノハ」

論するか／「シツルカ」　下82ウ3
殖(ゑ)つるは／「ヱツレハ」　中24ウ1
結(ふ)も／「ムス(ヒ)ツルモ」　下10オ2
捐「エン」捨して／「シツレハ」　下41ウ1
聞カイツレは／「ユレハ」　上31オ4
證(し)つれは／「シヨウスレハ」　上31ウ6
起セトモ／「ヲコシツレハ」　上31ウ7
發(し)つれは／「セハ」　上39オ7
穿ホツレハ／「セン」「ホツレハ」　上86ウ1
得つれは／「ツレハ」　上95ウ3
得れとも／「ツレハ」　上97オ1、下77ウ7、下78オ5
生して／「ツレハ」　上97オ2
發さは／「ツレハ」　上97オ3
著「オイツレハ」　上98ウ5
起(さ)は／「コシツレハ」　上100ウ6
を／「ヲ」得つれは／「ツレハ」　上101オ1

上101オ3、上101オ6
を／「ヲ」得つれは／「レハ」 上101オ4
瓔珞しつれは 上101オ6
發せは／「シツレハ」 上101ウ4
薫しつれは／「セラム」 上102オ3
誓-願すれは／「シツレハ」 上104ウ1
發して／「ツレハ」 上108ウ6
見(む)と／「ツレハ」 中19ウ3
發(し)つれは 中22オ3
說(き)つれ(は)／「ケハ」 中28ウ6
成「-」就して／「シツレハ」 中45オ4
懺「-」悔しつれは／「スレハ」 中70ウ2
犯(を)かし／「シツレハ」 中70ウ2
得て／「ツレハ」 中77オ5
積メルは／「ツムツレハ」 中90オ5
燒(き)つれは 下12オ6
通達して／「シツレハ」 下60オ2
殺しつれは／「シツレハ」 下66オ5
瓔珞すれは／「トシツレハ」 下70オ2
寄すれは／「イレツレハ」／「ノセツレハ」 下70オ3
闕(し)つれは／「シツレハ」 下73ウ3
得つれは 下75オ2
得つれは／「ウレハ」 下76オ3
修するは／「シツレハ」 下76ウ3
種(ゐ)つれは／「ヱテハ」 下76ウ7
修するは／「ツレハ」 下77オ4
種(ゐ)つれは／「ウヱツレハ」 下77ウ1
聞(き)つれは／「ツレハ」 下87ウ5
作(り)てき／レリ／「レリ」 上16オ3
誡イマシメつ／「イマシメテキ」 上44オ1
得き／「テキ」 中36ウ2
失(ひ)ては／「テムトスルニ」 上34ウ2
こと／「コト」得ては／「テハ」 上61ウ1
病ひし／「ヤマヒシテマシ」 中89オ1
病(ひ)せ／「セ」不らむに／「スシテマシ」
死せ／「セシ」令しむ／「シメテム」 中89オ1
燒(き)てむ／「テム」 上10オ4
「ヲ」得よ／「テム」 上11オ2
得む／「テム」 上41オ7
成せむ／「ナシテム」 上63ウ5
受けむ／「ケテム」 上69オ7
見たてまつること／「ツルコト」得てむ 上71オ2
阿耨菩提「ヲ」得「テム」 上77オ5
受く／「(ケ)テム」 上84ウ6
受(け)てむ／「テム」 上99オ5
報してむ／「シテム」 上99オ7
増長すること／「スルコト」得て(む)と／「テ
ム」 上99ウ2
得と／「テム」 上110オ1
得「テム」 中28オ7
成(り)なむ／「シテム」 中29オ3
中34オ3

結ゝ／「フ」／「テム」　中53ウ4
生さ／「ナサ」令メテム／「シメテム」　中60ウ1
助-成し／「シテム」　中60ウ2
滅す／「シテム」　中62オ1、下75ウ5
狂-亂す／「シテム」　中63ウ4
生せ／「セ」令む／(シ)ム／「シメテム」　中64ウ6
除(き)てむ／「ク」　中67ウ1
得(む)と／「テムト」　中78オ4
當「ニ」得てむ／「エテム」　下26ウ5
増す／「シテム」　下80オ2
還したまはむ(と)／「ヘシタマヒテムト」　中43ウ3
得むと／「エテムト」　中45オ4
著アラハサム／「イテムト」　中79ウ7
排ハラフテムト／「ヒ」　下13ウ1
失(ひ)ては／「テムトスルニ」　上34ウ2

屛てむや／「カクセテミナラムヤ(存疑)」　上43ウ5
放「-」捨せ見れて(よ)／「(ム)コト(ヲ)」　上9オ5
得シメてよ／「ムト」　上81オ3

ツイヅ(序)
〔尋〕07447
尋ツイて／「テ、」　上41オ1
〔次〕15992
相「ヒ」次テ(たり)／「ツイ」「テタリ」　上54オ5

ツイデ(次)
〔尋〕07447
尋ツイて／「テ、」　上41オ1
尋ツイて／「テ」　中64オ5
尋ついて／「ツイテ」　中99オ3
尋ツイて／「イテ」　下25オ4
尋ッ(い)て／「イテ」生せむ／「セムト」　下33ウ3
〔次〕15992
次に／「テ」　上21オ7
禮拜(の)／「ノ」次(て)に／「テニ」　中71オ7
次ての／「テノ」如し／「シ」　下14オ2
次ての／「テノ」如く／「ク」　下54オ1
次ての／「テ」如く／「ク」　下89オ6

ツイバム(啄)
〔啄〕03801
探タム反／ツキ／「サクリ」啄タク反／ハム／「ツイハンテ」　上22オ1

ツカ(塚)
〔塚〕05345
塚の／「ツカノ」間に／「ニ」　上24ウ7
〔墳〕05488
墳ツカノ／「フン」下(も)トノ／「カノ」　下69オ4

ツカサドル(司)

〔典主〕01474 00100
典-主して／ツカサトリ　上25オ1
〔司〕03257
司ツカサトテ　上43ウ6
ツカヌ（束）
〔束〕14480
束「ツカネ」「-」縛「シハリ」　上5ウ2
體「ヲ」束「ツカネ」　中72ウ3
ツカハス（遣）
〔遣〕39052
遣はして／「シテ」　上79ウ4
遣して　中9ウ6
遣して／「シテ」　中100ウ2
ツカヒ（使）
〔使〕00573
使を／「ヒヲシテ」　下31ウ1
ツガヒ（番）→ヒトツガヒ
〔雙〕42116
一ノ「-」雙（ヒ）トツカヒノ／「ノ」　下66ウ6
ツカフ（仕）
〔事〕00241
事ツかふ／「カフ」　上76オ4
事ツカヘシ　上44オ2
〔侍〕00589
侍（へた）まふて／「ツカヘ（タマフ）ニ」　上63ウ6
〔奉〕05894
奉ふるか／「ツカフルカ」如くせよ／「クセヨ」　中83オ5
ツカマツル（仕）→ツカムマツル
〔事〕00241
承シタカヒ事ツカマツラム　中83オ4
〔奉〕05894
奉ツカマツらむと／「ラムト」　中54ウ4
ツカム（摑）
〔樝〕15217-01
樝者反／トリ／「ツカム」掣して／ヒキテ／「シテ」　上21ウ3
〔爴〕19704
爴ツカミ裂サク　上2オ3
〔齧〕48651
齧カミ／「ツ（かみ）」食ふ／「クラフ」　上19ウ4
ツカムマツル（仕）→ツカマツル
〔事〕00241
事（へ）まつる／「ツ（カ）マムルツ」（「ツ（カ）ムマツル」の誤）　下53オ1
ツカラカス（勞）
〔勞〕02410
勞ツカラカシテ／「イタハシクシテ」　上59ウ5
ツカル（疲）
〔迷〕38825
迷ひ／「ヒ」「ツカル」　上48ウ6

ツキ（月）
〔月〕14330
月の／「キノ」　中78ウ4
ツギ（次）
〔次〕15992
次に　上21オ4
次に／「テ」　上21オ7
次「キニ」　中8ウ3
次の／「キノ」　中81ウ3、中93ウ4
ツク（付）（四段）
〔卽〕02872
事に／「ニ」卽して／「ツイテ」　中88ウ1
〔就〕07599
就けて／「ツイテ」以て　中43オ2
〔約〕27242
約して／「ツイテ」　下49オ7、下55オ7
理に／「ニ」約して／「ツイテ」　下52ウ6
ツク（突）（四段）
〔探〕12276
探タム反／ツキ／「サクリ」啄タク反／ハム／「ツイハンテ」　上22オ1
〔楗〕15136
楗ツクヲ／「ケン」　下27ウ5
〔檮〕15713
檮つく／「ツク」　上6オ6
〔舂〕30195
舂「ツ」くと雖「モ」　上59ウ3
ツク（築）（四段）
〔築〕26298
築ツイテ　上11ウ4
打ち／「チ」築ツク／「ツク」　上2オ5
ツク（付）（下二段）
〔付〕00373
付く／「ク」　上81オ3
寄よせ／「キ」付く／「ス」　下92ウ1
寄せ付く／「ス」　下92ウ2
〔就〕07599
就けて／「ツイテ」以て　中43オ2
就けて／「テ」　中43ウ3
〔注〕17316
意ヲ注ツクルコト　下1ウ1
意に注ツケテ　中67ウ3
〔著〕31410
送り／「リ」著つけ／「ツケタマフ」　中31ウ3
著けて／「オイテ」　中39オ4
著けて／「ケテ」　中72ウ4
ツク（盡）（上二段）
〔盡〕23029
盡「キ」未るときには／「キタ（「サ」の誤か）ル」　上22ウ7
盡「キ」不す／「ス」　上38オ6
盡き／「ツク（「キ」の誤か）」不らむに／「サルコト」　上80オ2
盡さ／「ツキ」不し（と）／「シト」　中34オ4

盡き/「ツキ」未して/「スシテ」　中57オ3
盡き/「キ」　中86ウ1
劫「-」盡き　下5ウ2
盡「キ」竟(ふ)る「ヲフ」可(から)/「ヘ」不「ス」　下7オ6
盡き/「ツキ」未(る)なり/「サルナリ」　下86ウ6
盡『キテ』(消)」　上2オ4
盡(き)て/「キテ」　下19ウ1
劫「-」盡きて/「二」　下82ウ6
焚け/「ヤケ」盡(き)なむ/「キナム」　上12オ2
消(え)/「キエ」盡(き)なむ/「キナム」　上18ウ3
燒(け)/「ケ」盡しぬ「キヌ」　上12ウ4
盡(き)て/「キヌ」　上30ウ4
盡(き)ぬ/「キヌ」　上41オ3、上42オ5
盡き/「(ツ)キヌ」　中84ウ6

盡(き)たまゝ(り)/「(ツ)キヌ」　中84ウ7
盡(き)にき/「ツキヌ」　下28オ1
盡(き)ぬと/「キヌト」雖「モ」　上38オ6
盡(く)るか/「キムカ」如(し)/「キ」　下68オ7
盡く/「シテ」　中86ウ1、下7ウ4
盡(く)る/「クル」時「トキ」に　上47オ6
盡(く)る/「ツ(ク)ル」時「トキ」に　上47オ6
盡(くる)こと/「ルコト」能「ハ」不し/「シ」　上85ウ1
盡(く)ること/「ルコト」　中23オ1
盡(くる)こと/「クルコト」　中51ウ2
報「(イ)」盡「ツクルヲ」　中26ウ5
盡(く)るを/「クルヲ」　中93ウ4

〔竭〕25803
枯「カレ」竭せり/「ツキル(ママ)」　上24ウ6

ツグ(次)(四段)

〔尋〕07447
尋いて/「ツイテ」　上2オ6

〔次〕15992
次イて　上20ウ7
相ひ/「ヒ」次(き)て/「イテ」　中3オ3、中29ウ5
相ひ/「ヒ」次けること/「ツイテ」　中11ウ4
相ひ/「ヒ」次いて/「ツケリ」　中12オ5
相ひ/「ヒ」次(き)て/「ケリ」　中4ウ5
相ひ/「ヒ」次いて/「ツケリ」　中12オ5
相ひ/「ヒ」次けること/「ツイテ」　中11ウ4

〔繼〕27997
相ひ/「ヒ」繼(き)て/「ツイテ」　中30オ3
相ひ繼ツイて/「イテ」　中84オ3

〔續〕28037
相「ヒ」續して/「ツイテ」　中26ウ6

ツグ(告)(下二段)→ツグラク、ツゲタマハク、ツゲラク

〔告〕03381

告く／「ク」　下85オ5
告く(る)を／「ツクルヲ」　下46ウ4
告ケラク／「ツク」　下82オ4
告け／「ケ」已るに／「ヌレハ」　中64オ4
告(け)たまふか／「ケタマムシカ」如し／「シ」　中46オ1
告けて／「ケテ」言く／「ハク」　上69オ5
告(け)て／「ケテ」　下26ウ5
告けよ／「ケヨ」　中64オ2、下20ウ1
告けよ／「ヨ」　下1ウ7

ツクス(盡)

〔盡〕23029
盡さ不し　上63オ7
盡さ／「ツキ」不し(と)／「シト」　中34オ4
攝(め)盡しつ／「シツト」　中28ウ6
盡く／「クシテ」　上60ウ5
盡して／「コト(く)ク」　上60ウ7
盡(く)して／「クシテ」　中32オ5
燒(け)／「ケ」盡しぬ「キヌ」　上12ウ4
說き／「キ」盡す／「ス」可(から)「ラ」不す／「ス」　上18ウ7
盡す／「ス」　上86オ7
盡す／「ス」可(から)不「ルカ」故に　中35オ6
窮め盡す／「ス」　中51オ4
盡す／「ツク」可(から)不(る)か／「サルカ」　中51ウ1
當「ニ」…盡す／「クス」〔當〕(しと)／「シト」　下29オ2
盡クす／「ツク」可(から)／「ヘ」不「ス」　下96オ5
盡(す)「スコト」能(は)不し／「シ」　上46ウ6
盡(す)こと／「スコト」莫けむ／「ナケム」　上63オ3
盡(す)こと／「スコト」　上102ウ4、中35ウ5
盡(す)まて／「クスマテ」　中48オ2
盡(す)までに／「クスマテニ」　下10ウ2
燒き／「ケ」盡せは／「ツクセハ」　上8ウ7
盡せり者といふは　中84ウ7

ツクノフ(償)

〔償〕01245
償ツクノフて／「ツクノフテ」　中71ウ4
償ツクノハ不る／「ル」者もの　上27オ4

ツグラク(告)

〔告〕03381
告(く)らく／「ツク」　上37オ5

ツクル(作)

〔作〕00518
作ら／「ラ」者は／「ハ」　下44ウ2
作らむ／「ス」　中20ウ2
作つ(く)らむ／「オコサム」　中41ウ3
作らむことを　上92オ1
作らむとイヒ　下52オ5
作「ツクラムヤ」　上92オ1
作り／「ツクラムヲ」　下93オ4

作り／「クリ」　上58オ4
作し／「クリ」　上58ウ2
作り／「ナシ」　上71オ3
作り／「リ」　下2オ1、下2ウ1、下40オ3
作なし／「リ」　下2ウ2
作リ／「レリ」　下39ウ3
作(り)て／「ツクリ」　下66オ1
作り／「ツクラムヲ」　下93オ4
作く(り)て／「イ(「ク」の誤か)ンテ」　上70オ6
作くる／「ル」　上77ウ3
作(し)たまふ／「ツ(ク)ル」　中10オ4
作レり／「ツクル」　中20ウ1
作る／「ル」[當]しと／「シト」　中22ウ1
作くり／「ツクル」　下56オ7
作(り)たまふ／「ツクル」　下74ウ3
作(つ)くる／「クル」　下78ウ7
作るか如き　上109オ5

作(る)こと／「ルコト」　下66オ4
作ることも／「レルモ」　下67オ2
佛を作くると　下13オ1
作れ／「セ」　中15オ6
作(つ)くれとも／「オコセトモ」　中64オ7
作(り)てき／レリ／「レリ」　上16オ3
作レり／「ツクル」　中20ウ1
作リ／「レリ」　下39ウ3
作「ツクレル」所「ロノ」　上14ウ7
作れる／「セラム」者ものは／「モノ」　中97ウ7
作(り)て／「レルコトハ」　上9ウ5
作レル(の)ミなら／「クレルナラ」不す／「ス」　下86オ5
作(り)て／「クレルハ」　下66ウ7
作(り)て／「レルハ」　下67オ1
作れとも／「レルハ」　下67オ3
作(り)て／「レルモノ」　下57ウ3

作なせるなり／「クレルモノナリ」　下86ウ5
作(し)て／「ツクンテ」　上52オ6
作く(り)て／「イ(「ク」の誤か)ンテ」　上70オ6
〔爲〕19686
禮を／「ヲ」爲(つ)くる／「ナス」　上83オ5
爲(つ)くること／「スルコト」　下48オ7
爲ツくること／「ナスコト」　下48ウ2
爲せり／「ツクレリ」／「ス」　中88オ5
〔畢〕21829
畢ツクルを／フルヲ／「ヲフルヲ」　下55ウ7
〔製〕34380
製せりトイフ／「ツクル」　中32ウ5
〔造〕38898
造ら／「ラ」不「ス」　下39オ5
造ら不る／「サル」人は／「ハ」　下73ウ2
造り／「クリ」　上19オ2
造り／「テ」　中99オ7

造り／「リ」　下73オ6
造り　下97オ2
造る／「ル」　上105ウ7
罪を／「ノ」造る　下67ウ5
造(る)こと／「ルコト」莫れ／「マナ」　上39オ6
造(る)こと／「ルコト」　上103オ5
造ること／「ルコト」　下83ウ7
造ると／「クルト」　下40ウ3
造るときには／「レルハ」　上39ウ1
造れ(る)／「レラム」　中98ウ1
造れりと／「レリト」　中99ウ2
造「レル」所「ロノ」　上22ウ6
造れる／「レル」者は／「モノハ」　下73オ6
造れる／「レル」人は／「ハ」　下73ウ3
造るときには／「レルハ」　上39ウ1
造れる(もの)／「レルモノ」　下71ウ3
造れる(ものは)／「レルモノハ」　下73オ7
造れる(もの)は／「レルモノハ」　下73オ7
造れるを／「レルモノモ」　上80オ3
造れるは／「レルモノヲハ」　中70ウ3

ツクロフ(繕)
〔治〕17256
染(上)ソメ／「ソメ」-治「フ」／ツクロヒ／「ツクロヒ」　上56オ2

ツゲタマハク(告)
〔告〕03381
告ハク／「ハク」　中97ウ6
告はく／「ハク」　下7オ5

ツゲラク(告)
〔告〕03381
告ケラク／「ツク」　下82オ4

ツジム(疹)
〔疹〕22292
青「-」疹に／ツシミ／「ヲナリ」　上31オ5

ツタフ(傳)
〔傳〕01019
傳ふる／「ル」所　上80ウ1
相ひ／「ヒ」傳(へ)て／「ヘテ」　下42ウ5

ツチ(土)
〔土〕04867
土の／「チノ」如し／「シト」　上38オ2
土の／「ツチノ」如し／「シ」　上38オ2
〔地〕04890
地に／「ツチニ」　上20オ6

ツチクレ(塊)
〔塊〕05319
塊ツチクレを／「ツチクレヲ」　上43オ1

ツツ(筒)
〔筒〕26004
筒ッ、の／「ツノ」　中4ウ2
瑠璃の／「ノ」筒ッ、の如「シ」　中7オ2
瑠璃の／「ノ」筒ッ、の／「ッ、ノ」　中10オ1

ツツシム(愼)

〔恭〕10596
恭ッ、シムテ／カシコマテ／「キヤマムテ」　下27ウ6
〔愼〕11024
愼ッ、シムて／「テ」　上101ウ4
謹ミ愼ムテ　中89ウ4
愼(み)て／「ツ、シムテ」　下26ウ5
〔謹〕35900
謹ミ愼ムテ　中89ウ4

ツヅミ(鼓)
〔鼓〕48330
鼓と／「ツ、ミト」　上27オ7
鼓(つつ)みと　中64オ2
鼓の／「ミノ」鼙を／「ヲ」　下76オ3

ツツム(包)
〔裹〕34294
裹ウチニ／「ツ、メリ」　上28ウ2
〔裹〕34372
相ひ／「ヒ」裹ッ、ミ覆(ひ)て／「ホヘリ」　上45ウ6
纏まつひ／「マトヒ」裹むて／「ツ、ムテ」　下81ウ5
裹ッ、メリ　上28ウ7
裹めり／「ツ、メルコト」　上31オ1
裹めり／「ツ、メルコト」　上31オ1

ツトム(努)
〔勑〕02317
勑「ク」／「ツトメ」-勞「(去)」す／「ラウスル」／「イタハシ」　下98ウ2
〔勤〕02424
勤(む)るに／「ムルコト」　下51ウ2
勤め／「メ」不るは／「サレハ」　下81オ3
勤(め)て／「メテ」　上45ウ4、下20オ7
勤めて　上96オ3

ツナグ(繫)
〔繫〕27940
繫ツナキ難く／「ク」　中62オ3

ツネ(常)
〔常〕08955
常に／「二」　上2オ2、上3オ4、上5ウ6、上15オ4、上19オ7、上20オ2、上23ウ3、上24ウ7、上25オ6、上25ウ3、上26ウ2、上27ウ1、上28ウ6、上30オ1、上30オ1、上32オ4、上33ウ4、上35オ5、上36ウ5、上36ウ6、上37オ4、上37オ4、上37ウ4、上40オ7、上44ウ6、上45オ6、上45ウ7、上46オ2、上46オ2、上46オ5、上46ウ1、上46ウ2、上46ウ3、上50オ7、上52オ6、上61ウ2、上62ウ2、上64オ7、上64ウ1、上64ウ7、上66オ4、上66ウ3、上67オ5、上68ウ3、上70オ2、上71オ7、上71オ7、上72ウ1、上72ウ1、上72ウ6、上79ウ2、上79ウ4、上83ウ5、上84ウ7、上91ウ1、上94オ7、上94ウ7、上95オ2、上98オ4、

上103オ7、上103オ7、中5ウ7、中6オ3、
中6オ7、中7オ6、中26オ4、中27オ1、
中27オ3、中27ウ5、中45ウ6、中46オ6、
中47ウ2、中47ウ4、中48ウ6、中54オ7、
中54ウ6、中57ウ1、中58オ3、中59ウ2、
中60オ3、中65オ3、中66ウ2、中71オ5、
中73ウ7、中75オ4、中76オ3、中77オ2、
中77ウ5、中80オ7、中82ウ6、中82ウ7、
中83ウ2、中83ウ7、中84オ7、中87オ3、
中87ウ3、中92オ2、中96オ4、中96ウ4、
中97オ2、下32オ1、下83オ2、下83オ3、
下84ウ5、下85オ5、下87ウ2、下87ウ3、
下96オ2

常「ニ」　上4オ3、上4オ6、上72ウ2、
上98オ5、中56オ7、中60オ6、中61オ1、
中78オ4

常に　上26オ6、上41ウ6、上63オ3、
上68ウ3、上85ウ2、中59ウ1

何(に)況「ヤ」常に／「ニ」讃(する)をや／「ヲヤ」　上86オ2

常に／「ニ」學して／「マナヒ」　上96オ4

常「ニモ」　中49ウ4

常「ナラ」非「サルコトヲ」　下26ウ2

〔恒〕10527

恒に／「ニ」　上46オ2、上61ウ3、上62オ5、
上106オ5、中8オ7、中25ウ5、中26オ4、
中26ウ3、中26ウ6、中56オ1、中60ウ5、
下31ウ5

恒「ニ」　上67オ5

恒に　上71オ2

〔恒常〕10527 08955

恒常に／「ニ」　上13オ4

〔毎〕16725

毎つ(ね)に／「ツネニ」　上44オ7

ツノ(角)

〔角〕35003

角「ツノ」　上16ウ7

ツハキ(唾)

〔唾〕03785

唾《ツハキ》　上46オ2

ツハキハク(唾)

〔唾〕03785

唾《ツハキハカム》／する／「ツハキハクヘキ」　上99オ1

唾《ツハキハカム》／する／「ツハキハクヘキ」　上99オ1

ツバヒラカ(審)

〔審〕07316

審かに／「ツハヒラカニ」　上27ウ3

ツヒニ(遂)

〔了〕00226

了(つ)ひに／「ツヒニ」　中85オ2

了《ツヒ》に／「ニ」　下26オ3

〔畢〕21829

畢ひに／「ツヒニ」　上99ウ2
畢ひに／「カナラス」　上104ウ2
〔竟〕25757
竟ひに／「ツヒニ」　上22ウ2
〔終〕27372
終ひに／「ヒニ」　上33オ6、上36オ6、上98オ6、中58オ3
終に／「ツヒニ」　上34オ3
終に／「ヒニ」　上59オ1、上108ウ4、中25ウ5、中34オ4、中48オ4、中53オ5、中59ウ2、中60オ2、中83オ5、中83オ7、下5ウ7、下6オ5、下8オ3、下11オ5、下54ウ6
終に／「二」　上59オ7、上92オ4、上93オ6、上101ウ4、下88オ7
終ひに／「二」　上81ウ6
終に／「(ツ)ヒニ」　中74オ1、中95オ7
終ひ／「ヒニ」　下37オ3
終には／「ツヒニハ」　下57オ5
〔終竟〕27372 25757
終-竟(つ)ひに　中83ウ2、中83ウ3、中83ウ4
〔遂〕38985
遂ひに／「ツヒニ」　上21ウ1、上21ウ5、上31ウ2、上44オ3
遂に／「ヒニ」　上38オ6、上44ウ3、中30ウ1、中30ウ5、中49オ6、下13ウ1、下13ウ3、下41ウ7、下41ウ7、下63ウ4、下68オ4、下78オ3、下78ウ2
遂ひに／「ヒニ」　上43ウ3、上95ウ4
遂に／「二」　上44オ4、上95ウ5
ツヒユ（潰）
〔弊〕09644
弊ツヒエ／「オホノテ」　上36ウ2
ツブサニ（具）→ツブサニス
〔備〕00967
備さに／「ツ(フ)サニ」　上44オ5
〔具〕01473
具に／「サニ」　上2ウ2、上3ウ3、上49オ7、中32ウ4、下44ウ3、下45ウ2、下65オ5
具に／「二」　上8オ6、上13ウ1、上13ウ2、上23オ3、上35オ1、上41ウ6、上78オ5、上84ウ2、上100ウ1、上107ウ4、中4ウ4、中95オ5、下60オ6、下61ウ5、下75オ4、下87オ5、下88オ6
具に／「ハ」　上95ウ6
具に　上102ウ4、中27ウ4
具(さ)に／「二」　中59オ4、下71ウ2
具に／「(ツフ)サニ」　中76オ4
具(さ)には／「二ハ」　下71ウ3
具に(は)／「ハ」　下75ウ7
具には／「ハ」　下89ウ7
具に／「セラム」　下93ウ4

ツブサニス(具)

〔具〕01473

具して／「ニシテ」　上109オ1

具すること／「サニスルコト」　中28ウ3

ツブフシ(踝)

〔跟〕37491

跟ツフ、シ　中11オ5

跟に／「ツフ、シ」　中12オ4

〔踝〕37641

踝ツフ、シの／「ツフ、シ」　上27ウ5

ツミ(罪)→ツミス

〔殃〕16410

殃ツミを／「ツミヲ」　下67オ1

殃(つ)みを／「ヲ」　下67オ1

〔罪〕28293

罪「ミ」　下67オ4

罪(つ)み　下89オ1

罪を／「ツミヲ」／「ツミセム」者「モノ」／(を)　下93ウ2

罪よりも／「ツミヨリモ」　下94オ6

罪を／「ミ」滅「スルコトヲ」　下96ウ3

ツミス(罪)

〔罪〕28293

罪を／「ヲハ」／「ツミスルコトヲハ」　下93ウ2

罪を／「ツミヲ」／「ツミセム」者「モノ」／(を)　下93ウ2

ツム(積)

〔積〕25266

積マムト／「ツマムト」　中60オ6

貯タクハヘ／「ヘ」積ミ聚ツメ斂(去)レム反　すれとも／ヲサメム　上34オ5

積み／「ミ」　上71ウ6、上108オ3、下64ウ3

積「メ(「ミ」の誤か)タル」所　上100ウ6

積メルは／「ツムツレハ」　中90オ5

積(み)て／「ムテ」　上37ウ4

積メる／「ツメラム」草ニ／「ノ」　下68オ6

積「ツメリ」　上47ウ1

積(み)て／「ツメリ」　下48ウ1

積メる／「ツメラム」草ニ／「ノ」　下68オ6

積メルは／「ツムツレハ」　中90オ5

積ツモテ／「ツンテ」　上31ウ2

ツメ(爪)

〔爪〕19653

爪の／「ツメノ」上の／「ヘノ」　上38オ2

爪(つ)め／「ツメ」　中9オ2

〔甲〕21725

足の／「ノ」甲ツメ／「コフ」従(り)／「リ」　上19ウ4

ツモル(積)

〔積〕25266

積ツモテ／「ツンテ」　上31ウ2

ツユ(潰)

〔殨〕16571

殨タ、レ／「ツエ」爛タ、レタリ／「ミタレタリ」　上28ウ3
〔潰〕18281
潰火イ反／ツエ-爛せり／タ、ル／「ランシテ」　上31オ6

ツヨシ（強）
〔強〕09815
強から／「ラ」不す　上89ウ7
強「キハ」弱「ユ（「ヨ」の誤か）ハキヲ」　上26オ5
強きを／「キヲ」以（て）の／「ノ」故に／「ニ」　上107ウ1
強（く）して／「ケレハ」　下75ウ4

ツラ（貫）
〔貫〕36681
赤眞珠「ノ」貫の／「ツラノ」　中6オ5

ツラナル（連）
〔連〕38902
相ひ／「ヒ」-連ナレリ／「ネタリ」　上28オ6
連れり／「ツラナレリ」　上28ウ5

ツラヌ（連）
〔連〕38902
相ひ／「ヒ」-連ナレリ／「ネタリ」　上28オ6
相ひ／「ヒ」連（ね）て／「ツラネテ」　上15オ7

ツラヌク（貫）
〔貫〕36681
貫ツラヌイ「テ」　上11ウ6
貫ツラヌイて／「ツラヌクコト」　下31ウ4
貫ぬき／「ツラヌキ」刺して／「サスコト」　上21ウ7

ツリバリ（釣針）
〔鉤〕40220
鉤「ツリハリ」　上6ウ2

ツリヱ（釣餌）
〔釣餌〕40172 44146
釣ツリ／「コウ」餌ヲ／「ヲ」　下77ウ4

ツルギ（劍）↓タチ
〔刀〕01845
刀の／「ツルキノ」如し／「クシテ」　上7オ1
刀ツルキを／「タチヲ」　下26ウ1
〔刃〕01850
刃「ツルキ」　上3オ6
利-／「トキ」刃「ツルキ」　上20オ7
〔釖〕40186
釖の／「ツルキノ」如く／「シ」　上16ウ3

ツヱ（杖）
〔杖〕14469
杖「ツヱヲ」以「（テ）」　上3ウ3
杖を／「ツヱヲモテ」　上5ウ6
杖「ツヱ」捶を／「シモトヲ」　上26ウ2
杖「ツヱヲ」／を　下71オ6

テ

テ（手）→テヅカラ

テヅカラ（手）

〔手〕11768

手ヲモテ／「テツカラ」　中9オ7

テラ（寺）

〔寺〕07414

寺を／「ラヲ」　下85オ2

テラス（照）

〔照〕19226

照さ／「サレ」不き／「トイフコト」　中36ウ4

照し／「ス」見る／「ス」　上54ウ6

照し／「シテ」　上64オ5

照し／「シ」　中6オ2

照（ら）し／「ラシ」　中47ウ4

照（し）たまひ／「シ」　中96ウ1

照（し）たまふ／「シタマフ」　上69オ2、中4オ3

照（す）に／「シタマフ」　中17ウ5

照したまふこと／「スコト」　中10ウ1

照して／「シテ」　上61オ2、上72ウ1、上76ウ2、上79オ7、中3ウ2、中8オ3、中14ウ1、中18オ2、中36ウ5、中40ウ5、中96オ4、下15オ1

照して／「シ」　上103ウ7

照して／「テ」　中17ウ1

照し／「シテ」　中62ウ7

照す／「ス」　上50オ7、上50ウ2、中5ウ4、中7ウ6、中7ウ7、中10オ7、中34ウ1、中35オ1

照し／「ス」見る／「ス」　上54ウ6

照すと／「ス」　中34ウ5

照す（こと）／「ス」　中34ウ7

照「テラスコト」　上17オ6

照（す）こと／「スコト」无し／「シ」　上51オ3

照したまふこと／「スコト」　中10ウ1

照すこと／「スコト」　中46ウ3

照（し）たまふらむ／「ストイフコトヲ」　中96オ5

照すに／「スニ」　中8ウ4

照すは／「スハ」　上79ウ1

テル（照）

〔暎〕14048

暎テリ-耀カ、ヤカス　中6オ7

〔照〕19226

照（ら）／「ラ」不といふこと／「トイフコトハ」
无し／「シ」　上52ウ4

ト

ト（戸）

〔篙〕26255

箚クラシタミに／仙／「ト二」　上45ウ7

ト（與）（助詞）↓トイハ、トイハバ、ト
イフハ

〔與〕30212

猛焔「ト」與「ト」　上17ウ4
塵土與「ト」　上31ウ3
皮「ヒ」膜（入）マク／「タナシ（、）」與と　上46オ4
比丘衆與「ト」　上47ウ3
事と［與］願と　上57ウ2
樂と苦與と　上57ウ2
人「ト」與（と）倶に／「ニ」　上61オ4
菩薩與「ト」共「ニ」し　上68ウ3
衆生の與（た）めに／「ト」　上76ウ7
衆生の與めに／「ト」　上77オ6
我れ「ト」衆生與と／「ト」　上89ウ4
天と／「ト」［與］地と／「ト」の如しと／「シト」　上91オ1
水と／「ト」氷「トノ」與との如く／「ク」　上92オ2
施「スルモノ」與「ト」　上96オ7
〔與〕施と　上96オ7
諸佛の／「ノ」國と及（ひ）衆生與との　上96ウ4
業と［與］　上104オ4
衆與ト　中54ウ3

［補讀］

種（う）とならは／「タルコト」　上61オ6
極樂と（「に」の誤か）／「二」生れな／「レ」者は／「ナハ」　上82オ4
觀せむと／「セムト」欲（せ）むは／「セハ」　中1オ7

トイタマハク（說）

〔說〕35556

說（きたまは）く／「イタマハク」　中60ウ7

トイハ（者）↓イフ

〔者〕28853

三熱者トイハ　上18オ6
明「スト」者「トイハ」　中21オ6
薩婆若「トイハ」　中24オ7

［補讀］

厭離穢土「ト『イハ』（消）」　上1ウ4
地獄「（ト）イハ」　上1ウ4

トイハバ（者）↓イフ

〔者〕28853

生せ／「セ」不「スト」者は／「イハ、」　下32ウ5
當れり（と）／「アタレリ」者（いは）は／「イハ、」　下46ウ6
往生せ／「セ」不と／「スト」者といはは／「イハ、」　下55ウ6
得「エ」不と／「スト」者といはむ／「イハ、」　下68ウ4

トイフハ（者）↓イフ

〔者〕28853
者「(トイ)フハ」 上4ウ1
「ト」者といふは／「ハ」 上6オ2、上66ウ4
叫喚地獄者といふは／「ト(イフ)ハ」 上8ウ7
焦熱地獄「ト」者といふは／「ハ」 上11ウ2
〻〻(无常)「ナル」者といふは／「ハ」 上13オ5
常「ナル」者といふは／「ハ」 上13オ5
阿鼻地獄「ト」者といふは／「ハ」 上15ウ4
不浄相者といふは 上27ウ4
苦「ト」者といふは／「ハ」 上32オ3
无常「トイハ」者といふは 上33オ2
欣求浄土「ト」者といふは／「イフハ」 上46ウ5
樂者といふは／「ハ」 上47オ6
樂「ト」者といふは／「イハ」 上48ウ1
樂「ト」者といふは 上50オ6
樂「ト」者といふは／「イフハ」 上51ウ5、上61オ3
八功徳水「ト」者といふは／「(イフ)ハ」 上52ウ4
快樂无退の樂「ト」者といふは／「イハ」 上57オ7
樂「ト」者といふは／「(イフ)ハ」 上59ウ2
樂「ト」者(いふ)「ハ」 上70オ2
樂「ト」者といふは／「ハ」 上71オ6
明(し)たてまつる者(といふは)／「イフハ」 上73ウ5
〻(異)の〻(義)者といふは／「ハ」 上79オ5
正脩念佛「ト」者といふは／「イハ」 上82ウ4
禮拜門者といふは／「イハ」 上83オ1
一切佛者といふは 上83オ6
讃歎門「ト」者といふは／「フハ」 上84ウ4
作願門「ト」者といふは／「イハ」 上86オ3
〻〻〻(願作佛)の「ノ」〻(心)者といふは／「イハ」 上86ウ2
發菩提心者といふは 上86ウ2
〻〻〻(度衆生)の／「ノ」〻(心)「ト」者といふは／「ハ」 上86ウ3
行相「ト」者といふは／「イハ」 上86ウ7
願「ト」者といふは／「イハ」 上87ウ5
菩提心者といふは／「ハ」 上88ウ2
初「ト」者といふは／「イハ」 上104ウ4
往「-」生すること／「スルコト」得「ウト」者といふは／「イハ」 上105オ5
阿耨菩提を得「ウ(ト)イハ」者といふは 上105オ6
意「ト」者といふは 上105ウ4
料簡「エラフ」「ト」者といふは 上106オ3
道分「ト」者といふは／「ハ」 上109オ2
觀察門「ト」者といふは／「ハ」 中1オ2
別相觀「ト」者といふは／「ハ」 中1オ6

惣「-」因者「(ト)イフハ」　中12ウ5
惣「-」相觀と者は／「トイフハ」　中14オ1
雜略觀と(いふ)者は／「トイフハ」　中17オ3
佛「-」身「ナリトイフコトヲハ」者といふは　中18ウ6
所-說者といふは／「トハ」　中20ウ3
應者といふは／「トイフハ」　中22オ7
方法「ト」者といふは／「ハ」　中24ウ7
大念者といふは／「トハ」　中30ウ2
懈怠といふは／「トイフハ」　中30ウ7
清淨佛者といふは／「トイフハ」　中34オ6
一實境界と／「ト」者「イフハ」　中50オ1
止「-」惡修善者といふは／「トイフハ」　中55オ2
治せ／「スト」者は／「イフハ」　中62オ7
治せ／セムニハ／「スト」「者」は／「イフハ」　中62ウ6、中63オ6
〻〻(法佛)「ト」者といふは／「イフハ」　中63オ7

懺悔衆罪者といふは／「トイフハ」　中66ウ4
心者といふは／『トイフハ」　中70オ6
九種者といふは／「トイフハ」　中71ウ5
從三煩惱起者といふは／「トイフハ」　中71ウ5
念者といふは／「トイフハ」　中73ウ3、中74オ2
惣結要行者といふは／「トイフハ」　中76オ1
別時念佛者といふは／「トイフハ」　中76ウ7
尋常の／「ノ」別行者といふは／「トイフハ」　中77オ1
法者といふは／「トイフハ」　中77オ4
言か／「フ(ト)」者「イフハ」　中81オ7
十日の／「ノ」行者といふは／「トイフハ」　中82オ1

九十日の／「ノ」行者といふは／「トイフハ」　中82オ2
當行三昧者といふは／「トイフハ」　中82オ2
方法者といふは／「トハ」　中82オ3
住處者といふは／「トイフハ」　中82ウ2
說嘿者といふは／「トイフハ」　中83ウ7
論せむ／「スト」者(と)いふは／「イフハ」　中84オ5
心「ヲモテセハ」者といふは　中84ウ5
色「ヲモテセハ」者といふは　中84ウ5
盡せり者といふは　中84ウ7
心(「音」)者というは／「ハ」　中86オ5
勸「-」修を／「ト」者いひ／「トイフハ」　中87オ1
功德者といふは／「トイフハ」　中88オ1
臨終の行儀者といふは／「トイフハ」

中88オ3
行事者といふは／「トイフハ」 中88オ4
臨終の／「ノ」勸念「トノ」者といふは／「イ
フハ」 中90ウ5
果し／「ハタシ」遂け／「トケ」不す／「ス」者
といふは／「ハ」 中94ウ1
現せ／「セ」不す／「スト」者といふは／「イハ
ヽ」 中94ウ7
行を／「ヲ」以て／「テト」者といふは／「イフ
ハ」 中99オ6
相「ト」者といふは／「イフハ」 中99ウ5
語「ト」者といふは／「イフハ」 中100オ2
佛「ト」者といふは／「イフハ」 中100オ6
明さ／「スト」者は／「(イ)フハ」 下1オ2
滅罪生善「ト」者といふは／「フハ」
下1オ6
現身見佛「ト」者「イフハ」 下6ウ4
見たてまつる者といふは 下6ウ4

勝利「ト」者といふは／「フハ」 下8オ1
佛「ト」者といふは／「フハ」 下12オ4
佛ニ作ル者といふは／「フハ」 下12オ4
益「ト」者といふは／「イフハ」
下14オ1、下14オ1
廿五𦬇「ト」者といふは／「イフハ」 下15ウ4
引「-」例勸信「ト」者といふは／「イフハ」
下19オ1
明さ／「スト」者は／「イフハ」
下29オ1、下34ウ4、下59ウ4
證據「五ト」者といふは／「イフハ」 下31オ3
觀察「ト」者といふは／「イフハ」
下32ウ1、下32ウ1
明すと／「スト」者い(ふ)は／「フハ」
下34ウ6
上品上生「ト」者といふは／「イフハ」
下38オ7
上品中生「ト」者といふは／「イフハ」

下38ウ7
上品下生「ト」者といふは／「イフハ」
下39オ2
中品上生「ト」者といふは／「イフハ」
下39オ4
中品中生「ト」者といふは／「イフハ」
下39オ6
中品下生「ト」者といふは／「イフハ」
下39ウ1
下品上生「ト」者といふは／「イフハ」
下39ウ2
下品中生「ト」者といふは／「イフハ」
下39ウ5
下品下生「ト」者といふは／「イフハ」
下40オ3
結す／「ス」者といふは／「イフハ」
下40ウ5
問答料簡を／「ト」者は／「イフハ」
下42オ6

依正「ヲ」者といふは／「イハ、」　下42ウ1、下42ウ2
十八劫「ト」者といふは／「イヘルハ」　下43ウ1
那庾多「ト」者といふは／「イフハ」　下49ウ5、下49ウ5
倶胝と「ト」言い(ふ)／「イフ」者は／「イフハ」　下49ウ5
階位と／「ト」者は／「イフハ」　下51ウ1
階位と／「ト」者(いふ)は／「イフハ」　下51ウ1
念佛「ト」者「イフハ」　下52オ3
不退「ト」者といふは／「イフハ」　下52ウ2、下52ウ2
大海「ト」者といふは／「イフ」　下57ウ1、下57ウ1
多少「ト」者といふは／「イフハ」　下58オ3
相續(す)「スト」者といふは／「イフハ」　下64ウ2
稱す／スト／「スト」可しと／イフヘシ／「イフヘシ」者といふは／「イ(フ)ハ」／「フハ」　下65オ7
稱す／スト／「スト」可しと／イフヘシ／「イフヘシ」者といふは／イ(フ)ハ／「フハ」　下65オ7
在り／「リ」者といふは／「イフハ」　下67オ7
在り／「リト」者といふは／「イフハ」　下67ウ4、下67ウ4
在り／「ト」者といふは／「フハ」　下68オ3
卽(せり)／「セリト」者といふは／「イフハ」　下71オ1
異なり／「コトナリト」者といふは／「ヲハ」　下71ウ1
比丘「ト」者といふは／「イフハ」　下72ウ4
麁心妙果「ト」者といふは／「イフハ」　下76ウ1
勝劣「ト」者といふは／「フハ」　下81オ5
因縁「ト」者といふは／「イフハ」　下86オ5
資縁「ト」者といふは／「イフハ」　下89ウ1、下89ウ1
人法と／「ト」者といふは／「イフハ」　下95ウ3
〔言〕35205
言といふは／「イフ」　中24オ7
[補讀]
等活地獄といふは／『トイフハ』(消)」　上2オ1
至誠心といふは　中28オ4
深心といふは　中28オ5
發願心といふは　中28ウ1
易行道と／「トイフハ」言い(ふ)は／「イフ」　下83オ4

トガ(咎)

〔失〕05844

失トカあり／ナリ／「シヌ」　上98オ4
大(い)／「ナル」に失せりと／「トカト」爲す
／「ス」　下42ウ6
失(と)か／「トカ」无し／「シ」
下46オ6、下47ウ3、下48ウ4

〔過〕39002
過を／「トカヲ」
上39オ7、中6ウ6、中10ウ7、中58オ1
我か／「カ」過「トカ」(なり)［也］　上44ウ3
過か／「カ」　上97オ4
過を／「(ト)カヲ」　中58オ3
過(と)か／「トカハ」　中60ウ5
過を／「カヲ」　中72ウ4
過かを／「カヲ」　下26ウ3
過(と)か／「トカ」有(る)こと／「コト」无(し)
／「シ」　下51ウ3
過(と)か／「トカ」无し／「シ」　下56オ4

トカク(説)

〔説〕35556
説かく／「ク」
上30ウ2、上77オ4、下4ウ6
説かく　上32オ7、中100オ2
説「(カ)ク」　上76オ4
に／「ニ」説かく／「ク」　上99ウ4
説(か)く／「ク」
上107オ4、中27ウ2、下11オ2、下29オ2
説(か)く／「カク」　中60オ5
説かく／「カク」　中70ウ3、中99オ7、
中99ウ5、下40ウ2、下48オ4、下56オ5、
下61オ2、下75オ2
説かく／「ケリ」　下20オ5
説(か)く／「カム」　下35ウ4

トキ(時)→トキンガ、トキンバ

〔時〕13890
下す／「クタス」［之］時には／「トキニハ」
上21オ6
擧(く)る／「クル」［之］時に／「キニハ」
上21オ6
登る／「ル」［之］時に／「キニ」　上21ウ5
ムト欲スル時には／「ニハ」　上21ウ6
設(く)る／「クル」［之］時に／「キニノミ」
上24ウ2
出「ツル」時ニ　上29ウ6
將に／「ニ」死なむと／「セムスル」［將］する
時に／「ニハ」　上30ウ2
冬「トウ」-夏の／「カノ」時「キ」(に)
上32オ5
命終の／「ノ」時に／「ニ」　上35オ2
現する／「スル」時に／「キニ」　上35オ4
坐せむ／「スル」時「キ」　上35ウ4
退せ(む)と欲する／「スル」時に／「キニハ」
上36オ2
入らむ／「ラム」［之］時「キ」　上38オ7
知る／「ル」時にすら／「キニスラ」　上40ウ1

无き／「キ」時「キ」には　上45ウ1
終る／「リノ」時に／「キニ」　上45ウ3
盡(く)る／「クル」時「トキ」に　上47オ6
盡(く)る／「ツ(ク)ル」時「トキ」に　上47オ6
臨「ム」時「キ」に　上47ウ2
開く／「クル」時「キ」に　上48ウ2
洗浴する／「スル」[之]時に／「キ」　上53ウ4
寂ならむに(「に」は「と」の誤か)／「シツカナラムト」欲ふ／「スル」時「キ」には　上58オ2
命終せむと／「セムト」欲せむ／「セム」時に／「キニ」　上60ウ5
末後法滅(の)[之]時「キ」に　上76ウ5
見む／「ム」時に／「キ」　上96オ6
燃す／「トモサム」時には／「キニハ」　上100オ7
發心「スル」時「キ(ニ)」　上102ウ3

吠ヱム／「タマフ」時き／「キ」　中6ウ4
現する／「スル」時「キニ」　中7ウ7
時には／「トキハ」　中10オ7
現スル／「スル」時に／「キニ」　中12オ7
開(く)る／「ヒラクル」時に／「キニ」　中17ウ4
一切の時に／「キニ」於て　中26オ4
時として／「トキ」　中26オ7
睡りの／「ネフラムトセム」時に(は)／「キニハ」　中28ウ7
起る時「(ト)キニハ」　中36ウ6
時を／「キヲ」　中47オ4、中47ウ5、下20ウ5、下59オ6
時には／「キニハ」　中48オ7
時にか／「(ト)キンカ」　中49ウ1
時に(か)／「キンカ」　中50ウ7
時には／「キンハ」　中54ウ2
憂苦せむ／「セム」時には／「キンハ」

時に／「キニ」　中54ウ3
中57ウ2、下52オ6、下65オ4
時「キ」　中60オ4、下5ウ2
縁せ／「セ」未る／「サンシ」時に／「キニ」　中63ウ3
共の／「(ニ)セム」時に／「キニ」　中64ウ7
生せ／「セ」不る／「サル」時「キ」　中65オ2
日の／「ノ」初分の／「ノ」時に／「キニ」　中69ウ6
求したまふ／「メシ」時に／「(ト)キ」　中72オ6
念する／「スル」時に／「キニ」　中73ウ4
作す／「ス」時に／「キニ」　中74ウ7
臨「-」命「-」終の／「ノ」時に／「キニ」　中76ウ3
作せむ／「ナス」時に／「キニ」　中77ウ5
時に／「キ」依(り)て／「テ」　中79オ4

將に／「ニ」命終せむと／「セムト」[將]せむ／「セム」時に／「(ト)キニ」　中81オ6
休「-」息する／「スル」時「キ」　中84オ3
臨「マン」時に／「キ」　中90ウ1
時に／「キ」　中94ウ6、中98オ3
終の／「ヲハン」時に／「キニ」　中99ウ3
臨「-」命終の／「ノ」時に／「ニ」　下18オ1
臨「-」命終「ノ」時「キ」　下18オ5
時に(も)／「キニモ」　下19ウ4
安靖の／「セイノ」時に／「キ」／シッカナル／「ル」　下26オ7
入る／「ル」時に／「キニ」　下28オ2
終らむ／「ラム」時に／「キニ」　下33オ5
終らむと／「ヲハラムト」欲せむ／「スル」時に／「キニ」　下39ウ7
出(て)む／「ツル」時に／「キ」　下43ウ6
時「キ」／に　下52オ1、下66オ1
時「キノ」／の頃(アヒ)タ／「アヒタ」

死なむと／「スル」垂する／「イマニ」時の／　下70オ6
「キノ」　下70オ7
或もし／「ル」時に／「キニ」　下71オ5
念(する)／「スル」時「キ」　下74オ2
住しぬる／「シヌル」時には／「キニハ」　下76オ3
墮(す)る／「スル」時に／「キ」　下80オ4
入らむと／「ラムト」垂する／「スル」之時なり／「キナリ」　下87ウ4
行せし／「セシ」時「キ」／に　下92オ1
〔期〕14378
期とき　中31ウ5
[補讀]
盡「キ」未るときには／「キタ(「サ」の誤か)ル」　上22ウ7
見「ミ」未しては／「ルトキニハ」　上31ウ5
見「ミ」不さるときには／「ルトキニハ」

過(き)て／「クルトキ」　上31ウ6
覺め／「サメ」未レハ／しては／「サルトキニ　上44オ7
ハ」　上44ウ5
得「エ」未れは／「サルトキニハ」　上44ウ6
呑ノマ所るる／「ル、トキニ」　上45ウ2
專-「-」一にすること／「スルコト」能「-」(は)不す／「ルトキニハ」　上75オ4
出さ／「セ」／「イタ」未す／「ルトキ(ニ)ヲイテ」／「サ、(ル)トキヲイフ」　上92オ6
須ゐ(る)／「ヰルトキアラム」者は　中43オ6
出(て)未るに／「サルトキ」　中59オ1
或(いは)／「アルトキニハ」　中64ウ5、中64ウ6
共にセ／「セ」未(る)とき／「サルトキ」　中64ウ7
无きときには／「キニハ」　中75オ7
覺めて／「サメタルトキ」　中78ウ1

入(る)ことを／「ラムトキヲ」　中80オ5
生すときには／「ナサハ」　中83オ5
死するに／「スルトキ」　中90オ5
奪ふとき／「ハヘルナリ」　下26オ5
聞かむに／「カムトキ」　下27ウ5
命「-」終に「ノトキモ」亦　下60ウ4
或もし／し／「アルトキニ」　下71オ7
或(いは)／「アルトキニ」　下79オ3

トキニ(時)

〔時〕13890
時に／「ニ」　上9ウ3、上16オ2、上43ウ7、上54オ7、上69オ4、上77オ2
時「キ」に　上15ウ5
時「トキ」に　上22ウ2
時に／「キニ」　上44ウ2、上47ウ3、上49ウ5、中36オ6、中49オ3、中52オ2、中52オ4、中52ウ2、中56ウ7、中64オ4、中99オ3、下21ウ7、下27オ7
時に／「キ」　中9ウ5

トキンガ(時)

〔時〕13890
時にか／「キンカ」　中40オ4

トキンバ(時)

〔時〕13890
想ふ／「オモフ」時(は)／「キンハ」　下11ウ6
［補讀］
對ふては／「ムカベラムトキンハ」　中54ウ4
見ては／「(ミ)ムトキンハ」　中54ウ5
飲食せむ／「セム」時には／「(ト)キンハ」　中54ウ7
无きは／「ナキトキンハ」　中56オ4

トク(解)(四段)

〔捉〕12136
捉トル／「トル」／『トク(存疑)』須へ(から)／「ヘ」不「ス」　中79オ5
〔融〕33384
融して／「トイテ」　上88オ1
〔解〕35067
解(き)て／「トイテ」　中66オ1、下82ウ4
解(き)て／「イテ」　中99ウ5
解トき／「トキ」　上4ウ2
解トキ／「トキ」　下70ウ4
解く／「トク」　中98オ2
解し／「トク」　中98ウ2

トク(說)(四段)→トイタマハク、トカク

〔說〕35556
說(き)たまふ／「イタマフ」　中20ウ7、下8ウ2
說(き)たまふと／「トイタマフト」　中84オ7
說く／「イテ」　中19ウ7
說「カ」不す／「ス」　上4オ7、上18ウ7
說「カ」不「ヤ」　上43オ3
說か不すや　上43オ3

說か／「カ」不す／「ス」　上100オ3
說か／「カ」者は／「ハ」　中5オ2
說か／「カ」不「ス」　中59オ4
說か／「カ」不「ストイフコトヲ」　下46ウ2
說かは／「カハ」　中32オ5、中35ウ4
說かは／「トカハ」　中89オ6
說か／「カハ」者は　下47オ6、下47ウ3
說かは／「カムニ」　下59オ3
說く／カム／「カム」　中48オ7
說(か)く／「カム」　下35ウ4
說かむ／「カムヤ」　下46ウ2
說(きし)か／「カム(か)」如し／「シ」　上22ウ4
說くすら／「(ト)カムスラ」　中60ウ7
說き／「カムニ」　上19オ1
說(く)に／「カムニ」　中32ウ3
說かは／「カムニ」　中36オ6
說かむに／「カムニ」　中83ウ5、下7オ6

說か(む)を／「カムモヲヤ(ママ)」耶や　下85ウ4
說かむを／「クヲ」　下9ウ3
說(か)むをや／「カムヲヤ」　中87オ7
說き／「キ」盡す／「ス」可(から)「ラ」不す／「ス」　上18ウ7
說き／「カムニ」　上19オ1
說く／「キ」　上97ウ2、中5オ1、中5オ2、中5オ2、下81オ1
說き　上97ウ3、中11オ4
說き／「キ」　上97ウ3、下7オ6、下40オ1
說「キ」　中5オ2
說き／「キ」已(り)て／「テ」　下15オ4、下21ウ2
說き／「ク」　下25ウ5
說キ／「キ」已(り)て／「テ」　下62オ7
說き「テ」　上68ウ1
具「サニ」說「ク」可「ヘ(カラ)」不「ス」　上3ウ3

說く／「ク」可(から)／「カラ」不「ス」　上13ウ2
勝アケテ／「テ」說く／「ク」可(から)／「ヘ」不「ス」　上27ウ2
說く／「ク」　上42ウ4、上55オ5、上58ウ1、上76オ6、上89オ1、上98オ7、中8オ6、中9ウ5、下45オ2、下45ウ1、下55オ3、下75オ2、下80ウ5
說く／「トク」者もの／「ノ」　上49オ4
演「ノヘ」說す／「ク」　上53オ4
說「ク」　上73ウ2、中5オ2、下13ウ2
說く　上76オ3、下76ウ7
說く／「クヘ」可(から)／「ラ」不す／「ス」　上80オ6
說く／「キ」　上97ウ2、中5オ1、下81オ1
を／「ト」說く／「ク」　上105オ7
說く／「イテ」　中19ウ7

說く／「ク」可(から)不「ス」　中20オ4、中95オ5
說(き)つる／「ク」　中20ウ2
說く／カム／「カム」　中48オ7
說く／「ク」偈に　下4オ5
說く／「トク」　下29オ4
說(く)／「ク」　下45オ2
說(く)なりといつり／「ク」　下45オ3
說く／「ケリ」　下47オ5
說く／「ク」所の／「ノ」　下80オ7
說くか／「クカ」如し／「シ」　上11ウ1
說の／「クカ」如く／「ク」　上42ウ7
說(く)か／「クカ」如し／「シ」　中80ウ2
說(く)か／「クカ」如し(と)／「シ」　下34オ7
說(く)こと／「クコト」得「エ」不れ／「レ」　中79ウ5
說クコト／に／「クニ」　下51ウ4
說(く)ことは／「クコトハ」　下96ウ2

說(く)ことを／「クコトヲ」　上33オ1
說くすら／「(ト)カムスラ」　中60ウ7
說く(と)／「クト」　中75オ5
說くと／「クト」　下45ウ2
說くと／「ケルナリ」　下49オ7
說くなり／「トクナリ」　下33ウ7
說くに　上73ウ2
說く／「クニ」　上97ウ4
說(く)と／「クニ」　下13ウ5
說(き)て／「クニ」　下13ウ7
說しかは／「クニ」　下27オ2
說(く)に／「クニ」　下74オ7
說(く)を／「クヲ」聞(き)て／「テ」　下33オ3
說(き)たまふを／「クヲ」　下63ウ3
說(く)を／「クヲ」　下67ウ1
說け／「ケ」　中89オ4
說けと／「ケト」　上45オ3、下23オ1
說(き)つれ(は)／「ケハ」　中28ウ6

說けり／「ケリ」　中1オ4、下53ウ4、下62ウ4
說(けり)／「ケリ」　下57オ3
說(き)たまふ／「ケリ」　下74オ6
說「ケル」所「ノ」　下62ウ2
說(ける)なり／「ケルナリ」　下46ウ6、下65オ2、下65ウ2
說(く)なり(といふことを)／「ケルナリトイフコトヲ」　下55オ6

トク(溶)(下二段)

〔泮〕17323
泮《トケヌ》　下69ウ5
〔洋〕17363
洋(去)／「トケ」消(上)せしむ／「キエテ」　上10ウ1

トグ(遂)

〔遂〕38985
果し／「ハタシ」遂け／「トケ」不す／「ス」者

といふは／「ハ」 中94ウ1

トクトク（疾）

〔疾〕22112

疾く／「トク、、」 中52ウ4

トコ（床）

〔床〕09242

病の床(ゆ)かに／「トコニ」 中90ウ6

トコロ（所）

〔地〕04890

受けむ／「クル」地トコロ(は)／「トコロ」 下26オ6

其の／「ノ」地を／「トコロヲ」 下42オ4

〔所〕11715

作「ツクレル」所「ロノ」 上14ウ7

歸す(る)／「スル」所「ロ」 上15ウ7

何「ノ」須「モチヰル」所「ロヲカ」欲「ホンスル」 上22ウ1

造「レル」所「ロノ」 上22ウ6

知る／「ル」所「ロ」无し／「シ」 上26ウ3

係カクル／「カクル」所「トコロ」无し／「ク」 上73オ1

及(ふ)こと／「フコト」能(は)不る／「サル」所なるか／「ロナラムカ」如く／「ク」 上102オ4

尊「トスル」所「ロヲ」 中8ウ7

應せ／「セ」不る／「ル」所なりと／「ロト」 中27ウ2

所を／「ロヲハ」 中37ウ6

所の／「ロノ」 中38オ1

所なるは／「ロハ」 中46ウ3

言「-」說(し)たまふ／「スル」所「ロ」 中48ウ1

所(訓)として／「ロ」 中50オ3

諸佛「の」所「トコロニ」於「シテ」 下3ウ5

如來の／「ノ」所み(もと)に／「トコロニ」於て／「イテ」 下10ウ1

我か／「カ」所に／「ロニ」於て／「イテ」 下10ウ3

攝受(し)たまふ／「シタマフ」所「ロ」爲たらむ／「タラム」 下14ウ6

行人(の)［之］所に／「ロニ」 下15オ3

怙たの(ま)む／「タノマム」所ありてか／「ロアリテカ」／「ヲトカ」 下19オ5

其の／「ノ」佛の／「ノ」所と(ころ)に／「ニ」於して／「シテ」 下30オ5

所に／「ロニ」 下33ウ3

所「トコロニ」 下36オ2

所と(ころ)に／「ロニ」於して／「シテ」 下60ウ2

佛の／「ノ」所(みも)とに／「トコロニ」於し て／「テ」 下76ウ7

諸佛の／「ノ」所に／「トコロニ」於して／「テ」 下77ウ6

耆域醫王の／「ノ」所と(ころ)に／「ロニ」

下79オ4
所と(ころ)に／「ロニ」於て／「テ」　下79ウ6
所に／「ロニ」於て／「テ」　下84オ6
一佛の所と(ころ)に／「トコロニ」於して／「シテ」　下86オ5
百佛の／「ノ」所(みも)とに／「トコロニ」於せることと／「シテ」　下86オ6
印スル所(トコ)ロ爲タリ　下91オ1
〔處〕32697
嶮「ケハシキ」處「ロ」從「リ」　上3ウ4
處「ロニ」　上5オ3
處「ロ」　上15ウ6
處は／「ト(コ)ロハ」　中27ウ3
［補讀］
餘の／「ノトコロ」者もの於りも／「ヨリモ」　上72オ5

トシ(年)
〔年〕09168
年「シ」　上44オ7、上47ウ1、中36オ3
年「シ」始(め)て／「メテ」　下24ウ1
〔歳〕16326
歳し／「シ」　上60ウ3

トシ(利)
〔利〕01932
利き／「トキ」　上2オ5、上11オ4
利き／「キ」　上5ウ3
利「トキ」　上13ウ7
利-／「トキ」刃「ツルキ」　上20オ7
利「キ」　上21オ4
利き　上98オ1
薄く／「ウスク」利(き)こと／「トキコト」　上11オ7
利(く)して／「トクシテ」　上20オ5
利し／「トシ」　上3オ6

トシ(疾)→トクトク
〔早〕13742
早ハヤク／トク／「トク」　下54ウ2
〔疾〕22112
疾(か)ら／「トカラ」不す／「ス」　上53オ3
疾く「ク」　上9オ3
疾く／「ク」　上12ウ2、上13オ2、上97ウ7
疾く／「トク」　上38ウ1、上68ウ1、下41ウ6、下83ウ1
疾く／「トク、、」　中52ウ4、中52ウ4
疾く／「トク」至(り)て／「テ」　下82オ2
〔駃〕44625
駃「クヱン」／「トキ」河「カハ」は　上41オ5
駃トキ／「トキ」雨の／「ノ」如(く)して／「クシテ」　上49オ1
駃トキ流レ　下2ウ7

トジキミ(戸閫)
〔閫〕41263
閫シキヰノ／コン／「トシキミ」(の)　上17オ2

トシテ（助詞）

［補讀］

靡(平)-ゝとして／「トシテ」 上28ウ7
方-處として／「トシテ」 上34オ1
安(去)-「-」然(平)として／「トシテ」 上34オ5
冥「メイ」ゝ「メイく」トシテ／「トシテ」 上34オ6
溘(入)カフ／「カフ」-「-」然(平)として／「セトシテ」 上34オ6
少-罪として／「シテモ」 上37オ5
惛(平)「コン」然(平)として／「シテ」 上44オ1
震フルヒ-怒イカルニ／して／「ヌトシテ」 上44オ3
緩(平)火ン縵として／「シテ」 上47ウ1
皓(上)カウ反-然(平)として／「トシテ」 上47ウ3
安詳として／トシテ 上53オ2
繽紛として／「シテ」 上55オ3
寂然「トシテ」 上58ウ6
刹として身を／「ヲ」現せ不といふこと／「ストイフコト」无し／「シ」 上64オ1
一心一行として／「トシテモ」 上93ウ6
財「ラ」の／「トシテ」…无(く)は／「クハ」 上96オ6
炳(上)ヘイ反／「ヘイ」「ヒヤウ」然(平)トシテ／「アキラカニ」ホカラカナリ 中2ウ6
陀羅尼「ノ」人ノ與と／「ト」「トシテ」 中4オ4
坦-然として／「ニシテ」 中12オ2
赫奕として 中14ウ3
洪(去)汗カントシテ／「(カ)ウカンニシテ」 中15オ3
寂「-」靜として／「ニシテ」 中16ウ3
赫カク反／「カク」奕たること／「エキトシテ」 中17オ6
時として／「トキ」 中26オ7
魏ゝとして／「ニシテ」 中36オ5
法として／「ヲシテ」 中46オ7
湛-然として「トシテ」 中46オ7
有情として「トシテ」 中46ウ2
所說「トシテ」 中48オ4
所(訓)として／「ロ」 中50オ3
分としても／「トシテ」 中50ウ1
臭(訓)クサキ處「トシテ」 中98ウ4
臭「サキ」處「トシテ」 中99ウ7
布「-」施し／「トシテ」 下4ウ2
婆羅門種として／「ナリ」 下24ウ2
聖教そ／「トシテ」 下65ウ2
暗「ミトシテ」 下67ウ4
灌火ン-然(と)して／「トシテ」 下69ウ5

トタビ（十）

［十］02695

十(た)ひ／「ヒ」　下57ウ3
十(た)ひ／「タヒ」　下71ウ4

トヅ(閉)
〔閉〕41222
閉ち／「チ」　中91オ2
閉(ち)きと／「チツ」　下30オ2
閉ちて／「トツ」　上80オ5
閉(ち)て／「チテ」　中13ウ1
閉(ち)よ／「(ト)チヨ」　中62ウ3
閉ちて／「トツ」　上80オ5

トテモ(助詞)
〔補讀〕
一「-」衆生「トキテモ」(「キ」衍か)　上80オ1

トトノフ(整)
〔及〕03118
及ト、ノフルカ　中58オ5
〔整〕13394
整へて／「ト、ノヘテ」　上69オ3
〔束〕14480
束ト、ノヘテ／「ト、ノヘテ」　中79オ3
〔正〕16255
正(へ)／「ト、ノヘ」　中72ウ3

トトノホル(整)
〔整〕13394
整ト、ノホリテ／「ト(ト)ノホンテ」　中5オ5
整ト、ノホリテ／「ト(ト)ノホンテ」　中5オ5

トドマル(止)
〔住〕00505
住ら／ト、マ／「ト、マラ」不(し)て／「シテ」　下95ウ4
住す／「ト、マンヌ」　中33ウ5
〔停〕00864
停ト、マラ／「ト、マラ」不ること／「ルコト」　上33オ2
停まら／「マラ」不す／「ス」　上33ウ2
停ヤマ／「ラ」不す／「ス」　上59ウ3
停ト、マること无し／「シ」　上46オ6
〔止〕16253
止ま(り)たまひき／「ヲリ」／「セリ」　下66ウ6
止ト、マ(リ)テ／「シテ」　中77オ7
止(ま)る／「をり」　下66ウ7
〔留〕21808
留ま(り)て／「ト、マンテ」　上82オ3

トドム(止)
〔住〕00505
住めて／「(ト)トメテ」　中13ウ4
住ト、めて／「ト、メテ」　中13ウ6
〔止〕16253
止ト、メテ／「ト、メテ」　中91オ1
〔留〕21808
留め／「メ」不さる／「サラ(ク)」耳のみ／「ノ

ミ」 中27オ5
留(め)て／「メテ」 下92オ3

トナフ(唱)

〔唱〕03765
唱?／「フ」 中30オ3
唱?き／「ナフ」 下28オ3
唱(ふ)とや／「フトヤ」 中30オ2
唱(ふ)ると／「フルト」 中84オ3
唱(ふ)るは／「フルハ」 中84オ3
唱?喚はふ「ス」 上15オ4
唱?／「ヘ」 中30オ3、中84オ2
唱「トナヘテ」 上2ウ2
唱(へ)「ヘテ」 上41ウ2
唱(へ)て／「ヘテ」 中24オ1、中24オ5
唱?て／「ヘテ」 下29ウ6
唱?よ／「ヘヨ」 上89ウ5

トハ(助詞)

［補讀］

勧-修せよとは／「セヨトハ」(倒置法) 上106ウ4

トハク(問)

〔問〕03814
問「トハク」 上73ウ6、上95オ6
問「ハク」 上75ウ1、上77ウ3、中18オ7、中97ウ6
問(ふ)／「ク」 上109ウ3
問(は)く／「ハク」 中36オ1、中78オ3
問ふ／「ハク」 下13ウ1
問(はく)／「ハク」 下28ウ4
問(ふ)／「ハク」 下42ウ2
問(ふ)／「クハ(「ハク」の誤)」 下64オ6
問はく／「ハク」 下66オ6

トバシル(迸)

〔迸〕38867
迸(去)「ヒヤウ」「トハシリ」-「-」散す／「ス」
「チラスコト」 上16ウ5

流-「レ」迸して／「トハシンテ」 上17オ1

トハマク(問)

〔問〕03814
間(「問」の誤か)(は)まく／「ハマク」 上92オ4

トフ(問)→トハク

〔問〕03814
問ふ／「ハム」 下10ウ5
問ふ 上91ウ3
問ふ／「フ」 中21オ3
問「フ」 中53ウ4、中54オ7、中62オ5
問ふ／「タテマツル」 中85ウ7
問ふ／「フ」［須］し／「シ」 中89オ5
問ふ／「ハク」 下13ウ1
問(ふ)／「フ」 下55オ1、下62ウ3
ゝ(問)へハ／「ハ」 中85ウ7

トブ(飛)

〔飛〕44000

飜ヒルカヘリ飛ヒ／「ヒ」／「シ」　上70オ5
群「ムラカレ」-飛す／「トフ」　上49オ1
飛(ふ)に／「フニ」　下66ウ7

トブラフ(訪)
〔問〕03814
來(り)／「リ」問トフラフて　中90ウ6
〔訪〕35284
訪トフラハム／「トフラハムヤ」　上34オ7
訪トフラハム／「トフラハムヤ」　上34オ7

トホシ(遠)
〔遠〕39047
遠(平)「キ」路(平)「ニ」　上3ウ4
遠き／「キ」物に／「ニ」非す　上88オ2
遠く／「(トホ)キンマレ」　中41ウ3
遠く／「ク」　上14オ6、上67オ1
遠く／「(トホ)キンマレ」　中41ウ3
遠くは／「クハ」　中53ウ3

トボシビ(燈)→トモシビ

〔燈〕19402
燈の／「トホシヒ」如し／「シ」　上13ウ7

トホス(通)
〔徹〕10245
徹す／「トホシ」　上50オ2
徹し／「シ」聽(く)に／「カ」不「ス」　中77ウ7
徹し／「(ト)ホシ」視み／「ミ」不「ス」　中77ウ7
徹して／「トホシテ」　上17ウ2
徹して／「トホテ」　上18オ5、上18オ6
徹す／「トホシ」　上50オ2
徹す／「トホンテ」　中47オ7
徹す／「トホンテ」　中47オ7
徹して／「トヲシテ」　上11ウ6
〔穿〕25436
穿トホシ　上26ウ1
〔通〕38892
通す／「ス」　下11ウ3
通す／「スヘシ」　下11ウ3

トホル(通)
〔徹〕10245
徹して／「トホテ」　上18オ5、上18オ6
徹ホ(り)て／「トホリテ」　上102オ5
徹す／「トホル」　上12オ1
徹れりき／「トホレリ」／「セリ」　下28オ4

トム(富)
〔富〕07230
富ま／「トマ」未す／「ス」　上57ウ3
富めりと／「メリト」　上39ウ4
富メる／「メル」者もの／「モノ」　上57ウ3

トモ(伴)
〔伴〕00475
伴なり／「トモナリ」　中55ウ7
〔倶〕00724
倶なり／「モナリ」　下50オ7

トモ(助詞)

［補讀］
洗ふをは／「ス、クトモ」 上30ウ7
歷ふとも 上44オ4
說(く)とも／「トモ」 上46ウ6
稱-揚すとも／「セムニ」 上63オ3
讚-說すとも／「ストモ」 上63オ7
過「クトモ」 上67オ4
勸(む)とも／「タレトモ」 上75ウ2
專にせむか／「セムカ」爲に／「ナリトモ」 上75ウ2
无くとも 上84ウ2
讚「-」揚(し)たまふとも／「シタマフトモ」 上85ウ1
設ひ餘行无(く)とも「クトモ」 上85ウ6
堪つ不すとも／「ストモ」 上92ウ6
さくとも／「サクトモ」 上98オ1
修せ／「セ」不「ストモ」 上99オ7
利「ヲ」得不れとも／「ストモ」 上99オ7
須彌山の／「ノ」若コトクすとも／「コトクセリトモ」 上99ウ2
處すれとも／「オケリトモ」 上101ウ1
周-遍すとも／「ストモ」 上103ウ3
失はむに／「ウシナヘク(「ク」は「リ」の誤か)トモ」 上109ウ5
有(り)て／「リトモ」 中19ウ7
生すとも／「ナストモ」 中20オ1
壽を／「(イ)ノ(チ)ヲ」以て／「テストモ」 中32オ7
經とも／「ヘテストモ」 中32ウ1
曆ふとも／「フトモ」 中32ウ4
一「-」劫すとも／「ストモ」 中35ウ5
欲はむに／「ストモ」 中37ウ1
演-「-」說(し)たまふとも／「タマヘトモ」 中51オ4
讚-揚(し)たまはむに／「タマフトモ」 中51ウ1
欲ホスとも／「ホンストモ」 中51ウ5
求(む)るに／ムトモ 中52ウ6
充滿せりとも 中53オ2
有「リトモ」 中53オ2
欲ホスルとも／「ル」 中53オ4
服(し)たりとも／「セシトモ」 中55ウ3
修「-」行すとも／「セル」 中56オ4
欲すとも／「ストモ」 中57ウ3
有らは／「リトモ」 中70オ4
枯れ／「コ」朽ち／「クセ」使むとも／「シムトモ」 中83オ7
見ルとも／「ルカ」如く／「キ」 中85オ3
念(「音」)有れとも／「リトモ」 中86オ4
多し／「クトモ」 中87オ6
經ふとも／「フトモ」 中95オ6
歎-誦すとも／「ストモ」 下4ウ1
引くとも／「クトモ」 下4ウ4
墮(つ)とも／「チハ」 下5ウ2

能(は)／「ハ」不とも／「ストモ」　下9ウ5
受「クトモ」　下11オ7
得とも／「ルヲ」　下11オ7
截キリ／「キリ」切セム(とも)／「セムトモ」　下19オ4
作ナスとも／「ナセルトモ」　下26ウ4
念(す)とも／セシカ／「セシカトモ」　下28ウ6
開け不す(と)も／「ストモ」　下45ウ6
報土に／「ニ」非(す)とも／「ストモ」　下51ウ6
深くとも／「クトモ」　下54オ5
有(り)とも／「リトモ」　下58オ1
一劫すとも／「ストモ」　下59オ4
成就すとも／「ストモ」　下61オ7
須彌山の／「ノ」如くすとも／「クストモ」　下61ウ2
發(さ)すとも／「サル」　下78オ5
起すとも／「コストモ」　下79ウ5
許せとも／「ユルストモ」　下87オ7
願して／「スルトモ(ママ)」　下88ウ3
捨(つ)とも／「スットモ」　下90ウ4
得「エ」不とも／「ストモ」　下96オ5

ドモ(助詞)

[補讀]

困(み)て／「タシナメトモ」　上23ウ3
逢アヘトモ「アヘトモ」　上25ウ5
障「リ」无(け)れとも／「レトモ」　上25ウ6
貯タクハヘ／「ヘ」積ミ聚ツメ斂レム反　す
れとも／ヲサメム　上34オ5
謂ふ(とも)／「オモヘトモ」　上36ウ7
を／「ヲ」得たれとも／「タレトモ」　上37ウ7
具すれとも／「セレトモ」　上37ウ7
遇ッとも／「ヘレトモ」　上38オ1
に／「ニ」似たり／「タレトモ」　上38ウ5
有れとも／「トモ」　上39ウ4
得ても／「タレトモ」　上41オ1
至れは／「レトモ」　上41オ3
自在なれとも／「ナルモ」　上41ウ3
忽-爾イルカセニスルコト／「スレトモ」得え
／「エ」不れ／「レ」　上42ウ7
經れとも／「フレトモ」　上44オ5
ならむと／「ナラムト」欲へとも／「スレトモ」　上59ウ3
養せむと／「ハムト」欲(へ)とも／「スレトモ」　上59ウ3

[而]

設ひ／「ヒ」重障有れとも／「レトモ」　上62ウ1
減するに／「ヌルニ」似たれとも／「タレトモ」　上72オ4
无(け)れとも／「レトモ」　上75オ5
勸(む)とも／「タレトモ」　上75ウ2
人と／「ト」爲なれとも／「テハ」　上76オ2
取り／「ルコト」易し／「ケレトモ」　上76オ3

往き／「クコト」易「ケレトモ」 上80オ5
一なれとも／「ナレトモ」 上92オ3
異「ナルコト」有(れ)とも／「トモ」 上92オ7
誦して／「スレトモ」 上92ウ7
大悲-心アれとも 上97オ2
得れとも／「ツレハ」 上97オ2
利「ヲ」得不れとも／「ストモ」 上99オ7
入れとも／「トモ」 上101オ6、上101オ7
處すれとも／「オケリトモ」 上101オ7
處すれとも／「セレトモ」 上101ウ2
修すれとも／「セレトモ」 上109ウ1
微(な)れとも 中23オ2
行(き)たまへとも／「ユイタマフカ」 中38オ4
見レトモ 中40ウ2
見不れとも／「ス」 中47ウ2
演-「-」說(し)たまふとも／「タマヘトモ」 中51オ4

尋-求(む)れとも／「スルニ」 中60オ1
作(つ)くれとも／「オコセトモ」 中64オ7
念(「音」)有れとも／「リトモ」 中86オ4
去テ／れとも／「ルニ」 下12ウ1
落(ち)ぬ(れと)も／「チル(「ヌ」の誤か)レトモ」 下26ウ1
龍(の)／「ノ」身と爲して／「ナレトモ」 下30ウ4
得「エ」已れとも「(り)ヌレハ」 下41ウ5
似(た)れとも／「タレトモ」 下57オ5
入れとも／「ルニ」 下70オ2
救ふか／「ハラフカ」如クセシかとも／「クスルニ」 下72オ7
无(け)れとも／「ケレトモ」 下78オ7
相ひ／「ヒ」娯タノシヘトモ／「タノシハムニ」 下79ウ1
墮つ／「スレトモ」 下80オ3
多く聞けとも／「ナルモ」 下81オ3

得とも／「タレトモ」 下87オ3
許せとも／「ユルストモ」 下87オ7
信せ／「セ」不「レトモ」 下88ウ5
惡道に／「ニ」當す／「タレトモ」 下89オ1

トモガラ(輩)

〔倫〕00793
倫から／「トモカラハ」 下99オ4
〔匹〕02673
匹トモカラ／「トモカラ」无し／「シ」 上39オ5
〔徒〕10121
徒らは／「トモ(カ)ラハ」 下62オ4
〔輩〕38398
輩らは／「ラヲハ」 下15オ7
輩も／「ラモ」亦 下55ウ2
輩は／「ラハ」 下62オ4

トモシ(乇)

〔乇〕00133

乏(し)き／「トモシキ」所　下90オ7
乏(しき)／「シキ」所(「訓」)　下92オ5
乏(しき)／「モシキ」所(「訓」)　下92オ6
匱-乏トモシク／「ホク」　中57ウ2
乏(し)く短スクナキ／「ナル」所　下90オ3
乏(し)く「-」少なく　下92ウ1

トモシビ(燈)↓トボシビ

〔炬〕18949
炬を／「トモシヒヲ」　下3オ6
〔燈〕19402
燈ひを／「シヒヲ」　上100オ7
燈ひ／「ヒ」　上100ウ1

トモス(燃)

〔燃〕19394
燃イテ／「トモシテ」　上8ウ6
燃す／「トモサム」時には／「キニハ」　上100オ7
燃イテ／「トモシテ」　上8ウ6
燃す／「トモサム」時には／「キニハ」　上100オ7
燃せるか／「トモセルカ」如し／「シ」　上49ウ5

トモナフ(伴)

〔伴〕00475
伴トモナフて／「トモナント(「テ」の誤か)」　上58オ5
伴トモナフて／「トモナント(「テ」の誤か)」　上58オ5

トモニ(共)↓トモニス

〔倶〕00724
倶に／「ニ」　上11オ4、上21オ2、上30ウ6、上39ウ2、上50オ7、上54ウ2、上64ウ4、上98オ3、上98オ4、中9オ7、中10ウ7、中60ウ6、中65オ1、中96ウ6、中97オ4、下39ウ7、下56オ4、下60ウ5、下62ウ3、下62ウ4、下66ウ4、下66ウ7、下66ウ7、下67オ2、下72オ4、下73ウ3
人「ト」與(と)倶に／「ニ」　上61オ4
上「-」下倶に／「ニ」　中5ウ3
倶「ニ」　中25オ4
倶(に)／「ニ」　中68オ1
倶に「-」定(ま)れり／「ナリ」　下74オ3
〔倶共〕00724 01458
倶-「-」共「トモニ」　上70オ5
〔共〕01458
共に／「ニ」　上6ウ5、上55ウ2、上57ウ7、上58ウ3、上58ウ4、上58ウ5、上79ウ5、上80ウ4、上85オ6、上89ウ4、上104ウ6、中33オ6、中33オ7、中34オ4、下90オ6、下91ウ4、下91ウ6、下92ウ4、下95オ3、下95ウ6、下99オ7
共に／「トモニ」　上15ウ2、下96ウ6
共に／「ニシテ」　上37オ3
衆生と／「ト」共に／「ニ」　上70オ1

佛と／「ト」共に／「トモニ」　上72ウ4
「ト」共「ニ」　上73ウ4
と／「ト」共に／「ニシテ」　上73ウ4
共に　上80ウ4
共「ニ」　上81オ7、中21ウ4
衆生と／「ト」共に／「トモニ」　上83オ7、中17ウ7、中54ウ3、中54ウ6
衆生と共に／「モニ」　中18オ3
共に／「モニ」　中36オ1、中37ウ1
我「レ」等「ラ」與「ト」共ニ／「ニ」　下91ウ6
共に同せ／「セシメ」不れ／「サル」　下93オ7
與「-」共に／「トモニ」　下95オ7
〔具〕01473
具に／「フ(存疑)」「ニ」　上58ウ3
〔與〕30212
與(に)／「トモニ」　下33ウ2
輿「-」共に／「トモニ」　下79オ4

トモニス(共)→トモンズ

〔共〕01458
共にして／「ニ」　中33ウ1
菩薩與「ト」共「ニ」し　上68ウ3

トモンズ(共)→トモニス

〔共〕01458
共にする／「トモンスル」　中21オ7

トラ(虎)

〔虎〕32675
虎「トラノ」／の骨を／「ヲ」　下71オ4

トラハル(捕)

〔囚〕04680
囚コメラレたるに／「トラハレタルカ」如-似たり／「コトシ」　上36ウ6

トラフ(捉)

〔取〕03158
取ラヘテ　上6ウ6
〔投〕11887
投って／「ケテ」　上11ウ2
〔閉〕41222
幽「-」閉トラヘラレテ逃ケて(ママ)／ち／「セラレタリ」　下82ウ4

トリ(鳥)

〔𤢺〕20620
𤢺(平)トリ-狩(上)ケタモノ　下26オ3
〔禽〕24893
禽(とり)／「キム」　上59ウ7
〔鳥〕46634
鳥(訓)「リ」　上53ウ1
鳥「リ」　上102オ1、中49オ7
鳥を／「リヲ」　中24ウ7
兩(つの)／「ツノ」鳥「リ」　下66ウ7

トル(取)

〔取〕03158
取ら／「ラ」不し／「シ」　上63ウ1
取ら不と／「シト」　上80オ2
取ら／「ラ」者は／「ハ」　中63ウ4

取(ら)／「ラ」不しと／「シト」　中94ウ1
取ら／「ラ」不「シト」　中94ウ7
取ら不して／「スシテ」　下6ウ6
取ら不し／「シ」　下18ウ3
取らは(「む」の誤か)か／「トラムカ」如し／「シ」　上16オ5
取り／「トリ」已(り)て／「テ」　上6ウ1
取り／「リ」用せる／「セル」[之]者もの／「ノ」　上24ウ3
取り／「ルコト」易し／「ケレトモ」　上76オ3
取る　上31オ2
取る／「ル」　中13オ5、下53オ7、下97ウ6
取《ル》時に／「ニハ」　中90オ1
取る／「(リ)テ」　下81ウ2
取り／「ルコト」易し／「ケレトモ」　上76オ3
取(る)こと／「ルコト」　中62ウ4、中89ウ6、中89ウ7
取(る)に／「ルニ」　下67オ2
取れ／「レ」　中62ウ1
取れは／「レハ」　上24オ7
取れり／「トレリ」　下73ウ7
取れる／「シル」者もの／「ノ」　上8ウ5
取れる／「レル」[之]者もの／「ノ」　上25オ1
〔執〕05193
執り／「トリ」　上5ウ7
執「リテ」　上3ウ1
執る／「ル」　上20オ7
執れり／「レリ」　上13ウ6
執れり／「モタリ」　中5ウ2
執れり／「トレリ」　中7ウ2
執(り)て／「トンテ」　上43ウ1、中88ウ4、下82オ1
〔把〕11874
把《トリ》／「トリナカラ」　中87ウ7
〔捉〕12136
捉ら／「トラ」不　中79ウ6
捉《トリ》-持し　中9オ7
捉《トル》／「トル」／「トク」須へ(から)／「へ」
不「ス」　中79オ5
捉《イタセハ》／「トレハ」「イタセハ」　上45ウ4
捉(り)て／「トンテ」　中98オ5、中100ウ1
〔接〕12280
接「トリ」-取して／「テ」　上24オ5
承「ウケ」-接「トリ」す　上32オ5
接《トリ》　上43ウ2
〔⿱林亘〕15217-01
⿱林亘者反／トリ／「ツカム」掣して／ヒキテ／「シテ」　上21ウ3
〔賷〕36876
賷《トリ》／「モチ」　上65ウ6
〔⿰齒查〕48731
⿰齒查《トリ》掣者反／「シテ」　上31オ6

ナ

ナ(名)
〔名〕03297
名のみ／「ナノミ」 中16ウ3
名を／「ナヲ」 中32ウ5、中32ウ6
〔聲〕29166
經の／「ノ」聲なを／「ナヲ」 下7オ4
〔號〕32726
號を／「ナハ」 中32ウ1
號を／「ナヲ」 中32ウ2

ナカ(中)→ナカニツキテ
〔中〕00073
中に／「ニ」 上3オ1
其の／「ノ」中に／「ニ」 上3オ4
此の中に 上3ウ1
此「ノ」中「ニ」 上3ウ2
塼「カハラ」之「ノ」中「ニ」 上4オ1
中に／「カニ」 上8オ3、上55ウ4、中7オ7、中38オ1、中52オ4、中88オ6、中98オ2、下10ウ7、下14オ3
中より／「ナカヨリ」 上9オ2
火の／「ヒノ」／「ニ」中に／「カニ」 上10ウ1
中「カニ」 上15ウ6
中「カ」從「リ」 上18オ2
鼻の／「ナノ」中を／「カヲ」 上26ウ2
「ノ」中に／「ニ」於ては／「テハ」 上37オ2
の／「ノ」中に／「カニ」 上37ウ4、上38オ7、上40オ6、上40ウ2、上75オ1
夢(訓)の中に／「カニ」 上44ウ6
國の／「ノ」中に／「ニ」 上56ウ4
懐(平)フト「ト」コロノ中ちに／「カニ」在り 上78ウ6
心の／「ノ」中に／「ニ」 上89ウ4
器の／「モノ、」中ち／「カニ」 上100ウ4
掌「ノ」中「ナカ」 中11オ1
大海の／「ノ」中に／「カニ」 中14ウ4
胸の「ムネノ」中に／「カニ」 中18オ5
髻の／「モト、リノ」中ノ「カノ」 中24ウ5
中の／「カノ」 中41オ3
中「カ」 中63オ3
中には／「(ナ)カンハ」 中63ウ1
中に／「カニ」於て／「テ」 下6オ5
中「カ」／に於て／「テ」 下50ウ1
惡道の／「ノ」中「カ」從(り)／「リ」 下86ウ6

ナカゴロ(中)
〔中〕00073
中「ナカコロ」 中25ウ6

ナガサ(長)
〔長〕41100
長さ／「サ」 上16ウ3、上28オ6、上29オ4、上29オ6、下78ウ1
長さ 中3ウ1

長「サハ」　中4ウ3

ナガシ（長）

〔修〕00721
修《ナカク》　中5ウ7
修（な）かく／「ナカク」　中11オ6
〔永〕17088
永く／「ク」　上35ウ1、上48オ4、上59オ1、上80ウ1、中56オ3、中93ウ5、下8オ2、下9オ4、下52オ5、下66オ2
永く　中3オ6
〔脩長〕29535 41100
脩-「-」長「にして」「ナカシ」　中3ウ1
〔長〕41100
長（く）して／「ナカウシテ」　下52ウ7
長き／「キ」　上24オ4
長き　上43ウ1、上43ウ2
織「ホソヤカニ」長なる／「キ」　中9オ3
長く／「ク」　上34オ6、上35ウ2、上59オ4、上60オ1
長（く）して／「ク」　中4オ1
長く／「クシテ」　中11オ5
長し／「シ」　上13ウ7
長し／「ナカシ」　中6ウ3

ナガス（流）

〔流〕17431
流す／「シテ」　中56ウ4
流し／「テ」　中67オ1
流す「ル」不浄を　上42オ2
流「カス」　上54ウ1

ナカニツキテ（就中）

〔就中〕07599 00073
中に就（き）て／「テ」　上80ウ6

ナガラ（助詞）

［補讀］
著「キナカラヤ」　中29ウ1
著て／「ナカラ」　中29ウ2
坐して／「シナカラ」　中79ウ1、中87オ2
立（ち）て／「シナカラ」　中79ウ1
把《トリ》／「トリナカラ」　中87ウ7

ナカリ（無）→ナシ

〔无〕13716
无（け）れは／「カレハ」　上42オ4

ナガル（流）

〔流〕17431
流れて／「ナカル」　上17オ5
流る／「レテ」　上38ウ5
流す「ル」不浄を　上42オ2
盈「コホレ」流「（ナカ）ルト」　中98ウ4
池「ケ」流「ル、」　上57オ3
流るること／「ル、コト」　上24オ1
流-「レ」迸して／「トハシンテ」　上17オ1
流れ／「レ」出つ／「ツ」　上31オ5
流る／「レテ」　上38ウ5
流れ／「ナカレ」　上46オ2

流れ　上46オ3
流「レ」入して／「テ」　上95ウ4
流「レ」入して／「レリ」　上95ウ5
流れて／「ナカレテ」　上6オ4
流れて／「レテ」　上16ウ6
流れて／「ナカル」　上17オ5
流「レテ」出す／「ツ」　上18オ6

ナカレ（勿）→ナシ

〔勿〕02501
墮さ／「サ」令（む）ること／「ムルコト」勿れと／「レト」　上35ウ7
長マスこと／「スルコト」勿れ／「マナ」　上39ウ6
過すこと／「スコト」勿れ／「マナ」　上40オ3
思（ふ）こと／「フコト」勿れ／「マナ」　上46ウ2
こと／「コト」勿れ／「マナ」　上64オ1
生（す）こと／「スコト」勿れ／「マナ」　上75ウ6、上82オ7
毀ること／「ルコト」勿れ／「マナ」　上82ウ1
厭（ふ）こと／「フコト」勿れ／「マナ」　上86ウ6
勿れ／「マナ」［矣］　中53ウ4
生すこと／「ナスコト」勿れ／「マナ」　中56ウ5
有ら／「ラ」令（むる）こと／「シムルコト」勿れ／「マナ」　中89ウ2
見（る）こと／「ルコト」勿れ／「ナカレ」　中91オ3
聞（く）こと／「クコト」勿れ／「カレ」　中91オ4
說（く）こと／「コト」勿れ／「レ」　中91オ4
思（ふ）こと／「フコト」勿れ／「レ」　中91オ5
緣すること／「スルコト」勿れ／「マナ」　中91オ7
生（す）こと／「ナスコト」勿れ／「レ」　中91ウ4
生さ／「ナサ」令（むる）／「シムルコト」勿れ／「マナ」　中97ウ5
念（ふ）こと／「フコト」勿れ／「マナ」　下35オ7
分「-」別すること／「スルコト」勿れ／「マナ」　下44ウ7
當（に）／「ニ」須く／「クハ」…生（す）こと／「ナスコト」勿れ／「マナ」　下62オ6
勿れ／「カレ」　下92ウ1、下92ウ3
終ら／「ヲハラ」令（む）ること／「シムルコト」
勿かれ／「カ」　下92ウ3

〔匪〕02629
僻たること／「ルコト」匪ナカレ　上73オ7

〔无〕13716
聲「オト」すること无れと／「ナカラムコトヲ」　上44オ1
過す者もの无れ／「ナカレ」　上93ウ4

无(かれ)／「キナリト」　中25ウ5
无(かれ)／「(ナ)カレ」　中29ウ5
无(かれ)／「レ」　中30オ3
无(かれ)／「カレ」　中52ウ5
休-息すること无(かれ)／「カレ」　中84オ2
休「-」息する／「スル」時「キ」无(かれ)／「レ」　中84オ3

〔莫〕31078
歸ること／「ルコト」莫れ／「マナ」　上38ウ2
造(る)こと／「ルコト」莫れ／「マナ」　上39オ6
相ひ／「ヒ」是「非すること／「スルコト」莫れ／「マナ」　上78ウ7
毀ること／「ソシルコト」莫れ／「マナ」　上82ウ1
相ひ／「ヒ」是非すること／「スルコト」莫れ／「ナカレ」　上82ウ2
生(す)こと／「ナスコト」莫れ／「マナ」　上101ウ4
忘(る)ること／「ル、コト」莫れ／「マナ」　中18オ7
得(る)こと／「ルコト」莫れ／「マナ」　中78オ4
壞ること／「スルコト」莫れ／「レ」　中78オ6
休息すること／「スルコト」得(る)こと／「ルコト」莫れ／「マナ」　中85ウ1
絶(ゆ)ること／「ルコト」莫れ／「マナ」　中89オ3
怖オ(そる)ること莫れ／「オソル、コトマナ」　下26ウ3
忘るゝこと／「ル、コト」莫れと／「マナト」　下26ウ6
生すこと／「ナスコト」莫れ／「マナ」　下27ウ6
癈(るゝ)こと／「スタル、コト」莫れと／「マナト」　下27ウ6
有(る)こと／「コト」莫れ／「カレ」　下33オ7
同くすること／「シクスルコト」莫れ／「マナ」　下35ウ1
例すること／「スルコト」莫れ／「マナ」　下54ウ5
失(ふ)こと／「フコト」莫れ／「マナ」　下59オ6
疑(ふ)こと／「フコト」莫れ／「カレ」　下70オ4
莫れ／「マナ」　下77ウ1
知(ら)／「ラ」令(むる)こと／「シムルコト」莫れと／「カレト」　下82オ5

ナガレ(流)
〔流〕17431
流レニ　上25ウ3
駃トキ流レ　下2ウ7

ナグ(投)
〔投〕11887

投トウ反するに／「ナク」 上25ウ1
投け／「(ナ)クルコト」 中80ウ4
投(く)れは／「ナケタラムニ」 中22ウ7
投けて／「ケ」 上49ウ7
投けて／「テ」 上83オ2
投け／「(ナ)クルコト」 中80ウ4
投(く)れは／「ナケタラムニ」 中22ウ7
投「ナケテ」 上5ウ5
投(け)て／「ナケテ」 上10オ7
投って／「ケテ」 上11ウ2
投けて／「ケ」 上103ウ7
投けて／「ケテ」 中67オ1
〔擲〕12893
擲ナ(ケ)／「ナケ」過(ス)コシタマフニ／「ス
コイタマハムニ」 中39オ4
擲けて／「ナケテ」
上6ウ3、上14ウ7、中8オ1
擲ナケテ／て 上9オ7

擲け／「ナケテ」置(き)て／「イレハ」 中43オ1

ナクス(無)→ナシ

〔无〕13716
及ふ者もの／「モノ」无けむ／「クシ」
中83ウ1
壊る／「ヤフル」者もの／「モノ」无けむ／「ク
シ(テ)」 中83ウ1
動すること无「クス」 中83ウ7
逮ふ／「オヨフ」者もの／「モノ」无けむ／「ク
セヨ」 中83ウ2

ナゲク(歎)

〔歎〕16182
歎ナケイテ／「ナケイテ」曰く／「ク」 上35オ5

ナケム(無)→ナシ

〔无〕13716
こと无けむ／「シ」 上16オ4

見ること／「コト」无けむ／「クナンル(「ヌ」の
誤か)」 上35ウ2
獲「エ」不といふこと／「ストイフコト」无し
／「ケムトイヘリ」 上75オ6
こと／「コト」无けむ／「ケム」 上81ウ4
有(る)こと／「ルコト」无けむ／「ケム」 上100オ6
「コト」无けむ／「ナケム」 上103オ7
容-受する／「スル」者もの／「モノ」无(か)
らまし／「ナケム」 上103ウ3
有(る)こと无けむ／「ケム」
中20オ1、下76ウ6
无ケム 中29ウ2
窮ならむ(こと)／「キハムルコト」无「ケムト」
中48オ4
有(る)こと／「コト」无けむ／「ケム」
中48オ6、中87ウ3、下68ウ4
有(る)こと／「コト」无けむと／「ケムト」

中66ウ7
无けむ／「クナンヌ」　中77ウ6
及ふ者もの／「モノ」无けむ／「クシ」　中83ウ1
壊る／「ヤフル」者もの／「モノ」无けむ／「クシ」　中83ウ1
逮ふ／「オヨフ」者もの／「モノ」无けむ／「クセヨ」　中83ウ2
无(けむと)／「ケム」　下6オ1
无けむ／「シ」　下9オ6、下20ウ3
无けむ／「シト」　下9ウ3
无けむ／「ケムト」　下10ウ4
无けむと／「ケムト」　下22オ4、下55ウ6
无けむといつり(と)／「ケムト」　下38オ1
有(る)こと／「コト」无けむ／「カラム」　下43ウ7
有(る)こと／「コト」无けむといつり／「ケム」　下44オ3
實无けむ／「ナ(ケ)ム」　下58オ1
窮(ま)り无けむ　下58オ2
无けむ／「ケム」　下96オ5

〔莫〕31078
盡(す)こと／「スコト」莫けむ／「ナケム」　上63オ3
莫し／「ナケムト」　中32ウ4
莫けむ／「ケム」　下16オ4

ナサク(成)→ナス

〔作〕00518
作(さ)く／「ナセリ」　上7オ3
作(さ)く／「(ス)モノ」　上13オ4
作さく／「サク」　中43オ6
作して／「サク」　中98ウ5
作さく／「ナサク」　下22オ5
作さく／「ナサク」　下12オ7
作さく／「サク」　下24ウ3、下91オ7

〔生〕21670
生して／「ナサク」　中98オ2
生して／「サク」　中100オ7

ナサマク(成)→ナス

〔作〕00518
作(さ)まく／「サマク」　下76ウ5、下77オ7

ナシ(無)→キハマリナシ、ナカリ、ナカレ、ナクス、ナケム

〔勿〕02501
犯(す)こと／「スルコト」勿く／「ナク」　下48オ5

〔无〕13716
无(く)して／「ウシテ」　中17ウ3、下31ウ5
无し／「ウシテ」　中69ウ4
无(から)令(む)ること／「ムルコト」　上18オ3
殺「-」害「スルコト」无(から)／「カラ」令めむとして／「メムトシテ」　上44ウ3
无く／「ナカラ」令「シテ」(ママ)　中57オ2

无から／「ク」令しめ　中67ウ2
无(から)／「カラ」令め／「シメ」　中87オ1
悩无(か)ら／「カラ」使(めむ)／「シメム」　下15ウ1
无(か)ら／「カラ」令めむ／「シメム」　下90オ7
无(か)ら／「カラ」令しめむ／「シメム」　下91ウ3
无(か)ら／「カラ」令しめむ／「シム」　下92オ5
无(か)ら／「カラ」令めむ／「シム」　下92オ6
容-受する／「スル」者もの／「モノ」无(か)らまし／「ナケム」　上103ウ2
豈「二」機-應无(か)らむ耶や／「ヤ」　上77ウ2
有こと／「コト」无らむ／「ラム」　中44オ1
有こと／「コト」无からむ／「ラム」　中44ウ2
有(る)こと／「コト」无らむ／「シ」　下39ウ4
有(る)こと／「コト」无けむ／「カラム」　下43ウ7
懼り／「オソリ」无(き)か／「(カ)ラム」如し　下82ウ5
无きか／「カラムカ」如く／「ク」　上101ウ1
无(からむ)か／「カラムカ」　中23オ1
无(か)らむか／「ラムカ」如く／「ク」　中29オ6
无(か)らむことを／「ナカラムコト」　中29ウ2
聲「オト」すること无れと／「ナカラムコトヲ」　上44オ1
滅すること／「スルコト」无(か)らむや／「ラムヤ」　上104ウ6
无(か)らむ／「ラムヤ」耶や　下33ウ6
益无ら(む)や／「ラムヤ」　下57ウ2
无(か)らむをは／「ラムヲハ」　下90オ7
无(か)りき／「シ」　中57オ6、下27ウ7
无(か)る／「カル」應「シ」　上98ウ3
无(か)る／「ルヘ」應し／「シ」　上104オ4
墮すること／「スル」无(か)る／「カル」應き／「シ」者ものなり／「モノ」　上105ウ6
依「-」怙无(か)る／「カル」應し／「シ」　下90ウ3
无(け)れは／「カレハ」　上42オ4
无き／「キ」　上9ウ2、中59ウ3、下64ウ1
无き　上12ウ1、上88ウ7
无き／「キ」時「キ」には　上45ウ1
耳无「キ」　上76オ5
无き／「キ」者ものは／「ノハ」　中28ウ4
无「キ」　中59ウ2
安「スルコトヲ」无「キ」　中61オ6
捨无き／「キ」　中68ウ4
有(る)こと／「コト」无き／「キ」　下37オ7
退「-」墮无し／「キ」　下54ウ6
一二「(去濁)」も／「タンモ」无き(や)／「キ」

下55ウ3
貪求する／「スル」所无き／「キ」者は　下90オ1
道心の者(の)／「モノ」无(き)／「キ」　下90ウ4
无(き)か／「キカ」　中65オ1
増无く／「ク」亦滅无きか／「キカ」如し／「シ」　上65オ7
有(る)こと／「コト」无きか／「キカ」故「二」　上72ウ4
礙り／「サハリ」无きか／「キカ」如く／「ク」　上100ウ5
无(き)か／「キカ」如し／「シ」　中24オ1
无し／「キカ」如(なり)／「コトキ」　中75オ4
ゝ(无)(き)か／「キカ」故に／「二」　中75オ6
无(き)か／「キカ」如く／「ク」　下81オ2、下90オ3
分无(き)か／「キカ」如し／「シ」　下81オ3

无(き)ことを／「キコトヲ」　上69ウ7
无し／「キコトヲ」　上100オ6
中間も无(し)と／「キコトヲ」　中64ウ2
悲「ヒ」无(き)と／「キト」　上9ウ3
こと／「コト」无し／「キト」　上33ウ3
果「ミ」无し／「キト」耶やと　上92オ5
无きときには／「キニハ」　中75オ7
无きは／「ナキトキンハ」　中56オ4
无(き)なり／「(ナ)キナリ」　中28ウ1
佛无(き)なり／「キナリ」　下12オ4
无(し)といへり／「キナリ」　下37ウ6
无(か)れ／「キナリト」　中25ウ5
无きに／「キニ」非す／「ス」　上76オ7
无(き)に／「キニ」非さるか／「ス」如し　上88オ3
无(き)に／「キニ」　下77ウ1
聞に／「クコト」无「キニ」非(す)／「ス」　下88オ1

无(き)に／「キニ」非(す)／「ス」　下90ウ6
无(き)には／「キニハ」非す／「ス」　上106オ2
无きに(も)／「キニモ」　中16オ7
无きは／「ケレハ」　上39オ3
ゝ(願)「ハ」(ママ)ゝ(无)きは／「キハ」　上79オ6
光「リ」无きは／「ハ」　上79ウ1
无きは／「キハ」　上79ウ6、上105ウ1、中58ウ7
誠「ヲ」至「スコト」无きは／「ケレハ」　上89ウ7
想无きは／「キハ」　中86オ3
无きは／「シ」　下9オ3
貪求する／「スル」所(「訓」)无きは／「キモノハ」　下90オ2
无きを／「キヲ」　中88オ7
无(し)と／「キヲハ」　下69オ4
无し／「キヲモテ」　上75オ5

畏(るる)所无(く)して／「キヲモテ」　中8ウ1
无く／「キヲモテ」　中26オ7
色(「音」)无し／「キヲモテ」　中84ウ6
无(けれはなり)／「ナキヲモテナリ」　下48ウ1
无く　上6ウ6、中22オ1、中50オ4、中50ウ4
間「ヒマ」无く／「ク」　上15オ2
无(く)して／「ク」　上15ウ7、中12ウ6、下56オ5
足无し／「ク」　上26ウ6
依「ノ(ママ)」无く／「シ」　上35オ6
識「モノシルコト」无「ク」　上46オ5
有(る)こと／「コト」无「ク」　上52オ1
増无く／「ク」亦滅无きか／「キカ」如し／「シ」　上65オ7
无く／「ク」　上72ウ3、中22オ1、中38ウ5、中49ウ5、中50ウ6、下6オ6
係カクル／「カクル」所「トコロ」无し／「ク」　上73オ1
是も无く／「ク」非も无し　上91ウ2
力「ラ」无し／「ナク」　上95ウ7
无「ク」　上100オ1、上100オ1、上100オ1
无し／「ク」　上100オ1、上100オ4、中40オ1、中49ウ3
无く／「シ」　中6ウ7、中40ウ1、中49ウ3、中49ウ5、下52ウ7
无く／「クシテ」　中11ウ5
无く／「ナカラ」令「シテ」(ママ)　中57オ2
无から／「ク」　中67ウ2
取无く／「ク」　中68ウ3
有(る)こと／「コト」无く／「ク」　中68ウ3
眼も无く／「ク」　中75オ3
色(も)无し／「ク」　中75オ3
意も无く／「ク」　中75オ4
懈怠无く／「ク」　中83ウ6
休「-」息すること／「スルコト」无「ク」　中83ウ7
休息すること无く　中84オ1
所「-」求无く／「ク」　中86ウ1
著する所无「ク」　中86ウ1
貪する所无く／「ク」　中86ウ1
滅す／「ス」可き／「キ」所(「訓」)无し／「ク」　中86ウ2
生する所无し／「ク」　中86ウ2
病无く／「ク」　下15ウ1
邪(「音」)无く／「シ」　下53オ1
染无く／「シ」　下53オ1
二も／「モ」无く／「ク」　下80ウ2
比ひ／「ヒ」无「ク」して　上55ウ5
有「ルコト」无(く)して／「クシテ」　上96オ1
无くして／「クシテハ」　中23オ4
无(く)して／「クシテ」

中27オ3、中38ウ5、中81オ2、下88オ7
所「-」有无しと／「クシテ」　中68オ7
遊戯せ／「セ」使むる(こと)／「シムル」无(く)して／「クシテ」　中98ウ5
无くとも　上84ウ2
設ひ餘行无(く)とも「クトモ」　上85ウ6
朝-謁エチ反　(する)に／「エニ」由し／「シ」无し／「クナンヌ」　上35オ7
見ること／「コト」无けむ／「クナンル(「ヌ」の誤か)」　上35ウ2
期「ノ」(直前の字の訓の誤か)无し／「クナンヌ」　上35ウ3
无「クナンヌ」　上35ウ4
无けむ／「クナンヌ」　中77ウ6
无くは／「クハ」　上94オ5
財「ラ」の／「トシテ」…无(く)は／「クハ」　上96オ6
无(く)は／「クハ」　上104オ6、中78ウ3
无くは／「キ」　下31ウ7
十念无くは／「クハ」　下58オ2
无くは／「キニハ」　下71オ5
障「リ」无(け)れとも／「レトモ」　上25ウ6
无(け)れとも／「レトモ」　上75オ5
无(け)れとも／「ケレトモ」　下78オ7
无きは／「ケレハ」　上39オ3
无(け)れは／「レハ」　上60オ2
誠「ヲ」至「スコト」无きは／「ケレハ」　上89ウ7
従(り)て來る所无し／「ケレハ」　中65オ4
「コト」无「シ」　上1ウ4
无し／「シ」　上5ウ4、上6ウ6、上12ウ1、上13オ2、上15ウ6、上15ウ6、上17ウ5、上20オ3、上45ウ3、上46オ2、上47ウ1、上57オ2、上59オ1、上59オ2、上59オ2、上59オ3、上59オ3、上59オ6、上60オ3、上88ウ6、上91オ7、上92オ4、上96ウ6、上97オ1、上100オ4、上101ウ2、上103ウ4、上107オ7、中5ウ7、中7オ1、中11ウ6、中14ウ7、中16ウ7、中35オ7、中40ウ1、中48ウ4、中49ウ3、中49ウ5、中50オ3、中50ウ6、中63ウ1、中65オ3、中71ウ1、中75オ6、下5ウ4、下60オ6、下63オ7、下63ウ2
は无し／「シ」　上15オ3
同「-」伴「ハイ」(ママ)无し／「シ」　上16オ1
こと无けむ／「シ」　上16オ5
喩ひ／「トヒ」无「シ」　上16ウ4
間隙「サイ」无し／「シ」　上17ウ6
覺(り)知「レルコト」无し／「シ」　上22ウ2
所无し／「シ」　上24オ4
有(る)こと／「コト」无し／「シ」　上24ウ4、上52オ1、上53ウ2、上89オ2、中45オ3、下5オ1
啾ふに／「クラフニ」由し／「シ」无し／「シ」

上25ウ6
知る／「ル」所「ロ」无し／「シ」 上26ウ3
休ヤムこと／「コト」无し／「シ」 上26ウ5
足无し／「ク」 上26ウ6
厭アクこと／「アクコト」无し／「シ」
こと／「コト」无し／「シ」 上28ウ3
上30ウ1、上45ウ4、上65ウ3、上89オ1
苦に(あら)「ナラ」不といふこと／「トイフコ
トハ」无し／「シ」 上32ウ6
こと／「コト」无し／「キト」 上33ウ3
受け／「ケ」不るは「ス」有(る)こと／「コト」
无し／「シト」 上34オ1
避さる／「ノカル、ニ」處无し／「シ」 上34オ3
極「リ」无しと／「トシ(「シト」の誤か)」
上35オ2
怙「タノム」「ノ(ママ)」无し 上35オ6

日も无「シ」 上35ウ3
沐浴せむに／「スルニ」由し／「シ」无し／
「クナンヌ」 上35ウ4
救ふ／「フ」者もの／「ノ」无し／「シ」
上36オ1
遁トン反／ノカレ／「ノカレ」「トンニ」避／ス
ル／アカル、／「ヒイン」「サル」所无し／
「シ」 上36ウ2
相ひ／「ヒ」救ふ／「フ」者もの／「ノ」无し／
「シ」 上37オ1
相ひ／「ヒ」親(し)く(する)こと／「シタシフ
モノ」无し／「シ」 上37オ4
加(ふ)る(こと)／「フルコト」有(る)こと／
「コト」无し／「シ」 上37オ5
代る／「カハル」者もの／「モノ」无し／「シ」
上37オ6
救(ふ)こと／「フコト」无し／「シ」 上37オ6
際(き)は无し 上37ウ3

匹トモカラ／「トモカラ」无し／「シ」
上39オ5
こと／「コト」无「シ」
上41オ4、上56オ3、上73ウ1、上89オ2
樂(し)ふ／「シムヘ」可(き)こと／「コト」无
し／「シ」 上41ウ2
異なること无し／「シ」 上42オ2
停ト、マること无し／「シ」 上46オ6
奇妙なら／「ナラ」不といふこと／「ストイフ
コト」无し／「シ」 上48ウ6
比ひ／「ヒ」无「シ」 上50ウ1
照(す)こと／「スコト」无し／「シ」 上51オ3
至(る)こと／「ルコト」无し／「シ」 上51オ3
具せ／「セサ」不といふこと／「レハ」有(る)
こと／「コト」无し／「シ」 上51オ5
聲に／「ヘニ」(あら)不といふこと／「ストイ
フコト」无し／「シ」 上51ウ6
照(ら)／「ラ」不といふこと／「トイフコトハ」

无し／「シ」 上52ウ4
佛法に／「ニ」(あら)不といふこと／「ストイフコト」无し／「シ」 上53オ3
耽「タム」-玩す／「ス」「ヨロコフ」可(き)こと／「コト」无「シ」 上57オ7
期无し／「シ」 上57ウ2
窮「リ」无「シ」 上57ウ6
間(訓)「ヒマ」无し／「シ」 上58ウ7
遺す／「ノコル」者もの／「モノ」无シ 上61ウ6
刹として身を／「ヲ」現せ不といふこと／「ストイフコト」无し／「シ」 上64オ1
嗟「サ」-歎せ不といふこと／「ストイフコト」无し／「シ」 上70ウ6
輪-「-」廻に／「ニ」非(訓)(すといふ)こと／「ストイフコト」无し／「シ」 上71ウ1
處に／「ニ」非(さ)るは／「サル」有(る)こと／「コト」无し／「シ」 上71ウ7

心「シム」无し／「シ」 上72ウ7
係カクル／「カクル」所「トコロ」无し／「ク」 上73オ1
无し／「キヲモテ」 上75オ5
獲「エ」不といふこと／「ストイフコト」无し／「ケムトイヘリ」 上75オ6
无し 上78ウ2、上78ウ2、上109オ6、中34オ7、中36ウ6、中39ウ1、中49ウ5、中50オ4、中64ウ7
願无「シ」 上79オ6
无しと／「シ」 上80オ5、下32ウ5
窮-極无し／「シ」 上80オ5
違すること／「スルコト」无し／「シ」 上81オ4
中道に／「ニ」非(す)といふこと／「トイフコト」无し／「シ」 上87ウ6
造「スル」者ものも／「ノ」无し／「シ」 上89オ1

造する／「スル」者ものも／「ヲ」无「シ」 上89オ2
无「シ」 上91ウ1、上91ウ3、中23ウ4、中24オ3、中34オ4、中42ウ1、中49ウ3、中49ウ5、中50オ7、中50ウ1、中50ウ4、中61ウ7、中92オ3
是も无く／「ク」非も无し 上91ウ2
果「ミ」无し／「キト」耶やと 上92オ5
无(なり)／「シ」 上92オ7
有(る)こと／「コト」无しと／「シ」 上93ウ6
力「ラ」无し／「ナク」 上95ウ7
處无し／「シ」 上99オ1
无し／「ク」 上100オ1、上100オ4、中40オ1
无し／「キコトヲ」 上100オ6
崖「カイ」-際「サイ」无「シ」 上102ウ4
發「-」起するに／「スルニ」由し无し／「シト」 上104ウ7
苦を／「ヲ」願ふ／「スル」者ものは／「ノハ」

无し／「シ」 上109ウ2
見る／「ル」者もの／「モノ」无し／「シ」 中2ウ7
褫「チ」-落「スルコト」无し／「シ」 中3オ6
塵-翳「エイ」无し／「シ」 中6オ1
无く／「シ」 中6ウ7、中49ウ3、中49ウ5
聞「カ」不すといふ／「ストイフコト」无し／
「シ」 中7オ3
觸れ／「フレ」不といふこと／「ストイフコト」
无し／「シ」 中12オ2
減「スルコト」无し／「シ」 中16オ1
去「-」來无し／「シ」 中16オ2
別无し／「シ」耶や／「ヤ」 中19オ3
差別无し／「シ」 中19オ3
分別无し／「シ」 中19オ5
差別「ノ」相无「シ」 中19オ7
无「シヤ」耶や 中24オ7
无し／「シトイフコトヲ」

中24ウ5、中71オ2
期とき无し／「シ」 中31ウ5
无し／「シト」 中42オ1、中42ウ5
有(る)こと／「コト」无し／「シトイヘリ」
中46オ7
能(は)不る／「ル」所なるは／「ロハ」无し／
「シト」 中46ウ3
由(よ)し／「(ヨ)シ」无し／「シ」 中55ウ4
无(か)りき／「シ」 中57オ6、下27ウ7
有(る)こと／「コト」无「シ」 中63ウ1
去る所无し／「シ」 中65オ4
從(り)て來る所无し／「ケレハ」 中65オ4
處-「-」所无「シ」 中65オ4
所「-」得无し／「シ」 中67ウ7
消滅无し／「シ」 中68オ3
无し／「ウシテ」 中69ウ4
二-如无し／「シ」 中74オ3
色(も)无し／「ク」 中75オ3

无し／「キカ」如(なり)／「コトキ」 中75オ4
心(〔音〕)无し／「シ」 中84ウ5
色(〔音〕)无し／「キヲモテ」 中84ウ6
所見无し／「シ」 中85オ2、中85オ2
持「-」來「スル」者「モノ」无し／「シ」
中85ウ4
有(る)こと／「ルコト」无し／「シ」 中85ウ4
至「ル」所(〔訓〕)无し／「シ」 中86オ1
示す／「メス」可き／「キ」者もの／「モノ」无
し／「シ」 中86オ3
垢无し 中86オ6
所「-」想无し／「シ」 中86ウ1
壞-「-」敗する／「スル」所无し／「シ」
中86ウ2
滅す／「ス」可き／「キ」所(〔訓〕)无し／「ク」
中86ウ2
生する所无し／「ク」 中86ウ2
惡念无し／「シ」 中90オ6

如シクは／「シ」／「シク」无し／「シ」　中92オ5
際きは／「キハ」无「シ」　中93オ5
樂(タ)ノ(しふ)／「シフ」可(き)こと无「シ」　中93オ6
具「-」足せ／「セ」不といふこと／「トイフコト」无し／「シ」　中93ウ7
謬まること／「アヤマルコト」无し／「シ」　中97ウ2
无(し)／「シ」　下5ウ7、下41ウ3、下44ウ3、下45ウ6
獲「エ」不といふこと／「ストイフコト」无し／「シ」　下8ウ4
无けむ／「シ」　下9オ6、下20ウ3
異(なること)／「ト」无し(と)／「シ」　下11ウ4
從(り)て來る所无し／「シ」　下12ウ1
至る所无し／「シ」　下12ウ1
牢「(ラ)ウ」固(たること)／「ナルコト」无し　下12ウ6
違(ふ)こと／「フコト」无し／「シ」　下13オ1
戒「-」行无し／「ク」　下13オ5
比「(ナ)ラヒ」无「シ」　下24ウ2
有(る)こと／「コト」无らむ／「シ」　下39ウ4
失(と)か／「トカ」无し／「シ」　下46オ6、下47ウ3、下48ウ4
別无し／「シ」　下49オ3
有(る)こと／「コト」无(し)／「シ」　下51ウ3
退(くこと)无し(と)／「シ」　下53オ1
階位无(し)／「シ」　下54オ3
過(と)か／「トカ」无し／「シ」　下56オ4
定(ま)れること／「リ」无し／「シ」　下59ウ2
往生せ／「セ」不といふこと／「ストイフコト」无し／「シ」　下60ウ6
比「(ナラ)ヒ」无なり／「シ」　下79オ1
缺漏する／「スル」所无(し)／「シ」　下79オ2
亦三も／「モ」无し／「シ」　下80ウ3
聞(く)こと／「クコト」无(し)／「シ」　下87ウ2
巨益无し／「シ」　下88オ2
无しと／「シトイフコトニ」　上34ウ1
无しと／「シト」　上75オ2
亦无(し)と／「シト」　上92オ5
无(し)と／「シト」名「ク」　上92オ7
異なること／「ノ(「コト」の誤か)」无しと／「シト」　上96オ7
无「シト」　中47オ4
无し(と)／「シト」　中56オ5、中56オ6
所「-」有无しと／「クシテ」　中68オ7
无けむ／「シト」　下9ウ3
无(し)と／「シト」　下22オ3
好「-」醜无しと／「シト」　下49オ7
文「-」證无(し)と／「シト」雖(も)／「モ」　下52ウ6

有(る)こと／「コト」无し(と)／「シト」　下80ウ4
无しといつり／「シ」　上105オ6
〔無〕19113
無きに／「キニ」非す／「ス」　下98ウ3
無く／「ク」　下1ウ1
缺くこと／「スルコト」無(く)して／「クシテ」　下39オ7
〔莫〕31078
莫(か)むと／「ラムト」　下76ウ6
免るゝこと／「ヌカル」「ル、コト」莫し／「ナシ」　上39オ5
こと／「コト」莫し／「ナシ」　上41オ1
歡喜せ／「セ」不といふこと莫し／「シ」　上54オ2
莫し／「ナケムト」　中32ウ4
莫し／「シ」　中34オ4
大なる者は／「ハ」莫し／「シ」(と)　下42オ1
莫し(と)／「シト」　中51オ6、中60オ1
〔靡〕42612
靡なし／「ナシ」　中15オ5、中36ウ4、中48ウ7

ナス(成)→ナサク、ナサマク
〔作〕00518
作なさ／「ナササシ」令(め)む(や)／「メタリ」　上78オ5
作さ令メよ／「シ(メ)ヨ」　中1ウ1
作さ／「ナラ」令めたまひなむ／「シメタマフ」　中39オ1
作さ不「スト」　中40オ1
作さしむ／「ナササシム」［當］「シ」　中88ウ4
作なして／「ナササシ(め)テ」　上4オ5
作さは／「サハ」　上44ウ7
作さむ　上81ウ1
作さむ／「ス」時に／「ニハ」　中2ウ2、中2ウ2
作さむか／「ナセラム」如(く)せむをは／「ハカリニセムヲハ」　上97オ6
作し／「クリ」　上58ウ2
作「シ」　上60ウ4
作り／「ナシ」　上71オ3
作す／「ナシ」　上88オ5
作し／「ナシ」　中8ウ1
作なし／「ナシ」　中27ウ1、下91オ2、下91ウ4
作し／「シ」已(り)て／「テ」　中98オ4、下22オ7
作し／「シ」已(る)に／「ハルニ」　中98ウ6
作なし／「リ」　下2ウ2
作し／「ナシ」已(り)て／「テ」　下25オ2、下25オ7
作なして／「ナシ」　下91ウ2
作なしき／「ナシキ」　下92オ2
作「ナシツ」　中99オ1

作ならむ／「ナシツ」　中99オ1
作して／「ナシテ」　上4ウ2
作して／「シテ」　上43オ1
作なして／「ナシテ」　中25ウ5
作せ／「ナシテ」　中26オ4
作な(し)にき／「ナンテ」　中52オ7
作す／「ス」應し／「シ」と　上42ウ2
作せる／「ナス」所の／「ノ」　上62ウ4
作す／「ナシ」　上88オ5
作す／「ス」應し／「シ」　上94ウ4、上94ウ6、中36ウ5、中40ウ6、中67オ2、中94オ4、中96オ7、下77ウ1
當(に)／「ニ」…作す「當」し　中1オ7
金色を／「ヲ」作ナす／「ス」　中2オ4
異相を／「ヲ」作す／「ナス」　中2オ5
當「ニ」…作す／「ス」「當」し　中2ウ2
色を／「ヲ」作す／「ナセリ」　中3ウ2
十八變を／「ヲ」作す／「ス」　中8オ1

色を／「ニ」作す／「ナレリ」　中8オ3
作(す)／「ナス」應(し)／「シ」　中10オ5
作らむ／「ス」　中20ウ2
作す／「ナス」　中29ウ1、中31オ2、中31オ4、下92オ3
作「ナス」應「シ」　中32ウ7
作す應し　中34オ5
作す應し／「シ」　中38ウ5
作す／「ス」應「シ」　中40オ3、中41オ7
作「ス」應「シ」　中42オ1、中42オ5、中47ウ4、中54ウ6、中74オ7、中94ウ3、中97オ1
作(す)／「ナス」應「シ」　中53オ7
作す／「ス」時に／「キニ」　中74ウ6
作せむ／「ナス」　中77ウ5
作(す)／「ナ」應「シ」　中93ウ2、中95オ2、中96オ3
作す／「ナ」應し／「シ」　中97ウ1

作す／「ナス」者ものは／「ノハ」　下14オ2
作すか／「ナシ、カ」故に／「ニ」　下73オ2
作すこと／「ナセ」　中17ウ4
作すこと／「スハ」　中55オ1
作すこと／「ナスコト」　中89ウ5
作すことのみ／「ナスコトノミ」　中29ウ3
作すと／「スト」雖「モ」　上35ウ7
作ナスとも／「ナセルトモ」　下26ウ4
作すなり／「ナスナリ」　下65ウ4
作すなり(と)／「ナリト」　下65ウ5
作すに／「スニ」　上14オ1
作すに(も)／「スニ」　中26オ3
作「ナス(モノ)」有「ラム」　上81ウ1
作らむ／「ナスヲハ」者ものを　中2ウ4
作せ／「ナンテ」　上46ウ3
作せ／「ナセ」　上94ウ7、中79オ6、中89ウ4
作「ナセ」　中1オ7

作れ／「セ」　中15オ6
作すこと／「ナセ」　中17ウ4
作せ／「ナシテ」　中26オ4
作せ／「セ」　中89オ3
作さむか／「ナセラム」如（く）せむをは／「ハカリニセムヲハ」　上97オ6
作（さ）く／「ナセリ」　上7オ3
作せり／「ナセリ」　上46オ7
八萬四千の／「ノ」支と／「ヲ」作る／「ナセリ」　中3オ2
色を／「ヲ」作す／「ナセリ」　中3ウ2
作せる／「ナス」所の／「ノ」　上62ウ4
作せる／「ナセレハ」　中11オ5
作ナスとも／「ナセルトモ」　下26ウ4
作なせるなり／「クレルモノナリ」　下86ウ5
〔成〕11544
成さ使メム／「シメヨ」［宜］「ヘシ」　中90ウ2
成せむ／「ナサム」　上69ウ2
成し／「シ」　中30ウ4、中90オ5
成し／「シテ」　中99ウ4
成したまへるを　中37ウ2
成して／「シテ」　上26オ1、中15オ6、中22オ3
成して／「セラムモノ」　下37ウ7
成せむ／「ナシテム」　上69オ7
成（り）なむ／「シテム」　中34オ3
成す／「ス」　中33オ6、中33オ7、中33ウ1、中33ウ2、下4オ1
成す／「ナス」　中33ウ6
成す／「ナスコト」能（は）／「ハ」不「ス」　中66オ1
浄業と／「ヲ」成る／「ス」　下65ウ2
成（す）／「ナス」　下70オ7
成す（と）／「スト」　中86オ7
成すと／「スト」　中93オ3
成すと／「ス」　下71ウ3
成（す）と／「スト」　下81オ1
成すに／「ナルニ」　中56ウ1
成すに／「セントスルニ」　中62ウ2
成せむ／「ナスヘシ」　中25オ1
成せは／「シヌレハ」　下75ウ5
鏁クサ（り）／「クサリ」成せり／「ナセリ」　上28オ3
合せ「-」成せり／「セリ」　上55ウ2
と／「ニ」成せる／「セ」所なり／「レタリ」　上28オ3
成せる／「セル」　上97ウ5
〔爲〕19686
爲ナす／「ナイツ」　中37オ2
增「-」減すと爲なさ／「スルコトヲ」不す／「セス」　上65オ6
金と／「ト」爲なさ／「ナラ」使むるか／「シムルカ」如し／「シ」　上90ウ1
を／「ト」爲なさむ／「ス」　上83ウ6

寶と／「ト」爲し／「ナシ」　上43オ6

爲す／「ナシ」　上98ウ4

利益の事を／「ヲ」爲し／「ナシ」　中8ウ1

爲なし／「シ」　中43ウ4、中43ウ5

塵と／「リト」爲なして／「ナシ」　下4ウ5

爲なして／「ナシテ」　中43オ1

爲なして／「シテ」　中43ウ5

塵と／「(チ)リト」爲なして／「ナシテ」　中87オ5

爲なしてむ／「ナセラム」　中43オ3

と／「ト」爲る／「ナス」　上20オ6

爲なス／「セヨ」　上41オ6

禮を／「ヲ」爲(つ)くる／「ナス」　上83オ5

爲す／「ナシ」　上98ウ4

爲ナす／「ナイツ」　中37オ2

爲ナす／「ナス」　中49ウ7

金と／「ト」爲ナす／「ナス」　下69ウ4

爲な(す)に／「ナスコト」　中26オ7

爲ツくること／「ナスコト」　下48ウ2

爲ナす(ときに)／「ニ」　下12オ6

爲なせは／「ニ」　下67オ4

爲なしてむ／「ナセラム」　中43オ3

〔生〕21670

類をして／「ヲシテ」…生なさ／「サ」令しめむ／「シメム」　上109ウ7

生さ／「ナサ」令メテム／「シメテム」　中60ウ1

生(な)さ／「セ」不る／「サレハ」者ものをは　中69オ7

生さ／「ナサ」令(むる)／「シムルコト」勿れ／「マナ」　中97ウ5

悔「-」過を／「ヲ」生さ／「ナサ」不「ス」　中99ウ1

生さ／「ナサ」不「ス」　下9オ2

生(さ)／「サ」不ル／「サル」　下41オ7

生さ／「ナサ」令(む)ること／「シムルコト」　下84オ1

生すときには／「ナササハ」　中83オ5

生さは／「セム」　下29オ2

生さは／「ナサハ」　下98オ5

生さむ／「セムヤ」　上31ウ4

生さむ／「セム」者ものは／「ノハ」　上81ウ5

生さむ(に)／「サム」　下2オ4

生さむ／「サム」　下17オ7

生さむ／「セ」者をは／「ハ」　下29オ4

生す／「サムヤ」耶　下34オ3

生さむ　下94オ2

生して／「ナシ」　上38ウ1、中88オ7

生せり／「ナシ」　上54ウ3

生なして／「ナシ」　中58オ3

生し／「ナシ」　中74ウ6

生し／「シ」　下80オ5

生しき／「ナシキ」　下20オ2

生なして／「ナシテ」　上8ウ3、下30オ1

生せ／「ナシテ」　上103オ7
生して／「ナシテ」　中61オ2、中92オ6、中92ウ1、中92ウ4、下30オ3、下37オ3
生して／「ナシ」　中70オ4、下28オ3
生して／「ナサク」　中98オ2
生し(て)／「ナシテ」　下27オ6
生して／「ス」　下70ウ4
生す／「ス」　上16オ3
生す／「ナス」　上30ウ3、上36オ2、上70ウ5、上91ウ4、中31オ4、中31オ6
生す／「ナス」應き／「ヘキ」　上38ウ2
當に／「ニ」…生す／「ナス」[當]し／「シ」　上94オ5
生す／「シテ」　上106オ5
隨喜を生(な)す者ものは　中3オ5
生して／「ナス」　中57ウ6
生(し)たまふ／「ス」　下12ウ6
生する／「ナス」　下37オ6

生して／「ス」　下70ウ4
生す　下80オ5
生す／「ナス」者は／「ノハ」　下88オ7
生す／「ナスヲモテナリ」　下94オ1
生す／「ナス」可(し)／「シ」　下98オ3
生(す)こと／「スコト」　上38オ1
生(す)こと／「スコト」勿れ／「マナ」　上75ウ6、上82オ7
生(す)こと／「ナスコト」莫れ／「マナ」　上101ウ4
生すこと／「ナスコト」勿れ／「マナ」　中56ウ5
生すこと／「ナスコト」　中58オ4、下77ウ6
生(す)こと／「ナスコト」勿れ／「レ」　中91ウ4
生すこと／「ナスコト」莫れ／「マナ」　下27ウ6
當(に)／「ニ」須く／「クハ」…生(す)こと／「ナスコト」勿れ／「マナ」　下62オ6
生(し)たてまつることは／「ナストイハ、」　中20オ1
生すときには／「ナサハ」　中83オ5
生すとも／「ナストモ」　中20オ1
生せ／「ナスナリ」　中25ウ7
生すは／「スルニ」　上97オ4
生すも／「ナスモ」　下98オ7
生して／「ナスモノハ」　中88オ6
生(す)や／「スヤ」不や／「イナヤ」　上92ウ4
生せ／「ナセ」　上96オ6
生せ／「ナシテ」　上103オ7
生せ／「ナスナリ」　中25ウ7
生すは／「ナセハ」　中54オ6
生せり／「ナセリ」　中3ウ1、中11ウ3、中12オ4
萬字を／「ヲ」生せり／「ナセリ」　中9オ2

ナズラフ(准)

〔准〕01661
准す／「フ」　中93ウ4
准へ／「ヘヨ」　中90オ2
准〻て／「ヘ」　中100ウ3
准〻て／「シテ」　上94ウ3
准〻て　中55オ1
准(ヘ)て／「ヘテ」　中68ウ4、中89ウ1、下70オ4
准〻は／「スルニ」　中70オ6
准〻／「ヘヨ」　中90オ2
准〻よ／「ヘヨ」　下31オ1
准〻よ　下45オ3
〔準〕17934
准〻よ／「ス」　上2ウ7

ナゾ（何）
〔何〕00511
何「ソ」　上7オ4、上76オ7
何を／「ソ」（「ヲ」の誤か）用てか／「テカ」　上16オ3
何そ／「ソ」　上43オ2、上73ウ6、上82オ2、上82ウ2、上92ウ5、上99ウ1
何そ／「(イ)カソ」　上78オ1
何そ／「トコンソ」　下45ウ5
〔那〕39305
那ナ(ン)ソ／「イカンソ」　中65オ1

ナツ（夏）
〔夏〕05720
夏の／「ツノ」　上19オ6

ナヅ（撫）
〔摩〕12613
摩つ／「ナツ」　中8ウ3
摩(て)て／「ナテ、」　下22ウ7

ナヅキ（腦）
〔腦〕29681
腦ナツキを／「キヲ」　上25オ7
腦きを／「ナツキヲ」　上26ウ1
腦に／「ナツキヲ」　上30オ2
腦つき／「ナツキ」　上46オ3

ナヅク（名）
〔名〕03297
名「ク」　上5ウ1、上8ウ5、上11オ4、上13オ1、上15オ5、上18ウ4、上19ウ6、上20オ4、上21オ3、上23オ7、上23ウ5、上23ウ7、上24オ3、上30オ2、上30オ3、上30オ3、上30オ4、上91オ2、上92オ6、上93ウ3、中24オ5、中49ウ7、中59オ4、中69ウ2、中77ウ1、中86オ6、中86オ7、中96オ6
名く／「ク」　上7ウ6、上8オ7、上10オ2、上10オ5、上11オ5、上18ウ4、上19オ4、上19ウ2、上30オ1、上30オ6、上39オ4、上39ウ3、上39ウ4、上58オ6、上64オ5、上86ウ7、上88オ7、上88ウ2、上88ウ4、上88ウ7、中9ウ2、中36ウ7、中49ウ7、

中61オ7、中66ウ2、中75オ4、中82オ7、
中82ウ3、中82ウ4、中85オ5、中85ウ2、
下2ウ6、下59ウ2、下61オ5、下76オ6、
下79ウ2、下85オ1、下95オ4、下97オ2、
下97オ2
名く　上23ウ3
「ト」爲「ス」(と)名「ク」　上32ウ7
名く／「ク」可し／「シ」　上39ウ4
況「ヤ」…名く／「ク」可(から)不「ス」
上49オ7
名く／「トイヘリ」　上76オ5
名け／「ク」　上76オ5、下89オ5
と／「ト」名くと／「ク」　上89ウ1
と／「ト」名く／「ク」　上89ウ1
无(し)と／「シト」名「ク」　上92オ7
名く／「クト」　上96ウ6
名く／「ク」耶や／「ヤ」　中20ウ4
名(け)たてまつる／「ク」　中48ウ3

名(け)たり／「ク」　中71オ3
名(つ)く／「ク」
下19オ5、下50ウ2、下50ウ3
名(つ)くる(もの)／「ク」　下23オ5
名(つく)／「ク」　下50ウ4
名(け)て／「ク」　下75オ4
名けたり／「ク」　下89オ5
名く(と)／「クト」　中61ウ5
名「クト」　中69ウ4
名(くと)／「クト」　下3オ6、下95オ7
名(つ)く(と)／「クト」　下64ウ2
名(くるなりと)／「クト」　下64ウ7
名くと／「クトイヘリ」　下75オ3
名(つく)る／「クル」　中22オ6
名(つく)る／「ル」　下45ウ5
名く／「ク」　下60オ3
名け／「ク」　上76オ5、下89オ5
名(け)き／「ケキ」　中52オ2

名(け)たてまつりき／「ケキ」　下23オ3
名けき／「ク」　下24ウ1
名けたり／「ク」　下89オ5
名(つ)けて／「テ」　中20ウ6
名けむ／「ケム」　下20オ4
〔號〕32726
號く／「ツクルナリ」　中88オ7
號(け)たてまつる／「ツク」　上58オ7
號しき／「ケキ」　下20ウ6
號せむ／「ケム」
下43ウ6、下44オ1、下44オ2

ナツムシ(夏蟲)
〔蛾〕33082
蚓(平)イン／ミ、ス蛾を／「ヲヒ、ル」「ナツムシ」　上24ウ1

ナニ(何)→ナンガユヱゾ、ナンズレソ、
ナンゾ、ナンノ、ナンラ
〔何〕00511

何に／「ニノ」　中24オ5
何の／「ナンノ」　中30ウ3、中36オ4、中62オ6、中68ウ5、中89オ6、下51ウ3
何「ナンノ」　中35ウ7

ナニカ(何)→ナニンカ

ナニガユヱゾ(何故)→ナンガユヱゾ

〔何故〕00511 13161
何か／「カ」故そ／「ソ」　上75オ2
何(か)故そ／「ソ」　下80ウ7
何(か)／「カ」故そ／「ソ」　下86ウ2

ナニガユヱニゾ(何故)

〔何故〕00511 13161
何「カ」故(に)「ソ」　上7オ3
何(か)／「カ」故(に)そ／「ソ」　上9ウ5
何「カ」故(に)そ／「ソ」　上18ウ4
何(か)故(にそ)「ソ」　上75ウ2
何(が)故(に)そ／「ソ」　上91ウ7

ナニトナレバ(何者)

〔何者〕00511 28853
何トナレ／「トナレハ」者は　上71オ7

ナニモノ(何者)

〔何者〕00511 28853
何(な)に／「ニ」者ものか／「モノカ」　中63ウ1
何に／「ニ」者ものをか／「ノヲカ」　中69オ2
何(な)に／「(ナ)ニ」者ものか／「モノカ」　中75オ3
何者(な)に(もの)か／「ナニモノカ」　下43オ3
何者をか／「ノヲカ」　下44オ7

ナニラ(何等)

〔何等〕00511 25992
何な(に)等らの／「ノ」比丘か／「カ」　上99オ3

ナニヲカ(何)

〔何等〕00511 25992
何等な(に)をか／「ヲカ」　下37オ2

ナニヲモテカ(何以)

〔何以〕00511 00388
何を／「ヲ」以てか／「テ」　上44オ1
何を／「ヲ」以(て)か／「テカ」　上104オ2
何「ヲ」以(て)か／「テカ」　下45オ1

〔何用〕00511 21703
何を／「ソ」(「ヲ」の誤か)用てか／「テカ」　上16オ3

ナニヲモテノユヱニ(何以故)

〔何以故〕00511 00388 13161
何「ヲ」以(ての)／「ノ」故「ニ」　上18ウ3、上18ウ7
何「ヲ」以「テノ」故「ニ」　上81ウ4、上100オ3
何「ヲ」以(て)「ノ」故「ニ」　上92オ5
何(を)以(ての)故に／「ニ」　上92ウ2
何を／「ヲ」以(て)の／「ノ」故「ニ」　上97ウ7

ナニンカ(何)

〔何〕00511
何なに(に)か「ナニンカ」由れる(や)／「ヨレルヤ」「乎」　下42オ5

ナノ(何)

〔何〕00511
何の／「ナンソ」暇まにか／「マアンテカ」　上106ウ7

ナハ(繩)→スナハ

〔索〕27306
索「シヤク」「ナハ」　上22オ6
索ナハを　上22オ7
索ナハを／「ナハ」／「アリ」　下68オ5
索(な)はの／「ナハノ」喩「ヒ」　下69オ2
〔繩〕27937
繩「ナハヲ」以「テ」　上3ウ3
繩「スナハヲ」　上4ウ2
繩「ナハニ」　上4ウ2
〔羂〕28386
羂ナハヲモテ　上14オ6
〔羅〕28397
羅の／「ナハニ」　上16オ4

ナビク(靡)

〔靡〕42612
靡ナヒ(き)て／「ナヒイテ」　中3オ6
靡ひ(き)て／「ナヒイテ」　中3ウ5
靡(な)ひき／「ナヒイテ」　中11ウ5
靡(な)ひき／「ナヒイテ」　中11ウ5
靡ナヒ(き)て／「ナヒイテ」　中3オ6

ナホ(尚)→ナホシ

〔尚〕07493
聞くを「スラ」尚「ホ」　上66オ3
悲願「スラ」尚「ホ」　上105オ1
尚「ホ」
上109ウ5、下47ウ7、下57オ4、下87オ6
如來(すら)／「スラ」尚「ホ」爾(な)り／「ナリ」　下41ウ6
〔故〕13161
故(ナ)ホ／「マコトニ」　上31オ2
〔猶〕20557
猶「ホ」　上3オ6、上28オ5、上31ウ6、上46オ6、上50ウ3、上65オ4、上91ウ7、上102オ7、上102ウ6、中47オ7、中58ウ6、中61オ1、下42オ4、下49ウ7、下54オ4、下75ウ1、下87オ7、下88ウ2、下88ウ5、下93ウ5、下94オ6、下98オ4
猶「オ」　上25オ6
猶ホ　上38ウ5、上39オ3
〔由〕21724
由なほ／「ナホ」　中26オ6
由ナホ「ナホ」　下43オ4
〔譬〕36019
譬(へ)は／「ナホ」　上38ウ7

ナホウス(端)→ナホシ

〔端〕25806

身を／「ヲ」端(しく)して／「ナホウシテ」　下6ウ6

ナホシ(猶)→ナホ

〔乃〕00113

乃ナホ(し)／「チ」　下24ウ4

〔尙〕07493

尙「ホ」(し)　上11オ2

尙「シ」　上32オ1、上34ウ4、上43ウ4、上45オ3、上58オ3、上86オ2、上102ウ6、中13オ1、中31オ3、中35ウ5、中37オ4、中37ウ1、中38ウ2、中94オ3、下47ウ1、下54ウ5、下59オ4、下70オ3、下80オ6、下85オ6

尙し／「シ」爾なり／「ナリ」　上37ウ5

菩薩「スラ」尙「ホ」(し)爾す／「ナリ」　上67オ1

見る「スラ」尙「ホ」し　上72ウ6

尙「ナホシ」　中20オ5

尙「シ」能く／「ク」　下68ウ2

尙「ホシ」　下72ウ5

破「-」戒(すら)／「スラ」尙「シ」　下92ウ5

聲聞(すら)／「スラ」尙「シ」　下92ウ5

〔猶〕20557

猶「ホ」(し)　上12オ4、上30ウ5、上36ウ3、上41ウ4、上66ウ6、上69オ7、上80オ6

猶し／「ホ」　上17オ1

猶「ヲ」(し)　上19オ7

猶「ホ」(し)雷の［猶］くして／「ホタ(「コトク」の誤か)シテ」　上69オ4

猶「ホ」　中1ウ2

猶(し)／「ホ」　中11ウ4

猶「シ」　中50オ7、中94オ2

〔猶尙〕20557 07493

猶「-」尙し／「ホシ」　上61オ7

猶-「-」尙「シ」　上63オ7

猶-尙「シ」　上85ウ1

猶-「-」尙「ホシ」　中51ウ2

猶「シ」-「-」尙(し)　下23オ7

ナホシ(直)→ナホウス

〔平〕09167

平「ナホク」-立(す)るに／「タンタマヘル」　中8ウ3

〔當〕21890

當ナホクシテ　中89オ1

〔直〕23136

直(く)して／「ナホウシテ」　中4ウ2

明ヒカリ／「ヒカリカニ」-直「ナホク」　中8ウ2

直くし(て)／「ナホ(ク)シ」　中5ウ7

ナホニス(直)

〔正〕16255

正し／「ナホニシ」　中29オ1

ナミ(波)

〔瀾〕18722

微ホソキ／「ヒイ」-瀾ナミ「ラン」　上53オ2

ナミダ（涙）→ナムダ

ナム（嘗）

〔嘗〕04205

嘗め／「ナメ」　上67ウ2

嘗なめ／「ナメ」　中91ウ2

ナムダ（涙）

〔洟〕17387

洟ナムタ／「ス、ハナ」　上46オ2

〔涕〕17543

糞-「フン」涕ナムタ／「ス、ハナ」「テイ」　上25ウ2

〔涙〕17644

涙「タ」（の）　上24オ1

涙たを／「ヲ」雨り／「フリ」　上50オ2

涙を／「タヲ」　中56ウ4、中57ウ6

ナムダチ（汝等）

〔汝〕17138

汝「ナムタチ」　中56ウ5

〔汝等〕17138 25992

汝-「-」等ち／「（なむた）チ」　上22ウ1

汝等「チ二」　中52ウ4

汝等「チ」　中56ウ5

汝等か／「チカ」　中57ウ5

汝等ら／「（ナムタ」チ」　中64オ2

汝「-」等（なむた）ち／「チ」　下11ウ6

汝「-」等ち／「チ」　下19オ4

ナムヂ（汝）

〔子〕06930

子に／「ナムチ二」　上43ウ7

〔汝〕17138

汝「チ」　上5オ3、上7オ3、上9ウ2、上14ウ2、上37オ5、上44ウ1、上46ウ2、上99オ2、中20オ6、中32オ5、中64オ4、中100オ4、下19オ5、下19オ6、下19オ7、下20ウ1、下22ウ7、下23ウ1、下24ウ7、下24ウ7、下26ウ3、下30オ6、下38オ6、下82オ4

汝か／「カ」身を／「ヲ」　下19オ4

汝ち／「チ」　下22オ4

ナムヂラ（汝等）

〔汝等〕17138 25992

汝「チ」等ら　中57オ1

ナヤマス（惱）

〔嬈〕06734

嬈ナヤマス所　中39ウ2

嬈ナヤマセル（ならく）／「スナラクノミ」耳（の）み　上44ウ4

〔惱〕10856

惱（まさ）／「マサ」不し／「シ」　下15ウ2

惱し／「ナヤマス」　上3ウ4

惱（ま）す／「マス」應（か）ら／「ヘ」不す／「ス」　中70オ4

惱せる／「ナヤマ（ス）」人之者　上3ウ5

〔逼〕38973

飢苦の/「ノ」爲に/「ニ」逼(なやま)さ/「セメ」所るて(ママ)/「サル、」　上22ウ2

の爲に逼(なやま)さ所ると　上22ウ4

逼さ/「メ」所レムことを/「コトヲ」　上79ウ5

逼されて/「メサ(「ラ」の誤か)レテ」　上46オ6

ナラク(助動詞＋接尾語)

〔作〕00518

意の/「ノ」作ならく/「ナラク」耳「ノミ」　中85ウ4

[補讀]

嬈ナヤマセル(ならく)/「スナラクノミ」耳(の)み　上44ウ4

空なりと/「スルナラク」耳「ノミ」　中86オ4

開發するなら(く)/「スラク」耳のみ/「ノミ」　下57ウ5

名ナラ(く)/「ナラク」耳のみ/「ノミ」　下64ウ3

到るか/「ルカ」如き/「クアラク」耳(な)ら(くの)み/「ノミ」　下66ウ7

致す/「ス」所ならく/「ナラク」耳のみ　下87オ5

不同ナラク(のみ)/「ナラク」耳「ノミ」　下94オ1

ナラビナシ(无比)

〔无比〕13716 16743

比ひ/「ヒ」无「シ」　上50ウ1

比「(ナ)ラヒ」无「シ」　下24ウ2

比「(ナラ)ヒ」无なり/「シ」　下79オ1

ナラビニ(竝)

〔併〕00561

併(ひ)に/「ヒニ」　中26ウ2

〔并〕09170

并に/「ニ」　上6オ6、上62オ3

并に/「ヒニ」　上13ウ3、中9オ7、下96ウ1、下96ウ2、下96ウ3

并に　上18オ7、上73ウ1

并(ひ)に/「セテ」　下6オ2

并せて/「ヒニ」　下17オ3

并(ひ)に/「ナラヒニ」　下28ウ2

并(ひ)に/「ヒニ」　下40ウ3

并(ひ)て/「ヒニ」　下72オ3

并に/「セテ」　下96ウ6、下97オ3、下97オ6

〔竝〕25752

竝に/「ニ」　上20ウ7、上32ウ6、上77オ2、上77ウ3、上78ウ7、上80ウ4

竝に/「ヒニ」　上51ウ3、中31ウ4、下54オ2、下57ウ6、下61ウ4

竝って/「ニ」　上98オ2

竝に/「ナラヒ」　下63ウ2

ナラフ(習)

〔習〕28672
習ひ／「ラヒ」　上43オ5
習(「訓」)(な)らひ／「フ」　中90オ7
習ひき／「ラフニ」　下22オ1
習(「訓」)(な)らひ／「フ」　中90オ7
習「ヘル」　中62オ6

ナラブ(竝)

〔比〕16743
比(ふ)れは／「ナラフルニ」　上3オ5
比ふるに／「ナラフルニ」　上50ウ2
比(ふ)るに／「ナラフルニ」　中33オ3

〔竝〕25752
竝ひ／「ヒ」出(てた)まは／「テ」不す／「ス」　上84オ5
竝ゝて／「ニ」　上98オ2

〔雙〕42116
雙ゝる／「ナラヘル」　中4オ6、中8ウ2
雙「ナラヘル」-肩の／「カタ」　中11オ2
雙(へる)／「ナラヘル」腨ハキは／「ハキハ」　中11オ3

ナリ(助動詞)

〔也〕00171
果報(なり)［也］「リ」　上11ウ1

ナリ(爲)

〔爲〕19686
龍(の)／「ノ」身と爲して／「ナレトモ」　下30ウ4

ナリ(助動詞)

［補讀］
菩提なると／「ナルト」者「ナラハ」　上86オ5
具足する(とならは)／「スルトナラハ」　下65オ4
第一ならむ／「ナラム」　下4オ6
信せ不るに由(り)て／「テナリ」　上76オ2
无「-」量なり／「ナルヲモテナリ」　上92ウ6
衆「-」多にすること／「ナルコト」得「エ」不れ／「レ」　中13ウ2
音(「訓」)の／「ノ」如(く)あらむ／「クンナンヌ」　中99オ2

ナル(鳴)(四段)

〔鳴〕46672
鳴な(り)て／「ナンテ」　上55オ5
鳴ナレハ　上27オ7
鳴な(り)て／「ナンテ」　上55オ5

ナル(成)(四段)→ゴトクンナル

〔作〕00518
火と／「ト」作なて／「ナンテ」　上25オ5
作(り)て／「ナテ」　中26ウ3
作さ／「ナラ」令めたまひなむ／「シメタマフ」　中39オ1
佛に作ならむと願する　上86ウ2
佛に作らむと願して／「シテ」　上108ウ2
作らむ／「ナスヲハ」者ものを　中2ウ4
作ならむ／「ナシツ」　中99オ1

佛に作らむと欲する／「スル」者ものは／「ノ」　上86オ6
と／「ト」作れり／「ナリ」　上48ウ3
眞珠(の)網と／「ト」作り／「ナル」　中2オ6
當に／「ニ」佛に／「ニ」作る／「ナル」「當」「シ」　上69オ6
當に／「ニ」佛に／「ニ」作る／「ル」「當」し／「シ」　上69ウ1
當「ニ」佛に／「ニ」作る／「ナル」「當」(し)と／「シト」　上104ウ1
眞珠(の)網と／「ト」作り／「ナル」　中2オ6
雜花(の)雲と／「ト」作る／「ナル」　中2オ7
八萬四千の／「ノ」支と／「ヲ」作る／「ナセリ」　中3オ2
佛に／「ト」作る／「ナル」　中86オ1
佛と／「ト」作る／「ナル」　下11ウ7
佛ニ作ル者といふは／「フハ」　下12オ4
作「ルカ」爲「ニ」　上64オ2

作ること／「ナルコト」　下20オ4、下74ウ5、下74ウ6
作(る)こと／「ナルコト」　下77ウ1
佛「ト」作「ナルト」　下13オ1
佛と／「ト」作るなり／「ナルヲモテナリ」　下12オ4
と／「ト」作れり／「ナリ」　上48ウ3
色を／「ニ」作す／「ナレリ」　中8オ3
因と作ナれり／「タルヘシ」　下92オ2
火と／「ト」作なて／「ナンテ」　上25オ5
と／「ト」作な(り)ぬ／「ナンテ」　上25ウ4、上25ウ4
作な(り)て／「ナンテ」　上25ウ7
作せ／「ナンテ」　上46ウ3
作な(し)にき／「ナンテ」　中52オ7
〔成〕11544
成(ら)／「ナ」不る(こと)を／「サルコトヲ」　上44ウ4

成ら／「セ」令めむ／「シメム」　上94ウ1
成ら／「セ」不す／「ス」　上108ウ2
成ら／「セ」不し／「シ」　中37ウ2
成ら／「セ」不らは／「スハ」　中62ウ2
成ならむ　中32ウ7
成らむ／「セム」　下32ウ1
佛に／「シタマフ」成らむ　下44オ2
成ならむこと　中24ウ5
佛道成らむと／「ラムト」(原文「成佛道」)　上104ウ6
將に／「ニ」成ならむと／「ナラムト」「將」する　中44ウ3
成らむと／「セムト」欲はは／「ハヽ」　下85オ5
と／「ト」成り／「ナリ」已(り)ぬれは／「ヌレハ」　上31オ7
成り／「ナリ」易きなり／「キナリ」　上77オ7
成「ナリ」易「キカ」爲「タメンナリ」　上77ウ4

成り易し　上77ウ4
成り／「シ」難(か)らむ　上77ウ5
成り／「ナリ」難きに／「キニ」　中30オ6
成り／「ナリ」難まて／「ケム」　中66ウ3
成(り)にき(と)／「リンキト」　下10ウ7
成る／「ル」　上83ウ7
と／「ト」成る／「ル」　上101ウ4
成る／「ナル」　中3ウ3
辟支佛と／「ト」成る／「ナル」　中7ウ6
成(し)たまふ／「ナル」　中19オ5
當に成る／「ル」當しと／「シトイヘリト」　下26オ1
浄業と／「ヲ」成る／「ス」　下65ウ2
成る／「ル」こと　上62オ3
成(する)こと／「ナルコト」得たまへり／「ヘリ」　上72オ2
成な(る)こと／「ルコト」能「ハ」不す／「ルカ」如「ク」　上98オ6
成なること　下21ウ2
佛に成なること　下26オ1
成ること／「ナルコト」　下80ウ7
成ると／「ナルト」　下78オ5
成すに／「ナルニ」　中56ウ1
成れらむを／「ナレラムニオイテ」　下4オ2
佛道成「レリト」　上86オ1
成れり(と)／「ナルナリ」　下20オ1
成(し)たまふ(と)／「レリトイヘリ」　下24オ7
佛に成れること　下9ウ3
成レルに／「セ」不アラす／「(スシ)テ」　中72ウ1
成(り)て／「ナンテ」　中26オ7
〔爲〕19686
金と／「ト」爲なさ／「ナラ」使むるか／「シムルカ」如し／「シ」　上90ウ1
爲なら／「セ」不し／「ス」　上93オ4
爲なら／「ナラ」使めたまふ／「シメタマフ」　中39オ2
梟「フ」雁「(去)」と／「ト」爲ならむ／「シツ」　中99オ2
其の／「レカ」勝「-」友と爲ならむ／「タリ」　下18ウ6
師弟と／「ト」爲ならむ／「ナラム」　下98ウ2
首と／「ト」爲ならむこと／「ナラムコト」　上82オ5
爲な(り)たまはむ(と)／「ナラムト」　下20ウ4
と／「ト」爲り／「ナリ」　上60オ3
侍「シ」者と／「ト」爲せり／「ナリ」　中12オ6
方便と／「ト」爲し／「ナリ」　中53ウ3
爲(り)ぬ／「ナリテ」　上34オ6
四支と／「ト」爲な(り)て／「ナル」　中5ウ4
爲な(り)て／「シテ」　中31ウ6、中33ウ5
爲な(り)て／「ナレ」　中66オ6

と／「ト」爲る／「ナス」 上20オ6
と／「ト」爲(り)ぬ／「ナル」 上54ウ4
金剛台と／「ト」爲な(り)／「ナル」 中2オ5、中2オ5
眷屬ト爲ナル／「タリ」 中4オ4
四支と／「ト」爲な(り)て／「ナル」 中5ウ4
十支と／「ト」爲る／「ナル」 中8オ4
王女と／「ト」爲(な)る／「ナンヌ」 中98オ2
玉女と／「ト」爲る／「ナンヌ」 中100オ7
明と／「ト」爲なる／「ナルコト」 上88オ1
爲(り)たまふ／「ナルコト」 中57オ6
伴-侶と／「リヨ」爲ると／「タリ」 上37ウ2
業と／「ト」爲するには／「ナルニ」 下38オ1
爲な(り)て／「ナレ」 中66オ6
人と／「ト」爲なれとも／「テハ」 上76オ2
龍(の)／「ノ」身と爲して／「ナレトモ」 下30ウ4
爲ナレリキ／りき／「タリキ」 中56ウ6
と／「ト」爲(り)て／「ナンテ」 上60オ3
爲(り)て／「ナンテ」 中26オ5
爲な(り)て／「ナンテ」 下4オ6
風と／「ト」爲な(り)て／「ナンテ」 下18オ3
爲なと／「ナンナム」 中58オ1
爲(り)なむ／「ナンナムト」 中58ウ1
と／「ト」爲(り)ぬ／「ナンル(「ヌ」の誤か)」 上30ウ5
獅子王と／「ト」爲す／「ナンヌ」 中8ウ5
王女と／「ト」爲(な)る／「ナンヌ」 中98オ2
玉女と／「ト」爲る／「ナンヌ」 中100オ7
〔生〕21670
生す／「ナル」 上47ウ2
生る／「(シ)ナム」 中76オ3
[補讀]
微「-」薄にして／「ニナル」 上45オ6
无窮「ナンナム」 下58オ2
の／「ノ」如けむと／「クナンナムト」 上37ウ4
見「ミ」不る／「スナンナムトス」 下29ウ3
朝-謁ェチ反(する)に／「エニ」由し／「シ」无し／「クナンヌ」 上35オ7
見ること／「コト」无けむ／「クナンル(「ヌ」の誤か)」 上35ウ2
期「ノ」(直前の字の訓の誤か)无し／「クナンヌ」 上35ウ3
无「クナンヌ」 上35ウ4
沐浴せむに／「スルニ」由し／「シ」无し／「クナンヌ」 上35ウ4
食せむこと／「スルコト」得え／「エ」難し／「クナンヌ」 上35ウ5
无けむ／「クナンヌ」 中77ウ6
當に生る[當]し(と)／「ヘクナンヌ」 下30ウ7
得「ウマ」不しと／「シクナンヌト」 下29ウ3

ナル(馴)(下二段)

〔馴〕44595
馴ナレタリ　中62オ3

ナンガユヱゾ（何故）→ナニガユヱゾ
〔何〕00511
何(か)「ナンカ」故そ／「ソ」　下97ウ1

ナンズレソ（何爲）
〔何爲〕00511 19686
何そ／「ナン」-爲せむ／「スレソ」自害「スルヤ」耶や　下97ウ5

ナンゾ（何）
〔何〕00511
何の／「ナンソ」暇まにか／「マアンテカ」　上106ウ7
何そ／「ナンソ」　上108オ4、中62オ4、下22オ6、下54ウ2、下57オ5、下89ウ4
何ぞ／「ナンソ」　上109オ7、下34オ3
何そ／「ソ」　中18ウ1、中23ウ4、中60オ7、下34オ3
何そ／「ナソ」　下28ウ5
何そ／「ナンソ」必(すし)も／「スシテ」　下46ウ2
何(そ)／「ナンソ」　下94オ7
何そ／「ナン」-爲せむ／「スレソ」自害「スルヤ」耶や　下97ウ5
〔那〕39305
那そ／「ナンソ」　上34ウ4、下93ウ6

ナンノ（何）
〔何〕00511
何の／「ナンノ」　上33オ4、上38ウ1、上90オ3、下47オ5
何の／「ナンノ」暇(あり)てか／「イトマアリテカ」　上75ウ5
何の／「ナンノ」方便を／「ヲ」以(て)か／「カ」　上95ウ7
何の／「ナンノ」怙たの(ま)む／「タノマム」所ありてか／「ロアリテカ」／「ヲトカ」　下19オ5

ナンラ（何等）
〔何等〕00511 25992
何等らの／「ノ」法を／「ヲ」以てか／「テカ」　上109ウ3
何等らか／「ナンラノ」　中61オ4
何等か／「ナンラカ」　中61ウ2
何「-」等らをか／「ラノヲカ」　下8ウ2
何等な(に)らか／「ナンラカ」　下29オ5
何等をか／「ナンラヲカ」　下38ウ4
何「ナン」等らか／「ラノ」　下50オ5
何等らの／「ナンラノ」　下64オ7
何な／「ナン」等らの／「ラノ」　下96オ6

ニ

ニ（助詞）→ゴトクンズ、ゴトクンナル、トキンガ、モ、ン、ンマレ

〔於〕13628
〔於〕百千劫に　上101オ7
无量劫於に　上101ウ2
百千歳於「ニ」　中43オ2

ニガシ（苦）
〔苦〕30797
苦し／「ニカシ」　上3オ1

ニギル（握）
〔握〕12366
握る／「アク」　中12オ3
握ニキル／「ニキル」　中9オ7

ニグ（逃）
〔逃〕38845
逃ニケ／「ニケ」走（り）て／「テ」　下82オ1
逃ケて／「テ」　下82ウ4

ニクム（憎）
〔惡〕10824
惡「ニクム」可「ヘキコト」　上31オ7
惡「ニクム」可「シ」　上46ウ1

ニシテ（助詞）→シテ、ニテ、ンジテ
〔於〕13628
疾病の者もの／「ノ」於にして　中10ウ5
彼の／「ノ」一身に／「ニ」於て／「テ」　中15オ7
蓮華の／「ノ」中に／「ニ」於「シテ」　中17ウ3
邊地「ノ」下劣「ノ」家「ヘニ」於「シテ」　中57ウ2
［於］邊地にして／　中57ウ2
前みまへ／「ミマヘ」［於］ニシテ　中71ウ2
中に／「ニ」於て／「シテ」　中71ウ4
今「コノ」身「ニ」於「シテ」　中71ウ4
此於コ、ニシテ／「ニ」／「シニ」　中78オ1
此「ニ」於「シニ（「テ」の誤か）」　中78オ1
國土に／「ニ」於して／「シテ」　中78オ2
九品の／「ノ」中に／「ニオイての」於て　下55ウ1
時に（して）／「ニ」於（て）／「テ」　下95オ5

［補讀］
口の／「ノ」中に／「シテ」　上11ウ7
大にして／「ナリ」　上26ウ5
十六にして／「ニシテ」　上36オ2
長遠にして／「ナリ」　上41オ4
愚にして／「ナルモノ」　上42オ2
正-念は／「ニシテ」　上42オ2
中-壇に／「ニシテ」　上43ウ2
微「-」薄にして／「ニナル」　上45オ6
危（平）「クヰ」脆（去）セイ反　ニシテ／「セイ
ニシテ」　上46オ1
愚癡にして／「シテ」　上46オ5
安樂にして／「ナルコト」　上47ウ6
无際にして／「シテ」　上48オ3
空の／「オホソラノ」中に／「ニシテ」　上49オ4
尊重にして／「ニシテ」　上49ウ2

柔軟香潔にして／「ニシテ」　上55オ2
无量无數にして／「ニシテ」　上65オ3
了〻分明にして／「ニシテ」　中1ウ2
自然にして／「ニ」　中2オ1
於鏡の／「ノ」中に／「ニシテ」　中2ウ3
周-圓なること／「ニシテ」　中2ウ7
稠「チウ」「(去)」密にして／「ニシテ」「キヒシ」　中3オ7
脩-「-」長「にして」「ナカシ」　中3ウ1
皎(上)「-」淨なること(去)／「ニシテ」　中4オ6
皎ケウ-潔なること／「ニシテ」　中4オ6
无比にして／「ヒニシテ」　中4オ7
紺青にして／「ニシテ」　中5オ5、中11ウ2
柔軟にして／「ニシテ」　中5オ7
青白にして／「ニシテ」　中5ウ3
明淨(に)して／「ニシテ」　中5ウ7
紅白にして／「ニシテ」　中6オ7
平整にして／「ニシテ」　中8ウ2
織ホソク／(ホ)ソヤカニシテ-長にして／「ニシテ」　中9オ1
光「-」潔なること／「ニシテ」　中9オ2
晃-「-」曜すること／「ニシテ」　中10オ5
從「-」廣量等にして／「シテ」　中10ウ3
洪滿にして　中10ウ5
柔軟妙好にして／「ニシテ」　中11オ7
底「カラク(「ニ」の誤か)シテ」　中12オ1
坦-然として／「ニシテ」　中12オ2
一尋にして／「ナリ」　中12ウ1
洪(去)汗カントシテ／「(カ)ウカンニシテ」　中15オ3
清淨にして／「ナリ」　中16オ6
寂「-」靜として／「ニシテ」　中16ウ3
空「-」寂にして／「ニシテ」　中17オ1、中65ウ5
微「-」妙にして／「ニシテ」　中17オ5
身「-」量无邊にして／「ナリ」　中18ウ2
麁-心にして／「ヲモテ」　中20オ4
離「-」相「ニシテ」　中22オ1
中に／「ニシテ」　中23オ1、中62ウ6、下21オ2
誠「-」心にして／「ニ」　中27ウ6
薄少にして／「ナリ」　中28オ6
大聲に／「ニシテ」　中30ウ2
小コ聲に／「ニシテ」　中30ウ3
小聲に／「ニシテ」　中30ウ5
惡道にして／「ニシテ」　中31オ2
第一にして／「ニシテ」　中32オ7、中34オ7
鮮-白にして／「ナリ」　中33ウ3
至(り)て／「ルハカリニシテ」　中33ウ6
塵數にして／「ニシテ」　中34オ4
盡夜にして／「ニシテ」　中35ウ4
專(ら)にして／「ニシテ」　中36オ1
魏〻として／「ニシテ」　中36オ5

煥アキラカニ／に／「シテ」 中36ウ3
无量「ニシテ」 中38ウ4
廣大にして／「ニシテ」 中41オ6
[於]百千歳にして／ニ 中43オ2
百千萬分に／「ニシテ」 中44ウ4
烏波尼沙陀分にしても／「ニシテ」 中44ウ7
安穩にして／「ニシテ」 中45ウ6、下82ウ5
慇(去濁)-重にして／「ナルヲモテ」 中47ウ1
哀「(去)」「-」和にして／「ニシテ」 中49オ4
不生不滅にして／「ナリ」 中50オ6
无染寂靜にして／「ナリ」 中50オ6
无「-」體「ニシテ」 中50ウ4
空寂にして／「ナリ」 中50ウ6
八千歳(に)して／「シテ」 中52オ7
專-心にして／「ニ」 中53オ6
卑小なり／ニシテ／「ニシテ」 中56オ2

深-重にして／「ニシテ」 中56ウ3
生-盲にして／「ニシテ」 中57オ6
醜-缺にして／「ニシテ」／「生」 中57オ7
懈怠にして／「ニシテ」 中58ウ6
一心に／「ニシテ」 中62オ1、中73ウ3、中81オ3、中81オ5、下64ウ6
闇-鈍にして／「ニシテ」 中62ウ2
一-心に／「ニシテ」 中62ウ3
明-了にして／「ナラハ」 中62ウ4
不「-」動にして／「ナル」 中63オ1
无量にして／「ニシテ」 中63オ1、中63ウ5
平等にして／「ナルナリ」 中63オ7
各(ゝ)(にして)／『オノヽヽニシテ」 中64ウ7
一-「-」心に／「ニ シテ」 中66ウ2
一「-」心に／「ニシテ」 中67ウ4、中90ウ3、中91オ3、中93ウ2、中94オ4、中95オ7、中97オ7

如ゝにして／「ニシテ」 中68オ1
空に／「ニシテ」 中68オ7
一-如にして／「ニシテ」 中74オ3
虛「(去)」狂「(平)」にして／「ニシテ」 中75オ2
誠にして／ヲ／「ヲ」 中76オ3
熟「-」利し／「ニシテ」 中76ウ2
无「-」比にして／「ニシテ」 中78オ6
如-「-」法にして／「ニセヨ」 中78ウ4
端正无「-」比にして／「ナルヲ」 中79オ7
長-命に／「ニシテ」 中80オ7
六時に／「ニシテ」 中80ウ4
闇(にして)／「ニシテ」 中80ウ7
清淨にして／「ニシ」 中81オ3
一-心にして 中81ウ4
不「-」亂「ニシテ」 中81ウ4
堅「-」牢にして／「ラ(ウ)ニ」 中83ウ6
是(の)如く／「ニシテ」 中85オ4

是にして／「レ」 中85ウ4
此にして／「レ」 中85ウ4
鮮「-」潔にして／「ニシテ」 中86オ7
永「-」寂なること／「ニシテ」 中86ウ7
一「-」心「ニシテ」 中91ウ3、下4オ3
圓「-」融无㝵にして／「ニシテ」 中92オ1
同音に／「ニシテ」 中93オ1
極縛にして／「ハ」 中93オ6
无量无邊にして／「ナリ」 中95オ5
急にして／「ニシテ」 中98オ3
誹謗邪見して／「ニシテ」 中98オ6
婬佚(入)チン／「チン」无「-」道にして／「ニシテ」 中98オ7
安穩にして／「ナリ」 中100オ1
正「-」住にして／「ニシテ」 下1ウ1
邪「-」見にして／「ニシテ」 下2オ5
正-心に／「ニシテ」 下2ウ5
迦「-」羅分にして／「ニシテ」 下3ウ6

百分にして／「ニシテ」 下3ウ6
百千億分にして／「ニシテ」 下3ウ6
億數「-」劫に／「ニシテ」 下4オ2
專「-」心「ニシテ」 下4オ4
清淨にして／「ニシテ」 下4オ6、下37オ6
勇「-」猛に／「ニシテ」 下6オ6
千億葉「ニシテ」 下9オ4
千億にして 下9オ4
心にして／「ニシテ」 下10ウ7
无數にして／「ニシテ」 下15オ3
不-亂にして／「ニシテ」 下16ウ1
正念にして 下17オ2
清「-」淨にして／「ニシテ」 下17ウ1
邪見にして／「ニシテ」 下19オ4
嚴「-」顯にして／「ニシテ」 下20ウ7
憍慢邪見にして／「ニシテ」 下23オ4
十六にして 下24ウ2
上へに(して)／「ヘニ」 下24ウ3

一-「-」に／「ニシテ」 下25オ5
勇猛「ニシテ」 下27オ5
懶「ラ」墮「タ」懈「-」怠にして／「ニシテ」 下27オ7
懶墮にして／「ニシテ」 下27ウ3
長-聲をもて／「ニシテ」 下28オ3
慈悲にして／「アリ」 下28オ4
一念にして／「ニシテ」 下28ウ7
人「-」中に／「ニシテ」 下29オ3
一「-」心に／「(ニ)シテ」 下29ウ5
安穩に／「ニシテ」 下30オ3
戒「-」徳-清明に／「ニシテ」 下30ウ5
自然にして／「ニシテ」 下32オ1
无二にして／「ナリ」 下32ウ1
淨なり／「ニシテ」 下32ウ2
一「-」心にして 下33オ4
怯「カウ」「-」弱「若」にして 下34オ5
端(たゝ)しく正(し)くして／「ニシテ」

齋戒清淨にして／「ニシテ」　下35ウ1

正念にして／「ニシテ」　下35ウ2、下35ウ7、下36オ1、下36ウ4、下37ウ3

正「-」念にして／「ニシテ」　下36オ2、下36オ3、下36オ5、下36オ6、下36ウ1、下36ウ2

淨慧「ニシテ」　下36オ2

不斷に／「ニシテ」　下37オ1

慈「-」心「ニシテ」　下38オ3

不「-」殺「ニシテ」　下38ウ4

佛「-」前に／「ニシテ」　下40ウ2

天智にして／「ノ」　下41ウ2

佛刹にして／「ニシテ」　下43オ2

專「ニシテ」　下44ウ6

清淨ナルコト／にして／「ナルコト」　下48オ6

自「-」然にして／「ニシテ」　下48ウ1

佛世に／「ニシテ」　下49オ1

多（く）の「-」劫海にして／「ニシテ」　下51オ7

純-正にして／「ニシテ」　下52ウ7

唯-「-」淨にして／「ニシテ」　下53オ1

身にして（も）／「ニシテモ」　下54ウ4

千にして／「ノ」　下56オ1

百にして／「ノ」　下56オ1

十二億那由他（に）して／「アンテ」　下56オ6

懈慢（に）して／「シテ」　下56ウ7

既に／「ニシテ」［而］　下57ウ2

勇猛にして／「ニシテ」　下58ウ5

晝夜にして／「ニシテ」　下59オ4

散「-」心に／「ニシテ」　下59ウ5

專ら／「ニシテ」　下59ウ7、下60オ4、下90オ1

次第にして／「シテ」　下61ウ7

深-心にして／「ヲモテ」　下62オ3

等（に）して／「ニシテ」　下63オ7

幽「イウ」-微にして／「ヒナリ」　下63ウ6

專心「ニシテ」　下65オ2

右「-」脇に／「ニシテ」　下71ウ7

左「-」脇「ケフ」に／「ニシテ」　下71ウ7

歳數の／「ノ」如く／「クニシテ」　下72オ2

久「-」〻にして／「ニシテ」　下72オ6

地獄にして／「ニシテ」　下74ウ7

現世の／「ニシテ」　下74ウ7

殊-異なること／「ニシテ」　下79オ1

安隱にして／「ナルコトヲ」　下79オ5

盛にして／「ナル」　下79オ7

淨「-」心にして／「ヲモテ」　下80オ6

常-住にして／「ナリ」　下80ウ4

不同なる／「ニシテ」　下80ウ7

堅「-」心にして　下82ウ2

洞-燃「（去）」にして／「ナリ」　下82ウ7

最勝にして／「ナリ」　下84ウ4
不可計にして／「ナリ」　下86ウ1
裸ハタカニ／「ラ」餧ウヱテ／「大ニシテ」　下89ウ2
懈怠(にして)／「ニシテ」　下90ウ3
惡「-」心にして／「ニシテ」　下91ウ4
破戒にして／「ナリ」／「ナル」　下92オ5
孤-獨にして／「ニシテ」　下92ウ1
乏-少にして／「ニシテ」　下92ウ3
誠に／「ニシテ」　下92ウ6
非「-」理に(して)／「ニシテ」　下93オ3
破-戒「ニシテ」　下94ウ2
破戒して／「ニシテ」　下95オ1
蘷蓸トウモウにして　下95オ5
少欲にして／「ニシテ」　下95オ5

ニテ(助詞)→ニシテ

〔補讀〕
網みを／「ニテ」以「テ」　上22オ7

正法於(に)て／「ニテ」　中11オ4

ニナフ(擔)

〔荷〕31000
荷ひ／「ヒ」「ニナヘルヲ」　上44オ5、上44オ5
荷へることを／「ニナヘルコトヲ」　上44オ2
荷(ひ)て／「ヘルヲモンテ」　上44オ6

ニハ(場)

〔境〕05409
境ニハ、(「、」存疑)／「サカヒハ」　上73ウ1

ニハカニ(俄)

〔卒〕02740
卒ニハカに／「ニハカニ」　下29オ6

〔暴〕14137
暴く／「ニハカニ」　上4ウ4

〔頓〕43381
頓「ニハカニ」　上35ウ5
頓ニハかに／「カニ」　下67ウ4

ニホヒ(匂)

〔芬〕30728
芬ニホヒを／「ヲ」　上54ウ1

〔香〕44518
香を／「(ニホ)ヒ」　中24ウ3

〔馥〕44545
馥カヲ／「ニホヒヲ」　上54ウ1

ニマレ(助詞)→マレ

ニル(似)

〔似〕00485
に／「ニ」似たり／「タレトモ」　上38ウ5
に／「ニ」似たり／「タリ」　上79ウ1
遊ふに／「ハムニ」似たり／「タリ」　上79ウ6
の／「ノ」爲に／「ニ」侵ヲカ(さ)／「ヲカサ」
所るるに／「ルニ」似たり／「タリ」　上79ウ6
似たる／「ニタル」　中29オ4
似たる／「ニタル」應し／「シ」　下46オ7

似たること／「ニタルコト」　中49オ4

滅するに／「ヌルニ」似たれとも／「タレトモ」

　上72オ4

に／「ニ」似て／「テ」　上81ウ2

〔似若〕00485 30796

似-若「ニタリ」　中90オ2

〔如似〕06060 00485

囚《コメラレ》たるに／「トラハレタルカ」如-似

たり／「コトシ」　上36ウ6

ニル（煮）

〔煮〕19188

煮「ニ」食へる／「ラヘル」［之］　上3ウ2

摧「クタキ」煮《ニル》「コト」　上4ウ7

ヌ

ヌ（助動詞・打消）↓ズ

ヌ（助動詞）

［補讀］

覺(り)なは／「シテハ」　上34ウ1

往生し／「シ」已(り)て／「ナハ」　上60ウ6

滿(ち)て／「ナハ」　上77オ2

極樂と（「に」の誤か）／「ニ」生れな／「レ」者

は／「ナハ」　上82オ4

往生しなは／「ス」　上98ウ6

經《ヘ》なは　上107ウ1

歿し／「シ」已(り)て／「ナハ」　中57ウ1

了(し)て／「サトンナハ」　中63ウ6

竟(り)て／「ナハ」　中79ウ5

蒙(り)なは／「フンナハ」　中80オ7

聞き／「キ」已(り)て／「ナハ」　中89オ4

出「-」家しなは／「セハ」　下24ウ7

〻(見)已(り)て／「ナハ」　下33ウ3

已(り)て／「ナハ」　下61ウ7

起し／「シ」已(り)て／「ナハ」　下62オ3

行《ヒ》易(かり)ナム　上1オ6

焚け／「ヤケ」盡(き)なむ／「キナム」　上12オ2

消(え)／「キエ」盡(き)なむ／「キナム」　上18ウ3

超(え)よ／「エナム」　上46ウ3

何(に)況(や)…如けむ／「クナ、ム」　上82オ5

輪-「-」轉しなむ／「シナムト」　上82ウ3

往生(し)なむ／「スヘシ」　上108オ4

易けむ／「カナム」　中30ウ4

至る／「(イタリ」ナム」　中33ウ5

成(り)なむ／「シテム」　中34オ3

過(き)たまひなむ／「キタマヒナム」　中37ウ7、中38オ1

度(し)たまひなむ／「シタマフ」　中38ウ5

合(せ)たまひなむ／「アハセタマフ」

作さ／「ナラ」令めたまひなむ／「シメタマフ」　中38ウ7

中39オ1
故《モト》の／「ノ」如し／「クナンナム」
中39オ6
至(り)なむ／「ナム」 中43ウ1
壞しなむ／「シナム」 中47オ6
生る／「(シ)ナム」 中76オ3
滿「-」足せむ／「シナム」 中81オ5
墮(ち)なむ／「(オ)ツ」 中89ウ3
墮(し)て／「シナム」 中94オ3
涅槃しなむ／「ノ」後に 下5オ4
除(き)なむ／「クトイフコト」 下8オ2
遇(はむ)と／「アヒナム」 下39ウ7
无窮「ナンナム」 下58オ2
謂ひて／「オモヒナム」 下63ウ3
有(り)／「ナム」耶や／「ヤ」 下78ウ5
法なるか／「ナンナムカ」 中16ウ2
滅しなむ(こと)／「キエムコト」 下5ウ3
の／「ノ」如けむと／「クナンナムト」

上37ウ4
命「-」終せむと／「シナムト」欲せしに／「ス」
將に／「三」曉アケナムト／「トスルニ」[將]
する(に)[矣] 上43ウ7
被(か)ふ(り)なむ(と)／「カフンナムト」
中47ウ5
盡-滅しなむと／「シナムト」 下2ウ4
退(き)なむと／「セムト」欲せ／「セハ」者は
下34オ6
墮つ(と)／「シナムト」 下94オ4
將に／「三」絶(え)ナムトス／「タエヌ」
上35オ7
見「ミ」不る／「スナンナムトス」 下29ウ3
將に／「三」至(り)なむと／「ナムトスルヲヤ」
[將]す 上36ウ4
沒(む)や／「(シ)ツミナムヤ」不や／「ヤ」
下66ウ1

從はむ／「ヒナンム」 上77オ3
滅(え)にき／「キエヌ」 中36ウ2
涅「-」槃(し)たまひにき／「シタマヒテ」
下22オ3
生(れ)にき／「レヌ」 下28オ1
成(り)にき(と)／「リンキト」 下10ウ7
解「-」散しぬ／「シヌ」 上8ウ2
生しぬ／「シヌ」 上8ウ7、上10ウ1
生す／「オヒヌ」 上11オ6
燒(け)／「ケ」盡しぬ「キヌ」 上12ウ4
生し／「シヌ」 上12ウ4、上13オ3
分-「-」散「シヌ」 上13オ3
散す／「シヌ」 上13オ4
成(り)ぬ／「ヌ」 上17ウ3
生す／「シヌ」 上19ウ7、上20ウ7
碎(け)「ヌ」 上20オ1
合す／「アヒヌ」 上20オ7
至(り)ぬ 上20ウ6

消爛しぬ／「タ、レ」「シヌ」　上20ウ7
沒しぬ／「インヌ」　上21オ2
消「キエ」爛しぬ／「タ、レヌ」　上21オ6
蹶(れ)ぬ／「タフレ」　上21ウ3
向ふ／「ヒヌ」　上21ウ6
墮(ち)ぬ／「ツ」　上22オ4
と／「ト」作な(り)ぬ／「ナンテ」　上25ウ4
枯「カレ」淈カク反　して／カレヌ／「カハキヌ」「カレカハ」　上25ウ4
出つ／「テヌ」　上25ウ7
盡(き)て／「キヌ」　上30ウ4
膇-張して／「シヌ」　上31オ4
相ひ／「ヒ」和しぬ／「シヌ」　上31ウ3
罷ヤミヌ／「ヤムテ」　上31ウ5
の／「ノ」爲に／「ニ」吞ノマ「ノマ」所る／「レヌ」　上33ウ3
沒(し)ぬ／「インヌ」　上33ウ4
缺けぬ／「カケヌ」　上33ウ5
爲(り)ぬ／「ナリテ」　上34オ6
朝-謁エチ反　(する)に／「エニ」由し／「シ」无し／「クナンヌ」　上35オ7
將に／「ニ」絶(え)ナムトス／「タエヌ」　上35オ7
見ること／「コト」无けむ／「クナンル(「ヌ」の誤か)」　上35ウ2
期「ノ」(直前の字の訓の誤か)无し／「クナンヌ」　上35ウ3
无「クナンヌ」　上35ウ4
沐浴せむに／「スルニ」由し／「シ」无し／「クナンヌ」　上35ウ4
食せむこと／「スルコト」得え／「エ」難し／「クナンヌ」　上35ウ5
從ふ／「ヒヌ」　上36オ3
屬して／「シヌ」　上37オ2
入る／「リヌ」　上40オ6
散「-」失しぬ／「シヌ」　上41オ2
枯「-」渴しぬ／「シヌ」　上41オ3
盡(き)ぬ／「キヌ」　上41オ3、上42オ5
殺-害せ／「セ」見れぬ／「ラル」　上44オ3
衰「-」老したり／「シヌ」　上44ウ2
知(り)ぬ／「ヌ」　上46ウ7、上105オ1、上105ウ1、中24ウ5、中28ウ6、中55ウ3、中65ウ2、中71オ1、中75ウ5、中89ウ7、中95オ3、下52ウ1
往生しぬ／「セム」　上48オ5
至(り)ぬ／「ヌ」　上49ウ7
と／「ト」爲(り)ぬ／「ナル」　上54ウ4
去(り)ぬ／「ヌ」　上55ウ7
現す／「シヌ」　上58オ3
相ひ／「ヒ」去り／「サンヌ」　上58ウ5
を／「ヲ」別かれぬ／「レヌ」　上59オ4
來る／「(り)ヌ」　上66オ1、上66オ2、上66オ2
還(り)ぬ／「ヘヌ」　上71ウ3

沒シツム／す／「シツミヌ」　上72オ3
墮(し)ぬ／「ヌ」　上72オ6
故「二」知(り)ぬ／「ヌ」　上76ウ6
明に／「二」知(り)ぬ／「ヌ」　上78オ5
則(ち)知(りぬ)／「ヌ」　上93オ1
知(り)ぬ應し／「シ」　上94ウ3、中20ウ4
會す／「シヌ」　上95ウ6
失トカあり／ナリ／「シヌ」　上98オ4
滅しぬ／「シヌ」　上100オ5、上100オ5
知(り)ぬ可し／「シ」　上102ウ5、中37オ6
故(に)知(り)ぬ／「ヌ」　上104オ3
に／「二」過(き)たり／「キヌ」　上104ウ1
朝(平)-宗(平)「ソウ」しぬ／「タラ(「ル」の誤か)ナリ」　上106ウ7
成(り)ぬ「ヌ」　中8ウ4
知「ヌ」　中18ウ5、下13ウ5
退「-」屈す／「シヌ」　中31オ1
住す／「ト、マンヌ」　中33ウ5

知(り)ぬ可「シ」　中35オ6
知(り)ぬ／「ヌ」可し／「シ」　中36オ6
滅(え)にき／「キエヌ」　中36ウ2
散滅す／「シヌ」　中37オ3
知(り)ぬ／「ヌ」應し／「シ」　中38ウ3
値遇せり／「シヌ」　中53ウ1
生れき／「シヌ」　中57オ3
退す／「シヌ」　中62オ5
息む／「ヤミヌ」　中63オ5
散「-」滅す／「ヌ」　中64オ5
滅す／「シヌ」　中65オ6
无けむ／「クナンヌ」　中77ウ6
盡き／「(ツ)キヌ」　中84ウ6
盡(き)たまへ(り)／「(ツ)キヌ」　中84ウ7
臥しぬ／「フシヌ」　中91オ2
離る／「シヌ」　中93ウ6
定り(ぬ)／「ヌ」應し／「ヘシ」　中97オ6
王女と／「ト」爲(な)る／「ナンヌ」　中98オ2

命「-」終す／「シヌ」　中98オ4
坐しぬ／「キヌ」　中98オ4
音(「訓」)の／「ノ」如(く)あらむ／「クンナンヌ」　中99オ2
玉女と／「ト」爲る／「ナンヌ」　中100オ7
知れ／「ヌ」　中100ウ3
知りぬ／「ヌ」　下11オ6、下34ウ2、下42オ1、下48オ1、下55オ6、下56ウ7、下62オ4、下62ウ5、下83ウ6、下95ウ1、下97ウ6
至りぬ／「ヌ」　下13オ6
放ユルサシ／ユルシ「ツ」「-」勉(まぬ)かれぬ　下13ウ3
蘇ヨミカヘ(り)て／「ヘンヌ」　下13ウ4
方に／「二」知りぬ　下13ウ5
命「-」終しにき／「シヌ」　下19オ7
生(れ)にき／「レヌ」　下19オ7
墮(ち)にき／「シヌ」　下19ウ1

生(れ)にき／「マレヌ」　下19ウ3
生れて／「レヌ」　下21オ1
還(りた)まひぬ(と)／「タマヒヌ」　下21ウ4
還-歸(し)たまひにき(と)／「シタマヒヌ」　下23オ2
逮-得せり／「シヌ」　下23ウ6
死(みまか)りぬ／「シヌ」當しと／「シト」　下24ウ7
命「-」過しぬ／「シヌ」　下26オ2
知(り)て／「ヌ」　下26オ5
滿ちぬ／「テリ」　下26ウ2
知りぬ　下26ウ2
去りぬ／「ヌ」　下26ウ6
命「-」終して／「シヌ」　下26ウ7
冷サメニキ／サメヌ／「サメヌ」／「ス、シクナンヌ」　下27オ2、下27オ2
盡(き)にき／「ツキヌ」　下28オ1
當「二」離別し(ぬ)／「シヌ」[當]「シ」　下29ウ3
當に生る[當]し(と)／「ヘクナンヌ」　下30ウ7
入る(なり)／「インヌ」　下60オ2
除コるか／「コンヌ」如(し)　下67ウ4
除コるか／イエヌルカ／「コンヌ」如(し)　下68オ2
至る／「タンヌ」　下68ウ6
斃シヌ／「シヌ」／「ヘイシヌ」　下69オ2
活ヨミカヘ／く／「ヘンヌ」　下69オ3
活る／「ヘンヌ」　下69オ4
斷-壞しぬ／「シメ」　下69ウ3
泮トケヌ　下69ウ5
愈(えぬ)／「エヌ」　下71オ4
愈(ゆ)／「エヌ」　下71オ5
愈(え)ぬ／「エヌ」　下71オ6
愈(え)ぬ／「ヌ」　下71オ7
愈(え)ぬ／「ヌ」[也]　下71ウ1
墮(ち)て／「シヌ」　下71ウ6
生る／「シヌ」　下72オ3
除滅し／「シヌ」　下76オ5
知りぬ可(し)／「シ」　下80オ7
有(る)に／「ルニ」値(ひ)て／「ヒヌ」　下81ウ2
去りぬ／「サンヌ」　下81ウ6
上ホりぬ／「ノホンヌ」　下82オ1
散壞しぬ／「シヌ」　下82オ2
到(り)て／「ヌ」　下82ウ4
住す(と)／「シヌ」　下83オ1
違しぬ／「スルナリ」　下95ウ1
盡(き)ぬと／「キヌト」雖「モ」　上38オ6
入る(と)／「ヌト」　中45オ4
得「ウマ」不しと／「シクナンヌト」　下29ウ3
知れ／「レ」足りぬと／「タン(「ヌ」脫か)ルコトヲ」　下89ウ7
坐せむと／「キヌトイヘリ」　中99オ3

住しぬる／「シヌル」時には／「キニハ」　下76オ3
印せ／「セ」所れたり／「ラレヌル」　下91オ1
還るか／「ヌルカ」猶コトシ／「コトシ」　上71ウ4
滅(し)ぬるか／「スルカ」如く／「ク」　上100ウ1
爛壞するか／「シヌルカ」如し／「ク」　中47オ5
知(る)か／「ヌルカ」故に／「ニ」　中63ウ2
除コるか／イエヌルカ／「コンヌ」如(し)　下68オ2
咸(「滅」の誤か)少す／「シヌルコト」　上33オ4
嬰「カ、ヌルコト」　上35ウ6
學「(ヒ)ヌルコト」請「セシカ」如「キ」　下60ウ2
足ることを／「タヌルコトヲ」　上39ウ4

減するに／「ヌルニ」似たれとも／「タレトモ」　上72オ4
觸レ／「フレハヘ」所るる／「ラレヌルハ」　中38オ6
解するは／「シヌルモノ」　上100オ6
利せむは／「ヌルヲモテイハ、」　上103オ6
往(き)ぬ／「ユキル(「ヌ」の誤か)レハ」　上34オ6
落(ち)ぬ(れと)も／「チル(「ヌ」の誤か)レトモ」　下26ウ1
生(し)ぬれは／「オフレハ」　上11オ6
入(り)ぬれは／「レハ」　上12ウ5
散し／「シ」已(り)ぬれは／「ニハ」　上13オ3
〻(生)し／「シ」已(り)ぬれは／「レハ」　上13オ4
〻(生)し／「ヒ」已(り)ぬれは／「ハ」　上19ウ3
食ひ／「ヒ」已(り)ぬれは／「ハ」　上19ウ3

〻(合)し／「ヒ」已(りぬ)れは／「ヌレハ」　上20オ7
碎け／「ケ」已(りぬ)れは／「ハテ」　上20オ7
遇(ひ)て／「ヌレハ」　上27オ2
と／「ト」成り／「ナリ」已(り)ぬれは／「ヌレハ」　上31ウ1
見「ミ」已(りぬ)れは／「ヌレハ」　上31ウ5
過(きぬ)れは／「キヌレハ」　上33オ4
知(り)ぬれは／「ヌレハ」　上39ウ4
逢(ひ)ぬれは／「アヒヌレハ」　上40オ4
墮「チヌレハ」　上40オ5
至(り)ぬれは／「ヌレハ」　上41ウ3
洗浴し／スルコト已「テニ」訖(り)て／「ハンル(「ヌ」の誤か)レハ」　上53ウ5
食し／「シ」已(り)ぬれは／「ハンテ」　上55ウ6
已(りぬ)れは／「ハレハ」　上55ウ7
過き／「キ」已(り)ぬれは／「ヌレ」　上56オ7

沒したれは／「インヌレハ」 上56オ7
託(し)ぬれは「シヌレハ」 上59オ4
生(れ)ぬれは／「レヌレハ」 上59オ7
相ひ隔(り)ぬれは／「ヌレハ」 上59ウ6
明「クルニ」至れは／「ヌレハ」 上72オ4
往生するは／「シヌレハ」 上73ウ2
生し／「シ」已(り)て／「ヌレハ」 上100オ5
生しぬれは／「ヌレハ」 上100ウ1
少カケヌれは／「レハ」 中28ウ2
上ノル／「ノリヌレハ」者は 中31ウ3
告け／「ツ」已るに／「ヌレハ」 中64オ5
知(り)て／「ヌレハ」 中74オ3
託(し)ぬれは／「ヌレハ」 中93ウ5
滅して／「シヌレハ」 中100オ5
坐し／「ヰ」已(り)て／「ハンヌレハ」 中100ウ1
水「-」清めは／スミヌレハ／「スメレハ」 下12オ2

聞(く)こと／「キ、」已(り)て／「ヌレハ」／「テ」 下30オ6
得「エ」已れとも『(り)ヌレハ」 下41ウ5
至りぬれは／「レハ」 下67ウ3
寄ヤトリ／「ヤトリ」載ノテ／「サイシヌレハ」／「ヌレハ」 下68ウ6
已(り)て／「ヌレハ」 下75オ1、下78オ3
成せは／「シヌレハ」 下75ウ5
呑-食し／「シ」已(れ)は／「ヌレハ」 下77ウ5
欲-想(し)ぬれは／「リテ」 下79ウ1
超(え)たり／「コヱンキ」 中31オ3
知(り)て／「リンヤト」 中36ウ2
値ッても／「ウヱンシニ」 下72ウ2
入(る)より／「リンシヨリ」來(このか)た／「タ」 中92オ1

ヌク(拔)

〔拔〕11959

拔(き)て／「ヌイテ」 下26オ7
拔き／「キ」已れは／「レハ」 上11オ6
拔き／「ヌキ」出す／「ス」 上11オ6
拔き／「キ」出(し)て／「シテ」 上18オ2
拔き／「キ」 上89オ5、中29オ6
拔き／「ヌキ」出すか／「タスカ」如くせむ／「クスル」者ものは／「ノハ」 下86ウ4
拔く／「ヌク」 上11オ6
拔く／「ク」 上89オ4、中61オ5
拔(く)か／「クカ」故に／「二」 中61ウ4
〻(拔)くことも／「クコト」 上11オ6
拔(く)を／「クヲ」以(て)の／「テノ」故に／「二」 上104オ5
拔け／「ヌケ」出て／「テ」 下76オ4

〔挽〕12111

挽ヒ(キ)テ／マノカレテ／「ヌイテ」 下82ウ6

ヌグ(脫)

〔脱〕29539
脱(き)て／「ヌイテ」　中29ウ2
脱「ヌイテヤ」　中29ウ1
脱せむと／「ヌカムト」　下26オ5

ヌスビト(盗人)
〔賊〕36759
賊は／「ヌスヒトハ」　中56オ6

ヌスム(盗)
〔偸〕00901
偸み／「ヌスミ」　中98オ7、下2ウ1
〔盗〕23000
盗み／「ミ」　上99ウ4

ヌフ(縫)
〔縫〕27809
裁(平)タチ-縫(上)ホウ／ヌヒ「ヌヒ」　上56オ1

ヌル(塗)
〔塗〕05338
塗れは／「ヌレハ」　下76オ2
塗れり／「ヌレリ」　中88ウ2
塗「ヌレル」　上46オ7
の／「ノ」塗ぬれるか／「ヌレルカ」如し／「シ」　上28オ5

ネ

ネガハクハ(願)
〔願〕43623
願(はく)は／「ハ」　上9オ4、上60ウ5、上69オ4、上70オ1、上73オ7、上73ウ4、上73ウ4、上85ウ3、上94ウ1、上94ウ6、上96ウ1
願「ハク」は　上35ウ6
願(はく)は／「クハ」　上38ウ1、中17オ1、中18オ3、中36ウ5、中40ウ6、中42ウ6、中45オ4、中45ウ4、中46ウ1、中54ウ6、中66オ1、中68オ3、中68オ4、中71ウ4、中74ウ3、中89ウ4、中93ウ3、中94オ4、中95オ2、中96オ3、中96オ7、中97オ1、中97ウ2、中97ウ3、下22オ6、下24ウ4、下26ウ4、下31ウ1、下76ウ5、下98ウ1、下98ウ1、下98ウ4、下98ウ5、下99オ7
願(く)「ハ」……くのみ　上43ウ4
願(はく)は　上44オ4、上85ウ2
願(ハク)「ハ」……然「ラムト」　上69オ1
願(はくは)／「ハ」　上83オ7
唯し／「シ」願(はく)は／「ハ」　上91オ4
〻(願)(はく)は／「ハ」　上94オ7
願(ハク)は／「ハ」　上94ウ4
願せよ／「クハ」　中17ウ7
願(はく)は／「ク」　中32ウ7
願「クハ」　中51ウ2
願(はく)は／「ハク」　中94ウ4

ネガヒ(願)

〔樂〕15399
樂ひに／「(ネ)カヒニ」隨(ひ)／「ヒ」て[而] 上58ウ5
樂(ひ)に／「ヒニ」 中15オ6、中77オ3
樂(ひ)に／「(ネカ)ヒニ」 中53ウ2
樂ひに／「ヒニ」 中67オ1
〔願〕43623
願(ひ)に／「ヒニ」 下34オ7
願に／「ヒニ」 下89オ2

ネガフ(願)

〔憙〕11219
憙コノま／「ネカハ」不りき／「ス」 中57オ7
憙コノム／ネカフて／「コノムテ」 中60オ7
〔樂〕15399
樂は／「ネカハ」不す／「ス」 上35オ4
樂かは／「ネカハ、」者は 上42オ7
樂はむ／「(ネ)カハ」者もの／「ハ」 中18オ1
樂は／「ネカ(ハ)」者は／「ハ」 中72オ5
樂(ねか)は／「カハ」不「ス」／と 下75ウ1
樂はむ／「(ネ)カハ、」 中12オ3
樂はむ者ものは／「ハ」 中2ウ7
樂はむ／「ハム」者ものは／「ノハ」 中4オ1
樂はむ者もの 中8オ6
樂「(ネ)カハム」者(は)／「ノ」 中10オ4
樂ふ／「フ」所なり／「ナリ」 中10オ6
當「ニ」…樂(ね)かふ／「カフ」[當]し／「シ」 中60オ2
樂ふに／「カ」 下77オ1
〔欣〕16008
欣はむ／「ネカハム」者ものは／「ノハ」 下90ウ4
欣ふ 上92オ1
欣ふ／「フ」心も／「ヲイフニモ」 上109オ3
欣ふ／「フ」[之]願 上109オ4
欣かふて／「テ」 上91ウ6
欣ふと／「(ネ)カフト」雖「モ」 中62オ5
〔規〕34810
規キ反／ネカヒ／「ネカヒ」望(平)せむ／「マウセ」 上34オ5
〔願〕43623
願は／「ハ」不して／「シテ」 上82オ3
願は／「セ」不す／「サルヲモテナリ」 上109ウ2
樂(は)む／「ハ(ム)」者ものは／「ハ」 上84オ7
願せよ／「ハム」 中80オ4
願ひ／「ヒ」 下88ウ2
生せむと／「レムト」願ふ／「スル」耶「ヤ」 上73ウ6
苦を／「ヲ」願ふ／「スル」者ものは／「ノハ」无し／「シ」 上109ウ2
樂を／「ヲ」得むと／「エムト」願ふ／「ス」 上109ウ2
願ふ／「ス」[當]し／「シ」

中54ウ4、中54ウ5

願す／「フ」［當］「シ」　中54ウ7

願(ふ)／「フ」　中81オ5

往生を願ふ／「スル」者ものを／「モノヲ」　下15ウ3

願へ／「カヘ」　中54ウ3、中54ウ4

願せよ／「ネカヘ」　中79ウ7

願せよ／「カヘ」　中80オ2

ネブリ(眠)↓ウツハリネブリ

〔眠〕23240

眠り(は)／「ネフリハ」　上34ウ1

〔睡〕23448

睡りの／「ネフラムトセム」　中28ウ7

ネブル(眠)

〔寝〕07289

寝ネフレル／「シム」處に／「二」　下26オ7

〔眠〕23240

眠れる／「ネフレル」　中64ウ6

〔睡〕23448

睡りの／「ネフラムトセム」　中28ウ7

睡(り)ても／「ネフレラム二」　中29オ3

ネムゴロ(懇)

〔苦〕30797

苦ネムコロに／「ネムコロ二」　上14ウ5

苦「(ネムコ)ロ二」-治せは／「セハ」　下93オ2

苦「(ネム)コロ二」-治せ／「セ」不るは／「サルハ」　下94ウ1

當に／「二」苦「(ネム)コロ二」-治す／「ス」

應し(と)／「シト」　下95オ2

ノ

ノ(助詞)

〔之〕00125

塼「カハラ」之「ノ」中「二」　上4オ1

豆「マメ」許りの／「ハカリ」［之］「ノ」　上12オ1

啼哭(の)［之］「ノ」聲　上16オ7

是(の)如(き)［之］「ノ」人は／「ハ」　上19オ1

四門の［之］「ノ」外　上19オ4

四門(の)［之］「ノ」下に／「ニ」　上23オ1

脚「カイ(「ク」の誤か)」-足(の)［之］「ノ」　上24オ5

九十九萬(の)［之］「ノ」毛「-」孔　上28ウ5

九十九重(の)［之］「ノ」皮「カハ」　上28ウ6

生(れ)て／「レテ」之の後「ハ」　上36オ3

此(の)如き／「キ」［之］事「ノ」(「之」の訓か)　上36オ6

无量生死(の)／「ノ」［之］　上37ウ6

餓鬼「ノ」［之］果報　上41オ5

自然快樂「ノ」［之］音　上53ウ3

珊瑚(の)／「ノ」[之]花　上54オ5
車渠(の)／「ノ」[之]實みあり／「コノミ」　上54オ6
世間(の)／「ノ」[之]　上55ウ5
極樂(ノ)[之]「ノ」文　上81オ5
菩提(の)／「ノ」[之]心も／「モ」　上101ウ1
［補讀］
鬼ノセルニ／の／「スルニモ」非す／「ス」　上16オ4
の／「ノ」塗ぬれるか／「ヌレルカ」如し／「シ」　上28オ5
其の色「ノ」(「其」の訓か)白し　上29オ2
來「ノ」(ママ)迎したまふ　上79オ2
滞シタ、リ／アマツヒ／「ミツタリノ」微(すこしき)なりと／「スコシキナリト」雖「モ」　上95オ3
何「-」等らをか／「ラノヲカ」　下8ウ2
佛(も)／「ノモ」　下45オ3

ノガル(逃)
〔脱〕29539
脱「カル、コト」　下27ウ1
〔逃〕38845
逃ノカレたる／「ノカレタル」者もの／「モノ」　下28ウ4
〔遁〕38982
遁トン反／ノカレ／「ノカレ」「トンニ」避／スル／アカル、／「ヒイン」「サル」所无し／「シ」　上36ウ2
〔避〕39163
須く／「クハ」避る／「ノカル」[須]「シ」　下42オ4
逃-避する／「ノカル、」　上34ウ1
避さる／「ノカル、ニ」處无し／「シ」　上34オ3
走り／「シリ」避(れ)て／「ノカレテ」　上8ウ3
避され／「ノカレテ」　中82ウ6
避さ(り)て／「ノカレテ」　下42オ2

ノギ(芒)
〔毫〕16831
毫ノキヨリモ／「カウヨリ」　上29ウ5

ノキフス(偃)
〔偃〕00830
偃「ノキフシ」坐「ヰルコト」　中98ウ2

ノク(偃)↓ノキフス
〔偃〕00830
偃(去)エン反／ノキ-臥フシテ／して／「イテ」　上35オ5

ノコギリ(鋸)
〔鋸〕40505
鋸きりを／「ノコキリヲ」　上4ウ2

ノコス(殘)
〔遺〕39134
遺す／「ノコル」者もの／「モノ」无シ

ノゴフ（拭）　上61ウ6
〔拭〕11989
洗「アラヒ」-拭ノコヒ／「ノコヒ」　中9オ7
ノコリ（殘）
〔殘〕16506
殘『コリノ』（消）」骨　上2オ4
〔餘〕44185
餘「ノコリ」　中56オ5
餘ノコリ／「ノコリ」　下26オ6
ノコル（殘）
〔遺〕39134
遺す／「ノコル」者もの／「モノ」无シ
〔餘〕44185　上61ウ6
遺アフレ-餘（れる）を／「ノコ「レタル」（消）
ヲ」　上25ウ2
ノコン（餘）
〔餘〕44185
餘マノ／「ノコンノ」水を／「ヲ」　上24オ5
ノス（熨）（四段）
〔熨〕19346
熨ノセハ／「ノセハ」　下71オ4、下71オ6
ノス（乘）（下二段）
〔上〕00013
上ノセテ　中31ウ3
〔寄〕07203
寄すれは／「イレツレハ」／「ノセツレハ」船に
／「ニ」　下70オ3
ノゾク（除）
〔除〕41669
除（き）たまへと／「ソイタマヘト」　下22オ6
除コる／「ノソイツ」　中68ウ7
除（き）て／「ノソイテ」　上56ウ7
除「カ」「ク」使「シメタマフ」　上72ウ6
除かむ／「ク」　中20オ2
除（か）むか／「カムカ」爲の／「メノ」故（に）
せよ／「ニセヨ」　上94オ4
除かむ（と）／「カムト」　下1ウ6
蕩タウ反-除して／「ソキ」　上53ウ5
除き／「キ」
中92オ4、下8ウ7、下17オ2、下37ウ1
除「キ」て　上60ウ5
除く　上52ウ5、中29オ3
除く／「ク」　上62オ4、上63オ1、上64オ6、
上78ウ4、上104ウ4、中8ウ5、中9ウ7、
中10オ4、中63ウ5、下2ウ5、下14オ4
除「カ」「ク」使「シメタマフ」　上72ウ6
除く／「ク」可「シ」［矣］　上80ウ1
除（き）／「ク」　中6ウ6、下18オ2
除かむ／「ク」　中20オ2
除く／「ク」［當］（し）　中62ウ5
除（き）てむ／「ク」　中67ウ1
除（き）て／「ク」　下17ウ6

除く／「ソク」　下37オ4
罪を除くなり／「ソク」　下40オ7
除(こ)れるか／「クカ」故に／「ニ」　下19ウ7
除(く)こと／「(ノ)ソクコト」　中80オ6
除(き)なむ／「クトイフコト」　下8オ2
除くなり／「ヲカム」　下40オ2

ノゾコル(除)
〔除〕41669
除ソコテ　上42ウ5
除コら／「ノソコラ」不すと／「スト」　中70ウ3
除コる／「ノソイツ」　中68ウ7
除コるか／「コンヌ」如(し)　下67ウ4
除コるか／「ソノコルカ」如く／「ク」　下76オ3
除コること／「ノソコルコト」　下79オ5
除コるか／イエヌルカ／「コンヌ」如(し)　下68オ2

ノゾミ(望)
〔望〕14368
望みに／「ノソミニ」盈つ／「アマル」　下69オ1

ノゾム(望)(四段)
〔望〕14368
望み／「ソミ」見(る)こと／「ルニ」　上12オ3
望み／「ソミ」　上12ウ7
望む／「ソミ」　上34ウ3
望む／「ソミ」　上34ウ3
望む／「ム」者もの　上49オ3
望むか／「ノソムカ」　中23オ5
望(む)こと／「ムコト」　中83ウ5
望むと／「ノソムト」　下30ウ5
望(む)れは／「メル」　下48オ2

ノゾム(臨)(四段)
〔臨〕30087
臨まむ／「マム」　中97オ4
臨まむ時に／「キ」　下40オ5
臨「マン」時に／「キ」　中90ウ1
臨「リ(「ミ」の誤か)」　上39ウ1
臨む時には／「ニハ」　上37ウ1
臨「ム」時「キ」に　上47ウ1
死に／「ノ」臨む／「テ」時に／「ニ」　下66オ4
臨(み)て／「ムテ」　上45ウ2
臨むて／「テ」　上71ウ4

ノゾム(望)(下二段)
〔望〕14368
望めて／「ムレハ」　下59ウ2
望(め)て／「ムレハ」　下59ウ3
相「ヒ」望す／「(ノ)ソメタリ」　下86オ1
望(む)れは／「メル」　下48オ2

ノタマハク(曰)↓ノタマハクハ
〔云〕00254
云(は)く／「ノタマハク」　下15オ5
云(は)く／「ノタマ(ハ)ク」　下41ウ5

云く／「マハク」　下42ウ3、下51ウ7
〔告〕03381
告はく／「ハク」　下25ウ7
〔言〕35205
佛の／「ノ」言(は)く／「ハク」　上75オ1、上99オ6、上99ウ1
佛の／「ノ」言(は)く／「クハ」　上99オ2
佛の言(は)く／「ク」　上99オ4
言く／「ノタマハク」　中58ウ2、中78オ3
言(は)く／「ノタマハク」　中69オ5
言(は)く／「マハク」　中78オ4、下21ウ5、下31ウ3、下33オ6、下37オ2
言(は)く／「(ノタ)マハク」　中79オ6
言(のたま)はく／「ハク」　下5ウ7
言(は)く／「ハク」　下6ウ4、下19オ3、下20オ6、下20ウ5、下22ウ7
言(はく)／「ハク」　下17ウ1
言(は)／「マハク」　下24オ2
言く／「マハク」　下60オ3
言はく／「マハク」　下76ウ4
言(のた)まはく／「マハク」　下92オ1
言(のたまふ)か／「マハク」如し／「シ」　下93オ4
佛の／「ノ」言(く)／「ハク」　下96オ1

ノタマハクハ(曰)

〔言〕35205
佛の／「ノ」言(は)く／「クハ」　上99オ2

ノタマフ(曰)↓ノタマハク

〔云〕00254
云(ふ)か／「ノタマ(フ)カ」如し　中51オ2
云(ふ)か／「ノタマフカ」　中94オ6
〔言〕35205
言(のた)まふ／「イフ」　下74オ5
言たまふか／「ノタマフカ」如し／「シ」　中93オ2
言(の)たまふか／「ノタマヘルカ」如し／「シ」　下90ウ6
言(の)たまふか／「ノタマヘルカ」如し／「シ」　下90ウ6

ノチ(後)

〔已後〕08743 10098
已-「-」後に／「ノチハ」　中21オ4
已-「-」後に／「(ノ)チ」　中77ウ2
已-後「チ」　下21オ3、下22ウ1
〔後〕10098
然「カアテ」後「チ」　上5ウ2
生(れ)て／「レテ」之の後「ハ」　上36オ3
現して／「シテ」後に／「ニ」　上39ウ2
滅「シテ」後の／「ノ」　上80ウ7
後「ニ」　上84ウ4
後に　上84ウ4
發(し)つる／「テ」後「ノ(チ)」には　上95ウ2
後に／「ト(「ニ」の誤か)」　上108ウ6
壽終(り)て／「ノ」之の後に／「チ」　下30ウ6

ノド(咽)↓ノムド
〔喉〕03913
喉「ノト」　上18オ6
ノブ(延)(下二段)
〔延〕09569
延(ふ)ること／「ノフ(ル)コト」得たり(と)／
「タリト」　下46ウ5
延へ／「ノヘ」　中80オ7
延へは／「ヘハ」　上35ウ6
ノブ(述)(下二段)
〔宣〕07132
宣ふ／「フ」可(から)不「ス」　上48オ5
宣ふ／「ノフ」　上55オ3
宣ふ／「フ」　上64ウ1
宣へ／「ノヘ」吐はく／「ハク」　上57オ5
〔暢〕14095
暢ノへたまふ／「ノヘタマフ」　上69オ4
〔演〕18130
演ふ／「ヘ(タマ)ヘリ」　上41ウ6
演ふ／「フ」　上67ウ1、上69ウ3
演ふ(と)／「ノフト」　中17ウ7
廣-／「ク」演「ノフルヲ」　中60オ2
演「ノヘ」-說す／「ク」　上53オ4
〔申〕21726
申(ふ)る／「ノフル」時には／「ニハ」
　中3ウ1
申(へ)て／「ノヘテ」　上47ウ4
申へて／「ヘテ」　下22ウ7
〔稱〕25180
稱「ノフ」　下43オ6
〔舒〕30300
舒ノフ(れ)は／「ノフレハ」　中4ウ2
舒ふれは／「ノヘハ」　中33ウ4
舒ゝて／「テ」　上79ウ7
舒ふれは／「ノヘハ」　中33ウ4
〔述〕38803
述「ノフ」可(から)　上2ウ2
述す／「ノフ」　上106オ2
述「フ」　中21オ4
〔陳〕41698
陳ふ／「ノフ」　上58ウ3
陳ふ／「ノフ」／「スル」　中100オ5
陳ふる／「ノフヘキ」　中36オ5
陳ふる／「ノフヘキ」　中36オ5
陳(ふ)る／「スル」所(「訓」)　中76オ1
ノボル(上)
〔上〕00013
上リて／「ノホテ」　上20オ5
上らしむ／「ノホル」　上18オ1
上ノホリ出(て)たること／「コト」　上16ウ6
上リて／「ノホテ」　上20オ5
上り(て)／「ノホンテ」　上22オ1
上ホりぬ／「ノホンヌ」　下82オ1
上る／「ホル」　上7オ6

上らしむ／「ノホル」 上18オ1
上ること／「コト」 上7オ2
上れは／「ホルニ」 上6ウ7
上れは／「ホルニ」 上6ウ7
上りて／「ノホンテ」 上22オ1
〔乘〕00154
乘ノホテ 下69オ1
〔昇〕13794
昇(ら)／「ノホラ」不「シ」 下25オ2
〔登〕22668
登「ノホラ」令「シメ」 上18オ1
登ら令しむ 上18オ1
登り／「リ」 上58ウ6
登る／「ノホル」 上21ウ5
登る／「ル」［之］時に／「キニ」 上21ウ5
登るといへり／「ノホルトイヘリ」 上43ウ3
〔騰〕44915
騰「ノ(ホ)リテ」 上34オ2
騰(り)て／「ノホンテ」 上58オ4

ノミ(蚤)

〔蚤〕32893
蟻(去)キ反／キサ、蝨(入)シチ反／シラミ「キム」蚤サウ反「サウ」／ノミ「ノミ」等は／「ハ」 上26ウ4

ノミ(耳)(助詞)→マクノミ

〔耳〕28999
發(し)つる／「オコス」耳のみ／「ノミト」 上44ウ3
讃歎(し)たまふ／「スラ(ク)」耳み／「ノミ」 上75オ6
留め／「メ」不さる／「サラ(ク)」耳のみ／「ノミ」 中27オ5
護「-」念すらく／「スラク」耳のみ／「ノミ」 中75ウ6
意の／「ノ」作ならく／「ナラク」耳「ノミ」 中85ウ4
空なりと／「スルナラク」耳「ノミ」 中86オ4
欲ふらく／「スラク」耳のみ／「ノミ」 下26ウ3
開發するなら(く)／「スラク」耳のみ／「ノミ」 下57ウ5
名ナラ(く)／「ナラク」耳のみ／「ノミ」 下64ウ3
到るか／「ルカ」如き／「クアラク」耳(なら)(くの)み／「ノミ」 下66ウ7
苦と／「ト」爲す／「ス」應カラク／「ヘキ」／「カラク」耳のみ／「ノミ」 下75ウ2
致す／「ス」所ならく／「ナラク」耳のみ 下87オ5
不同ナラク(のみ)／「ナラク」耳「ノミ」 下94オ2
［補讀］
骨「(ノ)ミ」 上2オ4
一分のみ／「タモ」 上18ウ6

設(く)る／「クル」[之]時に／「キニノミ」 上24ウ2
有るのみに／「ルニ」非す／「ス」 上33ウ6
黑業「ノミ」 上37オ4
唯身「ミノミ」に 上39オ7
子のみありと／「コノミナリト」 上44ウ2
音のみ有「リ」 上53ウ3
來(る)のみに／「ノミニ」非す／「アラス」 上57ウ5
生れ不るのみならむ／「サルレニ(「サルノミ」の誤か)ナム」 上82ウ2
功德は／「ヲノミ」 上108オ5
頸をのみ／「クヒ」 中7ウ4
名のみ／「ナノミ」 中16ウ3
作すことのみ／「ナスコトノミ」 中29ウ3
稱するのみに／「ホムルノミ」 中35ウ1
惑-「-」心のみに／「ノミニ」 中65オ5
解「-」脱のみ／「セ」令はたた(「しめ」の誤か)たまつと／「シメタマヘト」 中66オ2
ゝ(骨)のみ／「ヨリ」 中85ウ3
臨「-」終のみに／「ノミニ」非「ス」 中90オ2
照(し)たまふのみに／「タマフノミニ」非す／「ス」 中96ウ3
其の「ノ」名を／「ヲノミ」 下19ウ4
一「-」子なり／「ノミナリ」 下24ウ7
當「ニ」往生「ス」[當]「ヘキノミナラ」不「ラス」 下59オ1
自-力(のみ)には／「ノミニ」非(す)／「ス」 下64オ1
逆を／「ヲノミ」 下73オ6
欲-相のみには／『ノミニハ」非(す)／「ストイフコトヲ」 下79ウ4
法のみ／「ニ」有(り)／「リ」 下80ウ2
金剛山のみ 下82ウ7
作レル(の)ミなら／「クレルナラ」不す／「ス」 下86オ5
十に／「ニ」於てせるに(あら)／「テノミセルナラ」不す／「ス」 下86オ6

ノム(飲)
〔吞〕03329
の／「ノ」爲に／「ニ」吞ノマ「ノマ」所る／「レヌ」 上33ウ3
吞ノマ所るる／「ル、トキニ」 上45ウ2
吞ノミ／「トツ」受(く)ること／「スルコト」 上28ウ3
吞(み)／「ノミ」 下29オ7
吞(み)つ／「ノムツ」 下82オ1
吞ノ(ム)ニ／「トム」食クハ／「セ」令(む)／「シム」 下77ウ5
〔飲〕44063
飲み／「ミ」已(り)て／「テ」 上52ウ5

ノムド(咽)→ノド
〔咽〕03577
咽を／「とヲ」 上14オ2

ノリ（法）

〔法〕17290

法を／「リヲ」
上45オ3、下27オ2、下87ウ3、下87ウ5

法を／「(ノ)リヲ」 中53オ7

法を／「リ」 中78オ6

法(を)／「リヲ」 下88オ1

ノル（乗）

〔上〕00013

上「ノラ」令「シメテ」 中31ウ3

上ノル／「ノリヌレハ」者は 中31ウ3

上ノル／「ノリヌレハ」者は 中31ウ3

〔乗〕00154

乗らむ／「ノラム」 上35ウ1

〔載〕38309

寄ヤトリ／「ヤトリ」載ノテ／「サイシヌレハ」／「ヌレハ」 下68ウ6

〔駄〕44576

駄ノリ／「ノリ」 上43オ7

ノル（罵）

〔罵〕28333

罵のり／「ノリ」 上99ウ6

罵「ノリ」辱す／「ス」／「ハツカシム」應(か)ら／「ヘ」不「ス」 下93ウ1

ハ

ハ（刃）

〔刃〕01850

刃「ハ」 上3オ6

ハ（葉）

〔葉〕31387

葉は／「ハ」 上7オ1

葉「ハ」 上54オ5

ハ（歯）

〔歯〕48583

歯は／「ハ、」 上16ウ3

炎ｰ／「ホノ〱」歯の／「ハアテ」 上20ウ1

歯ハ 上31ウ7

ハ（者）（助詞）→トイハ、トイフハ

〔者〕28853

者は／「ハ」 上10ウ4

焦熱地獄「ト」者といふは／「ハ」 上11ウ2

ゝゝ(无常)「ナル」者といふは／「ハ」 上13オ5

常「ナル」者といふは／「ハ」 上13オ5

(といふ)／「ト」者は／「は」 上13オ7

明さ「ス」者は 上23オ4

一「ハ」者は 上23オ4

二「ニハ」者は 上23オ5

一「ツ」(に)者は／「ハ」 上26オ4

不浄「ノ」相「ト(イフ)」者「ハ」 上27ウ4

想者は／「ハ」 上32オ3

一に者は／「ハ」 上34ウ7

二(には)／「ハ」〔者〕　上34ウ7
語せ／「モノイフ」不す／「ス」者「ハ」　上44ウ1
然る／「ル」所以「ユヱ」者は／「ハ」　上47ウ2
數「ハ」者は　上65オ4
爾「シカイハ」不す／「ス」者は　上81オ1
〻〻〻(願作佛)の「ノ」〻(心)者といふは／「イハ」　上86ウ2
發「スト(イフ)」者「ハ」　上86ウ2
〻〻〻(度衆生)の／「ノ」〻(心)「ト」者といふは／「ハ」　上86ウ3
言ふ／「イフ」者は／「ハ」　上87オ3
爾シカイハ不す／「ス」者「ハ」　上98ウ3
と／「ト」言ふ／「イフ」者は／「ハ」　上100ウ2
爾ら／「シカイハ」不す／「スハ」者は　上104オ3
然「ル」所以「ハ」者　上106ウ5
聽ユルシタ／(し)たまは／「ユルシタマハ」不す／「スハ」者は　下25オ1
滅せむと／「セムト」欲はは／「モハ、」〔者〕　下31ウ3
爾(ら)／「シカ」不す／「スハ」者は　下34ウ3
斷絶せ／「セ」不『スハ」者は　下35ウ2
不同なる／「ナリ」所-「-」以「ユヱ」者は／「ハ」　下53ウ1
第三の分を／「ヲハ」者は　下92オ5

バ(者)(助詞・未然形接續)↓トイハバ

〔者〕28853

明「サ」者「ハ」　上27オ5
存せ／「セハ」者は　上41ウ1
樂かは／「ネカハ、」者は　上42ウ1
知らむと／「ラム」欲は／「ハ」者は／「ハ」　上45オ5
遠離せむと／「セマク」欲は／「ホンセハ」者は　上46ウ3
極樂と(「に」の誤か)／「ニ」生れな／「レ」者は／「ナハ」　上82オ4
謂「イハ」者は／「ハ」　上88オ3
謂は／「イハ」者は／「ハ」　上88オ3
有らむ／「ラ」者ものは／「ハ」　上89ウ5
一躰なら／「ナラ」者は／「ハ」　上91ウ3
有(り)と／「リト」言は／「イハ、」者は　上92ウ2
明さ者は／「ハ」　上98ウ5
知るとなら／「ルト」者は／「ナラハ」　上104オ2
退(き)なむと／「セムト」欲せ／「セハ」者は　下34オ6
明さ／「スト」者は／「イフハ」　下34ウ4
說か／「カハ」者は　下47オ7、下47ウ3
期と／「ト」爲せ／「セハ」者は　下56オ2
見み／「ミハ」者は　下63オ1
何(と)なら「-」者は／「カントナラハ」　下63ウ1

鞭「フチヲモテ」-打せ／「ウタハ」者は 下93ウ1

バ（者）（助詞・已然形接續）

〔者〕28853

食「-」噉すれ／「サ（「セ」の誤か）ムトスレハ」者《ハ》 上25ウ7

明「セ」者は／「ハ」 上27ウ3

調伏すれ／「スレ」者は／「ノハ」 上45オ6

バ（者）（助詞（右以外））

［補讀］

不-淨をは 上31オ3

云（へる）か／「ヘルカ」如とく／「クンハ」不（あ）ら／「ラス」「スト」 下34オ1

ハイモノ（鞢）

〔鞢〕42761

鞢《シタウツ》／「ハイヒ（「モ」の誤か）ノ」 中79オ1

ハカラフ（計）

〔料理〕13501 21014

料理《ハカラヒ》 中78ウ2

〔計〕35220

計「ハカラヒ」念「オモハムコト」 中29オ4

ハカリ（計）

〔量〕40138

量り有（り） 上109オ6、上109ウ3

バカリ（許）↓バカリス、バカリニス、バカリモス、バカン

〔許〕35298

豆「マメ」許りの／「ハカリ」［之］「ノ」 上12オ1

芥子許りも／「リモ」 上12ウ1

孔「アナ」-許りを／「ハカリモ」 上15オ3

芥子「ノ」如「ク」許「リモセ」不「サレト」 下61ウ3

芥子許りの如き（をも）せ不れと 下61ウ3

芥子許りの／「ハカリノ」 下78ウ3

［補讀］

恒水を／「ハカリヲ」 上65オ7

芥子（去）「ハカ」りの如きも／「リ（「キ」の誤か）モ」 上71ウ7

功德をもて／「ハカリヲモテ」 中33オ6

合「セ」-「-」集して／「（アツメタ）ラムハカリシテ」 中33オ7

功德を／「ハカリヲシテ」 中33ウ1

至（り）て／「ルハカリシテ」 中33ウ2

至（り）て／「ルハカリニシテ」 中33ウ6

如（く）も（すること）／「ハカリモスルコト」 中83ウ3

頃の／「アヒタ」如くすること／「ハカリモスルコト」 中83ウ3

一「-」念の／「ノ」頃の／「アヒタ」如きに／「ハカリニ」 下18オ7

須彌山の如き／「ハカリノ」 下46オ7

大-豆《ハカリノ》 下68オ6

ハカリコト(計)
〔計〕35220
計ハカリことを／「リコトヲ」 中26オ7

バカリス(許)↓シクバカリス
〔如〕06060
大(き)さの／「オホキサ」如(く)せむをは／「ハカリセムヲハ」 上97オ5
[補讀]
敷しき／「シクハカリシ」 上99ウ2

バカリニス(許)
〔如〕06060
作さむか／「ナセラム」如(く)せむをは／「ハカリニセムヲハ」 上97オ6

ハカリミル(計)
〔計〕35220
計ハカリミルニ／「ミルニ」 上80ウ7

バカリモス(許)
[補讀]
如クにもすること／「ハカリモスレハ」 中55ウ5

ハカル(計)
〔測〕17780
測「ハカリ」難「クシテ」 上50ウ4
測り／「ハカリ」難し／「シ」 上75ウ3
測る／「ル」可(から)不す 上102ウ7
〔略〕21839
逼「セメ」略「ハカリ」 中98オ7
〔量〕40138
量らむに／「ハカラムニ」 中51オ7
量り／「リ」難し／「シ」 上65オ2、中36オ5
量(り)つ／「ハカリツ」可し／「シ」 上102ウ6
量り／「ハカリ」難し／「シ」 中3ウ1
量りて／「ハカンテ」 中78ウ6
量りて／「ハカンテ」 中78ウ6

バカン(許)
[補讀]
一毛端の／「ハカンノ」 中37オ4

ハギ(脛)
〔腨〕29685
腨はき／「ハキノ」-膊(入)ハカ反ハキの如し／「シ」 中11オ3
腨ハキは／「ハキハ」 中11オ3
〔膊〕29839
膊ハキ 上67ウ7
〔蹲〕37809
蹲ハキ(の) 上27ウ6

ハク(吐)
〔吐〕03300
吐(き)て／「ハイテ」 上17オ3、上19オ1
吐き／「ハキ」 上17オ3
宣へ／「ノヘ」吐はく／「ハク」 上57オ5
嘔オウ反「オウ」-吐ハク／するか「トスルカ」

ハグ(剝)
如し／「シ」 上31ウ7

〔剝〕02049
剝ハキ割サイテ／「サク」 上15オ6
剝(き)／「キ」割(き)て／「サイテ」 上15オ6

ハゲマス(勵)
〔勵〕02472
勵(ま)して／「ハケマシテ」 中30ウ4

ハゲム(勵)
〔勉〕02362
勉マノカレ／「ハケマ」不す／「サルヲモテナリ」 中58ウ6
〔勵〕02472
勸「ス、メ」「-」勵して／「レイシ」／「ハケミテ」 下94ウ6

ハコ(箱)
〔奩〕05991
奩ハコノ／「ハコ」 中12オ1
〔筐〕26001
筐の／「ハコノ」如し／「シ」 上41ウ5

ハコブ(運)
〔運〕38998
運は／「ハコハ」不して／「スシテ」 上50ウ5
運せ／「ハコハ」不して／「スシテ」 中87オ2
運ひ／「ハコフ」 中30オ2
運ひ／「ハコフ」 中30オ2
運し／「ハコフ」 中84オ2

ハサミ(鋏)
〔鉆〕40270
鉆カナハシ／「ハサミ」／「カ(ナ)ハサミ」を以「テ」 上18オ3

ハサム(鋏)
〔鉆〕40270
〻(鉆)ムテ／「テ」 上18オ3
〻(鉆)ハサむて／「ハサンテ」 上22ウ3

ハシ(嘴)→クチバシ
〔嘴〕04256
嘴「シアル」 上4オ4
嘴ある／「(ハ)シアル」 中99オ2

ハシ(端)
〔端〕25806
端ハシより／「ヨリ」 上16ウ6、上17オ5
端ハシに／「ヨリ」 上17オ1
端(は)しに／「ハシニ」 中9オ2
〔頭〕43490
頭しに／「ハシニ」 上4ウ6
樹の頭(は)しに／「スヘニ」 上6ウ1
頭(は)しに／「スヘニ」 上7オ6
頭しに／「スヘニ」 上8ウ6
頭ハシに／「ヨリ」 上16ウ7

ハシ(階)
〔階〕41755
階ハシに／「ニ」 上49ウ7

ハジム(始)→ハジメ、ハジメテ

ハジメ(初)
〔初〕01911

初「メ」-生の／「スル」時從(り)　上32オ3
初「メ」　上62オ1
初「シメ」に　上73ウ6
初(め)の／「メノ」　中32ウ1、中32ウ3
初め(より)／「メヨリ」　中52オ1、中52ウ2
初め／「メ」從り　中90ウ6
初(め)には／「メンハ」　下10オ2
〔始〕06166
始「ハシメ」には　上39オ1
始め／「メテ」　中12ウ5
〔首〕44489
首と／「(ハシ)メト」爲す(るなり)／「(ル)ナリ」　下11ウ2
首と／「(ハシ)メト」爲(せり)／「セリ」　下11ウ2

ハジメテ(初)
〔初〕01911
初(め)て／「メテ」　上6ウ4、上48オ5、下34オ5
初め(て)／「テ」　上29ウ6
初(め)て／「テ」　上48ウ1、上48ウ2、上50オ2、上66ウ7
初(め)て／「メ」　中6ウ1
〔始〕06166
始(め)て／「メテ」　上39ウ1、下55オ7
始(め)て／「テ」　上77ウ7
始め／「メテ」　中12ウ5
始めて／「テ」　中47ウ1
年「シ」始(め)て／「メテ」　下24ウ2
〔適〕39076
適たま／「ハシメテ」　上32オ4

ハシラス(走)
〔走〕37034
走る／「ハシラシ」　上5ウ6

ハシル(走)
〔走〕37034
走ら／「ハシラ」令め／「ム」　上9オ6
走り／「シリ」避(れ)て／「ノカレテ」　上8ウ3
走(り)て／「ハシリ」　上12ウ3
走し(り)て／「リ」「-」趣(き)て／「オモフイテ」　上24オ4
走「リ」て　上25ウ3
走(る)こと／「ハシルコト」　上9オ3
走して／「ハシンテ」　中29オ7

ハス(馳)
〔馳〕44593
馳「ハセ」「-」走して／「シテ」　上23ウ7
馳「ハセ」-求して／「モトメテ」　上34オ5

ハタ(幡)
〔幡〕09086
幡を／「ハタヲ」　中88ウ3
幡の／「(ハ)タノ」　中88ウ4

ハダカ(裸)

〔裸〕34371
裸なるを／「ハタカナルモノヲ」　中10ウ7
裸《ハタカニ》／「ラ」餒《ウヱテ》／「大ニシテ」　下89ウ2

ハタケカサ（疥）
〔疥〕22057
疥「ケ」／「ハタケカサ」-者「アルモノ」の／「ノ」　上38ウ7

ハタス（果）
〔果〕14556
果し／「ハタシ」遂け／「トケ」不す／「ス」者といふは／「ハ」　中94ウ1
果を／「ハタスコト」　上75オ6

ハタホコ（幢）
〔幢〕09087
幢「ハタホコヲ」　上4ウ5

ハヅカシム（辱）
〔辱〕38686
罵「ノリ」辱す／「ス」／「ハツカシム」應（か）ら／「ヘ」不「ス」　下93ウ1
毀-「-」辱し／「シ」／「ハツカシメ」　中98ウ1

ハナ（鼻）
〔鼻〕48498
鼻の／「ナノ」中を／「カヲ」　上26ウ2

ハナカヅラ（花鬘）
〔花鬘〕30734 45568
花「ナ」-鬘《カツラ》　上35オ3

ハナス（離）
〔離〕42140
離れ／「シ」　中65オ2
離して／「レテ」　中16ウ2
離「シテ」生せ者「ハ」　中65オ2
離（してや）／「シテヤ」　中64ウ4
離る／「シヌ」　中93ウ6
離（れ）たり／「セリ」　中65オ3、中68オ2
離せ（るにも）／「サル（ニ）モ」　中49ウ4
離《セルヲ》　中16ウ2
離せ（るにも）／「セルンモ」　中49ウ5

ハナツ（放）
〔弩〕09760
箭「ヤヲ」弩「ハナテ」　上5ウ7
〔放〕13133
放ち　中4ウ3
放（ち）て／「チ」　中8ウ1、中10オ4
放つ／「ツ」　中1ウ5、中9ウ2
放（ち）たまふ／「ツ」　中3オ3、中10オ3
放（ち）て／「ツ」　中8ウ3
放（ち）たまふを／「ツ」　中96オ5
放つに／「ハナテハ」　上20オ6
放つに／「ハナテハ」　上20オ6
放（ち）て／「テハ」　中67オ5、中67オ6、中67オ7

ハナハダ（甚）
〔甚〕21648

甚「タ」　上4オ3、上37ウ7、上86オ3、中9オ2、中19ウ2、中56ウ2
甚た　上11オ7、上13ウ6、上66ウ5
甚た／「タ」　上24ウ4、上40ウ7、中83ウ6
甚(た)／「タ」　下32オ4、下59オ2、下85オ2、下87ウ5

ハナハダシ(甚)

〔劇〕02218
劇ハナハた(し)くして／「ハナハタシウシテ」　中56ウ1
劇ハナハた(し)くして／「ハナハタシウシテ」　中56ウ1
〔甚〕21648
甚し／「タシ」　上36オ1
甚(しく)／「シテ(「ク」の誤か)」　上76オ2

ハナヒセ(齆)

〔齆〕48546
齆(去)「オウ」／「ハナヒセナル」鼻の／「ノ」　中87ウ7

ハナル(離)

〔離〕42140
離る／「ルコトヲ」　上86ウ1
離る／「ル」[當]き／「ヘケムヤ」耶　中93オ7
離る／「ル」[當]し／「シ」　中93ウ2
離る／「シヌ」　中93ウ6
離るる／「ル、」　中59ウ1
離(る)ること／「ルコト」　上42ウ7
三悪道を離るること得て　上84ウ3
離(る)ること／「ル、コト」　下12オ5
離る／「ルコトヲ」　上86ウ1
離れ／「レテ」　中9ウ1
離(れ)／「レ」不して／「シテ」　中40ウ3
離れ／「レ」不「スト」　中60オ4
離れ／「シ」　中65オ2
離れ／「レ」不れは　中69ウ6
離れ不れ(は)　中70オ1
離(れ)／「レ」不れは／「ス」　中70オ2
離れ／「レ」令しむ／「シメムカ」　中75オ4
離れ／「レ」不「ス」　中93オ2
離(れ)しめむか／「レシメムカ」爲の／「メノ」故なり／「ナリ」　上97ウ1
離(れ)たるか／「レタルカ」　中50オ3
離れたるは／「レタルニハ」　中59ウ6
離(れ)て／「レテ」　上38オ4、上63ウ5、中54ウ3
離れ「テ」　上64オ5
三悪道「ニ」離レ(テ)　上84ウ3
離(れ)て／「レテ」[之]外に／「ニハ」　上92オ6
離して／「レテ」　中16ウ2
離れて　中22オ1
離れて／「レテ」　下3オ4
離れては／「レテハ」　中16ウ2
離れむ／「レム」　下8オ4

ハネ（羽）
〔羽〕28614
羽（上）ウ／ハネ-角　上40ウ5
「ツイハンテ」　上22オ1
〔噉〕04299
噉ひ／「ハミ」　上3オ2
ハムベリ（侍）
〔陪〕41680
陪すること／「ハムヘラ」能（は）未す／「ス」　上43オ7
ハヤシ（早）
〔早〕13742
早く／「ク」　上57ウ1、中68オ4
早ハヤク／トク／「トク」　下54ウ2
〔暴〕14137
暴「ホ」「ハヤキ」-水「ミツ」　上34オ7
ハラ（腹）
〔胎〕29369
背尺六　背也／「セキ」「セナカ」胎ハラを／
「ヲ」「ハラヲ」　上21ウ3
〔腹〕29722
腹は／「ラハ」　上25ウ5
腹をもて／「ハラヲ」　上26ウ6
腹「ハラ」　中85オ7
ハラフ（拂）
〔拂〕11936
拂ふ／「ハラフトイヒ」　下93ウ5
拂ふと／「ハラフト」云へる／「イヒ」　下92ウ7
〔排〕12256
排「ハラヒテ」　下68ウ2
排ハラフこと　中66オ4
排（ふ）こと／「ラフコト」　下68ウ3
排ハラフテムト／「ヒ」　下13ウ1
〔救〕13221
救ハラハムか如（く）して　上34ウ2
救ふか／「ハラハムカ」如（く）して／「クシテ」　中5オ4
救ふか／「ハラハムカ」如（く）して／「クシテ」
ハハ（母）
〔孃〕06891
孃ヲムナメ／「ハヽ」　中26オ7
バフ（奪）↓ウバフ、ムバフ
〔奪〕05994
奪（ふ）こと（ある）／「ハフコト」者は／「モノ」　下91オ3
ハベリ（侍）↓ハムベリ
ハマ（濱）
〔濱〕18537
河（平）「ノ」濱ハマに／「ホトリ」「ヒン」に　上54オ4
ハム（食）
〔啄〕03801
探タム反／ツキ／「サクリ」啄タク反／ハム／

救ふか／「ハラフカ」如クセシかとも／「クス　中5オ4
ルニ」　下72ウ1

〔除〕41669
除はらふ／「ハラフ」　中88ウ6
除（き）て／「ハラムテ」　中52オ7

ハラム（孕）

〔懐〕11456
任「ニム」騾ラ反「ライ」の懐（平）ハラメルカ
／スルカ／「ハラムルヲモテ」　下41ウ2

ハラワタ（腸）

〔腸〕29721
腸「ハラワタ」を　上6ウ1
腸（平）ハラワタ胃（平）クソブクロ　上28オ7

ハリ（針）

〔針〕40165
針り／「ハリヲモテ」　上11オ4
針リノ／「リノ」　上15オ3
針の／「ハリノ」　上25ウ5

〔錐〕40536
錐りを／「ハリヲ」　上8オ1

ハル（張）

〔張〕09812
張ハキ（「リ」の誤か）／「ハテ」　上18オ2
張ハキ（「リ」の誤か）／「ハテ」　上18オ2
口を／「ヲ」張（り）／「ハリ」　中98オ1
張る／「ハレル」　中9オ5
張るか／「ハルカ」如し／「（く）ナリ」　上18オ3
張れり／「ハレリ」　上4ウ6
張る／「ハレル」　中9オ5

ハルカ（遙）

〔懸〕11462
懸ハルカニテモ／「シテモ」　上31ウ6
懸（は）るかに／「ハルカニ」　中62ウ2

〔迴〕38786
迴ハルカ（な）る／「ル」　中29オ6

〔遙〕39035
遙に／「ハルカニ」　上4ウ7、上20オ5

ハレ（晴）

〔晴〕13994
晴ハレノ／「レノ」天（平輕）　上67ウ5

ヒ

ヒ（日）

〔日〕13733
日に／「ヒニ」　下67オ4

ヒ（火）

〔火〕18850
火「ー」「ヒノ」燒「ヤク」／「ニ」於「イテイフニ」　上8オ3
火「ヒ」　上9オ2、上16ウ6、上17オ5、
上17ウ1、上19オ5、上25ウ1

火の／「ヒノ」／「ニ」中に／「カニ」 上10ウ1
火「ヒ」を 上12ウ4
火「ヒ」(の) 上17オ1
獄-「ノ」火「ヒ」 上17オ6

ヒカリ(光)

〈光〉01350
光「リ」有「リ」 上52ウ7
光「リ」 上53オ1、上61オ2、中6オ7、中7オ7、中8オ2、中9ウ5、中10ウ6、中12ウ1、中12ウ2、中17オ4、中17オ5、中17ウ5、中20オ2、中34ウ5、中96オ6
光の／「リノ」 上53オ2、中9ウ3、中17オ6、中34ウ7
光り 上72ウ1、上79オ7
光「リ」无きは／「ハ」 上79ウ1
光「リ」をもて 上79ウ1
光リ有(り)と／「ト」 上106ウ2
八萬四千の／「ノ」光「リ」 中1ウ2
其の／「ノ」光「リ」 中1ウ5
一〻の／「ノ」光「リ」 中2オ4
光を／「リヲ」 中3ウ1、中7オ7、中8ウ1、中20オ6、下30ウ3
无量の／「ノ」光「リ」 中3ウ2
五千の／「ノ」光「リ」 中3ウ4
光に／「リ」 中4オ2、中7ウ5、中7ウ7
一の／「ツノ」光を／「リヲ」 中5オ7
光を／「リ」 中7ウ5、中9ウ7、中80ウ6
光に／「リニ」 中7ウ6
光に／「ヒカリコトニ」 中8オ4
千の／「ノ」光「リ」 中9ウ4
光の／「リ」 中34ウ3
光り／「リ」滅して／「キエテ」 中36ウ2
佛の／「ノ」「-」光「リ」 中36ウ5
戒「ノ」光を／「リヲ」 中67オ4
檀「ノ」光「リヲ」 中67オ4
日(の)／「ノ」光「リ」 下67ウ3

〈明〉13805
明ヒカリ／「ヒカリカニ」-直「ナホク」 中8ウ2

ヒカリカ(光)

〈明〉13805
明ヒカリ／「ヒカリカニ」-直「ナホク」 中8ウ2

ヒカル(光)

〈光〉01350
光り 上57オ3

ヒキ(存疑)

〈肌〉29242
肌カハヘ／「ヒキ」肉を／「ヲ」 中83オ4

ヒキヰル(率)

〈將〉07438
將ゐて／「キテ」 下29オ6

ヒク(引)

〈引〉09699

引か／「カ」不「ス」　中75ウ6
引か／「ヒカ」被れて／「レテ」　下13オ6
引き／「キ」已(り)て／「テ」云く／「ク」　上104ウ3
引き／「キ」已(り)て　下6ウ1
引く／「ク」所「ノ」如き／「キ」　上78オ3
引く所の／「ノ」　中29オ4
引く／「ケル」　下64オ2
引(く)／「ク」所の／「ノ」　下75オ4
引く／ク／「ク」所の／ノ／「ノ」　下96オ7
引く／「ク」　下98オ1
引く／「ク」所の／「ノ」　下98オ3
引くか／「クカ」如し／「ク」　中66オ3
引くとも／「クトモ」　下4ウ4
引(く)に／「クニ」　下97ウ6
引けり／「ケリ」　上74オ4
引けり／「タリ」　下71ウ3
引(く)／「ケル」所の／「ノ」　下62オ7
引く／「ケル」　下64オ2
〔挽〕12111
挽「ヒキ」　上5ウ7
挽ヒキ　上5ウ7
挽ヒクに／「ニ」　上108オ6
挽ヒテ／「マノカレテ」／「ヌイテ」　下82ウ6
〔掣〕12277
掣者反／トリ／「ツカム」掣して／ヒキテ／「シテ」　上21ウ3
掣「ヒク」-電「イナヒカリ」よりも　上34オ7
〔曳〕14282
曳く／「ケリ」　中88ウ3
曳く／「ケリ」　中88ウ3
〔牽〕20025
牽「ヒイテ」　上81オ7
牽ヒテ／「ヒテ」　上71ウ3
牽ひて　上81オ7

ヒゲ(髭)
〔鬚〕45607
鬚の／「ヒケノ」　中5オ7

ヒザ(膝)
〔膝〕29837
膝に／「ヒサニ」　上20ウ5
膝の／「ヒサノ」　上27ウ6
膝を／「ヒサヲ」　中8ウ3
膝を／「サヲ」　中72ウ4

ヒサシ(久)
〔久〕00118
已-久イクヒサシ(しと)／「サシ」爲せむ(や)／「セム」　下43オ5
久(しから)／「ラ」不す／「ス」　上57ウ1
久(しか)ら不して／「スシテ」　下77ウ5
久(しか)／「シカラ」不して／「ス」　下81ウ1
久(しか)ら不して／「シテ」　下87ウ7
久(シ)キヨリ／「クヨリ」來(コノカタ)ノ／「コノカタ」　下67ウ4

久(し)く/「ク」　上6ウ5、上33ウ2、
上33ウ4、上97ウ4、中26ウ2、中72オ1、
中92オ2
久(し)く　上100オ7
久(し)く/「シク」　中95オ1
久「シト」　上100オ7

ヒザマヅク(跪)

〔跪〕37516
跪ヒサマツイて/「ヒ(「サ」脱か)マツイテ」　上49ウ7

ヒシ(叉)

〔刺〕01969
刺の/「ヒシノ」如し/「シ」　上16ウ3
〔叉〕03116
叉を/「ヒシヲ」　上2ウ2
鐵「-」叉を/「ヲ」/「ヒシ」　中98ウ7
〔杈〕14451
杈ヒシを/「ヒシヲ」　下19ウ2

ヒシグ(瞑)

〔瞑〕23600
瞑(平)メイ反/「メイ」「ヒシク」目(入)「ヤ(「モ」の誤か)ク」「メヲ」(の)[之]間は/「アヒタハ」　上47ウ7

ヒソカニ(密)

〔潛〕18240
潛ヒソカニ/「ヒソカニ」　上43ウ3
〔私〕24913
私に/「ニ」　上74ウ4
〔竊〕25713
竊(か)に/「ヒソカニ」　中79ウ2

ヒダ(襞)

〔⿰衤取〕34347
⿰衤取ヒタ　上18オ3

ヒタヒ(額)

〔額〕43586
額ひ「ヒタヒハ」　中4オ4

ヒヂ(臂)

〔肱〕29315
肱を/「ヒチヲ」　上13ウ5
〔臂〕29944
臂ヒチ　上13ウ7
臂ヒチの/「ノ」　上28オ2
臂「ヒチヲ」　上81オ7
臂ヒチを　上81オ7
臂(ヒ)チ/「ヒチ」-肘カヒナ/「カヒナ」　中8ウ2
臂「ヒチ」　中9オ1

ヒツジ(羊)

〔犀〕20045
犀サイ反/セイ反/「サイ」/ヒッシ/「ヒッシ」-角をもて/「ヲモテ」　下69オ3
〔羊〕28425
羊「ヒツシノ」/の　上4オ1

ヒデリス(旱)

〔旱〕13752
旱《ヒテリシテ》／「ヒテンシテ」　下82ウ2

ヒト（人）↓アルヒト、クリヤヒト、ヒトトナル

〔人〕00344
人「ト」
上8オ4、上13オ4、上19オ1、上19オ1
人「ヒト」　上13オ5
人「ト」の　上24オ1
人「ト」與（と）倶に／「二」　上61オ4
種（ゐ）たる／「ウヱタル」人（「訓」）なり（と）／「トナリ」　下53ウ7
人（なり）と／「トナリ」[也]　下54オ2

〔者〕28853
譫-「-」病の者《ヒト》　中88ウ5
予か／「ヨカ」如き／「キ」之者もの／「ヒトハ」　下97ウ1

[補讀]
勝（れ）たる／「タルコト」「タルヒトノ」　上51ウ1
餘の／「ノヒトノ」　下73ウ6、下74オ1
逆の／「ノヒトノ」　下73ウ7

ヒトシ（等）↓ヒトシクス

〔等〕25992
等し／「ヒトシ」　中84オ4
等（く）して／「ウシテ」　中19オ3
等（し）からむ／「シカラム」　下43ウ4
等（し）く／「ク」　上59オ2
等（し）く　中7オ3、中12オ2
等（しく）して／「クシテ」　上96オ7
等（しく）して／「シクシテ」　上97オ1

〔齊〕48560
齊《ヒトシキニ》／「ヒトシ」　上20ウ6
齊しく／「ヒトシウシテ」　中6オ6
齊（し）からむ／「ヒトシカラム」　中17オ2
齊（し）からむと／「カラムト」　中51ウ3
齊《ヒトシキニ》／「ヒトシ」　上20ウ6
齊（し）く　中5オ5
齊しく／「ヒトシウシテ」　中6オ6

ヒトシクス（等）

〔等〕25992
等（しく）す／「ス」　上61ウ5

ヒトタビ（一）

〔一〕00001
一ひ／「タヒ」　上59オ4
一（た）ひ　上66オ3、下14ウ1
一（た）ひ／「タヒ」　上72ウ5、上95ウ3
一（た）ひ／「ヒ」　上72ウ6、上83ウ6、上84オ3、上86ウ1、上93オ2、上95ウ4、中24ウ2、中90オ6、下3ウ5、下10オ5、下11オ3、下20オ6、下27ウ6、下28ウ6、下57オ4、下59オ6、下68オ1、下69ウ3、下75ウ3、下78オ4、下78オ5、下80オ3
一ひも／「ヒモ」　上81ウ5

一（たひ）も／「ヒモ」 上81ウ5
一「ヒ」 中24ウ2
一（たひ）も／「ヒ」 中32ウ6
一ひ／「ヒ」 中93ウ5、下81オ1、下99オ7
一（たひも）／「ヒモ」 下8オ5
一（た）ひ／「ヒモ」 下10ウ7
一（た）ひ（も）／「ヒモ」 下13オ2
一（た）ひも／「ヒ」 下29オ2、下80オ6
一（たひ）／「ヒ」 下81オ4
〔一時〕00001 13890
一時に／「タヒニ」 中52オ7

ヒトツ（一）→ヒトツニス

〔一〕00001
一と／「ツト」爲「ス」 上23オ1
一「ツ」（に）者は／「ハ」 上26オ4
一「ツ」に非す／「ス」 上29ウ5
一（の）／「ツノ」 上30ウ4、中41ウ4
一「ツ」も 上37オ4
一（つ）も／「ツトシモ」 上41ウ2
一の／「ツノ」 上106ウ1、中5オ7、中12オ4、中19ウ3、中29オ7、中33オ7、中44ウ6、中62ウ2、中78ウ4、中88ウ2、中88ウ3、下74ウ1
一「ツノ」-糸シ反の／「イトノ」 中3ウ6
一（つ）の／「ツノ」 中17オ3、下2ウ3、下31ウ6、下32ウ4、下36オ6、下41ウ7、下51ウ4、下66オ5、下81ウ3
一っ 中21ウ3
一（つ）にも／「ツモ」 中33オ4
一「ツノ」 中33オ6、中33ウ1、中73ウ3、中87オ5
一にも／「ツニ」 中43ウ7、中44ウ1、中44ウ4、中44ウ7
一には／「ツ」 中78ウ2、下32オ4
一つ／「ツ」 中89オ1
一も／「ツトシテ」 中93オ6
一（つ）にも／「ツニ」 下3ウ6、下3ウ6、下3ウ7
一つを（も）／「ツヲモテ」 下36オ7
一に／「ツニ」 下56オ4
一「ツノ」-理なりと／「ト」 下63ウ1
一「ツノ」門なり／「ナリ」 下63ウ1
一（つ）は／「ツハ」 下66ウ6、下66ウ6、下67ウ7
一つは／「ツハ」 下67ウ2、下67ウ7

ヒトツガヒ（一）

〔雙〕42116
一ノ「-」雙（ヒ）トツカヒノ／「ノ」 下66ウ6

ヒトツニス（一）

〔一〕00001
心を一にして 中91ウ3
心を一（つ）にして 下4オ3
心「ヲ」一「（ニ）シテ」 下26ウ6

ヒトトナル（長）

〔長〕41100
長し／「ヒト、ナリ」難く／「ク」　上71ウ4

ヒトヘニ（偏）
〔偏〕00848
偏に／「三」　上36ウ1、上73ウ7、上74オ3、上75オ2、上76ウ7、上77オ1、上97オ4、中96ウ5、下29ウ4、下59ウ6、下98オ5
偏「三」　上75オ1
偏「三」-增「セル」　下87ウ1

ヒトムラ（一群）
〔一聚〕00001 29093
一「ヒト」「-」聚の／「ムラノ」　上32オ1

ヒトリ（獨）
〔一〕00001
一(り)／「リノ」　上43オ5
一「リ」の　上43ウ1
一(り)の／「リノ」　上43ウ3、下13オ6、下20オ1、下24ウ2、下82オ4、下82ウ2、下84オ5、下84オ7、下99オ3
一の／「リノ」　上93ウ3、中4ウ5、中9ウ6、中37オ6、中44オ4、中44オ6、中46ウ2、中46ウ6
一「リノ」　中46ウ4
一(り)の／「リ」　下19オ2
一りの／「リノ」　下35ウ7
一(りの)／「リノ」人は／「ハ」　下67オ1、下67オ1
〔孤〕06966
孤り／「ヒトリ」　上79ウ6、下51オ5
〔特〕20013
特《コト》に／「ヒトリ」　上76ウ5
特に／「ヒトリ」　上77オ2
〔獨〕20725
獨「リ」　上5オ3
獨り／「ヒトリ」　上23ウ6
獨り／「リ」　上34オ6、上35ウ6、上38オ6、上83ウ3、上106ウ3、中77オ7、下28ウ4、下28ウ4、下86オ5
獨「リ」-行の／「シテハ」　上108オ5
獨り　中82ウ6

ヒネモス（盡日）
〔盡日〕23029 13733
盡-日《ヒネモスニ》　中62オ2

ヒビキ（響）
〔響〕43325
響《ひき》を／「ヒ、キヲ」　上57オ5
妙「ナル」-響を／「ヒキヲ」　上69オ5

ヒヒル（蛾）→ヲヒヒル
〔蛾〕33082
飛-蛾《ヒ、ル》の　上25ウ1

ヒマ（間）
〔間〕41249
間「ヒマ」无く／「ク」　上15オ2
間「ヒマ」と　上15ウ6

間(訓)「ヒマ」无し／「シ」　上58ウ7

〔隙〕41792

隙ヒマの／「ヒマ」「ヒマノ」の如し／「シ」　上28ウ1

ヒヨヨカ（腨）

〔腨〕29827

腨ヒヨ、カニ-圓／マロ「ナルコト」　中8ウ2

ヒラク（開）（四段）

〔獺〕06872

獺ヒライテ／「ヒロケテ」　下71オ5

〔拔〕11909

拔ヒライて／「ヒラキ」　中53ウ2

拔き／「ヒラキ」　上1オ6

拔ヒライて／「ヒラキ」　中53ウ2

拔き／「ヒラクコト」難し／「シ」　下97ウ2

拔き／「ヒラクコト」難し／「シ」　下97ウ2

〔開〕41233

開らか／「ラカ」令めて／「メテ」　上18オ4

開ら(か)／「ヒラカ」令めて／「シメテ」　上22ウ3

豈(に)／「ニ」…開かむ／「ケムヤ」耶や　下47ウ2

開き／「キ」　上107ウ7、中92オ5

相ひ／「ヒ」開-／キ曉し／「シテ」　中90ウ1

開く／「クル」時「キ」に　上48ウ1

開く／「ク」　中69オ1

開けは／「ケハ」　上8ウ7

〔閲〕41341

閲ヒラキ　上43オ7

ヒラク（開）（下二段）

〔開〕41233

開く／「クル」時「キ」に　上48ウ1

開(く)る／「ヒラクル」　中17ウ4

開く／「クル」遲「チ」「-」速を　下46ウ2

開け／「ラケ」不「ス」　上50オ4

ヒル（晝）

〔晝〕13948

晝(ひ)るの「-」時に／「ニ」於て　下16ウ3

ヒル（簸）

〔簸〕26609

簸ヒ揃「ソロフ」　上17ウ7

ヒルガヘス（翻）

〔翻〕28814

翻(し)て／「ヒル(カ)ヘシ」　中92オ3

ヒルガヘル（飜）

〔飜〕44009

飜ヒルカヘリ飛ヒ／「ヒ」／「シ」　上70オ5

ヒログ（廣）

〔獺〕06872

獺ヒライテ／「ヒロケテ」　下71オ5

ヒロシ（廣）

〔博〕02761

博く／「ヒロク」　上43オ5

〔廣〕09493
廣く／「ク」　上34オ2、上38ウ3、上39オ6、上63ウ7、上64ウ1、上93ウ3、上94ウ2、上94ウ5、上94ウ7、中4オ1、中6ウ2、中6ウ4、中9ウ3、中11オ4、中11オ5、中11ウ2、中32オ5、中60ウ1、下9ウ6、下23オ1、下26オ4、下40オ1、下48オ4、下52オ5、下83ウ5、下85ウ4、下99オ5
廣く　上62ウ2
廣「ク」行を／「スルコトヲ」　上84ウ1
廣「ク」　上87ウ4、中2ウ7、中3オ7、中8オ6、中8ウ3、中9ウ1、中10オ4、中21オ2、中32ウ1
廣(く)／「ク」　中4オ1、中4ウ2、中5オ2、中5オ6、中5ウ4、中6オ4、下2オ7
廣‐／「ク」演「ノフルヲ」　中60オ2
廣(く)／「クシテ」　中4オ4
廣(く)して／「クシテ」　下51オ2
廣し／「シ」　上35オ1
廣し　上94オ7
〔弘〕09709
弘ヒロキ　上80オ1
〔汎〕17120
汎オホヨソ／「ヒロク」　下55オ4

フ

フ(經)

〔歴〕16340
歴ふとも　上44オ4
歴ふとも／「フトモ」　中32ウ4
歴ても／「ヘテモ」　上63ウ6
〔經〕27508
經て／「フ」　中46ウ7
經ふとも／「フトモ」　中95オ6
經ふる／「ヘテ」頃(あひ)た　上27オ1
經て／「ルコト」　上77オ2
經るに／「フルニ」　上31オ4
經れとも／「フレトモ」　上44オ5
經(れ)は／「フレハ」　上29ウ6
經へ　下16ウ1
經へき／「ヘシニ」　中31オ2
經たり／「ヘタル」　上37ウ5
經ふる／「ヘテ」頃(あひ)た　上27オ1
經て／「ヘテ」　中34オ3、中38ウ1、中51オ3、下25オ7、下27ウ7、下45ウ6、下48オ1
經とも／「ヘテストモ」　中32ウ1
經ゝなは　上107ウ1
經よ／「ヘヨ」　中13ウ3
經て／「ヘヨ」　中13ウ5
〔逕〕38883
逕ふる／「フル」「之」間「ニ」　上30ウ5

逕「フル」所「ノ」　下46オ3
逕る／「フル」[之]頃を／「(アヒ)タヲ」　下64ウ6
逕ること／「スルニ」　上41オ4
逕て／「フルニ」　下64ウ1
逕へて／「テ」　上15オ7
逕へて／「ヘテ」　下45ウ4
逕て／「ヘテ」　下47ウ1

フエ(笛)

〔管〕26162
絃(平)「劵ン」「コト」管(上)「火ン」「フエ」　上58オ2

フカシ(深)

〔深〕17687
深き／「ク」　上41オ5
深き／「キ」者ものは／「ノハ」　上47ウ1
深き／「キ」毒なるを／「ナルヲ」以(て)／「テ」　下68オ2
深き水の／「ノ」中に／「ニ」　下70オ2
深き／「キ」観念の／「ノ」力「ラ」　下70ウ5
深き信　下88オ7
深く／「ク」　上36ウ2、上46オ5、上104ウ5、中28ウ4、中57ウ6、中59ウ3、中74ウ4、下8オ3、下37ウ2、下38オ5、下39オ1、下40ウ4
深き／「ク」　上41オ5
深く／「トシテ」　上52ウ4
深「ク」　上93オ7、中76オ2
深く／「ク」「-」信「シテ」　上104ウ6
深「ク」-高なることを／「キヲハ」　下54ウ1
深く　下56ウ3
深く／「カクシテ」　下68オ1
深くとも／「クトモ」　下54オ5
甚「タ」深し／「ナリ」　上86オ3
深し／「(フ)カシ」　中6オ7

フク(吹)

〔吹〕03373
吹「フ(カ)」所るに／「ル、コト」　上3ウ7
吹か／「カ」所れて／「レテ」　上13オ2
吹かむに／「フカムニ」　中37オ4
吹「キ」　上4オ4
吹き／「キ(タル)」　上31ウ1
吹き／「キ」來(り)て／「キタレハ」　上53オ1
吹「フキ」-散して／「シシ(「テ」の誤か)」　上56オ5
吹く　下18オ3
吹くに／「ケハ」　上54オ7
吹くに／「クニ」　上68オ4
吹「フケハ」　上2オ6
吹くに／「ケハ」　上54オ7

フクフクシ(肺)

〔肺〕29328
肺《フクフクシ》藏は　上29オ2

フクム(含)

〔哺〕03676
哺(平)「フクムコト」を　上34ウ2

フサグ(塞)
〔唵〕03770
唵フサキ　上4オ1

フシ(節)
〔節〕26243
節フシミ「フシニ」　上27ウ5
節フシ／「フシ」　上28オ4
指(ゆ)ひの節フシと／「フシト」　下46ウ1
〔簏〕26736
簏ス、キ(の)／「フシノ」「ロノ」實みを／「ヲ」

フス(伏)(四段)　下41ウ1
〔臥〕30071
仰(き)て「-」臥し／「フシ」　下71ウ7
伏ウツフイて／「シニ」臥(し)／「フシ」　下71ウ7
偃(去)エン反／ノキ-臥フシテ／して／「イテ」　上35オ5
臥しぬ／「フシヌ」　中91オ2
臥(し)て／「フスコト」　下71ウ7

フス(伏)(下二段)
〔臥〕30071
臥「フセテ」　上4ウ1
臥せて／「テ」　上11ウ3

フスブ(薫)
〔薫〕32192
薫フスヘテ　上3ウ4

フタキダ(二段)
〔兩段〕01436 16619
兩段するか／フタキタナルカ／「ニスルカ」
如(く)／「ク」　下68オ6

フタツ(二)→フタン
〔二〕00247
二「ツハ」　上3オ3
二「ツ」　上23オ4、上26オ3、上103ウ4、中76ウ7、下74ウ4、下89ウ3
二(つ)の／「ツノ」　上30ウ4、下54ウ3、下83オ4
二の／「ツノ」　上63ウ3、中22オ2、中65オ1
二の／「ツノ」手の　中11オ1
二っ　中21ウ4
二っ／「ツ」　中23ウ4、中59オ3
二と／「ツトハ」　中23ウ4
二を／「ツヲ」　中65オ3
二「ツノ」　中100オ6
二(つ)／「ツノ」　下50ウ7
二(つ)／「ツ」　下86オ3
〔兩〕01436
兩の／「フタツノ」山　上6オ4
兩の／「ツノ」　上22オ5、中8ウ2
兩の／「ツノ」目「メ」　上35オ3

兩(つの)／「ツノ」鳥「リ」　下66ウ7

フタリ(二)↓フタン、フタンナガラ

〔二〕00247

二の／「リノ」　中58ウ6

二(り)の／「リノ」　下56オ4

二(たりの)／「リノ」人は／「ハ」　下66ウ5

〔兩〕01436

兩の／「リノ」　上68ウ2、上68ウ3

兩(ふ)た(り)の／「フタリノ」人　下66ウ4

兩(り)の／「リノ」人　下67オ2

フタン(二)

〔二〕00247

二(りの)／「タンノ」　下13オ6

一二「(去濁)」も／「タンモ」无き(や)／「キ」　下55ウ3

〔兩〕01436

兩の／「フタンノ」　下99オ3

フタンナガラ(兩)

〔兩〕01436

兩なから／「フタンナカラ」　上57ウ6

ブチ(鞭)

〔鞭〕42937

鞭「フチヲモテ」　下93ウ1

鞭「フチヲモテ」打せ／「ウタハ」者は　下93ウ1

フツニ(都)

〔都〕39509

都ミナ／「スヘテ」「フツニ」　上31ウ5

フトコロ(懷)

〔懷〕11456

懷(平)フト「ト」コロノ中ちに／「カニ」在り　上78ウ6

フトワタ(大腸)

〔大腸〕05831 29721

大腸チヤウをは／フトワタ　上29オ4

フフム(蹈)

〔蹈〕37744

蹈み／フ、(「、」衍か)ムニ／クホミ　上56オ6

フム(蹈)

〔履〕07799

履フムか／「ソ(「フ」の誤か)マムカ」如し／「シ」　上34ウ5

履フムか／「ソ(「フ」の誤か)マムカ」如し／「シ」　上34ウ5

履(む)こと／「フムコト」　中89ウ6

履「フムニ」　上56オ6

履むに　上56オ6

〔踐〕37608

踐ふむて／「フムテ」　上52オ3

踐(み)て／「フムテ」　下81ウ6

〔蹈〕37744

蹈「フミ」下「クタスカ」如「シ」　上56オ6

蹈み／フ、(「、」衍か)ムニ／クホミ

上56オ6

蹈む／「フム」所に／「ニ」　中12オ2

蹈(み)て／「フムテ」　中38オ1

蹈(み)て／「フムテ」　中38オ4

フリ(體)

〔體〕45291

體フリなり／「ナリ」　中15ウ4

フル(觸)

〔觸〕35181

觸る／「フル」可(から)不(る)か／「サルカ」

如し／「ク」　中74ウ6

觸るるに／「ル、ニ」　上3オ5

觸(る)る／「フル、」者もの／「ノ」　上55オ2

觸(る)るか如し　上32オ6

觸るるに／「フルレハ」　上32オ5

觸(る)るに／「フル、ニ」　上56オ3

觸るれは／「フル、ニハ」　上98ウ4

觸るるに／「フルレハ」　上32オ5

觸るれは／「フル、ニハ」　上98ウ4

觸るれは／「フルレハ」　下69オ3

觸れ／「フレ」　上48ウ5、上67ウ3

觸れ／「フレ」不らは／「ルニハ」　上98ウ4

觸れ／「フレ」不といふこと／「ストイフコト」

中12オ2

觸レ／「フレハヘ」所るる／「ラレヌルハ」

中38オ6

觸れ(て)／「フレテ」　上48ウ5

フルシ(古)

〔舊〕30249

舊フルキ　上36オ3

舊「フル」キ花　上56オ7

舊ルき／「キ」　上77ウ6

フルフ(奮)

〔奮〕06012

奮フルひて／「フルンテ」　中29オ6

奮フルひて／「フルンテ」　中29オ6

フルフ(揮)

〔揮〕12394

揮(平)フルヒ擢ウツ　中98オ4

揮フルヒテ／「フルヘハ」　下68オ5

〔震〕42300

震フルヒ-怒イカルニ／して／「ヌトシテ」

上44オ3

震(ひ)て／「フレ(「レ」は「ル」の誤か)ンテ」　中7オ3

フレバフ(觸)

〔觸〕35181

觸レ／「フレハヘ」所るる／「ラレヌルハ」

中38オ6

へ

ベカラク(可)→ベシ

[補讀]

苦と／「ト」爲す／「ス」應カラク／「ヘキ」／
「カラク」耳のみ／「ノミ」 下75ウ1

ベケム（可）

〔可〕03245
忍ふ／「ノフ」可けむ／「ケン」哉や／「ヤ」 上12オ3
従ふ／「フ」可けむ／「ケム」耶や 上78オ3
弁す／「ス」可けむ／「ケムヤ」 中90オ7
豈「ニ」得「ウ」可けむや／「ケムヤ」 下69オ4
招く／「マネク」可し／「ケムヤ」耶 下94オ7
〔容〕07172
往生すること／「ルコト」得「ウヘ」容けむや
／「ケムヤ」 上77ウ7
豈「ニ」…勸む／「ス、ム」容けむ／「ケム」耶
や 上81オ2
〔當〕21890
當「ニ」身に近く／「チカック」［當］けむや／
「ヘケムヤ」 上32オ2

離る／「ル」［當］き／「ヘケムヤ」耶 中93オ7

ベシ（可）→スベカラク、スベカラクハ、ベカラク、ベケム、マサニ、ヨロシク

〔可〕03245
得「ウ」可き／「ヘイ」者は／「ノ」 中50ウ1
成就す／「ス」可（き）こと／「ヘイコト」 下34オ5
具「サニ」說「ク」可「ヘ（カラ）」不「ス」 上3ウ3
見る「ミユ」可（から）／「ヘカラ」不す／「ス」 上13オ2
說く／「ク」可（から）／「カラ」不「ス」 上13ウ2
滅ッ可（から）／「ラ」不「ス」（と） 上14ウ4
說き／「キ」盡す／「ス」可（から）「ラ」不す／
「ス」 上18ウ7
聽（く）こと／「キクコト」得「ウ」可「ヘ（から）」
不「ス」 上18ウ7
勝「アケテ」計す／「カソフヘ」可（から）不す
／「ス」 上27オ3
勝アケテ／「テ」說く／「ク」可（から）／「ヘ」
不「ス」 上27ウ2
信せ不すは可アルへ（か）／「ヘカラ」不らす
／「ス」 上74オ4
稱計す可（から）／「ヘ」不す／「ス」 上75オ1
說く／「クヘ」可（から）／「ラ」不す／「ス」 上80オ6
會せ／「セ」不すはアル／「ハ」可「ヘ」（から）
不す 上80ウ2
同す／「ス」可へ（から）不す 上80ウ5
去「サリ」肯「カヘニ」不「ス（アル）」可「（カ）
ラ」不「ス」 上100オ7
見る／「ル」可「ヘ（カラ）」不す／「ス」 中4ウ4
恐ら／「オソラ」不はアル／「スハアル」可（か

ら)／「ヘ」不す／「ス」　中91オ2
盡「キ」竟(ふ)る「ヲフ」可(から)／「ヘ」不「ス」　下7オ6
得「ウ」可(から)／「ヘ」不「ス」　下33オ2
稱す／「ホム」可(から)／「ヘ」不と／「ト」雖(も)／「トモ」　下48ウ6
一概にす／オモフキ／「カイナルヘ」可(から)不「ス」　下70ウ7
爲(す)可(から)／「ヘ」未す／「ス」　下86オ4
盡クす／「ツク」可(から)／「ヘ」不「ス」　下96オ5
畏る／「ツ」可き／「キ」　上4オ4
畏る／「オツ」可き／「キ」　上14オ1
惡「ニクム」可「ヘキコト」　上31オ7
誰か／「カ」度す／「ス」可き／「キ」者もの(そ)／「モノ」　上96ウ7
度す可き／「キ」者ものと／「モノトイフコトヲ」　中47オ4

得「ウ」可き／「ヘイ」者は／「ノ」　中50ウ1
示す／「メス」可き／「キ」者もの／「モノ」无し／「シ」　中86オ3
滅す／「ス」可き／「キ」所(「訓」)无し／「ク」　中86ウ2
甦ヨミカヘル／「カヘル」可(き)こと／「キコト」　下69オ4
樂(し)ふ／「シムヘ」可(き)こと／「コト」无し／「シ」　上41ウ2
樂しふ可く／「キコトアリ」　下29ウ1
耽「タム」荒す「(ク)ハウスヘ」可きに／「キニ」非す／「ス」　上36ウ1
布施す／「ス」可き／「キ」(もの)　上96オ6
得「ウ」可き／「キ」(もの)　下74ウ5
得可き／「キ」(もの)　下74ウ6
愍アハレフ可きを／「キヲ」以て／「テイヘハ」　上96ウ7
觀しつ／「ミツ」可きを／「キヲ」　下20ウ7

厭離す可し／「シ」　上1ウ4
等活す／「ス」可「シ」　上2ウ1
怖畏す／「ス」可き(?)／「シ」　上4オ3
飲(み)つ／「ツ」可し／「シ」　上12ウ3
滅ケッ可し／「シ」　上14ウ4
見つ／「ツ」可「ヘシ」　上33オ1
厭離す／「ス」可し／「シ」　上34ウ6
然る／「ル」可「シ」　上37ウ6
名く／「ク」可し／「シ」　上39ウ4
見「ミ」つ可「シ」　上42オ7
言モノイふ／「フ」可し／「シ」[矣]　上44ウ1
畏つ／「ル」可し／「シ」　上46オ5
惡「ニクム」可「シ」　上46ウ1
見る／「ル」可し／「シ」　上46ウ4
信す／「ス」可し／「シ」　上75ウ3
見(る)こと／「ルコト」得「ウ」可し／「シ」　上77ウ7
見る可し　上80ウ1、上88オ7

除く／「ク」可「シ」[矣] 上80ウ1
随ふ／「フ」可「シ」 上82オ6
云ふ／「ヘ(「可」の訓か)」可し／「シ」 上89ウ3
然る可「シ」 上96ウ3、中89ウ5
見る／「ル」可し 上102ウ2
知(り)ぬ可し／「シ」 上102ウ5、中37オ6
算〻つ／「ヘツ」可し 上102ウ6
量(り)つ／「ハカリツ」可し／「シ」 上102ウ6
見っ可し 上110オ1
用(ゐ)る可し／「シ」 中4オ1
勘ふ／「ヘ」可「シ」 中4オ3
勘ふ可し 中4オ5
愛「-」樂す／「ス」可し／「シ」 中5オ7、中9オ2
勘(ふ)可し／「シ」 中6オ6
観す／「ス」可し／「シ」 中6ウ4
勘「フ」可し 中7オ1
安「-」穏なること／「ナルコト」得「ウ」可し／「シ」 中13ウ5
然る／「ル」可し／「シ」 中24オ2
勘ふ／「カフ」可し／「シ」 中34オ1
知(り)ぬ可「シ」 中35オ6
知(り)ぬ／「ヌ」可し／「シ」 中36オ6
心なる／「ナリト」可し／「シ」 中70オ7
依る／「ル」可し／「シ」 中72オ5
得「う」可「シ」 中80ウ6
見(せ)令む／「シム」可し／「シ」 中88ウ7
用「-」意す／「ス」可「シ」 中97ウ5
法を／「ト」稱す／「ス」可し／「シ」 下19オ6
観す／「ミル」可し／「シ」 下22オ4
知る／「ル」可(し)／「シ」 下42オ5
可(ふへ)し／「イフヘシ」 下48オ2
爾る／「カル」可(し)／「シ」 下48ウ3
思ふ／「フ」可(し)／「シ」 下50オ3
然る／「ル」可(し)／「シ」 下55オ1、下67オ5、下70ウ5、下76ウ1、下93ウ5
有る／「ル」可し／「シ」 下55オ4
知りぬ可(し)／「シ」 下80オ7
招く／「マネク」可し／「ケムヤ」耶 下94オ7
生す／「ナス」可(し)／「シ」 下98オ3
證す／「ス」可し／「シ」 下99オ5
稱す／「ス」可「シト」 中30オ5
佛を／「ト」稱す／「ス」可(し)と／「シト」 下19オ5
僧を／「ト」稱す／「ス」可し(と)／「シト」 下19オ7
観す／「ミル」可(し)と／「シト」 下23オ6
稱す／スト／「スト」可しと／イフヘシ／「イフヘシ」者といふは／「イ(フ)ハ」／「フハ」 下65オ6
然る／「レ」可(き)／「ヘシトヤ」耶や 下75ウ4
行道「ス」可「シヤ」[耶] 上96ウ2

〔宜〕07111
出っ／「ッ」〔宜〕し／「シ」 中64オ4
〔應〕11330
追ふか／「フカ」如くす／「ク」應「ヘ」(から)不す／「ス」 上43オ1
說法「ス」應「ヘ」(か)ら不す／「ス」 上98オ2
果報を／「ヲ」得「ウ」應「ヘ」(から)不(すや)／「スヤ」 上109オ5
行す／「スヘ」應(から)不「ス」 上109ウ5
生す／「ナス」應へ(から)／「ヘ」不「スト」 中31オ4
生す／「ナス」應(から)／「ヘ」不す／「スト」 中31オ6
放「-」逸す／「ス」應(から)／「ヘ」不(と)／「スト」 中64オ6
惱(ま)す／「マス」應(か)ら／「ヘ」不す／「ス」 中70オ4
執著す應(から)／「ヘ」不「ス」 中74ウ5
決了す／「ス」應へ(から)／「ヘ」不「ス」 下46ウ7
悟る／「サトル」應から／「ヘ」不「ス」 下47ウ4
悟る／「サトル」應へ(から)／「ヘ」不「ス」 下54ウ2
彼か／「レカ」如くなる／「クナル」應(か)ら／「ヘカ」不「ス」 下75ウ5
生る／「ス」應(から)／「ヘ」不「ス」 下88ウ1
罵「ノリ」辱す／「ス」／「ハツカシム」應(か)ら／「ヘ」不「ス」 下93ウ1
加ふ／「ハフ」應へ(から)不「ス」 下93ウ2
墮す／「ス」應(か)らむ／「ヘカラム」 下40オ4
受く／「ク」應(か)らむを／「ヘカラムヲ」 中71ウ4
生す／「ナス」應き／「ヘキ」 上38ウ2
墮すること／「スル」无(か)る／「カル」應き／「シ」者ものなり／「モノ」 上105ウ5
度す／「ス」應き／「ヘキ」 中39ウ3
見る／「ル」應き／「キ」所に／「ニ」 中40ウ5
受く／「ク」應き／「キ」者ものをは／「ヲハ」 下6ウ1
得「ウ」應きか／「キニ」 下68オ7
苦と／「ト」爲す／「ス」應カラク／「ヘキ」／「カラク」耳のみ／「ノミ」 下75ウ1
遠離す應きこと 中27ウ3
例して／「シテ」知りぬ應「シ」之 上5オ5
觀「-」察す／「ス」應「シ」 上27ウ3
求む／「ム」應「シ」と 上37オ7
修す／「ス」應し／「シ」 上40オ1、中66ウ5、中71オ7、中77オ2
脩す應し／「シ」 上41オ6
作す／「ス」應し／「シ」と 上42ウ2
追ふか／「オフカ」如クス應し／「ヘシ」 上43オ1

斷除す／「ス」應し／「シ」　上45ウ3
觀す／「ス」應し／「シ」　上45ウ6、中3オ1、中3オ7、中4オ2、中4ウ2、中5オ6、中5ウ4、中6オ4、中9ウ2、中11ウ2、中12オ4、中15オ7、中21オ4
當に／「ニ」…願す／「ス」應し／「シ」　上61オ3
頂禮(し)たてまつる／「ス」應「シ」　上64オ3
知る／「ル」應「シ」　上74オ4、中91ウ5
當に／「ニ」…求む／「ム」應し／「シ」　上75ウ1
出つ／「ツ」應し／「シ」　上75ウ5
信す／「ス」應し／「シ」　上76オ7、下86ウ2
用す／「ル」應し／「シ」　上83オ1
念ふ／「ス」應し／「シ」　上83オ3、上84オ3、中91ウ3
念す／「ス」應(し)／「シ」　上83オ6
依る／「ル」應し／「シ」　上83ウ1、上84ウ1、中73ウ2
念す／「ス」應し／「シ」　上83ウ6、上84オ1、上84オ2、中27オ3、中27ウ6、中63オ7
念「ス」應「シ」　上84オ5、上84オ6
稱讚す／「ス」應「シ」　上84ウ7
至誠をもて(す)應し／「シ」　上85ウ6
往「-」生すること／「スルコト」得「テ」(ママ)應し／「シ」　上85ウ7
念「ス」應し／「シ」　上87オ4
念ふ／「ス」應「シ」　上89ウ4
起す／「ス」應し／「シヤ」耶　上91ウ4
受く／「ク」應し／「シ」　上91ウ6
答して／「ヘテ」言ふ／「フ」應し／「シ」　上92オ5
云ふ／「イフ」應「シ」　上92ウ4
攝-入す／「ス」應し／「シ」　上93オ3
知(り)ぬ應し／「シ」　上94ウ3、中20ウ4
作す／「ス」應し／「シ」　上94ウ4、上94ウ6、中36ウ5、中40ウ6、中67オ2、中94オ4、中96オ7、下77ウ1
思惟を(「す」の誤か)／「ス」應し／「シ」　上96オ2
當に／「ニ」…心を用(ゐる)「用-心ス」應し／「シ」　上96ウ2
无(か)る／「カル」應「シ」　上98ウ3
无(か)る／「ルヘ」應し／「シ」　上104オ4
知「ル」應「シ」(倒置法)　上107ウ5
具す／「セルヘ」應し／「シ」　上109オ4
用(ゐ)る／「モチヰル」應し／「シ」　中1オ6
觀す／「ス」應し　中2ウ2
用(ゐ)る／「キル」應し／「シ」　中8オ6、中65ウ2
觀「ス」應「シ」　中8ウ3
作(す)／「ナス」應(し)／「シ」　中10オ5
起して／「ス」應し／「シ」　中17ウ3

念ふ／「フ」應し／「シ」　中18オ1、中45ウ4、中46ウ1
稱念す／「ス」應し／「シ」　中18オ4
觀す／「ス」應「シ」　中18ウ1
讀む／「ヨム」應し／「シ」　中21オ2
廻向す／「ス」應し／「シ」　中23オ6
言ふ／「イフ」應し／「シ」　中24オ1
發す／「ス」應し／「シ」　中28ウ7
勸勵「レイ」(す)應し／「シ」　中31オ1
作す／「ナス」應し／「シ」　中31オ2
作す／「ナス」應「シ」　中31オ4
縁す／「ス」應「シ」　中31オ6
思-念す／「ス」應「シ」　中31オ7
念「フ」應「シ」　中31ウ6、中51ウ2
作「ナス」應「シ」　中32ウ7
作す應し　中34オ5
知(り)ぬ／「ヌ」應し／「シ」　中38ウ2
作す應し／「シ」　中38ウ5

作す／「ス」應「シ」　中40オ3、中41オ7
作「ス」應「シ」　中42オ1、中42オ5、中47ウ4、中54ウ6、中74オ7、中94ウ3、中97オ1
念ふ應し　中42オ5
念「フ」應し／「シ」　中42ウ5、中50ウ7
念ふ／「ヲ」應し／「シ」　中45オ4
念ふ應し／「シ」　中49ウ1
說の如く／「シ」行す／「ス」應し／「シ」　中53オ6
作(す)／「ナス」應「シ」　中53オ7
求む／「ム」應し／「シ」　中53オ7
勤「-」發す／「ス」應「(へ)シ」　中54ウ1
起く／「オク」應(し)／「シ」　中56ウ5
持-／「モチ」得しつ／「エッ」應し／「シ」　中60ウ3
治す／「ス」應「シ」　中60ウ5
依る應し／「シ」　中60ウ6

觀-念す／「ス」應し／「シ」　中62ウ1
念(す)／「シテ」應し／「シ」　中62ウ6
念す／「ス」應「シ」　中63オ3、中92ウ1、中92ウ3
生す／「ス」應し／「シ」　中64ウ5、中65オ3
用ゐ／「ヰ」不る／「サル」應し／「シ」　中64ウ6
念ふ／「フ」應(し)／「シ」　中65ウ3
攝-「-」入す應し／「シ」　中68ウ4
觀す／「ミル」應し／「シ」　中80ウ7
議論す應し／「シトイヘリ」　中82ウ1
順-縁す／「シテ」應し／「シ」　中84ウ2
在る／「ル」應し／「シ」　中90ウ7
悟-「-」入す／「ス」應し／「シ」　中91ウ2
歸す／「ス」應「シ」　中92オ3
念(し)すれとも／「ス」應し／「シ」　中92オ6
厭「-」離す／「ス」應し／「シ」　中93オ4
作(す)／「ナ」應「シ」

中93ウ2、中95オ2、中96オ2
勸む／「ス、メヨ」應し　中93ウ4
欣「-」求す／「ス」應し／「シ」　中93ウ4
稱「-」念(し)たてまつる／「ス」應し／「シ」
中94オ4
歸-命す／「ス」應し／「シ」　中95オ7
念ふ／「フ」應「シ」　中95ウ1
住せ／「セ」令しむ／「シム」應し／「シ」
中95ウ2
勸「クワン」誘す／「ユス」應し／「シ」
中97オ2
云ふ／「フ」應し／「シ」　中97オ3、中97オ5
定り(ぬ)／「ヌ」應し／「ヘシ」　中97オ6
作す／「ナ」應し／「シ」　中97ウ1
稱す／「ス」應し／「シ」　下6ウ5
是(の)如くす／「クアル」應し／「シ」
下42オ3
似たる／「ニタル」應し／「シ」　下46オ7

同(しか)る／「カル」應し／「シ」　下47オ1
思「-」釋す／「ス」應し／「シ」　下55ウ2
勤「-」修す／「ス」應し／「シ」　下59オ6
分つ／「ツ」應し／「シ」　下62ウ2
依る／「ル」應(し)／「シ」　下64ウ4
破す／「ヤフル」應(し)／「シ」　下70ウ7
思-擇「チヤク」／す／「ス」應し／「シ」
下74オ1
有る／「ル」應し／「シ」　下75ウ6
知(る)／「ル」應(し)／「シ」　下76オ7
因に／「ニ」非(さ)る／「サル」應し／「シ」
下78オ4
信「-」仰す／「ス」應し／「シ」　下78ウ4
當に／「ニ」承事す／「ス」應(し)／「シ」
下84オ6
攝なる／「ナル」應し／「ヘシ」　下86オ4
依「-」怙无(か)る／「カル」應し／「シ」
下90ウ3

期す／「ス」應し／「シ」　下90ウ5
決す／「ス」應(し)／「シ」　下94オ2
供養す／「ス」應し／「シ」　下94オ7
擧「-」處す／「ス」應し／「シ」　下94ウ3
習學す／「ス」應し／「シ」　下96オ2
學す／「ス」應(し)／「シ」　下97オ7
因なる／「ナル」應し／「シ」　下97ウ5
食す／「ス」應しと／「シト」雖「トモ」
上39ウ6
救はむか／「ハムカ」如くす／「クンス」應し
と／「シト」　下81オ1
〔或〕11563
或「ヘシ(「イハ」の誤か)」　上50ウ2
〔當〕21890
墮つ／「ス」當ヘカリキ／「シ」　下22オ2
當(に)／「ニ」往生す[當]き／「ヘキ」者も
の／「モノ」　下59オ5
當「ニ」…墮つ[當]「キヲモテナリ」

下80オ1
頂禮す／「ス」[當]し／「ヘシ」　上33ウ6
當「ニ」…殺す／「セン」「ス」[當]し／「ヘシト」　上44ウ1
當(に)知(る)[當]「シ」　上46ウ2、下94ウ4、下98オ6
起して／「ス」[當]し／「シ」　中1オ7
知(る)當「シ」　中14ウ2
修行す／「ス」[當]し／「シ」　中53オ4
願ふ／「ス」[當]し／「シ」　中54ウ4、中54ウ5
願す／「フ」[當]「シ」　中54ウ7
讀「-」誦す／「ス」[當]「シ」　中55オ6
知(る)[當]「シ」　中55ウ5、中74ウ1
增長す／「ス」[當]し／「シ」　中58ウ3
護るか／「マホルカ」如くす／「クス」[當]し／「シ」　中62オ4
定に／「ニ」入「ル」[當]「シ」　中62ウ2
斷つ／「ツ」[當]し／「シ」　中64オ4
是(の)如く(なる)／「ナル」[當]しと／「シ」　中67オ4
當に／「ニ」…得「ウ」[當]し／「シ」　下3オ4
見たてまつる／「ル」當し／「シ」　下7ウ1
當「ニ」知(る)[當]「シ」　下9ウ1
得「ウ」當「シ」　下20オ4
稱す／「ス」[當]しと／「シ」　下23ウ2
當(に)知(る)[當](し)／「シ」　下87オ3
當「ニ」佛に／「ニ」作る／「ル」[當]しと／「シト」　中22ウ1
賜たまふ／「フ」[當]しと／「ヘシト」　中43オ7
授(け)たまふ／「ケタマフ」[當]し／「シト」　中57ウ5
得「ウ」[當](しと)／「シト」　下11オ2
當に／「ニ」現(し)たまふ[當]し(と)／「シト」　下16ウ4
死(みまか)りぬ／「シヌ」當しと／「シト」　下24ウ7
當「ニ」我を／「レヲ」念す／「ス」[當]しと／「シト」　下34オ2

〔須〕43352

須へ(から)／「キ」不「サレ」　中79オ4
捉トル／「トル」／「トク」須へ(から)／「ヘ」不「ス」　中79オ5
須(く)…度(す)／「タクスヘ」[須](から)不「ス」　下44ウ6
疑ふ／「フ」須(から)／「ヘカラ」不(るなりと)／「ス」[也]　下60ウ6
欣-求す／「ス」[須]ヘシ　上34オ3
源と／「ト」爲す／「ス」[須]し　上86オ5
須く…發す／「セ」[須]し／ヘシ　上89ウ7
敬-禮す／「ス」[須]「シ」　中53ウ3
知(り)て／「ル」[須]「ヘシ」　中66オ6

哀-「-」請す／「ス」〔須〕(し)／「シ」 中67オ4
理の如くす〔須〕し／「シ」 中76オ6
須く／「ク」…滿つ／「ミツ」〔須〕「シ」 下73ウ3
須く(し)て／「クシテ」流「-」布せ／「セ」令しむ／「シム」〔須〕へし(と) 下99オ5
〔補讀〕
耐(去)タイ反せ／タフヘ(から)不す／「ス」 上31ウ6
「コト」能フヘカラ不ス 上63オ7
思議す／「ヘカラ」不まし／「ス」 上63ウ6
得「スヘカラ」不「ス」 中84ウ6
念せ／「スヘ」不「カラス」 下34ウ5
記せ／「スヘカ」未(と)／「ラスト」 下64ウ4
得「ウ」未(る)なり／「ヘカラス」 下86ウ6
打すること／「スルコトハ」／「ウツヘカ」得「エ」不「サレ」 下93ウ1
唾ツハキハカム／する／「ツハキハクヘキ」 上99オ1
受(く)る／「クヘキ」 上99オ4
知「ルヘキ」 中30ウ5
陳ふる／「ノフヘキ」 中36オ5
化すへき／「ノ」 中46ウ4
往生する／「スヘキ」者もの／「モノ」(も)亦
復 下59オ2
生(ま)るる／「マルヘキ」者を／「モノヲ」 下59オ3
得るか／「ウヘキカ」故に／「ニ」 下80ウ5
曉サトルに／「アキラムヘキニハ」 中30ウ6
害せり／「スヘシ」 上32オ2
隨ふへし／「カヘ」 上38ウ1
求「ムヘシ」 上40オ3
受(く)るに／「ク」應せりといへり／「シ」 上104ウ1
往生(し)なむ／「スヘシ」 上108オ4
須セルヽし／「キルヘシ」 上108オ6
發せ／「スヘシ」 上108ウ4
成せむ／「ナスヘシ」 中25オ1
到る／「ルヘシ」 中38ウ2
念す／「スヘシ」 中61オ2
隨ヽ／「フヘシ」 中68オ6
是(の)如し／「クイフヘシ」 中82ウ5
謂ふ／「イフヘシ」 中90ウ4
通す／「スヘシ」 下11ウ3
夜「-」分に／「ニ」於(て)／「テ(ス)ヘシ」 下16ウ4
有る(なり)／「ルヘシ」 下44ウ2
悟(る)なり／「サトルヘシ」 下48オ1
億千歳なり／「ナルヘシ」 下48オ2
有るへし(と)／「ルヘシ」 下55オ3
有(るへし)／「ルヘシ」 下60ウ7
念する(なり)／「スヘシ」〔也〕 下62オ4
具す／「スヘシ」 下64オ3

輕（くして）／「クスヘシ」　下74ウ7
感す／「スヘシ」　下77オ1
住するか／「スヘシ」如く　下82ウ7
在れ／「アルヘシ」　下85オ5
因と作ナれり／「タルヘシ」　下92オ2
得むと／「ウヘシト」　下77オ1
當ふ／「アッヘシトイフ」　下89オ6
在れ（衍か）りと（いふことを）／「アルヘシトイフコトヲ」　下26オ6

ヘダタリ（隔）
〔障〕41821
障を／「ヘタテヲ」「リヲ」　上86ウ1

ヘダタル（隔）
〔隔〕41783
相ひ／「ヒ」隔へ（たたり）て／「タンテ」　中96ウ6

ヘダツ（隔）↓ヘンダツ
〔屏〕07692
屏ヘタて／「カクシ」　上43ウ1
屏ヘタテ、／カクシテ／「カクシテ」　上43オ5
〔間〕41249
間ヘタて／「ヘタサ（「テ」の誤か）シメ」　上99ウ5
〔隔〕41783
隔〻たつ／「ツ」　上58オ2
隔つと／「ヘタット」雖（も）／「ヘトモ」　下87ウ6
隔「テ」　中26ウ7
隔て／「テ、」　中26ウ7
隔（て）／「テ」令め／「シメ」不して／「スシテ」　中26ウ7
隔てつ／「ヘンタテリ」　上44ウ2

ヘダテ（隔）
〔隔〕41783
隔へたて／「ヘタテ」有「リ」　上16ウ2
隔の／「ヘタテノ」間に／「ニ」　上17オ3
〔障〕41821
障を／「ヘタテヲ」「リヲ」　上86ウ1

ヘドック（嘔吐）
〔嘔吐〕04200 03300
嘔（平）オウ吐（上）を「トヲ」／ヘトック　上23ウ3

ヘンダツ（隔）↓ヘダツ
〔隔〕41783
隔てつ／「ヘンタテリ」　上44ウ2

ホ

ホ（帆）
〔帆〕08787
帆ハム反／ホノ／「ノ」　下68ウ6

ホカ（外）
〔外〕05750

外には／「カニ」　上30ウ7
外に／「カニ」　上31オ2
外に／「(ホ)カニ」　中39オ4
心か／「ノ」外に／「カニ」　下12オ4

ホガラカ（朗）
〔朗〕14364
朗らかに／「ラウ」／「ホカラカニ」　下28オ4
〔炳然〕18960 19149
炳(上)ヘイ反／「ヘイ」「ヒヤウ」然(平)トシテ／「アキラカニ」ホカラカナリ　中2ウ6
〔赫奕〕37010 05922
赫奕ホカラカナルコト　中17オ6

ホコ（矛）
〔矛〕23846
矛ホコを／「ヲ」以「テ」　上40ウ3
矛ホコニ／「ホコ」／「ムニ」　下76オ2

ホコサキ（鉾先）
〔鉾〕40455
鉾なり／「ホコサキノコトクシテ」　上13ウ7

ホコル（誇）
〔伐〕00439
伐ア(「ホ」の誤)コら／「ハンセ」　中58オ7

ホシキママ（縦）↓ホシキママニス、ホシママ、ホシママニス
〔放逸〕13133 38951
放「」逸にして／「ホシキマ、ニ」　上4オ6

ホシキママニス（縦）
〔縦〕27819
を／「ヲ」縦マ、ニシテ／「ホシキマ、ニシテ」　上33オ3

ホジシ（干肉）
〔脯〕29543
乾-「カレタル」脯ノ「ホシ、ノ」如し／「シ」　上19オ7

ホシママ（縦）↓ホシママニス
〔恣〕10580
恣ホシマ、ニ　上92オ1
〔縦任〕27819 00416
縦-任ホシマ、に／「マ、」「ホシキマ、ニ」　中26ウ1
〔自由〕30095 21724
自「(去)」由なり／「シイフナリ」「ホシマ、ニ」　下89ウ3

ホシママニス（縦）
〔恣〕10580
恣ホシマ、にせは／「ニセル」　中62オ3

ホス（欲）↓ホンス
〔欲〕16080
見むと／「ムト」欲して／ホス／「ホンス」　中87ウ4
見むと／「ムト」欲して／ホス／「ホンス」　中87ウ4
往かむと／「ユカムト」欲ホす／「(オ)モフト」　中98オ2

當「ニ」生(れ)むと／「セムト」欲ホス／「オモフ」［當］し／「シ」 下35オ5
欲ホスとも／「ホンストモ」 中51ウ5
欲すとも／「ストモ」 中57ウ3
寂ならむに(「に」は「と」の誤か)／「シッカナラムト」欲ふ／「スル」時「キ」には 上58オ2
欲する／「ホスル」者もの／「ノ」 下56ウ2
聞「キカマク」欲「(ス)ル(コト)」 中53オ4
何の所-須をか欲すると 上22ウ1
欲ホスルとも／「ル」 中53オ4
成「-」就せむと／「セムト」欲す(る)なり／「ホス」 下44ウ5
欲ホすれは／「スレハ」 下12ウ2
欲せは 下7ウ4
觀せむと／「セムト」欲(せ)むは／「セハ」 中1オ7
欲ホせは／「オホセハ」 中42オ7
欲ホせは／「オ(ホ)セハ」 中45オ7
欲せは／「セハ」 中48オ6
命終せむと／「セムト」欲せむ／「セム」時に／「キニ」 上60ウ5
欲せ(む)／「セムニ」者は 下5ウ6
開示すること得むと欲ホせよ 上94オ5

ホソシ(細)
〔微〕10203
微ホソキ／「ヒイ」-瀾ナミ「ラン」 上53オ2
〔細〕27344
細きこと／「ホソイコト」 中3ウ6
細ソキ／「ホソキ」-脉チノミチを／「チノミチ」以「テ」 上28オ4
細きこと／「ホソイコト」 中3ウ6
〔織〕27892
織ホソク／(ホ)ソヤカニシテ-長にして／「ニシテ」 中9オ1

ホソヤカ(細)
〔織〕27892
織ホソク／(ホ)ソヤカニシテ-長にして／「ニシテ」 中9オ1
織「ホソヤカニ」長なる／「キ」 中9オ3
〔纖〕28072
纖そひやかに／「ホソヤカニ」 中11オ3

ホソワタ(小腸)
〔小腸〕07473 29721
小腸を／「ホソワタヲ」 上29オ5

ホツス(欲)↓ホス、ホンス

ホド(程)
〔程〕25081
結跏(の)［之］程ホトなり／「ナリ」 上47ウ7

ホトケ(佛)↓ミホトケ
〔佛〕00517
佛「ケ」 上79ウ4

ホドコス(施)

〔施〕13629
施し／「コシ」　下48オ5
施(訓)す／「コシタマフト」　中40オ7
施して／「ヲモテ」　中10ウ1
施して／「スルコト」　中53ウ7
施(訓)す／「コシタマフト」　中40オ7
施せりと／「セリト」雖(も)／「トモ」　上30ウ7
施せるか／「セルカ」故に／「ニ」　中10ウ7

ホトホト(殆)
〔殆〕16430
殆ホト、、／「ホト、」　上43ウ7

ホトリ(邊)
〔上〕00013
道の上トリニ／「ホトリニ」　上12ウ3
上に／「ホトリニ」　上17オ2、中85ウ3
寶池の／「ノ」上に／「ホトリニ」　上68オ7
〔濱〕18537
河(平)「ノ」濱ハマに／「ホトリ」「ヒン」に　上54オ4
〔畔〕21801
畔「ホトリ」　上54オ4

ホノホ(炎)
〔炎〕18910
炎「ホノホノ」　上5ウ3
炎ホノ〱　上8ウ4
炎を／「ホヲ」　上8ウ6
炎「ホ」　上11ウ7、上12ウ6
炎「ノホ」　上14オ7
炎ホ(の)ホ／「ホムラ」　上15オ3
炎「ホノ〱」　上19オ7
炎「ホノ〱(「ホノホ」の誤)」　上20オ1
炎を／「ホノ〱(「ホノホ」の誤)ヲ」　上20オ5
炎-／「ホノ〱」齒の／「ハアテ」　上20ウ1
〔焰〕19141
焰を／「ホノホヲ」　上17ウ1
〔燃〕19394
頭「カヘノ」-燃を／「ホノホヲ」　上34ウ2

ホブル(屠)
〔屠〕07761
屠て／ホフ「テ」　上4ウ2
屠ホフルか／「カ」如し／「シ」　上2オ6

ホボ(略)
〔粗〕26898
粗「ホ、」　中36オ6

ホム(譽)
〔歎〕16182
歎ホ(め)たまふとも／「ホメタマフトモ」　中34オ3
〔稱〕25180
稱す／「ホム」可(から)／「ヘ」不と／「ト」雖(も)／「トモ」　下48ウ6
稱するのみに／「ホムルノミ」　中35ウ1

〔讃〕36163
讃し／「ホメ」　下61ウ4
讃「ホメタテマツル／マフ」所「ノ」如し／「クシテ」　上56オ1
勧「ス、メ」讃(し)たまへり／「ホメタマヘルナリ」　上78ウ7
讃せり／「メタリ」「也」　下83ウ5
讃すること／「ホメタルハ」　下61ウ4
讃して／「メテ」　下20オ6

ホムラ(炎)
〔炎〕18910
炎「ホムラ」　上15オ3、上17オ1
炎ホ(の)ホ／「ホムラ」　上15オ3
〔聚〕29093
聚「ホムラ」　上14ウ6

ホユ(吼)
〔吼〕03377
吼ク／「ホエ」喚スルニ／「ヨハ(フ)ニ」　上5ウ4
哮ホエ／「カウ」吼ホユルコト「コクスルコト」　上17オ4
〔哮〕03659
哮ホエ／「カウ」吼ホユルコト「コクスルコト」　上17オ4

ホル(呆)
〔䔲瞢〕32592 23653
䔲瞢トウモウにして／「ホレタリ」　下95オ5
〔騃〕44780
聾「リヨウ」「ミ(、)シヒ」騃「カイニシテ」「ホレ」　上26ウ6

ホル(掘)
〔穿〕25436
穿ホツレハ／「セン」「ホツレハ」　上95ウ3

ホロボス(亡)
〔喪〕03985
喪ウシナヒ／「ホロホシ」　上44オ6
喪ホロホスか／「ホロホスカ」如(し)／「シ」　下41ウ2
〔毀〕16654
毀(ほろほ)さ／「ヤフラ」者は　中66ウ4

ホンス(欲)↓ホス
〔欲〕16080
欲-心「ホンシテ」　中11オ1
欲(し)て／「ホンシテ」　中59ウ2
生れむと／「レムト」欲ふて／「ホンシテ」　下17ウ2
欲ふなり／「ホンシテナリ」　下98オ2
見むと／「ムト」欲して／ホス／「ホンス」　中87ウ4
欲ホスとも／「ホンストモ」　中51ウ5
何「ノ」須「モチヰル」所「ロヲカ」欲「ホンスル」　上22ウ1
見むと／「ミマク」欲ふ／「ホンスル」時には／「ハ」　上58オ2

聞かむと／「マク」欲する／「ホンスル」所は　上69ウ3
欲する／「ホンスル」　中60オ5
欲スル／「ホンスル」　中60オ6
欲せむ／「ホンスル」者ものは／「モノハ」　下56オ1
遠離せむと／「セマク」欲は／「ホンセハ」者
は　上46ウ3
欲せむ／「ホンセム」　中89オ1
欲せよ／「ホンセヨ」　中80オ4

マ

マアフ（逢）→マウアフ
〔値〕00786
値（ふ）こと／「マアフコト」　下21オ3
マウアフ（逢）→マアフ
〔値〕00786
値（ひ）て／「マウアテ」　下72オ7
値（ひ）て／「マウアフテ」　下23ウ6
〔遇〕38991
遇（ひ）て／「マウアンテ」　下59オ5
マウク（設）
〔設〕35293
設（く）る／「クル」〔之〕時に／「キニノミ」　上24ウ2
設くるに／「ケタルニ」　上23ウ5
設け／「マウケ」不「ス」　中48ウ5
設け／「ケ」不「ス」　下44ウ5
設け（し）めむ／「マウケシメム」　中54オ3
設くるに／「ケタルニ」　上23ウ5
設（け）て／「ケテ」　上43ウ5
マウサク（申）
〔云〕00254
問（ひ）て／「タテマツル」云さく　上99ウ1
〔曰〕14278
曰「サク」　中36オ2
〔白〕22678
白す／「サク」　上99オ2
佛に白さく　上99オ6
白（さ）く／「サク」　中72ウ2
白さく　中80オ3
白（さ）く／「マウサク」　下25オ1
〔言〕35205
言さく／「ハク」　上77オ4
佛「ニ」白「シテ」言「サク」　上99オ3
佛に白（シテ）言「（サ）ク」　上99オ6
言「サク」　中43ウ2
言（さ）く／「サク」　中57ウ7
白して／「シテ」言さく／「サク」　下23オ2、下23オ7
白して／「シテ」言（さ）く／「サク」　下28オ6
白して／「サ」言（さく）／「サク」　下31ウ1
言さく／「ク」　下90オ5

マウス(申)↓マウサク
〔啓〕03820
啓マウして／「シテ」　下24ウ6
〔白〕22678
佛「ニ」白「シテ」言「サク」　上99オ3
白して／「シテ」　中57ウ6
白して／「シテ」言さく／「サク」
　下23オ2、下23オ7
白して／「シテ」言(さ)く／「サク」　下28オ6
白して／「サ」言(さく)／「サク」　下31ウ1
白す／「ス」　上70オ4
白す／「サク」　上99オ2
〔言〕35205
言(ひし)かは／「マウスニ」　下27オ1
マカス(任)
〔任〕00416
任す(こ)／「マカス」須(し)　下34ウ5
に／「ニ」任せて／「テ」　上82ウ2
任せよ／「マカセテ」　中80オ2
任せよ／「マカセテ」　中80オ2
マカス(漑)↓ミヅマカス
マガル(曲)
〔曲〕14280
曲(れる)に／「マカレルカ」　中90オ6
曲レルに／「マカレルニ」　中26オ2
〔鈎〕40220
鈎(平)／「マカレル」　上13ウ7
マク(巻)
〔巻〕02860
巻けは／「シ、ムレハ」　中33ウ5
マク(接尾語)↓セマク、ミマク
［補讀］
聞「キカマク」欲「(ス)ル(コト)」　中53オ4
随「-」喜せまく／「セム」　中87ウ5
作(さ)まく／「サマク」　下76ウ5、下77オ7
マグ(曲)
〔曲〕14280
曲けて／「クハシク」　上54オ3
マクノミ(耳)
〔耳〕28999
聲せ／「モノイハ」不ら／「サレト」耳(ま)く
　のみ　上43ウ4
マコトニ(誠)
〔實〕07294
實に／「ニ」　上34ウ5、上75オ2、上75オ5
實に／「ニハ」　上88ウ6
〔故〕13161
故(ナ)ホ／「マコトニ」　上31オ2
〔眞〕23235
眞に／「マコトニ」　上39オ5
〔良〕30597
良に／「マコトニ」　下63ウ2
〔誠〕35537
誠に／「ニ」　下90ウ4、下90ウ4、下98オ3

マサシ（正）

〔政〕13135

政マサしく　中13ウ5

マサニ（當）

〔將〕07438

將に／「ニ」死なむと／「セムスル」［將］する時に／「ニハ」　上30ウ2

將に／「ニ」絶(え)ナムトス／「タエヌ」　上35オ7

將に／「ニ」至(り)なむと／「ナムトスルヲヤ」［將］す　上36ウ4

將に／「ニ」曉アケナムト／「トスルニ」［將］する(に)［矣］　上43ウ7

將に／「ニ」成ならむと／「ナラムト」［將］する　中44ウ3

將に／「ニ」　中81オ6

將「ニ」死なむと／「セムコト」［將］すること　下81ウ1

將に／「ニ」死(せ)むと／「セムトスルコト」［將］するに　下82オ4

〔方〕13620

方に／「ニ」　上45ウ2、上107ウ3

方に／「ニ」知りぬ　下13ウ5

〔當〕21890

當に／「ニ」…憍慢せむ／「ス」［當］(キ)　上28ウ3

當に／「ニ」知「ル」［當］「シ」　上31ウ3

當「ニ」身に近く／「チカック」［當］けむや／「ヘケムヤ」　上32オ2

當に…頂禮す／「ス」［當］し／「ヘシ」　上33ウ5

當「ニ」知る／「ル」［當］し／「ヘシ」　上34オ2

當「ニ」知「ル」［當］「ヘシ」　上36オ1

當「ニ」知「ル」［當］「シ」　上36オ6、上86ウ4、上98オ1、中16ウ3

當に／「ニ」?勤-修す／「ス」［當］し／「シ」　上37オ6

當「ニ」知(る)［當］「シ」　上38オ4、上47ウ7、下9ウ1、下65オ5

當に／「ニ」…［當］し／「シ」　上39ウ5

當に／「ニ」厭(ふ)ことを／「ヒヲ」生す［當］し　上39ウ7

當「ニ」眠-息す／「ス」［當］し／「シ」　上40オ2

當に／「ニ」愛樂す［當］き／「キ」　上41ウ5

當に／「ニ」…如くす應し／「ヘシ」　上42ウ7

當に／「ニ」…觀す／「ス」［當］し／「シ」　上43オ3

當「ニ」…殺す／「セン」「ス」［當］し／「ヘシト」　上44ウ1

當に／「ニ」歸依す／「ス」［當］しと／「シト」　上58オ7

當に…得「ウ」［當］しといふことを／シトイフコトヲ　上60ウ3

當に／「ニ」…願す／「ス」應し／「シ」　上61オ3
當に供養す／「ス」[當]しと／「シ」　上63オ7
當に／「ニ」菩薩の記を／「ヲ」授く／「ク」[當]しと／「シト」　上69オ5
當に／「ニ」佛に／「ニ」作る／「ナル」[當]「シ」　上69オ6
當に／「ニ」佛に／「ニ」作る／「ル」[當]し／「シ」　上69ウ1
當に／「ニ」…求む／「ム」應し／「シ」　上75オ7
當に／「ニ」…生る／「發ス」應「シ」　上76オ6
當に　上81オ6
當「ニ」…被-著する／「セル」こと有る／「ル」[當]からむ／「シ」者ものは／「ノ」　上81ウ2
當に／「ニ」得「ウ」[當]し／「シ」　上85ウ3、中37ウ3
當に／「ニ」…生す／「ナス」[當]し／「シ」　上94オ5
當に／「ニ」…斷「-」除す／「ス」應し／「シ」　上96オ3
當「ニ」…廣大なら／「ナラ」令しめむと／「(ム)」[當]シト」　上96オ4
當に／「ニ」相ひ／「ヒ」與ふ／「フ」[當]しと／「シト」　上96ウ1
當に／「ニ」…心を用(ゐる)「用-心ス」應し／「シ」　上96ウ2
當に／「ニ」…得-證す[當]シ／「シ」　上103ウ1
當「ニ」佛に／「ニ」作る／「ナル」[當](し)と／「シト」　上104ウ1
當「ニ」…度す／「ス」[當]しと／「トイヘリ」　上107オ4
當に／「ニ」修す／「ス」[當]し／「シ」　中1オ4
當(に)／「ニ」…作す[當]し　中1オ7
當「ニ」…作す／「ス」[當]し　中2ウ1
當「ニ」…生(ま)る／「ル」[當]し／「シ」　中2ウ5
當「ニ」見つ／「ツ」[當]しと／「シ」　中19ウ4
當「ニ」生す／「ス」[當]し(と)／「シト」　中20オ4
當「ニ」佛に／「ニ」作る／「ル」[當]しと／「シト」　中22ウ1
當「ニ」…念「ス」[當]「シ」　中26ウ5
當「ニ」…去「サルコトス」[當]「シ」　中27ウ3
當に／「ニ」…如(く)ある[應](し)と　中33オ1
當に…見たてまつる[當]しと　中34オ5
當に／「ニ」…見たてまつる／「ル」[當]しと

／「シト」　中40ウ6
當「ニ」　中43オ7、中54ウ7、中55オ6、
中55ウ5、中58ウ3、中62オ4、中62ウ2、
中74ウ1
當に／ニ　中53オ3
當に／「ニ」　中53オ6、中54ウ4、中54ウ5、
中57ウ5、中64オ4、中67オ4
當「ニ」生せ／「セ」不ら／「サラ」令しむ／
「シム」「當」「シ」　中56オ3
當「ニ」念ふ／「フ」「當」し／「シ」　中59オ7
當に／「ニ」孝順す／「ス」「當」し／「シ」　中59オ7
當「ニ」樂(ね)かふ／「カフ」「當」し／「シ」　中60オ2
當「ニ」知「ル」「當」(し)／「シ」　中64オ2
當に／「ニ」…修す／「ス」「當」し／「シ」　中71オ5
當「ニ」念す／「ス」「當」し／「シ」　中77ウ1

當に／「ニ」念ふ／「ス」「當」し／「シ」　中78オ5
當「ニ」知(る)「當」(し)　中82オ1
當「ニ」…供養す／「ス」「當」「シ」　中83オ4
當「ニ」…佛「ヲ」得「ヘキ」「當」「ヘキ」　中84ウ3
當に／「ニ」…念(し)たてまつる／「ス」「當」
し／「シ」　中85オ6
當に／「ニ」…念(し)たてまつる／「ス」「當」
(し)／「シ」　中85ウ1
當に／「ニ」…生る／「マル」「當」し／「シ」　中85ウ2
當に／「ニ」…作沙さしむ／「ナサシム」「當」
「シ」　中88ウ3
當に／「ニ」…念ふ／「ス」應し／「シ」　中91ウ3
當「ニ」知(る)／「ル」「當」(し)／「シ」　中91ウ7

當に…離る／「ル」「當」き／「ヘケムヤ」耶　中93オ6
當に／「ニ」離る／「ル」「當」し／「シ」　中93ウ2
當に／「ニ」滅「-」除す／「ス」「當」し／「シ」　中96オ1
當「ニ」知(る)「當」(し)／「シ」　中96ウ5
當に…往生す／「ス」「當」し／「シ」　中97オ7
當に／「ニ」遊ふ／「フ」「當」し／「シトオモ
フ」　中99オ3
當に／「ニ」遊ふ／「フ」「當」(し)／といふ／
「シトオモフト」　中100オ3
當に／「ニ」…得「ウ」「當」し／「シ」　下3オ4
當(に)／「ニ」知る「當」「シ」　下9オ5
當に／「ニ」成「-」就す／「ス」「當」「シト」　下9ウ6

當「ニ」…得「ウ」[當]「シ」　下10ウ3、下79ウ7
當に／「ニ」觀す／「ス」應し／「シ」　下13オ4
當「ニ」願を／「ヲ」發す／「シ」[當]く　下14ウ5
當に／「ニ」現(し)たまふ[當]し(と)／「シト」　下16ウ4
當(に)／「ニ」見つ／「ル」[當](し)／「シ」　下16ウ5
當に／「ニ」斷絕せ／「セ」不る／「スル」[當]「シ」　下17ウ1
當「ニ」知(る)／「ル」[當]「シ」　下18ウ5
當「ニ」…生る／「マル」[當]「シト」　下18ウ6
當に／「ニ」得「ウ」當「シ」　下20オ4
當に／「ニ」死(みまか)りぬ／「シヌ」[當]しと／「シト」　下24ウ7
當に成る／「ル」當しと／「シトイヘリト」　下26オ1
當「ニ」…得てむ／「エテム」　下26ウ5
當「ニ」盡す／「クス」[當](しと)／「シト」　下29オ2
當「ニ」得「ウ」[當](し)と／「シト」　下29オ4
當「ニ」離別し(ぬ)／「シヌ」[當]「シ」　下29ウ2
當に生る[當]し(と)／「ヘクナンヌ」　下30ウ7
當に／「ニ」…隨(ふ)／「フ」[當]「シ」　下31ウ4
當「ニ」…過くす／「スコス」[當]「シ」　下31ウ5
當「ニ」獲ぅ／「ウ」[當](しと)／「シ」　下32オ2
當「ニ」一心不亂「ニス」應「ヘシ」　下32オ5
當に誦-念す應し　下32オ5
當「ニ」觀す…[當]しといへり／「シト」　下32ウ7
當「ニ」專「ランス」[當]「シ」　下33オ7
當「ニ」我を／「レヲ」念す／「ス」[當]しと／「シト」　下34オ2
當(に)／「ニ」知(る)[當]「シ」　下34オ6、下45ウ4
當「ニ」一心清淨「ニス」[當]「シ」　下35オ4
當「ニ」生(れ)むと／「セムト」欲ホス／「オモフ」[當]し／「シ」　下35オ5
當(に)念(ひ)を／「ヒヲ」絕つ／「タツ」當へ(から)／「ヘ」不し／「ス」　下35オ7
當に／「ニ」云「-」何か／「イカンカ」念す[當](き)／「シ」　下37オ2
當に…修す／「ス」[當](し)／「シ」　下38オ2
當に／「ニ」往生すること／「スルコト」得「ウ」[當](し)／「シ」　下38ウ3
當「ニ」疾く／「トク」滅す／「ス」[當]「シト」

當「ニ」得「-」道する／「シタマフ」[當]「ヘキ」者もの／「モノ」　下41ウ6
當に／「ニ」…有る／「ル」[當]「シ」　下43オ2
當に／「ニ」死ぬ／「ヌ」[當]しと／「シト」　下43ウ4
當に／「ニ」生す／「マル」[當]き(もの)／「キ」　下46ウ4
當に／「ニ」往生す／「ス」[當]「シ」　下55オ5
當「ニ」往生「ス」[當]「ヘキノミナラ」不「ラス」　下58オ6
當に／「ニ」往生す／「ス」[當]し／「シ」　下59オ1
當(に)／「ニ」往生す[當]き／「ヘキ」者もの／「モノ」　下59オ1
當に／「ニ」…念す／「ス」[當]「ヘシ」　下59オ5
當に／「ニ」…〻(念)す／「ス」[當](し)と／「シトイヘリ」　下61オ3
當に／「ニ」…起す／「ス」[當]「シ」　下62オ3
當(に)／「ニ」須く／「クハ」…生(す)こと／「ナスコト」勿れ／「マナ」　下62オ3
當に／「ニ」爾る／「シカアル」應し(と)／「キヲモテナリ」　下62オ5
當「ニ」出「ツ」[當]きか／「ヘキカ」如し／「ク」　下72ウ4
當「ニ」…墮つ[當]「キヲモテナリ」　下77ウ5
當「ニ」…得「ウ」[當]しと／「シト」　下80オ1
當「ニ」之を／「ヲ」密「キヒシク」-藏す／「カクス」[當]「シ」　下80ウ7
當に／「ニ」習-持ス／す／「ス」[當]シ／「シ」　下81ウ7
當に／「ニ」隨は／「かは」不レ／る／「サレ」[當]シ／「シ」　下83オ2
當に／「ニ」承事す／「ス」應(し)／「シ」　下83オ3
當に／「ニ」承事す／「ス」[當](し)／「シ」　下84オ6
當に／「ニ」獲「ウ」[當](し)／「シ」　下84ウ1
當に／「ニ」供養す／「ス」應し(と)　下84ウ3
當に／「ニ」受く／「ク」[當]「シト」　下85オ6
當に／「ニ」見不る／「サル」[當]「シ」　下88オ6
當に／「ニ」棄-捨す／「ス」[當]「シ」　下88ウ7
當に／「ニ」呵嘖す／「ス」應しと／「シト」　下90ウ2
當に／「ニ」聽る(さ)／「ユルサ」不れ／「ス」[當]「シ」　下93オ1

當に得「エ」令む／「シム」應し／「シ」　下94ウ6

當に／「ニ」苦「(ネム)コロニ」-治す／「ス」
應し(と)／「シト」　下95オ2

マサル(勝)

〔勝〕02409

勝たらは／「マサラハ」　下85オ7

勝(り)たること／「マサルコト」　中9オ4

勝まされり(と)／「マサレラムト」　中87ウ6

勝れり／「レリ」　上63オ6

勝「レリ」　上106ウ1

勝「マサレリ」　中5ウ3

勝(り)たり／「マサレリ」　中11オ6

勝れり／「サレリ」　中97オ6

勝(れ)たり／「マサレリ」　下48オ7

勝(れ)たり／「サレリ」　下70オ5

勝(れ)り／「サレリ」　下70ウ1

勝たり／「マサレリ」　下86オ2

勝(れ)たりと／「サレリト」　下48ウ2

勝(り)たるか／「マサレルカ」如く／「ク」　上101ウ5

勝(り)たるか／「マサレルカ」故に／「ニ」　下45オ2

勝(り)たる／「マサレルコト」　中54オ5

マサル(祭)

〔祀〕24633

祀マツルか／「マツル」「マサ(「ツ」の誤か)ル
カ」如(く)して／「シ」　上28ウ2

マシ(助動詞)

[補讀]

容-受する／「スル」者もの／「モノ」无(か)
らまし／「ナケム」　上103ウ3

爲せまし　中29ウ1

病ひし／「ヤマヒシテマシ」　中89オ1

病(ひ)せ／「セ」不らむに／「スシテマシ」　中89オ1

有ラマシかは／「ラハ」　上103ウ2

マジ(不)(助動詞)

〔不〕00019

思議す／「ヘカラ」不まし／「ス」　上63ウ6

得「ウマ」不しと／「シクナンヌト」　下29ウ3

沒ま／「(シ)ツム」不「マシ」(と)　下66ウ1

マジハル(交)→マジル

〔交〕00291

交はり／「マシハリ」至(り)て／「イタンテ」　上3オ7

交「マシハリ」「-」絡「マトヒテ」　上4ウ4

〔間〕41249

間マシハレるか／「ハルカ」故に／「ニ」　下55ウ5

〔雜〕42122

雜し／「マシハテ」　上46オ3

雜「マシハリ」出して／「ツルコト」　上31オ7

雜「マシハリ」起「オコラ」　中27オ4

マジフ(交)→マズ
〔交〕00291
交しへ／「シヘ」 上66オ5
交シヘ(たり)／「シヘタリ」 上29ウ3
交へて 上39ウ1
交〻て／「ヘテ」 中79ウ2
交「マシヱ」横「ヨコタヘタルコト」 上4ウ3
〔間〕41249
間「マシヘ」不れ／「レ」 中26ウ6
間へ／「マ(シ)ヘ」不れは／「レ」 中26ウ7
マシマス(坐)
〔在〕04881
在ま(しまし)て／「テ」 上65オ1
在まし／「マシ〱テ」 上68オ7
在ま(しまし)て／「テ」 上69オ1
在(まし)まして／「マシマシテ」 中14ウ6
在まして／「テ」 中77オ6
在(まし)まして／「イマシテ」 中78オ6
在ます／「ス」 上47ウ3
在まします 上63オ3
大名稱まします／「アリ」 上64ウ4
佛在まします／「マス」 上67ウ4
在す／「マシ〱テ」 上68オ7
在まします／「リ」 中46オ7
在まします／「イマサム」 下33オ5
在ましますこと／「イマスココ(「ト」の誤か)」 上67オ2
在ましますと／「イマス」 中77ウ1
在すと／「アラシメヨ」 中79オ7
在ましますと／「イマスト」 下32ウ7
〔坐〕04931
坐しぬ／「キヌ」 中98オ4
化佛まします 中4ウ7
〔有〕14332
有ましき／「マシキ」 下23オ3
有まして／「テ」 上76ウ1
有(まし)まして／「リ」 中10オ3
化佛有まします／「マシマス」 上53オ2
有「ス」 上79オ5
八萬四千の／「ノ」化佛有まします／「アリ」 中3オ2
七佛有まします／「イマス」 中7ウ1
化佛有まします／「リ」 中8オ5、中14オ6
化佛有まします／「イマス」 中9ウ4
有まします／「イマス」 中12オ5、中93オ7、下61ウ5
有まします／「アリ」 中19ウ4、下23オ5
有まします／「リ」 下8ウ3、下8ウ4、下8ウ6、下62オ1、下63ウ2
佛世尊有まします／「マス」 下19オ5
有ましますと／「リト」 上76ウ7
有ましますと(いふことを)／「リトイフコトヲ」 下73オ1
[補讀]

光明慧(まし)まして／「アリ」　上85オ1
千の／「ノ」化佛まします／「アリ」　中4オ2
目の前にましますを見る　中30ウ1
マジル（交）↓マジハル
〔雑〕42122
雑マシテ　上54ウ1
マジロク（瞬）
〔眴〕23307
眴マシロク　上35オ4、中5ウ3
マス（增）
〔增〕05454
增す／「シテム」　下80オ2
增す／「マス」　上9オ5
增す／「ス」　上13ウ6、上56ウ3、上59ウ6
增す／「シテム」　下80オ2
增すか／「マスカ」如し／「ク」　上38ウ7
增せること／「セルヲモテ」　上77オ1
〔生〕21670
恐「ー」怖を／「ヲ」生して／「マス」　中8ウ7
〔益〕22972
益(す)か／「マスカ」如し／「シ」　上39ウ5
加レ益ませる／マセルー者もの／「ノ」
〔長〕41100　上10オ3
長マスこと／「スルコト」匆れ／「マナ」
マス（坐）　上39ウ7
［補讀］
夢の／「メノ」中に／「ニマシ」　下16ウ4
マズ（交）↓マジフ
〔雑〕42122
雑せ／「セ」不れ／「レ」　中27オ7
マタ（又）
〔乍〕00130
乍マタ／「マタ」「タチマチ」　上99オ2
〔亦〕00293
亦「タ」　上1ウ6、上13オ7、上30オ4
亦「ハ」　上29オ4、上92オ7
亦は　上29オ6、上29ウ1
亦は／「ハ」　上86ウ7
諸ー念をも／「ニオイテ」亦「タ」　中46オ5
〔又〕03115
又「マタ」　中43ウ7
〔復〕10183
復「タ」　上7オ5、上7オ6、上8ウ7、上28オ1、上93オ6、上93ウ1、上99オ6、上103オ5、中70ウ1、下11オ5、下32オ2
況「ヤ」復「タ」　上36ウ4
マタウス（全）↓マタクス
〔全〕01424
全くせむこと／「マタウスルコト」　中29ウ2
マタクス（全）↓マタウス
〔全〕01424
全くせむこと／「マタウスルコト」　中29ウ2

マタシ（全）↓マタウス、マタクス
〔全〕01424
全（か）ら／「マタカ」不と／「スト」雖（も）　上102オ7
全き　中37オ5
全く／「ク」　上105オ6、中71オ2、下88オ7
〔完〕07079
完《マタク》　中77オ7
マツ（待）
〔俟〕00705
ことを／「コトヲ」俟《マツ》可（から）不す／「ス」　上33オ1
〔待〕10085
待た／「マタ」不《ス》／され／「ス」　上57ウ4
待た不されと／「ヌト」「スト」　上57ウ5
待た／「タ」不す／「ス」　上59ウ3
待「マタ」不「ス」［也］　中22オ4
待（た）／「マタ」不れ／「シ」　中64ウ5
待っ／「ツ」　上43ウ6
相「ヒ」待して／「マテ」　下59ウ2
マヅ（先）
〔先〕01349
先っ／「サキタンテ」　上13ウ3
先っ／「ツ」
先っ「ツ」　上15ウ5
先っ　上77オ6
先「ツ」　中14オ1
先っ／「ヨリ」　中26オ2
先に／（マ）ッ／「サキヨリ」　中45ウ7
先っ／「テ」　中62ウ1
先っ／「（マ）ッハ」　中82オ2
先（つ）／「ツ」　下10オ1
マツゲ（睫）
〔睫〕23469
睫を／「マツケニ」　上36ウ3
マヅシ（貧）
〔貧〕36677
貧し／「シ」　上57ウ3
マツハル（纏）
〔繞〕27909
圍（み）繞（ま）つ（は）れり　中3オ4
マツフ（纏）
〔纏〕28043
纏「マツヒ」繞せり／「セリ」「メクレリ」　上45ウ6
纏まつひ／「マトヒ」裹むて／「ツ、ムテ」　下81ウ5
纏つへり／「マトフ」　上25オ4
マツリ（祭）
〔務〕02394
務《イトナミ》を／「マツリヲ」　上43ウ6
〔祀〕24633
祀を／「マツリヲ」　上24ウ2
〔祭〕24700

祭ツリヲ　上23ウ5

マツリゴト（政）

〔務〕02394

務を／「マツリコトヲ」　下60ウ4

マツル（祭）

〔祀〕24633

祀マツルか／「マツル」「マサ（「ツ」の誤か）ルカ」如（く）して／「シ」　上28ウ2

マツル（奉）→ツカマツル、ツカムマツル

〔補讀〕

事（へ）まつる／「ツ（カ）マムツル」　下53オ1

マデ（迄）→マデス

〔補讀〕

至（る）までに／「マテ」　上2オ5、上10ウ1、中80ウ7

至（る）までに／「マテニ」　上11ウ3、上55ウ1、上67ウ3

虚空までに／「マテニ」　上15オ3

非想「マテニ」　上36オ6

洎オヨフマテニ　上44オ6

盡（す）までに／「マテニ」　上61ウ3

衆までに　上68ウ6

至（る）までに　上82オ1、中28オ7

過（くる）までに／「クルマテニ」　中4ウ4

至（る）までに／「ルマテニ」　中5オ3、中58オ4、下47ウ6

劫-燒（する）までに／「マテニ」　中23オ1

茉までに／「マテニ」　中25ウ5

阿迦膩「ニ」吒天までに／「ニ」　中33ウ5

滿（つる）までに／「ツルマテニ」　中38オ7

十地まで　中44オ6

盡（す）まで／「クスマテ」　中48オ2

具足して／「スルマテ」　中51ウ7、中52ウ1

具「-」足して／「スルマテ」　中52ウ5

至（る）までに／「ルマテ」　中57ウ7、中58オ2、下4オ7、下28オ7

至（る）までに／「ルマテニシ」　中78ウ6

終「ヲヘ」竟「ヲフルマテニ」　中83ウ2

終「ヲ（ヘ）」竟「フルマテニ」　中83ウ3

過（くる）までに／「スクルマテニ」　下4オ6

窮（む）るまでに／「ムルマテニ」　下10オ6

盡（す）までに／「クスマテニ」　下10ウ2

至（る）までに／「ラム」　下16ウ2

滿足するまでに／「スルマテニ」　下25ウ3

菩提までに／「マテニ」　下28オ7、下98ウ2

終る／「ヲハルマテナリ」　下60ウ1

八萬歳に（して）／「マテニ」　下87オ6

五百歳「マテニ」　下88ウ7

マデス（迄）

〔補讀〕

至（る）までせは／「レハ」　中67ウ1

至らは／「マテセハ」　中80ウ6

マデニス（迄）→マデス

［補讀］
至(り)／「マテニシ」　中78ウ4
至り／「マテニシ」　中78ウ5
至り／「ルマテニシ」　中78ウ5
至(る)までに／「ルマテニシ」　中78ウ6
世界までにす／「マテニス」　中3オ3
梵「-」天つす／「マテニス」　中6ウ3
无量无邊なり／「マテニス」　中10オ7
至る／「ルマテニス」　中13オ7
頂までに(す)／「マテニス」　中84ウ2
千輻「-」輪までに(す)／「マテニス」　中84ウ3
至(る)までにす／「ラム」　下66オ4
涅「-」槃せるを／「マテニスルヲ」　下30オ7
六日までに／「マテニセ」不「ス」　下25オ3
畢るまでに／「ヲフルマテニセハ」　中80オ5
至(る)まで(に)せむ　下10オ5
七日「マテニセムニ」　中78ウ7

マド(窓)
〔窓〕25494
窓の／「マトノ」　上26ウ7、上28オ7
窓に／「マトヲ」　下41ウ7

マドカ(圓)
〔圓〕04819
圓なれは／「マトカナリ」　中32ウ5
圓(か)に／「マトカニ」　中62ウ7

マドハス(惑)
〔惑〕10789
惑(は)す／「セ」　中55ウ7
惑(は)す(なり)と／「スルナラムト」　下65ウ3
〔拤〕12041
拤シ／「マトハセル」　上10オ6
拤シ／「マトハセル」　上10オ7
〔誑〕35510
誑ワカれて／「マトハサレテ」　上9ウ4

マドヒ(惑)
〔惑〕10789
惑ひか／「マトフコトカ」　中30ウ3

マトフ(纏)↓モトフ
〔絡〕27426
交「マシハリ」「-」絡「マトヒテ」　上4ウ4
編アミ／「アミ」絡マトフコトヲ爲せり／「セリ」　上28オ6
〔纏〕28043
纏「モ(「マ」の誤か)トヒ」-結せり／「ムスヘリ」　上28オ7
纏まつひ／「マトヒ」裹むて／「ツ、ムテ」　下81ウ5
纏つへり／「マトフ」　上25オ4
纏へり／「マトヘリ」　上28オ5
纏マトヘリ／「メクレリ」　上28オ7
纏マトヘリ／「リ」-絡せり／「セリ」　上68オ1

マドフ（惑）
〔惑〕10789
惑ひか／「マトフコトカ」 中30ウ3
〔迷〕38825
迷ひ／「ヒ」「ツカル」 上48ウ6
マナ（勿）
〔勿〕02501
長マスこと／「スルコト」勿れ／「マナ」 上39ウ6
過すこと／「スコト」勿れ／「マナ」 上40オ3
思（ふ）こと／「フコト」勿れ／「マナ」 上46ウ2
こと／「コト」勿れ／「マナ」 上64オ1
生（す）こと／「スコト」勿れ／「マナ」 上75ウ6、上82オ7
毀ること／「ルコト」勿れ／「マナ」 上82オ7
厭（ふ）こと／「フコト」勿れ／「マナ」 上86ウ6
勿れ／「マナ」〔矣〕 中53ウ4
生すこと／「ナスコト」勿れ／「マナ」 中56ウ5
有ら／「ラ」令（むる）こと／「シムルコト」勿れ／「マナ」 中89ウ2
縁すること／「スルコト」勿れ／「マナ」 中91オ7
生さ／「ナサ」令（むる）／「シムルコト」勿れ／「マナ」 中97ウ5
念（ふ）こと／「フコト」勿れ／「マナ」 下35オ7
分「-」別すること／「スルコト」勿れ／「マナ」 下44ウ7
當（に）／「ニ」須く／「クハ」…生（す）こと／「ナスコト」勿れ／「マナ」 下62オ6
〔莫〕31078
歸ること／「ルコト」莫れ／「マナ」 上38ウ2
造（る）こと／「ルコト」莫れ／「マナ」 上39オ6
相ひ／「ヒ」是「非すること／「スルコト」莫れ／「マナ」 上78ウ7
毀ること／「ソシルコト」莫れ／「マナ」 上82ウ1
生（す）こと／「ナスコト」莫れ／「マナ」 上101ウ4
忘（る）ること／「ル、コト」莫れ／「マナ」 中18オ7
得（る）こと／「ルコト」莫れ／「マナ」 中78オ4
休息すること／「スルコト」得（る）こと／「ルコト」莫れ／「マナ」 中85ウ1
絶（ゆ）ること／「ルコト」莫れ／「マナ」 中89オ3
怖ォ（そる）ること莫れ／「オソル、コトマナ」 下26ウ3
忘る、こと／「ル、コト」莫れと／「マナト」

生すこと／「ナスコト」莫れ／「マナ」 下26ウ6
癈(る、)こと／「スタル、コト」莫れと／「マナト」 下27ウ6
同くすること／「シクスルコト」莫れ／「マナ」 下27ウ6
例すること／「スルコト」莫れ／「マナ」 下35ウ1
失(ふ)こと／「フコト」莫れ／「マナ」 下54ウ5
下59オ6
莫れ／「マナ」 下77ウ1

マナアタリ(面)↓マナタリ
〔目〕23105
目に／「マナアタリ」 上47ウ6
〔親〕34918
親シタしく／「マナアタリニ」 中25オ6
〔面〕42618
面り／(擦消)「クハシク□□」 上60ウ5
面り 上71オ1
面り／「マ(ナアタリ)ニ」 下7ウ2
面(まなあ)たり 下10ウ5

マナコ(眼)
〔眼〕23318
眼を／「コヲ」 上7オ2、上11オ6
眼の／「コノ」 上9オ2
眼は／「コハ」 上16ウ3
眼「コ」有「リ」 上16ウ5
眼をた(も)／「コニスラ」 上32オ2
眼(「訓」)には／「(マナ)コニハ」 中93ウ6

マナジリ(眦)
〔眸〕23312
眸マナシリを 上49ウ1

マナタリ(面)↓マナアタリ
〔面〕42618
面「マナタリニ」 上71オ2
面り(に)／「マナタリニ」 中4オ7

マナブ(學)(四段)
〔學〕07033
學して／「マナヒ」 上96オ4
學ふしか如き 下60ウ2

マヌカル(免)↓マノカル、モノカル
〔免〕01358
免るること／「ヌカル」「ル、コト」莫し／「ナシ」 上39オ5
免るる／「ルモノモ」者もの 上34オ2
免(か)るること／「マヌカル、コト」 下26ウ5
免すること／「マヌカル、コト」 下30オ3
免(れ)「カラ(「レ」の誤か)」不す／「ス」 上33オ6
免れ／「カレ」不す／「ス」 上36オ6
免れ／「レ」不「ス」 上48オ4
免れ／「レ」不す／「ス」 上92ウ7

免「カレ」たり　上59オ1
免れて／「レテ」　下72オ6
〔勉〕02362
放ユルサシ／ユルシ「ツ」「-」勉(まぬ)かれぬ　下13ウ3
〔脱〕29539
脱カレムことを／「マル(「ヌ」の誤か)カレムコトヲ」　上34ウ3
脱れ／「マヌカレ」不す／「スト」　中58ウ5
マネク(招)
〔招〕11968
蓋イカソ／「ソ」…招か[蓋]サラム(や)[耶]　下98オ4
招く／「マネク」　上37オ6
招く／「ク」　中68ウ6
招く／「マネク」可し／「ケムヤ」耶　下94オ7
マノアタリ(面)↓マナアタリ、マナタリ
マノカル(免)↓マヌカル
〔勉〕02362
勉マノカレ／「ハケマ」不す／「サルヲモテナリ」　中58ウ7
〔挽〕12111
挽ヒ(キ)テ／「マノカレテ」／「ヌイテ」　下82ウ6
マバル(瞻)
〔瞻〕23742
瞻(り)たてまつり／「マハリ」　中93ウ6
顧(カ)ヘリミ瞻みれは／「マハレハ」　中98オ5
瞻みて／「マハンテ」　中97ウ3
マヘ(前)↓ミマヘ
〔前〕02011
前「ニ」同「シ」　上4ウ1
眼(上)「メノ」-前(平)に／「マヘニ」　上33オ1
の／「ノ」前に／「ヘニ」　上47ウ4
の／「ノ」前に／「ヘニ」　上49ウ6
前に／「ヘニ」　中20オ6、中30ウ1、中47ウ3、中77オ4、中79オ7、中94ウ7、中100ウ3、下25オ5
前に／「(マ)ヘニ」　中82オ6、中88ウ6
前の／「ヘノ」　中89オ4
前に「ヘニ」　下17オ6
子の／「ノ」前に／「ヘニ」致リテ／「リテ」　下19オ3
其の／「ノ」前に「ヘニ」　下33オ5
マボル(守)
〔護〕36048
護るか／「マホルカ」如くす／「クス」[當]し／「シ」　中62オ4
マボル(瞻)
〔瞻〕23742
瞻マホリ　上50オ1

マボロシ（幻）

〔幻〕09190

幻(まほろ)しの／「ノ」如(く)して　中65オ5

マミユ（見）

〔見〕34796

見《マミユ》／「ル」　下13ウ1

マメ（豆）

〔豆〕36245

豆「マメ」許りの／「ハカリ」[之]「ノ」　上12オ1

豆「メヲ」以「テ」　上22オ4

マモル（守）

〔守〕07071

守る／「ル」　上24オ7

守(り)て／「ル」　下83オ3

守ること　下86オ7

〔護〕36048

護り／「リ」　上58ウ2、中76オ2

護るといへるは／「ル」　中76オ5

護る／「ル」　下5ウ1

護るは　中76ウ4

護「(マモ)レルヲモテ」　中6ウ6

マユ（眉）

〔眉〕23190

眉《マユ》「マユ」　上31ウ7

眉「マユノ」　中33ウ5

マリリカ（⿰月庸）

〔圓〕04819

圓なること／「マリ、カナルコト」　中11オ3

〔⿰月庸〕29827

⿰月庸《マリ、カ》-**圓**なること／「ナルコト」　中8ウ2

⿰月庸(か)なること／「(マリ、)カナルコト」　中9オ1

マレ（希）

〔希〕08813

希に／「マレニ」　下56オ1、下56オ1

マレ（助詞）

[補讀]

有「-」力「ニマレ」无「-」力「ニマレ」　上94オ6

覺し／「シテスルニマレ」覺せ不るにも／「スシテスルニマレ」　上95ウ3、上95ウ3

多「ニマレ」　中23オ5、中53ウ1

少「ニマレ」　中23オ5、中53ウ2

遠く／「(トホ)キンマレ」　中41ウ3

近きも／「(チカ)キンマレ」　中41ウ4

入り／「テマレ」　中45オ6

入(りた)まは／「ラ」不して／「スシテマレ」

前「キノ」身の／「ミマレ」　中45オ6

今(訓)「コノ」身「ミマレ」　中71ウ3、中71ウ4

无「-」見「ニマレ」　中71ウ3

　中73オ5

昏闇「ニマレ」　中73オ5
福「(ニ)マレ」　中73オ6
喜「(ニ)マレ」　中73オ6
攀「-」縁「ニマレ」　中73オ6
樂「(ニ)マレ」　中73オ6
善-事「(ニ)マレ」　中73オ7
心軟「ニマレ」　中73オ7
戀着シ／「ニマレ」　中73オ7
得不して／「サルニマレ」　下1ウ2
見み／「ルニマレ」　下1ウ2
一-稱「ニマレ」　下65ウ1、下65ウ1
多-稱「ニマレ」　下65ウ1、下65ウ1
一聲「ニマレ」　下73ウ2、下73ウ2
十聲「ニマレ」　下73ウ3、下73ウ3

マロ(圓)
〔圓〕04819
膗ヒヨ、カニ-圓／マロ「ナルコト」
中8ウ2

マロカシ(轉)↓カハラマロカシ

マロカレ(摶)
〔摶〕12642
肉-摶マロカレの／「タンノ」如くなら／「クナラ」令しめ／「シム」　上11ウ4

マロバス(轉)
〔轉〕38507
轉して／「マロハシ」　上11ウ5

ミ

ミ(實)↓コノミ
〔實〕07294
實みあり／「コノミ」　上54オ6
蘆ス、キ(の)／「フシノ」「ロノ」實みを／「ヲ」　下41ウ1

ミ(箕)
〔箕〕26143
箕を／「ミヲ」以「テ」　上17ウ7

ミ(身)
〔身〕38034
身「ミ」
上6ウ4、上17オ3、上17ウ1、上23ウ3
身「ミ」の　上20オ5
身「ミ」は　上31ウ3
唯身「ミノミ」に　上39オ7
己か／「オノカ」身「ミ」に　上40ウ2
我か／「カ」身を／「ヲ」　上61オ7
我か／「カ」身を／「ミヲ」
中17ウ3、中47ウ4
前「キノ」身の／「ミマレ」　中71ウ3
今(訓)「コノ」身「ミマレ」　中71ウ3
此の／「ノ」身は／「ミ」　下24ウ6
我か／「カ」身「ミ」　下25ウ7
〔體〕45291
體を／「ミヲ」　上40ウ3

ミアシ（足）
〔足〕37365
佛「ノ」足（に）は／「ミアシハ」　上85オ3
足を／「ミアシヲ」　中36オ7

ミガク（磨）
〔治〕01621
治（上）ヤ／「シ」／「ミカク」鼓（上）して／「ウテ」　上90ウ2

ミギ（右）
〔右〕03250
右に／「キニ」　中3オ6、中4ウ1、中4ウ3、中33ウ3、中95ウ5

ミグシ（髪）
〔髪〕45400
髪クシの　中3ウ1
髪ミクシ／「ハ」　中33オ6

ミクチ（口）
〔口〕03227
佛「ノ」口「ミ（クチ）」　中6オ4

ミコト（言）
〔語〕35533
語みことを／「ミコトヲ」　下1ウ7

ミコヱ（聲）
〔音〕43265
音を／「ミ（コヱ）ヲ」　中17オ7
音は／「ミコヘハ」　中48ウ6

ミジカシ（短）
〔卑〕02738
卑ミシかき／「ミシカキ」樹の／「キノ」上に／「ヘニ」　下66ウ6

ミス（見）
〔見〕34796
見せ／「ミ」令（め）たまひ／「シメタマハ、」　中81オ4

ミゾ（溝）
〔渠〕17764
渠「ミソ」「キヨ」溝（平）コウを／「コウヲ」　上95ウ3
渠に／「ミソニ」　上95ウ5

ミゾ（衣）→ソ
〔衣〕34091
衣みソの／「ノ」　中37オ5

ミソナハス（見）
〔見〕34796
見ミソナハシ／「ミ」　中41オ4
見ナハス／「ミタマフト」　中41オ5
〔視〕34836
視（みそなは）すこと　中47ウ2
視な（はす）には／「ミタマハムニ」　上84オ1

ミダス（亂）（存疑）
〔亂〕00214
亂り／「シ」（存疑）　中55ウ7

ミタビ（三）
〔三〕00012

三ひ／「ヒ」　上63ウ1
三たひ／「タヒ」　中72ウ3
三(た)ひ／「ヒ」　下19オ7、下23オ1、下27ウ5、下28オ3、下29ウ7、下30オ1

ミダリニ（妄）
〔妄〕06063
妄に　上42オ3
妄「リニ」　中50ウ2、中50ウ3
妄に／「ミタリニ」　中70オ4
妄(り)に／「リ」　中83ウ7

ミダル（亂）（四段）
〔亂〕00214
亂り／「シ」(存疑)　中55ウ7
亂る／「ミタレハ」　下97ウ5
亂る／「ミタレハ」　下97ウ5

ミダル（亂）（下二段）
〔亂〕00214
亂れ／「レ」不「ス」して　上45オ7
亂れ／「ミタレ」墜ち／「オツ」　上55オ3
亂れ不して　中81ウ4、下32オ6
亂み(たれ)／「レ」不「スシテ」　下31ウ7
亂れ不すは　下33オ4
亂れて／「テ」　上75オ4
〔爛〕19604
殨タ、レ／「ツエ」爛タ、レタリ／「ミタレタリ」　上28ウ3

ミチ（道）
〔徑〕10118
嶮ケハシキ／「ケム」徑ミチに／「ケイニ」　上79ウ6
徑「ミチヨリ」　中29オ7
〔路〕37524
路を／「ミチヲ」　上24ウ6
路に／「ミチニ」　上38ウ2
路「ミチ」　中16オ6
〔道〕39010
道「ミチ」を　上54オ2

ミツ（三）
〔三〕00012
三「ツヲ」　上26オ4
三の／「ツノ」　上27ウ3、中63ウ6、中82オ4
三つ　中21ウ6
三「ツノ」　中32ウ1、中76オ7
三つ／「ツ」　中61ウ2
三「ミ(ツノ)」聲を／「コヱ」　下28オ2
三の／「ツノ」福を／「ヲ」　下38オ2
三(訓)「ツ」　下55ウ5
三「ツ」　下95ウ3

ミツ（滿）（四段）
〔充〕01345
充「ミチ」密「キヒシク」　中9オ1
〔溢〕17951
溢みてる／「ミテル」　中15オ1

〔満〕18099
満た／「ミタ」不す／「ス」 上33ウ4
満ち／「チ」已(り)て／「テ」 上33ウ5
満(ち)て／「ミチテ」 上20オ7
満(ち)て／「チテ」 上23ウ1
満ちぬ／「テリ」 下26ウ2
満つ／「テリ」 上6オ4、上17オ2、上17オ2、上17オ4
満つ／「ミテリ」 上16ウ6
須く／「ク」満つ／「ミツ」[須]「シ」 下73ウ3
満てらむ／「テ」 中52ウ7、下4ウ2、下4ウ5
満てる／「テラム」 中87オ6
満てらむ／「テル」 下3ウ2、下4オ1
満てり／「テリ」 上3オ4、上17オ3、上46オ3、上48ウ7、上55ウ4
満テタリ／てり／「テリ」 上12ウ3
満つ／「ミテリ」 上16ウ6
満つ／「テリ」 上17オ2、上17オ2、上17オ4
満てり／「テル」(連体形止) 上46オ1
満てり／「ナ(「テ」の誤か)リ」 上67ウ5
満てるを／「テリ」 中17ウ6
満テル／「テ(ル)」 中64オ7
満て(る)／「テル」七寶を／「ヲモテ」 下14オ7
満てること／「シ(「ミ」の誤か)テルコト」 上10オ7
〔盈〕22961
望みに／「ノソミニ」盈つ／「アマル」 下69オ1
盈(つ)か／「ツカ」如く／「シ」 上95オ3

ミツ(満)(下二段)
〔満〕18099
満てむに／「ミツルコト」 下31ウ7
満(つる)までに／「ツルマテニ」 中38オ7
満て／「ミテ」 中54オ1、中54オ3
満テタリ／てり／「テリ」 上12ウ3
盛り／「イレ」満(て)て／「ミテ、」 上17ウ7
満てむ／「テム」者(は)／「モノハ」 下32オ2
満(て)よ／「テヨ」 中80オ1

ミヅ(水)
〔水〕17083
[於]山「ノ」-水よりも／「ツヨリモ」過(き)たり／「キタリ」 上33オ2
暴「ホ」「ハヤキ」-水「ミツ」 上34オ7

ミヅカラ(自)
〔自〕30095
自ら 上7ウ2、上12ウ7、上23ウ4、上32オ2、上85オ7、下4オ4、下7オ3
自「ミ」の／「ノ」 上7ウ7
自(ら)の／「ラノ」 上8オ2、下67ウ1
自み(つから)／「ラ」 上19ウ2
自ら／「ラ」 上20オ3、上79オ6

自み(ら)／「ミ」　上23ウ4、上25オ7、下13ウ6、下34オ1、下35ウ1、下67オ3、下67オ4、下73ウ2
自「ミ」ら　上23ウ6、上24オ5、上24ウ5、上36ウ2、上40ウ1、上53ウ5、上66オ7、上70オ5、上75ウ4、上81ウ2、上94オ5、上98オ1、上103ウ5、上107オ2、上107オ2、上107オ4、上107オ5、上107ウ1
自み(つから)／「ラ」　上24オ6
自み／「ミ」　上37オ5、下65ウ3
自ら／「ミ」　上37オ5、中11オ4、中58オ7、中58ウ6、下4オ4、下17ウ5、下20オ5、下27ウ6
自ォの(つから)／「ミ」　上37オ6
自「ミ」(ら)　上38ウ6、上107オ7
自み(つから)／「ミ」　上40ウ2、上60ウ1、中2ウ4、中31オ6、中50ウ3、中56オ3
自み／「ミ」(ら)　上44ウ2

自み(つか)ら　上47ウ6、中9オ7
自「ツカラ」　上48ウ3
自「ミ」に　上89オ5
自み(ら)　上92オ1、中62オ3、中63オ5
自(みつから)／「ミ」　中36オ3
自ォ(ノツカ)ら／「ミ」　中40ウ1
自み(つから)／「ミ」　中50ウ3、中51ウ7、中56ウ6、中57ウ6、中70オ4、中78ウ6、中79ウ5、中85オ2、中85オ7、中85ウ7、中86オ1、中86オ2、中89ウ4、中90オ4、中96ウ3、中98オ3、下42オ3、下56ウ6
自(ら)／「ミ」　中56ウ4、下35オ6、下92オ3
自み(つから)／「ミツ」　中58オ6
自(お)の(つから)モテ／「ミ」　中73オ2
自み(つから)／「オ」　中85ウ5
自み(つから)　中86オ3
自「ミツカラ」　下27オ5

自み(づから)／「ミ」　下30ウ5、下31ウ4、下81オ2
自「ミ」害するか／「ヤフルカ」如(く)／「ク」　下41ウ1
自の／「ミノ」　下87ウ6
自み(づから)／オ　下97オ7
〔躬〕38038
躬ミツカラ　上44オ2
躬みつから／「ミツカラ」　中46ウ5

ミヅタリ(水垂)
〔滞〕17772
滞シタ、リ／アマツヒ／「ミツタリノ」　上95オ3

ミツボ(泡)
〔泡〕17307
泡「ミツ、(「ホ」の誤か)」　上42ウ1

ミヅマカス(溉)
〔溉〕18123

漑カイ反／「ミツマカセ」灌(し)「火ンシ」／ソ、キ／「ソ、ク」　下77オ6

ミドリ(緑)

〔翠〕28732
翠ミトリ／「ミトリ」　上67ウ5

ミナ(名)

〔名〕03297
名み(な)を／「ヲ」
中27オ6、中84オ1、中100オ4

ミナ(皆)

〔皆〕22699
皆「ナ」　上3ウ5、上10オ4、上11ウ1、
上13ウ7、上14オ1、上15ウ7、上16ウ1、
上16ウ4、上16ウ7、上35オ4、上55ウ2、
上57オ6、中65オ5、下27オ2、下32ウ3、
下42ウ5、下79オ5
皆「ノ」　上8ウ2
皆／「ナ」　下35オ3

〔都〕39509
都ミナ／「スヘテ」「フツニ」　上31ウ5

ミニクシ(醜)

〔惡〕10824
惡「ミニクキ」-狀「チ」　上13ウ4

〔醜〕39969
醜-／「ミニクキ」缺にして／「カケテ」
中57オ7

ミノケ(身毛)

〔身毛〕38034 16772
身の／「ノ」毛「ケ」　下86ウ4

ミノワタ(膲)

〔膲〕29890
三-膲(去)小反／ミノワタをは　上29ウ2

ミホトケ(佛)

〔佛〕00517
佛み(ほとけ)の／「ノ」　中73ウ7

ミマカル(死)

〔死〕16365
死(みまか)りぬ／「シヌ」「當」しと／「シト」　下24ウ7

ミマク(見)

〔見〕34796
見むと／「ミマク」欲ふ／「ホンスル」時には
／「ハ」　上58オ2

ミマヘ(前)

〔前〕02011
諸「-」佛の前に／「ミマヘニ」　中20オ3
前みまゝ／「ミマヘ」「於」ニシテ　中71ウ2
佛の前み(まへ)に　中96オ7
前み(まへ)に／「ヘニ」　下9オ3

ミミ(耳)

〔耳〕28999
耳「ミ、」尾「ヲ」牙を／「キハヲ」　上34ウ3
耳に／「ミ、ニ」　下9ウ4

ミミシヒ(聾)

〔聾〕29212
聾「リヨウ」「ミ(ヽ)シヒ」駼「カイニシテ」「ホレ」 上26ウ5

ミミズ(蚯蚓)
〔蚓〕32866
蚓(平)イン／ミ、ス蛾を／「ヲヒ、ル」「ナツムシ」 上24オ7

ミモト(許)
〔所〕11715
佛の／「ノ」所ミモトに／「ミモトニ」 上49ウ7
一切の／「ノ」如來の／「ノ」所み(もと)の／「ミモトニスルカ」如(く)「シテ」 上61ウ7
无量壽佛の／「ノ」所み(もと)に／「ニ」 上68ウ5
諸-佛の／「ノ」所み(もと)に／「モトオニ」 上70オ6
盧遮那佛の／「ノ」所み(もと)に／「モトニシテ」[於](再讀)して 上81ウ4
无量の／「ノ」佛の／「ノ」所み(もと)に／「トニ」於して／「シテ」 上93ウ2
无量の佛の／「ノ」所み(もと)に(して)／「トニシテ」 上93ウ3
佛の「-」所み(もと)に／「ニ」 上102オ5
所み(もと)に 下3ウ5
如來の／「ノ」所み(もと)に／「トコロニ」於て／「イテ」 下10ウ1
所み(もと)に／「ミモト」於して／「シテ」 下21オ3
所とにして／「ミモトニシテ」 下21ウ7
所み(もと)に／「ミモトニ」於して 下22ウ2
所み(もと)に／「モトニ」於して 下24オ3
佛の／「ノ」所(みも)とに／「トコロニ」於して／「テ」 下76ウ7
如來の／「ノ」所(みも)とに於て「テ」 下79ウ7
諸佛の／「ノ」所み(もと)にて／「ミモトニシテ」 下84ウ5
百佛の／「ノ」所(みも)とに／「トコロニ」於せることと／「シテ」 下86オ6
佛の／「ノ」所にして／「ミ(モ)トニ」 下86ウ7

ミユ(見)
〔見〕34796
見「ミエ」不すと／「スト」 上16オ1
見え／「ミエ」不す／「ス」 中9オ5
見え／「ミエ」不りき／「ス」 中36ウ2
見え／「ミハ」不「スハ」 中80ウ7
見／「ミエ」不す／「ス」 下26オ3
見は／「エハ」 中89オ4
見る「ミユ」可(から)／「ヘカラ」不す／「ス」 上13オ2
見ュ 上17ウ5
見「ユ」 中4オ1

見ュ／「ミユ」 中9オ5
見み／「ミユ」 中98ウ3、中100オ1
見るに／「ユル」 中30ウ4
見るか／「ミユルカ」如し／「ク」 中15オ4
見（る）か／「ユルカ」如し／「ク」 中85ウ5
見ると／「ユルト」 中89オ6
見て／「ミユレハ」／「スレハ」 下70オ1

ミル（見）↓ユメミラク、ユメミル

〔相〕23151
相ルニ／「ミルモノハ」 下79オ4
〔看〕23196
上「ケ」看「ミテ」 上7オ3
看みて 上7オ3
病を看みは 中89ウ1
〔瞻〕23742
瞻みて／「マハンテ」 中97ウ3
顧み／「ヘリミ」瞻れは／「ミルニ」 中100ウ1
顧（カ）ヘリミ瞻みれは／「マハレハ」 中98オ5
顧み／「ヘリミ」瞻れは／「ミルニ」 中100ウ1
〔見〕34796
見「ミ」 上6ウ7、上60オ5、下12ウ5
見み巳（りて）／「テ」 上6ウ7
見み「ミ」巳（り）て／「テ」 上7オ4
見み／「ミ」巳（り）て／「テ」 上7オ6
見「ミ」巳（りぬ）れは／「ヌレハ」 上31ウ5
見「ミ」未しては／「ルトキニハ」 上31ウ5
見「ミ」不さるときには／「ルトキニハ」 上31ウ6
見「ミ」不す／「シ」 上32オ2
見「ミ」不す／「ス」 上37オ2、上51オ4、上60オ2、中15ウ3
見み／「ミ」 上40ウ1、上55ウ6、上66ウ4、中41オ1、中41オ3、中58ウ6、下17オ3
見「ミ」聞せむ／「（カ）ム」者ものは 上61ウ1
見み 上62オ3
相ひ／「ヒ」見み／「ミ」 上65ウ3
見たてまつり／「ミ」 上67オ5、中91ウ1、下22ウ2、下25ウ1
見み令めたまへり 上77オ6
見ミソナハシ／「ミ」 中41オ4
見「ミ」不「ス」 中46オ6、中86オ3、下63オ2、下75ウ2、下88ウ7
見タテまつら／「ミ」不すと 中47ウ3
見み／「ミ」不る／「サル」 中60オ4
見「ミ」不（る）に／「サルニ」 中77ウ4
見せ／「ミ」令（め）たまひ／「シメタマハ、」 中81オ4
見「ミ」不れ／「レ」 中83オ3
心を／「ヲ」見「ミ」不「ス」 中86オ5
見み／「ミユ」 中98ウ3、中100オ1
見み／「ルニマレ」 下1ウ2
悉く／「ク」見み／「ミ」 下7オ4

見「ミ」不る／「スナンナムトス」　下29ウ3
〻(見)「ミ」已(り)て／「ナハ」　下33ウ3
見て／「ミ」　下42オ5
見み／「ミハ」者は　下63オ1
見「ミ」／(たてま)つら不「ス」　下75オ7
見已(り)て／「テ」　下81ウ5
見「ミ」已(り)て／「テ」　下82オ1
見たてまつること／「ミ」　下98ウ5
見る／「ミタテマツル」者は／「モノハ」　下16ウ5
見たまふ／「ミタマフ」　中41オ6
見「ミタマフ」　中42ウ5
見ナハス／「ミタマフト」　中41オ5
見っ／「ッ」可「ヘシ」　上33オ1
見「ミ」っ可「シ」　上42オ7
見き／「ミッ」　中52オ6
見たてまつり／「ミテ」　上60ウ5
見て／「ミテ」　下23オ7
見る／「ミネト」　中99ウ7
見え／「ミハ」不「ヌハ」　中80ウ7
見ては／「ミハ」　下94ウ2
見る／「ミム」　上93ウ1
見む／「ミム二」毎ことに／「二」　中54ウ6
見ること／「ミム」　中77ウ3
見「ミム」所　中79ウ5
見(たてまつ)らむ(と)／「ミム」　下6ウ7
見む／「ミム」　下63ウ7
見ては／「ミム」　下93オ4
見む／「ミム」者もの／「モノ」　下98オ5
見るか／「ムカ」如し／「シ」　上18ウ2
見むと／「ムト」欲へは／「ヘハ」　上50ウ4
見むと／「ミマク」欲ふ／「ホンスル」時には／「ハ」　上58オ2
見むと／「ムト」　上75オ7
見(む)と／「ミムト」　中10オ6
見むと／「ミムト」　中57ウ1
見「ミムト」欲「オモヒ」　下7ウ4
見たてまつらむ(と)／「ミムト」　下7ウ7
見むといふ／「ミムトイフ」[乙]　中29オ2
見「ミムトシ」　下63オ5
見よ／「(ユル)ナリ」　上102ウ4
見る「ミユ」可(から)／「ヘカラ」不す／「ス」　上13オ2
見る／「ル」　上13ウ4、上49オ1、上50オ3、上50ウ5、中8ウ6、中30ウ2、中34オ4、中41オ2、中41オ4、中69オ1、下12ウ2、下62ウ7、下76オ5
見る　上14オ7、中30ウ6
見る／「ル」所　上24オ4
「ト」見「ル」　上39オ1
見「ル」　上44オ4
見る／「ル」可し／「シ」　上46ウ4
見る所の如し　上50ウ7
見る／「ル」所は／「ハ」　上51ウ6

照し／「ス」見る／「ス」　上54ウ6
見る／「ル」者ものは／「ノハ」　上62オ6
見たてまつり／「ル」　上67オ2
見る可し　上80ウ1、上88オ7
見る／「ル」者もの／「ノ」　上85オ3
見る／「ミム」　上93ウ1
見る／「ル」可し　上102ウ2
見る／「ル」者もの／「モノ」　中2ウ7
見たてまつる／「ル」　中4オ7、中85ウ6
見る／「ル」可「ヘ(カラ)」不す／「ス」　中4ウ4
見る／「ミレハ」者は　中8ウ5
見る／「ミル」　中8ウ6
見る／「ル」者ものは／「ハ」　中9ウ7
見る／「レハ」　中17ウ5
見る／「ツ」　中19オ2
見る／「ルコト」　中30ウ1
見る／「ル」應き／「キ」　中40ウ5

見み／「ル」　中40ウ7
見る／「ル」所の／「ノ」　中77ウ3
見む／「ル」　中78オ1
見むといへり／「ル」　中78ウ1
見る／「ルナリ」　中86オ1
見る／「ルハ」　中86オ1
見「ル」所「ノ」　中99ウ1
見る／「ミネト」　中99ウ7
見たてまつる／「ル」當し／「シ」　下7ウ1
見る(なり)／「ル」　下12ウ2
見《マミユ》／「ル」　下13ウ1
〻(見)る／「ツル」者は／「ノハ」　下16ウ5
當(に)／「ニ」見つ／「ル」[當](し)／「シ」　下16ウ5
見るなり／「ミル」　下16ウ6
見き／「ミル」　下23ウ3
見る／「ル」耶「ヤ」　下62ウ4
見(る)なり／「ル」　下64オ1

見「ルカ」如「シ」　上50ウ7
見る(か)／「ルカ」故「ニ」　上76オ5
見るか／「ルカ」如くせよ／「クセヨ」　中2ウ4
見るか／「ミユルカ」如し／「ク」　中15オ4
見ルとも／「ルカ」如く／「キ」　中85オ3
見るか／「ルカ」如く　下7ウ1
見(る)か／「ルカ」故に／「ナリ」　下12ウ3
〻(見)るか／「ルカ」故に／「ニ」　下23ウ4
見(る)こと／「ルコト」　上18ウ1、中1ウ3、中29オ3、中40ウ1、中78オ2、中82ウ4、下1ウ2、下2オ3、下7オ5、下16ウ4、下17オ3、下29ウ4、下33ウ3、下47オ2、下62ウ5、下62ウ6、下63オ6、下69ウ6
見ること／「コト」无けむ／「クナンル(「ヌ」の誤か)」　上35ウ2
相ひ／「ヒ」見(る)こと／「ミ(「コ」の誤か)(るこ)ト」得む／「エム」者もの／「モノ」(あら

む） 上66オ4
見(る)こと／「ルコト」得「ウ」可し／「シ」 上77ウ7
見たてまつること／「ルコト」 中55オ7、中55ウ1、中59ウ7、中81オ6、中82ウ4
見ること／「ミム」 中77ウ3
見(る)こと／「ルコト」刎れ／「ナカレ」 中91オ3
見たてまつること／「ミルコト」 下47ウ1
見(る)こと／「ルコトハ」 下62ウ6
見る／「ルコトモ」 中82オ5
見たてまつること(も)／「ルコトモ」亦 中82オ6
見(る)こと／「ルコトモ」 下44ウ1
見る「スラ」 上72ウ6
見(訓)ると／「ル」 上77ウ6
見ると／「ルト」 中49ウ7、下51ウ6
見(る)と／「ルト」雖(い)ふ(と)も／「トモ」 中74ウ5
見ると／「ユルト」 中89オ6
見たてまつると／「ルト」 下63オ4
見(る)なり／「ルナリ」［也］ 中20ウ3
見(る)なり／「ルナリ」 中86オ2
見るに 上6ウ7
見るに／「ルニ」 上8ウ1、上43オ2、中7ウ7、中8オ4
望み／「ソミ」見(る)こと／「ルニ」 上12オ3
見るに／「レハ」 上24ウ6、上62オ3
見るに／「ニ」隨ひ／「ヒ」 上70ウ4
見るに／「ミレハ」 中15オ5
見るに／「ユル」 中30ウ4
見るに／「テ」 下23ウ1
見(る)こと／「ルニ」 下63オ1
見るは／「レハ」 上72ウ5
見るは／「ルモノヲハ」 上97ウ1
見るは／「ルモノハ」 中11ウ7
見(る)を／「ルヲ」 中68ウ2、中68ウ3
見レトモ 中40ウ2
見れは／「レハ」 上7ウ7、上44オ2、上48ウ3、下13オ6
見「レル(「ハ」の誤か)」 上14オ7
見るに／「レハ」 上24ウ6、上62オ3
見れは 上39オ1、上44オ4
見るは／「レハ」 上72ウ5
見て／「レハ」 中8ウ5、下30ウ2
見る／「ミレハ」者は 中8ウ5
見るに／「ミレハ」 中15オ5
見る／「レハ」 中17ウ5
見(る)に／「レハ」 中35オ7
見「ミントヲモフヲ」 中10ウ2
〔視〕34836
顧(カ)ヘリミ／「(カ)ヘリミ」視「ミ」不「サラムカ」 中64ウ1
徹し／「(ト)ホシ」視み／「ミ」不「ス」

中77ウ7
北を／「ニ」視み　下56ウ1
西の視み　下56ウ1
視な(はす)には／「ミタマハムニ」　上84オ1
視て／「ミテ」　下79オ4
視は／「ミハ」　下91ウ4
視たてまつるか／「ミムカ」如くにし／「クセヨ」　中83オ3
視たまふ／「ル」　上64オ2
視しを／「ミルコトヲ」　上43ウ2
南を／「ニ」視るに／「ルニモ」　下56ウ1
視て／「ミレハ」　上31オ3
視て／「レハ」　上59オ2
視れは／「ミレハ」　下56ウ1
〔覩〕34913
覩み／「ミ」　上67ウ2
覩み／「ミ」不りき／「ス」　下19ウ3
覩たてまつり／「ミ」　下10ウ5
覩たてまつらむ／「ミム」　下16ウ3
覩ること／「ルコト」　下17オ4
〔觀〕34993
觀しき／「ミ」　下23オ7
觀して／「ミタテマツリ」　下22オ5
觀しつ／「ミツ」可きを／「キヲ」　下20ウ7
觀みる／「ミテ」　中29オ7
觀みて／「ミテ」　中62ウ3
觀し／「ミテ」　下21ウ2
觀せよ／「ミヨ」　下79オ5
觀ら(「る」の誤か)／「ル」者ものは／「ノハ」　中4オ7
觀する／「ル」者ものは／「モノ」　中5ウ7
觀す／「ミル」　中17ウ5
觀みる／「ミテ」　中29オ7
觀す／「ミル」應し／「シ」　中80ウ7
觀す／「ミル」可し／「シ」　下22オ4
觀す／「ミル」可(し)と／「シト」　下23オ6
觀るか／「ミルカ」如し／「ク」　中82オ6
觀するに／「ミルニ」　中49ウ2
觀して／「ミルニ」　下26オ4
觀するを／「ミルヲ」　中49ウ6

ム

ム(助動詞)→ウ、ン
ムカシ(昔)→ムカシニモ
〔往〕10073
往(むか)し／「ムカシ」　中26ウ1
往《ムカシ》／「ムカシ」　下27オ4
〔昔〕13816
昔し／「シ」　上3オ3、上3オ7、上3ウ3、上4オ6、上5ウ5、上6オ1、上10オ2、上10オ6、上19ウ1、上19ウ5、上20オ3、上20ウ1、上23ウ2、上23ウ3、上24オ7、上43オ5、上44オ2、下26オ2、下92オ1

昔し　上3ウ2、上25オ3
昔「シ」　上4オ1、上23ウ6、上24オ2、
　上24ウ6、上25オ1
昔し「ハ」　上50オ2
昔(むか)し／「シ」　下24オ7
昔の／「シノ」　下25ウ7
〔昔曾〕13816 14299
昔-「-」曾し「(ニ)シテ」　下21ウ7
〔曾〕14299
曾し／「ムカシ」　中56ウ5、下92オ1
曾(し)／「ムカシ」　下24オ3
已に-曾(て)／「ムカシ」　下58オ5
已に「-」曾し／「ムカシ」　下58ウ6

ムカシニモ(曾)

〔曾〕14299
未(た)曾にも／「ツラ(「テ」の誤か)」　上26オ6
曾し(に)も／「シニモ」　上37ウ5
曾「ニモ」　上50オ2
曾にも／「カツテ」　上71ウ7
未(た)曾(に)も／「ツテ」休息せ／「セ」〔未〕
　す／「ス」　上107ウ2

ムカフ(向)(四段)

〔向〕03301
向(ひ)て／「ムカテ」〔而〕　上6ウ5
向(ひ)て／「ムカテ」　上16ウ1
向(か)は／「ムカハ」不れ／「レト」　中26オ1
向ひ／「テ」赴けは／「ムケハ」　上25ウ3
向ひ／「ヘリ」　中88ウ6
向ふ／「シム」　上14オ6
趣《オモフキ》-「-」向するに／「ムカフ」　上15ウ5
向ふ／「ムカフ」　上16オ6
向ふ／「ヒヌ」　上21ウ6
向ふ／「フ」　上21ウ6、中23オ6、中26オ3
向(か)ふ／「ムカフルコトハ」　中26オ2
向(ふ)こと／「フコト」　上14オ3
向(ふ)こと／「フニ」　中26オ3
向(ひ)て／「ヘ」　下6ウ6
向へり／「ヘリ」　上29オ1
向ひ／「ヘリ」　中88ウ6
向ゝ(り)き／「ヘリ」　下28オ2
〔對〕07457
對《ムカ》はは／「ヘラハ」　中25オ6
對(む)かひ　中53ウ2
對ふ／「ムカフ」毎ことに／「ニ」　上70ウ6
對ふては／「ムカヘラムトキンハ」　中54ウ4
對《ムカ》はは／「ヘラハ」　中25オ6
對ふては／「ムカヘラムトキンハ」　中54ウ4
相ひ／「ヒ」「-」對(し)て／「ムカヘリ」　上6オ3
〔面〕42618
面《ムカ》へて／「カハシメテ」　上78オ5

ムカフ(向)(下二段)

〔向〕03301
向フルこと／「ヘシムルコト」得「エ」不れ／「サレ」　中89ウ2
向(か)ふ／「ムカフルコトハ」　中26オ2
向ふるに／「ムカフルニ」　上14ウ5
向(へ)て／「ムカヘ」　中13ウ5
向へ／「ムカヘ」不「ス」　中23オ5
向っ／「ヘ」　中88ウ7、中89オ2
向ったり／「(ム)カヘタリ」　中88ウ2

ムカフ(迎)(下二段)
〔迎〕38748
迎ふと／「フトイヘリ」　中100オ5
來り迎(ふ)ること(は)／「ハ」　中99オ4
迎「ヘ」送し／「(リ)タリ」　上58オ4
〔逆〕38849
逆へ／「サカヘ」「ムカヘ」打つ／「ウツ」
〔面〕42618　上25ウ4
面ムカへて／「カハシメテ」　上78オ5

ムカブ(浮)→ウカブ
〔汎〕17120
汎ムカムて　中31ウ2

ムクメク(蠢)
〔蠕〕33749
蠕仙「ムクメク」動　上60ウ3

ムクユ(報)
〔報〕05275
報せむと／「ムクユ」　上44オ4

ムサボル(貪)
〔貪〕36680
貪り／「シテ」　上23ウ2

ムシ(蟲)
〔蟲〕33633
蟲「シ」　上10オ5、上17オ5
蟲「シ」(の)　上17オ5
蟲「ムシ」　上29ウ6
蟲の／「ムシノ」　下30ウ2

ムシクフ(蟲食)
〔食噉〕44014 04299
食噉す／「ムシ□(クフか)」　上4オ4

ムシロ(筵)
〔席〕08926
席ムシロに　上34ウ1

ムシロ(寧)
〔寧〕07296
寧「ロ」　中98オ3
寧「ムシロ」　下11オ7

ムズ(助動詞)
［補讀］
將に／「ニ」死なむと／「セムスル」［將］する
時に／「ニハ」　上30ウ2

ムスビ(結)
〔掬〕12290
一掬ムスヒノ　上16オ5

ムスブ（結）

〔搠〕12290

搠ムステ／「ムステ」　上24オ6

〔結〕27398

結ひ／「ムスム（て）」　上43オ5

結すひ／「ヒ」　上107ウ7

結（ふ）も／「ムス（ヒ）ツルモ」　下41ウ1

結〻／「フ」／「テム」　中53ウ4

結（ふ）こと／「スフモノモ」　下78ウ1

結ふは／「フハ」　上108オ2

結〻／「フ」／「テム」　中53ウ4

纏「モ（「マ」の誤か）トヒ」-結せり／「ムスヘリ」　上28オ7

ムチ（鞭）→ブチ

ムツブ（睦）

〔厚〕02949

厚-／ムツヒ善ヨウク／なる／「ナル」　中60オ6

ムナシ（空）→ムナシクス

〔唐〕03709

唐しく／「シク」　上42オ1

〔空〕25415

空し／「ムナシカラムカ」　中85オ7

空（しか）ら不「ス」　下3オ5

空し／「ムナシカラムカ」　中85オ7

空（し）き　上15ウ6

空（し）く／「ク」　上40オ3、上59ウ5、上93ウ4、上93ウ6

空（し）く／「シク」　上41オ4、下44ウ5

〔虚〕32709

虚（しか）ら／「カラ」不し／「シ」　下11オ5

虚（しか）ら／「ムナシカラ」不（るを）／「ヌ」　下76オ7

虚（しか）ら／「ムナシカラ」不「ス」　下81オ4

虚（し）く／「ムナシクシテ」　上19オ3

虚（し）く／「ク」　上92ウ5

虚（し）く／「シク」　中48ウ5、中98オ6、下44ウ5

ムナシクス（空）

〔空〕25415

手「ヲ」空「ムナシク」（して）　上38ウ2

空-／「シクセ」不「ス」　中48オ4

ムネ（旨）

〔旨〕13738

旨を／「ムネヲ」　下93ウ6

ムネ（胸）

〔胸〕29442

胸の／「ムネノ」　中18オ5

〔臆〕29951

頷オトカヒ／「オトカヒ」臆「ムネ」　中9オ7

ムバフ（奪）→ウバフ、バフ

〔奪〕05994

奪ひ／「ムハヒ」　下91オ2

ムマル（生）→ウマル

〔生〕21670
生せりき／「レタル」　中42ウ2
生(まる)(と)／「マルト」　中29ウ7
生(るる)こと／「ル、コト」　中35ウ3
生すること／「ル、コト」　中28ウ3
生れむ　中20オ3
生れむ處に／「二」　中20オ3
生せむと／「レムト」　中23ウ1
生れむと／「レムト」　中28オ2

ムラ(群)→ヒトムラ

ムラガル(群)(下二段)
〔群〕28498
群「ムラカレ」-飛す／「トフ」　上49オ1

ムラド(腎)
〔腎〕29621
腎《シム》反／ムラト／「ムラト」／「シム」藏は　上29オ3

ムロ(室)
〔室〕07136
室に／「ムロ二」　上9オ7

メ

メ(妻)
〔妻〕06140
妻め／「メ」　上44ウ1

メ(目)→メモノウシ
〔目〕23105
兩の／「ツノ」目「メ」　上35オ3
瞑(平)《メイ》反／「メイ」「ヒシク」目(入)「ヤ
(「モ」の誤か)ク」「メヲ」(の)[之]間は／
「アヒタハ」　上47ウ7
目の／「メノ」　中5ウ6、中30ウ1
目「メ」　中57オ6
目を／「メヲ」　中62ウ3、中91オ2
〔眼〕23318
眼(上)「メノ」-前(平)に／「マヘ二」　上32ウ7

メグム(惠)
〔賞〕36813
賞《メクム》／スルニ／「生スレハ」　下68ウ7

メグラス(巡)
〔廻〕09575
廻らして　上49ウ1
廻らして／「クラシテ」　中23ウ3
廻らして／「ラシテ」　中89オ2

メグル(巡)
〔圍〕04806
圍く(り)て／「メクンテ」　上69オ2
圍く(り)て／「メクンテ」　上69オ2
〔帶〕08950
鈎《カケ》帶《メクテ》　上28オ6
〔廻〕09575
廻く(り)て／「カヘンテ」　上21ウ6

〔旋〕13656
旋「(メ)クテ」 中4オ2
旋れルコト／「レルニハ」 中4ウ3
旋れること／「メクンテ」 中33ウ3
旋(り)て／「クンテ」 上67ウ5
旋(り)て／「メクンテ」 中3オ6
旋「メクンテ」 中3ウ1
旋れること／「メクンテ」 中33ウ3
旋(り)て／「(メ)クンテ」 中95ウ5
〔流〕17431
廻カヘリ-流して／メクリ／「シ」 上53オ2
〔繞〕27909
繞メクテ 上19ウ3
纏「マツヒ」-繞せり／「セリ」「メクレリ」 上45ウ6
〔纏〕28043
纏マトヘリ／「メクレリ」 上28オ7
〔轉〕38507
轉す／「メクル」 下56ウ1
〔遶〕39122
遶りて／「メクンテ」 中7オ7
遶「クルコト」 中3ウ2
遶ること／「クルコト」 中3ウ5
遶(る)こと／「クルコト」 中5ウ1
遶「ルコト」 中6ウ5
遶りて／「メクンテ」 中7オ7

メシフ(盲)

〔盲〕23132
盲メシヒたる龜 上66ウ6

メモノウシ(目嬾)

〔蘉瞢〕32592 23653
蘉瞢トウモウにして／「メモノウシ」 下95オ5

モ

モ(助詞)↓ダンモ

［補讀］
主も 上6ウ6
救(ふもの)も 上6ウ6
一にも／「ニ」 上8オ4
〻(拔)くことも／「クコト」 上11オ6
壽も／「ハ」 上12オ5
芥子許りも／「リモ」 上12ウ1
孔「アナ」-許りを／「ハカリモ」 上15オ3
鬼ノセルニ／の／「スルニモ」非す／「ス」 上16オ4
暫(く)も／「モ」 上26オ6
右邊も／「モ」 上30オ4
此の／「ノ」身も／「モ」 上30ウ6
懸ハルカニテモ／「シテモ」 上31ウ6

命も／「モ」　上33オ5
空にも／「オホソラニアンテモ」非す／「ス」　上34オ1
入(る)にも／「モ」非す　上34オ1
豪「カウ」賢をも／「ヲ」　上34オ4
日も无「シ」　上35ウ3
水も／「ハ」　上35ウ4
少「コシノ」-日を／「ヲモ」　上35ウ6
苦-毒は／「モ」　上36オ2
一にも／「モ」　上36オ2
妻子も　上37オ1
一「ツ」も　上37オ4
少-罪として／「シテモ」　上37オ5
父母妻子も　上37オ6
曾し(に)も／「シニモ」　上37ウ5
未來も／「モ」亦　上37ウ6
相も／「モ」　上39オ1
一にも／「ニモ」　上40ウ3
苦も／「モ」　上40ウ5
得ても／「タレトモ」　上41オ1
月にも／「ニモ」　上41オ2
日にも／「ニモ」　上41オ2
一(つ)も／「ツトシモ」　上41ウ2
自在なれとも／「ナルモ」　上41ウ3
貪するも／「スルモノ」　上42オ2
諸「-」法も／「モ」亦　上44ウ5
衣「トモ」爲「ス」　上45オ2
身も／「モ」亦　上46オ1
樂「モ」　上48オ3
間「ニモ」亦復　上49オ5
一通を「ニ」も　上51オ3
一人も／「トシテモ」　上51オ5
業をも／「ヲモ」　上51オ6
因をも／「ヲモ」　上51オ7
音樂モ／「モ」　上54ウ3
依(り)て／「(ル)モ」　上56ウ7
位も／「モ」　上57ウ1
業も／「モ」　上57ウ1
有頂も／「モ」　上57ウ2
〻(壽)アル者ものも／「モ」　上57ウ3
塵「ノ」中にも／「ニシ」　上61ウ7
一念も／「モ」　上62ウ6、上101ウ3
一日も　上63オ5
暫くの時も　上63ウ3
歴ても／「ヘテモ」　上63ウ6
百千萬劫にも／「ニモ」　上66オ4
縁するに／「スルニモ」　上67ウ3
我か國(く)にも　上69オ1
我(カ)國「モ」　上69オ1
芥子(去)「ハカ」りの如きも／「リ(「キ」の誤か)モ」　上72オ1
救ハムトスルモ／「フコトモ」　上72オ5
行者も／「モ」亦　上75ウ5、上95ウ4、下75ウ4

世間も／「モ」　上75ウ7
造れるを／「レルモノモ」　上80オ3
一ひも／「ヒモ」　上81ウ5
一(たひ)も／「ヒモ」　上81ウ5
餘方も／「モ」　上82オ6
衆生にも非(す)と／「スト」知る／「ル」　上88ウ1
衆生とも亦　上88ウ5
心と／「モ」　上88ウ5
造「スル」者ものも／「ノ」无し／「シ」　上89オ1
心をも／「モ」　上89オ1
菩薩も　上89オ2
造「スル」者ものも／「ノ」　上89オ2
造する／「スル」者ものも／「ヲ」无「シ」　上89オ3
心「シ」も　上89ウ5
恚癡も／「モ」　上90ウ7

不可得も／「モ」亦　上91オ3
是も无く／「ク」非も无し　上91ウ2
佛性も／「モ」　上92ウ1
一善をも／「ヲモ」　上93ウ4
心「ヲモ」用「ヰテ」　上93ウ4
一心一行として／「トシテモ」　上93ウ6
同せむにも／「セムニモ」　上94ウ3
暫くも／「クモ」　上94ウ3
一善を／「ヲモ」　上95ウ1
覺し／「シテスルニマレ」覺せ不るにも／「ス
シテスルニマレ」　上95ウ3
著する／「スルモ」　上98オ4
見空も／「モ」亦　上98ウ4
空-「-」有も亦　上98ウ5
少(から)むも／「ケレトモ」(擦消)　上98ウ6
死なは／「(ム)モ」　上99オ2
結「-」使も／「モ」　上100オ5
義「モ」亦　上100ウ1

菩薩摩訶薩も／「モ」亦復　上101オ3
菩提(の)／「ノ」[之]心も／「モ」　上101ウ1
閻浮檀金も／「モ」　上101ウ6
菩薩摩訶薩も／「モ」　上102オ1
花の／「ヲモ」　上102オ3
花も／「モ」　上102オ4
に／「ニ」於てせる(も)／「イテスルモ」　上102オ6
心も／「モ」　上102オ7
大福聚の／「ノ」如きも／「キモ」　上103オ2、上103オ3
ならむ／「ナル」者ものを／「ノモ」　上103オ6
を／「ヲ」得む／「タラムモ」　上103オ6
誓願も／「モ」　上104オ1
此れ(も)／「レテ(「テ」は「モ」の誤か)」　上104オ2
菩提心も亦　上104ウ2
論にも／「ニ」亦　上104ウ2

願も／「モ」亦　上105オ1
寶も／「モ」　上106オ4
欣ふ／「フ」心も／「ヲイフニモ」　上109オ3
人「-」身を／タニモ「ヲスラ」　中13オ2
大小「ノ」諸「-」山も　中14ウ7
樹木も　中15オ1
彼の／「ノ」佛の／「ノ」光明「モ」亦　中15オ4
頂を／「キモ」　中15ウ3
一(に)も／「ニ」非(す)　中16オ6
萬徳も／「モ」亦　中16オ7
无きに(も)／「キニモ」　中16オ7
有るに(も)／「ルニモ」非す／「ス」　中16オ7
如來と／「ト」爲するに／「スルニモ」非「ス」　中16ウ1
如來と／「ト」爲るに／「スルニモ」　中16ウ2
卽に／「ニモ」非「ス」　中16ウ3
離に／「ニモ」非「ス」　中16ウ3

受想行識も／「モ」亦　中16ウ7
我(も)／「レモ」亦　中17ウ2、中86オ1
初「-」心も／「モ」亦　中18ウ5
无畏も／「モ」亦　中19オ1
功徳も／「モ」亦　中19オ3
暫く／「モ」　中20オ2
觀するをも／「スルヲモ」　中20ウ4
善を／「ヲモ」　中22オ5
施するも／「スルヲモ」亦　中22ウ5
一-「-」錢をも／「ヲモ」　中23オ4
卉も／「モ」亦　中23オ5
業(を)行(する)も亦　中24ウ4
闇室を／「モ」　中25オ7
行「-」者も／「モ」亦　中26ウ1、中29ウ4
立(つ)に(も)／「セムニモ」　中28ウ7
睡(り)ても／「ネフレラムニ」　中29オ3
稱すること(も)／「スルコトモ」　中29ウ7
學することも／「スルコトモ」亦　中30オ7

我も／「モ」亦　中31オ6
壽を／「ヲ」以(てす)とも／「テストモ」　中32オ5
悉することも／「スルコト」　中32ウ4
一(たひ)も／「ヒ」　中32ウ6
上下も亦　中35オ1
有(り)き(「と」の誤か)も／「ラム」　中37オ6
入「ル、コトモ」　中39ウ2
近きも／「(チカ)キンマレ」　中41ウ4
了(り)たまふも／「サトンタマヘリ」亦　中41ウ7
般若も／「モ」亦復　中44オ4
一にも／「ツニ」　中44ウ1、中44ウ4、中44ウ7
烏波尼沙陀分にしても／「ニシテ」　中44ウ7
諸-念をも／「ニオイテ」亦「タ」　中46オ5
衆生も／「モ」亦　中47オ5

衆生をも／「ヲ」　中47オ6
塵數も　中48オ1
壽命も　中48オ1
分をも／「ヲモ」　中48ウ1
是「レ」等らも／「ラ」亦　中48ウ2
解ら／「サト」不る／「サル」者にも／「ノ二」　中48ウ2
即せ(るにも)／「セル(ニ)モ」　中49ウ3、中49ウ4
常「ニモ」　中49ウ4
斷「ニモ」　中49ウ4
无「ニモ」　中49ウ4
有「ニモ」　中49ウ4
離せ(るにも)／「サル(ニ)モ」　中49ウ4
不染も／「モ」　中49ウ5
二「モ」　中49ウ5
染「モ」　中49ウ5
離(せ)る(に)も／「セルンモ」　中49ウ5

不二「モ」　中49ウ6
分としても／「トシテ」　中50ウ1
奉事せ(し)も／「ス」　中52ウ1
彼に／「レヨ(リ)モ」　中54オ5
如くにもすること／「ハカリモスレハ」　中55ウ5
諸の「-」善を／「モ」　中56オ4
歡-娯「(去)」せむも／「セムモ」　中58オ3
者も／「ノモ」亦　中59オ2
一念「の」〔之〕問も／「モ」　中60オ4
行を／「ヲモ」　中60ウ3
惡も／「モ」亦　中63オ5
治も　中63ウ6
一滞「(去)」「ヲモ」　中64オ7
中間も无(し)と／「キコトヲ」　中64ウ3
菟「-」角に／「ニ」於ても／「テモ」　中64ウ5
觀-「-」心も／「モ」亦　中65オ5
自より／「ヨリモ」　中65ウ1

他從(り)／「リモ」　中65ウ2
共なら／「(ニ)シテモ」不「アラス」　中65ウ2
无-「-」因なら／「ニシテモ」不「アラス」　中65ウ2
恚「-」礙も／「モ」亦　中65ウ5
行「-」人も／「モ」亦　中66オ4
師とせ／「トモ(セ)」不れ／「サレ」　中66オ6
須臾の／「ノ」間「モ」　中67ウ2
中「-」間に／「ニモ」非「ス」　中68オ1
有「-」无に／「ニモ」　中68オ2
去來も／「モ」亦　中68ウ1
不「-」善(を)も／「ヲモ」　中69オ5
罪をも／「モ」　中69オ6
眼も无く／「ク」　中75オ3
意も无く／「ク」　中75オ4
法等も　中75オ4
瘡も／「キス」　中75ウ1
神足を／「ヲ」持て／「テモ」　中77ウ7

天眼を／「ヲ」持もて／「テモ」　中77ウ7
天耳を／「ヲ」持て／「テモ」　中77ウ7
間に／「ニモ」　中78オ1
得(と)／「ウルヲモ(「テ」脱か)ナリトイヘリ」　中78オ7
房も亦　中78ウ3
誦す／「スルコトヲモ」　中79オ5
見る／「ルコトモ」　中82オ5
見たてまつること(も)／「ルコトモ」亦　中82オ6
多も／「ト」亦　中82ウ4
如(く)も(すること)／「ハカリモスルコト」　中83ウ3
頃の／「アヒタ」如くすること／「ハカリモスルコト」　中83ウ3
用(ゐ)て／「テモ」　中84ウ4、中84ウ5、中84ウ6
佛「ノ」色「ヲモ」　中84ウ5
用て／「テモ」　中85オ1
彼れも／「レモ」　中85オ5
中ヨリモ　中85ウ5
外ヨリモ　中85ウ5
法身に／「ニモ」亦　中86ウ7
尋-常も／「モ」　中90オ2
猨「-」猴ヨリモ／「コウ」　中90オ3
過きむ／「キム」間たも亦復　中91オ6
一も／「ツトシテ」　中93オ6
須臾(の)／「ノ」[之]間も／「タ」　中95ウ7
一毫「(去濁)」も／「モ」　中97ウ2
念せ／「セ」令(む)るに／「シムルニモ」　中99ウ1
間も／「モ」　下1オ7
銷「-」滅せ／「セ」令めたまふこと／「シメタマフコトモ」　下3オ2
一反(たに)も／「モ」　下3ウ1
一(つ)にも／「ツニ」　下3ウ6、下3ウ6、下3ウ7
校「-」量すること(も)／「スルコトモ」　下4オ1
得たらむも／「タラムモ」　下5オ2
摩睺勒もせむと／「モセムト」　下6オ2
人民も／「モ」亦　下6オ2
窮「キハマレラムニモ」　下6オ5
一(たひも)／「ヒモ」　下8オ5
暫(く)も／「クモ」　下9ウ2、下11オ4
善をも／「ヲ」　下10オ2
散するも／「スルモ」亦　下10オ4
一(た)ひ／「ヒモ」　下10ウ7
發さ／「サ」未(る)も／「ル(ニ)」　下11オ3
〻〻(虚空)之「ノ」性も／「モ」亦　下12ウ7
一(た)ひ(も)／「ヒモ」　下13オ2
頃た(にも)／「アヒタモ」　下14ウ2
時に(も)／「キニモ」　下19ウ4
諸佛も／「モ」　下24オ6

諸法も／「モ」亦 下25オ6
美味をも 下27ウ2
心も 下27ウ3
如きも其の夜「-」半の 下27ウ6
一(た)ひも／「ヒ」 下29オ2、下80オ6、下80オ6
聽「-」聞せむをや／「セムモヲヤ」 下30オ7
三輩の／「ノ」業も／「フ」亦 下40ウ1
結(ふ)も／「ムス(ヒ)ツルモ」 下41ウ1
求(む)るも／「ムルモ」 下41ウ2
行人も／「モ」亦 下42オ3
見(る)こと／「ルコトモ」 下44ウ1
佛(も)／「ノモ」 下45オ3
日夜も／「モ」亦 下47オ1
善根も 下48ウ3
修「-」行も／「モ」亦復 下48ウ7
福報も／「モ」亦 下49オ3
阿彌陀佛に(も)「ニモ」亦 下50オ4

得(る)ことも／「ルニ」亦 下51ウ5
淨土も／「モ」亦 下52ウ7
身にして(も)／「ニシテモ」 下54ウ4
輩も／「ラモ」亦 下55ウ2
一二「(去濁)」も／「タンモ」无き(や)／「キ」 下55ウ3
南を／「ニ」視るに／「ルニモ」 下56ウ1
蹔(く)も／「モ」 下57オ5
意も亦 下57ウ7
佛土も／「ノモ」亦 下58オ6
修して／「シテモ」 下59オ5
少-善根(も)／「モ」亦 下59オ7
命「-」終に「ノトキモ」亦 下60ウ4
修-因にも／「ニモ」亦 下60ウ7
有相觀も／「モ」 下62ウ7
法身「モ」亦 下63ウ4
記するも／「スルニ」亦 下64ウ5
道理も／「モ」亦 下65オ6

一念(して)も／「シテモ」亦 下65ウ7
作ることも／「レルモ」 下67オ2
得(る)こと(も)／「ルコトモ」 下67オ5
躄アシナヘなる／「アシナヘナル」者(も)／「モノモ」 下68ウ5
順「-」忍たらむヲモ／「ヲ(タ)ンモ」 下72ウ1
値つても／「ウヱンシニ」 下72ウ2
順應を／「ヲタンモ」 下72ウ2
法を／「ヲモ」 下73オ7
一をも／「ヲモ」 下73ウ3
小善も／「モ」亦 下74ウ1
念佛も亦 下75ウ7
淺心の／「ノ」念も 下76オ7
結(ふ)こと／「スフモノモ」 下78ウ1
厭(ふも)／「セムニモ」亦 下79ウ4
二も／「モ」无く／「ク」 下80ウ2
亦三も／「モ」无し／「シ」 下80ウ3

多く聞けとも／「ナルモ」 下81オ3
聞(く)も／「ケルニ」亦 下81オ4
餘の／「ノ」業の／「ノ」中に／「ニ」亦於ても／「テモ」 下81オ5
中に／「ニモ」於ても 下81オ6
念佛三昧も／「モ」亦復 下81ウ7、下86オ1
壞れ／「ヤフレ」不ること(も)／「ラムコトモ」 下82オ3
動せ／「ナルモ」不らむことは 下82ウ1
念佛三昧も「モ」亦復 下83オ1
菩提の／「ノ」道も／「モ」亦復 下83オ6
菩薩は／「モ」 下84オ1
偈を／「ヲモ」 下84オ3
彼より／「レヨリモ」 下84ウ6
彼に／「レヨリモ」 下85オ3
說か(む)を／「カムモヲヤ」耶や 下85ウ4
後「-」世の／「ノ」時に／「ニ」／「ニモ」
如「(モ)シ」 下86オ7
一日一夜するは／「モスルハ」 下86ウ1
中にも／「ニ」亦 下88オ3
中にも／「ニモ」亦 下88オ3
心も／「モ」亦 下90オ3
持(た)／「タモム(「タ」の誤か)」不(ら)むも／「サラム」 下90ウ7
破戒の／「ノ」人(も)／「モ」亦 下92ウ6
必す(しも)／「シモ」 下93ウ7
願「-」樂「(平)」も／「モ」亦 下94オ1
罪よりも／「ツミヨリモ」 下94オ6
生すも／「ナスモ」 下98オ7

モシ(若)→モシハ

〔如〕06060
如し 上31ウ6
如し／「モシ」 上72オ3
如モシ／「モシ」 中43オ5
如「モシ」其「ノ」夜「-」半「ニハ」 下27ウ6
如「(モ)シ」 下45ウ6
置-在するか／「オカムニ」如き／「モシ」 下66オ6
置-在するか／「オカムニハ」如き／「モシ」 下66オ7
入(る)か／「ラムナリトイフコト」如し／「モシ」 下66ウ3
愚人の／「ノ」如きは／「モシ」 下66ウ7

〔或〕11563
或(い)は／「モシ」 中2ウ7
或モシ／「ハ」 中3オ7
或もし／「ル」時に／「キニ」 下71オ5
或もし／し／「アルトキニ」 下71オ7

〔爲〕19686
爲「モシ」 上95オ7、中29ウ1
爲もし／「モシ」 中19オ2、中64ウ4、下62ウ3、下62ウ3
爲(も)し／「モシ」 中64ウ4

爲もし／「モシ」餘(や)／「ヤ」有る／「ル」　下50オ3
爲もし／「セム」　下75ウ3
最と／「スクレタリヤ」爲す(る)／「モシ」耶　下81オ6

〔若〕30796
若「シ」　上2オ3、上12ウ6、上24オ1、上24オ4、上24オ6、上24ウ2、上26ウ1、上27オ7、上31ウ5、上31ウ7、上32ウ6、上34オ7、上37ウ6、上38ウ3、上39オ2、上39オ3、上39オ5、上39ウ4、上40ウ1、上40ウ2、上41オ2、上41ウ1、上44ウ1、上44ウ7、上45オ5、上45オ6、上48オ6、上50オ4、上50ウ4、上55オ7、上55ウ3、上60オ4、上62ウ4、上70ウ6、上80オ2、上83オ4、上84オ7、上91ウ5、上95オ7、上96オ1、上98ウ5、上100オ7
若し／「シ」　上22ウ4、中7オ4
若(し)は／「シ」　中28ウ7
若「モシ」　中29ウ2、下86ウ2
若(し)／「シ」　中53オ5、下39オ4、下39オ6、下39ウ1、下84ウ5
若「シハ」　中89オ1
若(しは)／「シ」　下2ウ4、下17オ2
若(シ)／「シ」　下38ウ1
若(し)／「シ」爾(ら)は／「ハ」　下73オ4

〔頗〕43415
頗もし／「モシ」　中36オ1
頗もし／「スコフル」　中49オ4

〔補讀〕
意「ヲモシ」(ママ)　下52オ5

モシハ(若)

〔或〕11563
或モシ／「ハ」　中3オ7
或モシは／「ハ」　中21オ5
或は／「モシハ」　下16ウ4

〔若〕30796
若「シハ」　上8オ1、中45オ6、中67ウ1
若(し)は　上8オ1、上26オ6、上26オ6、上32オ4、上32オ4、上71ウ1、上71ウ1、上75ウ3
若(し)は／「ハ」　上8オ1、上22ウ7、上22ウ7
若(し)は／「シハ」　上22ウ7、下1ウ2、下7オ4、下7オ5、下16ウ4、下39オ6
若(し)は／「シ」　上95ウ3、中28ウ7
若(しは)／「シハ」　下20ウ2

モタヒ(甕)

〔瓮〕21461
瓮「モタヒノ」中「三」　上3ウ1

〔罌〕21620
大-罌(嬰)カケテ／ヤウ反／「モタヒノ」-水の／ヲ／「ノ」　下5ウ3

モタリ(持)

〔執〕05193
執れり／「モタリ」 中5ウ2
〔持〕12019
持てるを／「モタルヲ」 中52オ6

モチヰル（用）
〔用〕21703
用ゐ／「ヰ」不す／「ス」 上56オ2
用ゐ／「ヰ」不る／「サル」應し／「シ」 中64ウ6
用(ゐ)／「ヰ」不して／「シテ」 下73ウ1
用「ヰテ」 上93ウ4
用ゐて／「ヰテ」 下27ウ7
用ゐは／「ヰム」 中25ウ2
用(ゐ)よ／「ヰヨウ」 上83オ3
用(ゐ)る／「ヰヨ」 中25ウ2
用(ゐ)よ／「ヰル」 中25ウ4
用(ゐ)よ／「ヰヨ」 中72オ5
用ゐよ／「ヰヨ」 中79オ1、中83オ2
用「ヰヨ」 中97オ2
用す／「ル」應し／「シ」 上83オ1
用(ゐ)る／「モチヰル」應し／「シ」 中1オ6
用(ゐ)る可し／「シ」 中4オ1
用(ゐ)る／「ヰル」應し／「シ」 中8オ6、中65ウ2
用(ゐ)よ／「ヰル」 中25ウ4
道法を／「ヲ」用(ゐ)るか／「テノ」故に／「ニ」 下96オ4
用(ゐ)て／「モチヰルニ」 上20ウ2
用(ゐ)て／「ヰルニ」 中85ウ2
用(ゐ)るに／「ルモノ」／「爲(「ヰ」の假名)ルニ 上98ウ4
〔須〕43352
須へ(から)／「ヰ」不「サレ」 中79オ4
須ゐて／「ヰテ」／「モテ」 上108オ6
須く／「ヰテ」 下95ウ3
須ゐむ「ヰルモノニ」 上93ウ7
須ゐよ／「モチヰヨ」 中25オ6
須ゐよ／「ヰヨ」 中78ウ7、中83オ5、中83オ6
須く／「ヰヨ」 中79オ1
何「ノ」須「モチヰル」所「ロヲカ」欲「ホンスル」 上22ウ1
須(もちゐ)る／「ヰル」 下89ウ1
須ゐる／「ヰヨ」 下95ウ5
須(ゐ)るか故に 中28オ4
須ゐ(る)／「ヰルトキアラム」者は 中43オ6
須セルへし／「ヰルヘシ」 上108オ6
須ゐむ「ヰルモノニ」 上93ウ7
須(ゐむ)「ルモノニ」 上94オ1
須(ゐ)むに／「ルテ(「モ」の誤か)ノニ」 上94オ2

モツ（持）
〔將〕07438
將もては／「モテ」 下65ウ3

〔持〕12019
撃ケ／「サ、ケ」持モテ／「モタシメテ」　中64オ7
持たむ／「スル」　下7オ3
持たむ／「スル」者ものを／「モノヲ」　下7オ6
持たむ(に)／「テルニ」　下5ウ4
持ち／「チ」
上58ウ2、下36ウ3、下36ウ5、下39オ7
持-／「モチ」得しつ／「エツ」　中60ウ3
持ち／「シ」　下39オ4
持(ち)て／「チ」　下39オ7
持ちき／「ス」　中52オ3
持「ツ」　中62オ1
持ツこと／「スルコト」　下22オ1
持(ち)て／「モテ」　上95オ6
針-鋒を／「ホウヲ」持もて　中39ウ1
撃ケ／「サ、ケ」持モテ／「モタシメテ」　中64オ7
天眼を／「ヲ」持もて／「テモ」　中77ウ7
像を／「ヲ」持して／「モテ」　下25オ4
持もて／「モテ」　下66オ6、下82ウ5
持て／「モテ」　下66オ7
珍寶を／「ヲ」持もて／「モテ」　下82オ5
如意珠を／「ヲ」持もて／「モ」　下82オ7
法を／「ヲ」持もてか／「シテカ」　中78オ3
持てるを／「モタルヲ」　中52オ6
端を／「ヲ」持もて／「モンテ」　中43オ5、中43オ5
持て／「モンテ」　中52ウ4
持(ち)て／「モンテ」　下22ウ7
持も(ち)て／「モンテ」　下24ウ3
〔持用〕12019 21703
持-「-」用(し)て／「モンテ」　中43オ6
〔賣〕36876
賣トリ／「モチ」　上65ウ6

モテ(以)→コレヲモテ、モテス、モンテ、ヲモテ

〔以〕00388
「『ヲ』(消)」以「『テ』(消)」　上2オ3
を以て／「テ」　上2ウ2
を／「ヲ」以「テ」　上2ウ3、上2ウ7、
上10ウ6、上10ウ7、上11オ5、上12オ4、
上12オ5、上16オ2、上25ウ7、上32オ5、
上36ウ2、上45オ5、上50ウ2、上52オ2、
上85オ2、上85ウ7、上93オ3、上100ウ4
繩「ナハヲ」以「テ」　上3ウ3
刀を／「(カタ)ナヲ」以「テ」　上4ウ2
斧「オノヲ」以「テ」　上4ウ2
苫を／「ヲ」以「テ」　上5オ4
巖はを／「イハホヲ」以(て)「テ」　上6オ6
を以「テ」　上7オ2
二百歳を「ヲ」以(て)／「テ」　上7ウ3
天の／「ノ」壽を／「ヲ」以「テ」　上7ウ4

を「ヲ」以「テ」　上8オ1、上8オ1、上8オ2
を／「ヲ」以て／「テ」　上9オ5、上39ウ6、上86ウ5、上90オ6、上93ウ2、上97ウ4、上98オ1、上102オ5
鉗カナハシを以「テ」　上9ウ1
四百歳を／「ヲ」以「テ」　上9ウ7
酒を／「ヲ」以「テ」　上10オ6
串クシを／「ヲ」以「テ」　上11ウ5
火を／「ヲ」以「テ」　上12オ1、上15オ7
酒を以「テ」　上15ウ1
箕を／「ミヲ」以「テ」　上17ウ7
釘クキを／「クキヲ」以「テ」　上18オ2
鉆カナハシ／「ハサミ」／「カ(ナ)ハサミ」を以「テ」　上18オ3
鐵「-」丸を／「ヲ」以「テ」　上18オ4
洋(去)「-」銅を／「ヲ」以「テ」　上18オ5
刀を／「ナヲ」以「テ」　上20オ1

豆「メヲ」以「テ」　上22オ4
網「ミヲ」以「テ」　上22オ6
網みを／「ニテ」以「テ」　上22オ7
鉆カナハシを以「テ」　上22ウ3
鐵「-」丸を／「ヲ」以「テ」　上22ウ3
以て／「テ」　上23ウ6、上24オ5、上34ウ2、上40ウ1、上49ウ1、上62オ1、上72ウ3、中1ウ4、中7ウ2、中13オ6、下4ウ2、下31ウ4
杖を／「ヲ」以「テ」　上24オ7、上25ウ4
日を／「ヲ」以「テ」　上24ウ4
露を／「ヲ」以「テ」　上24ウ5
細ソキ／「ホソキ」-脉チノミチを／「チノミチ」以「テ」　上28オ4
て／「テ」以て／「テ」　上35オ1
を／「ヲ」以てか／「テカ」　上38ウ2
矛ホコを／「ヲ」以「テ」　上40ウ2
以ては／「テ」　上44オ4

以「テ」　上51オ3、上51オ3、上80ウ2、中3ウ7、中8オ5
琉璃を／「ヲ」以「テ」　上51ウ7
を／「ヲ」以「テ」［而］「シテ」　上55ウ2
事を／「ヲ」以て／「テ」　上56ウ5
て以て　上58オ5
天眼を／「ヲ」以「テ」　上60オ5
他心智を／「ヲ」以「テ」　上60オ6
天耳を／「ヲ」以「テ」　上60オ6
宿命智を／「ヲ」以「テ」　上60オ6
神境通を／「ヲ」以「テ」　上60オ7
方便力を／「ヲ」以「テ」　上60オ7
光を／「ヲ」以て　上64オ5
因縁「ヲ」以「テ」　上67オ4
衣裓「シヤウ」を以「テ」　上70オ7
食-時を／「ヲ」以「テ」　上70ウ2
熱「キ」湯を／「ユル(「ル」衍か)」を以「テ」　上72オ4

加って／「テ」以て／「テ」　上83ウ6
偈を／「ヲ」以て／「テ」　上84ウ7
　を／「ヲ」以(て)　上85ウ2
是を／「レヲ」以「テ」　上91ウ1
異なるを／「ナルヲ」以て／「テ」　上92ウ3
麨を／「セウヲ」「ムキノコ」以「テ」　上93ウ3
何の／「ナンノ」方便を／「ヲ」以(て)か／
　「カ」　上95ウ7
愍《アハレフ》可きを／「キヲ」以て／「テイヘハ」
　上96ウ7
何等らの／「ノ」法を／「ヲ」以てか／「テカ」
　上109ウ3
恭敬するを／「スルヲ」以ての／「テノ」故に
　／「ニ」　中8ウ7
燈明等を／「ヲ」以(て)／「テ」　中10ウ1
五十五の菩薩を以て／「コレヲモテ」
　中12オ6
心-「-」想の／「ノ」力を／「ヲ」以「テ」
　中13ウ1
无數の／「ノ」卉を／「ヲ」以テ　中14オ6
心「-」眼を／「ヲ」以「テ」　中15オ5
此の／「ノ」念を／「ヲ」以(て)／「テ」
　中18オ5
力を／「ヲ」以「テ」　中20オ7
此の／「ノ」風を／「ヲ」以(て)／「テ」
　中37オ4
佛眼を／「ヲ」以「テ」　中47オ3
四念處の／「ノ」義を／「ヲ」以テ　中48オ3
一音を／「ヲ」以「テ」　中49オ1
相を／「ヲ」以「テ」　中49ウ6
相なるを／「ナルヲ」以(て)の／「テノ」
　中50オ4
因縁を／「ヲ」以「テ」　中50ウ1
不可見(なる)を／「ナリトイヘリ」以(て)／
　「テノ」　中50ウ4
信解を以(て)／「テ」　中50ウ5
尺寸を／「ヲ」以(て)／「テ」　中51オ7
淨戒を／「ヲ」以(て)の／「テノ」故に／「ニ」
　中55ウ1
心を／「ヲ」以「テ」　中57オ1
欲「-」樂(平)を／「ヲ」以「テ」　中58オ2
決定心「ヲ」以「テ」　中58ウ2
餘の／「ノ」文を／「ヲ」以テ　中59オ4
何の善權を／「ヲ」以(て)か／「テカ」
　中72ウ2
頗梨珠を／「を」以(て)／「テ」　下2オ3
力「ラヲ」以「テ」　下3オ1
以(て)／「テ」
　下3ウ3、下4ウ5、下10オ4
以(てなり)／「テナリ」　下3ウ7
辟支佛を／「ヲ」以(て)／「テ」　下4オ1
之を以て／「テ」　下4ウ5
是コ、を／「コ、ヲ」以(て)／「テ」　下7オ2
勝「-」意樂を／「ヲ」以(て)／「テ」　下10ウ2

彌陀を／「ヲ」以(て)／「テ」 下11ウ2
釋迦を／「カヲ」以(て)／「テ」 下11ウ2
離れ／「レ」不るを／「ルヲ」以て／「テ」 下12オ5、下12オ5
覺心を／「ヲ」以(て)／「テ」 下12ウ4、下12ウ5
心を／「ヲ」以(て)／「テ」 下14ウ2
是の「ノ」因縁を／「ヲ」以(て)／「テ」 下17オ7
此の／「の」文を／「ヲ」以(て)／「テ」 下17ウ3
杈ヒシを／「ヒシヲ」以「テ」 下19ウ2
智を／「ヲ」以(て)／「テ」 下25ウ3
道眼を／「ヲ」以(て)／「テ」 下26オ3
念佛を／「ヲ」以(て)／「テ」 下32オ4
因縁を／「ヲ」以ては／「テ」 下33オ2
功德を／「ヲ」以(て)／「テ」 下33ウ2、下85ウ2
觀-念するを／「スルヲ」以(て)／「テ」 下33ウ3
念するを／「スルヲ」以(て)／「テ」 下33ウ5
管(上)「火ン」見を／「ヲ」以(て)／「テ」 下34オ4
因縁を／「ヲ」以(て)／「テ」 下34オ6
念するを以(て)／「テ」 下34ウ2
十心を／「ヲ」以(て)／「テ」 下37ウ4
日夜を／「ヲ」以(て)／「テ」 下46オ5
例を／「ヲ」以て／「テ」 下46オ6
時「-」剋を／「ヲ」以(て)／「テ」 下47ウ3
衣食等を／「ヲ」以(て)／「テ」 下49オ4
凡夫を／「ヲ」以(て)／「テ」 下54オ6
難きを／「キヲ」以(て)／「テ」 下63ウ6
因縁を以(て)か／「テカ」 下64オ2
深き／「キ」毒なるを／「ナルヲ」以(て)／「テ」 下68オ2
猛利なるを／「ナルヲ」以(て)の／「テノ」故に／「ニ」 下68ウ2
喩を／「ヒヲ」以(て)／「テ」 下68ウ5
業を／「フヲ」以(て)／「テ」 下69オ7
捨(つ)るを／「テ、」以(て)／「テ」 下70ウ1
指を／「ユヒヲ」以(て)／「テ」 下70ウ6
指を／「ヒヲ」以(て)／「テ」 下71ウ1
力を／「ヲ」以(て)／「テ」 下74ウ6
此を／「レヲ」以(て)／「テ」 下75オ7
聞(か)／「カ」不る／「サル」等を／「ラヲ」以(て)／「テ」 下75ウ2
善根を／「ヲ」以(て)／「テ」 下76ウ5、下92オ2
善業を／「ヲ」以(て)／「テ」 下77オ2
業を／「ヲ」以(て)／「テ」 下77オ3
敬信を／「セルヲ」以(て)の／「テノ」故に／「ニ」 下78オ3
染「-」心を／「ヲ」以(て)／「テ」 下78ウ5
惡心を／「ヲ」以(て)／「テ」 下80オ2

之を／「ヲ」以て／「テ」 下80オ7
易「イ」／して行し／「ヲ」以て／「テ」 下83オ7
胎生を／「ヲ」以(て)／「テ」 下89オ3
五法を／「ヲ」以(て)／「テ」 下89オ4
四を／「ツヲ」以(て) 下89オ5
四智を／「ヲ」以ては／「テハ」 下89オ6
勤「-」劵を／「ラウヲ」以(て)／「テ」 下90ウ5
悲法以て／「テ」 下91オ1
刀杖を／「ヲ」以(て)／「テ」 下91オ2
眼を／「ヲ」以(て)／「テ」 下91ウ4
善根を／「ヲ」以(て)／「テ」 下92オ2
果報を／「ヲ」以(て)／「テ」 下92オ3
優婆夷を／「ヲ」以(て)／「テ」 下92ウ1
著た(る)／「キタル」者をは／「ノヲ」以(て)
／「テ」 下92ウ2
施主を／「ヲ」以もて／「モ」 下92ウ5

四千里を／「ヲ」以(て)／「テ」 下96オ6
〔用〕21703
て用て／「テ」 上99ウ2
用(も)て／「テ」 下4ウ3
〔須〕43352
須ゐて／「ヰテ」／「モテ」 上108オ6
[補讀]
利き-刀の／「ヲモテ」 上3ウ7
黑「-」繩をもて／「ヲモテ」 上5ウ2
杖を／「ツヱヲモテ」 上5ウ6
因緣をもて／「ヲ(モテ)」 上7オ3
自業をもて 上7ウ2
愛-「スル」「-」心「ヲオモテ(ママ)」 上8オ2
銅汁「シフ」を／「ヲモテ」 上8オ5
針り／「ハリヲモテ」 上11オ4
猛「-」炎をもて／「ヲレラ(「ヲモテ」)の誤か」 上11ウ5
形「-」狀あり／「をもて」 上14オ1

羂ナハヲモテ 上14オ6
炎「-」刀をもて／「ヲモテ」 上15オ6
遮せり／「サイキルヲモテ」 上18ウ5
是(の)如き「クナルヲモテ」 上18ウ6
譬喩す／「ス」可(から)不ることなり／「ル
ヲモテナリ」 上18ウ7
汁を／「シフヲモテ」 上20オ2
釣クサリをもて／「ヲモテ」 上26ウ1
腹をもて／「ハラヲ」 上26ウ6
六「-」味「ヲモテ」 上28ウ2
皮の／「カハタ(「ヲ」の誤か)モテ」 上28ウ2
互に／「ヒニ」相ひ／「ヒ」噉-食スルに／「ス
ルヲモテ」 上30ウ3
粉(去)フン反を／「フンヲモテ」 上32オ1
衣をもて／「ヲモテ」 上32オ5
惡「-」業をもて／「ヲモテ」 上36ウ7
感して／「スルヲモテ」 上44ウ4
血肉をもて 上46オ7

足「ヲモテ」　上56オ6
寶を／「ヲモテ」　上57オ4
すること／「スルコト」得れはなりと／「ルヲモテナリ」　上61オ4
三味をもて／「ヲモテ」　上61ウ6
慈-眼をもて　上64オ2
八音をもて／「ヲモテ」　上69オ4
の／「ノ」如し／「コトヲモテハ」（ママ）　上69ウ7
齊「サイ」-等にして／「ナルヲモテ」　上72ウ4
者ものをもて／「ノヲハ」　上73ウ4
无し／「キヲモテ」　上75オ5
增せること／「セルヲモテ」　上77オ1
見「（タテマ）ツルヲモテナリ」　上77オ6
光「リ」をもて　上79ウ1
手「ヲモテ」　上81オ7
身口意「ヲモテ」　上85オ1

發すをもて／「テ」　上86オ5
反（去）本反質（入輕）して／「シン（ヲ）モテ」云く／「ク」　上91ウ5
无「-」量なり／「ナルヲモテナリ」　上92ウ6
一食を／「ヲモテ」　上93オ3
手に／「ヲモテ」　上98ウ4、中74ウ6
及（は）不す／「ルヲモテナリ」　上99ウ3
事をもて／「ヲモテ」　上99ウ5
兩舌して／「ヲモテ」　上99ウ5
惡口して／「ヲモテ」　上99ウ6
乳を／「ヲモテ」　上100ウ5
婆師花をもて／「ハ」　上102オ3
一毛をもて／「ヲモテ」　上102ウ6
利せむは／「ヌルヲモテイハ、」　上103オ6
度す／「スルヲモテナリ」　上103ウ5
悲心をもて／「ヲモテ」　上106オ7
願は／「セ」不す／「サルヲモテナリ」　上109ウ2

護「（マモ）レルヲモテ」　中6ウ6
飲食を／「ヲモテ」　中7オ1
謗「セ」不して／「サルヲモテ」　中7オ5
施-與して／「スルコトヲモテ」　中7ウ5
畏（るる）所无（く）して／「キヲモテ」　中8ウ1
佐-助せるか／「セルヲモテ」故に　中9オ1
救「ク」-護せる／「コセルヲモテ」　中9オ1
手ヲモテ／「テツカラ」　中9オ7
施して／「ヲモテ」　中10ウ1
增上せ／「セ」令め（むと）ならは／「シメタルヲモテ」　中11ウ5
麁-心にして／「ヲモテ」　中20オ4
妙善根を／「ヲモテ」　中22ウ6
圓滿す／「スルヲモテナリ」　中25ウ2
无く／「キヲモテ」　中26オ7
煩惱「ヲモテ」　中26ウ1
多し／「キヲモテナリ」　中30ウ5

功徳をもて／「ハカリヲモテ」　中33オ6

慇(去濁)-重にして／「ナルヲモテ」　中47ウ1

衆-「-」寶「ヲモテ」　中54オ2

惡「-」事を／「アルヲモテ」　中56オ3

意(「訓」)をもて　中56ウ1

勉マノカレ／「ハケマ」不す／「サルヲモテナリ」　中58ウ6

智惠をもて／「ヲモテ」　中64オ2

交「シテ」「(去)」-入す／「(イ)レムトイフヲモテ」　中64オ7

因縁をもて　中67ウ7

心ありて／「ヲモテ」　中76オ2

香「-」湯「(上)」をもて　中78ウ3

色(「音」)无し／「キヲモテ」　中84ウ6

智「-」慧「ヲモテ」　中85オ1

不可得「ナルヲモテナリ」　中85オ2

金「-」薄「ハラヲモテ」　中88ウ2

善根を／「ヲモテ」　中95オ1

念佛三「-」昧をもて／「ヲモテ」　中96オ6

重し／「キヲモテ」　中96ウ5

善き「-」意をもて／「ヲモテ」　下2オ6

福徳を／「ヲモテ」　下3ウ5

作「-」意して／「ヲモテ」　下5オ1

威「-」神を(もて)／「ヲモテ」　下7オ3

法「-」施をもて／「ノ」　下8ウ2

身「-」業をもて／「ノ」　下8ウ4

神通道力をもて／「ノ」　下8ウ5

名號をもて／「ノ」　下9オ1

身-「-」通をもて／「ヲモテ」　下10ウ5

佛と／「ト」作るなり／「ナルヲモテナリ」　下12オ4

七寶を／「ヲモテ」　下14オ7

滿て(る)／「テル」七寶を／「ヲモテ」　下14オ7

邪見の業をもて／「ヲモテ」　下19ウ1

稱セシをもて／「セルヲモテ」　下19ウ6

一「-」偈をもて／「ヲモテ」　下21ウ2

十善をもて／「ヲモテ」　下27オ6

長-聲をもて／「ニシテ」　下28オ3

大恩をもて／「ニ」　下28オ6

慚愧「(平)」せ／「セ」不りき／「サルヲモテナリ」　下28ウ6

善業を(もて)／「ヲモテ」　下34ウ1

一つを(も)／「ツヲモテ」　下36オ7

徳を／「ヲ」以(て)／「テ」　下39オ1

功徳を／「ヲ」以(て)／「テ」　下39オ3

善根を／「ヲ」以(て)／「テ」　下39オ5

惡業を／「ヲ」以(て)の／「テノ」故に／「ニ」　下40オ4

十六の觀を／「ヲ」以(て)／「テ」　下40ウ1

花「-」香をもて／「ヲモテ」　下40ウ3

任「ニム」-騾ラ反「ライ」の懷(平)ハラメルカ／スルカ／「ハラムルヲモテ」　下41ウ2

許す(は)／「ユルスヲモテイハ、」 下46オ4
日「-」夜をもて／「ヲモテ」 下46ウ6
无(けれはなり)／「ナキヲモテナリ」 下48ウ1
是れをもて／「コ、ニ」 下56ウ7
心に／「ヲモテ」 下60オ6、下68ウ3
思惟をもて／「ヲモテ」 下61オ4
深-心にして／「ヲモテ」 下62オ3
犀サイ反／セイ反／「サイ」／ヒッシ／「ヒッシ」-角をもて／「ヲモテ」 下69オ3
成すれは／「タマヘルヲモテ」 下71ウ2
行(をもて)／「ヲモテ」 下71ウ2
當に／「ニ」爾る／「シカアル」應し(と)／「キヲモテナリ」 下72ウ4
密-「-」意をもて／「ヲモテ」 下74オ5
欲「-」想をもあて／「ヲモテ」 下79ウ3
染「-」心に／「ヲモテ」 下80オ6
淨「-」心にして／「ヲモテ」 下80オ6

脚をもて／「アシヲモテ」 下81ウ6
樹をして／「ヲモテ」 下82オ2
第一なり(と)／「ナルヲモテ」 下83オ3
得「エ」不(れはなり)／「サルヲモテナリ」 下84オ4
出「-」過せれはなり(と)／「セルヲモテナリ」 下84ウ4
諸の「-」相をもて／「ヲシテ」 下91ウ5
口に／「ヲモテ」 下93ウ1
鞭「フチヲモテ」 下93ウ1
生す／「ナスヲモテナリ」 下94オ1

モテアソブ(弄)

〔調〕35609
調モテアソヒ「-」戯して／タハフレアサケリ／「シ」 上10オ6

モテス(以)

〔以〕00388
以(て)し／「コレヲモテ」 中9ウ7

无間の／「ノ」心を以(て)／「テシテ」 下68オ4
以(て)せむ／「テス」 上75ウ4
心「ヲ」以「テス」 下68オ3
壽を／「ヲ」以(てす)とも／「テストモ」 中32オ5
壽を／「(イ)ノ(チ)ヲ」以て／「テストモ」 中32オ7
以(て)せむ／「テス」 上75ウ4
一小音「ヲモテセルモノ」 上86オ1
[補讀]
至誠をもて(す)應し／「シ」 上85ウ6
名「-」花を／「ヲモテスルコト」 下4オ3
自「-」力(にて)／「ヲモテスルニ」 中66オ3
心「ヲモテセハ」者といふは 中84ウ5
色「ヲモテセハ」 中84ウ5

モテノユヱニ(以故)

〔以故〕00388 13161

臭きを／「クサキヲ」以「テノ」故に／「ナリ」　上18ウ3
を以て／「テ」(の)故に／「二」　上47ウ2
多きを／「キヲ」以(て)の／「テノ」故に／「二」　上72オ5
を／「ヲ」以「テノ」故に／「二」　上88ウ6
義を／「ヲ」以「テ」の故に／「二」　上92オ7
抜(く)を／「クヲ」以(て)の／「テノ」故に／
「二」　上104オ5
〻(生)(せ)しめむを／「セシメムヲ」以(て)の
／「テノ」故に／「ニトイフ」云といつり　上104オ6
強きを／「キヲ」以(て)の／「ノ」故に／「二」　上107ウ1
を／「ヲ」以(て)の／「テノ」故に／「二」　上108オ7
佛を／「ト」稱せしを／「セルヲ」以(て)の／
「テノ」故に／「二」　下19オ7
念せしを／「スルヲ」以て／「テノ」故に／「二」　下19ウ3
因縁を／「ヲ」以(て)の／「テ」故に／「二」　下19ウ4
惡心を／「ヲ」以(て)の／「テノ」故に／「二」　下19ウ6
以(ての)／「テノ」故に／「二」　下24オ4
不同なるを「ナルカ」以(て)の／「テノ」故な
り／「ナリ」　下53ウ2
事急なるか／「ナルヲ」以「テノ」故に／「ナ
リ」　下70ウ2

モト(下)

〔下〕00014
岸「ノ」下「モトニ」　上4オ6
下に／「モトニ」　上8オ4、上21ウ1
下モトの／「モトノ」　上35ウ3
白(入)-日(入)「ノ」下たを／「モトヲ」　上38オ6
の／「ノ」下に／「モトニ」「タ」　上49ウ4
樹の／「ノ」下に／「モトニ」　上53ウ6
下とに／「モトヲ」　上58オ2
寶樹の／「ノ」下たに／「トニ」　上68オ7
膝(訓)の／「ノ」下た／「モト」　上78ウ6
芿樹王の下(も)とに／「二」　下51ウ1
墳ツカノ／「フン」下(も)トノ／「カノ」　下69オ4

〔所〕11715
行者の所(も)とに／「トニ」　上79ウ2

モト(元)

〔故〕13161
故の／「モトノ」如し／「シ」　上2オ7、上56オ7
故モトの／「モトノ」如し／「シ」　上21オ7
故モトの／「ノ」如し／「クナンナム」　中39オ6
故モトの／「モト」如し／「シ」　下26ウ1

〔本〕14421
本「(モ)ト」　上9ウ5
〔舊〕30249
舊《モト》の／「ノ」　中33ウ5

モトドリ（髻）
〔髮〕45400
髮の／「モト、リノ」　下82ウ4
〔髻〕45442
髻の／「モト、リノ」　中24ウ5

モトフ（纏）→マトフ
〔纏〕28043
纏「モ(「マ」の誤か)トヒ」-結せり／「ムスヘリ」　上28オ7

モトム（求）
〔求〕17105
求む／「ム」　上9オ4、上88オ5、上89ウ1
求む／「ムル」　上23ウ7
求む／「ム」應「シ」と　上37オ7
求「ムヘシ」　上40オ3
求「キ(「ト」の誤か)ム」　上43オ7
求む／「トム」　上45ウ2
當に／「ニ」…求む／「ム」應し／「シ」　上75オ7
求む／「ム」應し／「シ」　中53オ7
求む／「ム」[須](し)／「シ」　中94オ6
尋-「タツネ」求して／「ムトシテ」　上22オ3
求む／「(モ)トムトシテ」　中88ウ1
求(む)るに／ムトモ　中52ウ6
求む／「ムル」　上23ウ7
求(む)る／「ムル」者もの／「モノハ」　上43ウ1
求(む)る／「メテ」　上69ウ2
求(む)る／「ル」　上90オ3
求(む)る／「ムル」所-「-」以は／「ユヘハ」　上107オ6
來「リ」求「(ム)ル」者を／「ノヲ」　中4オ7
求(む)る／「ムル」[之]人　中23オ7
求(む)る／「メム」者もの／「モノ」　下34ウ4
求(む)る／「ムル」者ものは／「ノハ」　下55ウ3
求(むる)か／「ムルカ」爲に／「ニ」　上21オ1、上21オ5、上21ウ5
求(むる)か／「トム(る)カ」爲に／「ニ」　上21オ7
求めむか／「ムルカ」故にし／「ニシ」　上103オ4
求(むる)か／「ルカ」故に／「ニ」　中5ウ2
求(め)たまふしに／「ムルコト」　上71ウ6
求(む)るに／「ルコト」　上102ウ3
求めむに／「ムルコト」　中51ウ4
求(む)る(なり)／「(メ)シムル」[也]　上75ウ1
求(むる)なり／「ム」　上107ウ3
求(む)るなり／「ムルナリ」　下59ウ7

求(む)るに／「メテ」 上23ウ3
求(む)るに／「ムル」 上24オ3
求(む)るに／「三」隨(ひ)て／「テ」 上105ウ3
求(む)る(に)／「ムルニ」 上105ウ3
求に／「ルニ」 中40オ3
求(むる)に／「ルニ」 中50ウ1
求(む)るに／ムルニ 中52オ6
求(む)るに／ムトモ 中52ウ6
求(む)るに／「ムルモノ」 中59オ1
求(むる)に／「ムルニ」 中83オ5
求るに／「メムニ」 下96オ5
求(む)るは／「メムモノハ」 上99オ7
求(む)るは／「ムトシテ」 中23オ2
求(む)る(は)／「レハ」 中93オ3
求(む)るも／「ムルモ」 下41ウ2
尋-求(む)れとも／「スルニ」 中60オ1
求(む)る(は)／「レハ」 中93オ3
求(む)る(は)／「ムレハ」 下60オ4、下60オ4
求め得て 上42オ6
求め／「メ」不す／「ス」 上56オ2
求「メ」不らむ／「サル」哉「ヤ」 上73オ7
求め／「メ」不「ス」 中23オ1
求(め)て／「メ」 中27オ4
伺ひ／「ウカ、ヒ」求め不し／「シ」 中58オ3
求「メ」不「サル」 中61オ4
求「メ」不(る)か／「サル」故に／「三」 中61ウ3
求め「-」得む「セラム」者をや／「モノヲヤ」 下7オ7
求め(て)／「メ」 下28ウ6
求め／「メ」 下90ウ4
求「メシ」時 上68オ7
求したまふ／「メシ」 中72オ6
求(む)るに／「メテ」 上23ウ3
馳「ハセ」-求して／「モトメテ」 上34オ5
求(むれ)は／「ヌ(「メ」の誤か)テ」 上36ウ7
求(め)て／「メテ」 上65ウ3、中24ウ2、下26オ4、下37ウ5
求(む)る／「メテ」 上69ウ2
求(め)「メ」て 上103オ6
求「メハ」 下7ウ5
求(む)る／「メム」者もの／「モノ」 下34ウ4
求むる／「メム」 下63オ6
求めむか／「ムルカ」故にし／「ニシ」 上103オ4
求めむと 下10オ1
求めむに／「ムルコト」 中51ウ4
求るに／「メムニ」 下96オ5
求(む)るは／「メムモノハ」 上99オ7
求「トメムモノハ」 下10オ1
求(め)よ／「メヨ」 上34ウ2
求(め)よ 上39ウ7
求(め)よと／「メヨト」 下63ウ5

〔索〕27306
索(む)るに／「モトムルスラ」　中85オ2
索(む)るに／「モトムルニ」　中85オ2

モトモ(最)
〔最〕14301
最も／『モ』(消)」　上1ウ4
最も／「トモ」　上3オ1
最「モ」　上5オ2、上19オ6、中26オ2
最も／「モ」　上39オ3、上56ウ4、下69オ7

モトヨリ(本)
〔本〕14421
本より來(このか)た　上87ウ5
本より／「ヨリ」來た／「コ(ノ)カタ」　上91オ7
本より／「リ」來た／「(コノカ)タ」　上91ウ1
本より來た　上91ウ2
本(訓)「ヨリ」　上105オ2
本(も)とより／「ヨリ」來「(コノ)カタ」　中67ウ6
本(もと)より／「ヨリ」-來「(コノカ)タ」　中68オ3
本より　中85オ3

モドラカス(戻)→モドロカス
〔搌〕12192
搌モトラカシ／「モトロカシ」　上13ウ5

モトル(戻)
〔悷〕10732
獷アラク／「アラク」悷モトリ／「モトリ」　中9ウ1

モドロカス(戻)→モドラカス
〔搌〕12192
搌モトラカシ／「モトロカシ」　上13ウ5

モノ(者)→ナニモノ
〔者〕28853
者「モノ」(そ)　上1オ3
者もの／「ノ」　上1オ5、上5ウ5、上6ウ4、上6ウ4、上6ウ5、上6ウ5、上8ウ1、上10オ1、上17オ7、上24ウ7、上33ウ7
者もの／「(モ)ノ」　上2ウ5、上3ウ5
者もの／(も)ノ「ノ」　上3オ3
殺せる者もの　上3オ7
者もの／「(も)ノ」　上3ウ2
押オシ殺「コロ」せる者もの　上4オ1
者の／「ノ」　上4オ5、上12オ6
奪ふ／「ウハヘル」[之]者もの／「ノ」　上6オ1
者「ノ」　上7ウ5、上13ウ3
號「カウ」「-」哭「コク」せ令めたる「ル」者もの　上7ウ7
取れる／「シル」者もの／「ノ」　上8ウ5
加ゝ益ませる／マセル-者もの／「ノ」　上10オ3
羞恥せ／「セ」令めたる／「シメタル」[之]

者もの／「ノ」　上10オ7
の／「ノ」者もの　上11オ1、上26オ2
住せ／「セ」令(むる)「シムル」者の／「ノ」　上12ウ7
犯せる〔之〕者の／「ノ」　上15オ5
與(へ)たる／「ヘタル」〔之〕者「ノ」　上15ウ3
食っ(る)／「セリ(し)」者の／「ノ」　上19オ3
燒ける／「ヤケル」〔之〕者もの／「ノ」　上19ウ1
食用せる／「セル」者の／「ノ」　上19ウ6
與へ／「ヘ」不る／「ル」者の／「ノ」　上20オ4
渇死せ令めたる／「ムル」「メタル」〔之〕者もの／「ノ」　上20ウ2
屠「ト」殺せる／「セル」〔之〕者もの／「ノ」　上23ウ2
噉っる／「クラヘル」〔之〕者もの／「ノ」　上23ウ7
説「-」法(を)せる〔之〕者もの／「ノ」　上24オ3
修せ／「ス」不る／「ル」〔之〕者もの／「ノ」　上24ウ1
取り／「リ」用せる／「セル」〔之〕者もの／「ノ」　上24ウ3
取れる／「レル」〔之〕者もの／「ノ」　上25オ2
伐キレル〔之〕者の／「ノ」　上25オ4
償ックノハ不る／「ル」者もの　上27オ4
勝(れ)たる／「タル」者は／「ノハ」　上27オ5
者ものか／「ノカ」　上31ウ4
生せる／「スル」者ものは　上33ウ1
常なる者は／「ノハ」　上33ウ3
者ものの／「ノ」　上33ウ5
免るる／「ルモノモ」者もの　上34オ2、上34オ2
救はむ／「ハム」者もの／「ノ」(そ)　上35オ7
救ふ／「フ」者もの／「ノ」无し／「シ」　上36オ1
誰の／「ノ」「レカ」有智の／「ノ」者か／「ノカ」　上36ウ4
相ひ／「ヒ」救ふ／「フ」者もの／「ノ」无し／「シ」　上37オ1
分つ／「レム」者もの／「モノ」(あらむ)　上37オ3
代る／「カハル」者もの／「モノ」无し／「シ」　上37オ6
隨(は)不る／「サル」者ものなり／「モノナリ」　上37ウ1
墮(す)る／「スル」者ものは／「ノハ」　上38オ2
生るる／「スル」者ものは／「モノハ」　上38オ2
聽く／「ケル」者もの／「モノ」　上38オ3
疥「ケ」／「ハタケカサ」-者「アルモノ」の／「ノ」　上38ウ7
修「-」習するは／「スル」者「ノハ」　上39オ2

存すること／「スルコト」得る／「エム」者もの／「ノ」(あらむ)　上41ウ3
聞く／「ク」者もの／「ノ」　上41ウ7、上55ウ2
求(む)る／「ムル」者もの／「モノハ」　上43ウ2
調伏すれ／「スレ」者は／「ノハ」　上45オ6
習-心の／「セル」者ものは／「モノハ」　上45ウ3
深き／「キ」者ものは／「ノハ」　上47ウ1
生るゝこと／「コトヲ」得ル者ものは／「ノハ」　上48オ6
望む／「ム」者もの　上49オ3
住する／「セリ」者もの／「ノ」　上49オ3
説く／「トク」者もの／「ノ」　上49オ4
入「-」定する者もの／「ノ」　上49オ4
禮讚したてまつる／「スル」[之]者もの／「ノ」　上49オ6

者ものは／「ノハ」　上50オ4
聴く／「ク」者もの／「モノ」　上53ウ6
誦する／「スル」者もの／「モノ」　上53ウ6
を得「エ」未る／「ル」者ものは／「ハ」　上53ウ7
坐禪する／「スル」者もの／「ノ」　上53ウ7
經-行する／「スル」者もの／「ノ」　上53ウ7
を／「ヲ」得「ウ(「エ」の誤か)」未る／「ル」者ものは／「ハ」　上54オ1
を／「ヲ」得「エ」未る／「ル」者ものは／「モノハ」　上54オ2
聞く／「ク」者もの／「モノ」　上54ウ2、下88オ3
觸(る)る／「フル、」者もの／「ノ」　上55オ2
有る／「ル」者ものは／「ノハ」　上55オ7、上67ウ1
觀する／「スル」者ものは／「モノ」　上56ウ6
ゝ(壽)アル者ものも／「モ」　上57ウ3

富メる／「メル」者もの／「モノ」　上57ウ3
聞かむ／「ム」者もの／「ノ」　上61オ3
見「ミ」-聞せむ／「(カ)ム」者ものは　上61ウ2
遺す／「ノコル」者もの／「モノ」无シ　上61ウ6
聞く／「ク」者は／「ノハ」　上62オ4
禮礼-拝供養する／「スル」者ものは／「ノハ」　上62オ5
見る／「ル」者ものは／「ノハ」　上62オ6
者ものは／「ノ」　上62オ7
受持(し)讀誦すること／「コト」有る／「ル」者ものは／「ノハ」　上62ウ1
稱する／「スル」者ものは／「ノハ」　上62ウ4、上62ウ6
聞く／「ク」者ものは／「ノハ」　上62ウ6
歸依すること／「スルコト」有る／「ル」者ものは／「ノハ」　上62ウ7

稱讃禮拜する／「スル」者ものは／「ノハ」 上63オ1
稱念すること／「スルコト」有らむ／「ラム」者ものは／「ノハ」 上63ウ4
觀する／「スル」者ものは／「ノハ」 上64オ6、中2ウ5、中6ウ6
聞く／「ク」者もの／「ノハ」 上64ウ2
去る／「ル」者もの／「ノ」 上65オ5
得る／「ル」者もの／「ノ」 上65オ6
相ひ／「ヒ」見(る)こと／「ミ(「コ」の誤か)ト」得む／「エム」者もの／「モノ」(あらむ) 上66オ4
受(く)る／「クル」者ものは／「ノハ」 上71オ7、上71オ7
修／「スル」(「行」に附すべきか)行の者もの 上71ウ1
退せる／「セシカ」者ものの／「ノ」如き／「キ」 上71ウ5
者もの於りも／「ヨリハ」 上72オ5
者ものをもて／「ノヲハ」 上73ウ4
信向の／「ノ」者ものは／「ノハ」 上75オ4
習邪の者ものは／「ノハ」 上75オ4
信すること／「スルコト」有らむ／「ラム」者ものは／「ノハ」 上76オ6
當「ニ」…被-著する／「セル」こと有る／「ル」[當]からむ／「シ」者ものは／「ノ」 上81ウ3
生さむ／「セム」者ものは／「ノハ」 上81ウ5
別縁「エン」有らむ／「ラム」者ものは／「ノハ」 上82オ6
志求せむ／「セム」者ものは／「ノハ」 上82オ7
生れむと／「ムト」願せむ／「ム」者ものは 上82ウ1
値遇し難き者ものを／「ヲ」 上84オ5
樂(は)む／「ハ(ム)」者ものは／「ハ」 上84ウ1
見る／「ル」者もの／「ノ」 上85オ3
作佛「セムト」欲する／「スル」者ものは／「ノ」 上86オ6
造「スル」者ものも／「ノ」无し／「シ」 上89オ1
造「スル」者ものも／「ノ」 上89オ2
造する／「スル」者ものも／「ヲ」无「シ」 上89オ3
有らむ／「ラ」者ものは／「ハ」 上89ウ5
利根の／「ノ」者ものは／「ノハ」 上90オ7
の／「ノ」者ものは／「ノハ」 上90ウ1、上97ウ7
の／「ノ」者ものと／「モノト」爲す／「ス」 上91ウ5
修する／「スヲ(「ル」の誤か)」者ものは／「ノハ」 上92オ3
修せ／「セ」不る／「ル」者もの(は)／「ノハ」

上92オ4

者もの无れ／「ナカレ」 上93ウ4

廻向せ不る／「ストイフ」者ものは／「ノ」 上93ウ6

修行する／「スル」者ものは／「ノハ」 上95オ3

誰か／「カ」度す／「ス」可き／「キ」者もの(そ)／「モノ」 上96ウ7

有る者ものは／「モノハ」 上97ウ2

の／「ノ」者ものは／「モノハ」 上97ウ6

を／「ヲ」得たる／「タラム」者もの／「ノ」 上99オ4

發さむ／「セラム」者ものは／「ノハ」 上99オ6

の／「ノ」者ものを／「ヲ」 上99ウ6

解「-」知信「-」入せむ／「セム」者は／「ノヲハ」 上100オ2

ならむ／「ナル」者ものを／「ノモ」 上103オ6

容-受する／「スル」者もの／「モノ」无(か)らまし／「ナケム」 上103ウ3

墮すること／「スル」无(か)る／「カル」應き／「シ」者ものなり／「モノ」 上105ウ6

見む／「ム」者もの／「ノ」 上106オ2

願せむ／「セム」者もの 上106ウ4

に／「ニ」在る／「アル」者もの／「モノ」 上107オ5

發さ／「サ」不る／「ル」者ものは／「ハ」 上108ウ4

作す／「オコス」者ものは／「ノハ」 上109ウ1

苦を／「ヲ」願ふ／「スル」者ものは／「ノハ」无し／「シ」 上109ウ2

小チヒサキ／「ヒサキ」者ものは 中1ウ3

念せむと／「セムト」欲はむ／「セハ」者ものは 中2ウ1

觀せむ／「スル」者ものをは／「ハ」 中2ウ4

作らむ／「ナスヲハ」者ものを 中2ウ4

見る／「ル」者もの／「モノ」 中2ウ7、中34オ4

樂はむ者ものは／「ハ」 中3オ1

隨喜を生(な)す者ものは 中3オ5

樂(はむ)者ものは 中3オ7

樂はむ／「ハム」者ものは／「ノハ」 中4オ1

觀する／「スル」者は／「ノハ」 中4オ3

觀ら(「る」の誤か)／「ル」者ものは／「ノハ」 中4オ7

來「リ」求「(ム)ル」者を／「ノヲ」 中4オ7

住「スル」者もの／「ノ」 中4ウ7

行する／「シタマフ」者もの／「モノ」 中4ウ7

坐する／「スル」者もの／「ノ」 中5オ1

臥する／「スル」者もの／「ノ」 中5オ1

觀する／「スル」者ものは／「ノ」 中5オ4、中6ウ2

青き／「キ」者ものは／「モノハ」 中5ウ3

白き者ものは／「モノハ」　中5ウ3
觀する／「ル」者ものは／「モノ」　中5ウ7
觀する／「スル」者ものは／「モノハ」　中6オ2
遇ふ／「アフ」者ものは／「ノハ」　中7ウ6
遇ふ者もの／「ノハ」　中8オ3
樂はむ者もの　中8オ6
見る／「ル」者ものは／「ハ」　中9ウ7
念ふ／「スル」者ものは／「ハ」　中10オ4
樂「(ネ)カハム」者(は)／「ノ」　中10オ4
大光を觀(する)／「スル」者ものは／「ハ」　中10ウ1
疾病の者もの／「ノ」於にして　中10ウ5
多き者もの(は)　中11オ1
樂はむ／「(ネ)カハ、」者ものは　中12オ4
相ひ順せる／「セル」者ものを／「ノヲハ」　中13オ5
目に／「ニ」溢みてる／「ミテル」者ものは／「モノハ」　中15オ1
世界に／「ニ」周「-」遍せる／「セル」者ものは／「ノハ」　中15オ2
樂はむ／「(ネ)カハ」者もの／「ハ」　中18オ1
有「ルモノ」者は／「ハ」　中18ウ3
入る／「ル」者もの(は)／「ノハ」　中19オ7
觀せむ／「セム」者ものは／「モノハ」　中19ウ2
見(む)と(する)者は／「モノハ」　中19ウ4
堪(へ)／「ヘ」不る／「ル」[之]者ものの／「モノ」　中21オ2
滅する／「ケツ」者もの／「モノ」　中24オ1
願せむ／「セム」者ものは／「ノハ」　中28オ2
无き／「キ」者ものは／「ノハ」　中28ウ4
學「セム」-者の／「ノ、」　中30ウ5
遇「アフ」者もの　中35オ4
佛を／「ヲ」見たる／「タル」者もの／「(モ)ノ」　中36オ1
害する者もの　中36ウ6
衣みソの／「ノ」者をや／「モノヲヤ」　中37オ5
害する／「スル」者もの／「ノ」　中37ウ1
欲(せ)む／「セム」者「ノハ」　中37ウ2
度す／「ス」應き／「ヘキ」者もの／「ノ」　中39ウ3
餘「ノ」者は／「モノハ」　中41ウ5
擾「ネウ」亂する／「スル」者もの／「ノ」　中46ウ1
度す可き／「キ」者ものと／「モノトイフコトヲ」　中47オ4
解ら／「サト」不る／「サル」者にも／「ノニ」　中48ウ2
有る／「ル」者は／「ノハ」　中48ウ5
得「ウ」可き／「ヘイ」者は／「ノ」　中50ウ1
得む／「エム」者をや／「モノヲヤ」　中51ウ6
者も／「ノモ」亦　中59オ2

破「-」戒の／「ノ」者ものは／「ノハ」 中66オ7
犯「-」罪の／「ノ」者の／「モノノ」 中66ウ1
破戒の／「ノ」者の／「モノ、」 中66ウ1
覆へ／「カクス」「者」は／「モノハ」 中66ウ6
何に／「ニ」者ものをか／「ノヲカ」 中69オ3
生(な)さ／「セ」不る／「サレハ」者ものをは 中69オ7
成佛(し)たまへる／「シタマツル」者もの(を)／「モノ」 中71ウ6
具「-」足(せ)る／「セル」者「モノ」 中72オ3
中(や)ふらむと／「ヤフラムト」欲せ／「セム」者は／「モノ」 中74オ1
住せむ／「セラム」者ものを／「モノヲ」 中75ウ4
願せよ／「ハム」者は／「モノハ」 中80オ5
相「-」續せ者は／「モノハ」 中80オ6
及ふ者もの／「モノ」 中83ウ1
壊る／「ヤフル」者もの／「モノ」 中83ウ1
逮ふ／「オヨフ」者もの／「モノ」 中83ウ2
持「-」來「スル」者「モノ」 中85ウ4
所有の／「ノ」者もの／「モノ」 中85ウ6
示す／「メス」可き／「キ」者もの／「モノ」无し／「シ」 中86オ4
有き／「ル」者もの(は)／「ノハ」 中86オ7
師(と)作(り)たる者もの／「モノ」 中87オ1
來る／「ル」者ものは／「(モ)ノハ」 中88ウ1
有らむ／「ラム」者もの／「(モ)ノ」 中90ウ5
憶「オモフ」者は／「ノハ」 中96オ1
作れる／「セラム」者ものは／「モノ」 中97ウ7
念する／「スル」者は／「モノハ」 下1ウ2
想はむ／「オモハム」者は／「モノハ」 下1ウ6
有る／「ル」者(訓)／「ノハ」 下2ウ4
稱する／「する」者は／「ノハ」 下2ウ5
稱念する／「スル」者もの(は)／「ノハ」 下3オ5
有らむ／「ラム」者ものは／「ノハ」 下4ウ3
說「-」講せむ／「セム」者は／「モノニオイテハ」 下4ウ4
者は／「モノハ」 下4ウ7、下6オ6、下41ウ4、下57ウ6
者ものは／「モノハ」 下5オ1
者もの(は)／「ノハ」 下5オ6
者ものを／「モノヲ」 下5ウ1
中ふる／「フル」者もの／「ノ」 下6オ1
受く／「ク」應き／「キ」者ものをは／「ヲハ」 下6ウ1
持たむ／スル」者「ものを／「モノヲ」 下7オ6
求め「-」得む「セラム」者をや／「モノヲヤ」 下7オ7
聞かむ／「カム」者は／「モノ」 下9ウ3

有「ラム」者（は）／「モノ」　下11オ1
作す／「ナス」者ものは／「ノハ」　下14オ3
行する／「セム」者は／「ノハ」　下14ウ7
往生を願ふ／「スル」者ものを／「モノヲ」　下15ウ3
〻（見）る／「ツル」者は／「ノハ」　下16ウ5
見る／「ミタテマツル」者は／「モノハ」　下16ウ5
佛を／「ヲ」念する／「スル」者（は）／「ノ」　下18ウ5
佛を／「ヲ」念する／「セム」者もの／「モノ」　下20ウ2
禮拜する／「セム」者もの／「モノ」　下20ウ2
救ふ／「フ」者もの／「モノ」　下22オ4
往「-」生せる／「セム」者もの／「モノ」　下28ウ1
往生せる／「セル」者「モノ」　下28ウ2
逃ノカレたる／「ノカレタル」者もの／「モノ」　下28ウ4
无くは／「キ」者／「モノハ」　下32オ1
満てむ／「テム」者（は）／「モノハ」　下32オ2
觀察せ／「スル」者は／「ノハ」　下32オ7
欲（は）む／「オモハム」者は／「ノハ」　下33オ7
求（む）る／「メム」者もの／「モノ」　下34ウ4
欲はむ／「オモハム」者ものは／「ノハ」　下35オ7
者を／「ノヲ」　下36ウ5、下84ウ7
者は／「ノハ」　下37オ1、下41ウ3、下88オ4
具せる／「セハ」者もの（は）／「ノハ」　下38ウ3
成佛する／「スル」者「ノハ」　下42ウ6
成佛する／「スル」者は／「ノハ」　下42ウ7
當「ニ」得「-」道する／「シタマフ」「當」「ヘキ」者もの／「モノ」　下43オ2
何者（な）に（もの）か／「ナニモノカ」　下43オ3
得「-」道する／「シタマフ」者もの／「モノ」　下43オ3
疑心の／「ノ」者もの（すら）／「ノスラ」　下47ウ1
信行の／「ノ」者もの／「ノ」　下47ウ2
者（なりと）／「モノナリ」　下48オ3
供養せ／「セ」不る／「サル」者は／「ノハ」　下49オ4
重き／「キ」者もの／「モノ」　下51ウ6
修する／「スル」者もの（なり）／「ノナリ」　下53オ7
得（た）る／「エタル」者を／「モノヲ」　下53ウ5
頓「-」證する／「スル」者もの／「モノ」有り／「リ」　下54ウ5
過（き）たる／「タル」者ものも／「モノモ」

下55オ4
速(か)なる／「カナル」者も／「モノモ」　下55オ5
求(む)る／「ムル」者ものは／「ノハ」　下55ウ3
相「-」應せ／「セ」不(る)／「ル」者は／「ノハ」　下55ウ5
期と／「ト」爲する／「スル」者は／「ノハ」　下55ウ7
欲せむ／「ホンスル」者ものは／「モノハ」　下56オ1
欲する／「ホスル」者もの／「ノ」　下56ウ2
者ものを／「ノヲ」　下56ウ7
生「(去)」るる／「スル」者は／「モノハ」　下57オ2
生(ま)るる／「スル」者は／「ノハ」　下57オ3
聞(く)／「ク」者の／「モノ、」　下57オ6
信する／「スル」者もの／「モノ」　下57ウ2
信せむ／「スル」者もの／「モノ」　下57ウ2
者ものの／「モノ、」　下57ウ5
修せる／「セル」者も／「モノ」　下58オ6
往生する／「スヘキ」者もの／「モノ」(も)亦復　下59オ2
生(ま)るる／「マルヘキ」者を／「モノヲ」　下59オ3
往生す[當]き「ヘキ」者もの／「モノ」有り／「リ」　下59オ5
始テ「シ」「-」學スル／の／「ノ」者ものは／「ノハ」　下60ウ5
教(ふ)ふ／「ヘム」者ものを／「モノヲヤ」　下61オ5
逗(し)たまへる／「シタマヘル」者を(と)／「ノヲ」　下62オ6
者もの(は)／「モノハ」　下65ウ7
餘の／「ノ」者ものは／「ノハ」　下65ウ7
修せ／「セ」不る／「サラム」者もの／「ノハ」　下66オ1
知れる／「レル」者は／「ノハ」　下67オ2
知(ら)／「ラ」不る／「サレ(「ル」の誤か)」者は／「ノハ」　下67オ2
躄アシナヘなる／「アシナヘナル」者(も)／「モノモ」　下68ウ5
死(に)たる／「シネル」者に／「モノニ」　下69オ3
見(る)こと／「ルコト」有る／「ル」者は／「ノハ」　下69ウ6
念する／「スル」者は／「ノハ」　下69ウ7
患「ヤマヒスル」-者「ノ」　下71オ4
造れる／「レル」者は／「モノハ」　下73オ6
謗れる／「セハ(「ル」の誤か)」者は／「ノハ」　下73オ7
胎生の／「ノ」者ものを／「ノヲ」　下75オ6
有る／「ル」者もの(は)／「ノハ」　下76オ4
種(ゑた)る／「ヘ(タ)ル」者もの／「ノ」

下76ウ5
者(も)／「モノ」　下78ウ5
心有る／「ル」者は／「ノハ」　下80ウ6
上スクレたる／「スクレタル」者なり／「ノヲハ」　下82オ4
得た(る)／「ツル」者ものは／「ノハ」　下82ウ3
行する／「スル」者は／「ノハ」　下82ウ6
者「ノヲ」　下85オ2
者に／「ノニ」　下85オ3
聞かむ／「カム」／「ケル」者もの(なり)／「モノナリ」　下86オ7
者を／「ノヲハ」　下86ウ1
聞かむ／「ク」者ものは／「ノハ」　下86ウ2
抜き／「ヌキ」出すか／「タスカ」如くせむ／「クスル」者ものは／「ノハ」　下86ウ4
信せ不らむ／「サル」者は／「ノハ」　下86ウ5
謗「-」毀せむ／「スルコト」者ものは／「ノハ」　下88オ6
生す／「ナス」者は／「ノハ」　下88オ7
願「-」求せ／「セ」不る／「サル」者は／「ノハ」　下88ウ1
修せむ／「スル」者は／「ノハ」　下88ウ2
上根の／「ノ」者ものは／「ノハ」　下89ウ5
中根の／「ノ」者ものは／「ノハ」　下89ウ6
下根の／「ノ」者ものは／「ノハ」　下89ウ7
貧求する／「スル」者は／「ノハ」　下90オ2
修行せむ／「セム」者をは／「ノヲ」　下90オ6
相應せ／「セ」不らむ／「ラム」者をは／「ノヲハ」　下90ウ2
道心の者(の)／「モノ」无(き)／「キ」　下90ウ4
欣はむ／「ネカハム」者ものは／「ノハ」　下90ウ4
持(た)／「タモム(タの誤か)」不らむ／「サラム」者も／「モノニオイテ」　下91オ1
奪(ふ)こと(ある)／「ハフコト」者は／「モノ」　下91オ3
著きた(らむ)／「キタラム」者をは／「ノニ」　下91ウ2
著た(る)／「キタル」者に／「ノニ」　下92オ6
著た(る)／「キタル」者をは／「ノヲ」　下92ウ2
破戒の／「ノ」者を／「ノヲ」　下93オ2
罪を／「ツミヲ」／「ツミセム」者「モノ」／(を)　下93ウ2
戒を持つ者を／「モノハ」　下93ウ4
者を／「モノ」　下94ウ3
壞「-」法の／「ノモノ」「-」者を　下94ウ4
毀らむ／「ヤフラム」者もの／「モノ」　下95オ1
予か／「ヨカ」如き／「キ」之者もの／「ヒトハ」　下97ウ1
能(は)不る／「サル」者ものに　下98オ1

見む／「ミム」者もの／「モノ」　下98オ5
聞かむ／「カム」者ものを／「ノ」　下99オ7
［補讀］
作(さ)く／「(ス)モノ」　上13オ4
與「ヘ」不さる「ルモノ」　上23ウ4
困むて／「タシナメルモノ」　上24オ4
重きものを／「キモノヲ」　上26ウ2
盛なる(もの)は／「ルモノ」　上33ウ2
相ひ／「ヒ」親(し)く(する)こと／「シタシフ
モノ」无し／「シ」　上37オ4
鞭(去)ヘン／ウチ撻せらるること／「セラル
、モノ」有り／「リ」　上40ウ4
愚にして／「ナルモノ」　上42オ2
貪するも／「スルモノ」　上42オ2
修せ不す／「セサモノハ」　上45ウ2
至ら／「イタラ」不るは／「サルモノハ」　上45ウ5
生(れたる)こと／「レタルコト」有る(ものは)
／「アルモノハ」　上51ウ2
有れは／「ルモノハ」　上59オ5
宿「-」障有るは／「アルモノハ」　上62オ6
の／「ノ」如き(もの)／「モノ」　上65オ3
造れるを／「レルモノモ」　上80オ3
稱する(もの)は／「スルモノハ」　上83ウ7
一小音「ヲモテセルモノ」　上86オ1
須ゐむ「ヰルモノニ」　上93ウ7
須(ゐむ)「ルモノニ」　上94オ1
須(ゐ)むに／「ルラ(「モ」の誤か)ノニ」　上94オ2
見るは／「ルモノヲハ」　上97ウ1
造-立せるか／「スルモノ」如くせよ　上98オ5
用(ゐ)るに／「ルモノ」／「爲(「ヰ」の假名)ル
ニ」　上98ウ4
求(む)るは／「メムモノハ」　上99オ7
解するは／「シヌルモノ」　上100オ6
生せむと／「セムト」願すること／「スルコト」
有ルハ／「ラムモノハ」　上105オ4
を／「ヲ」得未れは／「モノハ」　上107オ2
溺オホ、ル、ヲ／「オホ、ル、モノヲ」　上107オ3
水の／「ノ」爲に漂よはさ／「タヨハサ」所れ
て／「サレルモノ(本のまま)」　上107オ3
御-者を／「ウナカスモノヲ」　上108オ6
怖畏を／「アルモノヲ」　中9オ1
施して／「セスルモノ」　中10オ6
斷せるか／「セルモノ」故に／「ナリ」　中10ウ7
裸なるを／「ハタカナルモノヲ」　中10ウ7
見るは／「ルモノハ」　中11ウ7
阿育王「トイフモノ」　中35ウ6
教へむをや／「ヲシヘムモノヲヤ」　中51ウ6
求(む)るに／「ムルモノ」　中59オ1
重きを／「ヲモキモノヲ」　中66オ3

修「-」行するに／「スルモノハ」　中69ウ5
有「ル」者「モノヲハ」　中70オ5
造れるは／「レルモノヲハ」　中70ウ3
餘(のもの)を／「ノモ(ノ)ヲヤ」耶　中83オ4
生して／「ナスモノハ」　中88オ6
還(か)へなること／「ヘルモノハ」反るは　中88ウ1
禮「-」拝せむをや／「セムモノヲヤ」　下2オ7
奪ふ(もの)／「フモノ」　下5ウ6
行せむ(ものは)／「スルモノ」　下6オ2
行せむ(ものは)／「スルモノハ」　下6オ7
有らは／「ラムモノヲハ」　下7ウ2
持たは／「スルモノハ」　下7ウ3
學せむと(すれは)／「セムモノハ」　下8オ4
念を／「ヒヲ」繫けて／「カケムモノヲヤ」　下8オ7
聞(き)て／「カムモノ」　下9ウ4

求「トメムモノハ」　下10オ1
修せは／「セムモノヲハ」　下16オ4
成して／「セラムモノ」　下37ウ7
貧賤の／「ナルモノ、」　下48ウ5
富「-」貴の／「ナルモノ」　下48ウ6
精「-」勤(なる)もの(を)は／「ナルモノヲハ」　下50ウ4
得(る)ことは／「ルモノハ」　下55ウ3
具して／「セルモノハ」　下55ウ6
行するは／「スルモノハ」　下57オ1
聞く(すら)／「クモノスラ」　下57オ4
稱「-」念する／「セムモノ」　下57オ5
堪「-」任せるは／「セルモノハ」　下57オ7
作(り)て／「レルモノ」　下57ウ3
造れる(もの)／「レルモノ」　下71ウ3
親近(せしもの)／「セシモノ」　下72オ3
造れる(もの)は／「レルモノハ」　下73オ7
已-得解脱「ノモノニオイテハ」　下75オ3

未-得解脱を／「ノモノニオイテハ」　下75オ3
傷(は)／「ソコナハ」所れたるもの／「レタルコトニ」　下76オ2
射イラ／「ヤ」被れ／「カフレルモノ」　下76オ2
修するは／「セムモノ」　下76ウ2
結(ふ)こと／「スフモノモ」　下78ウ1
相ルニ／「ミルモノハ」　下79オ4
至る(もの)／「ルモノ」　下83ウ1
聞かは／「ケルモノナリ」／「ケルモノ」　下86オ6
信し／「スルモノ」　下86ウ2
信せ／「セ」不るもの／「サルモノ」有る(や)／「ル」　下86ウ2
作なせるなり／「クレルモノナリ」　下86ウ5
薄徳の(もの)／「ノモノ」　下87オ4
貧求する／「スル」所(「訓」)无きは／「キモ

ノハ」 下90オ2
被-服せらむ(は)／「セルモノハ」 下90ウ7
念佛「セムモノヲヤ」 下92ウ6
有(り)て／「ルモノ」 下94ウ1
弟子に／「ニ」非(す)して／「サルモノ、」 下95オ6
稱量すること／「スルモノ」 下96オ5

モノイフ(言)

〔聲〕29166
聲せ／「モノイハ」不ら／「サレト」耳(ま)く
のみ 上43ウ4
〔言〕35205
言モノイハ不して／「スシテ」 上44オ4
言モノイふ／「フ」可し／「シ」[矣] 上44ウ1
〔語〕35533
語モノイハ／せ不す／「ス」 上44オ7
語せ／「モノイフ」不す／「ス」者「ハ」 上44ウ1
語カタルこと／「モノイフコト」能(は)不は
／「スハ」 中89オ5

モノウシ(嬾)→メモノウシ

モノシル(識)

〔識〕35974
識「モノシルコト」无「ク」 上46オ5

モノハミ(胃)

〔胃〕29348
胃モノハミをは／「モノハミ」 上29オ6

モハラ(專)→モハラニス、モハランズ

〔專〕07439
專ら／「ラニ」 上45ウ4、上45ウ5
專ら
上69ウ2、上75オ1、下7オ2、下44ウ7
專ら／「ラ」 上75ウ1、中25オ5、中25ウ7、
中27オ4、中27オ6、中79オ3、中84オ4、
中93オ3、中95オ4、下6ウ6、下34ウ4
專「ラ」 上91ウ5、中23オ2、中27オ6
專「ラ」-仰せむは／「アフケハ」 下8オ2
專ら／「ランシテ」 下32ウ3、下34ウ1
專も(は)ら 下35ウ3
專ら／「ラニシテ」 下57オ1
〔純〕27277
純らに／「ニ」 上72ウ3、中5ウ1

モハラニス(專)→モハラ、モハランズ

〔專〕07439
專ら／「ニシテ」 下90オ1
心を專にして 上77オ7
專するか／「ラニシテ」 中78オ2
專するか／「(ラ)ニシテ」 中78オ5
專ら／「ニシテ」 中80オ3
專ら／「ニラ(「ラニ」の誤か)シテ」 中80オ4
專ら／「(ニ)シテ」 中83オ1
心を／「ヲ」專にして／「シテ」 中88ウ1
專(ら)にして 下4オ4
專(ら)にして／「ランシテ」 下17オ1

専にして／「シテ」　下32オ6
心を専にして　下65オ2
心(ヲ)専(ニ)「スルコト」　上75オ5
専にすることを／「ランスルコトヲ」　下56オ1
専にせむか／「セムカ」爲に／「ナリトモ」　上75ウ2

モハランズ(専)↓モハラニス
〔専〕07439
専(ら)にして／「ランシテ」　下17オ1
當「ニ」…専「ランス」〔當〕「シ」　下33オ7
専ら／「ランス」　下52オ5
専にすることを／「ランスルコトヲ」

モモ(股)　下56オ1
〔胜〕29524
胜モ、の　上27ウ6

モヤス(燃)
〔燃〕19394
燒き燃モヤサレ　下72オ1

モユ(燃)
〔燃〕19394
燃ェ／「モエ」不る／「ル」處　上15オ3
燃え／「モエ」不す／「ス」　上33ウ4
燃して「モエテ」　上15オ3
頭ラノ燃モエムヲ／「ヲ」　中55オ5
燃ユ／「モユ」　上6ウ2
燃「モユ」　上14オ7
燃も(ゆる)を　上14オ7
燃(え)たること／「モユルコト」　上19オ5
燃(ゆること)／「モユルコト」の　上12ウ6

モヨホス(催)
〔催〕01005
催モヨホシ／「モヨヲシ」　上71ウ2
催モヨホスをや／「スヲヤ」　上45オ4

モル(盛)
〔盛〕23005
盛レラムか／「タルカ」如し／「シ」　上31オ1

モロシ(脆)
〔脆〕29468
危(平)アヤフク／「アヤフク」脆セイ反／モロクシテ　上34オ4

モロモロノ(諸)
〔衆〕33981
衆「ノ」惡　上39ウ1
衆の／「ノ」　上39ウ3、上41オ4、上70オ7、上106ウ1
衆「ロノ」　上41オ3
〔諸〕35743
諸の／「ノ」　上2ウ1、上3オ2、上6オ3、上6オ7、上10ウ5、上10ウ6、上11ウ1、上13ウ1、上17ウ4、上18オ7、上19オ5、上20ウ4、上20ウ6、上21オ1、上21オ1、上21オ3、上21オ5、上21ウ4、上21ウ7、

上22オ3、上22オ5、上24オ7、上26オ7、
上26ウ2、上26ウ4、上26ウ6、上27オ1、
上27オ2、上27オ3、上28オ4、上28ウ6、
上30ウ2、上30ウ3、上30ウ3、上31オ1、
上32ウ1、上33オ7、上33ウ6、上35オ5、
上36ウ2、上37ウ4、上38ウ1、上38ウ6、
上39オ5、上39オ7、上39ウ5、上39ウ7、
上40ウ6、上40ウ7、上41オ7、上42オ1、
上45ウ7、上45ウ7、上46オ4、上46オ4、
上47ウ3、上48オ3、上50ウ1、上50ウ3、
上51ウ1、上51ウ3、上52オ2、上52オ5、
上52ウ1、上53オ2、上53ウ3、上55オ3、
上55ウ3、上57オ3、上59オ6、上60オ1、
上60ウ5、上61オ2、上61オ4、上61オ5、
上61ウ2、上61ウ4、上62オ2、上62オ3、
上63ウ4、上64オ1、上65オ1、上65オ7、
上66オ6、上66オ6、上66ウ2、上68オ5、
上68ウ5、上68ウ6、上69オ7、上70オ1、
上70ウ1、上70ウ3、上71オ2、上73オ1、
上73オ4、上73オ4、上73オ7、上73ウ4、
上74ウ7、上75オ5、上75オ6、上75オ7、
上80オ7、上81ウ5、上82ウ7、上84オ2、
上85オ5、上85オ6、上85ウ3、上93ウ5、
上94ウ4、上95ウ2、上95ウ3、上95ウ5、
上96ウ4、上97ウ5、上97ウ5、上100オ3、
上100ウ3、上100ウ7、上101ウ2、上101ウ2、
上101ウ7、上102オ6、上102ウ1、上103オ1、
上103オ2、上103オ5、上104ウ1、上106ウ6、
上109ウ6、上109ウ6

諸の　上21オ7、上26オ7、上32ウ3、
上41オ6、上52オ6、上54オ7、上55オ1、
上64オ4、上69ウ1、上71オ3、上72ウ3、
上72ウ6、上100ウ6

諸「ノ」　上39ウ2、上56ウ4、上67オ4、
上69ウ2、上72ウ6、上85ウ1、上100ウ6

諸「ノ」-天の／「ノ」　上54ウ7

諸の／「ノ」見　上97ウ1

モンテ(以)↓モテ

〔以〕00388

荷(ひ)て／「ヘルヲモンテ」　上44オ6

ヤ

ヤ(屋)

〔舎〕30278

舎の／「ヤノ」如し／「シ」　上28オ3

舎と／「ヤト」[與]　上45ウ7

ヤ(矢)

〔射〕07434

射イラ／「ヤ」被れ／「カフレルモノ」　下76オ2

〔箭〕26193

箭「ヤヲ」弩「ハナテ」　上5ウ7

箭に／「ヤニ」　下68オ1

箭(は)／「ヤ」　下68オ1
箭「ヤ」　下76オ3、下76オ4
ヤ(乎)(助詞)→イカニイハムヤ、イハムヤ、ヲヤ
〔乎〕00131
益か／「カ」有らむ／「ラム」乎「ヤ」　上38ウ1
樂(訓)(しから)／「タノシカラ」不ス乎や／「ヤ」　上51オ7
樂(しから)／「ラ」不らむ／「ス」乎や／「ヤ」　上66オ6
在らむ／「ル」乎や／「ヤ」　上69ウ4
樂(しから)不す／「シ」乎や／「ヤ」　上71オ4
樂(しから)不らむ／「シ」乎や　上73オ6
幾-處ソハクソ／「ソヤ」乎　上82オ2
況「ヤ」…於おきてをや／「テヲヤト」[乎]　中49オ7
幾-「-」許乎イクソハクソ／「イクハクヤ」　中62オ3
何なに(に)か「ナニンカ」由れる(や)／「ヨレルヤ」[乎]　下42オ5
〔也〕00171
同(しか)らむや／「シカラムヤ」[也]　中99ウ4
豈「ニ」…出て／「テ」不らむ(や)／「ラムヤ」[也]　下68オ2
〔哉〕03596
忍ふ／「ノフ」可けむ／「ケン」哉や／「ヤ」　上12オ3
求「メ」不らむ／「サル」哉「ヤ」　上73オ7
有らむ(や)／「ラム」[哉]「ヤ」　中30ウ3
〔矣〕23931
敢(へ)むや／「アヘムヤ」[矣]　上1オ5
〔耶〕29008
何(に)況(や)諸の／「ノ」苦を／「ヲヤ」耶や　上59オ6
生せむと／「レムト」願ふ／「スル」耶「ヤ」
豈「ニ」機-應无(か)らむ耶や／「ヤ」　上73ウ7
勸(む)る／「ル」耶「ヤ」　上77ウ2
從ふ／「フ」可けむ／「ケム」耶や　上78オ1
豈「ニ」之に／「レニ」乖タカハム／ソムカム耶や　上78オ3
豈「ニ」…勸む／「ス、ム」容けむ／「ケム」耶や　上78オ6
期せむ／「セムヤ」耶や　上81オ2
欣樂せ不らむ／「ラムヤ」耶　上82オ3
起す／「ス」應し／「シヤ」耶　上82オ6
果「ミ」无し／「キト」耶やと　上91ウ4
唐-捐「ナリ」耶「ヤ」　上92オ5
唐-捐なりとや爲せむ[耶]　上95オ7
行道「ス」可「シヤ」[耶]　上95オ7
豈(に)勝利有らむ／「ヤ」耶　上96ウ2
有り(や)／「リヤ」[耶]　上98ウ2
　上104オ1

往生すること／「ルコト」得ル／「エム」耶「ヤ」　上105ウ2
往生せ／「セ」不す／「ス」耶や／「ヤ」　上108ウ4
不同なり／「ナリ」耶や　上109オ3
別无し／「シ」耶や／「ヤ」　中19オ3
有る／「リヤ」耶　中19ウ1
名く／「ク」耶や／「ヤ」　中20ウ5
觀せ／「セ」不る(や)／「ルヤ」耶　中21オ4
多なる／「キ」耶「ヤ」　中22ウ3
空なら／「ナラ」令むる／「シムルヤ」耶　中23ウ5
言ふ／「イフ」耶や／「ヤ」　中24オ5
无「シヤ」耶や　中24ウ1
不や／「イナヤ」[耶]　中36オ4
何の／「ノ」義か／「カ」有る／「ルヤ」耶　中55オ7
修する／「スル」耶「ヤ」　中68オ6
餘(のもの)を／「ノモ(ノ)ヲヤ」耶　中83オ4
魔を／「ヲヤ」耶　中86ウ3
離る／「ル」[當]き／「ヘケムヤ」耶　中93オ7
滅-除せ不らむ／「サラムヤト」耶や　下5オ6
奪(ひし)や／「ヘル」不(いな)や／「ヤ」耶　下26ウ3、下26ウ3
得む／「エムヤ」耶や　下28ウ4
无(か)らむ／「ラムヤ」耶や　下33ウ6
生す／「サムヤ」耶　下34オ3
執せむ／「スルヤ」耶　下34オ4
何れの／「レノ」土ソ／「ソヤ」耶　下42ウ3
同(しから)／「カラ」不らむ／「サラムヤ」耶　下47オ5
豈(に)／「ニ」…開かむ／「ケムヤ」耶や　下47ウ2
有(り)／「リヤ」耶　下49オ3
知るや／「ラムヤ」／「ラム」[耶]　下54オ4
分に／「ニ」非(さ)らむ／「ラサラム」耶や　下54オ5
必(す)しも／「ス」行と／「ト」爲せむ／「セム」耶「ヤ」　下54ウ2
无导なる(や)／「ナルヤ」[耶]　下54ウ7
況(や)／「ヤ」唐「-」捐ならむ(や)／「ナラムヤ」[耶]　下57オ5
往生す／「ス」耶や／「ヤ」　下60オ6
得「ウヤ」耶や　下60ウ5
見る／「ル」耶「ヤ」　下62ウ4
得「ウ」耶や　下62ウ6
念そ／「ソ」耶「ヤ」　下64オ7
云ふ／「フヤ」耶　下65オ1
浮ふ／「ウカフヤ」耶や　下66オ6
沒む／「シツムヤ」耶や(と)　下66オ7
信せ／「セ」不らむ／「サルヤ」耶(や)　下66ウ3
信せ／「セ」不らむ／「ラム」耶や　下66ウ4

有(らむ)／「ラムヤ」耶や　下67ウ4、下79ウ4
然る／「レ」可(き)／「ヘシトヤ」耶や　下75ウ4
有(り)／「ナム」耶や／「ヤ」　下78ウ5
得む／「ムヤ」耶や　下80オ2
最と／「スクレタリヤ」爲す(る)／「モシ」耶　下81オ6
招く／「マネク」可し／「ケムヤ」耶　下94オ7
著アラハス(や)／「シルスヤ」[耶]　下97ウ1
何そ／「ナン」-爲せむ／「スレソ」自-害「スルヤ」耶や　下97ウ5
蓋イカソ／「ソ」…招か[蓋]サラム(や)[耶]　下98オ4
何に／「ニ」事をか／「コトヲヤ」期する／「スルヤ」耶　下98ウ3
[補讀]
瞋(い)かり「-」恨むる／「スルヤト」

生さむ／「セムヤ」　上9ウ5
婬タハレ「-」樂せむ(を)や　上31ウ4
當「ニ」身に近く／「チカツク」[當]けむや／「ヘケムヤ」　上32オ2
訪トフラハム／「トフラハムヤ」　上32オ2
怖り不ること／「ルコト」得む／「ムヤ」　上34オ7
說「カ」不「ヤ」　上34ウ4
說か不すや　上43オ3
屏てむや／「カクセテミナラムヤ(存疑)」　上43オ3
豈「ニ」…異ならむや／「ラムヤ」　上43ウ5
何「ノ」利益「カ」有る／「ルヤ」　上44ウ7
知るや／「ヤ」不や／「イナヤ」　上45オ6
弁ゝむ／「セムヤ」　上58オ6
況(や)我か／「カ」身を／「ヲ」見むや／「ムヤ」　上59ウ7

論せむ／「セムヤ」　上61オ7
往生すること／「ルコト」得「ウヘ」容けむや／「ケムヤ」　上75ウ5
言はむや／「イフ」　上77ウ7
豈(に)…勸進(し)たまふに「シタマヘルニ」　上80オ7
非すや／「スヤ」　上81オ3
往生すること／「スルコト」得「ヤ(存疑)」　上84ウ2
作「ツクラムヤ」　上92オ1
果「ヤ」有(り)や／「アル」　上92オ5、上92オ5
生(す)や／「スヤ」不や／「イナヤ」　上92ウ4
生(す)や／「スヤ」不や／「ヤト」　上92ウ4
何(に)況「ヤ」…施せ／「セ」不らむこと／「ルヤ」　上93オ2
何(に)況(や)…憶-念せむをや／「セムヤ」　上95ウ6
豈に…示さ／「メ」不らむや／「ラムヤ」

上104オ7
縁「スルニ」非すや／「ヤ」　上105オ3
生せむと／「セムト」願する／「スルヤ」　上106ウ3
豈(に)前に／「ニ」言(は)不すや／「スヤ」　上106ウ3
豈(に)…に／「ニ」非すや／「スヤ」　上106ウ4
果報を／「ヲ」得「ウ」應「ヘ」(から)不(すや)／「スヤ」　上109オ5
例せむ／「レン(「ン」は「イ」の誤か)セ(ム)ヤ」　上109オ7
感せむや／「セムヤ」　中13オ2
觀せ／「セ」不るや／「ルヤ」　中21オ1
脫「ヌイテヤ」　中29ウ1
著「キナカラヤ」　中29ウ1
著るとや　中29ウ1
念すとや／「ストヤ」　中30オ1
唱(ふ)とや／「フトヤ」　中30オ2
非すや／「スヤ」　中30オ6
有「リヤト」　中36オ2
見たりや／「タリヤ」　中36オ4
衣みソの／「ノ」者をや／「モノヲヤ」　中37オ5
有あらむや／「ラムヤ」　中37ウ1
不可得なり／「ナリヤ」　中40オ3
教へむをや／「ヲシヘムモノヲヤ」　中51ウ6
得む／「エム」者をや／「モノヲヤ」　中51ウ6
得む／「ムヤ」　中54オ7
語-「-」說せむ(や)／「セムヤ」　中60ウ7
及はむ／「ハムヤ」　中62オ4
共(「音」)(してや)／「シテヤ」　中64ウ4
由(り)てや／「テヤ」　中64ウ4
離(してや)／「シテヤ」　中64ウ4
安イトコソ有あらむ(や)／「ラムヤ」　中64ウ7
生(せ)むや／「セムヤ」　中74ウ6
從「(ヒ)テヤ」　中84ウ3
身從よりや／「テヤ」　中84ウ4
弁す／「ス」可けむ／「ケムヤ」　中90オ7
何「ニ」況「ヤ」　中94オ3
知(る)や／「ルヤ」不や／「ヤ」　中97オ5
知らむや／「ラム」　中99オ4
有(り)やと／「リヤ」　下13ウ2
判せる(や)と／「コトハレルヤト」　下28オ5
豈「ニ」極樂に／「ト」非(す)や／「スヤ」　下45ウ6
說かむ／「カムヤ」　下46ウ2
悟らむ／「ラムヤ」　下47ウ7
有(りと)や／トヤ　下50オ3
國とや爲せむ／「セム」　下50ウ7
淨土を／「ヲ」得むや／「エムヤ」　下51ウ7
益无ら(む)や／「ラムヤ」　下57ウ2
沒(む)や／「(シ)ツミナムヤ」不や／「ヤ」　下66ウ1

豈「ニ」得(む)や／「エムヤ」 下67ウ3
得(む)や／「ムヤ」 下67ウ7
豈「ニ」…得「ウ」可けむや／「ケムヤ」 下69オ4
得むや／「ムヤ」 下69オ6
輕(し)と／「(カ)ロシト」爲せ(む)や／「セムヤ」 下69ウ1
況(や)道果を／「ヲ」得むや／「エムヤ」 下72ウ1
往生する(や)／「セムヤ」 下72ウ6
往生せ／「セ」不や／「スヤ」 下88オ7
豈「ニ」破らむや／「セムヤ」 下90ウ5
乖「化」-「-」角せる(や)／「セルヤ」 下93ウ6
豈「ニ」言は／「イハ」不や／「スヤ」 下97ウ1

ヤア(咄)
〔咄〕03480
咄「ヤア」-哉 下77オ7

ヤイタナ(燒棚)
〔熬〕19352
熬の／「ヤイタナノ」 上11ウ4
〔熱熬〕19360 19352
熱熬に／「ヤイタナニ」 上9オ6

ヤイバ(刃)→ヤキバ

ヤウヤク(漸)→ヤウヤクニ
〔徐〕10110
徐ク／「ヤウヤク」 上53オ2
徐「ヤウヤ」ク 上54ウ1
〔漸〕18179
漸く／「ク」 上36ウ4、上49ウ7、中22ウ5
漸く 上49ウ1
漸く／「ム(「ク」の誤か)」 上95オ3
〔漸々〕18179 00097
漸々く 中97オ3

ヤウヤクニ(漸)
〔漸々〕18179 00097
漸々に／「ニ」 上14オ3、上21オ2
漸々に 上19ウ4
漸「-」々(やうや)く／「ニ」 中97ウ2

ヤキバ(刃)
〔刃〕01850
刃に／「ヤキハ」「ニ」 上71ウ4

ヤク(燒)(四段)
〔焚〕19100
焚く／「ヤク」時に／「ニ」 下68オ6
〔燒〕19420
燒「ヤイテ」 上18オ4
燒(き)て／「ヤイテ」 中43オ1
燒「ヤカ」所る／「ル」 上3ウ6
鐵火「ノ」爲「ニ」燒か／「ヤカ」所る／「ル」 上4オ6
燒か／「ヤカ」被るること／「コト」 上7ウ1
燒「カム」か如し(と)／「トキ(ナリ)」 上11オ3
燒(か)むこと／「ヤクコト」 上11オ3

燒く／カムトス「ヤカムトス」 上16オ3
燒く／「カ(ル)」 上12ウ5
燒(かる)ることは／「ヤカル、コト」 上14ウ3
燒「ヤカレテ」 上5オ3
燒「ヤキ」 上4ウ4
燒き／「キ」已(り)て／「テ」 上8オ6
燒き／「ケ」盡せは／「ツクセハ」 上8ウ7
燒き「-」爛きて／「ランシテ」 上9ウ1
燒き／「ケ」已れは／「レハ」 上12ウ4
燒き／「ヤク」 上15オ7
燒(き)て／「ヤキ」 上18オ5
燒き／「ヤキ」 上19ウ1、上19ウ1
燒き／「キ」 中88ウ5、中88ウ7
燒き燃モヤサレ 下72オ1
火「-」「ヒノ」燒「ヤク」／「ニ」於「イテイフニ」
上8オ3
燒く／「ヤク」 上8オ5

燒く「ヤク」 上8ウ6
燒く／「ク」 上8ウ7、上20オ1、上25オ1
燒く／「カ(ル)」 上12ウ5
燒き／「ヤク」 上15オ7
燒(く)に／「ヤク」 上24オ3
燒(き)て／「ク」 下12オ5
燒くか／ヤクヲヤ如し／「トクナラムヤ」
上14ウ3
燒(く)こと／「クコト」 上10ウ3
燒(く)こと／「ヤクコト」
燒くこと／「クコト」 上15オ4、上17ウ3
下3オ4
燒(く)と／「クト」 下3オ6
燒くに／「ヤクニ」非す／「ス」 上14ウ4
燒(き)て／「ヤケハ」 上19ウ2
燒ける／「ヤケル」[之]者もの／「ノ」
上19ウ1
〔爛〕19604

燒き「-」爛きて／「ランシテ」 上9ウ1

ヤク(燒)(下二段)

〔焚〕19100
焚け／「ヤケ」盡(き)なむ／「キナム」
上12オ2
〔燒〕19420
燒(く)るは／「クル」 上14ウ4
燒き／「ケ」盡せは／「ツクセハ」 上8ウ7
燒き／「ケ」已れは／「レハ」 上12ウ4
燒(け)／「ケ」盡しぬ「キヌ」 上12ウ4
燒(き)て／「ケタル」鐵を 下67オ1

ヤシナフ(養)

〔養〕44144
養せむと／「ハムト」欲(へ)とも／「スレトモ」
[而]
上59ウ3
養(ふ)か／「フカ」如きを／「クスルヲ」
中83オ6

ヤスケム(易)↓ヤスシ

〔易〕13814
易けむ／「カナム」　中30ウ4

ヤスシ（易）→ヤスケム、ヤスムズ
〔易〕13814
易けむ／「カナム」　中30ウ4
勘へ／「カムカフルコト」易「ヤスカラ」令し
めむと／「シメムコトヲ」　下98オ3
成「ナリ」易「キカ」爲「タメンナリ」　上77ウ4
捨て／「ルコト」易きか／「キカ」故「ナリ」　上97ウ7
易きか／「キカ」　中23ウ6
成り／「ナリ」易きなり／「キナリ」　上77オ7
易きなり／「キナリト」［也］　中31ウ4
覺し／「サトリ」易く／「ヤスク」　上1オ6
動き／「コキ」易く／「ク」　上71ウ4
往き／「クコト」易く／「ク」　上76オ3
得易く／「ヤスク」　下31ウ2
修し／「シ」易（く）して／「ヤスクシテ」　下83ウ6
往き／「クコト」易「ケレトモ」　上80オ5
行し易し　上1オ6
了り／「サトリ」易し／「ヤスシ」　上43オ2
取り／「ルコト」易し／「ケレトモ」　上76オ3
成り易し　上77ウ4
得易し　中48ウ5

ヤスム（休）（四段）
〔息〕10601
息や（す）ま／「ヤスマ」不して／「スシテ」　中46オ6
息めは／「ヤスメハ」　中59オ1

ヤスム（休）（下二段）
〔息〕10601
息め／「メ」　下27ウ3

ヤスムズ（安）→ヤスシ
〔安〕07072
人を／「ヲ」安（む）して／「シテ」　上107オ5
身を／「ヲ」安（む）して／「シテ」　上107オ5
安「ヤス」（む）せ不す／「ス」　上34ウ1

ヤスラカ（安）
〔安〕07072
安すらか（なら）／「ヤスラカナラ」［未］す／
「ス」　上26オ6
安らか（なら）／「ヤスラカナラ」不は／「スハ」　下89ウ2

ヤドス（宿）
〔寄〕07203
相「ヒ」寄す／「ヤトス」　中43オ6

ヤトフ（雇）
〔雇〕41976
雇ヤトテ／「ヤトテ」　上32オ2
雇（ひ）て／「ヤトフテ」　下82ウ5

ヤドル（宿）
〔寄〕07203
寄ヨセタテマテし／「ヤトイシ」　中43ウ2

寄ヤトリ／「ヤトリ」載ノテ／「サイシヌレハ」
／「ヌレハ」　下68ウ6

ヤハラカ(和)

〔耎〕28877
耎ヤハラカなること／「ヤハラカナルコト」　上12オ2

ヤブル(破)(四段)

〔中〕00073
中やふらむ(と)／「ヤフラムコト」　下5ウ6
中(や)ふらむと／「ヤフラムト」欲せ／「セム」　中74オ1
中ヤふら／「ヤフラ」被れて／「レタリ」　下68オ1
中ふる／「フル」者もの／「ノ」　下6オ1
中や(ふ)ること／「ヤフルコト」能(は)不し
／「シ」　中74オ1
中ること／「ヤフルコト」　下5ウ7

〔傷〕01029
傷(や)ふり／「ヤフリ」　下68オ1

〔壊〕05590
壊ふり／「ヤフリ」　上10ウ3
壊り／「ヤフリ」已(り)て／「テ」　上15ウ2
壊(り)／「ヤフリ」　中74オ1
壊り／「ヤフリ」　下5ウ6
刺サし／「サシ」壊りき／「ヤフル」　下19ウ2
壊る／「ヤフル」者もの／「モノ」　中83ウ1
壊(やふ)ること／「スルコト」
中66オ5、中78オ6
壊すること／「ヤフルコト」能(は)／「ハ」不
「ス」　中86ウ3
壊るなり／「ヤフルナリ」　下91オ3

〔害〕07165
自「ミ」害するか／「ヤフルカ」如(く)／「ク」　下41ウ1

〔毀〕16654
毀(ほろほ)さ／「ヤフラ」者は　中66ウ4
毀らむ／「ヤフラム」者もの／「モノ」
下95オ1
毀やふるは／「ソシルハ」　下37オ3

〔破〕24124
破「ヤフテ」　上3オ2
破ら／「ヤフラ」不る／「サル」　下36オ7
豈「ニ」破らむや／「セムヤ」　下90ウ5
破り／「ヤフラレ」　上27ウ1
破り／「ヤフラレ」　上27ウ1
破り／「フリ」　下2ウ2
戒を破り　下94ウ2
破ふ(り)て／「フンテ」　上10オ5
破(り)て／「ヤフリテ」　上21オ3
破る／「ス」　中68ウ6
破す／「ヤフル」應(し)／「シ」　下70ウ7
破ること／「フルコト」　下85オ1
破る／「ヤフレリ」　上17ウ2
破ふ(り)て／「フンテ」　上10オ5

ヤブル（破）（下二段）

〔壞〕05590
壞るか／「ヤフル、カ」如く／「ク」 下67オ2
壞（やふ）れ不「ス」 中69ウ7
壞れ／「ヤフレ」不ること（も）／「ラムコトモ」 下82オ3
朽ち／「クチ」壞（れ）たる／「ヤフレタル」 上28オ4

〔敗〕13227
腐「クチ」-敗せ／「ヤフレ」不すは／「スハ」 上37ウ4

〔破〕24124
破すること／「ヤフル、コト」 中23ウ7
破「ヤフレ」碎すること／「クタ（ク）ル」 上19オ6
破れ-碎クタケたる 上28ウ1

ヤマ（山）

〔山〕07869
山「マ」 上18ウ4
法性の／「ノ」山を／「マヲ」 中96ウ5

ヤマヒ（病）→ヤマヒス

〔患〕10691
患「ヤマヒ」 上45ウ1
患「病ヒニ」／ヤマヒに 中90ウ6
患ヤマヒに／「ニ」 下13オ6

〔病〕22127
病に／「ヒニ」依（り）て／「テ」 上23ウ5
病「ヒ」 上32ウ1、中5ウ7、下52ウ7、下79オ4
病（ひ）の／「ヒノ」床に／「ユカニ」 中91オ2
无明の／「ノ」病に／「ヒニ」 中92オ1
无明の／「ノ」病を／「ヒヲ」 中92オ5

ヤマヒス（病）

〔患〕10691
患「ヤマヒスル」-者「ノ」 下71オ4

〔病〕22127
病ひし／「ヤマヒシテマシ」 中89オ1
患「ヤマヒスル」-者「ノ」 下71オ3

ヤミ（闇）

〔闇〕41421
闇の／「ヤミノ」中に／「ニ」 上16オ1
闇を／「ミヲ」 下70ウ7

ヤム（止）（四段）

〔中止〕00073 16253
中止せ／「ヤマサ」不れ（と）／「ルナリト」 中25ウ6

〔休〕00440
休ヤムこと／「コト」无し／「シ」 上26ウ5

〔停〕00864
停ヤマ／「ラ」不す／「ス」 上59ウ3

〔已〕08743
窮め／「キハメ」已ヤムこと／「ヤムコト」 上38ウ5

〔息〕10601

息ま／「ヤマ」不して／「シテ」 上12ウ5
息ま／「ヤマ」不れ／「サルニハ」 中67ウ3
息やま／「ヤマ」不して／「ス」 中80ウ4
息ま／「ヤマ」不（ら）むと／「サラム」
下1ウ1
息せ／「ヤマ」不し／「シ」 下8オ7
息む／「ヤミヌ」 中63オ5
息む／「ヤミヌ」 中63オ5
〔止〕16253
止ま／「ヤマ」不「ス」 上8オ7、下27ウ2
止ま／「マ」不す／「ス」 上10ウ2
止（ま）／「ヤマ」不す／「ス」 上15オ4
止ま「ヤマ」不す／「ス」 上19ウ1
〔止息〕16253 10601
止-息ヤミ／「ヤミ」 中11オ1
〔罷〕28336
罷ヤミヌ／「ヤムテ」 上31ウ5
罷ヤミヌ／「ヤムテ」 上31ウ5

ヤム（止）（下二段）
〔止〕16253
止やめ／「ヤメ」 下27オ7
止めて／「ヤメテ」 上44ウ2

ヤヤムズレバ（動）↓ヤヤモスレバ
〔動〕02390
動ヤ、ムスレハ／む（すれ）は 上107ウ1

ヤヤモスレバ（動）↓ヤヤムズレバ
〔動〕02390
動（訓）（も）すれは／「ヤ、モスレハ」 中62オ5

ヤル（遣）↓セメヤル

ユ

ユ（湯）
〔湯〕17874
湯「ニ」 上22オ5
熱「キ」湯を／「ユル（「ル」衍か）」を以「テ」 上72オ4

ユカ（床）
〔床〕09242
病の床（ゆ）かに／「トコニ」 中90ウ6
病（ひ）の／「ヒノ」床に／「ユカニ」 中91オ2
床に／「ユカニ」 下21ウ4
床（平）を／「ユカヲ」 下35ウ1

ユク（行）
〔往〕10073
往き／「イテ」 上70ウ7
往（き）て／「ユイテ」 下33ウ3、下96オ5
往（かむ）ことを／「カムコトヲ」 中26ウ5
往か／「ユカ」不「ス」 中85オ6
往ユカシめき／「ユカシ」 下28オ5
往かむと／「ユカムト」欲ホす／「（オ）モフト」 中98オ2
往かむと／「カムト」 中100オ7

往き／「イテ」　上70ウ7
往き／「クコト」易く／「ク」　上76オ3
往き／「クコト」易「ケレトモ」　上80オ5
往き難しと／「シト」　上80オ7
往き／「クコト」　中31ウ4
往-／「ユキ」詣して／「イタンテ」　中36オ3
往(き)て／「ユキ」　中52オ6
往(き)ぬ／「ユキル(「ヌ」の誤か)レハ」
往く／「ク」　上34オ6
往く／「ク」想ひを／「ヲ」　上58ウ5、中88ウ4
往き／「クコト」易く／「ク」　上78オ5
往き／「クコト」易「ケレトモ」　上76オ3
往き／「クコト」　上80オ5
往(く)ことをは／「クコトヲハ」　中31ウ4
〔行〕34029　上80ウ4
行く／「ユイタマフ」　中38オ3
行(き)たまへとも／「ユイタマフカ」

行(き)て／「ユイテ」　中38オ4
歩カチヨリ行イテ／「スルハ」　上32ウ6
行「ユカ」令「メ」　下83オ6
行か／「ユカ」令めて／「メテ」／「シムルニ」　上3ウ4
行く／「ユク」　上4ウ7
上16ウ1、上26ウ6、上52オ3
行く／「ユク」〔之〕人　上24ウ6
行く／「ユイタマフ」　中38オ3
行くこと／「クコト」　上14オ3
行くに／「クニ」　上98オ3、中27ウ7
行くに／「ユクニ」　中85オ7
行に／ケル／「カウニ」従はれて／(ヒ)テ／
「カヘテ」　下69オ1
〔詣〕35412
詣ユク／「ユク」　下36ウ2
〔逝〕38895

逝(き)て／「ユイテ」　上53オ2
逝ユク　上34オ6
逝けは／「サレハ」　中27ウ7

ユタカ(豊)
〔豊〕36263
豊かなるは／「ユタカナルハ」　上39ウ4

ユハフ(縛)
〔繋〕27940
繋シハル／「ユハフ」　上14オ2

ユバリ(尿)
〔尿〕07651
尿「ユハリ」　上29ウ1
尿を／「ユハリヲ」　上30オ5

ユバリブクロ(膀胱)
〔膀胱〕29748 29432
膀(去)ハウ反／ユハリ胱(平)光反／フクロ　上29オ7

ユビ(指)

〔指〕12034
指ひの／「ユヒノ」 上27ウ5
指(ゆ)ひ／「ユヒ」 中9オ1
指の／「ヒノ」 中9オ3
指(ゆ)ひ 中9オ3
指を／「ヒヲ」 中9オ5
指ひ 中12オ3
指の／「ユヒノ」 下46オ7
指(ゆ)ひの節《フシ》と／「フシト」 下46ウ1
指を／「ユヒヲ」以(て)／「テ」 下70ウ6
此の／「ノ」指「ヒ」 下70ウ6
指を／「ヒヲ」以(て)／「テ」 下71ウ1

ユフグレ(暮)
〔昏〕13806
昏(平)「ユフクレ」自より／「ヨリ」 上43ウ1

ユフベ(夕)
〔晡〕13952
晡(平)フ／「ホ」「ユフヘ」-時 上56ウ1

〔暮〕14128
終(平)「シウ」焉(平)「エン」(ノ)〔之〕暮っ／「ヘ」 上82オ2

ユメ(夢)↓ユメミラク、ユメミル
〔夢〕05802
夢(訓)「メ」 上44ウ5
夢の／「メノ」 中52オ4
夢(訓)「ユメ」 中52オ6
夢の／「メノ」如(し)と／「シト」 中85ウ1
夢の／「メノ」中(に)／「ニ」於して 下7オ5
夢の／「メノ」中に／「ニマシ」 下16ウ4
夢に「メニ」 下23ウ3

ユメミラク(夢)
〔夢〕05802
夢に／「ユメミラク」 下99オ3

ユメミル(夢)↓ユメミラク
〔夢〕05802
夢に／「ユメミル」 中85オ5

ユメユメ(努力)
〔努力〕02314 02288
努「ト」-力《ユメ》〱／「ユメ〱」「リヨク」 上73オ7

ユルシ(許)
〔奢〕05964
弗-奢《ユルカラス》 上34ウ4
〔放〕13133
放「ユルキ」 中4ウ2

ユルス(許)
〔可〕03245
可ユルシたまふに／「シタマフ」 上70オ4
〔放〕13133
放ユルサシ／ユルシ「ツ」「-」勉(まぬ)かれぬ 下13ウ3
〔聴〕29211
聴(し)たまは／「ユルイタマハ」不は／「スハ」 中45ウ4

聽さ／「ユルサ」不す(と)／「スト」　下61オ6
當に／「ニ」聽る(さ)／「ユルサ」不れ／「ス」
〔當〕「シ」　下93オ6
聽しき／「ユルス」　下25オ4
聽ユルシタ／(し)たまは／「ユルシタマハ」不
す／「スハ」者は　下25オ1
〔許〕35298
許さ／「サ」不す　上80ウ4
許さ／「ユルサハ」者は　下47オ7
許さ／「ルサ」不「ス」　下54オ7
若(し)／「シ」許さは／「ユルサハ」　下52オ2
許し／「シテ」　上80ウ4
許す／「ユルス」　上77ウ5
許す／「ス」　中25オ7
許せとも／「ユルストモ」　下87オ7
許す(は)／「ユルスヲモテイハ、」　下46オ4
許せり／「ユルセリ」　上80ウ4
許せるか／「セルカ」故に／「ニ」　上80ウ4

ユルブ(緩)
〔奢〕05964
奢「ユルハ」弗「ス」　上34ウ4

ユワシ(弱)
〔弱〕09791
強「キハ」弱「ユ(「ヨ」の誤か)ハキヲ」　上26オ5

ユヱ(故)
〔所以〕11715 00388
所以「ユヱ」者「ハ」何(とならは)　上61オ4
求(む)る／「ムル」所-「-」以は／「ユヘハ」　上107オ6
所「-」以を／「ユヘヲ」　中36ウ1
然る／「ル」所「-」以「ユヘ」者は／「ハ」　下47ウ5
不同なる／「ナリ」所-「-」以「ユヱ」者は／
「ハ」　下53ウ1
〔故〕13161
嗜か／「タシナムカ」故なり／「ナリ」　上42オ1
離(れ)しめむか／「レシメムカ」爲の／「メノ」
故なり／「ナリ」　上97ウ1
捨て／「ルコト」易きか／「キカ」故「ナリ」　上97ウ7
相即せるに／「セルニ」由(る)か／「ルカ」故
なり／「ナリ」　上98オ6
救「-」抜せむと／「セムト」欲ふか／「オモフ
カ」故なり／「ナリ」　上107オ7

ユヱニ(故)→コノユヱニ
〔故〕13161
か／「カ」故「ニ」　上6オ1
臭きを／「クサキヲ」以「テノ」故に／「ナリ」　上18ウ3
故に／「ニ」　上23オ1、上36ウ5、上38オ1、
上43オ3、上44ウ6、上47オ7、上47オ7、
上57ウ4、上62ウ4、上64オ5、上67オ3、

上72オ3、上86ウ5、上89ウ1、上89ウ1、
上93オ4、上105オ7、上105ウ3、上107オ6、
中47オ3、下53ウ5、下62オ4、下62オ5、
下83オ5、下88オ2、下93オ3、下94ウ2、
下95ウ4、下96オ3、下97ウ2、下97ウ6
故「ニ」　上31オ2、上57オ6、上66ウ3、
上69ウ6、上69ウ7、上73ウ2、上83ウ7、
上84オ1、上84オ3、上84オ4
故に　上31ウ5、上44ウ6、上63オ7、
上75オ1、上79オ1、上86ウ4、上106ウ7
修せ未るか／「ルカ」故に／「ニ」　上37ウ5
の／「ノ」故に／「ニ」　上41オ3
を以て／「テ」(の)故に／「ニ」　上47ウ2
衆生の／「ノ」爲の／「メノ」故に／「ニ」
上72オ1
攝持するか／「スルカ」故に／「ニ」　上72ウ1
増するか／「スルカ」故に／「ニ」　上72ウ2
出せ／「イタ(サ)」令(む)るか／「ムルカ」故
に／「ニ」　上72ウ3
伏せるか／「スルカ」故に／「ニ」　上72ウ4
有(る)こと／「コト」无きか／「キカ」故「ニ」　上72ウ5
衆生の／「ノ」爲の／「ノ」故に／「ニ」
上73オ3
見る(か)／「ルカ」故「ニ」　上76オ6
故「ニ」知(り)ぬ／「ヌ」　上76ウ6
別なるか／「ルカ」故に　上78オ7
許せるか／「セルカ」故に／「ニ」　上80ウ4
故「ニ」(誤點か)　上82オ7
を／「ヲ」以「テノ」故に／「ニ」　上88ウ6
の／「ノ」爲の／「ノ」故に／「ニ」　上88ウ7
利せむか／「ムカ」爲(の)／「ニ」故に／「ニ」
上89ウ1
偏せるか／「セルカ」故にと／「ニト」
上91オ6
なるか／「ナルカ」故に／「ニ」
上91ウ6、上91ウ6
異なるか／「ナルカ」故に／「ニ」　上92オ2
義を／「ヲ」以「テ」の故に／「ニ」　上92オ7
か／「カ」故に／「ニ」　上109ウ1
是を／「コ、ヲ」以(て)の／「ノ」故に／「ニ」
上109ウ2
故に／「ヘニ」　中30ウ1
〻(着)せ〻(不)(る)か／「サルカ」故に／「ニ」
中75オ6
〻(无)か／「キカ」故に／「ニ」　中75オ6
多きか／「キカ」故に／「ニ」　中89ウ7
故に／「カルカユヘト」　下12オ5
稱するか／「スルカ」故に／「ニ」　下40オ6
縁に／「ニ」由(る)か／「ルカ」故に／「ニ」
下72ウ7
信せ／「セ」不(る)か／「サルカ」故に／「ニ」　下73オ1
作すか／「ナシ、カ」故に／「ニ」　下73オ1

爾(ら)／「ラ」不(る)か／「ス」故に／「ニ」　下73オ4
十念に／「ニ」由(る)か／「ルカ」故に／「ニ」　下73オ6
得るか／「ウヘキカ」故に／「ニ」　下80ウ5
是(の)／「ノ」故に／「ニ」　下81オ4、下86オ1、下89オ1
故(に)／「ニ」　下81オ6、下95ウ7
何(を)／「ヲ」以(ての)／「ノ」故(に)／「ニ」　下84オ4、下84ウ3
有(る)か／「ルカ」故(に)／「ニ」　下85ウ5
増せるに／「セルニ」非(さる)か／「アラヌカ」故に／「ニ」　下88オ1
法なるか／「ナルカ」故に／「ニ」　下88オ1
交際に／「ニ」非(さる)か／「ヌカ」故に／「ニ」　下88オ2
欲するか／「スルカ」爲の／「メノ」故に／「ニ」　下91オ4
墮せ／「セ」令しめむか／「シム」故に／「ニ」　下91オ5
盈滿するか／「スルカ」爲の／「メノ」故に(と)／「ニ」　下91オ6
憐愍するか／「スルカ」故に／「ニ」　下92オ3
利養の／「ノ」爲の／「メノ」故に／「ニ」　下95オ3
道法を／「ヲ」用るか／「テノ」故に／「ニ」　下96オ4

ユヱニス(故)↓タメノユヱニス
〔故〕13161
求めむか／「ムルカ」故にし／「ニシ」　上103オ4

ユヱニナリ(故)
〔故〕13161
故に／「ニナリ」　中46オ1

ヨ

ヨ(世)
〔世〕00031
世の／「ヨニ」　中13ウ2、下78ウ7
世に／「ヨニ」　中36ウ6、下20ウ6
世の／「ヨノ」　中45オ2

ヨ(夜)
〔夜〕05763
清「スメル」夜「ヨノ」　中82オ6
夜よの／「ノ」　下26オ7

ヨウシ(良)↓ヨシ
〔善〕03904
厚-／ムツヒ善ヨウク／なる／「ナル」　中60オ6

ヨク(能)
〔能〕29454

能く／「ク」　上5オ2、上11オ2、上16オ4、上22ウ6、上30ウ1、上31ウ6、上35ウ2、上37オ1、上37オ3、上37オ5、上37オ6、上38オ3、上39オ2、上39オ4、上39オ5、上43オ6、上52ウ5、上63オ3、上64オ4、上64ウ3、上65オ2、上83ウ5、上85オ7、上86ウ1、上88ウ3、上88ウ5、上90ウ1、上92ウ4、上93オ7、上93ウ1、上95オ3、上95オ5、上95ウ7、上99オ3、上99オ7、上99ウ1、上99ウ2、上99ウ7、上103ウ3、上104ウ3、上107オ4、上107ウ2
能「ク」　上10オ4、上43オ6、上92ウ4、上101オ2、上107オ3、上107ウ3、中7オ4、中39ウ4、中70ウ1、中82ウ3、中83オ2、中90オ1、中100ウ4、下3オ2、下3オ4、下3オ6、下7ウ6、下7ウ6、下8ウ3、下26オ1、下29オ4、下48ウ6、下55ウ6、下59オ4
能く　上41オ1、上64オ2、上95オ6、上99オ4、中31ウ6、中36ウ6、中39オ2、中81オ7、中88オ2
尚「シ」能く／「ク」　下68ウ2

ヨコサマ（横）
〔横〕15594
縦「タ、サマ」横「ヨコサマニ」　上4ウ1
横に／「ヨコサマハ」　上50ウ7
横に／「マニ」　上80オ4
横に／「（ヨコサ）マニ」　中74オ5

ヨコシ（脾）
〔脾〕29579
脾ヒ反／ヨコシ／「ヒイ」藏は　上29オ3

ヨコタフ（横）
〔横〕15594
交「マシヱ」横「ヨコタヘタルコト」　上4ウ3

ヨシ（由）
〔由〕21724
噉ふに／「クラフニ」由し／「シ」无し／「シ」　上25ウ6
朝-謁ェチ反（する）に／「エニ」由し／「シ」无し／「クナンヌ」　上35オ7
沐浴せむに／「スルニ」由し／「シ」无し／「クナンヌ」　上35ウ4
發「-」起するに／「スルニ」由し无し／「シト」　上104ウ7
由（よ）し／「（ヨ）シ」无し／「シ」　中55ウ4

ヨシ（良）→ヨウシ、ヨク
〔佳〕00557
佳ヨシ／「ヨシ」　上82オ6
佳（訓）し／「ヨシ」　中78ウ6
〔善〕03904
善「キ」師の／「ノ」　中83ウ2
善き「-」意をもて／「ヲモテ」　下2オ6
善く／「ク」　上37オ7、上42ウ6、中48ウ7、中60ウ5、中62オ4、中64オ5、中86ウ7、

下38ウ7、下77オ6

善く／「ノ」　中11オ4

善「ク」　中13オ3

善く　下62オ5

善「ク」本を／「ヲ」　下88ウ6

善くして／「クシテ」　中83オ2

善くして　下95ウ3

善し／「シ」矣　下44ウ7

〔善能〕03904 29454

善-能く　中58オ4

〔好〕06053

好き　上6ウ7

好き／「ウルハシキ」　上31オ2

好「ヨキ」　中98オ3

好き／「ヨキ」　中98ウ5

好(き)／「キ」　中98ウ5

好き／「ヨキ」處(「訓」)に／「ニ」　中99オ3

好き「-」處に／「ニ」　中100オ3

好き／「ヨキ」形「-」像「ヲ」　下2オ1

好く／「ヨク」　中89ウ4、下71オ5

好し／「ヨシ」　下64ウ5

〔熟〕19332

熟ヨク／「ヨク」　下35オ7

〔美〕28435

美き味ひは／「は」　上39ウ5

ヨス(寄)

〔倚〕00776

倚ヨスルニ　中85ウ3

〔因〕04693

因(よ)せて／「テ」　中48オ2

〔寄〕07203

寄よせ／「キ」付く／「ス」　下92ウ1

寄せ付く／「ス」　下92ウ2

寄ヨセタテマテし／「ヤトイシ」　中43ウ2

寄せて／「セテ」　中31オ1、中54ウ1、中55オ1

寄せて／「ヨセテ」　下45ウ2

寄(せ)て／「セテ」　下45ウ2

ヨタリ(四)

〔四〕04682

四た(り)の／「リノ」　下21ウ7、下71ウ5

四た(り)の　下72オ4

四(た)りの　下72ウ4

ヨツ(四)

〔四〕04682

四「ツノ」　上20ウ5

四の／「ツノ」　上28オ4

四(つ)の／「ツノ」　上29ウ4、下46オ6、下50オ1、下87ウ1

四「ツノ」門(は)／「ハ」　下11ウ1

四に／「ツニ」　下89オ6、下89オ7

四を／「ツヲ」以(て)　下89オ6

ヨテ(因)→ヨリテ

ヨバハル(呼)

〔喚〕03953
喚は(り)て／「ヨハンテ」 下71オ5
ヨバフ(呼)
〔呼〕03471
呼ヨハひ／「ヒ」 上38オ7
〔呼喚〕03471 03953
呼-喚して／「ヨハムテ」 中31ウ2
〔喚〕03953
唱〻喚はふ「ス」 上15オ4
吼ク／「ホエ」喚スルニ／「ヨハ(フ)ニ」 上5ウ4
喚は(り)て／「ヨハンテ」 下71オ5
ヨヒ(宵)→ココヨヒ
ヨブ(呼)
〔叫〕03240
叫ヨフ／「サケフ」 上43ウ7
〔喚〕03953
喚ヨヘハ 下69オ3
喚ヨヘハ／「ヨヘハ」 下71オ7
ヨミガヘル(蘇)
〔復活〕10183 17423
復「-」活〻(り)て／「シテ」 上8ウ3
復活す／「ヨミカヘル」 上12ウ6
〔活〕17423
活る／「ヘンヌ」 下69オ4
活ヨミカヘ／く／「ヘンヌ」 下69オ3
活る／「ヘンヌ」 下69オ4
〔甦〕21691
甦ヨミカヘル／「カヘル」可(き)こと／「キコト」 下69オ4
〔蘇〕32427
蘇ヨミカヘ(り)て／「ヘンヌ」 下13ウ4
ヨム(讀)
〔讀〕36088
讀(み)き／「ミキ」 上50オ3
讀む／「ヨム」應し／「シ」 中21オ2
讀むを／「ヲ」 上93ウ3
讀め／「メ」 上45オ5
ヨモギ(蓬)
〔蓬〕31720
蓬ヨモキ(と)／「ヨモキ」 下42オ4
ヨモニ(四)
〔四〕04682
四もに／「モニ」 上67オ6
四もに／「ヨモニ」 上68オ4
ヨリ(助詞)→ヨリハ、ヨリモ
〔從〕10152
嶮「ケハシキ」處「ロ」從「リ」 上3ウ4
口從「リ」 上8ウ7、上25ウ1
地從「リ」 上9オ6
足從(り)／「リ」 上10ウ1
頭「ヘ」從「リ」 上11ウ3
下も／「モ」從り／「ヨリ」 上11ウ6
上へ／「ヘ」從「リ」 上17オ7

四方従(り)／「ヨリ」　上17ウ5
中「カ」従「リ」　上18オ2
足の／「ノ」甲ッメ／「コフ」従(り)／「リ」　上19ウ3
四門従「ヨリ」　上20ウ4
彼(カシ)コ／「レ」従「ヨリ」　上21オ1、上21オ1
彼(かし)コ従「ヨリ」　上21オ5
彼ｺ従(り)／「ヨリ」　上21ウ1
刃葉林従「リ」　上21ウ3
彼れ／「レ」従「リ」　上22オ3
頂「キ」従(り)／「ヨリ」　上29ウ4
髄従「リ」　上29ウ4
身従「リ」　上29ウ7
少従「リ」老に／「ニ」　上30ウ6
蓮臺従「リ」　上49ウ6
宮殿従「リ」　上58オ1
林池従「リ」　上58オ1
入滅従「リ」　上81ウ7
金「ノ」性従(り)／「ヨリ」　上106オ3
無量劫従「リ」　中5オ3
佛「ノ」口「ミ(クチ)」従「リ」　中6オ4
頂「キ」従「リ」　中6ウ5
清「-」浄勝「-」意樂「(平)」地従よりの／「ヨリ」　中12ウ5
足従「ヨリ」　中13オ7
一事従「リ」　中13ウ2
相「-」好従「リ」　中19ウ3
初發心従「リ」　中25ウ5
功徳従「ヨリ」　中33オ5
天従「リ」　中38ウ1
何トコ／従「ヨリ」　中42ウ3
大海の／「ノ」中(「訓」)従「リ」　中43オ3
是「レ」従「リ」　中49オ6
本従り／「リ」　中50オ2
此「レ」従「リ」　中57ウ1
今「-」日従「リ」　中57ウ7
今(「訓」)日「フ」従「リ」　中58オ1
今日「フ」従「リ」　中58オ4
勝-「-」善法の中従(り)／「リ」　中63オ2
妄想従「リ」　中64オ3
因「-」縁従「リ」　中69ウ2
因縁従「リ」　中69ウ3
三「ノ」煩悩従「リ」　中71ウ3
身口意従「リ」　中72オ2
八日従「リ」　中78ウ5
十五日従「リ」　中78ウ5
廿三日従「リ」　中78ウ5
相従「リ」　中84ウ1
心従よりや　中84ウ3
身従よりや／「テヤ」　中84ウ4
何れの／「レノ」所従りか／「リカ」　中85ウ7
心従「リ」　中86オ6、中91ウ6
二法従「リ」　中87オ4

初め／「メ」從り　中90ウ6
本從「リ」來(このかた)／「タ」　中92オ2
今「-」日(け)ふ從(り)／「リ」　下1ウ7
心想從(り)／「リ」　下11ウ7
木從(り)／「リ」　下12オ5
今「-」日ふ／「フ」從(り)／「リ」　下15オ7
此(れ)／「レ」從(り)／「リ」　下21オ3、下49ウ1
是(れ)從(り)／「リ」　下22オ7
是「レ」從(り)／「リ」　下23ウ7
今「-」日「フ」從(り)／「リ」　下25オ1
心從(り)／「リ」　下67ウ1
地獄從(り)／「リ」　下78オ2
微「-」因(に)從(りて)／「リ」　下78ウ2
種「タネニ」從(り)／「リ」　下78ウ2
多聞從(り)／「リ」　下84オ4
惡道の／「ノ」中「カ」從(り)／「リ」　下86ウ6

〔於〕13628

是れより／「レ」於「ヨリ」　下49ウ2
此「レ」／より於「ヨ(リ)」　下55オ4
此の／「ノ」世界より於「ヨリ」　下58オ4
凡夫より於「ヨリ」　下60ウ1
彼レに／「コニ」「レ」於て／テ／「ヨリ」　下84ウ7

〔自〕30095

昏(平)「ユフクレ」自より／「ヨリ」　上43ウ1
地自「ヨ」り　上55オ7
非「ス」自(り)は／「ヨリハ」　中91オ3
非(す)／「ス」自よりは／「ヨリハ」　中91オ3
非(す)／「ス」自(り)は／「ヨリハ」　中91オ4

[補讀]

岸に「ショリ」　上5ウ5
下に「シタ」在(り)て「ヨリ」　上8オ6
岸に／「ヨリ」　上8ウ3
中より／「ナカヨリ」　上9オ2
口より／「ヨリ」　上9オ3
身より／「より」　上10オ5
岸を／「ヨリ」　上15オ1
毛「-」孔より／「ヨリ」　上16ウ4、中14オ5
頭ハシより／「ヨリ」　上16ウ6
頭ハシに／「ヨリ」　上16ウ7
端ハシに／「ヨリ」　上17オ1
端ハシより／「ヨリ」　上17オ5
府「-」藏を／「ヨリ」　上18オ6
腋ワキの／「ノ」下たより／「タヨリ」　上35オ3
天上より　上36オ2
孔より／「アナヨリ」　上38ウ4、上42オ2
邪「シヤ」-念「ヨリ」　上42オ4
貪「-」著「ヨリ」　上42オ4
前に／「キヨリ」　上48ウ2
西方より　上66オ1
北方より　上66オ2
南方より　上66オ2

十方より／「ヨリ」來る／「レル」所の　上66ウ1
口に／ヨリ／「ヨリ」　上69オ1
十方より／「ヨリ」　上69オ5
池に／「ヨリ」　上69ウ5
餘處よりも／「ヨリ」　上88オ2
性を／「ヨリ」　上106オ5
无始より／「ヨリ」已來た／「コノカタ」　上107ウ2
頂(き)の／「キノ」上っより／「ヘ二」　中3オ3
上方界にヨリ／「二」　中3オ4
毛の端より／「ヨリ」　中5オ7
眼より／「ヨリ」　中5ウ4
頸より／「クヒヨリ」　中7オ6、中7ウ5
間より／「タ二」　中11オ4
諸の／「ノ」毛「-」孔より／「ヨリ」　中12オ7
念して／「シテヨリ」　中21オ4

草より／「クサヨリ」　中23ウ6
先つ／「ヨリ」　中26オ2
徑「ミチヨリ」　中29オ7
毛「-」孔に／「ヨリ」　中36ウ4
相より／「ヨリ」　中38オ3
彼に／「レヨリ」　中44オ2
先に／(マ)ッ／「サキヨリ」　中45ウ7
此「-」の夜「ココヒ」於ヨリ／「イテ」　中46オ2
本(訓)より　中50ウ6
初め(より)／「メヨリ」　中52ウ2
四-邊に／「ヨリ」　中60ウ6
一日より／「ヨリ」　中67ウ1、中80ウ6、中80ウ7、下47ウ6
妄「-」心より／「ヨリ」　中67ウ7
過きて／「テヨリ」　中77ウ2
〻(骨)のみ／「ヨリ」　中85ウ3
身より／「ヨリ」　中89ウ7

猨「-」猴ヨリモ／「コウ」　中90オ3
先さきより／「サキヨリ」　中90オ6
先より／「サキヨリ」　中90オ7
入(る)より／「リンシヨリ」來(このか)た／「タ」　中92オ1
本より／「ヨリ」來た／「(コノカ)タ」　中95オ3
生れてより／「レテヨリ」來(このか)た／「タ」　中99ウ2、下66オ1
東「(平)」晉(平・「去」)「シン」／より／「ヨリ」　下28オ7
蓮花より／「ヨリ」　下40ウ2
名利より／「ヨリ」　下42オ1
千歳なるには／「セムヨリ」　下48ウ2
佛國より／「二」　下59オ2
心(より)／「ヨリ」　下67ウ2
久(シ)キヨリ／「クヨリ」來(コノカタ)ノ／「コノカタ」　下67ウ4

心「ヨリ」　下67ウ6、下67ウ7

一-「-」生より／「ヨリ」已-來(このかた)／「タ」　下68オ7

黒繩より於「ヨリ」　下72オ2

果の／「コノミハ」先きより／「キヨリ」　下78オ7

天より／「ヨリ」　下82ウ2

地より／「ヨリ」　下82ウ3

歩カチヨリ行イテ／「スルハ」　下83オ6

供養したまふこと／「セムヨリハ」　下84ウ5

佛(の)／「ノ」身(より)／「ヨリ」　下94オ6

罪よりも／「ツミヨリモ」　下94オ6

ヨリシテ(助詞)

〔從〕10152

空「オホソラ」從(り)して／「ヨリシテ」　上6オ5

下も從(りして)／「シテ」　上9ウ1

下も／「モ」從「ヨリシテ」〔而〕　上18オ5

上「ミ」從「ヨリシテ」〔而〕　上19ウ7

十方世界從「リシテ」　上49オ1

因緣從(りして)／「リシテ」　下12ウ6

空「(オ)ホソラ」從(り)して／「リシテ」　下21ウ4

山從(りして)／「リシテ」　下25ウ4

生れて／「シテ」從(り)／「ヨリシテ」　下72オ6

衆-務從りは／「リシテハ」　下84オ4

〔於〕13628

〔於〕億劫よりして　下4オ6

〔補讀〕

水「-」道は／「ヨリシテ」　下83オ6

陸クカノ道は／「ヨリシテ」　下83オ6

ヨリス(助詞)

〔從〕10152

東方從(り)するか／「ヨリスルカ」如く／「ク」　上17ウ3

ヨリテ(因)

〔因〕04693

因て／「テ」　上44ウ2、上68ウ7

ヨリハ(助詞)→ヨリ

〔從〕10152

今日從(りは)／「ハ」　上95ウ1

〔於〕13628

者もの於りも／「ヨリハ」　上72オ5

〔補讀〕

今よりは／「イマハ」　上35オ7

稱せむには／「スルヨリハ」　上63オ6

餘「ノ」寶ヨリ／に／「ヨリハ」　上106オ4

善より／「ヨリハ」　上106オ5

焚「フン」燒せむ／「セラムヨリハ」　下85オ1

ヨリモ(助詞)→ヨリ

〔從〕10152

他從(り)／「リモ」　中65ウ2

〔於〕13628

［於］山「ノ」-水よりも／「ツヨリモ」過(き)
たり／「キタリ」　上33オ2
地獄於よりも／「［於］地獄ヨリモ」　上36オ1
受「-」持する／「スル」於よりも／「ヨリモ」　上62ウ4
餘の／「ノトコロ」者もの於りも／「ヨリハ」　上72オ5
［於］彼れニ／「レヨリモ」　下4ウ4
〔自〕30095
自より／「ヨリモ」　中65ウ1
［補讀］
毫ノキヨリモ／「カウヨリ」　上29ウ5
狗よりも　上31オ7
是に／「ヨリモ」　上33ウ5
掣「ヒク」-電「イナヒカリ」よりも　上34オ7
餘處よりも／「ヨリ」　上88オ2
彼に／「レヨリモ」　中53オ1、下85オ3
彼に／「レヨ(リ)モ」　中54オ5
自より／「ヨリモ」　中65ウ1
中ヨリモ　中85ウ5
外ヨリモ　中85ウ5
彼より／「レヨリモ」　下84ウ6

ヨル（夜）
〔夜〕05763
夜る／「ル」　中85オ5
夜るに／「ル」　下7オ5

ヨル（依）
〔依〕00607
に／「ニ」依「ヨテ」　上5ウ4
依(ら)／「ヨラ」不る／「ヌ」　中61ウ6
依らは／「ラハ」　上77ウ6
依らは／「レハ」　中22オ4
宿「-」善に／「ニ」依らは／「ラハ」　下58オ1
引攝の想に／「ニ」依り／「リ」　中18オ4
歸命の想に／「ニ」依り／「ル」
中18オ4、中18オ4
根に／「ニ」依(りて)／「テ」　上29ウ7
に／「ニ」依(り)で／「アンテ」「テ」　上30オ6
方(去)「ホウ」に依(り)て／「テ」　上43ウ5
願に／「ニ」依(り)て／「テ」　上109オ5
敬「ニ」依(り)「テ」　下10オ3
時に／「ニ」依り(て)／「テ」　下77オ5
に／「ニ」依る　上2ウ5
に／「ニ」依る／「ル」　上2ウ5
依「ル」　上4オ7
依る　上48オ2、上50オ3、上51ウ1、
上69ウ4、上73ウ1
依る／「ル」應し／「シ」
上83ウ1、上84ウ1、中73ウ2
大般若に／「ニ」依る／「ル」　中12ウ3
觀佛經に／「ニ」依る／「ル」　中12ウ4
意に／「ニ」依る／「ル」　中15オ6、中18オ1
意に／「ニ」依る　中17オ2

依る／「ル」[須]「シ」 中25オ7
依る應し／「シ」 中60ウ6
依る／「ル」可し／「シ」 中72オ5
依る／「ル」應(し)／「シ」 下64ウ5
勝(れ)たるに／「タルニ」依(る)と／「ルト」 下55オ7
依(り)て／「ルニ」 中25ウ4
念佛「ニ」依「ルニ」 中81ウ5
依(り)て／「レ」 中78ウ2、中89オ1
依らは／「レハ」 中22オ4
依れり(と)／「ル」 下64ウ5
勝(れ)たるに／「レタルニ」依(る)とは／「レリト」 下55オ6
に／「ニ」依(り)て／「ア(「ヨ」の誤か)ンテ」 上30オ2
脣に／「ク(チ)ヒルニ」依(り)て／「ヨンテ」 上30オ3
に／「ニ」依(り)て／「ヨンテ」 上30オ4
に／「ニ」依(り)て／「ア(「ヨ」の誤か)ンテ」「テ」 上30オ5

〔假〕00835
假かて／「ヨンテ」 中66オ4

〔據〕12839
據り／「ヨンテ」 下46ウ6
據れり／「ヨレリ」 下51ウ4
據(れ)る(なり)／「レルナリ」 下53ウ5

〔由〕21724
に／「ニ」由り／「リ」 上70ウ7
具足するに／「スルニ」由て／「テ」 上87ウ3
に／「ニ」由(り)て／「テ」 上108オ7、上108ウ6、上109オ1
に／「ニ」由(り)て／「テ」 上21ウ7、上22ウ5
牢-固なら／「ナラ」不るに／「サルニ」由(りて)なりト／「(ヨ)テナリトイヘリ」 下56ウ6
相卽せるに／「セルニ」由(る)か／「ルカ」故なり／「ナリ」 上98オ6
由るか／「カ」故に／「ニ」 中11ウ7
由(り)て／「ルカ」／「カ」 中77ウ4
緣に／「ニ」由(る)か／「ルカ」故に／「ニ」 下72ウ7
十念に／「ニ」由(る)か／「ルカ」故に／「ニ」 下73オ6
何なに(に)か「ナニンカ」由れる(や)／「ヨレルヤ」[乎] 下42オ5

〔緣〕27656
信敬に／「ニ」緣ヨ(り)テ／「ヨンテ」 下15オ7

ヨロコビ(喜)

〔喜〕03957
喜ひを／「ヒヲ」 下36オ3

〔欣〕16008
欣(ヨロ)コヒと／「ヨロコヒト」爲(「訓」)せ／

「セ」不す／「ス」　中74オ4

ヨロコブ（喜）（四段）

〔喜〕03957

喜すること／「フ」　中85オ5

〔悦〕10629

悦ふと／「ヨロコフト」雖「モ」　上38ウ7

〔慶〕11145

慶むて重く／「シテ」　下68ウ7

〔玩〕20872

耽「タム」-玩す／「ス」「ヨロコフ」可(き)こと

／「コト」无「シ」　上57ウ1

ヨロシ（宜）

〔宜〕07111

宜(しき)に／「シキニ」　中13オ6

ヨロシク（宜）

〔宜〕07111

宜(し)く／「ヨロシク」　上40オ1

宜(し)く／「シク」　上40オ2

宜「シク」…成さ／「サ」使メム／「シメヨ」

〔宜〕「ヘシ」　中90オ7

宜「シク」　中25ウ2

宜(しく)／「シク」　中64オ4

宜(し)く／「シク」　中90オ4

ヨロヒ（鎧）

〔介〕00359

介(平)カイ反／ヨロヒ-冑(去)チウ反／カフ

ト／「チウ」　上35ウ2

ヨワシ（弱）→ユワシ

〔弱〕09791

強「キハ」弱「ユ(「ヨ」の誤か)ハキヲ」　上26オ5

弱(く)して／「ヨハクシテ」　中66オ4

弱し／「シ」　上96ウ7

弱し／「ハシ」　上97オ1

〔微〕10203

微ヨワウシテ／「ヨワウシテ」「スクナケレハ」

上72オ2

〔羸劣〕28583 02302

羸劣ヨハカラハ　中97オ3

ラ

ラ（等）→ナンラ、ワレラ

〔等〕25992

是「ノ」如「キ」等「ラノ」　上2ウ2

如是等の／「ラノ」　上3ウ5

是(の)如き／「キ」等の／「ラノ」　上11オ7、

中73ウ1、下57ウ4、下61ウ3、下93オ6

是(の)如「キ」等の／「ラノ」　上26オ5

人等らは／「ノ」　上103オ6

握「アク」等らの相　中12オ3

我等らも／「ノ」　中24ウ5

人(「訓」)等らを　中32オ7

是(の)如き等の／「ラノ」　中42ウ4

人「-」等ら　中48オ2
汝「チ」等ら　中57オ1
我(「訓」)等ら　中58オ1
汝等ら／「(ナムタ)チ」　中64オ2
等らイヘリ　中71オ4
此「レ」等は／「ラハ」　中71オ5
我「レ」等「ラ」　中75ウ2
此等らを／「ヲ」　中76オ4
此「レ」等らの／「ラノ」　中76ウ5、下35オ3、下85ウ4
功徳と／「ト」等ら／「ラ」　中81オ6
行者等「ラ」　中88ウ7、中89ウ1、中89ウ4
是(の)如き／「キ」等の「ラノ」　下2ウ2
此「-」等らの／「ラノ」　下34オ2
人等ら／「ラ」　下36ウ6
讃歎する／「スル」等(なりと)「ラナリトイヘリ」　下41オ1
信する／「スル」等ら／「ラ」　下41オ5
龍「(去)」興記等らに／「ラニ」　下54オ2
我「-」等ら　下59オ5
是(の)如き等「ラ」／「ノ」如き　下61オ4
何等らの／「ナンラノ」　下64オ7
智憬等の／「ラノ」　下73オ5
聞(か)／「カ」不る／「サル」等を／「ラヲ」以(て)／「テ」　下75ウ2
佛智等ら／「トイフハ」　下89オ4
我「レ」等ら／「ラ」　下90オ6、下91ウ4
彼「レ」等ら(は)／「ラハ」　下90ウ7
我等ら／「ラ」　下91ウ1
我「レ」等「ラ」與「ト」共ニ／「ニ」　下91ウ6
何な／「ナン」等らの／「ラノ」　下96オ6
ラク(接尾語)→スラク、ツグラク、ナラク、ユメミラク、ヲシフラク
[補讀]
夢に／「ユメミラク」　下99オ3
ラム(助動詞)
[補讀]
誦「-」習すら(む)と／「スルコト」　中36オ1
觀「-」察(し)たまふ／「シタマフラム」　中47ウ5
照(し)たまふらむ／「ストイフコトヲ」　中96オ5
擁「-」護(し)たまふら(む)／「シタマフラム」　中96ウ6
來「-」入(し)たまふらむ／「シタマフラム」　中96ウ7
聞(き)たまふらむと　中42オ1
知(り)たまふらむと／「シンタマヘラムト」　中42オ5
引「-」接(し)たまふらむと／「シタマフラムト」　中97オ4
成(す)らむ(と)／「セムト(スルモノ)」　下11オ3
ラル(被)(受身)

〔所〕11715
食「セラレ」所「ル」 上5オ3
害「セ」所る／「ラル」 上25オ7
爲に／「ニ」害「セ」所る／「ラレ」 上26オ7
喫食せ所らる 上26ウ6
「ノ」爲に／「ニ」［之］侵「-」害せ／「セ」所る／「ラレテ」 上27ウ1
「ノ」［之］爲に／「ニ」喫「セフ」食せ／「セ」所る／「ラレ」 上32ウ4
著せ／「ケカサ」所る／「ル」 上35オ3
导へ／「サヘ」所る／「ラル」 下41ウ7
縛せ／「セ」所る(と)／「ラル」 下42オ1
喫食「(せ)」所「ル、(トコロ)」爲「タリ」 上26ウ6
觸レ／「フレハヘ」所るる／「ラレヌルハ」 中38オ6
「ノ」爲「ニ」逼「セメ」所「サ(「ラ」の誤)ル、ト」 上22ウ4
繫-「-」縛する所なり／「ラレ」 上16オ4
爲に／「ニ」害「セ」所る／「ラレ」 上26オ7
「ノ」［之］爲に／「ニ」喫「セフ」食せ／「セ」所る／「ラレ」 上32ウ4
覆蔽せ／「イセ(ママ)」所れ／「ラレ」不「ス」 下9オ7
障へ／「サヘ」所れ／「ラレ」 下87ウ6
護念せ／「セ」所られ(な)／「ラレ」者は／「ハ」 下92ウ7
と／「ニ」成せる／「セ」所なり／「レタリ」 上28オ3
印せ／「セ」所れたり／「ラレヌル」 下91オ1
「ノ」爲に／「ニ」［之］侵「-」害せ／「セ」所る／「ラレテ」 上27ウ1
逼さ／「メ」所れて／「サレ」 上40ウ6
旋-轉せ／「セ」所れて／「ラレテ」 中43ウ1
盲(ひ)／「シヒサ(「ラ」の誤か)」所れて／「レラ(「テ」の誤か)」 中92オ2
覆-障せ／「セ」所れて／「ラレテ」 下78オ1
觸レ／「フレハヘ」所るる／「ラレヌルハ」 中38オ6
逼さ／「メ」所レムことを／「コトヲ」 上79ウ6
〔被〕34222
殘害せ／「セ」被らる／「ラル」 上27オ3
射イラ／「ヤ」被れ／「カフレルモノ」 下76オ2
纏「-」縛せ／「セ」被れて／「レテ」 上107ウ1
抄「サウ」-掠(上)せ被れて／「ラレテ」 中26オ5
〔見〕34796
殺-害せ／「セ」見れぬ／「ラル」 上44オ3
怪異「セ」見「ラル」 上44オ7
濟「-」拔せ／「セ」見ラレタリ／「ラレタリ」 下28オ6
放「-」捨せ見れて(よ)／「(ム)コト(ヲ)」

上9オ4

［補讀］

加(へ)らる／「クハヘラル」 上26ウ2

撾「タ」-打楚「ソ」撻セラる／「セラレ」 上32ウ3

惱「-」亂せらる／「セラハ」 中63ウ4

稱「-」讚せらる／「セラレム」 中87ウ4

煎「セウ」煮す／「セラル、」 上19ウ5

殘害「セラル、ルコト」 上40ウ5

相ひ煎せらる／「セラル、コト」 上46ウ1

護念せ(らるることを)／「セラル、コトヲ」 中73ウ7

鞭(去)ヘン／ウチ撻せらるること／「セラル、モノ」有り／「リ」 上40ウ4

苦-「ニ」逼(せられて)「セメラレテ」 上17ウ6

焚「ホン」「-」燒し／「セラレ」 上19ウ4

撾「タ」-打楚「ソ」撻セラる／「セラレ」

囚コメラレたるに／「トラハレタルカ」如-似 上32ウ3

たり／「コトシ」 上36ウ6

繫「-」縛し／「セラレ」及「ヒ」 上40ウ4

惑-網たりき／「セラレ」 下27オ4

燋コカシ／「セウ」爛タ、サレキ／「セラレ」 下72オ1

逼(めら)れ／「メラレテ」已(り)て 上8オ4

燒炙キウ反せられて／「アフルニ」 上12ウ6

逼されて／「メサ(「ラ」の誤か)レテ」 上46オ6

轉セラレて／「セラレテ」 中40オ4

著に／「セラレテ」 中63ウ4

圍「-」遶して／「セラレテ」 中94ウ7

逼されて(「られて」の誤か)／「メテ」 下18オ5

幽「-」閉トラヘラレテ逃ケて(ママ)／ち／「セラレタリ」 下82ウ4

障へられて／「サヘラレテ」 下87ウ6

稱「-」讚せらる／「セラレム」 中87ウ4

沒せるか／「シメラ(「レ」脱か)ムカ」如き「ハ」 上107オ2

慈「-」救せ／「セ」見れよと／「ラレヨト」 下26ウ4

リ

リ(助動詞)→ツゲラク

［補讀］

惱「-」亂せらる／「セラハ」 中63ウ4

犯せらは／「シ」 中80ウ3

作さむか／「ナセラム」如(く)せむをは／「ハカリニセムヲハ」 上97オ7

發さむ／「セラム」者ものは／「ノハ」 上99オ6

薰しつれは／「セラム」 上102オ3

合集して／「セラム」 中33ウ2
千倍の／「セラム」 中33ウ6
爲なしてむ／「ナセラム」 中43オ3
書「-」寫せることを／「セラム」 中43ウ6
滿てらむ／「テ」 中52ウ7、下4ウ2、下4ウ5
滿てる／「テラム」 中87オ6
作れる／「セラム」者ものは／「モノ」 中97ウ7
造れ(る)／「レラム」 中98ウ1、中98ウ1
滿てらむ／「テル」 下3ウ2、下4オ1
窮「キハマレラムニモ」 下6オ5
求め「-」得む「セラム」者をや／「モノヲヤ」 下7オ7
毀「-」犯せること／「セラム」 下39ウ6
積メる／「ツメラム」草ニ／「ノ」 下68オ6
修の／「セラム」所「ノ」 下85ウ2
具に／「セラム」 下93ウ4
盛レラムか／「タルカ」如し／「シ」 上31オ1
覆へるか／「ヘラムカ」如し／「シ」 上32オ1
値ツるか／「アヘラムカ」［猶］(し)／「コトシ」 中94オ2
知(り)たまふらむと／「シンタマヘラムト」 中42オ5
勝まされり(と)／「マサレラムト」 中87ウ6
對ふては／「ムカヘラムトキンハ」 中54ウ4
睡(り)ても／「ネフレラムニ」 中29オ3
奉行すれは／「セラムニ」 下79オ7
成れらむを／「ナレラムニオイテ」 下4オ2
成して／「セラムモノ」 下37ウ7
焚「フン」燒せむ／「セラムヨリハ」 下85オ1
徹れりき／「トホレリ」／「セリ」 下28オ4
處すれども／「オケリトモ」 上101ウ1
懷く／「タケル」 下36オ3
出-成する／「シメル」(ママ)時に／「ニハ」 下69ウ1
言(の)たまふか／「ノタマヘルカ」如し／「シ」 下90ウ6
具すれとも／「セレトモ」 上37ウ7
遇ツとも／「ヘレトモ」 上38オ1
處すれとも／「セレトモ」 上101ウ2
修すれども／「セレトモ」 上109ウ1
作せる／「ナセレハ」 中11オ5
相「-」應して／「セレハ」 上59オ2
水「-」清めは／スミヌレハ／「スメレハ」 下12オ2

ル

ル（被）（受身）
〔所〕11715
燒「ヤカ」所「ル」 上3ウ6
鐵火「ノ」爲「ニ」燒か／「ヤカ」所る／「ル」 上4オ6

侵ヲカサ／「ヲカ」所る／「サル」 上33ウ3、上33ウ3
の／「ノ」爲に／「ニ」呑ノマ「ノマ」所る／「レヌ」 上33ウ3
著せ／「ケカサ」所る／「ル」 上35オ3
の爲に逼(なやま)さ所ると 上22ウ4
飢苦の／「ノ」爲に／「ニ」逼(なやま)さ／「セメ」所るて(ママ)／「サル、」 上22ウ2
呑ノマ所るる／「ル、トキニ」 上45ウ2
吹「フ(カ)」所るに／「ル、コト」 上3ウ7
嚙クハ所るることを被るに 下71オ4
の／「ノ」爲に／「ニ」侵ヲカ(さ)／「ヲカサ」所るるに／「ルニ」似たり／「タリ」 上79ウ6
逼さ／「メ」所れて／「サレ」 上40ウ6
誑かさ／「タフロカサ」所れき／「レタルナリ」 上9ウ6
傷(は)／「ソコナハ」所れたるもの／「レタルコトニ」 下76オ2
誑タフロカさ所れて／「レテ」 上7オ7
吹か／「カ」所れて／「レテ」 上13オ1
水の／「ノ」爲に漂よはさ／「タヨハサ」所れて／「サレルモノ(本のまま)」 上107オ3、上107オ3
逼(訓)(おひやか)さ／「セメヤ(「ラ」の誤)」所れて／「レテハ」 中30オ6
盲(ひ)／「シヒサ(「ラ」の誤か)」所れて／「レラ(「テ」の誤か)」 中92オ2
の／「ノ」爲に／「ニ」呑ノマ「ノマ」所る／「レヌ」 上33ウ3
逼さ／「メ」所レムことを／「コトヲ」 上79ウ6

〔被〕34222

焼か／「ヤカ」被るること／「コト」 上7ウ1
中ヤふら／「ヤフラ」被れて／「レタリ」 下68オ1
引か／「ヒカ」被れて／「レテ」 下13オ6

〔被所〕34222 11715

嚙(ま)所被レタルニ 下71オ4

〔補讀〕

焼(かる)ることは／「ヤカル、コト」 上14ウ3
押サ(るる)こと／「オサル、コト」 上25オ2
蒙らるる(に)／「フルニ」 中66オ4
破り／「ヤフラレ」 上27ウ1
刖キル／「キラレ」 上32ウ3
照さ／「サレ」不き／「トイフコト」 中36ウ4
焼き燃モヤサレ 下72オ1
焦コカシ／「セウ」爛タ、サレキ／「セラレ」 下72オ1
誑ワカれて／「マトハサレテ」 上9ウ4
下すに／「クタサレテ」 中38ウ1
鑽(去)サ、ム／「キラレム」 上40ウ3
爆アフラレムト／「アフラレムト」 中98オ3

噬「クハレムト」欲しき／「ス」　下29オ7

ワ

ワ（輪）
〔卝〕00077
卝ワナル童　下99オ3
ワガ（我）
〔我〕11545
我か／「カ」　上35ウ6、上61オ7、上63ウ3、上63ウ4、上73オ4、上94オ6、上96オ5、上97ウ4、上97ウ4、中83オ7、中86オ1、中86オ2、中94オ7、中94ウ4、中96オ3
我「カ」　上37オ5、上81オ2、下5オ4
我か／「ワカ」　上44ウ1
我か／「カ」過「トカ」（なり）〔也〕　上44ウ3
我か／「カ」〔之〕所說の／「ノ」如く／「ク」　上46ウ2
我か／「カ」名　上61オ7、上63ウ1
況（や）我か／「カ」身を／「ヲ」　上61オ7
我を／「カ」名　上61ウ1
我か國（く）にも　上69オ1
我か法　上81オ7
我「カ」法「ノ」中「ニ」於「イテ」　上81ウ1
我か法の中に於して　上81ウ1
我か／「カ」爲に／「ニ」　上91オ5、下90ウ6
我「カ」所有の／「ノ」　中16ウ7
我か／「カ」教に／「ヘニ」　中75ウ4
我か爲に／「ニ」　中87オ1
我か／「カ」國に／「ニ」　中94オ7、中94ウ6、下33オ6
我か／「カ」心を／「ヲ」　中96ウ1
我か／「カ」名を／「ヲ」　下5オ4
我か／「カ」所-語は／「ハ」　下5ウ4
我か／「カ」所「-」語の／「ノ」　下5ウ7
我か／「カ」所に／「ロニ」於て／「イテ」
我か／「カ」如（く）して／「クシテ」　下10ウ3
我か心の／「ノ」　下10ウ4
我か／「カ」心なり／「ナリ」　下12ウ1
我か／「か」身なり／「ナリ」　下12ウ3
我か／「カ」名字を／「ヲ」　下12ウ4
我か／「カ」聞の／「ク」所「ノ」如く／「ク」　下16オ3、下18ウ2
我（か）／「カ」名字を／「ヲ」　下16ウ2
我か／「カ」出（て）たるに／「タルニ」　下18ウ3
我の／「カ」　下19ウ7
我か／「カ」身　下20オ7
我か／「カ」つみを／「ヲ」　下21オ5
我か／「カ」身「ミ」　下22オ6
我か／「カ」妻を／「ヲ」　下25ウ7
我か／「カ」朝に／「ニ」　下28オ6
下28ウ2

我か／「か」國に／「ニ」　下33ウ1
我か／「カ」與に／「タメニ」　下92オ2
我か／「カ」滅後に／「ニ」於「テ」　下92オ4
我か／「カ」弟子なり　下94ウ5

ワカツ（分）
〔分〕01853
分つ／「レム」者もの／「モノ」（あらむ）　上37オ3
分つ／「ツ」應し／「シ」　下62ウ2
分（つ）に／「ツコト」　下51オ7
分つ（なり）／「ツト」［也］　下53ウ1

ワカル（分）
〔分〕01853
分（れ）て／「レテ」　中5ウ4
分れて／「レテ」　中8オ4
分つ／「レム」者もの／「モノ」（あらむ）　上37オ3

ワカル（別）
〔別〕01924
を／「ヲ」別かれぬ／「レヌ」　上59オ4

ワキ（脇）
〔腋〕29615
腋ワキの／「ノ」下たより／「タヨリ」　上35オ3
腋の／「ワキノ」下は／「タハ」　中8オ7

ワキマフ（辨）
〔弁〕09588
弁ゝむ／「セムヤ」　上59ウ7

ワク（沸）（四段）
〔沸〕17251
沸-「セイ（「精」の誤點）」-「ワキ」熱の／「アッキ」　上22オ2
沸ワク／く　上17オ1
沸ワケルを／「ヲ」以（て）　上15オ7
〔洋〕17363
洋生反／ワケル-銅を「ウヲ」　上9ウ1

〔涌〕17534
踊（「涌」の誤か）／「ワキ」出して／「ツ」　上17オ2
踊（「涌」の誤か）くこと　上17オ1
〔蕩〕32002
騰アカリ蕩ワクニ　上22オ5
〔融〕33384
融「ワクカ」如「シ」　下61ウ6

ワク（分）（下二段）
〔誑〕35510
誑ワカれて／「マトハサレテ」　上9ウ4

ワシ（鷲）
〔鷲〕47345
鷲「ワシ」　上6ウ1

ワスル（忘）
〔忘〕10333
忘（る）ること／「ル、コト」莫れ／「マナ」　中18オ7

忘るること／「ル、コト」　中53ウ4
忘る、こと／「ル、コト」莫れと／「マナト」　下26ウ6
忘れ捨て／「セ」不れ／「サレ」　下96オ4
忘(れ)たり／「レタリ」　中92オ2

ワダカマル（蟠）

〔盤結〕23036 27398
盤「-」結《ワタカマレル》　中11オ4
〔蟠〕33591
蟠《ワタカマレル》か如し／「シ」　上29ウ3

ワタス（渡）

〔度〕09313
度さむと／「セムト」　上94ウ2、中48オ6、下26オ2
度さむと／「セム」　上94ウ5
度さむと／「ト」　上94ウ7
度す可き／「キ」　中47オ4
度(し)たまふ／「ス」　下8ウ1
度すに／「スルニ」　上64オ4

ワタル（渡）

〔度〕09313
度るか／「ラムカ」若ことし／「コトシ」　上79オ6
度るか／「ラムカ」若ことし／「コトシ」　上79オ6
〔渉〕17530
渉《ワタリ》　上49オ5
渉るか／「ワタルカ」如きを／「クスルヲ」　中83オ6
渉るか／「ワタルカ」如きを／「クシ」　下95ウ6
〔渡〕17765
渡らは／「ラム」　中29ウ2
渡「ラム」　中29ウ1
渡らむ／「ル」　中29ウ3
渡らむことを／「ルコトヲ」　中29ウ4
渡らむと　中29オ7
渡《ワタ》(り)て／「ワタンテ」　上58オ3
渡らむ／「ル」　中29ウ3
渡ることを　中29ウ1
渡らむことを／「ルコトヲ」　中29ウ4
渡るに／「ルニ」　上24オ5
渡《ワタ》(り)て／「ワタンテ」　上58オ3
〔過〕39002
過き／「ワタリ」　中53オ7
過(き)て／「ワタンテ」　中53オ3

ワヅカ（僅）

〔纔〕28070
纔に／「ワツカニ」　上21ウ1、上50オ3
纔に／「ニ」　上67オ2
纔に／「カニ」　下57ウ3
纔(か)に／「カニ」　下66オ1
〔讒〕36137
讒に／「ワツカニ」　上3オ5

ワヅラハシ(煩)↓ワヅラハシウス、ワヅラハシクス
〔労〕02410
労《イタハ》しく／「ワツラハシク」　下64ウ4
労《イタハ》(ら)しむ／「ワツラハシク」　下97ウ1
〔煩〕19229
煩(はし)く／「ク」　中35オ6

ワヅラハシウス(煩)
〔煩〕19229
煩《ワツラハシ》(くす)／「シウス」可(から)不「ス」　下89オ7

ワヅラハシクス(煩)
〔煩〕19229
煩《ワツラハシ》(くす)／「シウス」可(から)不「ス」　下89オ7

ワヅラヒ(煩)
〔惑〕10789
惑ひを／「ワツラヒ」　上80ウ1

ワラフ(笑)
〔咲〕03554
咲《ワラヒ》たまふ／「ヱムタマフ」　上69オ4

ワル(割)(四段)
〔割〕02112
割《ワ》テ　上25オ7

ワル(割)(下二段)
〔破〕24124
破れて／「ワレテ」　上102オ7

ワレ(我)↓ワレラ
〔吾〕03379
吾れ　上69オ5
吾をして／「レヲシテ」　中98ウ6
吾れ／「レ」　中99オ3、中100オ3、下35ウ4
〔我〕11545
我「レ」　上7オ3、上15ウ7、上16オ1、上22ウ4、上35オ6、上44ウ2、上57オ6、上66ウ3、上69ウ6、上95ウ1、上100オ3、中17オ2、中20オ7、中22ウ1、中27ウ2、中29ウ1、中31オ2、中31ウ6、中32オ5、中32ウ7、中36オ6、中40オ3、中40ウ6、中49ウ1、中49ウ2、中50ウ7、中51ウ2、中51ウ7、中52オ4、中53オ7、中57ウ7、中58オ1、中58オ4、中65ウ7、中67オ4、中68オ4、中69オ7、中71ウ2、中71ウ6、中71ウ7、中72ウ4、中94オ6、中94ウ5、中95オ2、中95ウ1、中98オ2、中100オ5、中100オ7、下7オ6、下11オ1、下12ウ2、下12ウ4、下12ウ4、下12ウ5、下13ウ2、下17ウ2、下20ウ5、下22オ5、下23オ2、下24オ3、下24ウ4、下24ウ5、下24ウ7、下25オ1、下27オ4、下27オ5、下27オ5、下27オ6、下27ウ2、下27ウ4、下27ウ7、下28オ1、下28オ2、下29オ2、下29オ4、下29ウ2、下29ウ3、下35オ5、下59オ3、

下61オ6、下66オ5、下76ウ7、下82オ4、
下85オ4、下92オ1、下92オ2、下92オ7、
下92ウ4、下98ウ1、下98ウ4
我「レヲ」　上7オ4
我に／「レニ」於て／「テ」　上9ウ3
我れ／「レ」　上35オ5、上48オ7、上98オ7、
中69オ5、下76ウ5
我を／「レヲ」　上35オ7、中36ウ5、
中66オ1、中85オ2、下25オ1、下28オ1、
下33オ7、下34オ2、下61オ6、下63オ5、
下63オ6、下84オ2、下84オ4、下98ウ1
我れ「ト」　上89ウ4
我「レ」は　上96オ7
我(も)／「レモ」　中17ウ2、中86オ1
我れ　中34オ5、下21ウ7
我れ／「カ」　中35ウ1
我か／「レ」　中36オ5
我レ／「レ」　中40ウ2
我に／「レニ」　中43オ7、中43ウ2、
下22ウ3、下27オ7、下31ウ2
我「レハ」　中69ウ1
我をして／「レヲシテ」　中84ウ3
我(れ)も／「レモ」　中85オ6
［於］我を／「レヲ」　中94オ5
我「レ」與「ト」　下19ウ5
我れ「レ」　下24オ2
我に／「レヲ」　下27ウ5

ワレラ(我等)
〔我等〕11545 25992
我等ら／「ラ」　上22ウ2、上38オ5、下91ウ1
我等「ラ」　上37ウ5
我-等ら　上99オ2
我「レ」等「ラ」　中75ウ2
我-等ら／「ラ」　下24ウ7
我「レ」等か／「ラカ」　下54オ4
我等か／「ラカ」　下54オ5
我「-」等ら　下59オ5
我「レ」等ら／「ラ」　下90オ6、下91ウ4
我「レ」等「ラ」與「ト」共ニ／「ニ」　下91ウ6

ヰ

ヰヤマフ(敬)
〔恭〕10596
恭ツヽシムテ／カシコマテ／「ヰヤマムテ」　下27ウ6
〔敬〕13303
敬ふか／「ヰヤマフカ」故に／「ニ」　下19オ6

ヰル(居)
〔坐〕04931
坐し／「ヰ」已(り)て／「ハンヌレハ」　中100オ7
坐して／「ヰテ」　上43ウ5

坐しぬ／「ヰヌ」 中98オ4
坐せむと／「ヰヌトイヘリ」 中99オ3
偃「ノキフシ」坐「ヰルコト」 中98ウ2
坐するに／「ヰルニ」 上21ウ1

ヰル（率）
〔將〕07438
將て／「ヰテ」 上14ウ5、上16オ6
將ゐて／「ヰテ」 下99オ3

ヱ

ヱ→ツリヱ

ヱガク（畫）
〔畫〕21859
畫かき／「ヱシ」 下2オ2

ヱフ（醉）
〔醉〕39906
醉は／「ヱハ」令しめ／「シメ」已(り)て／「テ」 上10オ6

ヱム（笑）
〔咲〕03554
咲《ワラヒ》たまふ／「ヱムタマフ」 上69オ4
咲《ヱム》／「タマフ」時き／「キ」 中6ウ4

ヲ

ヲ（尾）
〔尾〕07650
尾「ケ（「ヲ」の誤か）」あり／「アリ」 上29ウ5
耳「ミ、」尾「ヲ」牙を／「キハヲ」 上34ウ3
尾の／「ヲノ」 下41ウ7

ヲ（緒）→コトノヲ
〔絃〕27373
琴《コトノ》／「ノ」絃《ヲト》／「ヲト」爲れは／「スレハ」 下69ウ3
絃は／「コトノヲハ」 下69ウ3

ヲカ（助詞）
［補讀］
何「-」等らをか／「ラノヲカ」 下8ウ2

ヲカス（犯）
〔侵〕00646
侵《ヲカサ》／「ヲカサス」不「ス」 上15オ6
侵《ヲカサ》／「ヲカ」所る／「サル」 上33ウ3
の／「ノ」爲に／「ニ」侵《ヲカ》(さ)／「ヲカサ」
所るるに／「ルニ」似たり／「タリ」 上79ウ6
侵す／「ヲカスト」者「イハ、」 中87ウ2
〔汚〕17133
汚《ケカセル》／「オカセル」 上13ウ3
〔犯〕20238
犯《サ》／「セ」不る／「ル」 中55オ3
犯し／「シ」 上19オ3、中98オ6、中99オ7、下2ウ1
犯せらは／「シ」 中80ウ3

犯(を)かし／「シツレハ」　中70ウ2
犯(し)て／「ヲカシテ」　下82ウ4
犯せは／「セハ」　中26ウ7
犯せる[之]者の／「ノ」　上15オ4
犯せるを／「セルヲ」　下95オ6

ヲコツル(誘)

〔宛〕07110
闚-宛ヲコツリ／「ヲコツリ」　上28ウ1

ヲサナシ(幼)

〔稚〕25120
稚オサナキ　上44ウ2

ヲサマル(收)

〔攝〕13010
攝まら／「オサマラ」不らむ／「サラム」　中60ウ4

ヲサム(收)

〔攝〕13010
攝して／「オサメテ」　中10ウ1
攝することを／「ヲサメツイ(「ル」の誤か)」爲す／「ス」　下9ウ1

〔收〕13110
收め／「ヲサメ」　上43ウ2
收めて／「ヲサメテ」／「サス」　中57ウ6

〔斂〕13407
斂ヲサムレハ／「オサムレハ」　中9オ5
貯タクハヘ／「ヘ」積《ミ》聚ツメ斂(去)レム反すれとも／ヲサメム　上34オ5

〔歛〕16210
歛ヲサメして／「ヲサメ」　下27ウ6

〔納〕27264
納「ヲサメ」　中39ウ2

〔藏〕32264
藏「オサム」　下81ウ2
密カクシ藏ヲサめ／「シテ」　下82オ5

ヲシ(鴛鴦)

〔鴛鴦〕46795 46822
鴛(平)「エン」鴦(平)ヲシ／「アウ」　上49オ1

ヲシテ(助詞)→シテ

[補讀]
有情をして／「ノ」　上11ウ6
人-「-」畜をして形を易(へ)使しメキ／「シム」　上43オ6
瓦-礫をして／「ヲ」寶と／「ト」爲し／「ナシ」　上43オ6
覺者をして　上56ウ2
其をしてせ／「タ(「ヲ」の誤か)シテ」令めたまふ／「メタマフ」　上68ウ1
類をして／「ヲシテ」…生なさ／「サ」令しめむ／「シメム」　上109ウ7
舌をして／「ヲシテ」　中13ウ5
心をして／「ヲシテ」　中17ウ7、中55オ6、中67ウ2
汝をして／「ヲシテ」　中20オ7
善根をして／「ヲシテ」　中22ウ7

聲をして／「ヲシテ」 中30オ6、中30オ7、下18オ5
功徳を／「ハカリヲシテ」 中33ウ1
力を／「ヲシテ」 中37オ7
人として／「ヲシテ」 中39オ6
十方世界「ヲシテ」 中39ウ4
衆生をして／「ヲシテ」 中41ウ6、中57オ2、中74オ6、下21ウ6、下46オ5
我をして／「ヲシテ」 中42ウ6、下31ウ2、下84オ1
人をして／「ヲシテ」 中45ウ1、中60ウ4、中64ウ6
我をして／「レヲシテ」 中45ウ4、中84ウ3
法として／「ヲシテ」 中46オ7
其をして／「レヲシテ」 中46ウ5、中46ウ6、下33ウ3
衆生をして 中55ウ6
行者をして／「ヲシテ」 中60ウ1
一切衆生をして／「ヲシテ」 中61ウ4
心-眼をして／「ヲシテ」 中62ウ4
衆生き（ママ）／「ヲシテ」 中74ウ4
衆生「ヲシテ」 中75オ4
類をして／「ヲシテ」 中75ウ5
筋（訓）／「コン」骨（訓）／「ヲシテ」 中83オ7
病者をして／「ヲシテ」 中88ウ7
身「-」心を／「ヲシテ」 中89オ2
業をして／「ヲシテ」 中95オ4、下56オ5、下74ウ7、下77オ4
心（訓）をして／「ヲシテ」 中95ウ3
吾をして／「レヲシテ」 中98ウ6
行「-」者をして／「ヲシテ」 下14オ1
芔をして／「ヲシテ」 下15オ7
是の人をして／「ヲシテ」 下15ウ1
使を／「ヒヲシテ」 下31ウ1
一百八「ヲシテ」 下31ウ4
彼の／「ノ」天子をして／「ヲシテ」 下46ウ5
魚をして／「ヲシテ」 下77ウ5
樹をして／「ヲモテ」 下82オ2
王をして／「ヲシテ」 下82オ5
天人をして／「ヲシテ」 下91オ5
諸の「-」相をもて／「ヲシテ」 下91ウ5
富單那等ノ／をして／「ヲシテ」 下91ウ5
彼をして／「レヲシテ」 下91ウ5
彼「レ」等をして／「ヲシテ」 下92ウ3
學者をして／「ヲシテ」 下98オ2

ヲシフ（教）→ヲシヘタマハク、ヲシフラク

〔教〕13212
教（ふ）る／「ヘム」者ものを／「モノヲヤ」 下61オ5
教（ゝ）たまふなりと／「ヘタマヘルナリ」 下63ウ6
教（へ）て／「ヘテ」 上12ウ7、中99ウ1、下95オ5

教へて／「ヘテ」
上77オ5、下13オ7、下20オ3、下36ウ5
教(へ)て／「ヲシヘテ」　中54オ3
教って／「ヘテ」　下95オ7
教(ふ)る／「ヘム」者ものを／「モノヲヤ」　下61オ5
教へむをや／「ヲシヘムモノヲヤ」　中51ウ6

ヲシフラク(教)
〔教〕13212
教ったまはく／「フラク」　下61オ2

ヲシヘ(教)
〔教〕13212
教に／「ヘニ」　中75ウ4
教へに／「ヘニ」　下18オ5
父か／「カ」教へに／「ニ」　下28ウ6

ヲシヘタマハク(教)
〔教〕13212
教ったまはく／「フラク」　下61オ2

ヲシム(惜)
〔惜〕10814
惜(ま)／「マ」不「ス」　下37オ5
惜(ま)／「ヲシマ」不るを／「サルヲ」　下70ウ2
惜「-」「ヲシミ」悔「クヒ(「タ」脱か)ルコト」　中59ウ2

ヲノ(斧)
〔挺〕12106
金挺「オノ」　中6オ1
〔斧〕13539
斧「オノヲ」以「テ」　上4ウ2
鐵(「訓」)斧(上)を／「ヲノ」／「フヲ」　中98オ5

ヲノノク(戰)
〔戰〕11667
戰オノ、キ／「セン」悼カツ／「テウス」　上27オ7

ヲバ(助詞)
［補讀］
无(し)と／「キヲハ」　下69オ4
一「-」分をは／「ヲ」　下92オ3
第二の分を／「ヲハ」者は　下92オ3
著た(る)／「キタル」者をは／「ノヲ」以(て)／「テ」　下92ウ2
類(をは)／「ヲハ」　下93オ6
有るは／「ルヲハ」　下98オ6

ヲハリ(終)→ヲハン
〔終〕27372
終りには／「リニハ」　上39オ1
終「リニ」　上39ウ1、上45ウ5
終る／「リノ」時に／「キニ」　上45ウ3
終りに／「リニ」　上45ウ4
終に／「リニ」　中97オ5

ヲハル(終)
〔已〕08743

繫「カケ」已て／「ハテ」　上5ウ2
到り／「リ」已レは／「ハテ」　上14オ5
砕け／「ケ」已(りぬ)れは／「ハテ」　上20オ7
現し／「シ」已(り)て／「ハテ」　中3ウ3
已(り)て／「ハ(リテ)」　上14オ5
壊り／「ヤフリ」已(り)て／「テ」　上15ウ2
入り／(リ)已るに／「ルニ」　上12ウ4
轉し／「シ」已るに／「ルニ」　上13オ3
出て／「テ」已(り)て／「ハルニ」　上20ウ5
告け／「ケ」已るに／「ヌレハ」　中64オ5
作し／「シ」已(る)に／「ハルニ」　中98ウ6
食ひ／「ヒ」已(り)て／「ルレハ」(ママ)
上31オ6
得「エ」已れとも「(り)ヌレハ」　下41ウ5
到り／「イタリ」已れは／「テ」　上7オ6
抜き／「キ」已れは／「レハ」　上11オ6
〻(生)し／「シ」已れは／「レハ」　上12ウ4
焼き／「ケ」已れは／「レハ」　上12ウ4

到り／「リ」已レは／「ハテ」　上14オ5
砕け／「タケ」已れは／「ハ」　上19ウ7
〻(生)し／「シ」已れは　上20オ1
已(りぬ)れは／「ハレハ」　上55ウ7
擧け／「アケ」已れは／「レハ」／「テ」
上56オ6
語らひ／「ヒ」已(り)て／「レハ」　上58ウ5
議し／「シ」已(り)て／「レハ」　上58ウ5
已(は)れは／「ハレハ」　中4ウ2
得「エ」已(り)て／「ハンシカハ」　下22ウ3
食し／「シ」已(り)ぬれは／「ハンテ」
上55ウ6
〻(想)ひ／「ヒ」已(り)て／「ハンテ」
中13ウ3
聞き／「キ」已(り)て／「ハンテ」　中99オ3
〻(滅)し／「シ」已(り)て／「ヲハンテ」
上42ウ3
坐し／「ヰ」已(り)て／「ハンヌレハ」

〔畢〕21829
中100ウ1
畢ヲへて／「ヲハンテ」　中46オ3
畢(り)ぬ／「(ヲ)ハンヌ」　中59オ4
〔終〕27372
終(り)／「ヲハテ」　中78オ1
終ら／「ヲハラ」令(む)ること／「シムルコト」
下92ウ2
終ら／「ヲハラ」令(む)ること／「シムルコト」
勿かれ／「カ」　下92ウ3
終らむ／「ラム」時に／「キニ」　下33オ5
終せむと／「ヲハラムト」　中89オ1
終(らむ)と／「ラムト」　下17オ5
終らむと／「ラムト」欲せむ／「セム」時に／
「ニ」　下33ウ2
終らむと／「ヲハラムト」　下39ウ7
終(り)ては／「ラムニ」　下35ウ3
終る／「リノ」時に／「キニ」　上45ウ3

終る／「ヲハルマテナリ」 下60ウ1

〔訖〕35242

洗浴し／スルコト已「テ二」訖(り)て／「ハンル(「ヌ」の誤か)レハ」 上53ウ5

ヲハン(終)↓ヲハリ

〔終〕27372

終の／「ヲハン」時に／「キ二 中99ウ3

ヲヒヒル(雄蛾)

〔蛾〕33082

蚓(平)イン／ミ、ス蛾を／「ヲヒ、ル」「ナツムシ」 上24ウ1、上24ウ1

ヲフ(終)

〔畢〕21829

畢ふ／「ヲフ」 下99オ2

畢るまてに／「ヲフルマテニセハ」 中80オ5

畢(ふ)るを／「ヲフルヲ」 中25ウ6

畢ツクルを／フルヲ／「ヲフルヲ」 下55ウ7

畢(ふるを)／「ヲフルヲ」 下56オ2

畢ふるを／「ヲフルヲ」 下56オ4

畢ヲへて／「ヲハンテ」 中46オ3

〔竟〕25757

盡「キ」竟(ふ)る「ヲフ」可(から)／「ヘ」不「ス」 下7オ6

終「(ヲ)ヘ」竟「フルコト」 中83ウ4

竟(を)ふること 下59オ4

終「ヲヘ」竟「ヲフルマテ二」 中83ウ2

竟「ヲヘ」未「シ(と)」 下59オ4

〔終〕27372

終るに／「ヲフル二」 下23ウ5

終「ヲ(ヘ)」竟「フルマテ二」 中83ウ3

終「ヲヘ」竟「ヲフルマテ二」 中83ウ2

終「ヲ(ヘ)」竟「フルマテ二」 中83ウ3

終「(ヲ)ヘ」竟「フルコト」 中83ウ4

ヲムナ(女)

〔婦〕06432

婦「女ノ」人の／「トシテ」 上23ウ4

ヲムナメ(女)

〔孃〕06891

孃ヲムナメ／「ハ、」 中26オ7

ヲヤ(助詞)

［補讀］

燒くか／ヤクヲヤ如し／「トクナラムヤ」 上14ウ3

將に／「二」至(り)なむと／「ナムトスルヲヤ」 上36ウ4

［將］す

況「ヤ」无量劫をや／「ヲヤ」 上37ウ5

逕せむをや／「セムヲヤ」 上40ウ2

催モヨホスをや／「スヲヤ」 上45オ4

世人「ヲヤ」乎をや 上57ウ2

何(に)況(や)諸の／「ノ」苦を／「ヲヤ」耶や 上59オ6

況(や)結焉「ヲヤ」乎をや 上61オ1

何(に)況「ヤ」凡夫をや 上67オ1

滅「-」後をや 上67オ3

見む／をや「ヲヤ」 上72ウ6
何(に)況「ヤ」常に／「ニ」讚(する)をや／「ヲヤ」 上86オ2
何(に)況(や)…憶-念せむをや／「セムヤ」 上95ウ6
況(や)…菩提心を／「ヲ」耶やといへり／「ヤト」 上104ウ4
觀せむをや(と)／「セムヲヤト」 中18ウ4
況「ヤ」復…觀せむをや(と)／「セムヲヤト」 中20オ5
何「ニ」況「ヤ」…念せむをや／「セムヲヤ」 中21オ1
何(に)況(や)…聞-「-」知せむをや 中24ウ3
何「ニ」況「ヤ」…行「セムヲヤ」 中24ウ4
異(「音」)をや 中44ウ2
況「ヤ」…於おきてをや／「テヲヤト」「乎」 中49オ7
餘「ノ」事をや／「ヲヤ」 中61オ1
念佛三昧なり／「ナルヲヤ」 中68オ7
不「-」善(の)業道をや／「ヲヤ」 中69ウ1
具せむをや／「セラムヲヤ」 中76オ3
說(か)むをや／「カムヲヤ」 中87オ7
成せむをや／「セムヲヤ」 中87ウ1
頃「アヒタ」(の)如くせむをや 中87ウ1
往生「ヲヤ」 中94オ3
禮「-」拜せむをや／「セムモノヲヤ」 下2オ7
修せむをやといへり／「セムヲヤトイヘリ」 下2ウ5
求め「-」得む「セラム」者をや／「モノヲヤ」 下7オ7
念を／「ヒヲ」繫けて／「カケムモノヲヤ」 下8オ7
三昧をや 下8ウ1
觀-念「セムヲヤ」 下11オ4
供養せむをや／「セ(ム)ヲヤ」 下11オ5
憶念せむをや 下14オ5
況(や)／「ヤ」復…觀せむをや(と)／「セムヲヤト」 下14オ6
者をや(と)／「ヲヤ」 下20ウ1
眞身をやと／「ヲヤ」 下23ウ1
佛の「-」身をや／「ヲヤ」 下24ウ4
聽「-」聞せむをや／「セムモヲヤ」 下30オ7
觀「-」念せむを／「セム」耶や／「ヲヤ」 下33ウ6
言(ひた)まへり／「マヘルヲヤ」「乎」 下34オ2
凡夫をや／「ヲヤ」 下41ウ7
況(や)／「ヤ」三と／「ト」爲せるをや／「セルヲヤ」 下54オ6
諸「-」事は／「ヲヤ」 下54ウ5
何(に)／「ニ」況(や)／「ヤ」淨土をや／「ヲヤ」 下54ウ5

何(に)／「ニ」況(や)／「ヤ」佛をや／「ヲヤ」　下76オ6
何(に)／「ニ」況(や)／「ヤ」念するヲヤ／「ヲヤ」　下76オ7
因果をや／「ヲ」　下78ウ4
佛を／「ニオイテセム」耶や／「ヲヤ」　下79ウ3
稱せむをや　下80オ6
況(や)／「ヤ」三昧なるを／「ナル」耶や／「ヲヤ」　下85オ7
說か(む)を／「カムモヲヤ」耶や　下85ウ4
持「-」戒をや／「ヲヤ」　下92ウ5
佛を念せむをや　下92ウ6
念佛「セムモノヲヤ」　下92ウ6
鞭「(去)」「-」打(せむを)や／「セムヲヤ」　下93ウ4
受「-」持せむをや(と)／「セムヲヤ」　下96オ6
何に／「ニ」事をか／「コトヲヤ」期する／「スルヤ」耶　下98ウ3

ヲリ(居)
〔止〕16253
止ま(り)たまひき／「ヲリ」／「セリ」　下66ウ6
止(ま)る／「をり」　下66ウ7

ヲル(折)
〔折〕11890
折「ヲテ」　上3オ3

ン

ン(助動詞)→ヌ
[補讀]
況(や)…受(けむ)ヤ／「ケム(「ム」は「ン」と
　も見ゆ)ヤ」　上99オ1
臨「マン」時に／「キ」　中90ウ1
中には／「(ナ)カンハ」　中63ウ1
離(せ)る(に)も／「セルンモ」　中49ウ5

ンジテ(助詞)→ニシテ
[補讀]
專ら／「ランシテ」　下32ウ3、下34ウ1

字音索引

(1) 一 部

〔一〕00001 イチ
〔下〕00014 カ
〔丐〕00022 カイ
〔且〕00029 シヤ
〔世〕00031 セ
セイ
〔丘〕00033 キウ

(1) 丨 部

〔丱〕00077 クワン

(1) 丿 部

〔乍〕00130 サク
〔乏〕00133 ボク
〔乖〕00149 クヱ

(1) 乙 部

〔乳〕00190 ニウ

(1) 亅 部

〔予〕00231 ヨ

(2) 亠 部

〔亥〕00292 ガイ
〔京〕00299 ケイ

(2) 人 部

〔介〕00359 カイ
〔仰〕00400 カフ
〔任〕00416 ニム
〔伎〕00436 キ
〔伐〕00439 バン
〔休〕00440 ク
〔伴〕00475 バイ
〔佚〕00516 チン
〔佛〕00517 ブツ
〔例〕00587 レイ
レン
〔侍〕00589 ジ
〔侶〕00647 リヨ
〔信〕00707 シン
〔修〕00721 ス
〔倍〕00760 バイ
〔倡〕00783 シヤウ
〔倫〕00793 リン
〔偃〕00830 エン
〔健〕00875 コン
〔僂〕01045 ロ
〔僕〕01094 ボク
〔僻〕01166 ヘキ
〔儉〕01190 ケム
セム
〔儒〕01220 ジユ

(2) 儿 部

〔兆〕01347 テウ
〔先〕01349 セン
〔兒〕01365 ニ
〔兜〕01386 ト

(2) 入 部

〔兩〕01436 リヤウ

(2) 冂 部

〔冑〕01537 チウ

(2) 冖 部

〔冢〕01585 チヨ
〔冥〕01588 ミヤウ
メイ

(2) 冫 部

〔冬〕01610 トウ
〔冶〕01621 ヤ
〔冷〕01622 レイ
〔凍〕01670 トウ
〔凞〕01723-01 キ

(2) 几 部

〔凡〕01739 ハン

(2) 凵 部

〔出〕01811 ス

(2) 刀 部

〔刃〕01850 ニン
〔分〕01853 ブ
〔列〕01901 レツ

〔利〕01932 リ
〔刺〕01969 シ
シイ
〔剃〕01989 テイ
〔剋〕02009 コク
〔剝〕02049 ハク
〔割〕02112 カチ
カン
〔劇〕02218 ギヤク

(2) 力部
〔力〕02288 リ
リヨク
〔努〕02314 ド
〔劫〕02316 ケウ
コフ
〔劬〕02317 ク

〔勇〕02360 ヨウ
〔務〕02394 ム
〔勞〕02410 ラウ
〔勵〕02472 レイ
〔勸〕02486 クワン

(2) 匕部
〔化〕02572 クヱ

(2) 匚部
〔匹〕02673 ヒチ
〔匿〕02690 ノク
〔區〕02691 ク

(2) 十部
〔半〕02707 ハ

(2) 卜部
〔占〕02780 サイ
セム
セン

(2) 卩部
〔危〕02849 クヰ
〔却〕02856 カク
〔卷〕02860 クワン

(2) 厂部
〔厚〕02949 コウ
〔厨〕03005 チウ
ツ

(2) 又部
〔友〕03119 イウ
〔反〕03127 ハン
ホン

(3) 口部
〔古〕03233 コ
〔句〕03234 ク
〔叫〕03240 ケウ
〔可〕03245 カ
〔名〕03297 メイ
〔吐〕03300 ト
〔吒〕03302 タ
〔呑〕03329 ドツ
ドム
〔吼〕03377 ク
コク
〔呵〕03459 カ
〔命〕03473 メイ
〔和〕03490 クワ
〔咫〕03542 シ
〔咲〕03554 セウ
〔咽〕03577 エン
〔哀〕03580 アイ
〔㖒〕03648 テイ
〔哭〕03658 コク
〔哮〕03659 カウ

〔唐〕03709 タウ
〔唯〕03761 ユイ
〔唼〕03780 サンム
セフ
〔唾〕03785 ダ
〔啄〕03801 タク
〔商〕03803 シヤウ
〔啗〕03825 タム
〔啼〕03887 テイ
〔喉〕03913 コ
コウ
〔嗜〕04089 シ
シイ
〔嗟〕04102 サ
サア
〔嘔〕04200 オウ
〔嘖〕04204 シヤク
〔嘴〕04256 スイ

〔噉〕04299 カム　タム
〔嚕〕04502 ル
〔嚫〕04561 シン

(3) 囗 部

〔困〕04717 コン
〔囹〕04744 レイ
〔圄〕04775 ギヨ
〔圖〕04832 ヅ
〔團〕04834 ダン

(3) 土 部

〔土〕04867 ド
〔在〕04881 ザイ
〔均〕04916 クヰン
〔域〕05158 ヰキ
〔埵〕05190 タ
〔基〕05197 キ
〔塚〕05345 キヨ　チヨウ
〔塞〕05349 ソク
〔境〕05409 ケイ
〔墮〕05481 ダ
〔墳〕05488 フン
〔壁〕05516 ヘキ

(3) 士 部

〔士〕05638 シ
〔壯〕05643 サウ

(3) 夊 部

〔夏〕05720 カ　ゲ

(3) 夕 部

〔夕〕05749 セキ

(3) 大 部

〔大〕05831 ダイ
〔夭〕05838 エウ
〔央〕05840 ワウ
〔奏〕05915 ソウ
〔契〕05917 カイ
〔奕〕05922 エキ
〔奘〕05928 ジヤ
〔奩〕05991 レム
〔奪〕05994 ダン

(3) 女 部

〔始〕06166 シ
〔娛〕06307 グ
〔婁〕06383 ル　ロ
〔婚〕06418 コン
〔婦〕06432 フ
〔媚〕06513 ミ
〔孃〕06891 ジヤウ　ダウ

(3) 子 部

〔孝〕06952 ケウ
〔孤〕06966 ラウ
〔學〕07033 ガク

(3) 宀 部

〔宗〕07106 ソウ
〔宛〕07110 ヱン
〔宮〕07156 キウ
〔宴〕07166 エン
〔容〕07172 ヨウ
〔寂〕07200 ジヤク
〔寄〕07203 キ
〔寐〕07236 ビ
〔察〕07283 サツ
〔寢〕07289 シム
〔寤〕07291 ゴ
〔寬〕07322 クワ

(3) 寸 部

〔尋〕07447 ジム

(3) 尸 部

〔尸〕07630 シ
〔尺〕07632 セキ
〔尼〕07635 ニ
〔尿〕07651 ネウ
〔屋〕07684 オク
〔屎〕07689 シ
〔屑〕07709 セチ
〔屠〕07761 ト

〔層〕07798 ソウ

(3) 山部

〔岸〕08009 ガン
〔崖〕08180 ガイ
〔嶮〕08520 ケム
〔巖〕08649 ガム

(3) 工部

〔巧〕08721 ケウ
〔巨〕08722 コ

(3) 己部

〔己〕08742 コ

(3) 巾部

〔市〕08775 シ
〔帆〕08787 ハム

(3) 幺部

〔幽〕09205 イウ
エウ

(3) 广部

〔床〕09242 サウ
〔底〕09262 テイ
〔府〕09283 フ
〔度〕09313 タク
ド
〔康〕09376 カウ
〔庾〕09398 ユ
〔廓〕09461 クワク

(3) 廾部

〔弊〕09644 ヘイ

(3) 弓部

〔弩〕09760 ド
〔弱〕09791 ニヤク
〔彌〕09877 ミ

(3) 彡部

〔彩〕09992 サイ
〔影〕10019 エイ

(3) 彳部

〔後〕10098 コウ
〔徑〕10118 ケイ
〔微〕10203 ビ
ビイ
〔徹〕10245 テン

(4) 心部

〔心〕10295 シ
シム
〔忌〕10310 コ
〔忘〕10333 マウ
〔忙〕10334 マウ
〔念〕10390 ネム
〔怒〕10439 ヌ
〔思〕10462 シ
〔怡〕10470 イ
〔急〕10475 キフ
〔怯〕10491 カウ
〔恃〕10521 ジ
〔恒〕10527 カウ
〔恚〕10566 イ
〔恢〕10577 クワイ
〔恥〕10585 チ
〔恨〕10588 コン
〔息〕10601 ソク
〔悅〕10629 エン
〔悠〕10681 イウ
〔悷〕10732 レイ
〔悼〕10738 テウ
〔惋〕10771 ヱン
〔惑〕10789 ワク
〔惛〕10812 コン
〔惜〕10814 セキ
〔惡〕10824 ヲ
〔愈〕10904 ユ
〔感〕10953 カム
キ
〔愼〕11024 シン
〔慇〕11045 イン
〔慕〕11088 ボ
〔慢〕11110 マン
〔慧〕11116 ヱ
〔慰〕11135 ヰ
〔慶〕11145 ケイ
〔憐〕11206 リン
レン
〔憒〕11211 クワイ
〔憤〕11239 フン
〔憬〕11256 ケイ
〔懃〕11321 キン

〔懈〕11328 ケ
〔應〕11330 オウ
〔懊〕11332 アム
〔懶〕11455 ラ
〔懺〕11478 サム
〔懼〕11488 ク

(4) 戈部

〔戒〕11548 カイ
〔戚〕11594 シヤク
〔截〕11639 サン
セン
〔戰〕11667 セン

(4) 手部

〔扣〕11807 コウ
〔扶〕11840 フ
〔抄〕11863 サウ
〔把〕11874 ハ
〔投〕11887 トウ
〔折〕11890 セン
〔披〕11909 ヒ
〔抱〕11917 ハウ
〔拉〕11946 リフ
〔拭〕11989 シ
〔捐〕12150 エン
〔捕〕12157 ブ
〔捻〕12222 ネフ
〔掃〕12237 サウ
サフ
〔探〕12276 タム
〔提〕12344 ダイ
テイ
〔換〕12358 クワン
〔握〕12366 アク
〔揣〕12371 セム
セン
タン
〔搖〕12479 エウ
〔携〕12529 ケイ
〔摶〕12642 タン
〔撾〕12778 タ
〔擇〕12796 チヤク
〔擊〕12800 ギヤク
〔據〕12839 コ
ゴ
〔擣〕12853 タウ
〔擧〕12863 コ
〔擯〕12880 ヒン
〔擲〕12893 チヤク
〔擾〕12920 ネウ
〔攝〕13010 セフ
〔攬〕13046 ラム

(4) 攴部

〔改〕13114 カイ
〔教〕13212 ケウ
〔救〕13221 ク
〔敷〕13359 フ
〔數〕13363 ス
ソク
〔整〕13394 セイ
〔斂〕13407 レム
〔斃〕13417 ヘイ

(4) 斤部

〔斤〕13534 コン
〔斧〕13539 フ
〔斯〕13563 シ
〔斷〕13611 ダン

(4) 方部

〔方〕13620 ホウ
〔施〕13629 セ
〔旋〕13656 セ
セン

(4) 日部

〔早〕13742 サウ
〔昇〕13794 セウ
〔明〕13805 メイ
〔易〕13814 イ
〔星〕13837 セイ
〔映〕13838 アウ
〔映〕13838 ヤウ
〔昴〕13865 バウ
マウ
〔晉〕13898 シン
〔晩〕13940 バン
〔晝〕13948 チウ
〔晡〕13952 フ
ホ
〔暎〕14048 ヤウ
〔暖〕14064 ナン
〔暮〕14128 ボウ
〔暴〕14137 ボ
〔曉〕14176 ゲウ
〔曛〕14224 クン
〔曜〕14227 エイ
エウ

(4) 日部

〔曲〕14280 クヰヨク
〔曹〕14297 サウ
〔會〕14306 クワイ

(4) 月部

〔朋〕14340 ホウ
〔服〕14345 シキ
〔朗〕14364 ラウ
〔望〕14368 バウ
マウ
〔期〕14378 ゴ

(4) 木部

〔末〕14420 マン
〔本〕14421 ホム
〔机〕14435 キイ
〔朽〕14439 ク
〔村〕14464 ソン
〔杖〕14469 ヂウ
〔東〕14499 トウ
〔枉〕14530 ワウ
〔析〕14538 シヤク
〔枯〕14579 コ
〔枳〕14583 キ
シ
〔桙〕14784 ム
〔梁〕14825 リヤウ
〔梟〕14861 ケウ
〔梨〕14873 レイ
〔梯〕14881 テイ
〔棄〕14913 キ
〔棒〕14929 バウ
〔棗〕14937 サウ
〔棘〕14938 コク
〔楂〕15217-01 シヤ
〔楗〕15136 ケン
〔楚〕15141 ソ
〔業〕15170 ゲフ
ゴフ
〔楯〕15173 スヰ
〔極〕15181 ゴク
〔榮〕15273 ヰヤウ
〔概〕15364 ガイ
〔槵〕15381 クヱム
〔樂〕15399 キ
ラク
〔樊〕15414 ハン
〔樓〕15430 ル
ロ
ロウ
〔機〕15561 キ
〔欄〕15904 ラン

(4) 欠部

〔欣〕16008 ゴン
〔欬〕16061 ガイ
〔歛〕16168 ヲ
〔歎〕16182 タン

(4) 止部

〔止〕16253 シ
〔歩〕16264 ブ
〔歳〕16326 セイ
〔歴〕16340 レキ

(4) 歹部

〔死〕16365 シ
〔殃〕16410 アウ
〔殊〕16451 ス

(4) 殳部

〔殺〕16638 セ
セン

(4) 比部

〔比〕16743 ヒ

(4) 毛部

〔毫〕16831 ガウ

(4) 氏部

〔氏〕17026 シ

(4) 气部

〔氣〕17059 ケ

(4) 水部

〔汁〕17104 ジフ
〔求〕17105 キ
〔汎〕17120 ハム

〔汎〕17120 ホウ
ホム
〔汗〕17130 カン
〔沃〕17184 オク
〔沈〕17189 チム
チン
〔沒〕17204 モツ
〔沸〕17251 セイ
ヒ
〔治〕17256 フ
〔波〕17308 ハ
〔泣〕17309 キフ
〔泥〕17311 デイ
ナイ
〔注〕17316 シユ
〔洋〕17363 シヤウ
〔津〕17396 シン
〔洪〕17402 カウ

〔洪〕17402 コウ
〔洹〕17421 ゴウ
ヲン
〔流〕17431 リウ
〔浣〕17470 クワン
〔涅〕17521 ネ
〔涕〕17543 テイ
〔液〕17586 エキ
ヤク
〔涸〕17601 カク
〔淚〕17644 ルイ
〔淪〕17675 リン
〔淺〕17697 セツ
セン
〔渚〕17758 ソ
ソヨ
〔渠〕17764 キヨ
〔渧〕17772 タイ

〔渴〕17788 カン
〔湯〕17874 タウ
〔溘〕17936 カフ
〔溝〕17944 コウ
〔溪〕17967 ケイ
〔溫〕17968 ウン
オン
ヲン
〔溺〕17990 ニヤク
〔滉〕18017 クワウ
〔滲〕18081 サウ
〔滴〕18084 チヤク
テキ
〔漁〕18101 ギヨ
〔漑〕18123 ガイ
〔潤〕18255 ズヰン
ニム
ニン

〔潰〕18281 クワイ
〔澁〕18312 ジフ
〔澄〕18315 テウ
〔澓〕18337 フク
〔澤〕18383 タク
〔濁〕18440 ヂヨク
〔濯〕18532 タク
〔濱〕18537 ヒン
〔瀁〕18573 ヤウ
〔瀆〕18591 トク
〔灌〕18759 クワン

(4) 火部

〔灰〕18859 クワン
クヱ
〔炎〕18910 エム
〔炙〕18922 キウ

〔炫〕18948 グヱン
〔炬〕18949 コ
〔炭〕18953 タン
〔炳〕18960 ヒヤウ
ヘイ
〔烈〕18987 レン
〔烏〕18998 ウ
〔焉〕19076 エン
〔焚〕19100 フ
フン
ホム
ホン
〔焦〕19119 セウ
〔焰〕19141 エム
〔然〕19149 ゼ
〔煎〕19184 セウ
セツ
セン

〔煮〕19188 サ
シヨ
ズク
〔煨〕19228 ワイ
〔煻〕19269 タウ
〔熈〕19292 キ
〔熱〕19360 ネチ
〔熾〕19385 シ
〔燃〕19394 ネン
〔燋〕19410 セウ
〔燒〕19420 セウ
〔營〕19457 ヰヤウ
〔燧〕19469 スイ
〔燭〕19480 ソク
〔爛〕19604 ラン

(4) 牛部

〔牢〕19934 ラウ
〔⿰牜句〕19980 ク
〔特〕20013 ツ
トク
〔犀〕20045 サイ
セイ

(4) 犬部

〔狹〕20428 ケフ
〔狼〕20432 ラウ
〔猛〕20498 ミヤウ
〔猴〕20553 コウ
〔獦〕20723 レフ
〔獵〕20768 レフ
〔獷〕20774 クワウ
〔獸〕20775 ジウ
ジム
ジユ
ズ

(5) 玉部

〔瑞〕21131 ズイ
〔璟〕21246 ケイ

(5) 瓜部

〔瓜〕21371 クヱ

(5) 瓦部

〔瓫〕21461 ク
〔瓫〕21461 ボン
〔甄〕21557 ケン
〔甖〕21620 ヤウ

(5) 甘部

〔甜〕21656 テム

(5) 生部

〔產〕21684 セン

(5) 用部

〔用〕21703 ユ
ユウ
ヰヨウ

(5) 田部

〔由〕21724 イウ
イム
〔甲〕21725 コフ
〔界〕21775 カイ
〔異〕21854 イ
〔畫〕21859 ヱ

(5) 疋部

〔疏〕22000 シヨ

(5) 疒部

〔疥〕22057 ケ
〔疲〕22084 ヒ
〔疷〕22093 テイ
〔病〕22127 ヘイ
〔痢〕22213 リ
〔痰〕22251 タム
〔瘀〕22292 ヲ
〔瘡〕22404 サ
〔癊〕22480 オム
〔療〕22500 レウ
〔癈〕22520 ハイ
〔癰〕22638 チヨウ

(5) 白部

〔白〕22678 ハク
〔皎〕22724 ケウ
〔皓〕22732 カウ

(5) 皮部

〔皮〕22823 ヒ

(5) 皿部

〔盈〕22961 ヤウ
〔盆〕22975 ハン
〔盤〕23036 バン

(5) 目部

〔省〕23179 シヤウ
〔看〕23196 カン
〔眠〕23240 メン
〔睡〕23448 スイ
〔睫〕23469 セフ

〔瞋〕23568 シン
〔瞑〕23600 メイ
〔瞢〕23653 モウ
〔瞻〕23742 セム

(5) 矛部

〔矛〕23846 ム
〔矜〕23852 コウ

(5) 矢部

〔矩〕23947 ク

(5) 石部

〔碎〕24284 サイ
サク

〔磣〕24438 シム

(5) 示部

〔祐〕24652 イウ
〔神〕24673 シン
〔禁〕24743 キム
〔禮〕24844 ライ

(5) 禸部

〔禽〕24893 キム

(5) 禾部

〔秋〕24940 シウ
〔稠〕25130 チウ
〔稻〕25216 タウ

(5) 穴部

〔空〕25415 ク
〔穿〕25436 セン
〔窟〕25552 クン
〔竅〕25680 ケウ
チウ
〔竊〕25713 セン

(6) 竹部

〔笑〕25885 セウ
〔筋〕25994 コン
〔筐〕26001 ケフ
〔管〕26162 クワン
〔箭〕26255 セン
〔篇〕26257 ヘン
〔篋〕26271 ケウ
ケフ
〔簡〕26520-01 カ
〔籚〕26736 ロ
〔籠〕26752 ロウ

(6) 米部

〔粉〕26872 フン
〔精〕26997 セイ
〔糞〕27102 フン

(6) 糸部

〔糸〕27221 シ
〔素〕27300 ソ
〔索〕27306 シヤク
〔終〕27372 シウ
〔絃〕27373 グヱン
〔絞〕27421 ケウ
〔絡〕27426 ラク
〔綠〕27541 ロク
〔綩〕27560 ヱン
〔網〕27577 マウ
〔綵〕27580 サイ
〔綺〕27586 キ
〔綽〕27590 シヤク
タン
〔綿〕27592 メン
〔緣〕27656 エン
〔緩〕27669 クワン
〔縛〕27771 バク
〔縫〕27809 ホウ
〔繒〕27888 ソウ
〔繞〕27909 ニウ
〔繫〕27940 ケ
〔纖〕28072 セム

(6) 网部

〔罽〕28367 ケイ
〔罥〕28386 クヱン
シヤク
〔羅〕28397 ラ

(6) 羊部

〔羖〕28450 コ
〔羸〕28583 ルイ

(6) 羽部

〔羽〕28614 ウ
〔翅〕28642 シ

〔翅〕28642 シイ
ス
〔翳〕28796 エイ

(6) 老部

〔耆〕28849 キ

(6) 而部

〔耐〕28879 タイ

(6) 耳部

〔耽〕29024 タム
〔聖〕29074 セイ
〔聾〕29212 リヨウ

(6) 肉部

〔肉〕29236 ニク
〔肌〕29242 キ
〔肘〕29268 チウ
〔肚〕29270 ト
〔肝〕29273 カム
カンツ
〔肪〕29302 バウ
〔肺〕29328 ハイ
〔胃〕29348 ヰ
〔胎〕29369 タイ
〔胝〕29395 テイ
〔胞〕29396 ハウ
〔脉〕29421-01 ミヤク
〔胱〕29432 クワウ
〔胸〕29442 クウ
〔脂〕29463 シ
〔脇〕29467 ケフ
〔脆〕29468 ゼイ
〔脊〕29472 セキ
〔脚〕29502 カク
〔脾〕29579 ヒ
ヒイ
〔腎〕29621 ジン
〔腐〕29625 フ
〔腨〕29685 セン
〔腸〕29721 チヤウ
〔腹〕29722 フク
〔膀〕29748 バウ
〔膊〕29782 ハカ
〔膏〕29800 カウ
〔膜〕29834 マク
〔膩〕29862 ニ
〔膲〕29890 セウ
〔膽〕29933 タム
〔臂〕29944 ヒイ
〔臆〕29951 オク

(6) 臣部

〔臣〕30068 シン

(6) 自部

〔自〕30095 ジ
ジイ
〔臭〕30108 シウ
シユ
ス

(6) 至部

〔臺〕30161 ダイ

(6) 臼部

〔興〕30226 コウ
〔舊〕30249 キウ
ク

(6) 舌部

〔舐〕30283 シ
〔舒〕30300 ジヨ

(6) 舟部

〔舟〕30350 シユ

(6) 艮部

〔良〕30597 ラウ
〔艱〕30600 カン

(6) 色部

〔色〕30602 シヨク

(6) 艸部

〔芬〕30728 フン
〔芭〕30730 バア

〔花〕30734 クヱ
〔苦〕30797 ク
〔茘〕30865 ライ
レイ
〔荒〕30953 クワウ
〔荼〕31008 ダ
〔菀〕31135 ヲン
〔菜〕31184 サイ
〔菽〕31241 シク
〔葉〕31387 エフ
〔蒙〕31555 モウ
〔蕉〕31937 セウ
〔蕩〕32002 タウ
〔薄〕32083 ハク
ホク
〔薑〕32110 カウ
キヤウ
〔薜〕32123 ヒ

〔薜〕32123 ヘイ
〔蘆〕32425 ロ
〔蘇〕32427 ソ
〔蘭〕32519 ラン
レン
〔䔲〕32592 トウ

(6) 虍部

〔虎〕32675 コ
〔號〕32726 ガウ
ガム

(6) 虫部

〔虻〕32835 マウ
〔蚉〕32848 モ
〔蚓〕32866 イン

〔蚤〕32893 サウ
〔蛆〕32963 ソ
〔蜂〕33178 ハウ
〔蝨〕33303 キム
シチ
〔螺〕33512 ラ
〔蟒〕33572 マウ
〔蟻〕33672 キ
〔蠉〕33699 クヱン
〔蠕〕33749 ゼン

(6) 血部

〔衆〕33981 シフ

(6) 行部

〔行〕34029 カウ

(6) 衣部

〔表〕34105 ヘウ
〔裂〕34260 レン
〔裏〕34294 リ
〔裓〕34301 シヤウ
〔補〕34320 ブ
〔裸〕34371 ラ
〔褫〕34504 チ

(6) 襾部

〔要〕34768 エウ
〔覆〕34789 フク

(7) 見部

〔規〕34810 キ
〔視〕34836 シ
〔覩〕34913 ト
〔覽〕34977 ラム

(7) 角部

〔角〕35003 カク

(7) 言部

〔計〕35220 ケイ
〔託〕35243 タク
〔設〕35293 シ
〔詞〕35394 シ

〔詠〕35409 ヰヤウ
ヱイ
〔話〕35441 クワイ
〔誑〕35510 ワウ
〔誘〕35525 ユ
〔語〕35533 ギヨ
ゲン
〔課〕35589 クワ
〔談〕35633 ダム
〔謁〕35757 エチ
エニ
〔謝〕35827 サ
シア
〔謫〕35868 タク
〔謬〕35872 メウ
〔謹〕35900 キン
〔證〕35946 シヨウ
〔識〕35974 シキ

〔譫〕36017 セ
〔譯〕36023 ヤク
〔護〕36048 ゴ
〔變〕36117 ヘ

(7)
豕部

〔象〕36372 ザウ
〔豪〕36406 ガウ

(7)
豸部

〔貌〕36556 メウ

(7)
貝部

〔財〕36664 ザイ
〔貢〕36665 コウ
〔貨〕36678 クワ
〔責〕36682 シヤク
〔貽〕36719 イ
〔賓〕36788 ヒン
〔賞〕36813 シヤウ
〔質〕36833 シン
セン
〔賴〕36861 ライ

(7)
赤部

〔赫〕37010 カク
〔赭〕37017 シヤ

(7)
足部

〔跟〕37491 コン
〔跡〕37493 シヤク
〔踊〕37587 ユ

(7)
車部

〔載〕38309 サイ
〔輩〕38398 ハイ
〔輪〕38400 リン
〔轂〕38479 コク
〔轉〕38507 テン

(7)
辛部

〔辛〕38630 シン
〔辭〕38671 ジ

(7)
辵部

〔近〕38752 キ
〔近〕38752 コン
〔迦〕38789 カ
キア
〔迫〕38797 ハク
〔迮〕38801 サク
ソ
〔送〕38842 ソウ
〔迸〕38867 ヒヤウ
〔途〕38882 ト
〔逗〕38887 トウ
〔逯〕38924 タイ
〔逮〕38931 タイ
〔遁〕38982 トン
〔遂〕38985 スイ
〔達〕39011 ダル
〔遙〕39035 エム
〔遠〕39047 ヱン
〔遮〕39086 サ
〔遲〕39113 チ
〔遷〕39123 セン
〔遺〕39134 ユイ
〔避〕39163 ヒイン

(7)
邑部

〔那〕39305 ナ
〔邪〕39319 ジヤ
〔郁〕39371 イク
〔鄉〕39571 キヤウ
ケイ
〔鄙〕39597 ヒ
ヒイ

(7)
酉部

〔酉〕39763 イウ
〔酒〕39776 シウ
〔酢〕39824 ソ
〔酸〕39871 サン
〔醬〕40011 シヤウ

(7)
里部

〔重〕40132 チヨウ
〔釐〕40146 リ

(8)
金部

〔針〕40165 シン
〔釣〕40172 コウ
〔釖〕40186 ケム
〔鉢〕40317 ハン
〔鉤〕40319 コウ
〔銅〕40361 ドウ

〔銛〕40389 セム
〔銷〕40424 セウ
〔鋌〕40447 チヤウ
〔鋒〕40455 ブ
ブク
ホウ
〔錯〕40579 シヤク
〔鎧〕40735 ガイ
〔鐵〕40945 テン
〔鑽〕41082 サン

(8) 門部

〔閑〕41247 カン
〔聞〕41263 コン
〔閙〕41264 ケウ
〔閲〕41341 エチ
エン
〔闇〕41421 アム
〔闢〕41500 ビアク

(8) 阜部

〔陋〕41616 ル
〔陜〕41656 ケフ
〔陰〕41691 オム
〔陶〕41705 タム
〔隅〕41743 グ
〔隆〕41746 リウ
〔隙〕41792 ギヤク
サイ
〔際〕41820 サイ
〔隱〕41891 イン
オウ

(8) 隹部

〔雁〕41960 ガン
〔離〕42140 リ

(8) 雨部

〔雪〕42216 セン
〔雷〕42245 ライ
〔電〕42253 デン
〔霑〕42329 テム
〔霜〕42363 サウ
〔露〕42463 ロ
〔靏〕42552-01 カク

(8) 靑部

〔靖〕42570 セイ

(9) 革部

〔靺〕42761 バイ
ビ
〔鞋〕42813 カアイ
カイ
サウ
〔鞔〕42835 マン
〔鞭〕42937 ベン

(9) 音部

〔韻〕43307 ヰン
〔響〕43325 カウ

(9) 頁部

〔項〕43343 カウ
〔須〕43352 シウ
〔預〕43373 ヨ
〔頑〕43374 グワン
〔頷〕43512 ガム
〔頻〕43519 ビン
〔顔〕43591 ガン
ゲン

(9) 飛部

〔飛〕44000 ヒ
〔飜〕44009 ホン

(9) 食部

〔飡〕44022 サン
セン
〔飢〕44023 ケ
〔飯〕44064 ハン
〔飾〕44111 キヤル
シキ
〔餅〕44133 ベイ
〔餒〕44163 ダイ
〔餘〕44185 ヨ
〔餚〕44199 ケウ
〔饉〕44366 ゴン

(9) 香部

〔香〕44518 カウ

〔馨〕44559 ケイ

(10) 馬部

〔馳〕44593 チ
〔駃〕44625 クヱン
〔駈〕44636 ク
〔騃〕44780 ガイ
〔騰〕44915 トウ
〔騾〕44957 ライ
〔驅〕44968 ク

(10) 髟部

〔髣〕45371 ハウ
〔髦〕45377 モウ
〔髴〕45414 ヒイ

(10) 門部

〔鬭〕45649 トウ

(10) 鬲部

〔鬲〕45672 カウ
カク

(10) 鬼部

〔魂〕45787 コン
〔魄〕45810 ハク
〔魔〕45906 マ

(11) 魚部

〔魯〕46013 ロ

(11) 鳥部

〔鳧〕46643 フ
〔鳴〕46672 ミヤウ
〔鴆〕46727 チム
〔鴛〕46795 エン
ヱン
〔鴦〕46822 アウ
〔鴟〕46833 シ
〔鴹〕46866 ヤウ
〔鵝〕46954 ガ
〔鵠〕46961 コク
〔鵰〕47012 テウ
〔鶖〕47094 シウ
ス
〔鷲〕47345 ズ
〔鷺〕47362 コ
ロ

(11) 鹵部

〔鹽〕47579 エム

(11) 鹿部

〔麁〕47591 ソ
〔麗〕47663 レイ

(11) 麦部

〔麨〕47733 セウ

(12) 黄部

〔黃〕47926 ワウ

(12) 黍部

〔黎〕47994 リ

(12) 黒部

〔黑〕48038 コク
〔點〕48083 テム

(13) 鼠部

〔鼠〕48390 シヨ

(14) 鼻部

〔齆〕48546 オウ

(14) 齊部

〔齊〕48560 サイ
〔齋〕48565 サイ

(15) 齒部

〔齒〕48583 シ
〔齡〕48632 レイ
〔齇〕48731 シヤ

ア

アイ
〔哀〕哀を／「アイヲ」　上9オ4
アウ
〔映〕映「アウ」-飾せり／「セリ」　上54オ7
〔殃〕殃を／「アウク」(「ク」は「ヲ」の誤か)　下67オ3
殃「アウ」-惡　下86ウ6
〔鴦〕鴛(平)「エン」鴦(平)ヲシ／「アウ」　上49オ1
鴛「ヱン」鴦「アウ」　上53オ7
アウ(央)→ワウ
アウ(懊)→アム
アク
〔握〕握る／「アク」　中12オ3
アム
〔懊〕懊「アム」惋「ヱン」(し)　下26オ4
〔闇〕闇「アム」冥「ミヤウ」處　上3ウ6
闇「(ア)ム」火「ノ」　上3ウ6
黑「コク」「-」闇を／「アムヲ」　下3オ4

イ

イ
〔怡〕凞(去)キ／「キ」-怡(平)イ／「イ」　上68オ5
〔恚〕憤(去)分恚して／「イシテ」　上44ウ4
〔易〕難易「イ」に／「ニ」於て／「オイテ」　上79オ4
易「イ」「-」得「ナリ」　中48ウ5
難「(平)」易「(去)イ」／を　下48ウ4
難易の／「イノ」　下83オ4
易して／「イ」行し／「ヲ」　下83オ7
〔異〕沙訶(上)「(入)」陀「イホム(「異本」の意か)カ」藥に／「ニ」於て　下69ウ6
〔貽〕重(平)「チヨウ」貽(平)を／「イヲ」　上43ウ3
イウ
〔友〕朋「ホウ」友「イウ」　上37オ3
朋「ホウ」友と／「イウ」　下29ウ3
〔幽〕幽「(上)イウ」-微にして／「(平濁)ヒナリ」　下63ウ6
〔悠〕悠(平)イウ〳〵たる／「ト　タル」　上82オ3
〔由〕自「(去)シ」由なり／「イフナリ」「ホシマヽニ」　下89ウ3
〔祐〕福祐を／「イウヲ」　下4ウ4
〔酉〕酉(平)イウ反「-」亥(去)(に)／「カイニ」　下71オ3
イウ(由)→イム
イウ(誘)→ユ
イク

〔郁〕芬「フン」郁「イク」して　上55オ6

イチ

〔一〕一時に／一「-」時「ニ」　上3オ2

イム

〔由〕自「シ」-由なら／「イムナラ」不「ス」　中26ウ3

イン

〔慇〕慇「イン」重修　中25ウ6
慇「イン」懃に／「キンニ」　下28ウ7
慇「イン」「-」重の／「ノ」　下60オ6

〔蚓〕蚓(平)イン／ミ、ス蛾を／「ヲヒ、ル」
「ナツムシ」　上24オ7

〔隱〕隱(上)「イン」-士(去)シ　上43オ5

ウ

ウ

〔烏〕烏「ウ」鷺「ス」等の　上6オ7

〔羽〕羽(上)ウ／ハネ-角　上40ウ5

ウ(栫)↓ム

ウン

〔溫〕淺「セツ(「ン」の誤か)」-深寒ン-溫「ウン」
(にして)　上54オ3

エ

エイ

〔影〕影「エイ」　上12ウ3

〔曜〕出曜「エイ」經に云く／「ク」　上33オ3

〔翳〕塵-翳「エイ」　中6オ1

エイ(盈)↓ヤウ

エウ

〔夭〕夭(平)す／「エウス」　上27ウ1
夭せ／「エウセ」不し／「シ」　下6オ5

〔幽〕幽「エウ」冥なること／「ノ」〔之〕　中77ウ6

〔搖〕搖-「エウ」「-」動して／「スルニ」　上13ウ7

〔曜〕光-曜「エウ」して／「シテ」　上54ウ7

〔要〕要を／「エウヲ」　下34オ1

エウ(曜)↓エイ

エウ(遙)↓エム

エキ

〔奕〕赫「カク」奕として／「エキシテ」　中14ウ3
赫カク反／「カク」奕たること／「エキト
シテ」　中17オ6

〔液〕津(平)シン反／「ウルヒ」液ヤク反／「エ
キ」「シタ、ル」(の)〔之〕　上29ウ1

エチ

〔謁〕朝-謁エチ反(する)に／「エニ」由し／
「シ」无し／「クナンヌ」　上35オ7

〔閲〕閲「(入)悅反」「エン」叉　下5ウ5

エチ(謁)↓エニ

エツ（悦）↓エン

エツ（閲）↓エン

エニ

〔謁〕朝-謁エチ反（する）に／「エニ」由し／「シ」无し／「クナンヌ」 上35オ7

エフ

〔葉〕花-葉を／「フヲ」 上57オ3

エム

〔炎〕火炎「エム」 上4オ2

〔焰〕火焰は／「エム」 中98オ1

〔遙〕遙「エム」擲「チヤク」と／「ト」 上30オ3

〔鹽〕少-鹽を／「エムヲ」 上40オ3

エン

〔偃〕偃（去）エン反／ノキ-臥フシテ／して／「イテ」 上35オ5、上35オ5

偃「（去）」エン「-」坐 中98ウ2

〔咽〕咽「エン」喉「コウ」は 中7オ2

〔宴〕宴（去）エン-會（平）火イ 上35ウ3

〔悦〕悦「エン」意「ノ」 中38オ5

〔捐〕捐「エン」捨して／「シツレハ」 上31オ4

〔焉〕終（平）「シウ」焉（平）「エン」（ノ）［之］暮ゝ／「ヘ」 上82オ2

〔縁〕別縁「エン」有らむ／「ラム」者ものは／「ノハ」 上82オ6

〔閲〕披「ヒ」-閲（す）ること／「エンシタマヘルコト」 上74オ3

閲「（入）悦反」「エン」叉 下5ウ5

〔鴛〕鴛（平）「エン」鴦（平）ヲシ／「アウ」 上49オ1

オ

オウ

〔嘔〕嘔（平）オウ／ヘトック吐（上）を／「トヲ」 上23ウ3

嘔オウ反「オウ」-吐ハク／するか「トスルカ」如し／「シ」 上31ウ7

〔應〕應（平）す／「オウセリ」 上52オ4

〔隱〕隱「オウ」沒の／「ノ」相を／「ヲ」 下44オ5

〔齆〕齆（去）「オウ」鼻の／「ノ」「ハナヒセナル」 中87ウ7

オク

〔屋〕屋「オク」「-」宅と／「ト」 中64オ2

〔沃〕沃オク／「オク」-焦「セウ」の 上35ウ7

〔臆〕頷「カム」臆「オク」 中9オ7

オム

〔瘖〕痰（平）タム-瘖オム反 上46オ3

〔陰〕陰「オム」「-」涼の／「ノ」 上25オ3

オム（隱）↓オウ

オン

〔溫〕溫「オン」-和の／「クワノ」 上41オ2

カ

カ

〔下〕墳ツカノ／「フン」下(も)トノ／「カノ」 下69オ4
〔可〕可「カ」愛なら／「アイナラ」令しむ／「シム」 中12ウ1
悅可(し)たまふ／「カシタマフ」 下84ウ2
〔呵〕呵「カ」「-」責して／「シヤクシテ」 上5オ1
呵「カ」「-」責して／「シヤク」 上5オ2
呵「カ」嘖して／「シヤクシテ」 上10ウ3
〔夏〕冬「トウ」-夏の／「カノ」時「キ」(に) 上32オ5
春(平)秋(平)シウ冬(平)トウ夏(去)「ケ」／「カ」 上56オ3
〔簡〕料簡なり／「カナ(リ)」 上1ウ2
〔迦〕分「フ」茶「タ」離「リ」迦「カ」と／「ト」 上12オ7
釋迦を／「カヲ」以(て)／「テ」 下11ウ2
支(平「去」)婁ル／「ロ」迦の／「カノ」 下96ウ5

カ(夏)→ゲ

ガ

〔鵝〕鵝(平)カ靏(入)カク 上53オ7

カアイ

〔鞋〕鞋サウカイ／「カアイ」 中79オ1

カイ

〔丐〕乞丐(去)カイ六の 上50ウ3
〔介〕介(平)カイ反／ヨロヒ-冑(去)チウ反／カフト／「チウ」 上35ウ2
〔契〕契「カイ」經に／「ニ」 下34ウ2
〔戒〕淨戒「カイ」品に／「ニ」云く／「ク」 上97ウ6
〔改〕改「カイ」換「クハ(ン)セヨ」 中81オ2
〔界〕懈「ケ」「-」慢「マン」界の／「カイ」 下56オ6
〔鞋〕鞋サウカイ／「カアイ」 中79オ1
鞋サウカイ／「カアイ」韎シタウツ／「ハイヒノ」 中79オ1

カイ(脚)→カク
カイ(裓)→シヤウ
カイ(鞋)→カアイ

ガイ

〔亥〕酉イウ反「-」亥(去)(に)／「カイニ」 下71オ3
〔崖〕崖「カイ」-際「サイ」无「シ」 上102ウ4
〔概〕一-概(去)「(去濁)」にす／オモフキ／「カイナルへ」可(から)不「ス」 下70ウ7
〔欬〕欬の／カイ反／「(去濁)カイノ」 下49ウ5

〔漑〕漑カイ反／「ミツマカセ」灌(し)「火ンシ」／ソ、キ／「ソ、ク」 下77オ6
〔鎧〕康「(平)カウ」僧「(去)」鎧「(上)カイ」の／「ノ」 下96ウ3
〔駭〕聾「リヨウ」「ミ(、)シヒ」駭「カイニシテ」「ホレ」 上26ウ6

カウ

〔哮〕哮ホエ／「カウ」吼ホユルコト「コクスルコト」 上17オ4
〔康〕康「(平)カウ」僧「(去)」鎧「(上)カイ」の／「ノ」 下96ウ3
〔怯〕怯「カウ」「-」弱「若」にして 下34オ5
〔恒〕恒「カウ」-時に／「三」 中30ウ7
〔洪〕洪カウ／「(カ)ウ」汗「カンニシテ」 中15オ3
〔皓〕皓(上)カウ反-然(平)として／「トシテ」 上47ウ3
〔肓〕肪(平)ハウ肓(平)カウ 上46オ4
〔薑〕薑「(去)」京反／「カウ」良「ラウ」耶舎の／「ノ」 下96ウ2
〔行〕行「カウシテ」 上43ウ5
一-行「カウ」多-行 上85ウ6
行「カウ」-装 中26オ6
行に／ケル／「カウニ」従はれて／(ヒ)テ／「カヘテ」 下69オ1
〔響〕響の／「カク(「ウ」の誤か)ノ」如しと／「シト」 上69オ7
〔項〕項「カウ」 中8オ6
〔香〕馨(去)ケイ反-香「カウ」 上56オ5
〔鬲〕胸(平)クウ反鬲(去)カウ反／「カクヨリ」 上46オ3

カウ(仰)↓カフ

ガウ

〔毫〕毫ノキヨリモ／「カウヨリ」 上29ウ5
豪(「毫」の誤)「(去)」「カウ」釐(上)リ反／「リキ(「キ」衍か、又は「イ」の誤か)ヲ」
〔號〕號「カウ」「-」哭「コク」する／「ス(る)」 中48オ7
號「カウ」「-」哭「コク」せ令めたる「ル」 上6ウ5
者もの 上7ウ7
悲號して／「カウシテ」 中56ウ5
號を／「カウヲ」 下71ウ2
〔豪〕豪「カウ」賢をも／「ヲ」 上34オ4、上34オ4

ガウ(號)↓ガム

カク

〔却〕除「-」却す／「「(入)」カクス」 中67ウ3
除-「-」却「カクス」 下1ウ2
〔涸〕枯「カレ」涸カク反して／カレヌ／「カハキヌ」「カレカハ」 上25ウ4
〔脚〕脚「カイ(「ク」の誤か)」-足(の)［之］「ノ」
脚「カク」-「-」轉-筋「コンニ」を／コム 上24オ5

ラカヘリ／「コムラカヘリ」　下71オ6
〔角〕乖「化」-角せる(や)／「カクセル」　下65ウ6
〔赫〕赫「カク」奕として／「エキシテ」　中14ウ3
赫カク反／「カク」奕たること／「エキトシテ」　中17オ6
〔靏〕鵝(平)カ靏(入)カク　上53オ7
〔鬲〕胸(平)クウ反鬲(去)カウ反／「カクヨリ」　上46オ3

カク(鬲)↓カウ

ガク

〔學〕學し／「カクシテ」　上94ウ7

カチ

〔割〕割「カチ」-捨すること／「(ス)ツ」「スルコト」　下27ウ3

カツ(割)↓カン

カツ(渇)↓カン、タウ

カフ

〔仰〕渇「-」仰「カフノ」(して)　上50オ2
〔溘〕溘(入)カフ／「カフ」-「-」然(平)として／「セトシテ」　上34オ6

カフ(怯)↓カウ

カフ(甲)↓コフ

カム

〔噉〕食噉□□す　上4オ3
〔感〕感す／「カムシ」　下44ウ4
〔肝〕肝(平)「カム(擦消)」膽(平)「タム(擦消)」を　上59ウ4

ガム

〔巖〕山「-」巖「カム」(の)[之]　上27オ6
〔號〕號「(平濁)」カム泣して／「(入)キフ」　中80ウ5
〔頷〕頷「カム」臆「オク」　中9オ7

カン

〔割〕燒「小ラ(「セウ」の誤か)」-割「カン」　上40オ6
〔汗〕汗アセ／「カン」／「アセ」　上46オ2
洪カウ／「(カ)ウ」汗「カンニシテ」　中15オ3
〔渇〕渇「カン」-欲「(入)」　上12ウ5
飢「ケ」渇「カン」　上19ウ2
〔看〕看「カン」病「-」人に／「ニ」　中89ウ4
〔艱〕艱「カン」辛を／「ヲ」　中26オ5
〔閑〕閑「カン」「-」處を／「ヲ」　中25オ4

カン(簡)↓カ

カン(肝)↓カム、カンツ

ガン

〔岸〕苦岸「(平濁)カン」比丘　下72ウ4
〔雁〕鳧(平)カモ／「フ」雁(去)カリ／「カン」　上49オ1
鳧「フ」雁「カン」　上53オ7
〔顔〕顔「(平)カン」色「ショクヲ」／を　下79オ4

ガン(顔)↓ゲン
カンツ
〔肝〕肝カン反／「キモ」「カンツ」-「｜」藏は／「ハ」 上29オ2
肝「カンツ」-藏ノ 上29オ5
キ
キ(存疑)
〔感〕感キする「キスル」 上22ウ6
〔樂〕慕「ホ」-樂「キ」 下79ウ1
キ
〔伎〕賴(去)「ライ」吒(上)和羅伎(上)「キ」の／「ノ」 上41ウ1
伎(去)「キ」-「｜」術を／「ヲ」 上43オ6
〔凞〕凞(去)キ／「キ」-怡(平)イ／「イ」 上68オ5
〔基〕基(平)「キ」師(上) 上81オ1
〔寄〕寄よせ／「キ」付く／「ス」 下92ウ1
〔枳〕枳(上)シ／「キ」尼の 上35ウ4
〔棄〕棄「キ」捨す／「ス」 上38ウ7
〔機〕機「キ」-關を／「ヲ」 上46オ1
機に／「キニ」 上68ウ2
〔求〕勤求して／「キセハ」 上46ウ3
〔熈〕熈(去)キ反-怡なり／「ナリ」 中4オ5
〔綺〕綺「キ」-畫に／「ニ」 中9オ4
〔耆〕耆キ域「ヰキ」醫王 下78ウ6
〔肌〕肌(平)キ反肉を／「ヲ」 中83オ4
〔蟻〕蟻(去)キ反／キサ、蝨(入)シチ反／シラミ「キム」蚤サウ反「サウ」／ノミ「ノミ」等は／「ハ」 上26ウ4
〔規〕規キ反／ネカヒ／「ネカヒ」-望(平)せむ／「マウセ」 上34オ5
〔近〕遠「(去)」「ヱン」近「(去)」「キ」に／「ニ」 上49オ1
キ(忌)↓コ
キ(机)↓キイ
キ(枳)↓シ
ギ(蟻)↓キ
キア
〔迦〕阿「(平)」嚕「(上)ル」力「(上)リ」迦「(平)キア」 下35オ1
キイ
〔机〕机(訓)「キイ」 上55ウ4
キウ
〔丘〕丘「キウ」-塚に／「キヨ」／「ネ(「チ」の誤か)ヨウニ」 上42オ1
〔宮〕宮を／「キウヲ」 上36オ4
宮(平)キウ反商(平)生反／「シヤウ」 上54ウ1
〔炙〕燒炙キウ反せられて／「アフルニ」 上12ウ6
〔舊〕舊「キウ」親を／「(なり)と」／「ヲ」 上59ウ7

キウ（求）↓キ
キウ（舊）↓ク
キフ
〔急〕急に／「キフニ」 上5ウ6
急（入）なりと／「キフト」「ヲソレト」 上34ウ4
〔泣〕涕「タイ」泣して／「キフシテ」 中67オ2
號「（平濁）」カム泣して／「（入）キフ」 中80ウ5
キム
〔禁〕道「-」禁を／「キムヲ」 下48オ5
〔禽〕禽（と）り／「キム」 上59ウ7
〔蟻〕蟻（去）キ反／キサ、蟻（入）シチ反／シラミ「キム」蚤サウ反「サウ」／ノミ「ノミ」等は／「八」 上26ウ4
キヤ（迦）↓キア
キヤウ
〔薑〕薑「（去）」京反／「カウ」良「ラウ」耶舍の／「ノ」 下96ウ2
〔鄉〕他「-」鄉「キヤウニ」 中26オ6
鄉（平輕）ケイ／「キヤウ」里（上）を／「ヲ」 中82ウ6
キヤウ（境）↓ケイ
キヤウ（薑）↓カウ
キヤウ（響）↓カウ
キヤク（却）↓カク
ギヤク
〔劇〕困「コン」-劇「キヤク」して 上76オ2
劇「キヤク」-苦 上82オ2
〔擊〕擊「キヤク」壞「シテ」 中37オ2
〔隙〕間「-」隙「サイ」／「（キ）ヤク」 上17ウ5
キヤル（存疑）
〔飾〕嚴「-」飾「キヤル」の 上6ウ7
キヨ
〔塚〕丘「キウ」-塚に／「キヨ」／「ネ（「チ」の誤か）ヨウニ」 上42オ1
〔渠〕渠「ミソ」「キヨ」-溝（平）コウを／「コウヲ」 上95ウ3
キヨ（巨）↓コ
キヨ（據）↓コ
キヨ（擧）↓コ
ギヨ
〔圄〕囹（平）「レイ」圄（平）に／「キヨニ」 下82ウ4
〔漁〕漁-「キヨ」「スナトル」者の爲に／「ニ」 上26オ7
〔語〕報-語「キヨ」せ／「セ」不す／「ス」 上44オ3
キン
〔懃〕慇「イン」懃に／「キンニ」 下28ウ7
〔謹〕謹「キン」-愼して／「シンシテ」 中89ウ4
キン（筋）↓コン
キン（近）↓キ
キン（饉）↓ゴン

ク

ク

〔休〕休「ク」息せ／「セ」不る／「ル」　上32ウ6

〔劬〕劬「ク」／「ツトメ」-労す／「(去)ラウスル」／「イタハシ」　下98ウ2

〔區〕一區(上)ク反の／「クノ」　中50ウ1

〔句〕一四句「ク」偶を／「ヲ」　上93オ3

〔吼〕吼「ク」／「ホユ」喚「スルニ」／「ヨハフニ」　上5ウ4

〔懼〕怖-「-」懼を／「クヲ」　上26オ6

大-「-」恐-懼「ク」／ヲモ／をもて／「ニオイテモ」　下7ウ3

懼「ク」「-」畏して／「シテ」　下34オ5

〔救〕救「ク」-護せる／「コセルヲモテ」　中9オ1

〔朽〕腐《クチ》「フ」-朽「ク」砕「サイ」-末「マン」して　上31ウ2

使むとも／「シムトモ」枯「コ」朽「クセ」　中83オ7

〔枸〕尼枸「ク□」陀樹の／「ノ」　下78ウ2

〔瓮〕瓮「ク」熟處　上3ウ1

〔矩〕孃(去)タウ反生六／「シヤウ」-矩(平)ク／「ノ」吒(平)と／「タト」　上21オ3

〔空〕空(なり)と／「クナリト」説く／「ク」　上98オ7

〔舊〕古「コ」舊「ク」等　下42ウ5

〔苦〕苦「ク」　上37オ1

苦「ヲ」(「ク」の誤か)惱　上42ウ4

〔駈〕駈「ク」-馳して／「チセラレ」　中26ウ3

駈「(上)ク」遣し　下93オ2

〔驅〕驅「(去)ク」遣し／「シ」　下94ウ3

グ

〔娯〕娯《タノシ》むを／「クヲ」　上40オ5

〔隅〕四「-」隅「求」　下4ウ2

一隅「(上)求」を　下50ウ7

クウ

〔胸〕胸クウ反　上32ウ1

胸(平)クウ反鬲(去)カウ反／「カクヨリ」　上46オ3

クウ(空)→ク

グウ(隅)→グ

クツ(窟)→クン

クワ

〔和〕溫「オン」-和の／「クワノ」　上41オ2

〔寛〕寛-「火」廣なること／「ナルコト」　上14ウ6

〔課〕餘-課火反を／「クワヲ」　中27オ5

〔貨〕産「セン」「-」貨「クワ」は　上34オ6

クワ(化)→クヱ

クワイ

〔恢〕恢(平)火イ反廓(入)クワク反曠蕩(平)タウにして／「タウニシテ」　上52オ1

〔慣〕慣「火イ」鬧「ケウ」　下37ウ3
〔會〕宴(去)エン-會(平)火イ　上35ウ3
〔潰〕潰火イ反／ツエ-爛せり／タ、ル／「ランシテ」　上31オ6
〔話〕談「タム」話火ィ反に／「イニ」於て／「テ」　下37ウ2

クワイ(乖)↓クヱ

クワイ(灰)↓クワン

クワウ

〔滉〕滉(去)「光」瀁(上)ヤウ／「ヤウ」　中15オ3
〔獷〕獷(平)「クワウ」悷(去)レイ反　中9ウ1
〔胱〕膀(去)ハウ反／ユハリ胱(平)光反／フクロ　上29オ7
〔荒〕耽「タム」-荒す「(ク)ハウスヘ」可きに／「キニ」非す／「ス」　上36ウ1

クワウ(黄)↓ワウ

クワク

〔廓〕城廓(入)「火ク」の／「ノ」如し／「ク」　上46オ6
恢(平)火イ反廓(入)クワク反曠蕩(平)タウにして／「タウニシテ」　上52オ1
城「(去)」廓(入)火ク／「火ク」　中98ウ5

クワン

〔卝〕卝「クワン」　下99オ3
〔勸〕勸「クワン」誘す／「ユス」應し／「シ」　中97オ2
〔巻〕巻「クワンヲ」　中53ウ2
〔換〕改「カイ」換「クハ(ン)セヨ」　中81オ2
〔浣〕浣(去)「クワン」濯(入)「タクニ」／「アラフ」　上56オ2
〔灌〕相ひ灌「火ン」／「ソ、キ」-注す／「ス」／「ソ、ク」　上53オ2
灌火ン-然(と)して／「トシテ」　下69ウ5
漑カイ反／「ミツマカセ」灌(し)「火ンシ」／ソ、キ／「ソ、ク」　下77オ6
〔灰〕灰(去)化反「クワンノ」-水　上22オ3
〔管〕絃(平)「劵ン」「コト」管(上)「火ン」「フエ」　上58オ2
愚-管(上)觀反を／「ヲ」　上106オ2
管(上)「火ン」見を／「ヲ」以(て)／「テ」　下34オ4
〔緩〕緩(平)火ン縵として／「シテ」　上47ウ1

クワン(寛)↓クワ

クワン(灰)↓クヱ

グワン

〔頑〕頑「(去)元」魯「(平)ロ」(の)〔之〕　上1オ4

クヰ

〔危〕危(平)「クヰ」脆(去)セイ反ニシテ／「セイニシテ」　上46オ1

クヰヨク

〔曲〕委「クハシ」曲にすること／「クヰヨクニ」　下49オ2

クキン
〔均〕綩「ヱン」-均ナルコト／として／「クキンニシテ」　中7オ3

クヱ
〔乖〕乖「化」-角せる(や)／「カクセル」　下65ウ6
乖「化」-「-」角せる(や)／「セルヤ」　下93ウ6
〔化〕灰「化」「-」地獄　下72オ1
〔灰〕灰(去)クヱ反「クワンノ」-水　上22オ3
〔瓜〕木「-」瓜「(上)化ノ」　下71オ6
木-「-」瓜「化ノ」　下71オ7
〔花〕名-花「クヱ」　上55オ1

クヱ(灰)↓クワン

クヱツ(駃)↓クヱン

クヱム
〔槵〕木槵「(クヱ)ム」經に／「ニ」　下31オ7

クヱン
〔羂〕不「(上)」空「(上)」羂「(平)巻」索「尺」　下35オ2
〔蠉〕蠉巻反-飛　上60ウ2
〔駃〕駃「クヱン」／「トキ」河「カハ」は　上41オ5

クヱン(槵)↓クヱム

グヱン
〔炫〕炫「(平)」化□(「ン」か)反-曜「(去)」せは／「セハ」　中58オ7
〔紘〕紘(平)「劵ン」「コト」管(上)「火ン」「フエ」　上58オ2

クン
〔矄〕矄(去)クン暮(去)ホウ[「之」]後に　上43ウ6
〔窟〕栴檀窟「クン」佛の／「ノ」　下24オ3

ケ

ケ
〔懈〕懈「ケ」「-」慢「マン」界の／「カイ」　下56オ6
〔氣〕氣を／「ケヲ」　上18ウ3
氣「ケ」　上18ウ4
氣を／「ケ」　上18ウ5
香氣を／「ケヲ」　上23ウ6
氣「ケ」-脉　上28オ7
氣「ケ」を　上31ウ6
〔疥〕疥「ケ」／「ハタケカサ」-者「アルモノ」の／「ノ」　上38ウ7
〔繫〕繫の／「ケノ」　下69オ7
〔飢〕飢「ケ」渴「カン」　上19ウ2

ゲ
〔夏〕春(平)秋(平)シウ冬(平)トウ夏(去)「ケ」

／「カ」　上56オ3

ゲ(夏)↓カ

ケイ

〔京〕京(平輕)「ケイ」師の　下13オ5
〔境〕邊境に／「ケイニ」　下26オ5
〔徑〕嶮ケハシキ／「ケム」-徑ミチに／「ケイニ」　上79ウ6
〔慶〕慶(去「平」)「ケイ」氏(去)の／「シノ」　下28ウ3
〔憬〕智憬(上)「ケイ反」師　上74ウ4
憬「ケイ」興師の／「ノ」　中35オ4
懷「-」感「-」智憬「ケイ」等の／「ノ」　下46オ4
〔携〕提「(平)テイ」携ケイス／「(平)ケイ」　下52ウ7
〔溪〕溪「ケイ」谷「タニカハ」　上58オ3
〔璟〕璟(平)ケイ／「(上)ケイ」興「コウ」師の／「(上)ノ」　下43オ7
〔闋〕闋ケイ反／「ケイ」賓「ヒン」國に／「ニ」　下66ウ5
〔計〕術「-」計を／「ケイヲ」　上75ウ5
〔鄕〕鄕(平輕)ケイ／「キヤウ」里(上)を／「ヲ」　中82ウ6
〔馨〕馨(去)ケイ反-香「カウ」　上56オ5

ケイ(繫)↓ケ

ケウ

〔刼〕刼「コウ」「ケウ」-波「ハ」樹の／「ノ」　上35ウ3
〔叫〕叫「ケウ」　上1ウ7
〔孝〕孝「ケウ」-順し／「シ」　下36オ3
〔巧〕善巧を／「ケウヲ」　上93ウ6
〔教〕遺「ユイ」-教に／「ケウニ」　上70ウ4
佛教「ケウ」の／「ノ」[之]　上78オ3
諸-教「ケウ」の　上80ウ6
教「ケウ」(なり)[也]　上90ウ4
〔梟〕鵰「テウ」鷲「ス」鵄「シ」梟「ケウ」　上31オ5
〔皎〕皎ケウ-潔なること／「ニシテ」　中4オ6
皎(上)「ケウ」然と／「ナリ」　中30ウ1
〔竅〕七竅ケウ反／アナに／「アナニ」　上28ウ2
孔「-」竅「チ(「ケ」の誤か)ウ」　上29オ1
〔篋〕无字寶篋「(入)ケウ」經　下34ウ7
〔絞〕絞「ケウ」絡「ラク」せる／「セリ」　上57オ5
〔鬧〕憒「火イ」鬧「ケ(「ネ」の誤か)ウ」　下37ウ3
〔餚〕香餚ケウ　中83オ1

ケウ(竅)↓チウ

ゲウ

〔曉〕元(平)曉(上)「ケウ」師　中30オ1

ゲキ(隙)↓サイ

ケツ(駃)↓クヱン

ケフ

〔狭〕廣-狭「ケフ」 上52オ4
〔筐〕一の「-」筐「ケフ」 上36ウ1
〔篋〕寶篋「ケフ」經 上74ウ6
〔脇〕左「-」脇「ケフ」に／「ニシテ」 下71ウ7
〔陜〕陜(入)セハク(「ク」虫損)／ケフ反／ケハシキ(「ケフ反／ケハシキ」は「道」に付す)道 上98オ3

ケフ(劫)→ケウ

ケフ(篋)→ケウ

ゲフ

〔業〕業を／「ケフヲ」 上44オ6

ケム

〔儉〕儉ケム／「セム」-素ソ 中79オ2
〔嶮〕嶮ケハシキ／「ケム」-徑ミチに／「ケイニ」 上79ウ6
嶮を／「ケムヲ」 中83オ6
〔釼〕刀「-」釼「(ケ)ム」 上21オ4

ケム(儉)→セム

ケン

〔楗〕楗ツクヲ／「ケン」鐘「ヲ」 下27ウ5
〔甄〕甄「(去)ケン」陀羅 下6オ3

ケン(健)→コン

ゲン

〔語〕竊「セン」語「ケン」(ママ) 中79ウ2
〔顔〕顔「ケン」色を／「ヲ」 上31オ2

コ

コ

〔古〕古「コ」舊「ク」等 下42ウ5
〔喉〕咽「コ」-喉「ウ」(「咽喉「コウ」」の誤か) 上32ウ1
〔巨〕數千巨「コ」億萬劫(に) 下3オ7
〔己〕己「(平)コ」-「-」身の／「ノ」 中79ウ4
己「コ」-身「ハ」 下32ウ2
〔忌〕禁忌の／「コノ」 中55ウ3
〔據〕證「-」據か「コカ」 中18ウ6
〔擧〕擧「コ」「-」足 中37ウ4
〔枯〕使むとも／「シムトモ」枯「コ」朽「クセ」 中83オ7
〔炬〕炬コ-火を／「ヲ」 上49ウ5
〔羖〕羖コ-羊の 下69ウ4
〔虎〕虎「コノ」 下71オ5
〔鷺〕鷲(平)シウ／「ス」鷺(上)コ／「ロ」 上53オ7

コ(孤)→ラウ

コ(據)→ゴ

コ(涸)→カク

ゴ

〔寤〕寤(上)「コ」寐(去)に／「ヒニ」 中18オ7
睡「スイ」「-」寤「コ」 下15ウ2
〔據〕證據「五ト」者といふは／「イフハ」 下31オ3
〔期〕期「コ」有り／「リ」 上33オ7

〔護〕救「ク」-護せる／「コセルヲモテ」 中9オ1

ゴ（語）→ギヨ、ゲン

コウ

〔厚〕厚（去）「コウ」徳（入輕）を／「ヲ」 上44オ4

〔喉〕咽「コ」-喉「ウ」（「喉」に附すべき「コウ」の誤か） 上32ウ1

咽「エン」喉「コウ」は 中7オ2

〔後〕後「（去）コウ」賢 下88オ4

〔扣〕扣「（コ）ウ」擊「シテ」 中64オ2

〔洪〕洪「コウ」滿にして 中10ウ5

〔溝〕渠「ミソ」「キヨ」-溝（平）コウを／「コウヲ」 上95ウ3

〔猴〕猨「コウ」（「猴」の音）「-」猴ヨリモ 中90オ3

〔矜〕矜カ（「ホ」の誤か）コら／「オコリ」／「コウ」伐ア（「ホ」の誤か）コら／「ハンセ」

中58オ7

〔興〕璟ケイ／「ケイ」興「コウ」師の／「ノ」 下43オ7

〔貢〕貢「コウ」-高（去濁）の／「ノ」 中55ウ5

貢コウ-高を／「ヲ」 中56オ1

〔釣〕釣ツリ／「コ（「テ」の誤か）ウ」餌ヲ／「ヲ」 下77ウ4

〔鉤〕鉤「コウ」瑣「セル」 中11オ4

ゴウ

〔洹〕般泥「テイ」洹「コウ」（「ヲン」の誤）にして／「ニシテ」 上65オ5

ゴウ（劫）→コフ

コク

〔剋〕剋（入）／「コク」念して／「ネムシ」 中90オ4

時「-」剋「コク」 下47オ5

〔吼〕哮ホエ／「カウ」吼ホユルコト「コクスルコト」 上17オ4

〔哭〕號「カウ」「-」哭「コク」する／「ス（る）」 上6ウ5

號「カウ」「-」哭「コク」せ令めたる「ル」者もの 上7ウ7

啼「テイ」「-」哭すること／「コクスルコト」 上11オ5

啼「テイ」「-」哭「コク」（の）［之］ 上14オ7

悲「-」哭しき／「コクス」 下29ウ4

〔棘〕棘「シイヲ」刺を／「コク」（附音前後字轉倒） 中11ウ5

〔縠〕網「マウ」縠「コク」 中11ウ6

〔鵠〕黄「ワウ」-鵠（入）コク反 下69オ3

〔黑〕黑「コク」「-」闇を／「アムヲ」 下3オ4

ゴク

〔極〕極「ホ（コ）ク」惡にして／「シテ」 上4オ3

極-熱の 上22ウ3

コフ

〔刧〕刧「コウ」「ケウ」-波「ハ」樹の／「ノ」 上35ウ3
刧「フスラ」 上37ウ5
刧「コフ」-奪して／「タンシテ」 上41オ1
〔甲〕足の／「ノ」甲ッメ／「コフ」從(り)／「リ」 上19ウ4

ゴフ

〔業〕上品の／「ノ」業「(コ)フ」を 下54ウ1
業を／「(コ)フヲ」以(て)／「テ」 下69オ7

コン

〔健〕踊「(去)ユ」歩「フ」健「コン」如來 下43オ4
勇健なるか／「コンナルカ」故に／「ニ」 下70オ7
〔困〕困「コン」-劇「キヤク」して 上76オ2
〔婚〕冠(平)-婚(平)「コン」(し) 上44オ6
〔恨〕瞋「(去)」恨「(平か)コン」を 下20オ2
〔惛〕惛(平)「コン」然(平)として／「シテ」 上44オ1
沈「-」惛「コン」 中62オ7
惛「(去)コン」睡「(平)」 中62ウ5
〔斤〕一斤(上)コン反の／「コンノ」 下69ウ3
〔筋〕筋「コン」／「スチ」-脉「チノミチ」 上45ウ6
筋(訓)／「コン」骨(訓)／「ヲシテ」 中83オ7
脚「カク」-「-」轉-筋「コンニ」を／コムラカヘリ／「コムラカヘリ」 下71オ6
〔跟〕足-跟(去)「コンハ」 中11オ5
〔近〕久近「コン」 上106オ1
〔閫〕閫シキヰノ／コン／「トシキミ」 上17オ2

ゴン

〔魂〕魂「コン」神「シン」 下26ウ7
〔欣〕令めて／「メヨ」心をして／「ヲシテ」欣「コン」「-」悦せ／「セ」 中17ウ7
〔饉〕飢-饉「コン」 下6オ5

サ

サ

〔嗟〕嗟「サ」-歎せ不といふこと／「ストイフコト」无し／「シ」 上70ウ6
〔煮〕煎「セン」煮「サスルニ」 上22オ5
〔瘡〕瘡「サ」-門 上45ウ6
〔謝〕慰「ヰ」謝「サ」す／「ス」 上44オ2
〔遮〕遮する／「サセム」 上81オ5

サ(嗟)→サア

サア

〔嗟〕嗟「(去)サア」歎して／「タンシテ」 下6オ4

サイ

〔占〕占「(入)サイ(墨消)」察「(入)」經の／「ノ」　下32オ4

〔彩〕繒「ソウ」-彩「サイ」を／「ヲ」　上32オ1

畫-彩「サイ」の　上46オ7

〔犀〕犀サイ反／セイ反／「サイ」／ヒッシ／「ヒッシ」-角をもて／「ヲモテ」　下69オ3

〔碎〕破「-」碎すること「サイスルコト」　上2オ5

腐クチ「フ」-朽「ク」碎「サイ」-末「マン」して　上31ウ3

〔綵〕五「-」綵の／「サイノ」　中88ウ3

〔菜〕醬(平)「生」-菜(上)「サイ」　中79オ2、中79オ2

〔載〕寄ヤトリ／「ヤトリ」載ノテ／「サイシヌレハ」／「ヌレハ」　下68ウ6

〔隙〕間「-」隙「サイ」(「際」と誤れるか)／「(キ)ヤク」　上17ウ5

間隙「サイ」(「際」と誤れるか)无し／「シ」　上17ウ6

〔際〕崖「カイ」-際「サイ」无「シ」　上102ウ4

〔齊〕齊「サイ」-等にして／「ナルヲモテ」　上72ウ4

〔齋〕齋「サイ」-戒を／「ヲ」　上40オ1

八齋「サイ」品に／「ニ」　下30ウ1

サイ(碎)→サク

ザイ

〔在〕散「-」在す／「サイセリ」　上4ウ3

敷フ在サイ(し)て／「シテ」　上15オ7

〔財〕財「サイ」「-」業に／「ニ」　上39ウ4

サウ

〔壯〕壯「サウ」-年は／「ハ」　上33ウ2

〔床〕病「ヘイ」床「サウニ」　中90ウ6

〔抄〕被れて／「ラレテ」抄「サウ」-掠(上)せ　中26オ5

〔掃〕掃サウ-灑すといへるは／「ス」　中78ウ3

〔早〕早(上)「サウ」「-」晩(上)ハンは／「(上濁)ハン」　下55オ1

〔曹〕天「-」曹(上)サウ　中79ウ3

〔棗〕棗(上)サウ葉を／「ヲ」　中39ウ1

〔滲〕滲「サウ」浴　中81オ2

〔蚤〕蟻(去)キ反／キサ、蝨(入)シチ反／シラミ「キム」蚤サウ反「サウ」／ノミ「ノミ」等は／「ハ」　上26ウ4

〔霜〕霜「サウ」雪「セン」の如し／「シ」　上12オ4

〔鞋〕鞋サウカイ(「草鞋」と誤認せるか)／「カアイ」　中79オ1

サウ(掃)→サフ

サウ(瘡)→サ

ザウ

〔象〕象の／「サウノ」如し／「シ」　上20オ5

サク

〔乍〕乍タチマチニ／「タチマチニ」「サク」

〔碎〕碎「サク(「イ」の誤か)」-末して／「シテ」　下71オ3
〔迮〕逼-セメ／「セメテ」迮サク反／ソ反／セメテ／「サタンテ」「スハ、テ(存疑)」　中37オ2
迫(入)「ハク」迮(上)ソ／「サク」　上25オ2

サツ

〔察〕占「セム」察「サツ」經　中39ウ6
觀「-」察すれは／「サツスレハ」　中50オ1

サツ(截)↓サン　下8ウ4

サツ(殺)↓セ、セン

サフ

〔掃〕糞「フン」掃「サフ」衣なり　下89ウ6

サム

〔懺〕懺「サム」「-」悔しつれは／「スレハ」

サム(滲)↓サウ　中70ウ2

サン

〔截〕折「セン」截「サンス」　中98オ5
〔酸〕酸(平)「サン」-毒を／「ヲ」　上39ウ5
〔鑽〕鑽(平)サン燧(去)スイして／「シテ」　中59オ1
〔湌〕湌「サン」　下89ウ3

サン(產)↓セン

サン(湌)↓セン

サンム

〔唼〕唼「サンム」食(せ)所ル、(トコロ)爲タ
リ　上26ウ6

シ

シ

〔刺〕刺「シ」「ウハラ」-鋒「サキ」　上21ウ6
刺-「-」「シ」「ウハラ」鋒「フ」「サキ」　上21ウ6
剝(入)ハク／「ハキ」-刺「シ」及「ヒ」无
間　上40オ7
〔咫〕咫(上)シ六／「シ」尺(入)「セキ」の／「ノ」　上50ウ7
〔嗜〕貧「(去)」嗜し／シ反／「シイシ」／「タシナミ」　下27オ7
〔士〕隱(上)「イン」-士(去)シ　上43オ5
〔始〕始「シ」-行の／「ノ」　上88ウ7
始テ「シ」「-」學スル／の／「ノ」者もは／「ノハ」　下60ウ5
〔尸〕陀摩尸「シ」利菩薩　上42オ6
尸「シ」利(上)「(入)」「リ」沙「ハ」　下70オ1
〔屎〕屎に／「シヲ」　上32オ1
屎「シ」尿「ネウ」　中88ウ5
〔市〕市シ反に／「(平)二」　上34ウ1

朝「(平)」市(去)「シ」に／「ニ」　下28ウ3
〔心〕心「シ」も　上89ウ5
〔思〕思-想して／「シテ」　上88オ5
〔拭〕洗-拭シ反　中9オ7
〔斯〕婆羅底《テイ》／「テイ」斯「シ」國の／「ノ」　上43オ4
波「ハ」斯「シ」匿「ノク」王の／「ノ」　中36オ2
〔枳〕枳(上)シ／「キ」尼の　上35ウ4
〔止〕止「シ」息し(た)まは未す／「ハス」　上71ウ7
〔死〕死(し)／「シ、」已(り)て／「テ」　上8ウ3
〔氏〕慶(去「平」)「ケイ」氏(去)の／「シノ」　下28ウ3
〔熾〕熾「シ」-然　中14ウ3
熾「シ」然「ニ」　中95ウ6
〔糸〕一「ツノ」-糸シ反の／「イトノ」　中3ウ6

〔翅〕金翅「(上)シ」鳥の／「ノ」　下30ウ1
〔脂〕脂「シ」-燭「ソク」の／「ノ」如し／「シ」　上17ウ3
黄-脂(平)「シ」　上46オ3
〔舐〕舐(去)シ「-」髪と／「ト」爲「ス」　上29ウ7
〔視〕視しを／「ミルコトヲ」　上43ウ2
愛-視して／「シセシハ」　中5ウ6
〔設〕鐵-設「シ」拉《リフ》末(去)梨(上)林　上21ウ4
鐵-設「シ」拉末梨林從(り)　上22オ2
鐵設「シ」拉末梨林　上23オ1
〔詞〕詞「シ」-韻「キン」　中7オ2
〔鵄〕鵰「テウ」鷲「ス」鵄「シ」梟「ケウ」　上31オ5
〔齒〕脣口齒の／「シ」　中6ウ2
シ(刺)→シイ
シ(嗜)→シイ

シ(嘴)→スイ
シ(揣)→セム
シ(翅)→シイ、ス

ジ

〔侍〕侍「シ」者と／「ト」　中12オ6、中14オ7
〔恃〕恃「シ」-怙す／「ス」可(き)こと／「コト」
難し／「シ」　上34オ4
〔自〕自「-」然に／「ニ」　上95ウ3
自然に／「ニ」　上95ウ5
自「(去)シ」由なり／「イフナリ」「ホシマ、ニ」　下89ウ3
〔辭〕音辭「(平濁)シ」　下71オ2
辭(平)せ／「シセ」不「ス」　下98オ6
ジ(自)→ジイ

シア

〔謝〕謝す／「シアス」　下26ウ2

シイ

〔刺〕棘「シイヲ」刺を／「コク」(附音前後字轉

倒)　中11ウ5
〔嗜〕貧「(去)」嗜し／シ反／「シイシ」／「タシ
ナミ」　下27オ7
〔翅〕金翅「シイ」鳥と／「ト」　中8ウ5

ジイ

〔自〕自「シ(存疑)イ」心を／「ヲ」　中31オ1

シウ

〔秋〕春(平)秋(平)シウ冬(平)トウ夏(去)「ケ」
／「カ」　上56オ3
〔終〕終(平)「シウ」焉(平)「エン」(ノ)〔之〕暮
ヘ／「ヘ」　上82オ2
〔臭〕臭シウ-「-」悪にして／「ニシテ」　上16ウ4
〔酒〕酒「シウ」　中79ウ6
酒「シウ」-肉を／「ヲ」　下27オ7
〔須〕須「シウ」「-」家従(リ)　上81ウ1
〔鶖〕鶖(平)シウ／「ス」鷺(上)コ／「ロ」　上53オ7

シウ(皃)↓シユ
シウ(舟)↓シユ
シウ(衆)↓シフ
シウ(鶖)↓ス

ジウ

〔獸〕獸(ケタ)もの／「シテ(「ウ」の誤か)」　上59ウ7

ジウ(獸)↓シユ、ジム、ズ

シキ

〔服〕服「シキ」(消)飾「シキ」　下56オ7
〔識〕唯「ユイ」識「シキ」論に／「ニ」云く／「ク」　上104ウ6
識「シキ」-念するに／「スレハ」　中51ウ7
〔飾〕服「シキ」(消)飾「シキ」　下56オ7

ジキ(食)↓ト

シク

〔菽〕水菽(入)「シク」に／「ニ」　上59ウ4

シチ

〔蝨〕蟣(去)キ反／キサ、蝨(入)シチ反／シラ
ミ「キム」蚤サウ反「サウ」／ノミ「ノミ」
等は／「ハ」　上26ウ4

シツ(心)↓シ
シツ(質)↓シン、セン

シフ

〔衆〕衆「(シ)フ」　下56ウ4

ジフ

〔汁〕銅汁「シフ」を／「ヲモテ」　上8オ5
汁を／「シフヲモテ」　上20オ2
墨「-」汁と／「シフト」　中43オ3
〔澁〕麁「ソ」-澁「シフ」苑の／「ノ」　上35ウ2

シム

〔寝〕寝ネフレル／「シム」處に／「ニ」　下26オ7
〔心〕心「シム」无し／「シ」　上72ウ7
〔瘮〕毒「-」瘮イタマシテ／「シム」　下68オ1

シム(心)↓シ

シム（針）↓シン
ジム
〔尋〕十六尋「シム」そ　上29オ6
〔獣〕獣「シム」類　上26オ5
シヤ
〔且〕且（去）シヤ反-千（平）なるか／「ナル」如
（き）には（あら）不す／「ス」　上81オ5
〔苴〕苴者反／トリ／「ツカム」掣して／ヒキテ
／「シテ」　上21ウ3
〔赭〕赭者反衣赤也　上9オ3
〔齇〕齇トリ掣者反／「シテ」　上31オ6
シヤ（煮）↓サ、シヨ、ズク
シヤ（謝）↓サ、シア
シヤ（遮）↓サ
ジヤ
〔奘〕玄奘「シヤ（「ウ」脱か）」の　上80ウ1
〔邪〕邪「シヤ」-念「ヨリ」　上42オ4
邪と／「シヤト」爲す／「ス」　下63ウ4

シヤウ
〔倡〕倡（去）「シヤウ」伎樂を／「ヲ」　下56オ7
〔商〕宮（平）キウ反商（平）生反／「シヤウ」　上54ウ1
〔洋〕洋生反／ワケル-銅を「（ト）ウヲ」　上9ウ1
〔省〕省「（上）生」-略するは／「スルハ」　下97ウ7
〔裓〕衣裓「シヤウ（「カイ」の誤）」を以「テ」　上70オ7
〔賞〕賞メクム／するに／「生スレハ」　下68ウ7
〔醬〕醬（平）「生」-菜（上）「サイ」　中79オ2、中79オ2
シヤウ（床）↓サウ
ジヤウ
〔孃〕孃（去）タウ反生六／「シヤウ」-矩（平）ク
／「ノ」吒（平）と／「タト」　上21オ3

邪孃（去）生反／ヲムナメを　中26オ7
ジヤウ（奘）↓ジヤ
ジヤウ（孃）↓ダウ
シヤク
〔嘖〕呵「カ」嘖して／「シヤクシテ」　上10ウ3
〔戚〕戚「（入）」「シヤク」-屬「（入）」　上44オ7
親「-」戚尺反　下29ウ3
〔析〕折（「析」の誤か）（入？）尺反-滅し／（つ）
「シツ」　上101オ2
〔索〕索「シヤク」「ナハ」　上22オ6
不「（上）」-空「（上）」羂「（平）巻」索「尺」　下35オ2
〔綽〕綽尺反／「（入）尺」法師の／「ノ」　下42ウ4
綽「尺」禪師　下44オ5
〔羂〕罥「-」羂の／「尺ノ」爲に／「ニ」　上9ウ4
〔責〕呵「カ」「-」責して／「シヤクシテ」

上5オ2
〔跡〕佛跡を／「尺ヲ」 下2オ2
〔錯〕錯「シャク」-亂の／「ノ」 上45ウ4
シヤク（綽）↓タン
ジヤク
〔寂〕寂「シャク」靜なり／「ナリ」 上87ウ5
シユ
〔注〕流「-」注主反す／「ス」 上28ウ5
〔臭〕臭主爛等の／「ノ」 上46オ4
〔舟〕般舟朱經に／「ニ」 下4オ5
シユ（修）↓ス
シユ（殊）↓ス
シユ（臭）↓ス
シユ（酒）↓シウ
ジユ
〔儒〕儒「主」童は／「ハ」 上66ウ7
〔獸〕猛「(平)名」獸「主」 下5ウ6
ジユ（鷲）↓ズ
シユツ（出）↓ス
ジユン（潤）↓ズヰン
シヨ
〔煮〕燒-「-」煮「ショ」／を／「ヲ」 下72オ5
〔疏〕疏「ショ」／に／「ニ」 下43ウ1
〔鼠〕鼠(去)-「ショ」狼「オ(「ホ」脫か)カミ」等は／「ハ」 上26ウ3
ジヨ
〔舒〕舒「ショ」舌の／「ノ」 上79ウ6
シヨウ
〔證〕證(し)つれは／「ショウスレハ」 上31ウ7
シヨウ（昇）↓セウ
シヨク
〔色〕顏「カン」色「ショクヲ」／を 下79オ4
シン
〔信〕信せり／「シン(シ)キ」 中49オ6
信「シン」「-」樂し／「シ」 下15オ6
〔嚫〕嚫「シン」施なり／「ナリ」 下89ウ7
〔愼〕謹「キン」-愼して／「シンシテ」 中89ウ4
〔晉〕東「(平)」晉(平「去」)「シン」／より／「ヨリ」 下28オ7
〔津〕津(平)シン反／「ウルヒ」液ヤク反／「エキ」「シタ、ル」(の)［之］ 上29ウ1
〔瞋〕瞋「シン」恨の／「ノ」 中20オ1
〔神〕魂「コン」神「シン」 下26ウ7
〔臣〕臣「シン」 下74オ7
〔質〕反(去)本反質(入輕)して／「シン(ヲ)モテ」云く／「ク」 上91ウ5
形「-」質「セン」「シン」 下78オ7
〔辛〕辛「シン」-苦を／「ヲ」 上42オ1
五辛(は)／「シンハ」 中79ウ6
〔針〕針「シン」-口と／「ト」 上30オ4
ジン
〔腎〕腎シン反／ムラト／「シン」「ムラト」藏は 上29オ3

贒シン反／「シカ(「ン」の誤か)ノ」府と／「ト」　上29ウ1、上29ウ1

ス

ス

〔修〕修せ／「ス」不る／「ル」〔之〕者もの／「ノ」　上24ウ1
修せ／「スセ」不す／「ス」　上51オ7
四修を／「スヲ」　下56オ2
〔出〕出「ス」山と「ト」　上18ウ4
〔數〕數「ス(誤りて「經」字に附す)」-劫を／「ヲ」　上107ウ1
〔殊〕殊-「-」スト「コトニ」使ひ　下35オ6
〔翅〕金翅「ス」鳥王と／「ト」　中8ウ6
〔臭〕臭「ス」穢の／「ノ」　上46オ6
〔鶖〕鶖(平)シウ／「ス」鷺(上)コ／「ロ」　上53オ7

ス(臭)→シユ
ス(須)→シウ
ス(鶖)→シウ

ズ

〔獸〕禽「-」獸「ス」　上31オ6
〔鷲〕烏「ウ」鷲「ス」等の　上6オ7
鵰「テウ」鷲「ス」鵄「シ」梟「ケウ」　上31オ5

スイ

〔嘴〕嘴の／「アル」／「スイノ」　上8ウ3
〔燧〕鑽(平)サン燧(去)スイして／「シテ」　中59オ1
〔睡〕睡「スイ」「-」寤「コ」　下15ウ2
〔遂〕果「-」遂「スイセ」　中94ウ1

ズイ

〔瑞〕瑞「スイ」「-」應傳に／「ニ」　下28ウ2

スウ(數)→ス

ズク

〔煮〕煎「セン」煮「スク」(「熟」を誤認せるか)す／「ス」　上9オ7

スヰ

〔楯〕欄楯スヰ　上52オ5

スヰン(楯)→スヰ

ズヰン

〔潤〕潤ス、シキ／「春」　上12ウ3

セ

セ

〔世〕先「(セ)ン」世の／「セニ」　上22ウ6
世に／「セニ」於して／「イテ」　上93ウ2
〔施〕施して／「セスルモノ」　中10オ6
〔旋〕旋「セ」轉(し)て／「シテ」　上55オ4
〔殺〕離「リ」-「-」殺「セ」等の　下65オ5
〔譫〕空-譫(平)セ／「ノ」　中29オ6

ゼ

〔然〕溘(入)カフ／「カフ」-「-」然(平)として／「セトシテ」　上34オ6

セイ

〔世〕歴「レキ」世-「セキ(「イ」の誤か)ニ」　上44オ4
〔整〕齊く整ト、ホ／「正」ナリ／「ト(、)ノホンテ」　中5オ5
〔星〕昴スハル／ハウ反／マウ反星「セイ」／を　下78オ7
〔歳〕歳(去)セイ反-年(平)有「テ」　上31ウ2
〔沸〕沸-「セイ(「精」の誤點)」「ワキ」熱の／「アツキ」　上22オ2
〔犀〕犀サイ反／セイ反／「サイ」／ヒッシ／「ヒッシ」-角をもて／「ヲモテ」　下69オ3
〔精〕沸-「セイ(「精」の誤點)」「ワキ」熱の／「アツキ」　上22オ2
〔聖〕聖「セイ」容を／「ヲ」　中93ウ6
〔靖〕安(平)靖(平)の／「セイノ」時に／「キ」／シツカナル／「ル」　下26オ7、下26オ7

セイ(掣)↓シヤ

ゼイ

〔脆〕危(平)アヤフク／「アヤフク」脆セイ反／モロクシテ　上34オ4、上34オ4、上34オ4
危(平)「クヰ」脆(去)セイ反ニシテ／「セイニシテ」　上46オ1

セウ

〔咲〕微咲して「セウシタマフ」　上69オ1
〔昇〕昇「セウ」-沈の／「チン(ママ)ノ」　上93オ1
〔焦〕焦「セウ」(擦消か)熱「ネチ」　上1ウ7
沃オク／「オク」-焦「セウ」の　上35ウ7
〔煎〕煎「セウ」煮す／「セラル、」　上19ウ4
〔燋〕燋コカシ／「セウ」爛タ、サレキ／「セラレ」　下72オ1
〔燒〕燒「小ラ(「セウ」の誤か)」-割「カン」　上40オ6
〔笑〕談「タム」「-」咲の／「セウノ」　中54ウ2
〔膲〕三-膲(去)小反／ミノワタをは　上29ウ2
〔蕉〕芭「ハア」蕉「セウ」の／「ノ」如し　上41ウ4
〔銷〕銷「セウ」滅し／「シ」　中58ウ3
〔麨〕麨を／「セウヲ」「ムキノコ」以「テ」　上93ウ3

セウ(抄)↓サウ

セキ

〔夕〕一(入)夕(入)「セキ」　上43ウ4
〔尺〕咫(上)シ六／「シ」尺(入)「セキ」の／「ノ」　上50ウ7
〔惜〕嘆-惜「セキ」す／「ス」　上44オ4
〔脊〕脊尺六背也／「セキ」「セナカ」胎ハラを／「ヲ」「ハラヲ」　上21ウ3

セキ(世)↓セイ

セチ

〔屑〕毒「-」屑「(入)セチノ」 中75ウ1

セツ

〔淺〕淺「セッ」-深 上53ウ4
淺「セッ」-深寒-溫「ウン」(にして) 上54オ3

〔煎〕煎「セッ」煮「サスルニ」 上22オ5

セツ(截)↓サン、セン

セツ(折)↓セン

セツ(殺)↓セ、セン

セツ(竊)↓セン

セツ(設)↓シ

セツ(質)↓セン

セツ(雪)↓セン

セフ

〔唼〕「ノ」[之]爲に／「ニ」唼「セフ」食せ／
「セ」所る／「ラレ」 上32ウ1

〔攝〕攝は／「(セ)フソ」 下62ウ1

〔睫〕眼-睫(入輕)セフ反は／「セウハ」 中5オ5
睫セフ反の／「セフノ」相の／「ヲ」 中5ウ2

セフ(唼)↓サンム

セム

〔儉〕儉ケム／「セム」-素ソ 中79オ2

〔占〕占「セム」察「サッ」經 中50オ1

〔揣〕沙揣「セムノ」如し／「シ」 上6オ5

〔瞻〕瞻「セム」望すれは／「ハウスレハ」 上49ウ1

〔纖〕纖「セム」長指との／「ノ」 中11オ7
纖「セム」長なり 中12オ3

〔銛〕銛(平)セム反／「セム」 上43ウ7

セム(占)↓サイ、セン

セム(譫)↓セ

セン

〔先〕先「(セ)ン」世の／「セニ」 上22ウ6
那「(去)ナ」先「セン」 下66オ2
那「ナ」先の／「セン」 下66ウ1

〔占〕占「ヰ(「セ」の誤か)ン」察「-」經には／
「ニハ」 下53ウ4

〔截〕截きて／「センシ」 下91オ2

〔戰〕戰オノ、キ／「セン」悼カツ／「テウス」 上27オ7
闘「(去)トウ」戰「(平濁)センノ」時に／
「ニ」 下76オ2

〔折〕折「セン」截「サンス」 中98オ5

〔揣〕沙揣セン／「タン」の如し／「シ」 上19ウ7

〔旋〕旋「セン」轉せること／「シテ」 中18オ2

〔殺〕當「ニ」…殺す／「セン」「ス」[當]し／
「ヘシト」 上44ウ1
殺(さむ)と／「センセムト」 中29オ7

〔淺〕淺「セン」 下60オ7

〔煎〕煎「セン」煮「スク」す／「ス」　上9オ7
〔產〕產「セン」「-」貨「クワ」は　上34オ6
〔穿〕穿《ホツレハ》／「セン」「ホツレハ」　上95ウ3
〔竊〕竊「セン」語「ケン」(ママ)　中79ウ2
〔篅〕篅《クラシタミ》に／仙／「トニ」　上45ウ7
〔腨〕雙腨仙反／ハキ／「ハキハ」　中11オ3
〔質〕形「-」質「セン」「シン」　下78オ7
〔遷〕遷「セン」-流「シテ」　上46オ6
〔雪〕霜「サウ」雪「セン」の如し／「シ」　上12オ4
〔湌〕湌「セン」-受するか／「スルカ」如し／「シ」　上107ウ7

セン(揣)→セム、タン
セン(旋)→セ
セン(淺)→セツ
セン(煎)→セウ、セツ

ゼン

〔蠕〕蠕仙「ムクメク」-動　上60ウ3

ゼン(然)→ゼ

ソ

ソ

〔楚〕楚「ソ」毒　上3ウ3
楚《ソ》「-」毒　上4ウ4
撾「タ」-打楚「ソ」撻《セラ》る／「セラレ」　上32ウ3
杖「(去濁)」「-」楚「(上)」を／「ソヲ」　中98ウ3
〔渚〕海「-」渚ソ反／「ソヨ」の　上24ウ4
〔素〕紙-素(入)と／「ソト」　中43ウ4
儉《ケム》／「セム」-素《ソ》　中79オ2
〔蘇〕生「-」蘇の／「ソノ」如き(なる)をや／「クナルヲヤ」　上12オ2
〔蛆〕蟲蛆「ソ」　上31オ7
〔逭〕逼-セメ／「セメテ」逭サク反／ソ反／セメテ／「サタンテ」「スハ、テ(存疑)」　上25オ2
迫(入)「ハク」逭(上)ソ／「サク」　中39ウ6
〔酢〕甜(平)テム／「テム」酢(上)ソ／「ソ」　上55ウ5
〔麁〕麁「ソ」-澁「シフ」苑の／「ノ」　上35ウ2
麁「ソ」-心(の)／「ノ」　下31オ1

ソ(渚)→ソヨ
ソ(疏)→シヨ
ソ(鼠)→シヨ

ソウ

〔奏〕奏し／「ソウシ」　上49オ5
奏《ソウ》す／「ス」　上68オ5
〔宗〕朝(平)-宗(平)「ソウ」しぬ／「タラ(「ル」の誤か)ナリ」　上106ウ7
〔層〕七層の／「ソヘ(「ウ」の誤か)ノ」「コシ」

上16ウ2
〔繒〕繒「ソウ」-彩「サイ」を／「ヲ」　上32オ1
〔送〕傳-送(上)「ソウ」(の)［之］　上29オ4
送「ソウ」-終の／「ノ」篇(に)／「ヘンニ」　中88オ4

ソク

〔塞〕闇塞の／「ソクノ」　中62オ7
〔息〕出「-」息は／「ソハ(「ク」の誤か)」　上57ウ4
〔數〕數-／「ソク」ゝ「ニ」　中85ウ1
數「ソク」「-」ゝしは／「く二」　下33オ7
〔燭〕脂「シ」-燭「ソク」の／「ノ」如し／「シ」　上17ウ3
燈燭を／「ソクヲ」　上56オ2

ソヘ(層)→ソウ

ソヨ

〔渚〕海「-」渚ソ反／「ソヨ」の　上24ウ4

ソヨ(渚)→ソ

ソン

〔村〕村「ソン」落に／「ニ」　下25ウ4

タ

タ

〔吒〕孃(去)タウ反生六／「シヤウ」-矩(平)ク
／「ノ」吒(平)と／「タト」　上21オ3
〔埵〕輪「リン」-「-」埵「タ」　中4オ1
〔撾〕撾「タ」-打楚「ソ」撻セラる／「セラレ」　上32ウ2

ダ

〔唾〕啼「ス(「テ」の誤か)イ」唾「(去)」「タ」　中26オ1
吐「ト」唾「タ」　中88ウ6
〔墮〕墜「タ(「墮」と誤讀せるか)」沒せ／「セ
令め不す　上95オ6
懶「(平)ラ」墮「タ」懈「-」怠にして／「ニ
シテ」　下27オ7
〔茶〕分「フ」茶「タ」離「リ」迦「カ」と／「ト」　上12オ7
分「-」茶「タ」離「リ」迦の／「ノ」　上12ウ2

タイ

〔滞〕雨滞「タイ」　中11ウ4
〔耐〕耐(去)タイ反せ／タフヘ(から)不す／
「ス」　上31ウ6
〔胎〕胞「ハウ」-胎に／「タイニ」　上64オ7
〔逯〕逯「タイ」-得せり／「シヌ」　下23ウ6
〔逮〕逮(およ)は／「タイセ」令(め)たまへと／
「シメタマヘト」　中84ウ3

ダイ

〔大〕大「タイ」「(去)」-辟に／「ヘキニ」　中64オ7
〔提〕淨菩提「タイヲ」／を　下84ウ7

菩提「(タ)イ」　下97オ2
〔臺〕臺と／「(タ)イト」　中1ウ6
〔餒〕裸ハタカニ／「ラ」餒ウヱテ／「大ニシテ」　下89ウ2

タウ

〔唐〕唐「タウ」-「-」朝に／「ニ」　下28ウ1
〔擣〕擣「タウ」香(と)　下4オ3
〔湯〕渇(「湯」の誤か)「タウヲ(ママ)」火を　上34ウ4
火「-」湯「タウ」　上36ウ4
〔煻〕煻オキヒ／「タウ」煨の／「ワイ」　上20ウ5
煻「タウ」煨「ワイ」に　上20ウ7
〔稲〕稲タウ-葉と／「ト」　上30オ2
〔蕩〕恢(平)火イ反廓(入)クワク反曠蕩(平)タウにして／「タウニシテ」　上52オ1
蕩タウ反-除して／「ソキ」　上53ウ5
タウ(啗)→タム
タウ(綽)→タン
タウ(陶)→タム

ダウ

〔嬢〕嬢(去)タウ反生六／「シヤウ」-矩(平)ク／「ノ」吒(平)と／「タト」　上21オ3
ダウ(嬢)→ジヤウ

タク

〔啄〕探タム反／ツキ／「サクリ」啄タク反／ハム／「ツイハンテ」　上22オ1
〔度〕度「タク」-「-」量すること／「スルコト」　中51オ7
圖「(去濁)ツ」度(入)(す)／「タクスヘ」須(から)不「ス」　下44ウ6
〔澤〕潤「ニム」澤「タク」　上52ウ5
大なる「-」澤サハを／「タクヲ」　中85オ7
〔濯〕浣(去)「クワン」濯(入)「タクニ」／「アラフ」　上56オ2
〔託〕託「タク」-生して／「スルト」　上44オ4
〔謫〕謫セメハ／「セメ」／「タクセサム(ママ)」　下93ウ2
タツ(達)→ダル
ダツ(奪)→ダン

タム

〔啗〕啗(平)オチ／タウ反／「オチインテ」入て／「インテ」　上21オ2
〔噉〕食「-」噉す／「タムス」　上6オ7
〔探〕探タム反／ツキ／「サクリ」啄タク反／ハム／「ツイハンテ」　上22オ1
〔痰〕痰(平)タム-癊オム反　上46オ3
〔耽〕耽「タム」-荒す「(ク)ハウスヘ」可きに／「キニ」非す／「ス」　上36ウ1
耽「タム」-玩す／「ス」「ヨロコフ」可(き)こと／「コト」无「シ」　上57オ7
〔膽〕膽(平)タム反をは／「タムヲハ」　上29オ5

肝(平)「カム(擦消)」膽(平)「タム(擦消)」を　上59ウ4
〔陶〕陶「タム」-家の／「ノ」　中39オ4

ダム

〔淡〕淡「タム」-咲カタラヒの「セウノ」　中54ウ2
淡「タム」話火イ反に／「イニ」於て／「テ」　下37ウ2、下37ウ2

ダル

〔達〕達ル／「タル」摩　下31ウ5

タン

〔揣〕沙揣セン／「タン」の如し／「シ」　上19ウ7
揣(去)タン／「タン」-食を／「ヲ」　上99ウ2
〔搏〕肉-搏マロカレの／「タンノ」如くなら／「クナラ」令しめ／「シム」　上11ウ4
〔歎〕嗟「(去)サア」歎して／「タンシテ」　下6オ4
〔炭〕鐵-「ノ」炭(去)タンを／「スミヲ」　上17ウ7
〔綽〕綽「タン(「シャク」の誤)」法師「ノ」　上86オ4

タン(揣)→セン

ダン

〔團〕泥(平)團(の)／「(去濁)タンノ」　下81ウ5
〔奪〕劫「コフ」-奪して／「タンシテ」　上41オ1
〔斷〕決「-」斷「タン」人「トシテ」　上20ウ2

チ

チ

〔恥〕鄙「ヒ」-恥するか／「チスルカ」　中63オ5
〔褫〕褫「チ」-落「スルコト」　中3オ6
〔遅〕遅明アケホノに／「チメイニ」「アケホノニ」　上43ウ3
遅「チ」「-」速を　下46ウ2
〔馳〕駈「ク」-馳して／「チセラレ」　中26ウ3

ヂ(治)→フ

チウ

〔冑〕介(平)カイ反／ヨロヒ-冑(去)チウ反／カフト／「チウ」　上35ウ2
〔厨〕厨「ツ」「チウ」者の／「ノ」　上2オ6
〔晝〕晝夜に／「ニ」　上4オ2、上5ウ6、上25オ6、上30オ7、上46ウ2、上66オ1、上82オ4
晝夜(の)[之]中に／「ニ」　上26オ6
晝夜に　上26ウ5
晝(平)「チウ」「-」日ニ／「ニ」　下7オ4
晝「チウ」「-」夜に／「ニ」　下26ウ7
〔稠〕稠「チウ」「(去)」密にして／「ニシテ」「キヒシ」　中3オ7
〔竅〕孔「-」竅「チ(「ケ」の誤か)ウ」　上29オ1

〔肘〕二百肘「チウ」(なり)　上10オ7
チウ(厨)↓ツ
チウ(注)↓シユ
チウ(籔)↓ケウ
ヂウ
〔杖〕器杖を／「チウヲ」　上6オ3
チツ(佚)↓チン
チム
〔沈〕沈「チム」「-」沒「モツ」せること／「スルコト」　上6ウ4
〔鴆〕鴆チム反／「チム」鳥　下69オ2
チヤウ
〔腸〕大「-」小腸「チヤウト」等を／「ヲ」　上8オ6
大腸チヤウをは／フトワタ　上29オ4
〔鋌〕金-鋌(平)「打ノ」　下81ウ3
ヂヤウ(杖)↓ヂウ
チヤク
〔擇〕決-釋(「擇」の誤か)せむ／「チヤクセム」　上86ウ5
思-擇「(上)チヤク」／す／「ス」應し／「シ」　下74オ1
〔擲〕遙「エム」擲「チヤク」と／「ト」　上30オ3
〔滴〕一滴(入)「テキ」を／「チヤク(「チヤク」消)ヲ」　中43オ5
チヨ
〔冢〕冢「チヨ」の間に／「ニ」　上31オ3
チヨウ
〔塚〕丘-塚に／「キヨ」／「ネ(「チ」の誤か)ヨウニ」　上42オ1
〔癰〕癰を／「チヨウヲ」　上36ウ3
〔重〕重(平)「チヨウ」貽(平)を／「イヲ」　上43ウ3
チヨウ(冢)↓チヨ
チヨウ(澄)↓テウ
ギヨク
〔濁〕貪-濁「チヨク」　上75オ3
チン
〔佚〕姪佚(入)チン／「チン」无「-」道にして／「ニシテ」　中98オ7
〔沈〕昇「セウ」-沈の／「チンノ」　上93オ1

ツ

ツ
〔厨〕厨「ツ」「チウ」者の／「ノ」　上2オ6
〔特〕鉢「(去)」ハン特「ツ」(「ハンツ」か)摩花　中38オ5
ツ(厨)↓チウ
ヅ
〔圖〕圖「ツ」畫「ヱヲ」せるを　上40ウ1
圖(去)を／「ツヲ」　上43オ7
圖「(去濁)ツ」度(入)(す)／「タクスヘ」須(から)不「ス」　下44ウ6

テ

ティ

〔剃〕剃「ティ」「-」刀カミソリの如(く)して「シテ」　上7オ5
〔涕〕涕「ス(「テ」の誤か)イ」唾「(去)」「タ」　中26オ1
〔嗁〕嗁「ティ」「-」哭すること／「コクスルコト」　上11オ5
嗁「ティ」「-」哭「コク」(の)［之］　上14オ7
〔底〕奩(平)レム反／「レム」底(平輕)／「ティノ」　中12オ1
〔提〕提「(平)ティ」携ケイス／「(平)ケイ」　下52ウ7
〔梯〕飛カケハシ-梯(平)ティ反を／「ヲ」　上58オ3
〔涕〕糞-「フン」涕ナムタ／「ス、ハナ」「ティ」　上25ウ2
涕「タイ」泣して／「キフシテ」　中67オ2
〔底〕婆羅底「ティ」斯「シ」國の／「ノ」　上43オ4
〔胝〕頞胝「ティ」迦寶の／「ノ」　中33ウ3

デイ

〔泥〕般泥「ティ」洹「コウ」(「ヲン」の誤)にして／「ニシテ」　上65オ5

デイ(泥)↓ナイ

テウ

〔兆〕兆(去)テウと／「テウ」／曰(ひ)　下49ウ6
〔悼〕戰オノ、キ／「セン」悼カツ／「テウス」　上27オ7
〔澄〕清明澄「テウ(「チヨウ」の誤か)」-潔なり／「ナリ」　上53ウ5
〔鵰〕鵰「テウ」鷲「ス」鵄「シ」梟「ケウ」

テウ(釣)↓コウ

上31オ5

テキ

〔滴〕一滴(入)「テキ」を／「チヤク(「チヤク」消)ヲ」　中43オ5
滴「テキ」-水を／「ヲ」　中43オ6
滴「テキ」水を／「ヲ」　中43オ7

テツ(徹)↓テン

テツ(鐵)↓テン

テム

〔甜〕甜(平)テム／「テム」酢(上)ソ／「ソ」　上55ウ5
〔湉〕湉テム反して　中43ウ3
〔點〕點を／「(テ)ムノ」　下43ウ1

テン

〔徹〕清「-」徹なり／「テンナリ」　上67ウ4
明「-」徹「テンナリ」　中40ウ7
〔轉〕宛「ヱン」轉「テン」して／「シテ」

上26ウ6
〔鐵〕熱「-」鐵「テン」に　上11ウ7

デン

〔電〕電「テン」影の／「ノ」如しと／「シト」
上69ウ1

ト

ト

〔兜〕極樂兜「ト」率に於て　上78オ7
〔吐〕食「ト（「吐」の誤注なるべし）」吐(平)と／
「ト」　上23ウ2
嘔(平)オウ／ヘトック吐(上)を／「トヲ」　上23ウ3
嘔オウ反「オウ」-吐ハク／するか「トス
ルカ」如し／「シ」　上31ウ7
吐「ト」唾「タ」　中88ウ6
〔屠〕屠「ト」殺せる／「セル」[之]者もの／
「ノ」　上23ウ2
屠「ト」-所に／「二」　上33オ5、上33オ5
屠(平)「ト」邊の[之]　下42オ5
〔肚〕腹「フク」肱「ト」(傍記「肚」の音か)
上13ウ6
黑肚(平)ト「ト」處を／「ト」　上19ウ2
黑「-」肚の／「ト」　上19ウ3
〔覩〕覩「ト」羅「ラ」-綿「メンノ」　中4ウ1
〔途〕大(去)-「-」途(平)「ト」　中13オ7

ド

〔努〕努「ト」-力ユメ〱／「ユメ〱」「リヨ
ク」　上73オ7
〔土〕國土に／「トニ」　上73オ3
〔度〕度を／「トヲ」　上107オ2
〔弩〕弓-弩ト　上5ウ7

トウ

〔冬〕冬「トウ」-夏の／「カノ」時「キ」(に)
春(平)秋(平)シウ冬(平)トウ夏(去)「ケ」　上32オ5
／「カ」　上56オ3
〔凍〕飢-凍(平)トウ反して　中57ウ3
〔投〕投トウ反するに／「ナク」　上25ウ1
〔東〕流「リウ」「-」沙以東は／「トウハ」　上80ウ5
〔𧄼〕𧄼トウ曹モウにして／「メモノウシ」／
「モウナリ」　下95オ5
〔逗〕逗して／「(平)トウスル」／「カナカ」　下61ウ4
〔騰〕飛「ヒ」騰「トウ」　下69オ1
〔鬪〕鬪「トウ」諍す／「ス」　上30ウ4
鬪「(去)トウ」戰「(平濁)センノ」時に／
「二」　下76オ2

ドウ

〔銅〕洋生反／ワケル-銅を「(ト)ウヲ」　上9ウ1

トク

〔瀆〕瀆(入)トク反の［之］　上29ウ2

〔特〕殊「-」特なりと／「トク」　中36ウ3

トク(特)↓ツ

ドツ

〔呑〕呑ノミ／「トツ」受(く)ること／「スルコト」　上28ウ3

ドム

〔呑〕呑ノ(ム)ニ／「トム」食クハ(せ)／「セ」令(む)／「シム」　下77ウ5

トン

〔遁〕遁トン反／ノカレ／「ノカレ」「トンニ」避／スル／アカル、／「ヒイン」「サル」所无し／「シ」　上36ウ2

ドン(呑)↓ドツ、ドム

ナ

ナ

〔那〕那「(去)ナ」先「セン」　下66オ2

那「ナ」先の／「セン」　下66ウ1

ナイ

〔泥〕泥「ナイ」洹なり／「ヲンナリ」　中86オ6

［於］泥「ナイ」洹に／「ヲン」「ニ」　下4オ7

泥「ナイ」黎を／「リヲ」　下26オ4

ナン

〔暖〕冷「-」暖「ナン」　上56オ2

ニ

ニ

〔兒〕兒「ニ」子を／「ヲ」　上7ウ6

〔尼〕比丘尼「ニ」　中52ウ3

〔膩〕阿迦膩「ニ」吒天までに／「ニ」　中33ウ4

ニウ

〔乳〕乳を／「ニウヲ」　上100ウ4

〔繞〕繞「ニウ」-眼と／「ト」　上30オ1

ニク

〔肉〕皮ヒ「-」肉ニク　上10オ5

ニム

〔任〕任「ニム」-騾(上)ラ反「ライ」の　下41ウ2

〔潤〕潤「ニム」澤「タク」　上52ウ5

ニヤク

〔弱〕怯「カウ」「-」弱「若」にして　下34オ5

〔溺〕淪シツミ／「リン」-溺「ニヤクシテ」　上107ウ1

ニン

〔刃〕刃「ニン」「-」葉　上21ウ2

〔潤〕柔潤「ニン」　中11ウ2

ヌ

ヌ
〔怒〕震《フルヒ》-怒《イカルニ》／して／「ヌトシテ」　上44オ3
嫋怒「ヌ」癡　下79オ7

ネ

ネ
〔涅〕涅「ネ」槃「ハン」經の　下94ウ2
ネウ
〔尿〕屎「シ」尿「ネウ」　中88ウ5
〔擾〕擾「ネウ」亂する／「スル」　中46ウ1
ネウ（繞）↓ニウ
ネウ（鬧）↓ケウ
ネチ
〔熱〕熱「[ネチ]」炎　上4オ2
ネツ（涅）↓ネ
ネフ
〔捻〕一捻の／「ネフノ」　中24ウ3
ネム
〔念〕剋（入）／「コク」念して／「ネムシ」　中90オ4
ネム（捻）↓ネフ
ネン
〔燃〕燃「ネン」燈佛の／「ノ」　下20オ1

ノ

ノク
〔匿〕波「ハ」斯「シ」匿「ノク」王の／「ノ」　中36オ2

ハ

ハ
〔半〕上-半《ハ》　中9ウ1
〔把〕一把《ハ反》の　上93ウ3
〔波〕劫「コウ」「ケウ」-波「ハ」樹の／「ノ」　上35ウ3
波「ハ」斯「シ」匿「ノク」王の／「ノ」　中36オ2
バ（芭）↓バア
バア
〔芭〕芭「ハア」蕉「セウ」の／「ノ」如し　上41ウ4
ハイ
〔癈〕癈「ハイ」（擦消か）忘「マウヲ」（擦消か）　上1ウ3
癈「ハイ」立　中12ウ3

癈「ハイ」忘「マウ」　下37オ7
〔肺〕心-肺ハイ／「ハイ」　上8ウ7
肺「ハイ」-府と／「フト」爲「ス」　上29オ4
〔輩〕三輩「ハイノ」之業　下32ウ2

バイ

〔伴〕同「-」伴「ハイ」(ママ)无し／「シ」　上16オ1
〔倍〕十「-」倍して／「ハイシテ」　上5オ1
兩「-」倍「ハイ」　上23オ7
〔靺〕鞋サウカイ／「カアイ」靺シタウツ／「ハイ ヒノ」　中79オ1

バイ(靺)↓ビ

ハウ

〔抱〕欨クチスヒ／「ヲ」抱ウタイテ／「ハウ」　上32オ2
〔胞〕胞「ハウ」-胎に／「タイニ」　上64オ7
〔蜂〕魚-蜂ハウ反／「ハウ」　下69オ2
〔髣〕髣(上)「ハウ」-髴(去)「ヒイニ」　中49オ4

ハウ(方)↓ホウ

バウ

〔昴〕昴スハル／ハウ反／マウ反星「セイ」／を　下78オ7
〔望〕瞻「セム」望すれは／「ハウスレハ」　上49ウ1
〔棒〕棒を／「ハウヲ」以(て)　上11ウ4
〔肪〕肪(平)ハウ膏(平)カウ　上46オ4
〔膀〕膀(去)ハウ反／ユハリ胱(平)光反／フクロ　上29オ7

バウ(忘)↓マウ

バウ(昴)↓マウ

バウ(貌)↓メウ

ハカ

〔膞〕腨はき／「ハキノ」-膞(入)ハカ反ハキの如し／「シ」　中11オ3

ハク

〔剝〕剝(入)ハク／「ハキ」-刺「シ」及「ヒ」无間　上40オ6
〔白〕白(入)「ハク」-玉(入)の／「ノ」　上35ウ3
〔薄〕燒「-」薄す／「ハクス」　上11ウ5
〔迫〕迫(入)「ハク」迮(上)ソ／「サク」　中39ウ6
〔魄〕恐「オツル」魄ハクして／「タマシヒアテ」　上14オ7
恐魄ハクして　上14ウ2
虎魄の／「ハクノ」　中8オ3

ハク(膞)↓ハカ

ハク(薄)↓ホク

バク

〔縛〕轉(縛)して／「ハクシテ」　上13オ2

ハツ(盋)↓ハン

ハツ(鉢)↓ハン

バツ(伐)↓バン

バツ(靺)↓バイ、ビ

バフ(乏)↓ボク

ハム

〔帆〕帆ハム反／ホノ／「ノ」 下68ウ6

〔汎〕汎(去)ハム反／に／「ニ」非(す)／「ス」 下52オ5

ハム(凡)↓ハン

ハム(汎)↓ホム

ハン

〔凡〕凡「ハン」-鄙「ヒ」「-」穢ラハシクして／「ニシテ」 上77ウ5

〔反〕反「ハン」-覆「フク」して／「シテ」 上9オ6

〔樊〕樊(平)「ハン」-籠(平)「ロウ」 上51オ4

〔盋〕盋ウツハモノ／ハン反／「ハン」 中88オ6

〔鉢〕鉢「(去)」ハン特「ツ」(「ハンツ」か)摩花 中38オ5

〔飯〕飯「ハン」 下89ウ3

ハン(半)↓ハ

バン

〔伐〕衿カ(「ホ」の誤か)コり／「オコリ」／「コウ」伐ア(「ホ」の誤か)コら／「ハンセ」 中58オ7

〔晩〕早(上)「サウ」「-」晩(上)ハンは／「(上濁)ハン」 下55オ1

〔盤〕盤「ハン」「-」結せる／「セル」 中11オ4

バン(伴)↓バイ

ハンツ(特)↓ツ

ヒ

ヒ

〔披〕披「ヒ」-閲(す)ること／「エンシタマヘルコト」 上74オ3

〔比〕无比にして／「ヒニシテ」 中4オ7

〔沸〕沸ヒ反-銅 上17オ2

〔疲〕疲「-」「ヒセルニ」極せるを 上24ウ6

〔皮〕皮ヒ「-」肉ニク 上10オ5

皮「ヒ」膜(入)マク／「タナシ(、)」與と 上46オ4

〔脾〕脾ヒ反／ヨコシ／「ヒイ」-藏は 上29オ3

〔薜〕薜ヘイ反／ヒ反／「ヘイ」茘(平)レイ反／ライ反／「レイノ」中に／「ニ」 下26オ3

〔鄙〕凡「ハン」-鄙「ヒ」「-」穢ラハシクして／「ニシテ」 上77ウ5

鄙「ヒ」-恥するか／「チスルカ」 中63オ5

〔飛〕飛「ヒ」騰「トウ」 下69オ1

ヒ(脾)↓ヒイ

ヒ(臂)↓ヒイ

ヒ(避)↓ヒイン

ヒ(鄙)↓ヒイ

ヒ(鬅)↓ヒイ

ビ

〔寐〕寤(上)「コ」寐(去)に／「ヒ二」　中18オ7
〔微〕幽「(上)イウ」-微にして／「(平濁)ヒナリ」　下63ウ6
〔鞋〕鞋サウカイ／「カアイ」鞋シタウツ／「ハイ　ヒノ」　中79オ1

ビ(微)→ビイ

ビアク
〔闢〕開-闢(入)ヒアク反することを／「スルコト」　中77ウ6

ヒイ
〔脾〕脾ヒ反／ヨコシ／「ヒイ」-藏は　上29オ3
脾「ヒク(「イ」の誤か)カ」-府と／「ト」　上29オ7
〔臂〕臂「ヒイ」-肘　中8ウ2
〔鄙〕邊鄙の／「ヒイノ」　上48ウ3
〔髴〕髣(上)「ハウ」-髴(去)「ヒイ二」　中49オ4

ビイ
〔微〕微ホソキ／「ヒイ」-瀾ナミ「ラン」　上53オ2

ヒイン
〔避〕遁トン反／ノカレ／「ノカレ」「トン二」避／スル／アカル、／「ヒイン」「サル」所无し／「シ」　上36ウ2

ヒチ
〔匹〕倫「リン」「-」匹「ヒチ」　中48ウ4

ヒヤウ
〔炳〕炳(上)ヘイ反／「ヘイ」「ヒヤウ」-然(平)トシテ／「アキラカ二」ホカラカナリ　中2ウ6
〔迸〕迸(去)-「ヒヤウ」「トハシリ」「-」散す／「ス」　上16ウ5

ビヤウ(病)→ヘイ

ビヤク(闢)→ビアク

ヒン
〔擯〕擯「ヒン」罰せむ(と)／「セム」　下91ウ6
擯「ヒン」-出して／「シ」　下93オ6
〔濱〕河(平)「ノ」濱ハマに／「ホトリ」「ヒン」に　上54オ4
〔賓〕闠ケイ反／「ケイ」賓「ヒン」國に／「二」　下66ウ5

ビン
〔頻〕迦陵頻「ヒン」(の)「之」聲　上67ウ6

フ

フ
〔婦〕婦「フ」女　上6ウ7
〔府〕府フ-藏を／「ヲ」　上18オ5
六「-」府「フ」　上29オ4
府(上)と／「フト」爲す／「ス」　上29オ4
肺「ハイ」-府と／「フト」爲「ス」　上29オ4
地府「フ」　中79ウ3
〔扶〕扶「フ」-助す／「ス」　中76ウ5

〔敷〕敷ㇷ在サイ（し）て／「シテ」 上15オ7
〔斧〕鐵（「訓」）斧（上）を／「フヲ」／「ヲノ」 中98オ5
鐵斧を／「（上濁）フヲ」 中100ウ1
〔晡〕晡（平）フ／「ホ」「ユフヘ」-時 上56ウ1
〔治〕染（上）ソメ／「ソメ」-治「フ」（ママ）／ツクロヒ／「ツクロヒ」 上56オ2
〔焚〕焚「フ」「-」燒す／「ス」 上4オ2
〔腐〕腐クチ「フ」-朽「ク」砕「サイ」-末「マン」して 上31ウ2
〔鳬〕鳬（平）カモ／「フ」雁（去）カリ／「カン」 上49オ1
鳬「フ」雁「カン」 上53オ7
鳬「フ」雁「（去）」と／「ト」爲ならむ／「シツ」 中99オ1

ブ

〔分〕分「フ」茶「タ」離「リ」迦「カ」と／「ト」 上12オ7
〔捕〕捕「フ」-魚の 下77ウ4
〔歩〕踊「（去）ユ」歩「フ」健「コン」如來 下43オ4
〔補〕補「フ」處に／「ニ」 上73オ2
〔鋒〕刺-「-」「シ」「ウハラ」鋒「フ」「サキ」 上21ウ6
鋒「フ」-利なること／「ナルコト」 中6ウ1

ブウ（鋒）→ブ、ブク

フク

〔澓〕廻澓（入）の／「フクノ」「乙」 中43ウ1
〔腹〕腹「フク」肱「ト」（傍記「肚」の音か） 上13ウ6
腹「フク」 上32ウ1
〔覆〕反「ハン」-覆「フク」して／「シテ」 上9オ6

ブク

〔鋒〕受「-」鋒（平）「フク（「ウ」の誤か）」（の） 上11オ4

フツ（沸）→セイ

ブツ

〔佛〕化佛「ツ」 中10オ2

フン

〔墳〕墳ツカノ／「フン」-下（も）トノ／「カノ」 下69オ4
〔憤〕憤（去）分恚して／「イシテ」 上44ウ4
〔焚〕焚「フン」燒せむ／「セラムヨリハ」 下85オ1
〔粉〕粉（去）フン反を／「フンヲモテ」 上32オ1
〔糞〕糞-「フン」涕ナムタ／「ス、ハナ」「テイ」 上25ウ1
糞「フン」掃「サフ」衣なり 下89ウ6
〔芬〕芬「フン」郁「イク」して 上55オ6

フン（焚）→フ

ヘ

ヘ

〔變〕變して／「ヘシテ」 上25オ5

ヘイ

〔弊〕慳弊の／「ヘイノ」 中67オ4
覆弊(「蔽」の誤)せ／「(ヘ)イセ」所れ／「ラレ」不「ス」 下9オ7
〔斃〕斃シヌ／「シヌ」／「ヘイシヌ」 下69オ2
〔炳〕炳(上)ヘイ反／「ヘイ」「ヒヤウ」-然(平)トシテ／「アキラカニ」ホカラカナリ 中2ウ6
〔病〕病「ヘイ」床「サウニ」 中90ウ6
〔薜〕薜ヘイ反／ヒ反／「ヘイ」茘(平)レイ反／ライ反／「レイノ」中に／「ニ」 下26オ3

ベイ

〔餅〕㮈-餅「ヘイ」 中79オ2

ヘウ

〔表〕表「ヘウ」「-」裏「リ」 上11ウ5

ヘキ

〔僻〕大「タイ」「(去)」-僻に／「ヘキニ」 中64オ7
〔壁〕壁「ヘキ」の 上41ウ7

ヘン

〔篇〕送「ソウ」-終の／「ノ」篇(に)／「ヘンニ」 中88オ4

ヘン(變)→ヘ

ベン

〔鞭〕鞭(去)ヘン／ウチ撻せらるること／「セラル、モノ」有り／「リ」 上40ウ4

ホ

ホ

〔晡〕晡(平)フ／「ホ」「ユフヘ」-時 上56ウ1

ホ(捕)→ブ

ホ(補)→ブ

ボ

〔慕〕慕「ホ」-樂「キ」 下79ウ1
〔暴〕暴「ホ」「ハヤキ」-水「ミツ」 上34オ7

ボ(暮)→ボウ

ホウ

〔方〕方ホウに／「ホウニ」 上43オ7
仙「ノ」-方(去)に「ホウニ」 上43ウ3
方(去)「ホウ」に依(り)て／「テ」 上43ウ5
方「ホウ」圓なる／「ノ」相を／「ヲ」 中10ウ4
〔朋〕朋「ホウ」友「イウ」 上37オ3
朋「ホウ」友と／「イウ」 下29ウ3
〔汎〕汎「ホウ」-爾「ニ」 中69オ3
〔縫〕裁(平)タチ-縫(上)ホウ／ヌヒ「ヌヒ」

〔鋒〕針-鋒を／「ホウヲ」 上56オ1

ホウ(蜂)↓ハウ 中39ウ1

ボウ

〔暮〕〻(曛)(去)クン暮(去)ホウ［之］後に 上43ウ6

ボウ(桙)↓ム

ホク

〔薄〕薄「ホク」-少なる／「ニセル」［之］者も の／「ノ」 上24ウ7

ボク

〔乏〕匱-「-」乏トモシク／「ホク」 中57ウ2

〔僕〕僕の／「ホク」 中83オ5

ボク(極)↓ゴク

ホム

〔本〕沙訶(上)「(入)」陀「イホム(「異本」の意か)カ」藥に／「三」於て 下69ウ6

〔汎〕汎「ホム」-爾の／「ノ」 下85オ6

〔焚〕焚「(ホ)ム」「-」燒す／「ス」 上25オ5

ホム(汎)↓ホウ

ホン

〔反〕反(去)本反質(入輕)して／「シン(ヲ)モテ」云く／「ク」 上91ウ5

反して／「ホンセリ」 中13オ7

反「ホン」-覆すること／「スルコト」 中13ウ3

〔焚〕焚「ホン」「-」燒し／「セラレ」 上19ウ4

〔翻〕翻「ホン」すれは／「スルニ」 上87ウ7

ボン

〔瓫〕缺-瓫(去)ホン反 中8オ2

マ

マ

〔魔〕魔「マ」恐怖如來等の／「ノ」 下43オ4

マイ(昧)↓バイ

マウ

〔忘〕癈「ハイ」(擦消か)忘「マウヲ」(擦消か) 上1ウ3

廢「ハイ」忘「マウ」 下37オ7

〔忙〕忙「キ(「マ」の誤か)ウ」怖す／「ス」 上13ウ5

驚-忙して／マウ 中26ウ5

〔昴〕昴スハル／マウ反星を 下70オ1

昴スハル／ハウ反／マウ反星「セイ」／を 下78オ7

〔望〕規キ反／ネカヒ／「ネカヒ」-望(平)せむ／「マウセ」 上34オ5

〔網〕網「マウ」轂「コク」 中11ウ6

〔虻〕蚉「モ」虻「マウ」 上32ウ4

〔蟒〕蟒「マウ」「マウ」 上17オ3

蟒(平)マウ反／「マウ」蛇は／「ハ」 上26ウ5

マク

〔膜〕皮「ヒ」膜(入)マク／「タナシ(、)」與と　上46オ4

マツ(末)↓マン

マン

〔慢〕懈「ケ」「-」慢「マン」界の／「カイ」　下56オ6

〔末〕支末「マン」は　上26オ4
腐クチ「フ」-朽「ク」碎「サイ」-末「マン」
して　上31ウ3
末して／「マンシテ」　中38ウ6

〔輓〕輓(去)マン反-網(上)　中9オ4

ミ

ミ

〔媚〕欲-「-」媚の「ミノ」／「コヒタル」　上7オ2

〔彌〕彌「ミ」蘭「ラン」王　下66オ3

ミヤウ

〔冥〕闇「アム」冥「ミヤウ」處　上3ウ6

〔猛〕猛「(平)名」獸「主」　下5ウ6

〔鳴〕馬「-」鳴「ミヤウ」卉の　下34オ4

ミヤク

〔脉〕八萬四千の／「ノ」脉「ミヤク」　中1ウ2

ミン(眠)↓メン

ム

ム

〔務〕事-務を／「ムヲ」　上45ウ2

〔桙〕桙「(平)ム」「-」楯(せむ)と／「シナム」　下48オ3

〔矛〕矛ホコニ／「ホコ」／「(平)(去)ムニ」　下76オ2

メ

メイ

〔冥〕冥「メイ」ゝ「〱」トシテ／「トシテ」　上34オ6

〔名〕名「(平)メイ」女「ナリ」　下27オ5

〔命〕命を／「メイヲ」　上27ウ1
命して／「メイシテ」　上43オ7

〔明〕遲明アケホノに／「チメイニ」「アケホノ
ニ」　上43ウ3
文(平)明(平)メイ反元年に／「二」　下13オ5

〔瞑〕瞑(平)メイ反／「メイ」「ヒシク」目(入)
「ヤ(「モ」の誤か)ク」「メヲ」(の)［之］
間は／「アヒタハ」　上47ウ7

メウ

〔謬〕謬(去)「メウ」「-」亂の　中67ウ2

謬「(去)メウ」-亂の　下1ウ1
〔貌〕相貌を／「メウヲ」　中20オ1
相貌を／「(去)メウヲ」　下6ウ6

メン

〔眠〕眠「(去)メン」伏す／「セリ」　下52オ6
〔綿〕覩「ト」羅「ラ」-綿「メンノ」　中4ウ1

モ

モ

〔蚉〕蚉「モ」虻「マウ」　上32ウ4

モウ

〔瞢〕瞢トウ瞢モウにして／「メモノウシ」／「モウナリ」　下95オ5
〔蒙〕蒙「モウ」昧なり／「ナリ」　中31オ1
〔髦〕一「ノ」-髮(入)髦(去)モウ反／カミを／「モウヲ」　上97オ6

モウ(猛)→ミヤウ

モツ

〔沒〕沈「チム」「-」沒「モツ」せること／「スルコト」　上6ウ4

モン(蚉)→モ

ヤ

ヤ

〔冶〕冶(上)ヤ／「シ」／「ミカク」鼓(上)して／「ウチ」　上90ウ2

ヤウ

〔映〕映「ヤウ」-徹して／「シテ」　上52ウ4
映ヤウ／「ヤウ」-現す／「ス」　上54ウ4
〔暎〕暎「ヤウ」「-」飾と／「スルコトヲ」　中1ウ5、中2オ3
暎ヤウ-耀す／「ス」　中6オ7
〔瀁〕滉(去)「光」瀁(上)ヤウ／「ヤウ」　中15オ3
〔罳〕大-罳カケテ／ヤウ反／「モタヒノ」ヲ-水の／「ノ」　下5ウ3
〔盈〕盈「ヤウ」-流せむ／「スト」　中98ウ4
〔鴹〕鴹(平)ヤウ反-隨と／「ト」　中49オ4

ヤウ(洋)→シヤウ

ヤク

〔液〕津(平)シン反／「ウルヒ」液ヤク反／「エキ」「シタ、ル」(の)〔之〕　上29ウ1
〔譯〕異譯「ヤク」(なり)　上74ウ2

ユ

ユ

〔庾〕那庾由多を／「ヲ」　下50オ2
〔愈〕除-愈するに／「ユスルニ」　中55ウ4
安兪(「愈」の誤)「(上)ユ」し　下17オ6
〔用〕果相の／「ノ」用を／「ユヲ」　中86ウ4
妙用「ユ」　下54ウ7

善「ノ」用「ユ」　下87ウ3
〔誘〕勸「-」誘（の）／「ユノ」〔之〕　中90ウ7
勸「クワン」誘す／「ユス」應し／「シ」　中97オ2
〔踊〕踊「（去）ユ」歩「フ」健「コン」如來　下43オ4

ユイ
〔唯〕唯「ユイ」識「シキ」論に／「ニ」云く／「ク」　上104ウ6
〔遺〕遺「ユイ」-教に／「ケウニ」　上70ウ4

ユウ
〔用〕妙-用「ユウ」　上50ウ4
時-用ユウ反　上92オ2
功-用「ユウ」　中40オ7
德「-」用ユウ反／「ユ」　下8ウ5
惡「ノ」用ユウ反　下87ウ1

ユウ（用）→ユ

ヨ

ヨ
〔予〕予か／「ヨカ」　上1オ5
予か／「ヨカ」如き／「キ」之者もの／「ヒトハ」　下97ウ1
〔預〕善惡容「ヨウ」預（なり）／「ヨナリ」　下87ウ7
〔餘〕餘よ／「ノ」　中41ウ5

ヨウ
〔勇〕勇を／「ヨウヲ」　中29オ7
〔容〕威-容「ヨウ」　中9ウ1
善惡容「ヨウ」預（なり）／「ヨナリ」　下87ウ7

ヨウ（瓮）→ク、ボン
ヨウ（用）→ユ、ユウ
ヨウ（癰）→チヨウ

ラ

ラ
〔懶〕懶「（平）ラ」墮「タ」懈「-」怠にして／「ニシテ」　下27オ7
懶「ラ」墮にして／「ニシテ」　下27ウ3
〔羅〕覩「ト」羅「ラ」-綿「メンノ」　中4ウ1
〔螺〕螺「ラ」-文と／「ト」　中3ウ4
〔裸〕裸ハタカニ／「ラ」餒ウヱテ／「大ニシテ」　下89ウ2

ライ
〔禮〕敬禮（平）ライす／「ライス」　上49ウ7
禮礼禮-拜供養する／「スル」者ものは／「ノハ」　上62オ4
〔茘〕薜ヘイ反／ヒ反／「ヘイ」茘（平）レイ反／ライ反／「レイノ」中に／「ニ」　下26オ3

〔頼〕頼(去)「ライ」吒(上)和羅伎(上)「キ」の／「ノ」 上41ウ1
〔雷〕雷「ライ」吼「クナルカ」を(「の」の誤か)
如し／「シ」 上13ウ6
雷「ライ」「-」震の／「ノ」 下78オ6
〔驟〕任「ニム」-驟(上)ラ反「ライ」の 下41ウ2、下41ウ2

ラウ

〔勞〕塵勞「ラウ」を／「ヲ」 上41オ6
勤「-」勞を／「ラウヲ」以(て)／「テ」 下90ウ5
劬「ク」／「ツトメ」-勞す／「(去)ラウスル」／「イタハシ」 下98ウ2
〔孤〕孤(「狼」と誤認せるか)ラウ-獨にして／「ニシテ」 上15ウ7
〔朗〕朗らかに／「ラウ」／「ホカラカニ」徹れりき／「セリ」「トホレリ」 下28オ4
〔牢〕牢「ラウ」獄に／「ニ」 上32ウ2
堅「-」牢「ラウ」比丘の／「ノ」 上41ウ7
堅「-」牢にして／「ラ(ウ)ニ」 中83ウ6
牢「(ラ)ウ」固(たること)／「ナルコト」 上12ウ6
无し 下12ウ6
〔狼〕狼藉「タリ」 上4オ3
〔良〕薑「(去)」京反／「カウ」良「ラウ」耶舎の／「ノ」 下96ウ2

ラク

〔樂〕樂「ラク」著を／「ヲ」 上31ウ4
〔絡〕絞「ケウ」絡「ラク」せる／「セリ」
ラク(樂)↓キ 上57オ5

ラム

〔攬〕攬「(平)ラム」光と／「(去)ト」 下50ウ4
〔覽〕遊-覽して／「ラムシテ」 上54オ4
遊「-」覽す／「ラムス」 上58オ5

ラン

〔欄〕微ホソキ／「ヒイ」-瀾ナミ「ラン」 上53オ2
〔爛〕焼き「-」爛きて／「ランシテ」 上9ウ1
潰火イ反／ツエ-爛せり／タ、ル／「ランシテ」 上31オ6
〔蘭〕彌「ミ」蘭「ラン」王 下66オ3
ラン(懶)↓ラ
ラン(蘭)↓レン

リ

リ

〔利〕尸「シ」利(上)「(入)」「リ」沙「ハ」 下70オ1
〔力〕阿「(平)」嚕「(上)ル」力「(上)リ」迦「(平)キア」 下35オ1
〔痢〕便「(去)」痢「リ」 中26オ1
〔裏〕表「ヘウ」「-」裏「リ」 上11ウ5
〔鼇〕豪(「毫」の誤)「(去)」「カウ」鼇(上)リ反／

「リキ（「キ」衍か、又は「イ」の誤か）ヲ」　中48オ7
〔離〕分「フ」茶「タ」離「リ」迦「カ」と／「ト」　上12オ7
分「-」茶「タ」離「リ」迦の／「ノ」　上12ウ2
離「リ」-「-」殺「セ」等の　下65オ5
〔黎〕泥「ナイ」黎を／「リヲ」　下26オ4

リイ（釐）→リ

リウ

〔流〕流（平）に／「リウヲ」　上49オ5
流「リウ」「-」沙以東は／「トウハ」　上80ウ5
流（訓）に／「リウニ」　下59オ6
〔隆〕興隆「リウ」　上80ウ6

リキ（力）→リ

リフ

〔拉〕鐵-設「シ」拉《リフ》末（去）梨（上）林　上21ウ4

リヤウ

〔兩〕兩（去）「リヤウ」山聚「-」處と／「ト」　上19ウ6
〔梁〕寶梁「リヤウ」經に／「ニ」云く／「ク」　上98ウ7

リヤウ（良）→ラウ

リヨ

〔侶〕伴-侶と／「リヨ」爲ると／「タリ」　上37ウ2
勝-侶「リヨ」（と）　下52ウ7

リヨウ

〔聾〕聾「リヨウ」「ミ（、）シヒ」駭「カイニシテ」「ホレ」　上26ウ5

リヨク

〔力〕努「ト」-力《ユメ》〱／「ユメ〱」「リヨク」　上73オ7

リン

〔倫〕倫「リン」-「-」匹「ヒチ」　中48ウ4
无倫「リン」　下88ウ4
〔憐〕和憐と／「リント」　中52オ2
〔淪〕淪《シツミ》／「リン」-溺「ニヤクシテ」　上107ウ1
〔輪〕輪「リン」-「-」埵「タ」　中4オ1
阿須輪「（上）リン」／と　下6オ2

ル

ル

〔嚕〕阿「（平）」嚕「（上）ル」力「（上）リ」迦「（平）キア」　下35オ1
〔婁〕支（平「去」）婁《ル》／「ロ」迦の／「カノ」　下96ウ5
〔褸〕彌褸《ル》反／「ロ」楗駄佛の／「ノ」　上42オ5
〔陋〕醜陋「ル」　中63オ4

ルイ

〔涙〕涕「(去)」涙「ルイ」　下19オ3
〔羸〕羸-／「ルイ」「-」劣ならむ／「ニナン(ナ)ム」　中97オ3

レ

レイ

〔例〕例して／「レイシテ」　上108オ3
〔冷〕溫「ヲン」冷「レイ」　上56オ3
〔勵〕勸勵「レイ」　中31オ1
勸「ス、メ」「-」勵「レイシ」「ハケ(マ)シテ」　下94ウ6
〔囹〕囹(平)「レイ」圄(平)に／「キヨニ」　下82ウ4
〔悷〕獷(平)「クワウ」悷(去)レイ反　中9ウ1
〔梨〕黑「-」梨の／「レイノ」　上21ウ3
〔茘〕薜ヘイ反／ヒ反／「ヘイ」茘(平)レイ反／
ライ反／「レイノ」中に／「ニ」　下26オ3
〔麗〕奇-「-」麗(上)レイ清淨なり／「ナリ」　上52オ2
嚴麗(上)なり／「レイナリ」　中6オ4
〔齡〕千(平)齡(去)レイ／「(平)レイ」　下69オ4
レイ(例)→レン

レウ

〔療〕除「-」療「レウ」する／「スル」こと　上30ウ2

レキ

〔歴〕歴「レキ」世「セキ(「イ」の誤か)ニ」　上44オ4

レツ

〔列〕行「-」列「レツ」して　上22オ6
レツ(烈)→レン
レツ(裂)→レン

レフ

〔獦〕獦了者の　上1ウ3
獦「レウ」「カリスル」者の／「ノ」爲に／「ニ」　上26オ7
〔獵〕殺(入)「-」獵を／「レフヲ」　下27オ6

レム

〔奩〕奩(平)レム反／「レム」底(平輕)／「テイノ」　中12オ1
〔斂〕ゝゝ(聚斂)「レム」　上34オ5、上34オ5
貯タクハヘ／「ヘ」積ミ聚ツメ斂レム反すれども／ヲサメム　上34オ5

レン

〔例〕例せむ／「レン(「イ」の誤か)セ(ム)ヤ」　上109オ7
〔憐〕悲「-」憐「(上)レン」して／「シテ」　下7オ2
〔烈〕烈「レン」士　上44ウ4
〔蘭〕阿蘭「レン」若に／「ニ」　下85オ5

〔裂〕斸「カク」裂「レンス」　上2オ3

ロ

ロ

〔僂〕僂(平)ロ反曲せ不さる／「ス」　中10ウ5
〔婁〕支(平「去」)婁ル／「ロ」迦の／「カノ」　下96ウ5
〔樓〕彌樓ル反／「ロ」楗駄佛の／「ノ」　上42オ5
〔籚〕籚ス、キ(の)／「フシノ」「ロノ」實みを／「ヲ」　下41ウ1
〔蘆〕蘆ロ反／イホリを／「アシヲ」　上43オ5
〔露〕雲火露「ロ」と　上10オ6
〔魯〕頑「(去)元」魯「(平)ロ」(の)[之]　上1オ5
〔鷺〕鶖(平)シウ／「ス」鷺(上)コ／「ロ」　上53オ7

ロ(嚕)↓ル

ロウ

〔樓〕樓に／「ロウニ」　上12オ1
〔籠〕樊(平)「ハン」-籠(平)「ロウ」　上51オ4

ロウ(樓)↓ル

ロウ(陋)↓ル

ロク

〔綠〕綠「ロク」「-」豆　下87オ4

ワ

ワイ

〔煨〕煻オキヒ／「タウ」煨の／「ワイ」　上20ウ5
煻「タウ」煨「ワイ」に　上20ウ7

ワウ

〔央〕中-央「ワウ」に　上29オ2
〔枉〕枉ワウ／「タフロカシ」-飾せり／「カサレリ」　上46オ7
〔誑〕誑「ワウ」惑して／「ワクニシテ」　上24ウ3
〔黄〕黄「ワウ」-鵠(入)コク反　下69オ3

ワウ(丱)↓クワン

ワク

〔惑〕誑「ワウ」惑して／「ワクニシテ」　上24ウ3

ヰ

ヰ

〔慰〕慰「ヰ」謝「サ」す／「ス」　上44オ2
〔胃〕腹-胃「ヰ」とあり　上46オ4

ヰキ

〔域〕西-域「ヰ(キ)」の記に／「二」　上43オ3
西域の／「ヰキノ」　上78オ6、上80ウ2
耆《キ》域「ヰキ」醫王　下78ウ6

ヰヤウ

〔榮〕尊-榮「ヰヤウ」 上33ウ5

〔營〕營「永」「-」事の／「ノ」 下84オ5

〔詠〕誦「-」詠シ／「永シ」 下4オ7

ヰヨウ

〔用〕用(ゐ)よ／「ヰヨウ」 上83オ3

ヰヨウ(用)↓ユウ

ヰン

〔韻〕詞「シ」-韻「ヰン」 中7オ2

ヰン(占)↓セン

ヱ

ヱ

〔慧〕智慧「ヱ」 中48オ1

〔畫〕畫(平)せる／「ヱセル」 上31オ1

圖「ツ」畫「ヱヲ」せるを 上40ウ1

畫あり／「ヱアリ」 中6ウ4

衆「ノ」-畫「ヱ」 中7ウ1

畫かき／「ヱシ」 下2オ2

ヱイ

〔詠〕誦詠「(去)」し／「ヱイシ」 中53ウ3

ヱイ(營)↓ヰヤウ

ヱイ(詠)↓ヰヤウ

ヱン

〔宛〕宛「ヱン」轉「テン」して／「シテ」 上26ウ6

〔惋〕懊「アム」惋「ヱン」(し) 下26オ4

〔綩〕綩「ヱン」-均ナルコト／として／「クヰソニシテ」 中7オ3

〔遠〕遠「(去)」「ヱン」近「(去)」「キ」に／「二」 上49オ1

〔鴛〕鴛「ヱン」鴦「アウ」 上53オ7

ヲ

ヲ

〔惡〕可-惡ヲ反の 上46ウ1

〔欵〕欵クチスヒ／「ヲ」抱ウタイテ／「ハウ」 上32オ2

〔瘀〕靑「-」瘀に／ツシミ／「ヲナリ」 上31オ5

ヲウ(瓮)↓ク、ボン

ヲク(屋)↓オク

ヲン

〔洹〕祇洹「ヲン」精舍の／「ノ」 上78オ4

泥洹「ヲン」の 中52オ3

泥「ナイ」洹なり／「ヲンナリ」 中86オ6

〔於〕泥「ナイ」洹に／「ヲン」「二」 下4オ7

〔溫〕溫「ヲン」冷「レイ」 上56オ3

〔菀〕衆-車菀の／「ヲンノ」　上35ウ2

ヲン（洹）→ゴウ

最明寺本往生要集　譯文篇　正誤表（傍訓に正誤の無い場合は傍訓を省略した）

［巻上］

	誤	正
1ウ2	料簡《「カナ」》	料簡《「カナリ」》
4オ3	食噉《「ムシク」》す	食噉《「ムシク(フ)」》す
4ウ5	幢《「ハタ」》を	幢《「ハタホコ」》を
6ウ1	樹の頭《ノスヘ》に《ニ》	樹の頭《「ノスヘ》に《ニ」》
8オ2	愛《「スル」》ー「ー」心（をもて《ヲオモテ》）	*愛《「スル」》ー「ー」心（をもて《「ヲオモテ」》）
10オ6	⿰木卡シ	拤シ
10ウ3	懐り	壊り
11オ4	霧雪の	霜雪の
14オ2	繫《「ロハウ」》ル	繫《「ユハウ」》ル
14ウ4	燒(く)は	燒(くる)は
14ウ4	燒(く)をは	燒(くる)をは
16ウ4	烟《ケアリ》	烟《ケフリ》
17オ2	踊出して	*踊出して
17オ3	哮エ孔ユルコト	哮エ吼ユルコト
17ウ5	和「ー」(上)雜して	和(上)「ー」雜して
18オ4	置《「オ》(き)《ケ》て《ル」》	置《「オ》(き)《ケ》て《ハ」》
18ウ4	大《「ク」》(き)に	大(き)に《「ク」》
19オ5	燃《「モ」》(え)《ユ》たる《ル》こと《コト」》	燃《「モ》(え)《ユ》たる《ル》こと《コト」》
19ウ3	足の甲《コフ》	足の甲《「コフ」》
20ウ2	イ.「決-斷（シテ）人トシテ	イ.「決-斷　人トシテ
20ウ7	*及(ヒ)血《「フ」》	*及(ヒ)血《「チ」》
20ウ7	此の	此の《「ノ」》
21オ2	陷(平)チ	陷《タウ反》(平)チ
21オ3	孃《タウ反》(去)《生六》	孃《生六》(去)

	誤	正
21オ5	至《「ル」》(り)て	至(り)《「ル」》て
21ウ3	背《尺反　背也》	脊《「セキ」尺反　背也》
21ウ6	鋒《「サシ」》	鋒《*「サシ」》
22オ6	杖・索	杖・索《シャク》
22オ6	イ．「…索《シャク》…	イ．「…索…
22ウ2	覺知(すること)	覺(り)知(れること)
22ウ6	先《「セン」》世《「セニ」》の	先《「(セ)ン」》世《「セニ」》の
24ウ4	海｜渚(上)《「ソヨノ」》の	海｜渚(上)《*「ソヨノ」》の
25ウ3	常(に)	常に
26オ5	强《「キハ」》弱《「ヨハキヲ」》	强《「キハ」》弱《「ユハキヲ」》
26オ6	未(た)曾《「ツテ」》にも	未(た)曾《「ツ*ニ」》にも
26ウ1	斲《ウカ「ウタレテ」》チ	斲《ウカ「ウタ*レテ」》チ
26ウ1	鈎	鉤
26ウ4	蚤《サウ反》(上)等は	蚤《サウ反》(上)《「サウ」》等は
26ウ6	宛《「エン》轉《テン」》して	宛《「*エン》轉《テン」》して
27オ2	受(く)る有り	受(く)る(こと)有り
28オ7	纏《「モトヒ」》｜	纏《*「モトヒ」》｜

	誤	正
28ウ2	七竅《ケウ》(去)に	七竅《ケウ反》(去)に
28ウ3	厭《ア「ユクコト」》クこと	厭《*ア「ユクコト」》クこと
29オ1	孔「｜」竅《「チウ」》	孔「｜」竅《「ケウ」》
29オ2	肝《カン反「カンツ」》｜「｜」	肝《*カン反「カンツ」》｜「｜」
29オ3	腎《シム反「シン」》｜藏の	腎《シン反「シン」》｜藏の
29ウ1	腎《シン反「シカノ」》｜府	腎《*シン反「シカノ」》｜府
29ウ5	九の毛《ケ「アリ」》あり	九の毛《*ケ「アリ」》あり
30オ5	食《「ス」》ふ	食ふ《「ス」》
31オ2	故《「ナ」》ホ	故《(ナ)》ホ
31ウ2	積(リ)テ	積テ
31ウ2	歳《「セイ反」》(去)｜年(平)	歳《セイ反》(去)｜年(平)
31ウ2	遂《「ツヒニ」》に	遂《「ツヒニ」》に
31ウ6	耐(去)せ不《す》	耐(去)せ《タフヘ「から」》不《す》
32オ1	繒《ソウ》｜彩《サイヲ》を	繒《「ソウ》｜彩《サイヲ」》を
32オ4	若(しく)は男、若	若(し)は男、若(し)
	(しく)は女	は女
32オ5	衣《*「ソモテ」》をもて	衣《*「ヲモテ」》をもて

	誤	正
33オ3	難し。	難し。《「シト」》
33オ3	出曜《エイ》經	出曜《「エイ」》經
34オ5	ミ《レム》ミ（聚斂）	ミ《「レム」》ミ（聚斂）
34ウ2	甘《「アマ」》ム《（ン）》せ《セ》不《「ス」》	甘《アマ「アマセ」》ムせ不《「ス」》
34ウ2	求(め)《「メ》よ《ヲ」》	求(め)《「メ》よ《ヨ」》
34ウ2	湯火《「タウヲ」》を	湯*《「タウヲ」》　火を
35オ2	无しと	无*し《「トシ」》と
35ウ2	介（平）－曹（去）	介（平）－冑（去）
36ウ2	遁《*トン反「ノカレ」ノカレ「トン二」》　避《「サル」アカ、ル」》　スル《「ヒイン」》	遁《トン反「ノカレ」ノカレ「トン二」》　避《「サル」アカル、》　スル《「ヒイン」》
36ウ6	囚《「コ」》メラレたるに	囚《コ》メラレたるに
37オ4	隨逐《「ス」》せり	隨　逐《ス「ス」》　せり
38オ2	上の如し	土の如し
38オ7	[之]　時《キ》	[之]　時《「キ」》
39オ2	空无我《「ヲ」》なりと	空无我《「ヲ」》　なりと
39ウ5	多き《「カルハ」》は	多き《「カルカ」》は
40ウ4	於(き)て	於(い)て
40ウ4	鞭（朱）撻	鞭（去）撻

	誤	正
41オ1	尋《「ツ》イて《テ、」》	尋《ツ》イて《「テ、」》
41ウ5	怨《「ノ」》爲り	怨*《「ノ」》爲り
42オ2	流《「ル」》す	流す《「ス」》
43ウ1	旦《「アシタ」》に	旦《タニ「アシタ」》　に
43ウ6	銛《セム反「モム」》（平）－刀を《「ヲ」》	銛《セム反「セム」》（平）－刀を《「ヲ」》
44ウ3	發(し)る耳	發(し)つる耳
44ウ6	謂(ふ)て	謂(ひ)て
44ウ7	中に《「三」》	中《「カニ」》に
45ウ1	如し《「シ」》	如し
45ウ6	筋《「スチチノ」》－脉《「ミチ」》	筋《「スチ」》－脉《「チノミチ」》
46オ2	湊《ス、ハナ」》	湊《「ス、ハナ」》
46オ3	胷（平）融（去）(に)	胷（平）鬲（去）(に)
46オ6	逼*《「メ》され《テ」》て	逼*《「メサレテ」》されて
46ウ1	可《ヲ反》－惡の	可－惡《ヲ反》の
47ウ7	目*《「ヤク》（入）(の)	目*《「ヤク」》（入）(の)
48ウ2	如《「ク」》し	如し《「ク」》
48ウ6	迷《ツカル》（「去」）ひ	迷《「ツカル」》（「去」）ひ

	誤	正
49オ1	遠《「カン」》(「去」)　近《「キ》(「去」)に《ニ」》	遠《*「カン」》(「去」)近《「キ》(「去」)に《ニ」》
49ウ3	圍燒せり。	圍繞せり。
49ウ7	敬禮《ライス「ティス」》(平)す。	敬禮《ライス「ライス」》(平)す。
50オ5	見《「ル」》たてまつる。	見《「ル」》たてまつる。
51オ6	に於(て)《テ》	に於(て)《「テ」》
51オ7	樂《「タノ》(訓)(しから)《シカラ」》不《ス》や《ヤ》	樂《「タノ》(訓)(しから)《シカラ」》不《「ス》らむや《サ」》
52オ5	欄楯《スキ》	欄楯《「スキ」》
54オ4	遊－覽して	遊－覽して《「ラムシテ」》
55オ1	名－花《「クエ」》	名－花《「クヱ」》
55オ3	懸(け)《「タリ」》て	懸(け)て《「タリ」》
55オ7	凡《「ソ」》(て)の	凡(て)《「ソ」》の
55ウ7	去ぬ《「ヌ」》	去(り)ぬ《「ヌ」》
56オ1	裁(平)－縫《*ホウ》(上)	裁(平)－縫《*ホウ》(上)《「フ□(うか)」》
56オ2	染(上)－治《「フ」》	染(上)－治《*「フ」》
56オ2	周遍して《シテ》	周遍して《「シテ」》
56オ6	足(訓)(をもて)《「ヲモテ」》其の	足(訓)(をもて)其の
	上《「ノ」》を《「ヘヲ」》	上を
56オ6	踏ミ下スカ	蹈ミ下スカ
56オ6	隨(ひ)て《「テ」》	隨(ひ)《「ヒ」》て《「テ」》
56ウ2	雖《ト》モ	雖《「ト」》モ
59ウ4	君《キム》(平輕)臣	君《*「キム」》(平輕)臣
60ウ2	知(れ)り	知れり
60ウ5	面《(まのあ)た》り	面《*(まのあ)た》り
61ウ7	▲如(くして)	如(くして)
62オ5	來《「ル」》(り)たまふ	來(り)《「ル」》たまふ
62ウ2	墜(ち)不して	墮(ち)不して
63オ4	晨朝に恆《「ニ」》沙の定	晨朝に《「ニ」》恆沙の定
64ウ1	助《「ケ」》く。	助く《「ケ」》。
64ウ4	大名稱《「アリ」》まします。	大名稱まします《「アリ」》。
64ウ6	禮《「ス」》(し) たてまつれ。	禮(し)《「ス」》 たてまつれ。
65オ1	圍「－」繞《「ス」》(し)たまへり。	圍「－」繞(し)《「ス」》たまへり。
65オ7	雖《「イフトモ」》(も)	雖(も)《「フトモ」》
65ウ2	充滿《「シ」》《シテ》せり。	充滿《シテ》せ《「シ」》り。

	誤	正
65ウ3	瞻「一」望《「シ」》す。	瞻「一」望す《「シ」》。
65ウ7	歌歎(し)たてまつる。	歌‐歎(し)たてまつる。
66オ1	*東方の	東方に
66オ1	*西方の	西方に
66オ2	*北方の	北方に
66ウ3	恭敬《「ス」》（し）たてまつる。	恭敬《「ス」》（し）たてまつる。
66ウ7	捨(て)て《「テ」》	捨(て)《「テ、」》て
67ウ5	*光り滿てり《「ナリ」》。	*光り*滿てり《「ナリ」》。
68ウ6	供養《「ス」》して	供養し《「ス」》て
69ォ1	發《「ス」》して	發し《「ス」》て
69オ4	咲《ワラ》ヒ《「エムタマフ」》たまふ、	咲《ワラ》ヒ《「ヱムタマス」》たまふ、
69オ5	來れて《「ル」》	來《き(た)》れて《「ル」》
69ウ2	求《「メテ」》（む）る	求（む《「メ》）る《テ」》
69ウ6	頂禮《「ス」》(し)たてまつる。	頂禮(し)《「ス」》たてまつる。
69ウ6	說《「フ」》(き)たまふ。	說(き)たまふ《「フ」》。
70オ4	供養*《「セムト」》(し)たてまつることと	供養(し)《「セムト」》たてまつることと
70オ5	歡喜して、《「シテ」》	歡喜して《「シテ」》、
70ウ3	供養《「スト」》(し)たてまつると	供養(し)《「スト」》たてまつると
71オ1	面り	面り《「マナタリニ」》
71オ5	供養《「ス」》(し)たてまつる	供養(し)《「ス」》たてまつる
71オ5	稽首《「ス」》して	稽首し《「ス」》て
71オ4	刃に《「ヤキセハ」》	刃に《「ヤキハ」》
72オ1	捨《「ル」》(て)たまへる	捨(て)たまへる《「ル」》
72オ3	如《「ク」》きニ	如き《「ク」》に
72オ4	減するに《「スルニ」》	減するに《「ヌルニ」》
73オ1	无《「ク」》し。	无し《「ク」》。
73オ6	樂(しか)ら不《「シ」》らむ乎《「や」》。	樂(しか)ら不《「シ」》らむ乎《や》。
73ウ1	境ニハ、	境ニハ
74オ4	引け《ケ》り《リ》	引けり《「ケリ」》
75オ5	是(の)《「ノ」》故(に)《ニ》	是(の)《「ノ」》故(に)《「ニ」》
75ウ3	避《「さ」》ら不《「ス」》	避《さ》ら不《「ス」》
79ウ6	嶮《ハケシキミチ》 徑に	嶮《ケハシキミチ》 徑に
80ウ2	試《「コ、ロミニ」》みに	*試《「コ、ロミニ」》みに

	誤	正
80ウ6	諸-教《「ケ」》の	諸-教《「ケウ」》の
81オ4	觀進	勸進
81オ4	誰かは	誰か《「カ」》は
81オ7	出家を得	出家を《「スルコトヲ」》 得《「エ」》
82オ3	留《とと(ま)》(り)て	留ま(り)て
82オ5	新《た》に《(ちまち)》	新《(あら)》に《た》
82オ6	生(す)こと《「コト」》勿れ《「マナ」》。	生(す)こと《「スコト」》勿れ《「マナ」》。
82オ7	志、兜卒を求せむ者は、	兜卒を志求せむ者は、
83ウ1	或(いは)	或(いは)《「ハ」》
85オ1	光明慧(い)まして	光明慧(まし)まして
85オ1	身口意ニ	身口意(に)
85ウ7	得《「テ」》。	得《「テ」》應し《「シ」》。
86オ2	佛道と成(れり)《「レリト」》。	成佛道せり［イ.「佛道成レリト」］
86オ6	欲する《「スル」》者《「ノ」》は	欲《ス》る《「スル」》者《「ノ」》は
86ウ5	決-擇せむ《「チャクセム」》。	決-擇せむ《*「チャクセム」》。
89ウ4	圓「一」滿竟	圓「一」滿竟*

	誤	正
91オ2	本より來た	本より《「ヨリ」(消)》來た
92オ4	問(は)まく《「ハマク」》、	問*(は)まく《「ハマク」》、
94オ7	〻(願)は	〻(願)(はく)は
94ウ1	成ラ令めむ。	成ら令めむ。
94ウ7	學し(て)	學し
95オ3	盈(つる)か	盈(つ)か
95ウ3	覺シ	覺し
97オ2	大悲を妨《「ケ」》へ不	大悲を妨《「ケ」》へ不
97オ4	住することを	住すること《「スルコト」》を
98オ1	不淨に	不淨に《「ナル」》
98オ3	陜《セハ》(入)道*ケフ反	陜《セハ□(ク)》(入)道*ケフ反
98ウ6	說《「ノ」》(く)か如く《「クシテ」》	說《「ノ」》(く)か如く《「クシテ」》
99オ2	死なは《「モ」》	死なは《「ムモ」》
99ウ2	若(く)すとも	若クすとも
100ウ3	譬(へ)は《ハ》	譬(へ)は《「ハ」》
101オ1	折-滅し(つ)。	折(入)-滅し(つ)。

	誤	正
101オ6	入(り)れとも	入れとも
102ウ3	涯-際	厓-際
102ウ4	窮めて《「レトモ」》	窮めて《「ムトモ」》
103オ6	利せむは、《「スルヲモテイハ、」》	利せむは、《「ヌルヲモテイハ、」》
104ウ1	應せりといへり	應せりといへり
104ウ5	三藏教の界内	三藏教の、界内
105オ2	豈、	豈（に）、
107オ1	爲にはせ不《「ス」》。	爲にはせ《「ニハセ」》不《「ス」》。
107オ5	身を安(く)して、	身を安(む)して、
107ウ1	數*-劫を《ヲ》	數*-劫を《「ヲ」》
109ウ5	失はむに《「ウシナヘリトモ」》、	失　は　む　に《「ウシ□□（ナフ）ヘクトモ」》、

巻上　注　正誤表

	誤	正
4オ3	噉-右傍假名「ムシ□」存疑。	噉-右傍假名「ムシク□（フ）」か、存疑。
16ウ4	烟-右傍假名「ケアリ」の「ア」、「フ」の誤か。	（削除）

	誤	正
17オ2	（追加）	踊-『涌』の誤か。
20ウ7	血-右傍假名「フ」、「ク」の誤なるべし。	血-右傍假名「フ」、「チ」の誤なるべし。
21ウ6	（追加）	鋒-左傍假名「シ」は「キ」の誤か。
22ウ7	（追加）	未-右傍假名「キタルトキ」は「キサルトキ」の誤か。
24ウ4	（追加）	渚-左傍假名「ソヨノ」の「ヨ」は某字に重書して抹消したるものと見て、「ソヨノ」は「ソノ」とすべきか。
26オ6	（追加）	曾-右傍假名「ソニ」は「ツテ」の誤か。
26ウ1	（追加）	塹-右傍假名「ウタンテ」は「ウカンテ」の誤か。

	誤	正
26ウ6	（追加）	宛-右傍假名「ヱン」の「ヱ」、蟲損存疑。
28オ1	（追加）	領-原作『領』、吉本・聖本によりて改む。
28オ7	（追加）	纏-右傍假名「モトヒ」、「マトヒ」の誤か。
28ウ3	（追加）	厭-右傍假名「ユクコト」、「アクコト」の誤か。
29オ2	（追加）	肝-右傍假名「カンツ」、「カン」の誤か。
29オ7	脾-右傍假名「ヒクカ」、「ヒイカ」の誤か。	脾-右傍假名「ヒクカ」、「ヒイ」の誤か、又は「クカ」の衍か。
29ウ1	（追加）	腎-右傍假名「シカノ」、「シンノ」の誤か。
29ウ5	（追加）	尾-右傍假名「ケアリ」、「ヲアリ」の誤か。

	誤	正
30ウ6	爲-右傍假名「ナンル」、本のまま。	爲-右傍假名「ナンル」、「ナンヌ」の誤か。
33オ3	曜-右傍假名「エイ」、本のまま。	曜-右傍假名「エイ」、「エウ」の誤か。
34ウ5	（追加）	湯-原作『渴』、吉本・聖本によりて改む。右傍假名「タウヲ」、「ヲ」は次字の「火」に附すべし。
35オ2	（追加）	无-右傍假名「トシ」を追加、但し「シト」の誤なるべし。
36ウ2	遁-右傍朱書假名『下ル』、存疑。	（削除）
41ウ5	（追加）	怨-右傍假名「ノ」、衍か。
43ウ4	（追加）	聲-右傍朱書假名二字

	誤	正
		あり、未讀。
49ウ1	(追加)	遠－右傍假名「カン」、「ヱン」の誤。
52オ5	楯－右傍假名「キ」、「(ン)」の誤寫か。	楯－右傍假名「キ」、「スン」又は「ス(ヰ)ン」の誤か。
56オ2	(追加)	治－右傍假名「フ」、「チ」の誤か。
57ウ4	息－右傍假名「ハ」、「ク」の誤か。	息－右傍假名「ソハハ」、「イキハ」の誤か。
59ウ4	肝－右傍假名數文字あり、擦消不明。	肝－右傍擦消假名「カムタム」か。
59ウ4	(追加)	君－右傍假名「キム」、「キミ」の誤か。
60ウ5	(追加)	面－右傍假名擦消、「クハシク□□」か。
65オ5	(追加)	洹－右傍假名「コウ」、「ヲン」の誤か。
66オ1	東方－『方』のヲコト點『の』、本のまま。	(削除)
66オ2	北方－『方』のヲコト點『の』、本のまま。	(削除)
67ウ5	(追加)	滿－右傍假名「ナリ」、「テ」の誤か。
80ウ2	(追加)	試－右傍假名「キコ、ロミニ」とあり、「キ」衍か。
86ウ5	(追加)	擇－原作『釋』、吉本によりて改む。
89ウ5	(追加)	究－原作『竟』、吉本によりて改む。
92オ4	(追加)	問－原作『間』、吉本によりて改む。
99ウ5	(追加)	間－右傍假名「ヘタサ

	誤	正
		シメ」、「ヘタテシメ」の誤か。
［巻中］		
1ウ5	暎-飾スルコト	暎《ヤウ》-飾
5ウ3	眴《マシロク》(く)	眴《マシロ》ク
6オ3	十一には《「ハ」》	十一には《「ミ」》
9オ5	斂《オサ》ムレハ《「オサムレハ」》	斂《フサ》ムレハ《「オサムレハ」》
10オ4	樂《(ネ)カハム「ノ」》　者(は)	樂《(ネ)カハム》(はむ)者(は)
12ウ4	有り	有(り)《「リ」》
14オ6	侍者と《「ト」》	侍《「シ」》者と《「ト」》
15オ3	現せ不。	現せ不、
15ウ1	或(いは)	＊或《「ハ」》(いは)
17ウ4	作すこと應し	作すこと
17ウ4	作セ」」。	作セ」」、
17ウ4	瞻仰(し《「シ」》たてまつ)れり、	瞻仰＊(し)たてまつれり、
17ウ5	觀《「ミル」》す。	觀す應し。
18オ6	追(ふ)か如くせよ	追[フ]か如くせよ
20オ2	語を	語《こと》を
21オ3	何(か)故(に)《「ソ」》	何(か)《「カ」》故(に)《「ソ」》
21オ4	述《「フ」》せ《「セ」「ス」》不	＊述《「フ」》せ《「セ」「ス」》不
22ウ2	＊ゝ(云)何ぞ《「ソ」》	ゝ(云)何そ《「ソ」》
24ウ6	明(したまへ)。	明(し)たまへ
25ウ2	異(な)ら不。《「サルカ」》	異(な)ら不《す》。《「ルカ」》
25ウ4	用(ゐ)《「ヰ」》よ。	用(ゐ)《「ヰル」》よ。
25ウ6	无(け)れ。	无(か)れ。
25ウ6	止不れ(と)。	止せ不れ(と)。
26オ2	倒れる(に)、	倒(れた)るに、
26オ3	向(ふ)想(ひ)を	向ふ想(ひ)を
26ウ2	自-▲由なら《「イムナラ」》	自《「シ」》-▲由なら《「イムナラ」》
28ウ2	すること得。《「ウ」》	すること得。
29オ3	見(る)こと	見(る)こと《「ルコト」》
29オ6	逈カ	迥カ

	誤	正
30オ6	絶え不ら《「サ　ラ」》令メ《「シムトイヘリ」》よと。	絶え《「エ」》不《「サラ」》ら令《シ》メよと《「シムトイヘリ」》。
30オ6	逼《「セメヤ」》(訓)さ所《「(ラ) レテハ」》て	逼《「セメヤ(ラ)」》(訓)さ所《「レテハ」》て
31オ1	蒙《「モウ」》昧なり。	蒙昧《「モウ」》なり《「ナリ」》。
31オ6	の《「ノ」》如(し)。』或(いは)	の《「ノ」》如し。』或(いは《「ハ」》)
31オ7	擧けむ。	擧けむ《「ケム」》。
31ウ4	上《ノ》ル《「ノリスレハ」》　者、	上《ノ》ル《「ノリヌレハ」》　者
32オ6	受(くる)こと	受(くる《「ルコト」》)こと
32オ7	受(くる)こと	受(くる《「ルコト」》)こと
32ウ6	若(し)	若(し《「シ」》)
33オ3	是の如き	是(の)如き
33ウ3	の《「ノ」》如《「クナリ」》し。	の《「ノ」》如し《「シ」》。
34オ1	勘(ふ)可し《「シ」》。	勘ふ可し。
34オ4	不といへるは	不といゐるは
34ウ6	能(は)不る	能(は)不る《「ル」》
36オ1	何ノ徳ノ人ニ［於］	何ノ徳ノ［於］人ニ
36オ3	年西	年《「シ」》西
36ウ1	有(り)て《「テ」》	有(り《「リ」》)て
36ウ5	滅せ令む《「シムト」》(と)。	滅せ《「セ」》令む《「シムト」》(と)
37オ3	壞-滅す	壞-滅す
37オ5	知(り)ぬ	知(り)ぬ《「ヌ」》
37ウ6	を《「ヲ」》過《「ス」》く。	を《「ヲ」》過く《「ス」》。
38ウ5	作(す)應し。	作す應し。
39オ4	擲《「ナケス」》　過シタマフニ《「コイタマハムニ」》、	擲《「ナケ」》　過シタマフニ《「スコイタマハムニ」》、
41オ6	普(く)	普く
44ウ6	非處智《「ニ」》《ニ》の百千▲萬分	非處智《「ニ」》《*ニ》の比せむと《「タクラムヘムト」》欲は むに《「セムニ」》百千▲萬分
45オ2	爲《「たり」》たまふ《「已下止」》。	*爲《「タリト」》　たまふ《「已下止」》。
46オ4	起を《「ヲ」》知り、住を《「ヲ」》知り《「リ」》、	起を《「ヲ」》知り《「リ」》、住を《「ヲ」》知り、
46オ6	短を得ス。	短を得不。
48オ2	諸の《「ノ」》人「-」等《「ら」》、	諸の《「ノ」》人「-」等《ら》、
48オ5	の如クあらむ《「ナラム」》、	の《「ノ」》如クあらむ《「ナラム」》、
50ウ2	因縁を《「ヲ」》以(て)、	因縁を《「ヲ」》以(て《「テ」》)、
50ウ4	を以(て)の故に。	を以(て)《「テノ」》の故に、
52オ7	八千歳して	八千歳(に)して

	誤	正
53オ1	是の一偈《*「ノ」》を	是の《「ノ」》一偈《*「ノ」》を
53オ4	多く	多く《「ク」》
53オ5	退轉せ不《「ス」》。	退轉せ不《「セ」「ス」》。
55オ2	修善善者、	修善者、
56ウ6	法の《「ノ」》中にして《「シテ」》、	法の《「ノ」》中に《「ニ」》して、
57ウ6	收《「ヲサメテ」》めて、《「サイテ」》	收《「ヲサメテ」》めて、《「サス」「テ」》
58オ5	如く《「ク」》せ(は)、	如く《「ク」》せ不は《「ナラスハ」》、
59ウ6	信解有り、	信解有り《「リ」》、
61オ1	説《「(ト)カムスラク」》くすら、猶《「(ナ)ホ」》(し)	説《「(ト)カムスラ」》くすら、猶《「(ナ)ホ」》
61ウ6	依《「ヨ」》(ら)不《「ラヌ」》る。	依《「ヨラ」》(ら)不《「ヌ」》る。
62オ7	*治せ者	治せ(と)者、
64オ2	之(を)扣き	之を扣き
64オ3	知(る)《「ル」》[當](し)。	知(る)《「ル」》[當](し)《「シ」》。
64ウ7	有らむ、	有らむ(や)、
68オ6	誰かは言《「イフ」》ふ、	誰か《「カ」》は言《「イフ」》ふ、
69オ7	生さ不ル者	生さ不る者
71ウ4	今ノ身に於《シ》テ	今《コ》ノ身ニ於《シ》テ

	誤	正
71ウ5	三ゝ合九種種者	三ゝ合九種者、
72ウ4	地に着けて	地に著けて
75オ4	无キカ如キナリ [也]	无キカ如キ(ナリ) [也]
75ウ1	毒-屑《セチ》(「入」)ノ	毒-屑《*セチノ》(「入」)ノ
77ウ1	佛「-」刹なり《「マンテ」》。	佛「-」刹なり《「アンテ」》。
78オ3	國に生ること	國に生(る)ること
78ウ2	道場に《「ニ」》入らむと	道場に《「ニ」》入らむと《「ラムト」》
79オ2	醫《生》菜《サイ》	醬《生》菜
83ウ7	名《み》を《「ヲ」》	名《み(な)》を《「ヲ」》
85ウ1	念ふが如く、	念ふか如く、
85ウ5	自《(オ)》(ら)	自《「オ」》(ら)
86オ1	所(訓)无し	所(訓)无シ
	我か所-「-」念《「ニオイテ」》	我か《「カ」》所-「-」念《「ニオイテ」》
88オ7	心《「ロ」》に	心《*「ロ」》に
88ウ6	有(る)に	有(る)《「ルニ」》に
89オ1	一つ	一つ《「ツ」》
90ウ1	開曉し	開-曉し

	誤	正
91オ3	見(る)こと	見(る)こと《「ルコト」》
91オ6	後《(シリ)ゟ》に	後《(シリ)へ》に
93ウ6	眼《(マナ)》(「訓」)には《「ニハ」》	眼《「(マナ)コ」》(「訓」)には《「ニハ」》
96オ7	願(はく)は《「ハ」》	願(はく)《「クハ」》は
98ウ4	物なりと見《「ミユ」》、	物なりと見、
98ウ4	流スト見ル	流スト見《ミ》ユ
99オ2	鳧*雁(「去」)と《「ト」》	鳧*《「フ」》雁(「去」)と《「ト」》
99ウ3	心を至して《「イテ」》	心を《「ヲ」》至して《「イテ」》、

巻中　注　正誤表

	誤	正
10ウ5	者‐…、『を』の誤か。	者‐…、『に』の誤か。
15ウ1	(追加)	或‐右傍假名「ハ」、字畫一部缺損。
17ウ4	作‐…衍か。	(削除)
21オ4	(追加)	述‐左傍假名「フ」、「へ」の誤か。
23ウ5	檢‐…、『こ』の誤か。	檢‐…『ゟ』の誤か。
25ウ2	念珠‐原本以下『用(ゐる)』…	念珠‐原本以下『用(ゐよ)』…
34ウ6	(追加)	不‐ヲコト點『る』、一部缺損。
44ウ6	(追加)	智‐ヲコト點『の』、『に』の誤か。
45オ2	(追加)	爲‐右傍假名「タリト」の「ト」、字畫一部缺損。
75ウ1	(追加)	屑‐左傍假名「セチノ」の「チ」、「ウ」の誤か。
88オ7	(追加)	心‐右傍假名「ロ」、字畫一部缺損。

【巻下】

	誤	正
3オ1	溢-盈セ不ラ［令］ム」二」	盈-溢セ不ラ［令］ム」
5ウ3	大-甖《カケテ》-水の《「モタヒノ」ヲ》	大-甖(甖)《「モタヒノ」》-水の［イ・水ヲ嬰《カ》ケテ］
6ウ6	心を一佛に《「三」》	心を《「ヲ」》一佛に《「三」》
7ウ5	轉シタマフヲ求メム	轉シタマフヲ求メハ
9ウ6	こと能(は)不《「ストモ」》とも、	こと能(は)《「ハ」》不《「ストモ」》とも、
9オ7	覆蔽《「イセ」》せ所《「ラレ」》れ不《「ス」》。	覆蔽《*「イセ」》せ所《「ラレ」》れ不《「ス」》。
10ウ5	面《(まのあ)》たり	面《(まなあ)》たり
11ウ7	生(し)まふとゐり、	生(した)まふとゐり。
12オ4	是《「乙」》-「-」心、是《「レ」》佛者《といふは》	是《ノ》-「-」心、是《レ》佛者《といふは》、
13ウ6	トイフコトヲ知リヌ	トイフコトヲ知(り)ヌ
14オ4	念▲佛三昧を《「ヲ」》得《「ウ」》と。	念▲佛三昧を《「ヲ」》得《「ウト」》と。
17オ5	終(らむ)と垂《イマニ》せむ［之］日に、	垂《イマ》ニ終(らむ)と［垂］《(再讀)せ》む［之］日に、
19ウ3	出(て)たまへりしに	出(て)たまゐりしに
20ウ1	勅(した)《「シタ」》まはく《「マハク」》、	勅(した)《「シタ》まはく《マハク」》、

	誤	正
23ウ7	授「-」記(し)《「シ》た《タ》ま《マ》ひ《イ》き《キ」》。	授「-」記(し)《「シ》た《タ》ま《マ》ひ《ヒ》き《キ」》。
24ウ1	出(てたま)へること	出(てたま)ゐること
26ウ7	懈《オコタリ》(ら)《「ラス」》不《「スシテ」》、	懈《オコタ》(ら)《「ラス」》不《「スシテ」》、
28オ2	三《「ミ」》(訓)聲《「コエ」》を	三《「ミ(ツ)」》(訓)(の)聲《「コヱ」》を
28ウ4	逃レたる者、	逃レたる［之］者
30ウ7	生る［當］《「ヘクナンヌ」》し(と)、	生る《「ス」》［當］《「ヘクナンヌ」》し(と)。
31オ1	之《「レニ」》に准ゐよ《「ヘよ」》。	之《「レニ」》に准ゐよ《「ヘヨ」》。
40ウ4	*出(去)さ不《「サ」》。	出(去)さ不《「サ」「ス」》。
42オ1	大なる者は	大なる《「ナル」》者は
42オ4	逢(と)	蓬(と)
42ウ5	大(い)に	大(き)に
44ウ4	感す(といへり)	感す(といゐり)
50オ2	顯《「サウニ」》(さ)むか爲に、	*顯(さ)《「サウニ」》むか爲に、
52ウ5	得《「エタルカ」》たるか故に《「ナリ」》。	得《「エタルカ」》たるか故に《「ナリ」》。
54ウ1	上三品の業を	上品の業を
57ウ6	强(く)して、	*强(く)して、

	誤	正
58オ6	往生す [當]《(再讀)》(し)《「シ」》。	往生す《「ス」》 [當](し)《「シ」》。
60オ7	說(き)て、云(ク)、	說(き)て云(く)、
60ウ7	殊なれば、	殊なれは、
66ウ7	到るか如き《「クアラク」》	到るか《「ルカ」》如き《「クアラク」》
69ウ5	忍辱と《ト」》爲《「ス」》。	忍辱と《「ト」》爲《「ス」》。
71オ4	慰セハ	熨セハ
71オ7	慰セハ	熨セハ
72オ1	爛《タ、》サレキ	爛《タ、(ママ)》 サレキ
76オ4	箭《ヤ》(「訓」)	箭《「ヤ」》(「訓」)
77ウ4	魚をして	魚をして《「ヲシテ」》
79ウ6	施作《さ》セ非れ	施作せ非れ
80オ4	虛(しか)ラ不。	虛(しか)ら不。
81ウ5	裏むて	裏むて
82オ5	堅(か)《カタカラ」》ら令(め)《「シメヨ」》よ。	堅(か)《「カタカラ」》ら令(め)《「シメヨ」》よ。
83オ3	[イ.「隨ハ不レ」	[イ. 隨ハ不レ」]
91ウ5	醜陋なら令めむ。	醜陋なら令めむ《「シム」》
94オ2	彼《「シ」》の犯戒	彼の《「ノ」》犯戒

	誤	正
95ウ3	助道(の)人者	助道(の)人法者、
96ウ2	薑東反	薑京反

巻下　注　正誤表

	誤	正
5ウ3	甖-原本『嬰』に作る。吉本に據りて改む。	甖-原本『嬰』に作る。吉本『甖』に作り、『甖』の訓「モタヒ」及び「嬰」の音訓「ヤウ反」及び「カケテ」を併記せり。
9オ7	(追加)	蔽-右傍假名「イセ」、「(へ) イセ」の省記か。
50オ2	(追加)	顯-右傍假名「サウニ」、「サウカ」の誤か。
57ウ6	(追加)	强-ヲコト點『まて』、『して』の誤か。

ヲコト點圖（影印篇　六三五頁・譯文篇　四五一頁）

第四行最上部上中央の符號「」の訓法「シタマフコト」を、「シタマフラム」に改む。

あとがき

「最明寺往生要集　影印篇」が昭和六十三年三月に刊行されてから十五年、「同　譯文篇」が平成四年三月に刊行されてから十一年の歳月が流れた。この間、最明寺元住職故加藤宥雄御老師、前住職故加藤宥英師が、相次いで遷化され、今日、この「索引篇」を御覧頂けないことは、返す〴〵も痛恨の極である。謹んでこの一冊を御靈前に捧げて、心より御冥福をお祈り申し上げたい。

當初は、「影印篇」「譯文篇」「索引・研究篇」の三冊の計畫を立て、その後、一時は「索引篇」「研究篇」を分けて、全四冊とする案も考へられたが、種々の事情により、第三冊は「索引篇」として刊行して、その中に、適宜これまでの研究の成果を織り込むこととし、體系的な記述研究は、今後の課題として見送ることとなつた。

この間、最明寺往生要集三帖は、平成元年六月、文化廳より重要文化財の指定を受け、直接、國の保護の許に、永く重寶として保存されることとなつた。この間、當時の擔當官であられ、後に奈良國立博物館長を務められた山本信吉氏の、並々ならぬ御盡力があつたことを、是非、特筆して置きたい。又、本書の編者の一人である築島も、當時文化廳文化財專門委員として、審議に參畫させて頂いたことも申し添へたい。

既刊の「影印篇」「譯文篇」によつて明なことであるが、本書は三帖を通じて一筆の平安時代書寫本であり、全巻に亙つて朱書及び墨書の詳細な古訓點が施されてゐる。朱點は平安時代後期（十一世紀後半頃）、墨點は院政時代（十二世紀後半頃）の加點と判斷されるが、兩者は全く別個に加點されたもので、墨點で朱點の上に重書したり、朱點を抹消したりしてゐて、謂はば、二部の訓點本のやうなものであり、その訓點の解讀は容易な業ではない。この困難を乗越えて、「譯文篇」

の完成に漕ぎ着けたのであるが、この際には、巻上を築島、巻中を坂詰、巻下を後藤が分擔して原稿を作成し、相互に原稿、校正刷を検討して、遺漏無きを期した。

「譯文篇」刊行の直後から、「索引篇」の原稿作成に着手し、各自が作成したカードを持寄り、數度に亙つて合宿を行ひ、細部に及ぶまで協議を重ねた。カードの採録は、一往完成したのであるが、その配列や體裁の統一等を考慮し、後藤の發案によつて、コンピューターソフトの「桐」への入力によつて機械的に配列等を行ふことが提案され、熟慮の結果、今までのカードは廢棄して、同じ分擔によつて、コンピューター入力を行ふこととなつた。このため、數年の日時を費やしたが、入力完成の後は、後藤の操作によつて、三人分のデータが全部統合され、五十音順に配列するに至つた。そのプリントアウトを、二回に亙つて、築島が眼を通して、統一を圖つた。その後、汲古書院大江英夫氏の編輯についての全面的な盡力を得ることとなり、コンピューターソフト會社のエニウェイの協力をも得て、縱組みの出力の完成、逆引きの爲に頁順に變換しての出力、印字などが行はれ、それによつて、逆引きの作業を、極めて容易に遂行することが出來た。

この文獻は、朱點と墨點とが重なつた、極めて複雜な加點を有し、その索引は、約三萬項目に及ぶ語彙を有する大部のものである爲、編纂に當つては、種々の工夫が要求された。更に、編纂の途中で、坂詰が、東洋大學文學部長に就任して多忙の日々を過し、又、後藤が、沖繩縣久米島町に移住することなどが重なり、三人が相互に連絡を取合ふことが、中々思ふやうに爲し得なかつたのは、據無いこととは言ひながら、誠に遺憾であつた。しかし、出來る限りの努力を重ねて、互に意見を交換し合ひつつ作業を進め、逆引き作業については、和訓は、巻上を築島、巻中と巻下とを坂詰が擔當して行ひ、字音は、全巻を纏めて築島が實施した。これらの爲に、前後約五年餘の歳月を要する結果となつた。このやうな事情の結果、慮外の長い時間を費すこととなり、又、内容上にも不統一の箇所を拭ひ去ることを得ず、關係各位に御迷惑をお掛けしたことを、謹んでお詫び申し上げたい。

今般、これらの作業を一通り終了し、印刷に附する運びとなつたが、顧みれば、昭和六十年に、後藤、坂詰の兩名が、原本調査を開始してから、早くも二十年近い歳月を重ねることになつた。この長年の間、終始格段の御厚意を忝くした最明寺御當局の各位に、改めて感謝の微意を捧げるとともに、「影印篇」以來、最終段階に及ぶまで、絶大な御援助を頂いた、汲古書院の前坂本健彦社長、現石坂叡志社長を始めとする汲古書院各位、株式會社エニウェイの武市徹社長を始めとする各位、特に「影印篇」「譯文篇」の編輯の際に盡力された石川力氏（現敬和高等學校教諭）、今回の「索引篇」編輯について、終始格段の御勞苦を煩した大江英夫氏に對して、心から御禮を申し上げたい。

平成十五年七月

編者一同

最明寺本 往生要集 索引篇

平成十五年九月三日 發行

原本所藏 最明寺

編者 築島裕
坂詰力治
後藤剛

發行者 石坂叡志

整版 株式會社エニウェイ

印刷 株式會社榮光

發行所 汲古書院

〒102-0072 東京都千代田區飯田橋二―五―四

電話 〇三（三二六五）九七六四

FAX 〇三（三二二二）一八四五

ISBN4-7629-3284-1 C3381